CURSO DE LEGISLAÇÃO DO TJDFT

THIAGO DE MORAES SILVA

CURSO DE LEGISLAÇÃO DO TJDFT

2022

EDITORA *Jus*PODIVM

www.editorajuspodivm.com.br

EDITORA *Jus*PODIVM
www.editorajuspodivm.com.br

Rua Canuto Saraiva, 131 – Mooca – CEP: 03113-010 – São Paulo – São Paulo
Tel: (11) 3582.5757
• Contato: https://www.editorajuspodivm.com.br/sac

Diagramação: Luiz Fernando Romeu *(lfnando_38@hotmail.com)*

Capa: Ana Caquetti

S586c Silva, Thiago de Moraes.
Curso de Legislação do TJDFT / Thiago de Moraes Silva, coordenador Leonardo Garcia – São Paulo: Editora JusPodivm, 2022.
624 p.

Bibliografia.
ISBN 978-65-5680-869-7.

1. Tribunais de justiça. I. Silva, Thiago de Moraes. II. Garcia, Leonardo. III. Título.

CDD 341.41925

1.ª ed., *2.ª tir.:* fev./2022; *3.ª tir.:* abr./2022.

AGRADECIMENTOS

Agradeço a Deus por todas as conquistas até então alcançadas, por me fazer aprender com os erros e poder celebrar os acertos.

À minha família, pelo incentivo e pelo carinho.

Ao Tribunal de Justiça do Distrito Federal e dos Territórios, especialmente aos valorosos magistrados e servidores com quem tive e tenho o privilégio de trabalhar e de compartilhar experiências.

À Editora Juspodivm, pela confiança depositada.

A você, leitor, a quem desejo sucesso nessa jornada rumo à aprovação no TJDFT.

APRESENTAÇÃO

Prezado leitor, esta obra foi fruto de um amplo estudo das normas do Tribunal de Justiça do Distrito Federal e dos Territórios. Você tem em mãos um curso que não se resume a comentar a legislação, mas que explica de forma didática e sistematizada o funcionamento da Justiça no Distrito Federal. Por essa razão, a ordem dos conteúdos abordados não coincide necessariamente com a sequência dos artigos dos textos normativos.

Além disso, o livro contém diversas tabelas, gráficos, fluxogramas e modelos de documentos, os quais auxiliarão na assimilação do conteúdo. Também foram citados alguns casos concretos contextualizando a aplicação da legislação, permitindo, desse modo, uma visão prática a respeito dos temas.

Pensando também no candidato leigo em Direito, disponibilizei um glossário ao final do livro, para que o leitor possa compreender o significado das expressões e dos institutos jurídicos mais utilizados.

Foram inseridas questões de concursos passados do TJDFT, extraídas dos certames dos anos de 2015, 2013, 2007, 2003 e 2000. Algumas delas foram adaptadas às normas ora em vigor, para que não houvesse defasagem das respostas.

Com isso, o candidato pode contar com uma ferramenta a mais para pavimentar o caminho da tão sonhada aprovação no TJDFT. Desejo-lhe uma excelente leitura e sucesso em todas as conquistas almejadas.

COMO LER ESTE LIVRO

Em primeiro lugar, não tenho a pretensão de ensinar ao leitor a melhor metodologia de estudos, pois cada um tem o seu ritmo e o seu estilo. O objetivo aqui é passar-lhe breves dicas e sugestões que, assim espero, possam contribuir com o aprendizado do conteúdo. Fique à vontade para segui-las ou não. Vamos a elas!

Uma dica que considero valiosíssima e pouco utilizada por leitores e estudantes consiste na leitura atenta e integral do sumário do livro. Esse pequeno exercício proporciona ao leitor uma visão geral e panorâmica da obra. O contato prévio com os temas que serão abordados deixará o leitor mais familiarizado com os assuntos quando partir para o estudo aprofundado da matéria. Mortimer J. Adler e Charles Van Doren tratam da importância da leitura do sumário: "(...) a fim de conhecer a estrutura geral do livro. Use-o como se fosse um mapa de uma viagem[1]". Realizada essa leitura inicial, folheie algumas páginas do livro, procurando fazer a correlação com aquilo que foi lido no índice. Esse procedimento anterior à leitura da obra é chamado por Mortimer J. Adler e Charles Van Doren de leitura inspecional ou pré-leitura, para quem "A sondagem sistemática, em outras palavras, antecipa a compreensão da estrutura do livro"[2].

Após essa sondagem inicial, você poderá passar para a etapa seguinte, que é o estudo efetivo da matéria.

Nessa etapa você poderá ler o livro na sequência, do início ao fim, antes ou depois de estudar a legislação seca. Pode, ainda, se preferir, utilizá-lo como ferramenta de consulta durante o estudo das normas, para esclarecer dúvidas ou reforçar temas específicos.

Faça grifos e algumas anotações caso queira, desde que isso não atrapalhe os seus estudos. Não recomendo fazer resumos por tomarem tempo;

1. *Como ler livros: o guiá clássico para a leitura inteligente*. São Paulo: É Realizações, 2010, p. 52.
2. Op. Cit. p. 62.

por outro lado, escrever palavras-chave, como ferramenta de estudo ativo, ajuda na fixação da matéria, ainda que tais escritos sejam posteriormente descartados. A ideia é que a escrita funcione, aqui, como ferramenta de estudo ativo. Conforme ensina o Professor Pierluigi Piazzi em sua obra *Aprendendo Inteligência*, o importante é o ato de escrever em si e não o que foi escrito.

Revisar é aprender! Não deixe de fazer revisões periódicas dos assuntos estudados, para evitar o que o psicólogo alemão Hermann Ebbinghaus denominou de "curva do esquecimento". É notório que o transcurso do tempo acarreta a perda da retenção na memória do conteúdo aprendido, porque o cérebro deixa de considerar relevante aquilo que não mais é utilizado. Por isso a revisão da matéria é extremamente necessária. Procure a melhor forma de revisar os temas, em períodos diários, semanais e mensais. Emilio Mira y López, em sua obra *Como Estudar e Como Aprender*, recomenda que as revisões sejam feitas da seguinte forma: segunda leitura entre 12 e 24 horas depois da primeira, terceira leitura entre 15 e 30 dias depois da segunda, e uma quarta leitura entre 180 e 220 dias depois da terceira (esta última, obviamente, se a data da prova permitir).

Reitero que são apenas sugestões e que você pode se valer da metodologia que julgar a mais eficaz para a absorção do conteúdo.

Espero que você aproveite ao máximo esta singela obra e que ela possa, de alguma forma, contribuir para a sua aprovação no TJDFT.

Bons estudos!

ESTATÍSTICAS DOS TEMAS MAIS COBRADOS EM PROVAS ANTERIORES

Com os editais cada vez mais extensos, é preciso ter em mente que o estudo deve ser objetivo, sistematizado e direcionado aos assuntos com maiores chances de serem cobrados. Isso não significa simplesmente deixar de lado os temas pouco ou jamais cobrados. O ideal seria o estudo integral da matéria, caso haja tempo para tanto. No entanto, o candidato deve atentar-se para os assuntos que são reiteradamente cobrados pelas bancas.

Em razão disso, foram selecionados os temas que mais caíram nas provas anteriores do TJDFT. Os parâmetros utilizados foram os certames para Analista Judiciário/Área Judiciária, Analista Judiciário/Execução de Mandados e Técnico Judiciário/Área Administrativa, referentes aos anos de 2015, 2013, 2007, 2003 e 2000, todas elaboradas pelo CESPE/CEBRASPE.

Vejamos, a seguir, os temas mais cobrados da Lei de Organização Judiciária do DF (Lei nº 11.697/2008).

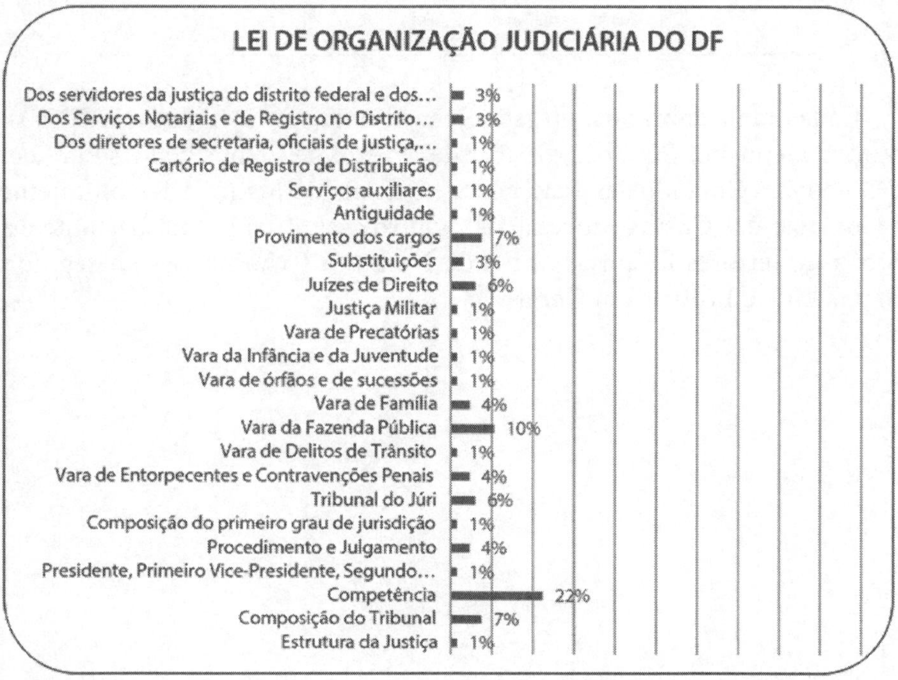

É possível perceber a predileção do examinador pela competência das varas em geral (somadas totalizam 29% dos temas cobrados), em especial a Vara da Fazenda Pública, com 10% das questões cobradas. O segundo tema mais cobrado foi o art. 8º, que trata da Competência do Tribunal, seguido do Provimento dos Cargos e das Substituições.

Vejamos como foi cobrado o Provimento Geral da Corregedoria.

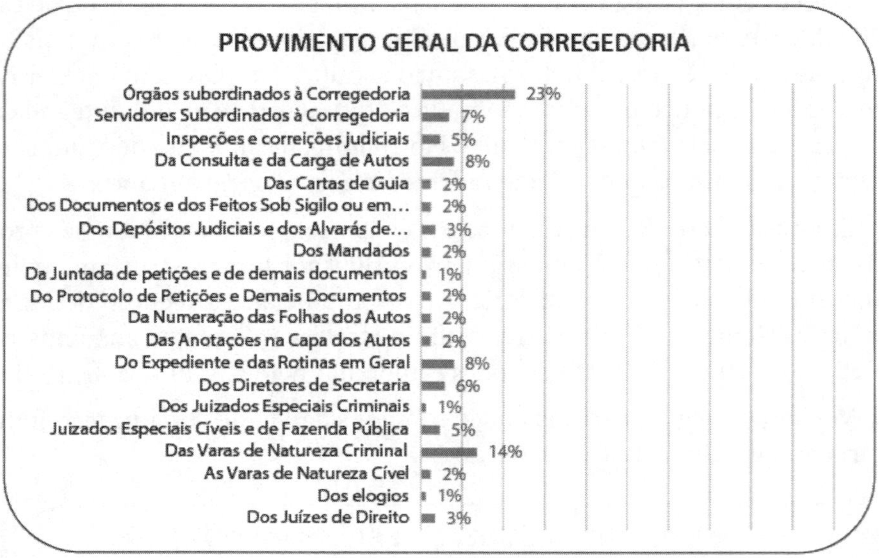

Temas mais cobrados: Órgãos Subordinados à Corregedoria (Distribuição, Depósitos Públicos, Guarda de Objetos de Crime, Leilões Públicos e Coletivos, Contadorias-Partidorias, Oficiais de Justiça e Recolhimento e Controle das Custas Processuais). Outro assunto que caiu bastante em provas anteriores foram as Varas de Natureza Criminal, e, em seguida, Expediente e Rotinas em Geral.

No tocante ao Regimento Interno, temos as seguintes estatísticas:

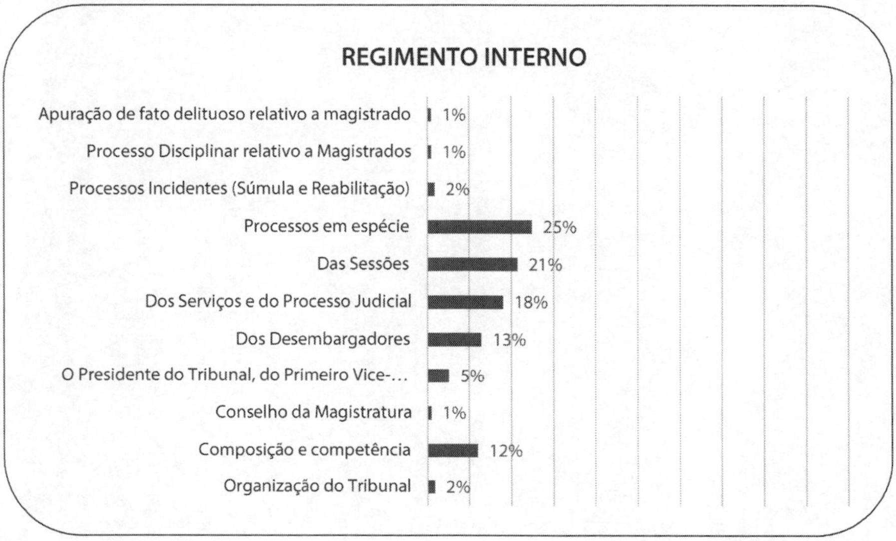

Assuntos mais cobrados: Processos em espécie, Sessões e Serviços e Processo Judicial, e Desembargadores. Dentre os processos em espécie, os mais cobrados foram os seguintes:

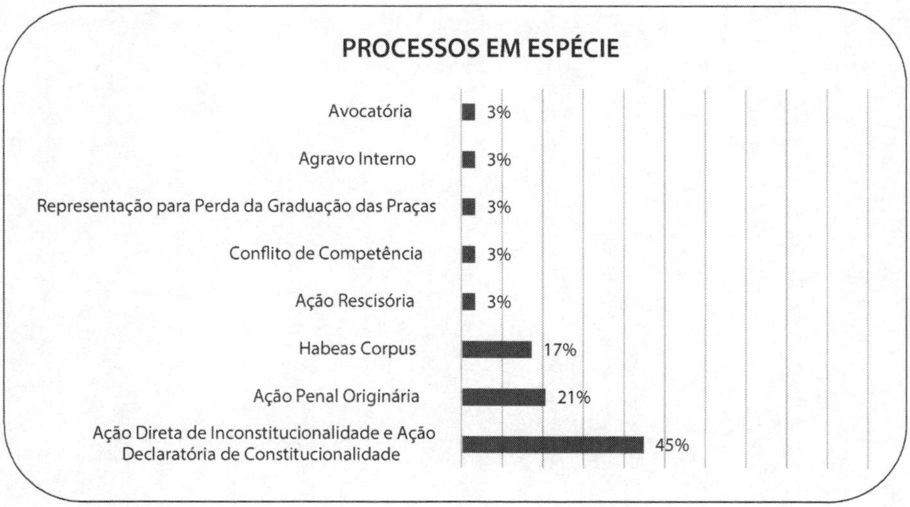

SUMÁRIO

Parte I
LEI DE ORGANIZAÇÃO JUDICIÁRIA DO DISTRITO FEDERAL

Parte II
PROVIMENTO GERAL DA CORREGEDORIA APLICADO AOS JUÍZES E OFÍCIOS JUDICIAIS

Parte III
REGIMENTO INTERNO DO TRIBUNAL DE JUSTIÇA DO DISTRITO FEDERAL E DOS TERRITÓRIOS

PARTE I

LEI DE ORGANIZAÇÃO JUDICIÁRIA DO DISTRITO FEDERAL

CAPÍTULO 1

O PODER JUDICIÁRIO NO BRASIL

1.1. ESTRUTURA E FUNCIONAMENTO DO PODER JUDICIÁRIO

Para que possamos compreender o funcionamento da Justiça no Distrito Federal é importante dedicarmos, antes, algumas linhas aos aspectos gerais do Poder Judiciário nacional.

O Poder Judiciário é estruturado em **graus** ou **instâncias**. Na primeira instância atuam os juízes de direito, na segunda instância, os desembargadores, e na instância especial, os ministros dos tribunais superiores, e, por fim, o Supremo Tribunal Federal, o grau máximo da Justiça brasileira.

Os processos judiciais, em grande maioria, têm início na **primeira instância.** As ações de cobrança, indenização, despejo, divórcio, alimentos, ações penais etc., têm o seu nascedouro na primeira instância, cabendo a um juiz de direito ou juiz de direito substituto decidir os respectivos pedidos mediante sentença no âmbito da Justiça Estadual. Caso haja interesse ou participação da União no processo, cabe à Justiça Federal julgar. Se a matéria disser respeito às relações de trabalho, a competência é da Justiça Trabalhista, se for matéria eleitoral, inicia-se nas Juntas Eleitorais, se o caso envolver crimes militares, cabe à Justiça Militar.

A **segunda instância,** também chamada de instância recursal, é responsável pela análise dos recursos interpostos contra as decisões da primeira instância. No TJDFT, a segunda instância é composta por desembargadores e conta, também, com a atuação dos juízes de direito substitutos do segundo grau, embora integrem o primeiro grau de jurisdição. Nesse sentido é o art. 64 do Regimento Interno do TJDFT: "Os juízes de direito substitutos de segundo grau integram classe especial da magistratura de primeiro grau e exercerão atividade exclusivamente jurisdicional no auxílio aos órgãos de segundo grau e na substituição de desembargadores[1]". Integram a segunda instância os Tribunais de Justiça dos Estados e do DF, Tribunais Regionais Federais, Tribunais Regionais do Trabalho, Tribunais

1. O tema será melhor abordado em tópicos específicos.

Regionais Eleitorais e Tribunais da Justiça Militar (onde houver). Mas a sua atuação não se limita ao exame de recursos, vez que são responsáveis pelo julgamento de determinadas autoridades, conforme previsão na Constituição Federal. No TJDFT, embora sejam juízes de primeiro grau, os juízes substitutos de segundo grau atuam exclusivamente na segunda instância.

A **instância especial ou superior** (comumente chamada de terceira instância, embora tal designação não seja tecnicamente adequada) é composta pelos ministros que integram os tribunais superiores (Superior Tribunal de Justiça - STJ, Tribunal Superior do Trabalho - TST, Tribunal Superior Eleitoral - TSE e Superior Tribunal Militar - STM). Os tribunais superiores são responsáveis basicamente pela uniformização da interpretação da legislação federal no país. Com isso, evita-se que dois ou mais tribunais estaduais venham a interpretar a mesma legislação de maneiras diferentes, acarretando insegurança jurídica. Outro papel importante dos tribunais superiores é o de julgar, originariamente, algumas autoridades, conforme previsão na Constituição Federal.

Por fim, temos o **órgão de cúpula**, a instância máxima, que é o Supremo Tribunal Federal, cuja função precípua é a de zelar pela observância da Constituição Federal, bem como a de julgar determinadas autoridades.

Confira-se o seguinte organograma:

- O art. 125, §4º, da Constituição, estabelece que a justiça militar, na segunda instância, poderá ser formada pelo próprio TJ ou pelo Tribunal de Justiça Militar nos Estados em que o efetivo militar for superior a vinte mil integrantes.

1.2. O TRIBUNAL DE JUSTIÇA DO DISTRITO FEDERAL E DOS TERRITÓRIOS

Quando nos referimos ao TJDFT, isso pode ocorrer sob dois sentidos distintos. O primeiro, mais amplo, abrange tanto os juízes quanto os desembargadores (comum veicularem frases na imprensa tais como "*O TJDFT condenou determinada pessoa*", referindo-se, em verdade, à decisão de um juiz de primeira instância. O segundo sentido, mais restrito, alude-se especificamente aos seus desembargadores que nele atuam, tratando-se de órgão de segunda instância.

1.3. A LEGISLAÇÃO DE ORGANIZAÇÃO JUDICIÁRIA DO DISTRITO FEDERAL

A organização judiciária do DF é disciplinada em três atos normativos distintos. A Lei nº 11.697/2008, o Regimento Interno e o Provimento Geral da Corregedoria Aplicado aos Juízes e Ofícios Judiciais.

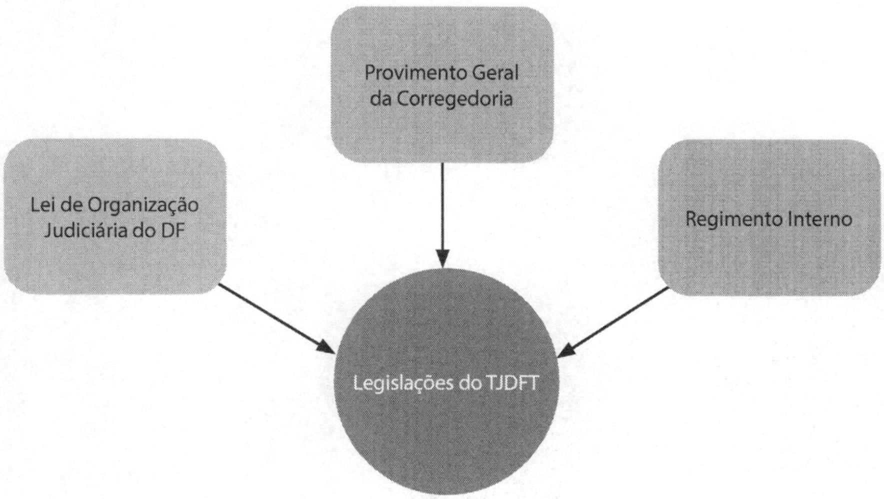

Passaremos ao estudo da Lei de Organização Judiciária do Distrito Federal (LOJDFT), que dispõe sobre a organização judiciária do Distrito Federal e dos Territórios.

Atenção para as modificações implementadas na LODFJT após o ano de 2015 (data do último concurso do TJDFT), que, por serem novidade, podem ser objeto de cobrança no próximo certame:

Lei de Organização Judiciária do DF	
Norma	**Alteração**
Art. 4º, alterado pela Lei nº 13.264/2016	O TJDFT passou a contar com 48 Desembargadores
Art. 25-A, incluído pela Lei nº 13.850/2019	Vara de Execução de Títulos Extrajudiciais e de Conflitos Arbitrais
Art. 26, alterado pela Lei nº 13.850/2019	Modificações na Vara da Fazenda Pública

CAPÍTULO 2

A LEI DE ORGANIZAÇÃO JUDICIÁRIA DO DF

A composição e funcionamento da Justiça do Distrito Federal e dos Territórios é disciplinada pela Lei nº 11.697/2008, que organiza a Justiça do Distrito Federal e dos Territórios e regula o funcionamento dos seus serviços auxiliares, dos seus servidores e da estrutura dos serviços notariais e de registro.

Compõem a Justiça do Distrito Federal e dos Territórios (art. 2º):

I – o Tribunal de Justiça;

II – o Conselho Especial;

III – o Conselho da Magistratura;

IV – os Tribunais do Júri;

V – os Juízes de Direito do Distrito Federal e dos Territórios;

VI – os Juízes de Direito Substitutos do Distrito Federal;

VII – a Auditoria e o Conselho de Justiça Militar.

O Tribunal de Justiça, o Conselho Especial e o Conselho da Magistratura são órgãos de **segunda instância**, ao passo que os Tribunais do Júri, os Juízes de Direito do Distrito Federal e dos Territórios, os Juízes de Direito Substitutos do Distrito Federal e a Auditoria e o Conselho de Justiça Militar são órgãos de **primeira instância**.

Como esse assunto foi cobrado em concurso?

No concurso para Técnico Judiciário/Área Administrativa (2013), foi perguntado: "*Os tribunais do júri compõem a justiça do DF e dos territórios*". O item foi considerado correto por corresponder ao inciso IV do art. 2º da LOJDFT.

SEGUNDA INSTÂNCIA	PRIMEIRA INSTÂNCIA
• Tribunal de Justiça • Conselho Especial • Conselho da Magistratura	• Tribunais do Júri • Juízes de Direito do Distrito Federal e dos Territórios • Juízes de Direito Substitutos do Distrito Federal • Auditoria e o Conselho de Justiça Militar.

Podemos relacionar os seguintes cargos do Judiciário no Distrito Federal e nos Territórios, bem como a respectiva forma de ingresso:

CARGO	FORMA DE INGRESSO
Juiz de Direito Substituto	Posse após aprovação em concurso público
Juiz de Direito	Promoção de Juiz de Direito Substituto
Juiz de Direito Substituto de Segundo Grau	Remoção de Juiz de Direito de Turma Recursal e de Juízes de Direito da Circunscrição de Brasília
Desembargador	Acesso de Juiz de Direito ou de Juiz de Direito Substituto de Segundo Grau
	Indicação de membro do Ministério Público
	Indicação de advogado

Atenção para os termos *posse*, *promoção* e *acesso*, para cada cargo.

Turma Recursal: Colegiado composto por três juízes de direito, responsável pelo julgamento das decisões proferidas pelos juízes dos Juizados Especiais.

Juiz de Direito de Turma Recursal: A Lei nº 13.049/2014 criou a figura do Juiz de Direito de Turma Recursal, responsável por julgar os recursos interpostos das sentenças proferidas pelos juízes dos Juizados Especiais. O Juiz de Direito de Turma Recursal, embora aprecie recursos, integra a primeira instância e não se equipara ao Desembargador. O RITJDFT não dispõe especificamente sobre o Juiz de Direito de Turma Recursal, embora aborde a sua figura em algumas passagens.

Vejamos o comparativo entre o **Juiz de Direito de Turma Recursal** e o **Juiz de Direito Substituto de Segundo Grau:**

	Juiz de Direito de Turma Recursal	Juiz de Direito Substituto de Segundo Grau
É juiz de primeira instância?	SIM	SIM Integra classe especial da magistratura de primeiro grau
Atua na primeira instância?	SIM	NÃO (atua na segunda instância)
O que faz?	Aprecia recursos das decisões e sentenças proferidas apenas pelos juízes dos juizados especiais	Atividade exclusivamente jurisdicional no auxílio aos órgãos de segundo grau e na substituição de desembargadores. Aprecia recursos das decisões e sentenças proferidas pelos juízes das Varas Cíveis, Família, Criminais, Fazenda Pública etc., tudo o que não for da competência dos Juizados Especiais.
Integra qual órgão?	Turmas Recursais	Turmas e Câmaras Especializadas
Tem tratamento de desembargador?	NÃO	• Aplicam-se as normas referentes a localização, férias, permuta e transferência dos desembargadores. • Exercem atividade exclusivamente jurisdicional, ou seja, não participam de sessões administrativas • Nos atos, andamentos e registros concernentes à atividade judicial, os juízes de direito substitutos de segundo grau serão identificados como desembargadores

ATENÇÃO! A LOJDFT e Provimento Geral da Corregedoria não tratam em nenhum momento dos juízes substitutos do segundo grau! Há previsão somente no Regimento Interno.

2.1. A COMPOSIÇÃO DO TJDFT

O TJDFT, com sede na Capital Federal, compõe-se de **48 (quarenta e oito) desembargadores** e exerce sua jurisdição no **Distrito Federal e nos Territórios**.

O Tribunal possui atribuições tanto **jurisdicionais** (julga processos e recursos judiciais) quanto **administrativas** (trata de questões relativas ao seu funcionamento interno ou de assuntos institucionais).

Para que as suas atribuições sejam desempenhadas de forma organizada e eficiente, o Tribunal se divide em órgãos colegiados com competências e atribuições definidas na LOJDFT e/ou no Regimento Interno.

Para tratar das questões **jurisdicionais**, o TJDFT é composto de órgãos fracionários, sendo eles o **Conselho Especial,** as **Câmaras** e as **Turmas**.

Como esse assunto foi cobrado em concurso?

No concurso para Analista Judiciário/Execução de Mandados (2003) foi perguntado: *"O Tribunal de Justiça do Distrito Federal e dos Territórios (TJDFT) compreende uma Seção Cível e uma Criminal, as quais, por sua vez, se subdividem em três Turmas Cíveis e três Turmas Criminais, respectivamente; a presidência das seções cabe ao vice-presidente do tribunal"*. O item foi considerado errado, tendo em vista o disposto no art. 9º da LOJDFT, que fala de Câmaras e não de Seções.

A matéria **administrativa** é tratada pelo **Tribunal Pleno** – órgão máximo do Tribunal, composto pela integralidade de seus membros –, pelo **Conselho Administrativo**[1] e pelo **Conselho da Magistratura**.

O Regimento Interno cuida da organização, competência, atribuição e funcionamento de cada um desses órgãos.

FUNÇÕES JURISDICIONAIS	FUNÇÕES ADMINISTRATIVAS
• Conselho Especial • Câmaras • Turmas	• Tribunal Pleno • Conselho Administrativo • Conselho da Magistratura

Parentesco nos órgãos fracionários: Não poderão ter assento na mesma **Turma** ou **Câmara** do Tribunal de Justiça desembargadores cônjuges ou parentes em linha reta ou colateral, inclusive por afinidade, até o 3º (terceiro) grau.

1. O Provimento Geral da Corregedoria e o Regimento Interno não utilizam a expressão "Conselho Administrativo", constando unicamente na LOJDFT. O Conselho Administrativo nada mais era do que a antiga denominação do Conselho Especial quando atuava no exercício de suas funções administrativas, conforme previsto em Regimento Interno anterior. Mantivemos o texto original tal como previsto na LOJDFT apenas para resguardar a fidelidade com a legislação.

GRAUS DE PARENTESCO:

Grau em linha reta são os **ascendentes** (pais, avós, bisavós etc.) e **descendentes** (filhos, netos, bisnetos etc.).

Grau em linha colateral são parentes **não descendentes ou não ascendentes uns dos outros**, como os tios, sobrinhos e primos.

Parentesco por **afinidade** é estabelecido a partir do casamento, como os sogros e cunhados. Vejamos.

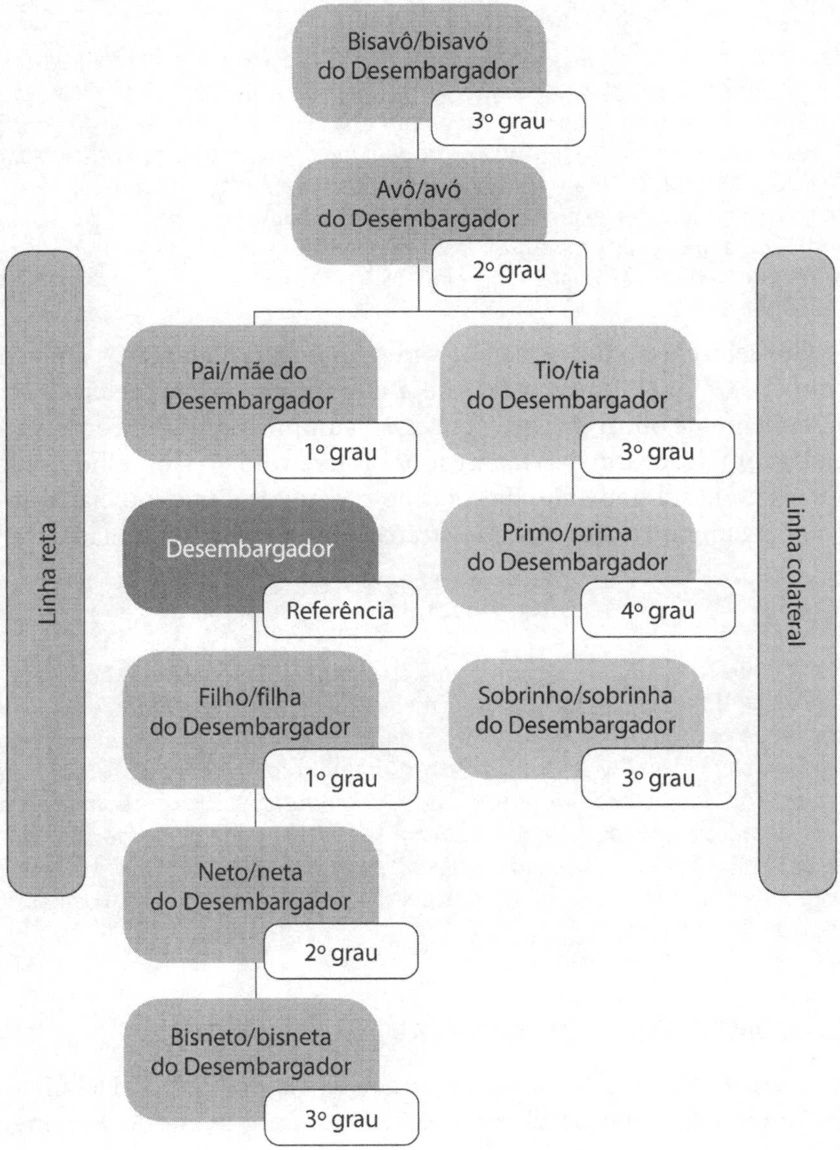

Como esse assunto foi cobrado em concurso?

No concurso para Técnico Judiciário/Área Administrativa e Judiciária (2003) foi perguntado: *"Considere a seguinte situação hipotética. Fernando e Letícia, casados entre si, são juízes de direito aprovados em regular concurso público. Com o tempo, vieram a ser promovidos, no mesmo mês, para o cargo de desembargador do TJDFT. Nessa situação, por serem ambos juízes de carreira, não haveria impedimento legal a que os dois viessem a ser lotados na mesma turma de julgamento do tribunal".* O item foi considerado errado, tendo em vista o disposto no art. 7º da LOJDFT.

No concurso para Analista Judiciário/Atividade Processual (2000) foi perguntado: *"Considere a seguinte situação hipotética: Maria Amorim é desembargadora do TJDFT e tem um sobrinho, Claudionor Amorim, que é juiz de direito do DF. Claudionor veio a ser promovido, por antiguidade, ao cargo de desembargador daquele Tribunal. Nessa situação, uma vez que a promoção do sobrinho decorreu apenas de fatores objetivos, nada impede que o novo desembargador venha a integrar qualquer um dos órgãos fracionários do Tribunal".* O item foi considerado errado, tendo em vista o disposto no art. 7º da LOJDFT.

Conselho Especial: os parentes podem integrá-lo, todavia, conforme §1º do art. 6º do Regimento Interno a intervenção de um determinará o impedimento de outro, salvo se for sessão administrativa do Conselho Especial. Exemplo: Se um desembargador profere voto no Conselho Especial o seu irmão ficará impedido de votar no mesmo processo judicial. Se estiver em julgamento matéria administrativa, esse impedimento não ocorre.

Como esse assunto foi cobrado em concurso?

No concurso para Analista Judiciário/Execução de Mandados (2003) foi perguntado: *"Considere a seguinte situação hipotética. Os desembargadores A e B são irmãos e compõem o TJDFT, lotados em turmas diferentes. Em um processo de competência do Conselho Especial do Tribunal, o desembargador A proferiu seu voto antes do irmão, em virtude das regras de precedência. Nessa situação, o desembargador B poderá também proferir seu voto normalmente, por se tratar de processo de competência do Conselho Especial, de que fazem parte todos os membros do tribunal".* O item foi considerado errado, tendo em vista o disposto no art. 6º, §1º, do RITJDFT.

2.2. COMPETÊNCIA DO TJDFT (ART. 8º DA LOJDFT)

O art. 8º da LOJDFT trata da competência do TJDFT. Definir qual o órgão interno responsável por cada atribuição é tarefa do **Regimento**

Interno, visto que a lei se limita a relacioná-las, sem, contudo, identificar qual o órgão fracionário competente.

E o que podemos entender por competência? Para compreendermos o seu significado, é importante, primeiro, entender o que é **jurisdição.**

> **Jurisdição** (ou função jurisdicional) é "a função estatal de solucionar as causas que são submetidas ao Estado, através do processo, aplicando a solução juridicamente correta" (CÂMARA, Alexandre Fretas. *O novo processo civil brasileiro*. 2ª ed. São Paulo: Atlas, 2016, p. 32).
>
> Em outras palavras, é o poder que o Judiciário tem de dizer o direito em casos concretos, à luz da Constituição, das leis e das demais normas aplicáveis.
>
> Logo:
>
> **Competência**, por sua vez, é um termo técnico que significa a delimitação do exercício da jurisdição. Todos os magistrados têm jurisdição, mas não necessariamente a mesma competência.

Alguns exemplos:

✓ o Juiz da Vara de Família é competente para decidir questões relacionadas ao direito de família, mas não é competente para julgar ações penais ou recursos interpostos contra a decisão de outros juízes;

✓ O Superior Tribunal de Justiça é competente para julgar recurso especial, mas não é competente para julgar mandado de segurança impetrado contra decisão de juiz de primeira instância.

✓ Os Tribunais de Justiça têm competência para julgar recursos interpostos contra decisões proferidas pelos juízes de primeira instância, mas não são competentes para julgar recursos endereçados ao Superior Tribunal de Justiça ou ao Supremo Tribunal Federal.

✓ O Tribunal Superior Eleitoral não tem competência para julgar questões relativas ao direito do Trabalho, assim como o Tribunal Regional Federal não tem competência para julgar questões de direito eleitoral.

✓ Em suma, todos os membros do Judiciário têm jurisdição, vale dizer, todos podem aplicar o direito aos casos que lhe são submetidos, todavia, isso ocorre nos limites de sua competência.

Estudaremos a competência jurisdicional (julgar processos e recursos judiciais) e administrativa (organização interna, funcional e institucional) do TJDFT.

2.2.1. Competência jurisdicional do TJDFT

A competência do TJDFT é originária ou recursal. Diz-se originária aquela relativa aos feitos que iniciam diretamente no Tribunal (segunda instância), ou seja, não existe neste caso, um trâmite prévio no primeiro grau de jurisdição.

A competência recursal pressupõe o prévio ajuizamento de ação na primeira instância que, após decisão proferida por um juiz, foi interposto recurso a ser examinado pelo Tribunal.

Segue abaixo o rol das competências do TJDFT

PROCESSAR E JULGAR ORGINARIAMENTE	
Crimes comuns e de responsabilidade	Governadores dos Territórios Vice-Governador do Distrito Federal Secretários dos Governos do Distrito Federal e dos Territórios Juízes de Direito do Distrito Federal e dos Territórios Juízes de Direito Substitutos do Distrito Federal e dos Territórios
Crimes comuns	Deputados Distritais **Crimes de responsabilidade** praticados por Deputados Distritais são julgados pela **Câmara Legislativa do DF.**

ATENÇÃO!	
Crime praticado por Governador do DF **Crime praticado por Desembargador do TJDFT**	**STJ** julga
Crime eleitoral	Justiça Eleitoral julga

Como esse assunto foi cobrado em concurso?

No concurso para Analista Judiciário/Execução de Mandados (2003) foi perguntado: *"Se, no âmbito da jurisdição do TJDFT, um secretário de governo cometer um crime eleitoral, não caberá ao TJDFT o julgamento da respectiva ação penal"*. O item foi considerado correto por corresponder ao art. 8º, I, "a", da LOJDFT.

No concurso para Analista Judiciário/Área Judiciária, em 2015, foi considerado errada a assertiva que dizia: *"O TJDFT tem competência originária para processar e julgar o governador e o vice-governador do DF em crimes comuns e de responsabilidade"*. De acordo com o art. 8º, I, "a", da LOJDFT, o TJDFT somente julga originariamente o Vice-Governador do Distrito Federal e os Governadores dos Territórios. O Governador do DF é julgado pelo STJ.

IMPORTANTE: Nas causas de sua competência originária, ao Tribunal compete executar as decisões que proferir, **podendo delegar aos juízes de primeiro grau a prática de atos não decisórios**, ou seja, o juiz de primeiro grau ficará incumbido de cumprir a determinação oriunda do Tribunal, já decidida, não cabendo ao magistrado singular a prática de qualquer ato que venha acatar ou negar pedido das partes.

Ação direta de inconstitucionalidade e ação declaratória de constitucionalidade (ver item 5.2.1)

AÇÃO DIRETA DE INCONSTITUCIONALIDADE	AÇÃO DECLARATÓRIA DE CONSTITUCIONALIDADE
A ação direita de inconstitucionalidade (ADI) É uma ação constitucional pela qual se busca a declaração de inconstitucionalidade entre lei e qualquer ato normativo distritais e a Lei Orgânica do Distrito Federal (LODF). É por meio dela que se faz o controle concentrado de conformidade entre lei e atos normativos distritais, sendo que a inconstitucionalidade da lei pode ser total, ou parcial, vale dizer, apenas algumas partes da lei podem ser reputadas inconstitucionais.	A ação declaratória de constitucionalidade (ADC) tem como objetivo reconhecer a compatibilidade do ato normativo e de lei distrital com a Lei Orgânica do DF. Tendo em vista que ato emanado pelo poder público presume-se válido e constitucional, é necessária a demonstração de controvérsia judicial relevante sobre a aplicação da disposição objeto da ação declaratória, ou seja, que a validade da norma impugnada suscite, concretamente, diversas dúvidas a respeito da sua aplicação.

	Ação Direta de Inconstitucionalidade	Ação Declaratória de Constitucionalidade
Quem pode propor	• Governador do Distrito Federal; • Mesa da Câmara Legislativa do Distrito Federal; • Procurador-Geral de Justiça; • Ordem dos Advogados do Brasil, Seção do Distrito Federal;	• Governador do Distrito Federal; • Mesa da Câmara Legislativa do Distrito Federal; • Procurador-Geral de Justiça;

	Ação Direta de Inconstitucionalidade	Ação Declaratória de Constitucionalidade
	• Entidades sindicais ou de classe, de atuação no Distrito Federal, demonstrando que a pretensão por elas deduzida guarda relação de pertinência direta com os seus objetivos institucionais; • Partidos políticos com representação na Câmara Legislativa.	
PGJ sempre ouvido?	SIM	SIM
Votação	Maioria absoluta dos membros ou do órgão especial para declarar a inconstitucionalidade de lei ou de ato normativo do Distrito Federal ou suspender a vigência em decisão de medida cautelar.	
Efeitos	Declarada a inconstitucionalidade por omissão de medida para tornar efetiva norma da Lei Orgânica do Distrito Federal, a decisão será comunicada ao Poder competente para adoção das providências necessárias e, tratando-se de órgão administrativo, para fazê-lo em 30 (trinta) dias	

Disposições comuns
– Procedimento regulamentado pelo RITJDFT (art. 136 a art. 163) – Aplicam-se, no que couber, ao processo e julgamento da ação direta de inconstitucionalidade de lei ou ato normativo do Distrito Federal, em face da sua Lei Orgânica, as normas sobre o processo e o julgamento da ação direta de inconstitucionalidade perante o Supremo Tribunal Federal.

Como esse assunto foi cobrado em concurso?

No concurso para Técnico Judiciário/Área Administrativa (2015) foi perguntado: *"Aqueles que são legitimados para propor ação direta de inconstitucionalidade podem também ajuizar ação declaratória de constitucionalidade"*. O item foi considerado errado, tendo em vista que os legitimados para a ADI estão relacionados no art. 8º, §2º, da LOJDFT, enquanto que os legitimados para a ADC foram elencados no §3º do art. 8º da LOJDFT.

Como esse assunto foi cobrado em concurso?

No concurso para Analista Judiciário/Área Judiciária (2013), foi perguntado: *"Considere que determinada entidade de classe do DF pretenda ajuizar, no TJDFT, ação direta de inconstitucionalidade para discutir, em face de sua Lei Orgânica, ato normativo do DF. Nesse caso, a referida entidade deverá demonstrar que a pretensão deduzida guarda relação direta com seus objetivos institucionais"*. O item foi considerado correto por corresponder ao art. 8º, §2º, V, da LOJDFT.

No concurso para Técnico Judiciário/Área Administrativa (2013), foi perguntado: *"Considere que determinado partido político com representação na Câmara Legislativa tenha ajuizado ação direta de inconstitucionalidade perante o TJDFT discutindo norma da Lei Orgânica do DF. Nessa situação, no processo e julgamento da ação, o procurador-geral de justiça deverá, obrigatoriamente, ser ouvido"*. O item foi considerado correto por corresponder ao inciso II do §4º do art. 8º da LOJDFT.

No concurso para Analista Judiciário/Atividade Processual (2000) foi perguntado: *"A ação cabe contra lei distrital, ato normativo produzido no âmbito do DF ou contra a Lei Orgânica do DF, naquilo em que se contrapuserem à Constituição da República"*. O item foi considerado errado, tendo em vista o disposto no art. 8º, I, "n", da LOJDFT.

No concurso para Analista Judiciário/Atividade Processual (2000) foi perguntado: *"Entre outros órgãos, entes e autoridades, têm legitimidade para ajuizar a ADIn o Procurador-Geral da República e partido político com representação no Congresso Nacional ou na Câmara Legislativa"*. O item foi considerado errado, tendo em vista o disposto no art. 8º, §2º, II e III, da LOJDFT".

No concurso para Analista Judiciário/Atividade Processual (2000) foi perguntado: *Representará o ministério público nessa ação o Procurador-Geral de Justiça ou, na ausência deste, o Procurador-Geral da República"*. O item foi considerado errado, tendo em vista o disposto no art. 8º, §4º, I, da LOJDFT.

REMÉDIOS CONSTITUCIONAIS	
Mandado de segurança ***Habeas data***	• Atos do Presidente do Tribunal e de qualquer de seus órgãos e membros, • Atos do Procurador-Geral da Justiça do Distrito Federal e dos Territórios, • Atos dos Juízes do Distrito Federal e dos Territórios,

REMÉDIOS CONSTITUCIONAIS	
Mandado de segurança ***Habeas data***	• Atos do Governador do Distrito Federal, dos Governadores dos Territórios, • Atos do Presidente do Tribunal de Contas do Distrito Federal e de qualquer de seus membros, • Atos do Procurador-Geral do Distrito Federal • Atos dos Secretários de Governo do Distrito Federal e dos Territórios
Habeas corpus	• Atos do Presidente do Tribunal e de qualquer de seus órgãos e membros, • Atos do Procurador-Geral da Justiça do Distrito Federal e dos Territórios, • Atos dos Juízes do Distrito Federal e dos Territórios, • Atos do Presidente do Tribunal de Contas do Distrito Federal e de qualquer de seus membros, • Atos do Procurador-Geral do Distrito Federal • Atos dos Secretários
Mandado de injunção	• elaboração da norma regulamentadora de atribuição de órgão, entidade ou autoridade do Distrito Federal, quer da administração direta, quer da indireta

Como esse assunto foi cobrado em concurso?

No concurso para Analista Judiciário/Execução de Mandados (2003) foi perguntado: *"Caso um cidadão impetre habeas corpus contra o governador do Distrito Federal (DF), a competência para julgamento será do TJDFT"*. O item foi considerado errado, tendo em vista o disposto no art. 8º, I, "d", da LOJDFT.

No concurso para Analista Judiciário/Atividade Processual (2000) foi perguntado: *"Apesar de competir ao TJDFT o julgamento de mandado de segurança impetrado contra ato do governador do DF, essa Corte não tem competência para apreciar habeas corpus impetrado contra ato da mesma autoridade"*. O item foi considerado correto por corresponder ao art. 8º, I, "c" e "d", da LOJDFT.

No concurso para Analista Judiciário/Atividade Processual (2000) foi perguntado: *"O TJDFT tem competência para processar e julgar mandados de injunção, desde que a norma regulamentadora cuja inexistência justifique a impetração caiba a órgão, ente ou autoridade do DF"* O item foi considerado correto por corresponder ao art. 8º, I, "e", da LOJDFT.

RECURSOS E INCIDENTES PROCESSUAIS	
Recursos	• (e remessas de ofício) das decisões dos Juízes de Direito do Distrito Federal e dos Territórios; • Das decisões dos membros do Tribunal nos casos previstos em lei e no RITJDFT • Embargos declaratórios e seus acórdãos • Embargos infringentes de seus julgados
Arguições de suspeição e impedimento	• Magistrados • Procurador-Geral de Justiça
Reclamações formuladas pelas partes e pelo Ministério Público, em 5 (cinco) dias	Contra ato ou omissão de juiz de que não caiba recurso ou que, importando em erro de procedimento, possa causar dano irreparável ou de difícil reparação
Exceção da verdade em crime contra a honra	Querelante com foro por prerrogativa da função
Ação direta de inconstitucionalidade de lei ou ato normativo do DF	Em face de sua Lei Orgânica
Ação declaratória de constitucionalidade de lei ou ato normativo do DF	Em face de sua Lei Orgânica
Intervenção Federal no DF	De ofício ou mediante provocação
Representações por indignidade para o Oficialato	Polícia Militar e Corpo de Bombeiros do Distrito Federal e dos Territórios

Como esse assunto foi cobrado em concurso?

No concurso para Analista Judiciário/Atividade Processual (2000) foi perguntado: "*Se um juiz produzir um ato processual do qual não caiba recurso ou que, importando em erro de procedimento, possa causar dano irreparável ou de difícil reparação, contra esse ato o único remédio processual adequado será o ajuizamento de mandado de segurança*". O item foi considerado correto por corresponder ao art. 8º, I, "l", da LOJDFT.

OUTROS
• Conflitos de competência entre órgãos do próprio Tribunal; • Ações rescisórias e revisões criminais de seus julgados; • Pedidos de uniformização de sua jurisprudência; • Decidir sobre a perda de posto e da patente dos oficiais e da graduação dos praças

Procurador-Geral do Distrito Federal: é o chefe da Procuradoria do Distrito Federal, órgão responsável pela representação judicial e a consultoria jurídica do Distrito Federal e de suas autarquias e fundações, privativas dos Procuradores do Distrito Federal (art. 1º da Lei Complementar Distrital n. 395/2001). Integra o Poder Executivo do Distrito Federal.

Procurador-Geral da Justiça do Distrito Federal: é o chefe do Ministério Público do Distrito Federal. Ministério Público é instituição permanente, essencial à função jurisdicional do Estado, incumbindo-lhe a defesa da ordem jurídica, do regime democrático e dos interesses sociais e individuais indisponíveis (art. 1º da Lei n. 8.625/93). O Ministério Público do Distrito Federal e Territórios exercerá as suas funções nas causas de competência do Tribunal de Justiça e dos Juízes do Distrito Federal e Territórios (art. 149 da Lei Complementar n. 75/93). Não integra nenhum dos três poderes.

Como esse assunto foi cobrado em concurso?

No concurso para Analista Judiciário/Área Processual (2003) foi perguntado: *"Embora em algumas situações se aplique a regra para julgamento de ações rescisórias segundo a qual esse julgamento compete a órgão judiciário superior àquele que haja produzido o julgado, as ações rescisórias contra acórdãos do TJDFT devem ser julgadas pelo próprio tribunal"*. A assertiva foi considerada correta por corresponder ao art. 8º, I, "g", da LOJDFT.

No concurso para Analista Judiciário/Atividade Processual (2000) foi perguntado: *"Se um cidadão ajuizar ação rescisória contra acórdão do TJDFT, caberá ao próprio Tribunal o julgamento dela"*. O item foi considerado correto por corresponder ao art. 8º, I, "g", da LOJDFT.

No concurso para Analista Judiciário/Área Processual (2003) foi perguntado: *"Se uma Turma Cível e uma Turma Criminal do TJDFT gerarem a instauração de um conflito de competência no curso de determinado processo, caberá ao Superior Tribunal de Justiça o julgamento do incidente, para definir o órgão com competência para a causa"*. A assertiva foi considerada errada, tendo em vista o disposto no art. 8º, I, "f" da LOJDFT.

2.2.2. Competência administrativa do TJDFT

Ao lado da missão constitucional de solucionar processos judiciais, como visto acima, o TJDFT também atual administrativamente, organizando a sua estrutura interna e tratando de assuntos institucionais.

Vejamos.

PENALIDADES E AFASTAMENTOS	
Magistrados	• Sanções disciplinares • Decidir, para efeito de aposentadoria, sobre incapacidade física ou mental • Decidir quanto à disponibilidade e à remoção compulsória de Juiz de Direito
Integrantes dos serviços auxiliares da Justiça do DF e Territórios	Aplicar pena de demissão ou perda da delegação, se for o caso
CARREIRA	
Elaborar lista tríplice	• Vagas do quinto para advogados e membros do MP • Vagas de advogados no TRE (notável saber jurídico e idoneidade moral)
Eleger para o TRE	Desembargadores e juízes
Indicar ao Presidente do Tribunal	• Juiz para promoção por antiguidade ou merecimento e autorizar permutas; • Juízes para Turmas Recursais
ORGANIZAÇÃO INTERNA	
Organizar e realizar concursos	• Magistratura do Distrito Federal e dos Territórios; • Cargos do Quadro do Tribunal de Justiça; • Exercício da atividade notarial e de registro;
Dispor sobre normas e critérios	Concurso de remoção dos notários e oficiais de registro

ORGANIZAÇÃO INTERNA
• Elaborar o Regimento Interno do Tribunal; • Aprovar o Regimento Administrativo da Secretaria e da Corregedoria; • Organizar os serviços auxiliares, provendo os cargos, na forma da lei; • Decidir sobre matéria administrativa pertinente à organização e ao funcionamento da Justiça do Distrito Federal e dos Territórios • Propor ao Congresso Nacional o Regimento de Custas das Serventias Judiciais e dos Serviços Notariais e de Registro a viger no Distrito Federal e Territórios

IMPORTANTE: o TJDFT pode designar, sem prejuízo de suas funções, até 2 (dois) Juízes de Direito para Assistentes da Presidência do Tribunal e até 4 (quatro) Juízes de Direito para Assistentes do Corregedor de Justiça, a eles podendo ser delegadas funções correicionais em cartórios judiciais e Serviços Notariais e de Registro.

CAPÍTULO 3

ADMINISTRAÇÃO DO TJDFT

Compõem a Administração Superior do Tribunal o Presidente, o Primeiro Vice-Presidente, o Segundo Vice-Presidente e o Corregedor, que serão eleitos por seus pares, na forma da Lei Orgânica da Magistratura Nacional - LOMAM, para um período de 2 (dois) anos, **vedada a reeleição.**

Como esse assunto foi cobrado em concurso?

No concurso para Técnico Judiciário/Área Administrativa e Judiciária (2000) foi perguntado: *"Os mandatos do presidente, do vice-presidente e do corregedor do TJDFT são de três anos"*. O item foi considerado errado, tendo em vista o disposto no art. 5º da LOJDFT.

No concurso para Técnico Judiciário/Área Administrativa e Judiciária (2000) foi perguntado: *"O presidente, o vice-presidente e o corregedor do TJDFT podem ser reeleitos para os mesmos cargos, respectivamente, uma única vez"*. O item foi considerado errado, tendo em vista o disposto no art. 5º da LOJDFT.

Possível, no entanto, que um **ocupante** de um **cargo** da **Administração** seja **eleito** para **outro cargo**, situação corriqueira na prática.

Exemplo: o Primeiro Vice-Presidente, ao término do seu mandato, pode ser eleito para o cargo de Corregedor.

RECAPITULANDO	
Presidente	Eleitos pelos desembargadores Mandato de 2 anos Vedada a reeleição, salvo para outro cargo
Primeiro Vice-Presidente	
Segundo Vice-Presidente	
Corregedor	

IMPORTANTE: Somente haverá o **Segundo Vice-Presidente** se o **TJDFT** estiver com a sua **composição completa.** É o que ocorre atualmente, com 48 desembargadores

3.1. REGRAS GERAIS DA ELEIÇÃO PARA OS CARGOS DA ADMINISTRAÇÃO SUPERIOR E RESPECTIVAS SUBSTITUIÇÕES

Vagando os cargos de Presidente, Primeiro e Segundo Vice-Presidentes ou Corregedor, realizar-se-á nova eleição para completar o mandato, salvo se faltarem menos de 6 (seis) meses para o seu término, caso em que a substituição do Presidente será feita pelo Primeiro e Segundo Vice-Presidentes, sucessivamente, e a destes ou do corregedor pelo desembargador mais antigo.

Como esse assunto foi cobrado em concurso?

No concurso para Analista Judiciário/Área Judiciária (2007), foi perguntado (com adaptações): "*Roberto e Paula ocupam, respectivamente, os cargos de primeiro vice-presidente e corregedora do TJDFT. Nessa situação, se faltarem menos de 6 meses para o término dos mandatos e houver vacância do cargo de primeiro vice-presidente, este será substituído por Paula*". O item foi considerado errado, tendo em vista o disposto no art. 5º, §1º, da LOJDFT.

No concurso para Analista Judiciário/Execução de Mandados (2003) foi perguntado: "*Considere a seguinte situação hipotética. Maria era a presidente do TJDFT, e seu mandato estender-se-ia de 23 de abril de 2001 a 22 de abril de 2002. Por ser fumante, ela faleceu de enfisema pulmonar em janeiro de 2002. Nessa situação, o novo presidente do tribunal deveria ter sido escolhido por meio de eleição entre os membros do órgão*". O item foi considerado errado, tendo em vista o disposto no art. 5º, §1º, da LOJDFT.

VAGANDO CARGOS DA ADMINISTRAÇÃO ANTES DO FIM DO MANDATO (art. 42 do RITJDFT)	
Faltando 6 meses ou mais para o fim	Nova eleição para completar mandato
Faltando menos de 6 meses para o fim	Substituição legal
E COMO FUNCIONA A SUBSTITUIÇÃO LEGAL?	
Presidente	1º Vice ou 2º Vice
1º Vice, 2º Vice ou Corregedor	Desembargador mais antigo

E SE FOR O CASO DE NOVA ELEIÇÃO (art. 372, §§1º e 2º do RITJDFT)?	
Vacância de algum dos cargos de direção:	Presidente convoca para um dos 15 dias seguintes
Vacância de algum dos cargos de direção em virtude de aposentadoria compulsória:	A eleição será realizada dentro dos 20 dias que antecederem sua ocorrência.

Afastamento do Presidente para missão oficial fora do Distrito Federal inferior a 15 dias → Não se transmite a presidência → Primeiro Vice-Presidente pratica atos manifestamente urgentes

Afastamento do Presidente para missão oficial fora do Distrito Federal superior a 15 dias → Transmite a presidência → Transmissão feita por ofício

A transmissão da presidência far-se-á mediante ofício.

> **IMPORTANTE:** *caso a vaga seja decorrente de eleição para completar período de mandato inferior a 1 (um) ano. Art. 5º, § 1º da LOJDFT e art. 102, parágrafo único da LOMAN.*

> **ATENÇÃO**
>
> - A eleição do Segundo Vice-Presidente proceder-se-á somente da composição total do número de desembargadores, que é 48.
> - A substituição de desembargador processar-se-á na forma da LOMAN e do RITJDFT
> - A convocação de juízes far-se-á dentre os Juízes de Direito do Distrito Federal, nos termos da LOMAN e do RITJDFT

3.2. AS ATRIBUIÇÕES DO PRESIDENTE, DO PRIMEIRO VICE-PRESIDENTE E DO SEGUNDO VICE-PRESIDENTE E DO CORREGEDOR

O Presidente é o principal gestor do Tribunal, a quem compete dirigir os trabalhos e tratar de questões institucionais de um modo geral. O

Primeiro Vice-Presidente e o Segundo Vice-Presidente substituem o Presidente e exercem demais atribuições previstas no Regimento Interno

ATRIBUIÇÕES DO PRESIDENTE E DOS VICE-PRESIDENTES	
Presidente	• Dirigir os trabalhos do Tribunal; • Representar o Poder Judiciário do Distrito Federal e dos Territórios em suas relações com os demais Poderes e autoridades; • Conceder a delegação para o exercício da atividade notarial e de registro, bem como extingui-la, nos casos previstos em lei, declarando vago o respectivo serviço; • Autorizar, na forma da lei, a ocupação de áreas de prédios da Justiça do Distrito Federal e dos Territórios. • Demais atribuições contidas no RITJDFT
1º e 2º Vice-Presidente	• Substituírem, **sucessivamente**, o Presidente em suas faltas e impedimentos. • Praticar todos os atos que lhe forem atribuídos no Regimento Interno. • Serão substituídos em suas faltas e impedimentos na forma que dispuser o Regimento Interno.

IMPORTANTE: O Presidente é substituído pelo **Primeiro Vice-Presidente**, e, somente nas **ausências** deste, é que o **Segundo Vice-Presidente** é **chamado** para substituir.

O Corregedor, por sua vez, exerce atribuições que podem ser classificadas, para fins didáticos, em disciplinares, de gestão e de pessoal.

São elas:

ATRIBUIÇÕES DO CORREGEDOR	
Disciplinar	-Supervisionar e exercer o poder disciplinar, relativamente aos serviços forenses, sem prejuízo do que é deferido às autoridades de menor hierarquia -Instaurar sindicância e processo administrativo disciplinar para apurar infrações praticadas pelos notários, oficiais de registro e afins e seus prepostos, aplicando as penas cabíveis, **exceto a perda de delegação**

ATRIBUIÇÕES DO CORREGEDOR	
Administrativa/Gestão	-Exercer a fiscalização dos atos notariais e de registro, zelando para que sejam prestados com rapidez, qualidade satisfatória e de modo eficiente, -Designar o **Juiz de Direito Substituto** responsável pela distribuição da Circunscrição Judiciária de Brasília -Regular a atividade do **Depositário Público**, dispondo especialmente sobre as formas de controle dos bens em depósito, bem como as atividades dos Contadores-Partidores e Distribuidores.
Pessoal	-Indicar à nomeação os **Diretores de Secretaria das Varas vagas**, os Depositários Públicos, os Contadores-Partidores e os Distribuidores -Designar o Juiz Diretor do Fórum das circunscrições judiciárias do Distrito Federal e fixar-lhe as atribuições

Como esse assunto foi cobrado em concurso?

No concurso para Técnico Judiciário/Área Administrativa (2015) foi perguntado: *"É atribuição do presidente do Tribunal de Justiça do Distrito Federal e Territórios (TJDFT) a supervisão e o exercício do poder disciplinar em relação aos serviços forenses, sem prejuízo do que é deferido às autoridades de menor hierarquia".* A assertiva foi considerada errada, tendo em vista que o art. 12, I, da LOJDFT estabelece ser atribuição do Corregedor.

O que vem a ser a **correição**?

CORREIÇÃO: Função administrativa que tem por finalidade emendar e corrigir os erros e abusos de autoridades judiciárias e dos serventuários da justiça e auxiliares[1].

Entre as atribuições administrativas do Corregedor, tem-se a possibilidade de delegação de alguns atos para melhor divisão de trabalhos, salvo a correição geral dos Territórios, que é feita pessoalmente.

1. https://www.tjdft.jus.br/publicacoes/edicoes/manuais-e-cartilhas/GLOSSARIO_juridico2011_105x105.pdf

DELEGAÇÃO DE ATOS PELO CORREGEDOR	
Delegação a juízes	Realização de correição nas serventias e a presidência de processos administrativos disciplinares, **salvo para apurar prática de infração penal atribuída a juiz (juiz não pode investigar juiz de mesmo grau de jurisdição).**
Correição geral dos Territórios	Feita pessoalmente pelo Corregedor e abrangerá, no mínimo, em cada ano, a metade das circunscrições neles existentes, de forma que, no final do biênio, estejam todas inspecionadas

O Corregedor será substituído em suas faltas e impedimentos na forma que dispuser o **Regimento Interno.**

Substituição do Corregedor: De acordo com o art. 57 do RITJDFT, o **Corregedor** será **substituído** pelos **demais desembargadores**, observada a ordem **decrescente** de **antiguidade**, a partir do substituído, **excluídos** os desembargadores que integram o **Tribunal Regional Eleitoral do Distrito Federal**.

CAPÍTULO 4

PROCEDIMENTO E JULGAMENTO NO TRIBUNAL

O procedimento e o julgamento dos feitos pelo Tribunal, é disciplinado pelo Regimento Interno, na forma da lei processual. A lei processual é a que regulamenta o trâmite do processo, seja ele cível (Código de Processo Civil), criminal (Código de Processo Penal) etc.

No segundo grau é feita uma distribuição aleatória e alternada do processo, havendo sorteio a um desembargador relator, a quem caberá presidir o processo e determinar a realização de diligências que entender necessárias.

Como esse assunto foi cobrado em concurso?

No concurso para Técnico Judiciário/Área Administrativa e Judiciária (2000) foi perguntado: "*Considere a seguinte situação hipotética: Durante o período de funcionamento normal do TJDFT, Marcos interpôs apelação contra sentença que lhe fora desfavorável em uma ação de despejo. Logo após a distribuição do recurso na Corte, mas, antes de os autos serem remetidos ao desembargador relator, surgiu situação que impôs ao apelante requerer, por meio de seu advogado, determinada medida judicial urgente no âmbito daquele processo. Nessa situação, a competência para apreciar o requerimento da medida urgente será do relator*". O item foi considerado correto por corresponder ao art. 14 da LOJDFT.

Verificando o relator que a competência para a causa é de outro órgão, encaminhará os autos por despacho à redistribuição.

Como esse assunto foi cobrado em concurso?

No concurso para Analista Judiciário/Área Judiciária (2007), foi perguntado: "*Jailson impetrou mandado de segurança em face de ato do Tribunal de Contas do DF, o qual foi distribuído para uma das turmas cíveis do TJDFT. Nessa situação, se o relator designado para presidir o mandado de segurança verificar que a competência para o julgamento é do Conselho Especial, ele deverá elaborar relatório e encaminhá-lo aos demais membros da Turma, pedindo pauta para julgamento, para que a questão da competência seja decidida pelo órgão colegiado".* O item foi considerado errado, tendo em vista o disposto no parágrafo único do art. 14 da LOJDFT.

Nas ações **criminais** de competência **originária** do Tribunal, o julgamento **poderá** ser realizado em sessão **secreta**, atendendo ao interesse público, nos termos da **Constituição Federal**.

Art. 93, IX, da Constituição Federal: "todos os julgamentos dos órgãos do Poder Judiciário serão públicos, e fundamentadas todas as decisões, sob pena de nulidade, podendo a lei limitar a presença, em determinados atos, às próprias partes e a seus advogados, ou somente a estes, em casos nos quais a preservação do direito à intimidade do interessado no sigilo não prejudique o interesse público à informação".

Como esse assunto foi cobrado em concurso?

No concurso para Analista Judiciário/Área Processual (2003) foi perguntado: "*Não obstante a norma constitucional que prevê a publicidade dos julgamentos do Poder Judiciário, o julgamento das ações penais de competência originária do TJDFT será sempre em sessão secreta, de acordo com a LOJDFT*". O item deve ser considerado errado, tendo em vista o art. 15 da LOJDFT. O gabarito oficial, todavia, considerou a assertiva correta.

CAPÍTULO 5

DO PRIMEIRO GRAU DE JURISDIÇÃO NO DISTRITO FEDERAL

5.1. COMPOSIÇÃO DO PRIMEIRO GRAU DE JURISDIÇÃO[1]

A Magistratura de Primeiro Grau do Distrito Federal compõe-se de Juízes de Direito e Juízes de Direito Substitutos.

> **Juiz de Direito**: é o juiz titular da Vara, responsável pela gestão da unidade judicial que se encontra lotado, ingressa na carreira após promoção da carreira de Juiz de Direito Substituto.
>
> **Juiz de Direito Substituto**: Após a aprovação em concurso, o magistrado da esfera estadual inicia a carreira como juiz substituto e seu cargo só se torna vitalício após cerca de dois anos de atividade[2]. Ao juiz substituto compete substituir ou trabalhar em conjunto com o juiz titular. Também possui lotação fixa (conforme entendimento do STF), no entanto, há possibilidade de ser designado periodicamente pelo Tribunal para suprir os afastamentos dos juízes titulares. No Distrito Federal, é comum que o fato de um juiz substituto levar até 08 anos para se tornar Juiz de Direito (titular). Não há hierarquia entre o juiz de direito substituto e juiz de direito (titular).

A Justiça de Primeiro Grau do Distrito Federal compreende as **Circunscrições Judiciárias** com o respectivo quantitativo de Varas definido no Anexo IV da LOJDFT.

O que vem a ser a Circunscrição Judiciária? "A circunscrição judiciária é uma forma de delimitação de território, ou definição de área de

1. Os conceitos transcritos no presente capítulo foram, na maioria, extraídos da página eletrônica https://www2.tjdft.jus.br/info/consJud.asp, com algumas modificações para fins didáticos.
2. http://www.cnj.jus.br/noticias/cnj/82067-cnj-servico-saiba-como-funciona-a-carreira-de-magistrado

competência onde o magistrado exerce sua autoridade[3]”. Noutras palavras, é o limite territorial de atuação do juiz. Se, por exemplo, ele está lotado na Circunscrição Judiciária do Guará, ele não pode atuar em processos de outras Circunscrições Judiciárias, salvo exceções legais, como a substituição.

Em cada Circunscrição Judiciária fica um **Fórum.**

> **Fórum**: Denominação atual que extensivamente se dá ao edifício onde se concentram e funcionam normalmente todos os serviços da justiça.

Assim, o Fórum do Guará situa-se na Circunscrição Judiciária do Guará, o Fórum do Paranoá está localizado na Circunscrição Judiciária do Paranoá.

Abaixo, a título de exemplo, imagens de alguns Fóruns do Distrito Federal:

Fórum do Núcleo Bandeirante[4]

Fórum de Brasília[5]

Fórum do Guará[6]

Fórum do Paranoá[7]

---

3. http://www.tjdft.jus.br/institucional/imprensa/direito-facil/circunscricao-judiciaria
4. https://www.flickr.com/photos/tjdftoficial/31440756357/in/album-72157698893120350/. A imagem referida, bem como as demais utilizadas nesta obra foram reproduzidas com base no item 3 dos Termos de Uso da página eletrônica do TJDFT, disponível em < https:// www.tjdft.jus.br/transparencia/protecao-de-dados-pessoais/termo-de-uso>.
5. <https://www.flickr.com/photos/tjdftoficial/5737114211/in/album-72157626758519196/>
6. <https://www.flickr.com/photos/tjdftoficial/47849464021/in/album-72157707088022071/>
7. <https://www.flickr.com/photos/tjdftoficial/5737607565/in/album-72157626634985249/>

ATENÇÃO: Enquanto a Circunscrição Judiciária corresponde ao limite territorial da atuação do juiz, o Fórum é o local, edifício, em que ele trabalha juntamente com os servidores lotados na Vara.

É possível que uma Circunscrição Judiciária abranja dois ou mais Fóruns. A Circunscrição Judiciária de Brasília sedia o Fórum Milton Sebastião Barbosa (abriga Varas Cíveis, Criminais, Órfãos e Sucessões e Varas de Execução de Título Extrajudicial), o Fórum Joaquim de Souza Neto – Fórum Verde – é composto pelas Varas da Fazenda Pública e pela Vara de Meio Ambiente, Desenvolvimento Urbano e Fundiário do DF.

Nas Circunscrições Judiciárias funcionam as Varas, sendo que em cada Vara há um juiz de direito lotado, além da respectiva equipe de servidores.

Exemplo: Na Circunscrição Judiciária de Brasília há 25 Varas Cíveis, 7 Varas de Família, 8 Varas da Fazenda Pública, dentre outras.

Vara: É cada uma das divisões de jurisdição de uma comarca, confiada a um juiz de direito. Ex: Vara Cível, de Família, Criminal, da Fazenda Pública.

Não existe hierarquia entre as Varas! A título de exemplo, a 1ª Vara Cível de Brasília não é hierarquicamente superior à 2ª Vara Cível de Brasília e vice-versa. A existência de duas ou mais Varas advém da necessidade da distribuição da carga de serviço. Caso existisse uma única Vara Cível em Brasília, esta unidade judicial ficaria responsável por pouco mais de 50.000,00 processos, o que seria inviável. O principal fator ensejador da criação de uma nova Vara é o volume de ações judiciais.

As especializações das Varas serão definidas pelo **Regimento Interno**, obedecendo-se às competências dos Juízos definidas nos arts. 18 a 44 da LOJDFT e mediante estudo técnico.

O TJDFT poderá utilizar, como critério para criação de novas Circunscrições Judiciárias, as Regiões Administrativas do Distrito Federal, mediante **Resolução**.

CASO CONCRETO: A **Resolução** 1 de 8 de janeiro de 2016 criou a Circunscrição Judiciária de Águas Claras. O Art. 2º da Resolução assim estabelece:

"Art. 2º A competência territorial da Circunscrição Judiciária de Águas Claras compreenderá as regiões administrativas de Águas Claras (RA XX), Vicente Pires (RA XXX)".

CASO CONCRETO: A Resolução nº 23 de 22 de novembro de 2010 ampliou a competência da Vara de Falências e alterou a sua denominação, passando a se chamar Vara de Falências, Recuperações Judiciais, Insolvência Civil e Litígios Empresariais.

Não houve, portanto, necessidade de alteração da LOJDFT, uma vez que a própria legislação permite esse tipo de transformação mediante Resolução (art. 17, §2º).

Por outro lado, é possível que uma Circunscrição Judiciária seja responsável por mais de uma Região Administrativa. **Exemplo:** A Circunscrição Judiciária do Núcleo Bandeirante é responsável pelas Regiões Administrativas do Núcleo Bandeirante, Candangolândia e Park Way.

Como esse assunto foi cobrado em concurso?

No concurso para Analista Judiciário/Área Judiciária (2007), foi perguntado: *"Conforme dispõe a lei em apreço, para cada região administrativa do DF corresponde uma área de jurisdição das circunscrições judiciárias do DF".* A assertiva foi considerada errada, tendo em vista o disposto no art. 17, §2º, da LOJDFT.

O TJDFT poderá remanejar Varas dentre as Circunscrições Judiciárias, quando for conveniente e oportuno. **Exemplo:** Remanejar uma Vara Cível da Circunscrição de Taguatinga para a Circunscrição de Águas Claras.

CASO CONCRETO: A **Resolução** 9 de 26 de julho de 2017 criou, na estrutura do primeiro grau de jurisdição, o 2º Juizado Especial Cível de Águas Claras, mediante transformação do 1º Juizado Especial Cível de Brasília.

O TJDFT poderá designar mais de uma das competências definidas nos arts. 18 a 44 da LOJDFT para 1 (uma) só Vara, observada a conveniência e oportunidade. **Por exemplo**, há, atualmente, a Vara de Família, Órfãos e Sucessões de Águas Claras, que incumbe processos relativos a inventários (matéria de competência da Vara de Órfãos e Sucessões) e, também, relativos às ações de alimento, divórcios, regulamentação de visitas etc. (matéria de competência da Vara de Família).

A **Vara** (unidade judicial) compreende o **gabinete** e o **cartório** (ou **secretaria**). O **gabinete** é o local de trabalho do juiz e da assessoria, e lá são produzidas as sentenças e as decisões. O **cartório** é o local responsável pelo cumprimento das determinações oriundas do gabinete e pela movimentação do processo (juntada de petição, expedição de mandados, certificação de publicação de sentenças e decisões etc.).

No gabinete o juiz conta com o **oficial de gabinete,** servidor concursado de carreira cuja principal função é coordenar a equipe da assessoria. No cartório essa função é desempenhada pelo **diretor de secretaria,** também concursado, de carreira.

> Não confundir o **cartório da Vara** com o **cartório extrajudicial**, local onde são lavradas escrituras públicas, autenticados documentos, reconhecidas firmas etc.

Esquematizando:

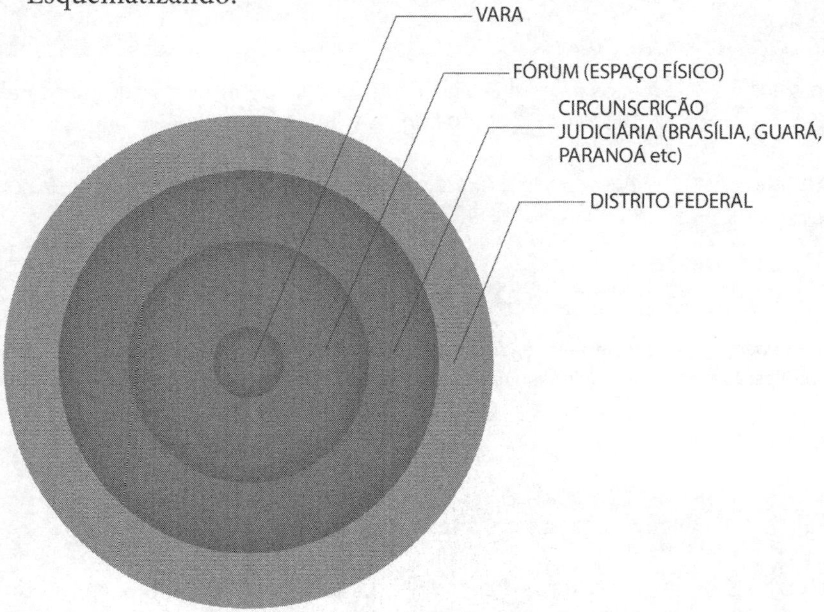

VARA	
Gabinete	Juiz, assessoria – elaboração de atos judiciais
	Auxiliar: oficial de gabinete
Cartório	Servidores – movimentação processual
	Auxiliar: diretor de secretaria

O tema será melhor tratado no Capítulo 7 (Dos Serviços Auxiliares)

5.2. TRIBUNAL DO JÚRI

O Tribunal do Júri, apesar do nome *Tribunal*, é órgão do **primeiro grau** de jurisdição. Ele é composto pelo Juiz-Presidente (juiz de direito) e por 7 jurados leigos (membros da comunidade), que são sorteados dentre uma lista de 25 indicados, na forma do art. 447 do Código de Processo Penal.

Os Tribunais do Júri terão a organização e a competência estabelecidas no **Código de Processo Penal.**

O Tribunal do Júri é competente para processar e julgar crimes dolosos contra avida, quais sejam, naqueles em que se tem a intenção de matar (homicídio, infanticídio, aborto etc.). Se o crime é culposo, caso em que não se tem a intenção de matar, a competência é da Vara Criminal.

Compete ao Juiz-Presidente do Tribunal do Júri	
Processar*	Feitos da competência do Tribunal do Júri, ainda que anteriores à propositura da ação penal, até julgamento final[8]
Processar e julgar	*Habeas corpus*, quando o crime atribuído ao paciente for da competência do Tribunal do Júri
Exercer	Demais atribuições previstas nas leis processuais

*O Juiz-Presidente é responsável pela condução do processo e por proferir decisões incidentes (pedidos de prisão, liberdade etc.), quem julga, em regra (há exceções), é o Conselho de Sentença, formado pelos jurados.

Como esse assunto foi cobrado em concurso?

No concurso para Analista Judiciário/Área Judiciária (2007), foi perguntado: "*Rogério foi preso em flagrante pelo crime de tentativa de homicídio. Em virtude de supostas irregularidades no ato da prisão e outras nulidades, Rogério impetrou habeas corpus. Nessa situação, a competência para processar e julgar o habeas corpus é do tribunal do júri da circunscrição judiciária do DF em que ocorreu o fato*". O item foi considerado correto por corresponder ao art. 19, III, da LOJDFT.

8. Seriam os feitos ainda na fase de Inquérito Policial. Nesse caso o juiz pode autorizar pedidos de busca e apreensão, interceptações telefônicas etc.

No concurso para Analista Judiciário/Área Processual (2003) foi perguntado: *"De acordo com a sistemática de competência das varas do tribunal do júri no Distrito Federal (DF), os inquéritos policiais instaurados para apurar o cometimento de crimes dolosos contra a vida serão de competência das varas criminais comuns e somente após o oferecimento da denúncia por parte do Ministério Público, com a consequente instauração da ação penal, surgirá a competência jurisdicional do tribunal do júri".* O item foi considerado errado, tendo em vista o disposto no art. 19, III, da LOJDFT.

No concurso para Técnico Judiciário/Área Administrativa e Judiciária (2003) foi perguntado: *"Os homicídios decorrentes de acidentes de trânsito serão julgados pelo tribunal do júri, ainda quando cometidos culposamente".* O item foi considerado errado, tendo em vista o disposto no art. 19, I, e art. 22 da LOJDFT.

No concurso para Técnico Judiciário/Área Administrativa e Judiciária (2000) foi perguntado: *"As varas do tribunal do júri têm competência para processar as ações penais que devam ser julgadas pelo júri, mesmo na fase anterior à realização da sessão de julgamento".* O item foi considerado correto por corresponder ao art. 19, I, da LOJDFT.

Em cada Tribunal do Júri, oficiará, **sempre que possível**, um **Juiz de Direito Substituto**, que terá competência para a instrução dos processos, sem prejuízo de outras atribuições que lhe sejam cometidas pelo titular da Vara.

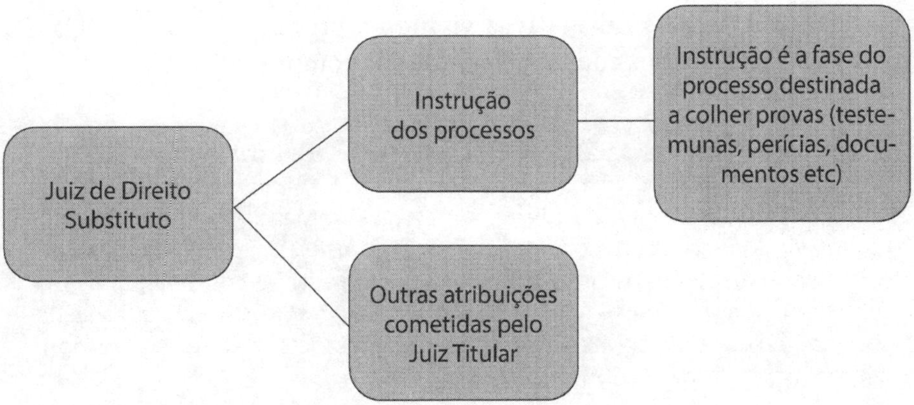

Na Circunscrição Judiciária de Brasília, por exemplo, em razão da carga de trabalho. o Tribunal do Júri conta sempre com o auxílio de um Juiz de Direito Substituto, que raramente é designado para outras Varas.

5.3. VARA CRIMINAL

Compete ao Juiz da Vara Criminal processar e julgar os feitos criminais da competência do juiz singular, ressalvada a dos juízos especializados, onde houver, bem como praticar atos anteriores à instauração do processo[9], deferidos aos juízes de primeiro grau pelas leis processuais penais.

A Vara Criminal julga todos os feitos criminais não submetidos aos juízos especializados, a exemplo dos feitos relativos a entorpecentes, júri, crimes de menor potencial ofensivo (juizado especial criminal) etc.

5.4. VARA DE ENTORPECENTES E CONTRAVENÇÕES PENAIS

Compete ao Juiz da Vara de Entorpecentes e Contravenções Penais:

I – processar e julgar os feitos relativos a entorpecentes ou substâncias capazes de determinar dependência física ou psíquica e os com eles conexos, ressalvada a competência do Tribunal do Júri.

> Se houver crime da competência da Vara de Entorpecentes praticado em conjunto com homicídio doloso, por exemplo, a competência para processar e julgar ambos os delitos é do Tribunal do Júri

II – **decretar** interdições, internamento e quaisquer medidas de natureza administrativa previstas na legislação pertinente;

III – baixar **atos normativos** visando à prevenção, à assistência e à repressão, relacionados com a matéria de sua competência;

> **Como esse assunto foi cobrado em concurso?**
>
> No concurso para Analista Judiciário/Execução de Mandados (2003) foi perguntado: *"A competência do Poder Judiciário consiste essencialmente no julgamento de litígios, mas os juízes das varas de entorpecentes possuem também a de expedir atos normativos relacionados à prevenção, à assistência e à repressão em matéria de entorpecentes".* O item foi considerado correto por corresponder ao art. 21, III, da LOJDFT.

IV – **fiscalizar** os estabelecimentos **públicos** ou **privados** destinados à prevenção e à repressão das toxicomanias e à assistência e à recuperação de toxicômanos, **baixando os atos** que se fizerem **necessários**;

---

9. Seriam os feitos ainda na fase de Inquérito Policial. Nesse caso o juiz pode autorizar pedidos de busca e apreensão, interceptações telefônicas etc.

V – **processar e julgar** as causas relativas às contravenções penais, **salvo quando conexas** com infração da competência de outra Vara.

Contravenção penal é um "crime menor", enquadrado dentro das normas legais que regem as Contravenções Penais. **Exemplos**: vias de fato (atos de ataque à pessoa que não caracterizam lesão corporal, como tapas e beliscões), perturbação do sossego etc.

Assim, se determinado indivíduo pratica contravenção penal de vias de fato em conjunto com o crime de injúria no contexto de crime de injúria (proferir xingamentos), será processado e julgado em uma Vara Criminal.

Como esse assunto foi cobrado em concurso?

No concurso para Analista Judiciário/Área Processual (2003) foi perguntado: *"Ainda que uma contravenção penal seja conexa com crime de competência de vara criminal comum, o julgamento da contravenção caberá à vara de contravenções; deverá, nesse caso, haver o desmembramento dos autos".* A assertiva foi considerada errada, tendo em vista o disposto no art. 21, V, da LOJDFT.

No concurso para Técnico Judiciário/Área Administrativa e Judiciária (2000) foi perguntado: *"Todas as contravenções penais devem ser julgadas nas varas de entorpecentes e contravenções penais".* O item foi considerado errado, tendo em vista o disposto no art. 21, V, da LOJDFT, que ressalva as contravenções conexas com infração da competência de outra Vara.

5.5. VARA DE DELITOS DE TRÂNSITO

Compete ao Juiz da Vara de Delitos de Trânsito processar e julgar os feitos relativos às infrações penais previstas na legislação de trânsito, ressalvada a competência de outra Vara em crimes conexos e a dos Juizados Especiais Criminais.

Caso a pena máxima do crime não seja superior a dois anos, a competência é dos Juizados Especiais Criminais (art. 61 da Lei nº 9.099/95).

Exemplo de delitos previstos no Código de Trânsito:

- Art. 303. Praticar lesão corporal culposa na direção de veículo automotor:
- Art. 306. Conduzir veículo automotor com capacidade psicomotora alterada em razão da influência de álcool ou de outra substância psicoativa que determine dependência

Como esse assunto foi cobrado em concurso?

No concurso para Técnico Judiciário/Área Administrativa e Judiciária (2003) foi perguntado: *"Os homicídios decorrentes de acidentes de trânsito serão julgados pelo tribunal do júri, ainda quando cometidos culposamente"*. O item foi considerado errado, tendo em vista o disposto no art. 19, I, e art. 22 da LOJDFT.

5.6. VARA DE EXECUÇÕES PENAIS

A competência do Juiz da Execução inicia-se com o trânsito em julgado final da condenação, para os apenados (aquele contra quem foi fixada a pena, réu) que se encontrarem soltos (execução definitiva), e com o trânsito em julgado para o Ministério Público, para aqueles em que pende de julgamento, tão-somente, recurso interposto pela Defesa (execução provisória)[10].

Ocorre o **trânsito em julgado** quando da sentença não cabe mais recurso, tornando-se definitiva.

Compete ao Juiz da Vara de Execuções Penais:

I – a execução das **penas** e das **medidas de segurança** e o julgamento dos respectivos incidentes;

II – decidir os pedidos de unificação ou de detração das penas;

Unificação das penas: indivíduo condenado pela prática de dois ou mais crimes tem as penas somadas, unificadas.

Detração da pena: é a compensação do tempo em que o indivíduo ficou preso preventivamente do total da pena a que foi condenado posteriormente

III – homologar as multas aplicadas pela autoridade policial nos casos previstos em lei;

IV – inspecionar os estabelecimentos prisionais e os órgãos de que trata a legislação processual penal;

V – expedir as normas e procedimentos previstos no Código de Processo Penal.

10. https://www.tjdft.jus.br/cidadaos/execucoes-penais/vep/informacoes/nocoes-gerais

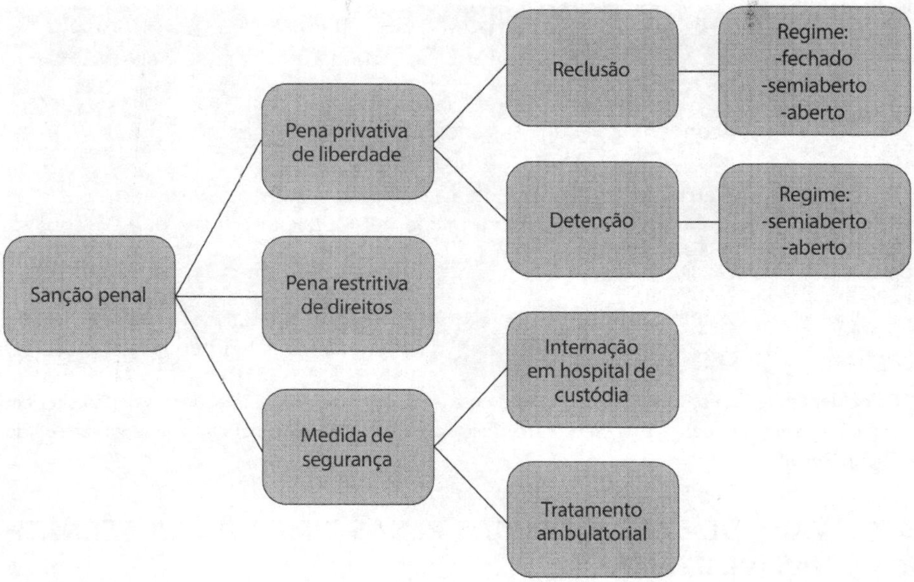

- **Penas privativas de liberdade**: como o nome já diz, nesses casos o condenado tem a sua liberdade limitada, em maior ou em menor grau, a depender do **regime de cumprimento** da pena
- **Penas restritivas de direito**: o condenado não fica preso, mas submetido ao cumprimento de determinadas obrigações (prestação de serviços à comunidade, limitação de fim de semana etc.). São penas que substituem as penas privativas de liberdade. A substituição é obrigatória na forma do art. 44 do Código Penal.
- **Medidas de segurança**: tratamento para os indivíduos que, ao tempo do cometimento do crime, ou depois dele, possui ou possuía desenvolvimento mental incompleto. A finalidade não é punir, mas readequar a pessoa socialmente.

As penas podem ser, ainda, de reclusão ou de detenção.

O que é pena de reclusão e de detenção? A diferença, basicamente, é o início do regime de cumprimento da pena, conforme art. 33 do Código Penal.

A pena de **reclusão** deve ser cumprida em regime fechado, semiaberto ou aberto.

A pena de **detenção**, deve ser cumprida em regime semiaberto, ou aberto, salvo necessidade de transferência a regime fechado.

REGIME DE CUMPRIMENTO DA PENA	
Fechado	Pena cumprida em estabelecimento de segurança máxima ou média (condenado a pena superior a 08 anos)
Semiaberto	Pena cumprida em colônia agrícola, industrial ou estabelecimento similar (condenado não reincidente*, com pena superior a 04 anos e inferior a 08 anos
Aberto	Pena cumprida em casa de albergado ou estabelecimento adequado (condenado não reincidente, com pena igual ou inferior a 04 anos

* **Reincidente:** Verifica-se a reincidência quando o agente cometes novo crime, depois de transitar em julgado a sentença que, no País ou no estrangeiro, o tenha condenado por crime anterior (art. 63 do Código Penal).

5.7. VARA DE EXECUÇÕES DAS PENAS E MEDIDAS ALTERNATIVAS (VEMPEMA)

Cuida das penas restritivas de direito e sua atuação tem início após a condenação do réu.

Compete ao Juiz da Vara de Execuções das Penas e Medidas Alternativas:

I – a execução de penas restritivas de direito provenientes de sentença penal condenatória, da suspensão condicional da pena e o regime aberto em prisão domiciliar e livramento condicional;

II – fixar as condições do regime aberto em prisão domiciliar;

III – o acompanhamento e a avaliação dos resultados das penas e medidas alternativas, articulando, para esse fim, as ações das instituições, órgãos e setores, externos e internos, envolvidos no programa;

IV – desenvolver contatos e articulações com vistas na busca de parcerias e celebração de convênios e acordos capazes de ampliar e aprimorar as oportunidades de aplicação e execução das penas e medidas alternativas;

V – colaborar com a Vara de Execuções Penais na descentralização de suas atividades;

VI – designar a entidade credenciada para cumprimento da pena ou medida alternativa, em cada caso, supervisionando e acompanhando seu cumprimento;

VII – inspecionar os estabelecimentos onde se efetive o cumprimento de penas ou medidas alternativas;

VIII – decidir os pedidos de unificação das penas referidas no inciso I do caput deste artigo, bem como julgar os respectivos incidentes;

IX – coordenar os núcleos descentralizados de execução das penas e medidas alternativas.

Como visto, a VEPEMA cuida da execução das penas restritivas de direito provenientes de sentença penal condenatória, da suspensão condicional da pena e o regime aberto em prisão domiciliar e livramento condicional.

COMPETÊNCIA DA VEPEMA	
Penas restritivas de direitos	I – prestação pecuniária; II – perda de bens e valores; III – limitação de fim de semana. IV – prestação de serviço à comunidade ou a entidades públicas; V – interdição temporária de direitos; VI – limitação de fim de semana
Suspensão condicional da pena	Suspensão da pena privativa de liberdade não superior a 2 anos por 2 a 4 anos execução, se cumpridas algumas condições
Regime aberto em prisão domiciliar	Apenado cumpre a pena em casa
Livramento condicional	Benefício dado ao condenado em que se permite o cumprimento do restante da pena em liberdade

O Tribunal poderá estabelecer **mecanismos de cooperação** entre as Varas de Execuções das Penas e Medidas Alternativas – VEPEMA, Varas de Execuções Penais – VEP, Varas Criminais e Juizados Especiais Criminais, em **matéria de execução e acompanhamento das penas e medidas alternativas**.

5.8. VARA CÍVEL

Compete ao Juiz da Vara Cível processar e julgar feitos de natureza cível ou comercial, salvo os de competência das Varas especializadas.

Cuida-se de verdadeira competência residual em relação aos feitos de natureza cível, ou seja, Vara de Família, Órfãos e Sucessões, Fazenda Pública etc., tudo aquilo que não for de responsabilidade das Varas especializadas deve ser julgado pela Vara Cível.

São as ações de indenização de indenização, ações de cobrança e de despejo, tudo entre particulares, que escapam da competência das Varas especializadas.

> **ATENÇÃO!** Com a edição da Lei nº 13.850/2019, os processos em que forem partes as sociedades de economia mista do DF passam a ser julgados pelas Varas Cíveis!

5.9. VARA DA FAZENDA PÚBLICA

Atualmente há 08 Varas da Fazenda Pública para todo o Distrito Federal. Compete ao Juiz da Vara da Fazenda Pública processar e julgar:

> I – os feitos em que o **Distrito Federal** e suas **empresas públicas** e **sociedades de economia mista** de que participe, forem autores, réus, assistentes, litisconsortes, intervenientes ou opoentes, **excetuados os de falência e acidentes de trabalho**;

Como esse assunto foi cobrado em concurso?

No concurso para Técnico Judiciário/Área administrativa (2007) foi perguntado: "*João ajuizou ação de indenização contra Benício, em face da rescisão antecipada de contrato de arrendamento rural celebrado entre as partes, ora litigantes. Devidamente citado, Benício apresentou contestação, afirmando que o imóvel, objeto do contrato de arrendamento rural, havia sido vendido para um terceiro. O juiz da causa, analisando a documentação constante dos autos, deduziu a existência de interesse do Distrito Federal (DF), tendo em vista que as terras em discussão lhe pertenciam, e determinou que fosse oficiado o DF para manifestar-se a esse respeito. Após esse fato, o DF interveio no processo na condição de opoente. Nessa situação, a ação inicialmente proposta na vara cível passará à competência de uma das varas de fazenda pública do DF*". A assertiva foi considerada correta por corresponder ao art. 26, I, da LOJDFT.

No concurso para Analista Judiciário/Área Processual (2003) foi perguntado: "*Considere a seguinte situação hipotética. Uma empresa ajuizou ação em face de um indivíduo, e o processo foi distribuído a uma vara cível da Circunscrição Especial Judiciária de Brasília. No curso do processo, o DF foi admitido como litisconsorte passivo na causa. Nessa situação, o ingresso posterior do DF na relação processual não terá o efeito de alterar a competência para o julgamento da ação, que deverá permanecer na vara cível para a qual fora distribuída".* O item foi considerado errado, tendo em vista o disposto no art. 26, I, da LOJDFT.

No concurso para Técnico Judiciário/Área Administrativa e Judiciária (2000) foi perguntado: *"Considere a seguinte situação hipotética: Um cidadão ajuizou uma ação que denominou de ação ordinária, a qual foi distribuída a uma das varas cíveis do DF. No curso do processo, o DF interveio e manifestou seu interesse no feito como litisconsorte passivo, expondo as respectivas razões. O juiz de direito, após solicitar parecer do ministério público, concordou com a admissão do DF na relação processual. Nessa situação, deveria o juiz de direito determinar a remessa da ação a uma das varas da fazenda pública".* O item foi considerado correto por corresponder ao art. 26, I, da LOJDFT.

II – as ações populares que interessem ao **Distrito Federal,** a entidade autárquica ou fundacional distrital ou a empresa pública distrital;

III – os mandados de segurança contra atos de autoridade do Governo do Distrito Federal ou de entidade autárquica ou fundacional distrital ou empresa pública distrital, **salvo** atos do Governador do Distrito Federal, dos Governadores dos Territórios, do Presidente do Tribunal de Contas do Distrito Federal e de qualquer de seus membros, do Procurador-Geral do Distrito Federal dos Secretários de Governo do Distrito Federal e dos Territórios (art. 8º, I, "c" da LOJDFT, compete ao TJDFT, segundo grau) e atos do Presidente da Câmara Legislativa (art. 13, I, "c", do Regimento Interno).

EXCEÇÕES – MANDADOS DE SEGURANÇA	
Autoridade coatora (praticou o ato impugnado)	Órgão competente
Governador do DF e Governadores dos Territórios	Conselho Especial do **TJDFT** **(2º grau)**
Presidente do TCDF	
Procurador-Geral do DF	
Secretários de Governo do DF e dos Territórios	
Presidente da Câmara Legislativa (Regimento Interno do TJDFT)	

ATENÇÃO! Com a edição da Lei nº 13.850/2019, os processos em que forem partes as sociedades de economia mista do DF passam a ser julgados pelas Varas Cíveis

Administração descentralizada: O Distrito Federal, para uma melhor prestação de serviços, pode se descentralizar em novas pessoas jurídicas, de **direito público** ou de direito **privado.**

I. Entidades descentralizadas de direito público: **autarquias** (DETRAN, PROCON, AGEFIS, SLU etc.) e **fundações públicas** (FEPECS, FUNAP-DF).

II. Entidades descentralizadas de direito privado: **empresas públicas** (TERRACAP, METRO-DF), e **sociedades de economia mista** (CAESB, BRB).

Entendendo a terminologia jurídica:

Assistência: Pendendo causa entre 2 ou mais pessoas, o terceiro juridicamente interessado em que a sentença seja favorável a uma delas poderá intervir no processo para assisti-la (art. 119 do Código de Processo Civil)

Litisconsórcio: ocorre litisconsórcio quando há 2 ou mais autores (litisconsórcio ativo) e/ou dois ou mais réus (litisconsórcio passivo). Se, por exemplo, uma ação de indenização é movida contra um particular e contra o DF, o processo deve tramitar em uma das Varas da Fazenda Pública.

Oposição: Havendo disputa de determinado direito ou bem entre o autor e o réu, o opoente é o terceiro que chega ao processo dizendo ser, na verdade, dele o direito ou o bem disputado. Se, por exemplo, dois indivíduos disputam em uma Vara Cível a propriedade de determinado terreno e o DF ingressa no feito mediante **oposição** dizendo ser o dono, o processo é remetido para uma das Varas da Fazenda Pública, haja vista a presença do ente distrital.

EXCEÇÕES À COMPETÊNCIA DA VARA DA FAZENDA PÚBLICA	
Ação de embargos de terceiros	Tramita no juízo do processo principal
Ações de falência	Tramita na Vara de Falências[11]
Ações de acidentes de trabalho	Tramita na Vara do Trabalho – Súmula Vinculante 22/STF[12]

11. Apesar da denominação da LOJDFT de Vara de Falências e Concordatas, a nomenclatura atual é Vara de Falências, Recuperações Judiciais, Insolvência Civil e Litígios Empresariais, por força da Resolução nº 23 de 22 de novembro de 2010.

12. Súmula Vinculante nº22/STF: "A Justiça do Trabalho é competente para processar e julgar as ações de indenização por danos morais e patrimoniais decorrentes de acidente

***Embargos de terceiro*:** É a ação movida por aquele que teve seus bens penhorados (ou ameaça de penhora) por força de decisão judicial proferia em processo do qual não faz parte. Ex.: numa ação que tramita em uma Vara Cível, na qual um particular é credor de outro e para garantir a dívida o juiz autoriza a penhora sobre veículo que se descobre, posteriormente, ser de propriedade do Distrito Federal, que ajuíza ação de embargos de terceiro. Nesse caso, apesar da presença do ente distrital, os embargos de terceiro correrão em apenso à ação principal, na Vara Cível. Não há deslocamento dos processos para uma Vara da Fazenda Pública.

Como esse assunto foi cobrado em concurso?

No concurso para Analista Judiciário/Área Judiciária (2007), foi perguntado: *"Em ação de demarcação, em que litigam dois particulares, o DF foi oficiado para informar sobre eventual interesse que possuísse na causa. Analisada a questão pelos órgãos competentes, o DF percebeu que parcela do imóvel objeto do litígio encontrava-se em terras públicas, de sua titularidade. Nessa situação, a propositura de embargos de terceiros pelo DF para defesa da posse atrai a competência para processar e julgar a causa aos juízes das varas de fazenda pública do DF".* A assertiva foi considerada errada, tendo em vista o disposto no parágrafo único do art. 26 da LOJDFT.

No concurso para Analista Judiciário/Área Judiciária (2015) foi perguntado: *"Ação de indenização por acidente de trabalho ajuizada por servidor contra o DF deverá ser processada e julgada por uma das varas de fazenda pública".* O item foi considerado errado, conforme art. 26, I, da LOJDFT, que exclui da competência da Vara da Fazenda Pública as ações de acidente de trabalho.

No concurso para Analista Judiciário/Execução de Mandados (2003) foi perguntado: *"Se um processo tramitar por uma vara cível e, na fase de execução, o DF opuser embargos de terceiro, a vara cível deverá declinar de sua competência para uma das varas da fazenda pública e a esta remeter os autos do processo, para que nela prossiga o trâmite".* O item foi considerado errado, tendo em vista o disposto no art. 26, parágrafo único, da LOJDFT.

No concurso para Técnico Judiciário/Área Administrativa e Judiciária (2000) foi perguntado: *"Considere a seguinte situação hipotética: Um cidadão ajuizou uma ação de execução, que tramitava em uma vara cível da Circunscrição Especial Judiciária de Brasília, e nela obteve a decretação da penhora de um imóvel. O bem, no entanto, pertencia ao DF, sem que isso tivesse despertado a atenção do*

---

de trabalho propostas por empregado contra empregador, inclusive aquelas que ainda não possuíam sentença de mérito em primeiro grau quando da promulgação da Emenda Constitucional nº 45/04".

juiz e das partes. Assim que tomou conhecimento da penhora, o DF ajuizou embargos de terceiro. Nessa situação, os embargos deverão ser distribuídos a uma vara da fazenda pública e julgados pelo respectivo juiz". O item foi considerado errado, tendo em vista o disposto no art. 26, parágrafo único, da LOJDFT.

5.10. VARA DE EXECUÇÃO DE TÍTULOS EXTRAJUDICIAIS E DE CONFLITOS ARBITRAIS

Compete ao juiz da Vara de Execução de Títulos Extrajudiciais e de Conflitos Arbitrais:

I – o processamento e o julgamento das execuções de títulos extrajudiciais, inclusive quando figurar como parte o Distrito Federal ou entidades de sua administração descentralizada (ver item 5.9), inclusive empresas públicas e sociedades de economia mista de que participe, ressalvada a competência da Vara de Execução Fiscal do Distrito Federal

II – o processamento e o julgamento dos embargos do devedor, dos embargos de terceiro, das cautelares, dos processos incidentes e dos incidentes processuais relacionados às execuções de títulos extrajudiciais;

III – o processamento e o julgamento das ações decorrentes da Lei nº 9.307, de 23 de setembro de 1996 (Lei de Arbitragem), ressalvadas as questões falimentares de competência da Vara de Falências, Recuperações Judiciais, Insolvência Civil e Litígios Empresariais do Distrito Federal.

Portanto, processos relativos à arbitragem aplicáveis aos processos falimentares são julgados pela Vara de Falências, Recuperações Judiciais, Insolvência Civil e Litígios Empresariais do Distrito Federal.

A Vara de Execução de Títulos Extrajudiciais e de Conflitos Arbitrais foi uma inovação recente trazida pela Lei nº 13.850/2019, abrangendo competências que antes eram das Varas Cíveis. É responsável por cuidar das ações de execução com base em cheques, duplicatas e demais títulos executivos extrajudiciais.

Processo de execução: ação na qual o credor dispõe de um título executivo e o executado é citado para pagar a dívida, praticar determinado ato, ou abster-se de fazê-lo, cabendo-lhe o ônus de apresentar argumentos que sejam capazes de desconstituir a obrigação imposta no título.

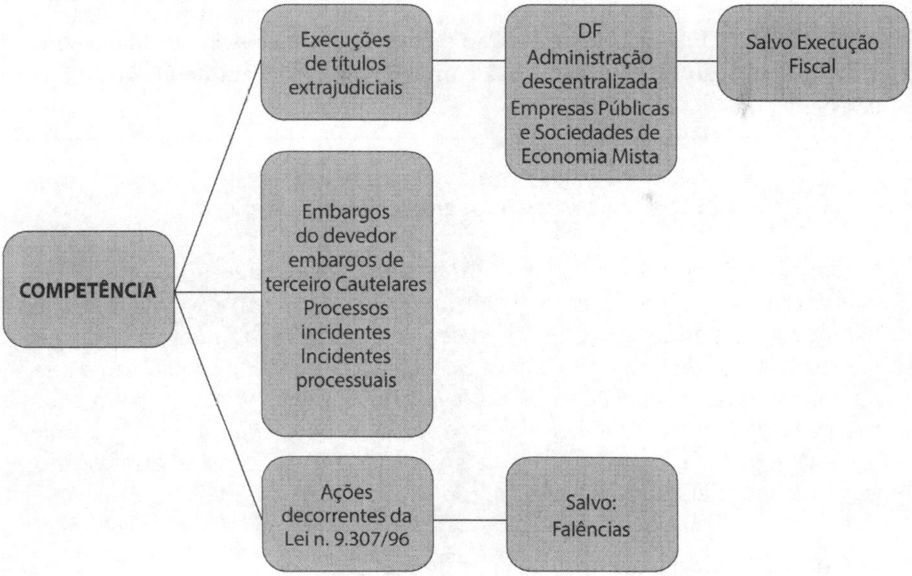

5.11. VARA DE FAMÍLIA

As Varas de Família cuidam de processos envolvendo litígios e disputas familiares, naquelas em que há certo grau de parentesco, tais como ações de divórcio, de alimentos etc.

Portanto, compete ao Juiz da Vara de Família processar e julgar:

- as ações de Estado;
- as ações de alimentos (pensão e execução de alimentos);
- as ações referentes ao regime de bens e à guarda de filhos;
- as ações de petição de herança, quando cumuladas com as de investigação de paternidade (se não cumulada, a competência é da Vara de Órfãos e Sucessões);
- as ações decorrentes do art. 226 da Constituição Federal (o art. 226 da CF/88 trata da proteção da família pelo Estado, do casamento, da união estável e do divórcio).

Ações de estado: são aquelas relativas ao nome, estado civil (ações de divórcio, reconhecimento de união estável) etc.

Ações de petições de herança: quando o herdeiro pede o reconhecimento de seu direito sucessório, para receber a herança, ou de parte dela.

IMPORTANTE: se a ação de petição de herança não estiver cumulada com a de investigação de paternidade, a competência é da Vara de Órfãos e Sucessões.

Como esse assunto foi cobrado em concurso?

No concurso para Técnico Judiciário/Área administrativa (2007) foi perguntado: "*Vinícius, com o falecimento do seu pretenso pai, ajuizou ação de petição de herança cumulada com ação de investigação de paternidade, para demandar o reconhecimento de seu direito sucessório e obter a restituição da herança a que teria direito. Nessa situação, com base na lei em questão, a competência para processar e julgar esse feito é de uma das varas de família da circunscrição judiciária do lugar do último domicílio do falecido*". O item foi considerado correto por corresponder ao art. 27, I, "d", da LOJDFT.

Compete, ainda, ao Juiz da Vara de Família:

I – conhecer das questões relativas à capacidade e curatela, bem como de tutela, em casos de ausência ou interdição dos pais, ressalvada a competência das Varas da Infância e da Juventude e de Órfãos e Sucessões;

Capacidade: Possibilidade de uma pessoa praticar em seu nome os atos da vida civil, envolvendo direitos e deveres.

***Curatela*:** dá-se a curatela a quem por causa transitória ou permanente, não puderem exprimir suas vontades, aos ébrios habituais e os viciados em tóxico e aos pródigos (art. 1.767 do Código Civil).

***Tutela*:** Os filhos menores são postos em tutela com o falecimento dos pais, ou sendo estes julgados ausentes, bem como em caso de os pais decaírem do poder familiar (art. 1.728 do Código Civil).

II – praticar os atos de jurisdição voluntária necessários à proteção de incapazes e à guarda e administração de seus bens, ressalvada a competência das Varas da Infância e da Juventude, de Órfãos e Sucessões e de Entorpecentes e Contravenções Penais

Jurisdição voluntária: A jurisdição pode ser contenciosa ou voluntária. Na primeira, há conflito de interesses (Ex.: na ação de indenização o autor tem interesse em condenar o réu por entender ser ele o causador dos danos alegados, enquanto que o réu tem interesse em não ser condenado, por entender que não foi o causador ou que não houve dano). Na segunda, as partes não são litigantes, mas requerentes, não existe autor e réu, mas requerentes, com interesse comum. Ex.: pedido de alvará judicial para movimentar conta.

Ressalva da competência da Vara de Órfãos e Sucessões: se for em favor de órfãos, a competência é da Vara de Órfãos e Sucessões.

Como esse assunto foi cobrado em concurso?

No concurso para Técnico Judiciário/Área Administrativa e Judiciária (2000) foi perguntado: *"Todo e qualquer processo, de jurisdição contenciosa ou voluntária, que diga respeito ao interesse de criança ou adolescente deverá ser julgado pela vara da infância e da juventude"* O item foi considerado errado, tendo em vista o disposto no art. 27, I, "b", "c", II, III e IV, da LOJDFT.

III – processar justificação judicial relativa a menores que não se encontrem em situação descrita no art. 98 da Lei nº 8.069, de 13 de julho de 1990;

IV – declarar a ausência (a competência para processar e julgar a arrecadação de bens de ausentes é da Vara de Órfãos e Sucessões, art. 28, II, da LOJDFT).

Como esse assunto foi cobrado em concurso?

No concurso para Analista Judiciário/Área Judiciária (2007), foi perguntado: *"Antônio desapareceu de seu domicílio, sem ter dado notícias e sem ter deixado procurador ou representante para administrar seus bens. Os familiares de Antônio, diante dessa situação, decidiram requerer judicialmente a declaração de ausência e a nomeação de um curador dos bens deixados por Antônio. Nessa situação, de acordo com a lei em apreço, a competência para processar e julgar o aludido feito é da vara de família"*. A assertiva foi considerada correta por corresponder ao inciso V do art. 27 da LOJDFT.

V – autorizar a adoção de maiores de 18 (dezoito) anos.

5.12. VARA DE ÓRFÃOS E SUCESSÕES

Em geral, as Varas de Órfãos e de Sucessões são responsáveis pelos processos de relativos às sucessões causa mortis, heranças, testamentos, arrecadação de herança, bens de ausentes e tutela de órfãos.

A competência da Vara de Órfãos e Sucessões está prevista no art. 28 da LOJDFT:

I – processar e julgar os feitos relativos a sucessões *causa mortis*;

II – processar e julgar a arrecadação de herança jacente, bens de ausentes e vagos;

III – praticar os atos relativos à tutela de órfãos, ressalvada a competência das Varas da Infância e da Juventude;

IV – praticar os atos de jurisdição voluntária necessários à proteção de órfãos e à guarda e administração de seus bens, ressalvada a competência das Varas da Infância e da Juventude;

V – processar e julgar as ações de petição de herança quando não cumuladas com as de investigação de paternidade (havendo cumulação, a competência é da Vara de Família).

À Vara de Órfãos e de Sucessões cabe, portanto, processar inventários, testamentos, arrecadar herança jacente, bens de ausentes e vagos.

Sucessão causa mortis: é a transferência, total ou parcial, de herança, por morte de alguém, a um ou mais herdeiros.

Inventário: processo que tem por objetivo relacionar e avaliar os bens e dívidas do falecido, para divisão entre os herdeiros e sucessores.

Testamento: ato pelo qual a pessoa dispõe seus bens, no todo ou em parte, em favor de outrem, para depois de sua morte.

Herança jacente: ocorre quando a pessoa falece deixando bens, mas não há herdeiro conhecido.

Ausente: pessoa que desaparece, deixando bens, mas sem representante ou procurador que caiba administrá-los. A declaração da ausência é competência da Vara de Família (art. 27, V, da LOJDFT), as a arrecadação de seus bens e patrimônio cabe à Vara de Órfãos e Sucessões.

Tutela de órfãos: A tutela é um poder que a lei confere a uma pessoa capaz para proteger e administrar os bens de uma criança ou um adolescente que não esteja sob o poder familiar, representando-o ou assistindo-o em todos os atos da vida civil[13].

IMPORTANTE: se a ação de petição de herança estiver cumulada com a de investigação de paternidade, a competência é da Vara de Família.

13. https://www.tjdft.jus.br/cidadaos/infancia-e-juventude/informacoes/tutela

5.13. VARA DA INFÂNCIA E DA JUVENTUDE

A Vara da Infância da Juventude tem competência cível e penal. Na esfera cível, ela é competente para processar e julgar ações de interesse de crianças e adolescentes, assegurando-lhes os direitos decorrentes do Estatuto da Criança e do Adolescente (Lei nº 8.069/90), da Constituição e das demais legislações de protetivas ao menor. Na esfera penal, é responsável por processar e julgar feitos relativos a atos infracionais praticados por criança ou adolescente.

Assim, **compete** ao Juiz da Vara da Infância e da Juventude:

I – conhecer de representações promovidas pelo Ministério Público para apuração de ato infracional atribuído a adolescente, aplicando as medidas cabíveis;

II – conceder a remissão, como forma de suspensão ou extinção do processo;

III – conhecer de pedidos de adoção e seus incidentes;

IV – conhecer de ações civis fundadas em interesses individuais, difusos ou coletivos afetos à criança e ao adolescente;

V – conhecer de ações decorrentes de irregularidades em entidades de atendimento, aplicando as medidas cabíveis;

VI – aplicar penalidades administrativas nos casos de infrações contra norma de proteção a criança ou adolescente;

VII – conhecer de casos encaminhados pelo Conselho Tutelar, aplicando as medidas cabíveis.

Quando se tratar de criança ou adolescente, nas hipóteses do art. 98[14] da Lei nº 8.069, de 13 de julho de 1990, é também competente o Juiz da Vara da Infância e da Juventude para o fim de:

I – conhecer de pedidos de guarda e tutela;

II – conhecer de ações de destituição do pátrio poder, perda ou modificação da tutela ou guarda;

III – suprir a capacidade ou o consentimento para o casamento;

IV – conhecer de pedidos baseados em discordância paterna ou materna, em relação ao exercício do pátrio poder;

14. Art. 98. As medidas de proteção à criança e ao adolescente são aplicáveis sempre que os direitos reconhecidos nesta Lei forem ameaçados ou violados: I – por ação ou omissão da sociedade ou do Estado; II – por falta, omissão ou abuso dos pais ou responsável; III – em razão de sua conduta.

V – conceder a emancipação, nos termos da lei civil, quando faltarem os pais;

VI – designar curador especial em casos de apresentação de queixa ou representação ou de outros procedimentos judiciais ou extrajudiciais em que haja interesses de criança ou adolescente;

VII – conhecer de ações de alimentos;

VIII – determinar o cancelamento, a retificação e o suprimento dos registros de nascimento e óbito.

Compete, ainda, ao Juiz da Vara da Infância e da Juventude o poder normativo previsto no art. 149[15] da Lei nº 8.069, de 13 de julho de 1990, e a direção administrativa da Vara, especialmente:

I – receber, movimentar e prestar contas dos recursos orçamentários consignados ao juizado;

II – celebrar convênios com entidades públicas ou privadas para melhor desempenho das atividades de proteção, assistência e vigilância de menores;

III – designar comissários voluntários de menores;

IV – conceder autorização a menores de 18 (dezoito) anos para quaisquer atos ou atividades em que ela seja exigida.

Como esse assunto foi cobrado em concurso?

No concurso para Técnico Judiciário/Área Administrativa e Judiciária (2000) foi perguntado: *"Todo e qualquer processo, de jurisdição contenciosa ou voluntária, que diga respeito ao interesse de criança ou adolescente deverá ser julgado pela vara da infância e da juventude"* O item foi considerado errado, tendo em vista o disposto no art. 27, I, "b", "c", II, III e IV, da LOJDFT.

15. Art. 149. Compete à autoridade judiciária disciplinar, através de portaria, ou autorizar, mediante alvará: I – a entrada e permanência de criança ou adolescente, desacompanhado dos pais ou responsável, em: a) estádio, ginásio e campo desportivo; b) bailes ou promoções dançantes; c) boate ou congêneres; d) casa que explore comercialmente diversões eletrônicas; e) estúdios cinematográficos, de teatro, rádio e televisão. II – a participação de criança e adolescente em: a) espetáculos públicos e seus ensaios; b) certames de beleza. § 1º Para os fins do disposto neste artigo, a autoridade judiciária levará em conta, dentre outros fatores: a) os princípios desta Lei; b) as peculiaridades locais; c) a existência de instalações adequadas; d) o tipo de freqüência habitual ao local; e) a adequação do ambiente a eventual participação ou freqüência de crianças e adolescentes; f) a natureza do espetáculo. § 2º As medidas adotadas na conformidade deste artigo deverão ser fundamentadas, caso a caso, vedadas as determinações de caráter geral.

5.14. VARA DE REGISTROS PÚBLICOS

Compete ao Juiz de Registros Públicos (art. 31 da LOJDFT):

I – inspecionar os serviços notariais e de registro, velando pela observância das prescrições legais e normativas, e representar ao Corregedor quando for o caso de aplicação de penalidades disciplinares;

II – baixar atos normativos relacionados à execução dos serviços notariais e de registro, ressalvada a competência do Corregedor;

III – processar e julgar as questões contenciosas e administrativas que se refiram diretamente a atos de registros públicos e notariais em si mesmos;

IV – fixar orientação no tocante à escrituração de livros, execução e desenvolvimento dos serviços, segundo normas estabelecidas pela Corregedoria-Geral da Justiça.

5.15. VARA DE PRECATÓRIAS

Compete ao Juiz da Vara de Precatórias cumprir todas as cartas precatórias, rogatórias e de ordem remetidas ao Distrito Federal, ressalvada a competência das Varas de Falências e Concordatas, Execuções Penais, Infância e da Juventude e Auditoria Militar (Art. 32).

Carta precatória: Solicitação feita por um magistrado a magistrado de comarca diversa para a prática de determinado ato processual, como a citação ou intimação do autor ou do réu, ou, ainda, para a oitiva de testemunha.

Carta rogatória: Solicitação feita à Justiça de outro país para que pratique determinado ato processual. Exemplo, numa ação movida contra réu que mora em Chicago, nos Estados Unidos, o juiz de uma Vara Cível de Brasília expede uma carta rogatória solicitando (não é uma ordem) que a justiça dos EUA promova a citação do demandado naquela localidade.

Carta de ordem: Determinação expedida por uma autoridade judiciária superior determina a outra, de hierarquia inferior, a prática de um ato processual. Ao contrário da carta precatória e da carta rogatória, é uma determinação, ou, como o nome diz, uma *ordem*.

ATENÇÃO! Não confundir carta precatória com os precatórios!

Carta precatória	Precatório
Meio de comunicação processual entre juízes	Requisição de pagamento feito à Fazenda Pública, quando condenada em um processo judicial, para que pague ao credor

Como esse assunto foi cobrado em concurso?

No concurso para Analista Judiciário/Área Judiciária (2007), foi perguntado: *"Nos termos da referida lei, as cartas precatórias relativas a processos de falência devem ser cumpridas pela Vara de Falências e Concordatas".* O item foi considerado correto por corresponder ao art. 32 da LOJDFT.

5.16. VARA DE FALÊNCIAS E CONCORDATAS

A Resolução nº 23 de 22/11/2010 alterou o nome da Vara de Falências e Concordatas para Vara de Falências, Recuperações Judiciais, Insolvência Civil e Litígios Empresariais. Todavia, para todos os fins, o texto da LOJDFT continua inalterado.

Assim, compete ao Juiz da Vara de Falências e Concordatas (art. 33 da LOJDFT):

I – rubricar balanços comerciais;

II – processar e julgar os feitos de falências e concordatas e as medidas cautelares que lhes forem acessórias;

III – cumprir cartas rogatórias, precatórias e de ordem relativas aos feitos de falências e concordatas e medidas cautelares;

ATENÇÃO! O cumprimento das cartas precatórias, rogatórias e de ordem destinadas aos feitos de falência, concordata e medidas cautelares são de competência da Vara de Falências e Concordatas. Portanto, a Vara de Precatórias não tem competência para esses tipos de feitos. Ver item 5.16.

IV – processar e julgar as causas relativas a **crimes falimentares**.

IMPORTANTE: De acordo com a LOJDFT, a Vara de Falências e Concordatas também é responsável pelo julgamento de crimes falimentares. Logo, a vara tem competência dupla: cível e criminal.

5.17. VARA DE MEIO AMBIENTE, DESENVOLVIMENTO URBANO E FUNDIÁRIO

Compete ao Juiz da Vara do Meio Ambiente, Desenvolvimento Urbano e Fundiário processar e julgar todos os feitos que versem sobre o meio ambiente natural, urbano e cultural, inclusive as questões relacionadas à ocupação do solo urbano ou rural e ao parcelamento do solo para fins urbanos, **excetuadas as ações de natureza penal** (art. 34).

Passarão à competência do Juiz da Vara do Meio Ambiente, Desenvolvimento Urbano e Fundiário os feitos em curso nas Varas Cível e de Fazenda Pública do Distrito Federal, relacionados com as matérias de sua competência.

5.18. VARA DE EXECUÇÃO FISCAL

Compete ao Juiz da Vara de Execução Fiscal processar e julgar as execuções em que o Distrito Federal ou entidades de sua administração descentralizada, inclusive empresas públicas e sociedades de economia mista de que participe, forem autores, réus, assistentes, litisconsortes, intervenientes ou opoentes, excetuadas as de falência, acidentes de trabalho e de meio ambiente, desenvolvimento urbano e fundiário.

Competência	Exceções
Distrito Federal/entidades de sua administração descentralizada, empresas públicas e sociedades de economia mista de que participe: *autores, réus, assistentes, litisconsortes, intervenientes ou opoentes.*	Falências Acidentes de trabalho Meio ambiente, desenvolvimento urbano e fundiário

Assistência: Pendendo causa entre 2 ou mais pessoas, o terceiro juridicamente interessado em que a sentença seja favorável a uma delas poderá intervir no processo para assisti-la (art. 119 do Código de Processo Civil)

Litisconsórcio: ocorre litisconsórcio quando há 2 ou mais autores (litisconsórcio ativo) e/ou dois ou mais réus (litisconsórcio passivo). Se, por exemplo, uma ação de indenização é movida contra um particular e contra o DF, o processo deve tramitar em uma das Varas da Fazenda Pública.

Oposição: Havendo disputa de determinado direito ou bem entre o autor e o réu, o opoente é o terceiro que chega ao processo dizendo ser, na verdade, dele o direito ou o bem disputado. Se, por exemplo, dois indivíduos disputam em uma Vara Cível a propriedade de determinado terreno e o DF ingressa no feito mediante **oposição** dizendo ser o dono, o processo é remetido para uma das Varas da Fazenda Pública, haja vista a presença do ente distrital.

5.19. Justiça Militar do Distrito Federal

A Justiça Militar do Distrito Federal abrange tanto o primeiro quanto o segundo grau. No segundo grau ela é exercida pelo Tribunal de Justiça, no primeiro, pelo Juiz Auditor e pelos Conselhos de Justiça. Ou seja, na primeira instância, o Juiz de Direito atua em conjunto com os Conselhos de Justiça, que são dois:

I – Conselho Especial de Justiça, para processar e julgar os **Oficiais**;

II – Conselho Permanente de Justiça, para processar e julgar os **Praças**.

> **ATENÇÃO (1):** Sugerimos uma associação mnemônica, relacionando a letra "P" de Praça com "P" de Permanente.
>
> **ATENÇÃO (2):** Não confundir com o Conselho Nacional de Justiça (CNJ), responsável pelo controle da atuação administrativa e financeira do Poder Judiciário e do cumprimento dos deveres funcionais dos juízes (art. 103-B, §4º, da Constituição Federal).

<table>
<tr><th>Conselho Especial de Justiça</th><th>Conselho Permanente de Justiça</th></tr>
<tr><td>Julga Oficiais</td><td>Julga Praças</td></tr>
<tr><td rowspan="3">4 Juízes Militares, patente igual ou superior ao acusado</td><td>4 Juízes Militares, escolhidos dentre os da ativa e do Juiz Auditor</td></tr>
<tr><td>Na falta de oficial da ativa, recorre-se aos oficiais em inatividade</td></tr>
<tr><td>Servem por 4 meses
Novo sorteio após 6 meses contados da dissolução do Conselho que tenha servido</td></tr>
<tr><th colspan="2">Disposições comuns</th></tr>
<tr><td colspan="2">- Os Juízes Militares dos Conselhos Especial e Permanente de Justiça serão sorteados dentre os oficiais constantes da relação que deverá ser remetida ao Juiz-Auditor pelo Comando-Geral da Polícia Militar do Distrito Federal e pelo do Corpo de Bombeiros Militar do Distrito Federal.
- Não serão incluídos na relação os comandantes-gerais, os oficiais em serviço fora da respectiva Corporação, os assistentes militares e os ajudantes-de-ordem.
- Suplente: escolhido em sorteio presidido pelo Juiz Auditor em sessão pública</td></tr>
</table>

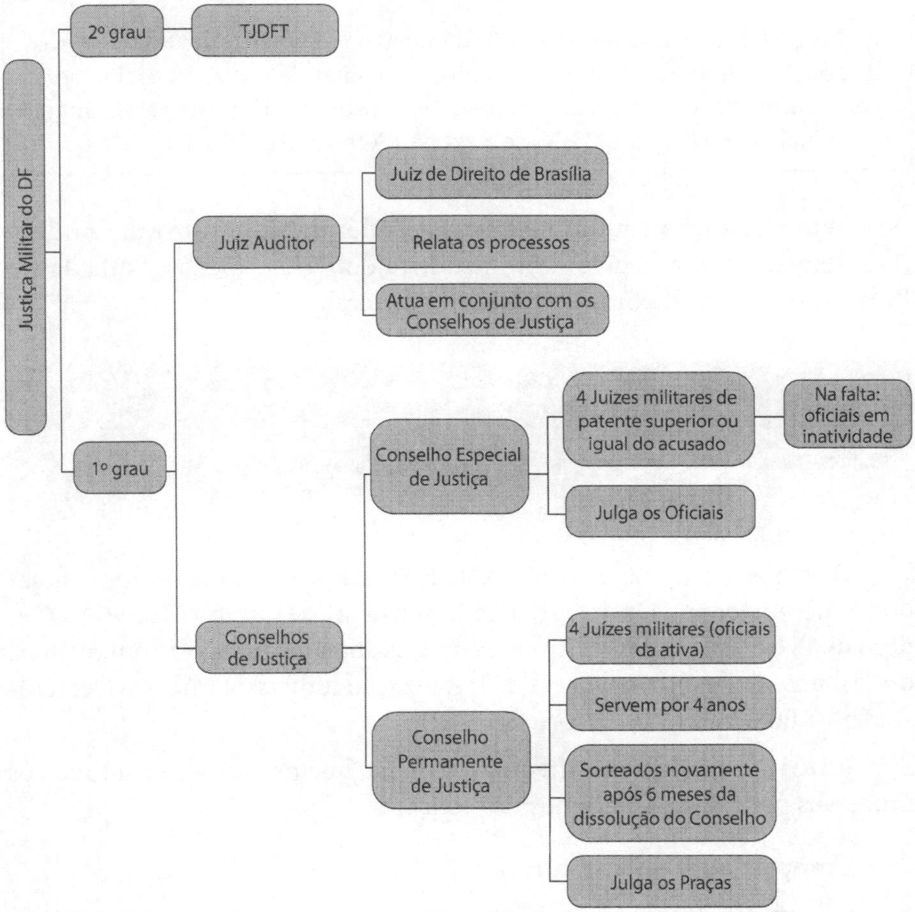

Como esse assunto foi cobrado em concurso?

No concurso para Analista Judiciário/Área Judiciária (2013), foi perguntado: *"Se determinado praça da Polícia Militar do DF cometer ilícito penal militar, ele será processado e julgado pelo Conselho Especial de Justiça".* O item foi considerado errado, tendo em vista que os Praças são julgados pelo Conselho Permanente de Justiça. Cabe ao Conselho Especial de Justiça processar e julgar os Oficiais (art. 38, II, da LOJDFT).

Competência: Compete à Justiça Militar o processo e o julgamento dos **crimes militares**, definidos em **lei**, praticados por Oficiais e Praças da Polícia Militar do Distrito Federal e do Corpo de Bombeiros Militar do Distrito Federal.

> ATENÇÃO! A representação por indignidade para o oficialato de membros da Polícia Militar e do Corpo de Bombeiros Militar do Distrito Federal, bem como de membros dessas corporações nos Territórios, é julgada pela Câmara Criminal do TJDFT (art. 23, V, do Regimento Interno do TJDFT)

Tem jurisdição em todo o Distrito Federal. Não existe uma Auditoria Militar em Cada Região Administrativa do DF, há apenas a situada em Brasília, responsável por todo o Distrito Federal.

Crimes militares praticados por	
Policiais Militares do DF	Bombeiros Militares do DF

Os feitos de competência da Justiça Militar serão processados e julgados de acordo com o Decreto-Lei no 1.002, de 21 de outubro de 1969 – **Código de Processo Penal Militar** e, no que couber, respeitada a competência do Tribunal de Justiça, pela Lei de Organização Judiciária Militar (Decreto-Lei no 1.003, de 21 de outubro de 1969).

Juiz Auditor: Juiz de Direito de Brasília, que preside e relata todos os processos perante os Conselhos de Justiça.

Compete ao Juiz-Auditor:

I – expedir alvarás, mandados e outros atos, em cumprimento às decisões dos Conselhos ou no exercício de suas próprias funções;

II – conceder *habeas corpus*, quando a coação partir de autoridade administrativa ou judiciária militar, ressalvada a competência do Tribunal de Justiça;

III – exercer supervisão administrativa dos serviços da Auditoria e o poder disciplinar sobre servidores que nela estejam localizados, **respeitada a competência da Corregedoria de Justiça.**

5.20. Juizado Especial Cível e Criminal

Compete ao Juiz da Vara do Juizado Especial Cível a conciliação, o processo, o julgamento e a execução das causas cíveis de menor complexidade, **na forma da lei.**

Compete ao Juiz da Vara do Juizado Especial Criminal a conciliação, o processo e o julgamento das infrações penais de menor potencial ofensivo, **na forma da lei**, bem como o acompanhamento do cumprimento da transação penal e da suspensão condicional do processo.

CAPÍTULO 6

DOS MAGISTRADOS DO DISTRITO FEDERAL

6.1. JUÍZES DE DIREITO

Juiz de Direito é o juiz titular da Vara, responsável pela gestão da unidade judicial que se encontra lotado, ingressa na carreira após promoção da carreira de Juiz de Direito Substituto.

Aos Juízes de Direito cabe, além de processar e julgar os feitos de sua competência, adotar medidas de gestão nas Varas, cuidando do funcionamento da unidade judicial e de questões relativas ao pessoal.

São elas:

- Inspecionar os serviços cartorários, informando, semestralmente, ao Corregedor o resultado das inspeções;
- Aplicar aos servidores que lhes sejam subordinados as penalidades disciplinares que não excedam a 30 (trinta) dias de suspensão (ultrapassado o prazo, a competência é do Corregedor)

Os recursos administrativos dessas sanções são julgados pelo Corregedor.

Sanção disciplinar:

- Servidores lotados na Secretaria do TJDFT: Presidente aplica
- Servidores lotados na Corregedoria e nos órgãos a ela subordinados: Corregedor aplica

Penalidade não superior a 30 dias: Atribuição é do Juiz de Direito da Vara à qual o servidor estiver vinculado. Os recursos administrativos dessas sanções são julgados pelo Corregedor.

Demissão: Presidente aplica a todos os servidores do TJDFT.

- Indicar servidores para substituição eventual de titulares (Ex.: indica diretor de secretaria substituto para as ausências do diretor de secretaria titular). O Presidente do TJDFT é quem nomeia.
- Indicar à nomeação o cargo e as funções comissionadas da respectiva Secretaria. O Presidente do TJDFT é quem nomeia.

Como esse assunto foi cobrado em concurso?

No concurso para Analista Judiciário/Área Judiciária (2015) foi perguntado: *"Cabe aos juízes de direito aplicar penalidades disciplinares a servidores que lhes sejam subordinados, desde que a pena não exceda a trinta dias de suspensão"*. O item foi considerado correto, por estar de acordo com o art. 45, II, da LOJDFT.

No concurso para Analista Judiciário/Área Judiciária (2013), foi perguntado: *"Considere que, em determinada vara do DF, um analista judiciário subordinado ao respectivo juiz de direito titular tenha cometido infração disciplinar. Nesse caso, cumprido o devido processo legal, a punição disciplinar máxima que o juiz poderá aplicar será de até trinta dias de suspensão"*. O item foi considerado correto por corresponder ao disposto no art. 45, II, da LOJDFT.

No concurso para Técnico Judiciário/Área Administrativa e Judiciária (2003) foi perguntado: *"Além do corregedor geral da justiça do DF, os juízes de direito têm competência para aplicar sanções disciplinares aos funcionários que lhes sejam subordinados, em certos casos"*. O item foi considerado correto por corresponder ao art. 45, III, da LOJDFT.

No concurso para Técnico Judiciário/Área Administrativa e Judiciária (2000) foi perguntado: *"Se servidor de uma vara praticar infração disciplinar apenada com até trinta dias de suspensão, o próprio juiz de direito terá competência para aplicar-lhe a punição"*. O item foi considerado correto por corresponder ao art. 45, II, da LOJDFT.

6.2. JUÍZES DE DIREITO SUBSTITUTOS

Após a aprovação em concurso, o magistrado da esfera estadual inicia a carreira como juiz substituto e seu cargo só se torna vitalício após cerca de dois anos de atividade[1]. Ao juiz substituto compete substituir ou trabalhar em conjunto com o juiz titular. Também possui lotação fixa (conforme entendimento do STF), no entanto, há possibilidade de ser designado periodicamente pelo Tribunal para suprir os afastamentos dos juízes titulares. No Distrito Federal, é comum que o fato de um juiz substituto levar até 08 anos para se tornar Juiz de Direito (titular). Compete aos Juízes de Direito Substitutos substituir e auxiliar os Juízes de Direito.

Não há hierarquia entre o juiz de direito substituto e juiz de direito titular

O Juiz de Direito Substituto na substituição do juiz titular terá competência plena, isto é, atuará em todos os processos da Vara.

O Juiz de Direito Substituto designado para auxiliar Juiz de Direito terá competência para funcionar em quaisquer processos em curso na Vara e, nessa qualidade, perceberá vencimentos integrais, atribuídos ao Juiz de Direito do Distrito Federal, observados, para todos os efeitos, os percentuais das diferenças de vencimentos entre esses cargos e o de Desembargador, na forma da lei que fixa os respectivos valores de retribuição.

O Vice-Presidente disporá sobre a designação de juízes auxiliares e definirá a forma de substituição e auxílio. **De acordo com o art. 368, IV, do Regimento Interno, com versão mais recente que LOJDFT, essa função é do Primeiro Vice-Presidente.**

6.3. SUBSTITUIÇÕES

O Juiz de Direito, em suas faltas e impedimentos ocasionais, é substituído pelo da Vara da mesma competência e de numeração imediatamente superior. É a substituição sucessiva.

<u>O Juiz da Vara de maior numeração será substituído pelo Juiz da 1ª Vara.</u>

Exemplificando, observe-se como funciona atualmente a substituição dos juízes das Varas da Fazenda Pública no gráfico abaixo:

1. http://www.cnj.jus.br/noticias/cnj/82067-cnj-servico-saiba-como-funciona-a-carreira-de-magistrado

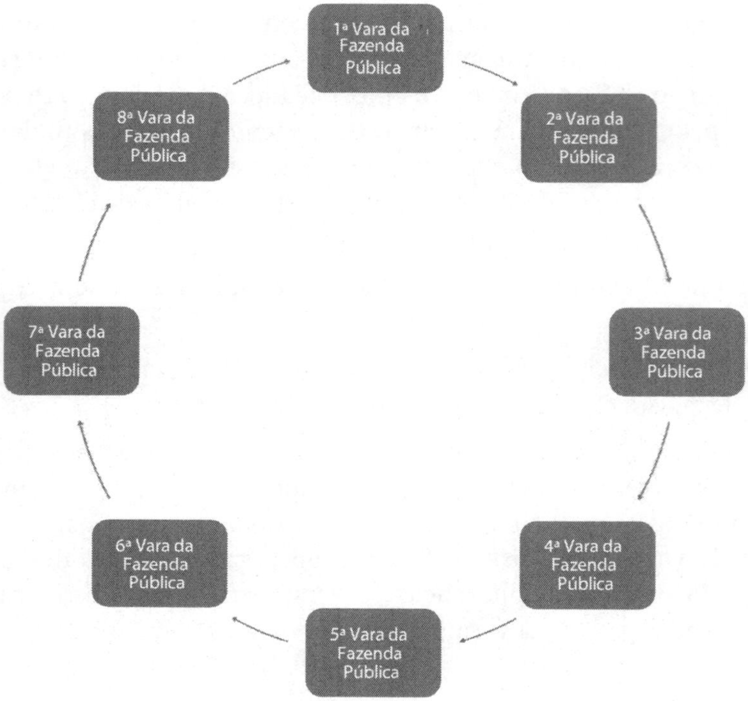

Como esse assunto foi cobrado em concurso?

No concurso para Analista Judiciário/Área Judiciária (2007), foi perguntado: *"Marcos é juiz de direito titular da vara cível de numeração mais alta da Circunscrição Judiciária de Brasília – DF. Nessa situação, se ocorrer falta ocasional ou ausência do juiz de direito substituto, Marcos deverá ser substituído pelo juiz da 1.ª Vara Cível da mesma circunscrição judiciária".* O item foi considerado correto por corresponder ao §1º do art. 48 da LOJDFT.

No concurso para Analista Judiciário/Área Processual (2003) foi perguntado: *"Se o juiz da 3.ª Vara Cível de Brasília estiver ocasionalmente ausente e não houver juiz substituto na vara, a substituição automática nesse caso caberá ao juiz da 2.ª Vara Cível".* O item foi considerado errado, tendo em vista o disposto no art. 48 da LOJDFT.

Há, além da substituição sucessiva, casos de **substituição mútua/recíproca entre duas ou mais Varas**, não havendo substituição sequencial como no exemplo acima.

Confiram-se, abaixo, os critérios de substituição por Circunscrição Judiciária.

CIRCUNSCRIÇÃO DE BRASÍLIA		
Juiz que se afasta	**Juiz que substituí**	**Substituição mútua?**
Vara de Órfãos e Sucessões	1ª Vara de Família de BSB, salvo criação de outra Vara de Órfãos e Sucessões (atualmente existem duas Varas de Órfãos e Sucessões, que se substituem mutuamente)	**NÃO** O juiz da 1ª de Família é substituído pelo juiz da 2ª de Família
Vara de Meio Ambiente, Desenvolvimento Urbano e Fundiário	1ª Vara da Fazenda Pública, salvo criação de outra Vara de Meio Ambiente.	**NÃO** O juiz da 1ª da Fazenda é substituído pelo juiz da 2ª Vara da Fazenda
Execuções Penais	Vara de Execuções das Penas e Medidas Alternativas, salvo criação de outra Vara idêntica	SIM
Vara de Registros Públicos	Vara de Acidentes de Trabalho, ressalvada criação de outra Vara	SIM
Presidente do Tribunal do Júri	Juiz-Auditor da Circunscrição Judiciária de Brasília	SIM

CIRCUNSCRIÇÕES DE TAGUATINGA, CEILÂNDIA E SAMAMBAIA E GAMA		
Juiz que se afasta	**Juiz que substituí**	**Substituição mútua?**
Tribunais do Júri	Juízes das 1ªs Varas Criminais respectivas	SIM

CIRCUNSCRIÇÕES DE SOBRADINHO, PLANALTINA, BRAZLÂNDIA		
Substituição mútua/recíproca		
Tribunais do Júri	Vara Criminal e dos Delitos de Trânsito	Varas Cíveis e de Família, Órfãos e Sucessões

CIRCUNSCRIÇÕES: NÚCLEO BANDEIRANTE, SÃO SEBASTIÃO, RIACHO FUNDO, SANTA MARIA		
Juiz que se afasta	**Juiz que substituí**	**Substituição mútua?**
Tribunais do Júri	Vara Criminal e dos Delitos de Trânsito	SIM

CIRCUNSCRIÇÕES: NÚCLEO BANDEIRANTE, SÃO SEBASTIÃO, RIACHO FUNDO, SANTA MARIA		
Varas de Família, Órfãos e Sucessões	Juiz Substituto designado	NÃO

CIRCUNSCRIÇÕES DE TAGUATINGA, CEILÂNDIA E SAMAMBAIA E GAMA		
Juiz que se afasta	**Juiz que substituí**	**Substituição mútua?**
Vara da Infância e da Juventude	Juiz Substituto designado	NÃO

Na falta, ausência ou impedimento de juízes nas circunscrições judiciárias, serão eles substituídos pelos **Diretores do Fórum** da própria Circunscrição ou da Circunscrição mais próxima, conforme provimento da Corregedoria de Justiça.

O **Diretor do Fórum é** o juiz responsável pela **administração** do **Fórum** e por supervisionar a segurança e o policiamento das áreas comuns internas do Fórum e das áreas a ele adjacentes, bem como gerenciar o uso do estacionamento. Suas atribuições estão previstas na Portaria Conjunta nº 70 de 1º de setembro de 2016.

6.4. JUÍZES DE PAZ

Os juízes de paz têm a investidura e a competência para, na forma da lei, celebrar casamentos, além de outras previstas na legislação específica. Não são juízes de direito, não atuam em processos judiciais.

Para a celebração de casamento, os juízes de paz receberão importância fixada pela Corregedoria, observado o Regimento de Custas da Justiça do Distrito Federal.

6.5. NORMAS GERAIS

Aplicam-se aos magistrados do Distrito Federal e dos Territórios as normas da Constituição Federal, da Lei Orgânica da Magistratura Nacional, desta Lei e, subsidiariamente, as do Regime Jurídico dos Servidores Públicos Civis da União.

A **nomeação** (atribuição de um cargo público ao candidato aprovado em concurso público para Juiz de Direito Substituto, cabendo a ele tomar posse e entrar em exercício, em seguida) e a **promoção** de Juízes de Direito e Substitutos (quando o Juiz de Direito Substituto se torna Juiz de Direito Titular) serão feitas pelo **Presidente do Tribunal**, mediante prévia indicação do Tribunal de Justiça.

6.6. PROVIMENTO DOS CARGOS

O ingresso na Carreira da Magistratura dar-se-á nos cargos de Juiz de Direito Substituto do Distrito Federal ou de Juiz de Direito dos Territórios e dependerá de concurso de provas e títulos[2] realizado pelo Tribunal de Justiça, com a participação do Conselho Seccional da Ordem dos Advogados do Brasil do lugar em que se realizarem as provas, exigindo-se dos candidatos que satisfaçam os seguintes requisitos:

- ser brasileiro no gozo dos direitos civis e políticos;
- estar quite com o serviço militar;
- ser Bacharel em Direito, graduado em estabelecimento oficial ou reconhecido;
- ter exercido durante 3 (três) anos, no mínimo, no último quinquênio, advocacia, magistério jurídico em nível superior ou qualquer função para a qual se exija diploma de Bacharel em Direito. ***Ou seja, a atividade jurídica deve ter sido exercida por três anos, mas dentro do período dos cinco anos anteriores.***
- ter mais de 25 (vinte e cinco) e menos de 50 (cinquenta) anos de idade, **salvo quanto ao limite máximo, se for magistrado ou membro do Ministério Público.** Se já foi juiz ou promotor, o limite de idade não conta.

Como esse assunto foi cobrado em concurso?

No concurso para Analista Judiciário/Área Processual (2003) foi perguntado: *"Um promotor de justiça com idade de 51 anos não poderá ter deferida a inscrição no concurso público para provimento do cargo de juiz de direito substituto do DF"*. A assertiva foi considerada errada, tendo em vista o disposto no art. 52, V, da LOJDFT.

- ser moralmente idôneo.

---

2. São exemplos de títulos: pós-graduação, mestrado, doutorado, livros e artigos publicados, experiência em determinado cargo público anterior etc.

Para a aprovação final no concurso, exigir-se-á exame de sanidade física e mental.

Como esse assunto foi cobrado em concurso?

No concurso para Técnico Judiciário/Área Administrativa e Judiciária (2003) foi perguntado: "*Por falta de previsão legal, não é exigível a realização de exame psicotécnico no concurso para provimento do cargo de juiz de direito substituto do DF*". O item foi considerado errado, tendo em vista o disposto no art.52, §1º da LOJDFT.

O concurso terá validade de 2 (dois) anos, prorrogável **1 (uma) vez** por **igual** período.

O concurso para provimento dos cargos iniciais de Juiz de Direito Substituto do Distrito Federal e dos Territórios da Carreira da Magistratura do Distrito Federal e dos Territórios será único, facultado aos candidatos aprovados, na ordem de classificação, o direito de opção para um ou outro cargo.

Portanto, o edital do certame conterá vagas tanto para Juiz de Direito Substituto do Distrito Federal quanto para os Territórios (se houver). O candidato aprovado escolherá se pretende ficar lotado no DF ou em Território.

Sem prejuízo, poderá o Tribunal de Justiça determinar a realização de concurso **apenas para o provimento de cargo de Juiz de Direito dos Territórios**.

6.6.1. Preenchimento dos cargos de Juiz de Direito (Titular)

Conforme explicado anteriormente, o preenchimento dos cargos de Juiz de Direito, à exceção da Circunscrição Judiciária de Brasília, far-se-á por **promoção** de Juízes de Direito Substitutos do Distrito Federal ou por **remoção** de Juiz de Direito de outra Vara da mesma ou de Circunscrição Judiciária diversa (ver item 7.5 da Parte III, que trata do tema sob a ótica do Regimento Interno do TJDFT).

O preenchimento de cargo de Juiz de Direito na Circunscrição Judiciária de Brasília contém regra um pouco diferente.

Nesse caso, os cargos de Juiz de Direito serão providos por **remoção** dos Juízes de Direito do **Distrito Federal e dos Territórios**, reservado aos últimos **0,1 (um décimo)** das vagas, ou por **promoção** de Juiz Substituto, **caso remanesça vaga não provida por remoção**.

Fixando: Via de regra, não é possível que um Juiz de Direito Substituo seja promovido a Juiz de Direito diretamente em Brasília. Antes ele deve ter passado por outra Circunscrição Judiciária, e, somente depois de pelo menos 2 anos é que poderá pleitear uma Vara em Brasília, mediante remoção.

Exceção: Ausência de Juízes de Direito interessados em pedir remoção de outra Circunscrição Judiciária para Brasília, caso em que o Juiz de Direito Substituto poderá ser promovido, desde que esteja há 2 anos em exercício na classe, sendo dispensado esse prazo se não houver mais ninguém com tal requisito

Assim, aberta uma vaga, por exemplo, em uma Vara Cível em Brasília, somente podem concorrer, em regra, Juízes de Direito (Titulares) de Brasília ou de outras Circunscrições Judiciárias. Os Juízes de Direito Substitutos somente podem concorrer caso nenhum Juiz de Direito manifestar interesse pela vaga.

Como esse assunto foi cobrado em concurso?

No concurso para Analista Judiciário/Execução de Mandados (2003) foi perguntado: "*Se ocorrer vaga em vara da Circunscrição Especial Judiciária de Brasília, aquela deverá ser provida necessariamente por meio da remoção de juiz de direito de uma das demais circunscrições do DF*". O item foi considerado errado, tendo em vista o disposto no art. 54, §1º, da LOJDFT.

Somente após 2 anos de exercício na classe, poderá o Juiz ser **promovido** ou **removido**, salvo se não houver com tal requisito quem aceite o lugar vago, ou se forem todos recusados pela maioria absoluta dos membros do Tribunal de Justiça.

A promoção e a remoção podem ser, ainda, por critérios de antiguidade ou de merecimento, alternadamente, para cada vaga que surgir no cargo.

As indicações para **promoção por merecimento** serão, sempre que **possível, feitas por lista tríplice**, cabendo ao Tribunal a escolha do magistrado a ser promovido.

No caso de promoção por antiguidade, o Tribunal de Justiça somente poderá **recusar** o Juiz mais antigo pelo **voto de 2/3 (dois terços)** dos seus membros (atualmente corresponde a 32 desembargadores de 48), repetindo-se a votação até fixar-se a indicação.

Como esse assunto foi cobrado em concurso?

No concurso para Técnico Judiciário/Área administrativa (2007) foi perguntado: *"Sérgio é o juiz de direito mais antigo do TJDFT. Nessa situação, no caso de promoção por antiguidade, o tribunal de justiça somente poderá recusá-la a Sérgio pelo voto da maioria absoluta de seus membros".* O item foi considerado errado, tendo em vista o disposto no art. 54, §4º, da LOJDFT.

PREENCHIMENTO DE CARGOS DE JUÍZES	
Juiz de Direito	Promoção/remoção por antiguidade ou por merecimento, após 2 anos de exercício na classe, salvo faltando candidato com essa exigência
Juiz de Direito Substituto	Posse após aprovação em concurso público

As remoções requeridas por juízes do Distrito Federal e dos Territórios vinculam-se a ato do Presidente do Tribunal e poderão dar-se para qualquer Circunscrição Judiciária, **exceto para Vara da mesma natureza dentro da própria Circunscrição Judiciária.**

Exemplo: Juiz de uma Vara de Família de Taguatinga não pode pedir remoção para outra Vara de Família dessa Circunscrição Judiciária, mas pode requerer seja removido para uma Vara de Família de Brasília.

Esquematizando:

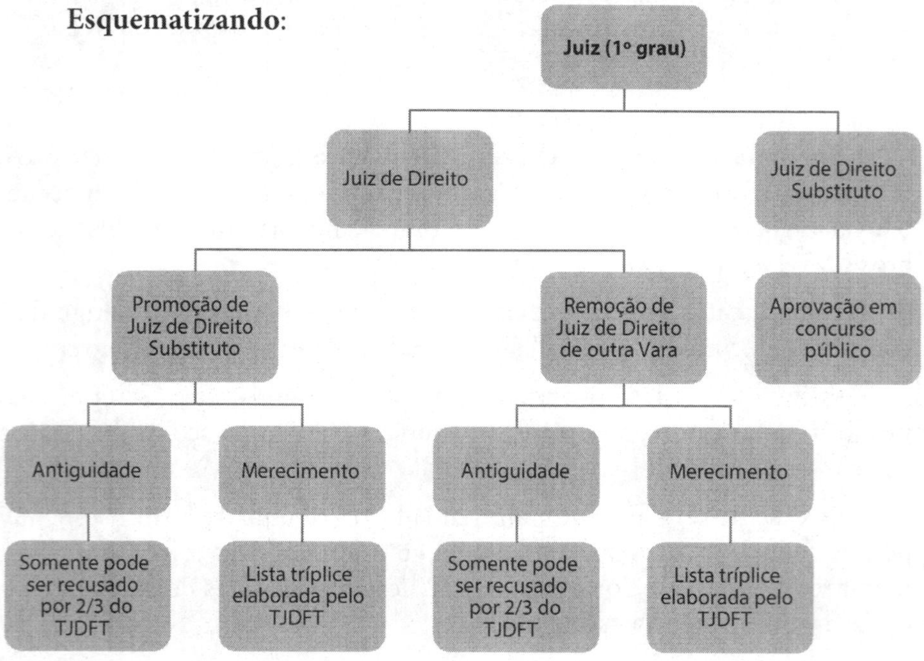

Esquematizando:

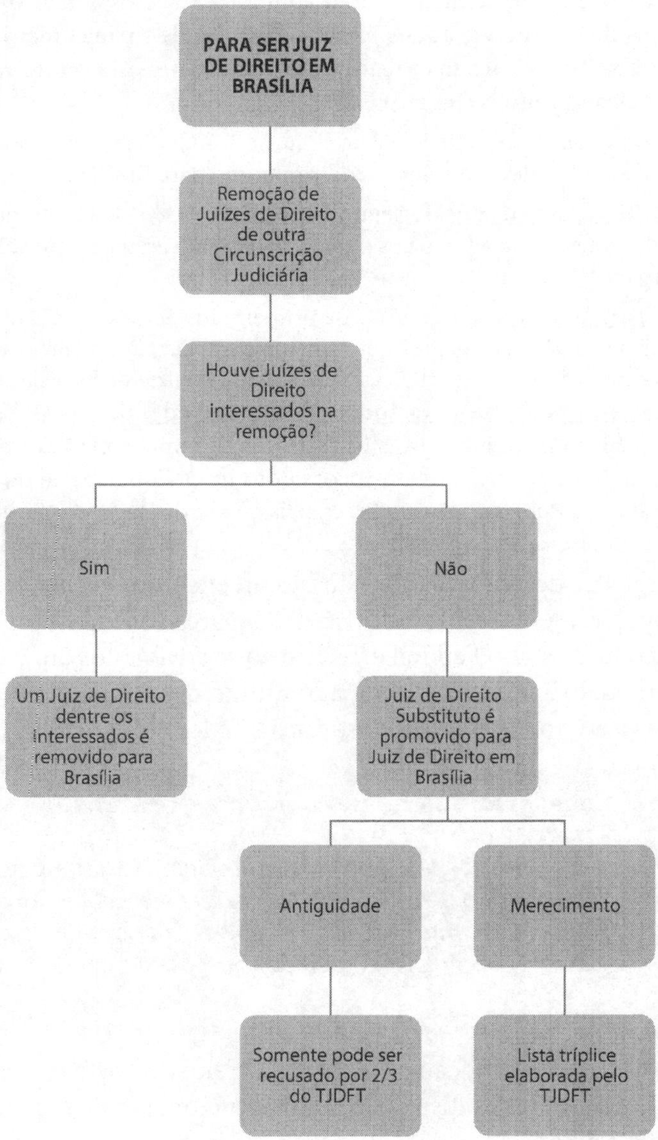

6.6.2. Provimento de cargo de Desembargador

O provimento de cargo de Desembargador far-se-á por promoção de Juiz de Direito do Distrito Federal, por antiguidade e merecimento alternadamente (ver item 3.5 da Parte III, que trata do assunto sob a ótica do Regimento Interno do TJDFT).

ATENÇÃO: Nos termos do art. 404, parágrafo único, do Regimento Interno, a antiguidade e o merecimento serão apurados entre os **juízes de direito substitutos de segundo grau, os juízes de direito de turmas recursais e os juízes de direito da Circunscrição Judiciária de Brasília ou de vara com competência em todo o Distrito Federal.**

Por essa regra, Juiz de Direito de outra Circunscrição Judiciária não pode se tornar desembargador, devendo, antes, pedir remoção para Brasília.

Juízes de direito substitutos do segundo grau: são juízes de direito que atuam na segunda instância no auxílio aos órgãos de segundo grau e na substituição de desembargador

Juízes de Turma Recursal: são juízes de primeira instância que atuam nas Turmas Recursais, órgãos colegiados que têm competência para julgar recursos interpostos contra decisões e sentenças proferidas nos Juizados Especiais.

Varas com competência para todo o Distrito Federal: são as Varas que apesar de se localizarem em Brasília, possuem competência para processar e julgar processos relativos a fatos ocorridos em qualquer parte do DF. Ex.: Vara da Fazenda Pública, Vara de Precatórias, Vara de Registros Públicos etc.

Os cargos de desembargador não são preenchidos exclusivamente por juízes de carreira, sendo reservado 1/5 dos lugares aos membros do Ministério Público do Distrito Federal e Territórios e advogados em efetivo exercício da profissão. Trata-se do chamado quinto constitucional, em virtude de igual previsão no art. 94 da Constituição Federal[3].

Como esse assunto foi cobrado em concurso?

No concurso para Analista Judiciário/Área Judiciária (2015) foi perguntado: *"Um quinto dos cargos de desembargador devem ser preenchidos por membros do Ministério Público do Distrito Federal e Territórios e por advogados em efetivo exercício da profissão".* O item foi considerado correto por estar de acordo com o art. 55 da LOJDFT.

Concorrerão à promoção os Juízes de Direito do Distrito Federal e dos Territórios, observadas as disposições constitucionais e da Lei Orgânica da Magistratura Nacional.

---

3. "Art. 94. Um quinto dos lugares dos Tribunais Regionais Federais, dos Tribunais dos Estados, e do Distrito Federal e Territórios será composto de membros, do Ministério Público, com mais de dez anos de carreira, e de advogados de notório saber jurídico e de reputação ilibada, com mais de dez anos de efetiva atividade profissional, indicados em lista sêxtupla pelos órgãos de representação das respectivas classes".

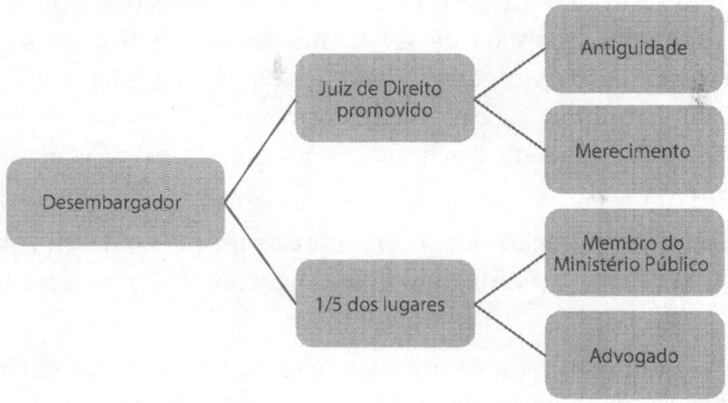

Os lugares reservados a membros do Ministério Público ou da Ordem dos Advogados do Brasil serão preenchidos dentre aqueles de notório saber jurídico e de reputação ilibada, com mais de 10 (dez) anos de efetiva atividade profissional, indicados em lista sêxtupla pelos órgãos de representação das respectivas classes.

Lista sêxtupla é, obviamente, uma lista formada com seis nomes de candidatos ao cargo.

Recebidas as indicações, o Tribunal formará lista tríplice, enviando-a ao Poder Executivo, que, nos 20 (vinte) dias subsequentes, escolherá um de seus integrantes para nomeação.

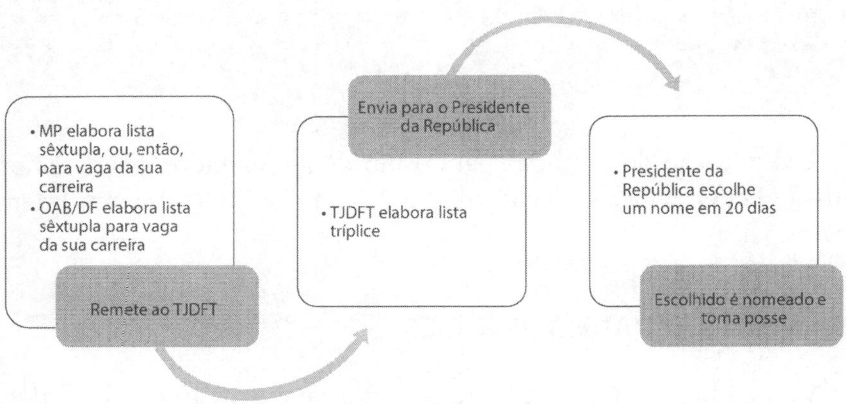

A indicação de membro do Ministério Público e de advogado será feita de modo a resguardar a igualdade de representação das duas categorias e observar-se-á o critério de alternatividade, iniciando-se por advogado.

É que nem sempre o número de desembargadores oriundos do MP é o mesmo daqueles egressos da OAB, nesse caso, a fim de se manter a igualdade de representação, para cada vaga que surgir em cargo oriundo de determinada classe, ela será preenchida por membro advindo da classe que possuía um número menor de membros, e assim sucessivamente.

Os pedidos de remoção serão formulados no prazo de 15 (quinze) dias, a contar da declaração de vacância do cargo, publicada no Diário de Justiça.

Além da promoção e da remoção, existe, também, possibilidade de **permuta** entre os juízes, que se trata da possibilidade de troca de lotações.

A requerimento dos interessados, será permitida a permuta, condicionada a ato do Presidente, ouvido o Tribunal.

Não será permitida a permuta entre juízes de direito em condições de acesso ao Tribunal de Justiça após o surgimento de vaga enquanto não for ela provida, ou seja, se um juiz de direito é o próximo na lista para se desembargador por critério de antiguidade, ele não pode permutar com outro juiz de direito antes de se tornar desembargador.

PERMUTA	
Condicionada a ato do Presidente	Tribunal deve ser ouvido
Surgiu Vara vaga antes de juiz se tornar desembargador	Aguarda-se prover a vaga de desembargador para, somente então, fazer a permuta

A verificação de invalidez para o fim de aposentadoria será feita na forma da Lei Orgânica da Magistratura Nacional e do Regimento Interno do Tribunal.

6.7. A ANTIGUIDADE DOS JUÍZES

A antiguidade é tema de extrema importância no âmbito do TJDFT, por servir de parâmetro em várias questões institucionais, especialmente para promoção e remoção de juízes. A LOJDFT elenca uma série de critérios para apurar a antiguidade dos juízes:

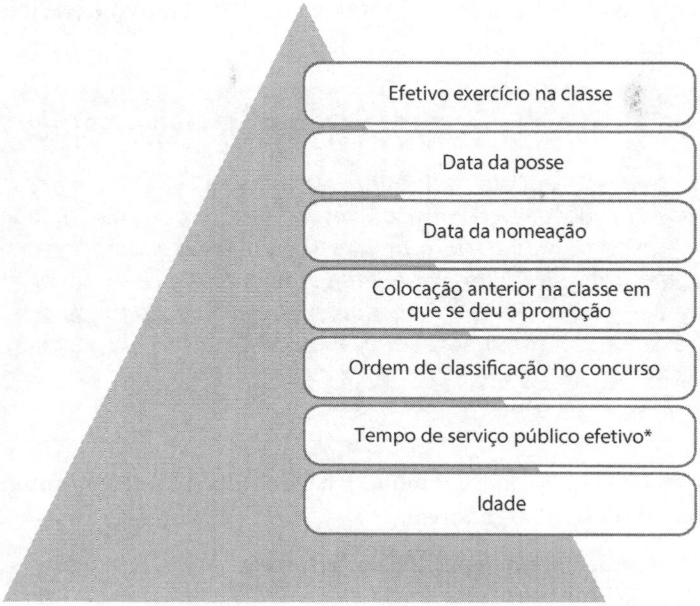

> ***ATENÇÃO!** No julgamento da ADI 6.779O Supremo Tribunal Federal declarou a inconstitucionalidade do art. 58, VI, da Lei n. 11.697/2008 (LOJDFT), que trata do tempo de serviço público efetivo como critério de antiguidade.

Os critérios relacionados acima são sucessivos. Se, por exemplo, vários juízes disputarem a remoção para uma Vera, verifica-se primeiro quem está a mais tempo no exercício do cargo. Se todos entraram em exercício no mesmo dia, apura-se quem tomou posse em primeiro lugar. Persistindo o empate, serão analisados os demais critérios, sucessivamente, até chegar na idade.

> **IMPORTANTE!** Não há distinção, para tais fins de acesso ao cargo de desembargador, no que diz respeito aos juízes de direito substitutos de segundo grau[4], juízes de direito de turma recursal e juízes de direito da Circunscrição de Brasília.

4. Os juízes substitutos de segundo grau exercem atividade exclusivamente jurisdicional, ou seja, não participam de sessões administrativas

Para efeito de antiguidade, conta-se como de efetivo exercício a licença para tratamento de saúde.

Como esse assunto foi cobrado em concurso?

No concurso para Analista Judiciário/Área Judiciária (2007), foi perguntado: "*Bruno possui 4 anos de efetivo exercício na magistratura do DF. Fernanda possui 4 anos e 2 meses na magistratura, mas teve de se afastar durante um período de 6 meses, em virtude de licença para tratamento de saúde. Nessa situação, Bruno é considerado mais antigo que Fernanda, para efeito de promoção por antiguidade*". A assertiva foi considerada errada, tendo em vista o disposto no art. 58, §1º, da LOJDFT.

ATENÇÃO: O art. 50 do **Regimento Interno** dispõe acerca da **antiguidade** no **Tribunal (desembargadores)**

Art. 50. Determina-se a antiguidade no Tribunal:

I – pela data da posse;

II – em caso de posse coletiva, pela ordem de colocação anterior, na classe em que se deu a promoção;

III – pelo tempo de serviço como magistrado;

IV – pela idade.

6.8. FÉRIAS, RECESSOS E FERIADOS

Os Desembargadores, Juízes de Direito e Juízes de Direito Substitutos do Distrito Federal e dos Territórios gozarão férias individuais, na forma disciplinada pelo **Regimento Interno do Tribunal de Justiça do Distrito Federal e dos Territórios.**

Será considerado feriado forense o período compreendido entre **20 de dezembro e 6 de janeiro.**

No feriado forense e nos dias em que não houver expediente forense, a Corregedoria regulará o **plantão judiciário**, designando juízes para conhecer de medidas urgentes em geral. **O plantão do segundo grau é definido pelo Regimento Interno.**

Salvo as hipóteses previstas em lei, ficam **suspensos** os prazos durante o período de **feriados forenses.**

A hipótese de **suspensão** do prazo difere da **interrupção.**

Na suspensão, conta-se o prazo até o dia anterior ao feriado/recesso, e, após o término do feriado/recesso, a contagem prossegue **considerando-se os dias do prazo já computados.**

Na interrupção, conta-se o prazo até o dia anterior ao feriado/recesso, e, após o término do feriado/recesso, a contagem do prazo tem **novo início, desconsiderando-se os dias do prazo já computados.**

SUSPENSÃO	INTERRUPÇÃO
Após o término do feriado/recesso, consideram-se os dias do prazo já computados.	Após o término do feriado/recesso, desconsideram-se os dias do prazo já computados, contando-se novamente do início

CONTAGEM DOS PRAZOS		
Marco	**O que é**	**Suspende os prazos?**
Feriado	Data comemorativa em que as pessoas são dispensadas do trabalho	SIM
Recesso forense	Período compreendido entre 20 de dezembro e 6 de janeiro. Interrupção dos trabalhos do judiciário	SIM
Férias	Período de descanso anual e individual, de cada beneficiário	NÃO

As férias não suspendem e nem interrompem a contagem dos prazos!

Além dos feriados fixados em lei, também serão considerados como feriado forense pela Justiça do Distrito Federal e dos Territórios:

FERIADOS FORENSES	
Recesso forense	20 de dezembro a 6 de janeiro
Carnaval	Segunda-feira e terça-feira e quarta-feira de cinzas
Semana santa	Entre quarta-feira e domingo de Páscoa
Dia do advogado	11 de agosto
Finados	1º e 2º de novembro
Dia da Justiça	8 de dezembro

6.9. AJUDA DE CUSTO

A ajuda de custo para mudança e transporte será atribuída na época do deslocamento do magistrado e sua família do **Território Federal para o Distrito Federal ou vice-versa**.

Não há ajuda de custo para mudança e transporte em Circunscrição Judiciária do Distrito Federal.

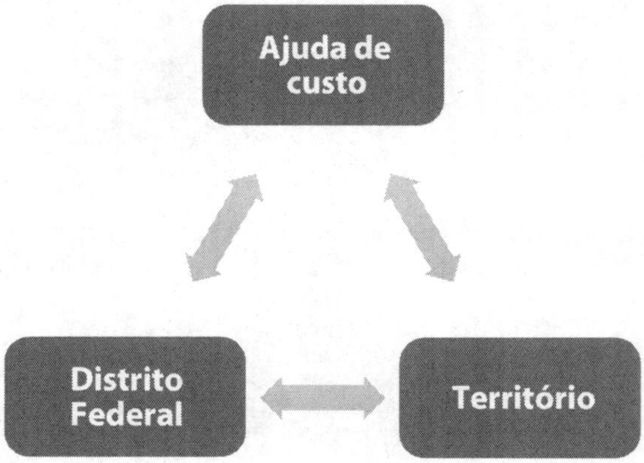

A ajuda de custo será arbitrada pelo Presidente do Tribunal e cobrirá o valor das passagens aéreas e do transporte de móveis e utensílios.

Os Juízes de Direito dos Territórios terão direito a uma ajuda de custo para o pagamento de aluguel em locais **onde não exista residência oficial** a eles destinada.

O valor da ajuda de custo mencionada no caput deste artigo não excederá a 30% (trinta por cento) dos vencimentos básicos dos magistrados.

6.10. DEVERES E SANÇÕES

Os deveres e sanções a que estão sujeitos os magistrados são os definidos na **Lei Orgânica da Magistratura Nacional**.

CAPÍTULO 7

DOS SERVIÇOS AUXILIARES

Os serviços auxiliares são aqueles que de algum modo participam da movimentação processual, desde o seu ingresso no Poder Judiciário, pelo serviço de Distribuição, até o esgotamento da atividade jurisdicional (satisfação plena do direito alegado pela parte).

Segundo o art. 64 da LOJDFT, os serviços auxiliares da Justiça serão executados:

- pelos servidores do Quadro do Tribunal de Justiça em exercício nas Secretarias e nos Ofícios Judiciais;
- pelos servidores dos Serviços Notariais e de Registro.

São **Ofícios Judiciais** os Cartórios dos diversos Juízos (Varas Cíveis, de Família, Juizados Especiais, Fazenda Pública etc.), os Serviços de Contadoria-Partidoria, de Distribuição e os Depósitos Públicos.

Esquematizando:

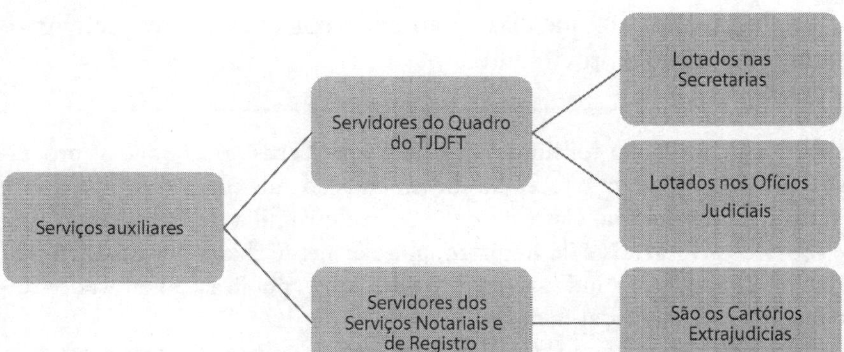

Esquematizando os Ofícios Judiciais

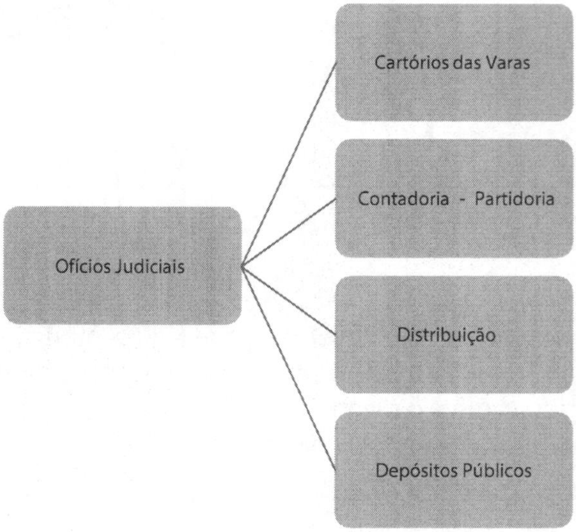

Como esse assunto foi cobrado em concurso?

No concurso para Técnico Judiciário/Área Administrativa (2015), foi perguntado: *"Além dos cartórios dos diversos juízos, também são ofícios judiciais os serviços de distribuição, de contadoria-partidoria e os depósitos públicos".* A assertiva foi considerada correta por corresponder ao art. 65 da LOJDFT.

A LOJDFT trata dos Ofícios Judiciais e dos Serviços Notariais e de Registro. Quanto às atribuições das Secretarias do Tribunal de Justiça e da Corregedoria, a lei diz que elas serão definidas em seus respectivos regimentos, resoluções e provimentos.

IMPORTANTE: não confundir **Cartórios das Varas** (local onde os processos judiciais tramitam e recebem movimentação, tais como Cartório da 10ª Vara Cível de Brasília, Cartório da 2ª Vara de Família de Taguatinga) com os **Serviços Notariais e de Registro,** popularmente chamados de **Cartórios Extrajudiciais,** local onde são lavradas escrituras públicas, autenticados documentos, reconhecidas firmas etc.

A expressão Serviços Notariais e de Registro reproduz fielmente expressão contida no art. 236 da Constituição de 1988: "Art. 236. Os serviços notariais e de registro são exercidos em caráter privado, por delegação do

Poder Público". Essa, portanto, é a denominação adequada. Observe-se que em nenhum momento a legislação menciona a expressão "Cartórios Extrajudiciais", cuidando-se de imprecisão técnica.

Em suma, quando a lei se referir a Serviços Notariais e de Registro, são os popularmente conhecidos como "Cartórios Extrajudiciais" (tabelionato de notas, registro de imóveis etc.). Quando mencionar "Cartório", significa o Cartório da Vara, integrante do primeiro grau de jurisdição.

DIFERENÇAS	
Cartórios das Varas	Serviços Notariais e de Registro
• São geridos por um Juiz de Direito Titular da Vara • Cuidam da Movimentação de processos judiciais	• Geridos por Notários (Tabeliães e Oficiais Registradores) • Subordinados à Corregedoria do TJ-DFT • Lavram escrituras, autenticam documentos, reconhecem firmas etc.

7.1. DOS OFÍCIOS JUDICIAIS

7.1.1. Cartório das Varas

Incumbe aos **Cartórios das Varas** a realização dos serviços de apoio aos respectivos Juízes, nos termos das leis processuais, das resoluções, dos provimentos da Corregedoria e das portarias e despachos dos Juízes aos quais se subordinam diretamente.

É no Cartório da Vara que o juiz conta com o apoio indispensável da equipe de servidores responsável pela movimentação dos processos, que praticam atos como juntada de petições e documentos, publicação de despachos, decisões e sentenças, expedição de mandados e de ofícios, atendimento ao público em geral, dentre outras atribuições.

Exemplo: É possível que o juiz baixe Portaria no Cartório delegando aos servidores do Cartório a atribuição de dar vista (cientificar) às partes sobre documentos juntados no processo, tornando-se desnecessária a remessa dos autos ao gabinete do juiz (conclusão dos autos, não confundir com término do processo) para proferir despacho intimando a parte a se manifestar acerca dos documentos juntados.

7.1.2. Cartório de Registro de Distribuição

Incumbe ao **Cartório de Registro de Distribuição** o registro da distribuição dos feitos aos diversos Juízos do Distrito Federal, mediante comunicação dos Distribuidores, cabendo-lhe o fornecimento das correspondentes certidões.

Em cada Fórum existe um setor de Distribuição (ver art. 135 do Provimento Geral da Corregedoria Aplicado aos Juízes e aos Ofícios Judiciais[1]). A distribuição dos feitos realizadas nesse setor são enviadas ao Cartório de Registro de Distribuição, responsável por tirar as certidões "nada consta" de processos judiciais.

> A distribuição na Circunscrição Judiciária de Brasília será presidida por **Juiz de Direito Substituto**, designado por ato do **Corregedor da Justiça**, e, nos **Territórios**, quando houver **mais de uma Vara**, incumbirá ao **Juiz Diretor do Fórum** fazê-lo.

A LOJDFT determina a realização de uma audiência de distribuição, que será pública e terá horário prefixado, participarão 1 (um) representante do Ministério Público, designado pelo Procurador-Geral da Justiça, e 1 (um) representante da Ordem dos Advogados do Brasil, Seção do Distrito Federal.

A eventual ausência do membro do Ministério Público ou do advogado não impede a realização do ato.

Como esse assunto foi cobrado em concurso?

No concurso para Técnico Judiciário/Área Administrativa e Judiciária (2003) foi perguntado: "*A distribuição dos feitos entre as varas do DF compete, em regra, aos juízes de direito titulares, que a realizarão em audiência pública à qual pode comparecer representante do Ministério Público e da Ordem dos Advogados do Brasil; a ausência destes, todavia, não impedirá a realização do ato*". O item foi considerado errado, tendo em vista o disposto no art. 68, *caput* e §1º, da LOJDFT.

Em caso de manifesta urgência, a distribuição será feita em qualquer horário.

1. "Art. 135. À Distribuição compete distribuir, redistribuir, autuar e remeter os feitos aos juízos competentes".

A distribuição dos feitos às Varas das Circunscrições Judiciárias de Taguatinga, Brazlândia, Gama, Sobradinho, Planaltina, Ceilândia, Samambaia, Santa Maria, Paranoá, São Sebastião, Núcleo Bandeirante e Riacho Fundo será efetuada pelo respectivo **Juiz Diretor do Fórum.**

DISTRIBUIÇÃO	
Juiz de Direito Substituto (designado pelo Corregedor)	Brasília
Juiz Diretor do Fórum	Taguatinga, Brazlândia, Gama, Sobradinho, Planaltina, Ceilândia, Samambaia, Santa Maria, Paranoá, São Sebastião, Núcleo Bandeirante e Riacho Fundo

7.1.3. Serviço de Distribuição de Mandados

O Serviço de Distribuição de Mandados cuida do recebimento e remessa dos mandados para os Oficiais de Justiça.

Mandado é uma **ordem judicial escrita**, emanada **por autoridade judicial**, que prescreve o **cumprimento de ato processual**. Possui conteúdo e finalidade específica, tais como a citação do réu, intimação de partes ou testemunhas, despejo, reintegração de posse etc.[2].

Assim, se o juiz manda intimar alguém para praticar determinado ato (concluir um contrato celebrado entre as partes, religar sistema elétrico de imóvel, pagar pensão alimentícia etc.) ou para que se abstenha de praticá-lo (não invadir propriedade rural, não incluir nome do autor na SERASA ou no SPC), a determinação é instrumentalizada em um mandado, cabendo ao Oficial de Justiça dar cumprimento à determinação judicia.

Compete ao Serviço de Distribuição de Mandados:

- receber os mandados oriundos dos diversos Juízos;
- proceder à sua distribuição entre os Oficiais de Justiça, conforme sistema de zoneamento fixado pelo Juiz Diretor do Fórum;
- efetuar o registro dos mandados recebidos e distribuídos, velando para que sejam devolvidos aos Juízes de origem nos prazos legais e comunicando-lhes eventuais irregularidades;
- exercer as demais atribuições que lhe forem determinadas pelo Corregedor e pelo Juiz Diretor do Fórum.

---

2. Conceito extraído da página eletrônica http://www.tjdft.jus.br/institucional/corregedoria/mandados-judiciais/perguntas-frequentes

Não serão feitas redistribuições de inquéritos e processos para as Varas criadas por pela LOJDFT e para as Varas instaladas após a sua edição ressalvado o disposto nos arts. 34 e 35 da LOJDFT.

O Tribunal de Justiça, dentro do prazo de 30 (trinta) dias, contados da publicação da LOJDFT, baixará ato determinando para cada área prazo e quantitativo de novas distribuições, a partir das quais a distribuição será feita para todas as Varas da área.

7.2. DOS DIRETORES DE SECRETARIA, OFICIAIS DE JUSTIÇA, CONTADORES-PARTIDORES, DISTRIBUIDORES E DEPOSITÁRIOS PÚBLICOS

Aos Diretores de Secretaria, Oficiais de Justiça, Contadores-Partidores, Distribuidores e Depositários Públicos incumbe exercer as funções que lhes são atribuídas pelas leis processuais, provimentos da Corregedoria e resoluções, bem como executar as determinações do Corregedor, do Juiz Diretor do Fórum e dos Juízes aos quais são subordinados.

Diretor de Secretaria: Servidor responsável pela gestão e chefia do Cartório da Vara, seguindo as orientações do Juiz. Suas atribuições são descritas no art. 33 do Provimento Geral da Corregedoria Aplicado aos Juízes e Ofícios Judiciais.

Oficial de Justiça: Analista Judiciário Avaliador Federal. Servidor responsável pelo cumprimento das determinações do Juiz contidas nos mandados. É o Oficial de Justiça que intima as partes, realiza penhoras etc.

Os Oficiais de Justiça, nos casos indicados em lei, funcionarão como perito oficial na determinação de valores, salvo quando, a critério do juiz, forem exigidos conhecimentos técnicos especializados. A título de exemplo, o Oficial e Justiça pode avaliar um imóvel penhorado, valendo-se de pesquisas de mercado, para fins venda e quitação de débito[3].

Como esse assunto foi cobrado em concurso?

No concurso para Técnico Judiciário/Área Administrativa (2013), foi perguntado: "*As atribuições dos oficiais de justiça incluem atuar como perito oficial na*

3. No mesmo sentido o art. 870 do Código de Processo Civil: "Art. 870. A avaliação será feita pelo oficial de justiça. Parágrafo único. Se forem necessários conhecimentos especializados e o valor da execução o comportar, o juiz nomeará avaliador, fixando-lhe prazo não superior a 10 (dez) dias para entrega do laudo".

determinação de valores nos casos indicados em lei". O item foi considerado correto por corresponder ao parágrafo único do art. 71 da LOJDFT.

Perito oficial: No curso do processo, o Juiz poderá contar com o auxílio de um Oficial de Justiça para avaliar bens, tais como avaliação de veículos penhorados, para fins de alienação em leilão e pagamento do credor com o produto da venda.

O Juiz Diretor do Fórum de cada Circunscrição Judiciária designará os oficiais de justiça que devam desempenhar as funções de porteiro dos auditórios, realizar as praças e os leilões individuais e coletivos, quando não indicado leiloeiro pelas partes.

Leilões: São os procedimentos de venda dos bens penhorados ou apreendidos.

Leilão público coletivo é aquele realizado com bens móveis removidos aos depósitos públicos há mais de 06 (seis) meses, conforme previsto nos arts. 159 e seguintes do atual Provimento Geral da Corregedoria do Tribunal de Justiça do Distrito Federal e dos Territórios, ou, com bens com fiel depositário, mediante autorização do juízo de origem.

Qual a diferença entre um leilão público e um individual?

Leilão público coletivo – No leilão coletivo são relacionados, prioritariamente, bens móveis removidos para um dos depósitos públicos do TJDFT.

Leilão público individual – É designado individualmente em cada processo, podendo-se tratar de bens de qualquer natureza (móveis, imóveis etc.). No caso dos bens móveis os itens podem estar no depósito público ou em poder do executado (fiel depositário). Atualmente os leilões individuais são realizados em sua grande maioria por meio de leiloeiros com matrícula na Junta Comercial do Distrito Federal e credenciados junto ao TJDFT[4].

Poderá o Corregedor designar um dos Depositários Públicos para servir como Coordenador dos Depósitos Públicos.

7.3. DOS SERVIÇOS NOTARIAIS E DE REGISTRO NO DISTRITO FEDERAL

São os seguintes os Serviços Notariais e de Registro no Distrito Federal:

4. Informações extraídas da página eletrônica https://www.tjdft.jus.br/cidadaos/leiloes-e-depositos/perguntas-frequentes/leilao-publico-coletivo

I – Circunscrição Judiciária de Brasília:

a) 3 (três) Ofícios de Notas e Protesto de Títulos;

b) 1 (um) Ofício de Notas;

c) 1 (um) Ofício de Protesto de Títulos;

d) 1 (um) Ofício de Notas, Registro Civil, Títulos e Documentos, Protesto de Títulos e Pessoas Jurídicas;

e) 2 (dois) Ofícios de Registro Civil e Casamento, Títulos e Documentos e Pessoas Jurídicas;

f) 2 (dois) Ofícios de Registro de Imóveis, permanecendo o 2º Ofício de Registro de Imóveis com a circunscrição registrária originária;

II – Circunscrição Judiciária do Núcleo Bandeirante:

a) 1 (um) Ofício de Protesto de Títulos;

b) 1 (um) Ofício de Registro de Imóveis;

c) 1 (um) Ofício de Notas, Registro Civil, Protesto de Títulos, Títulos e Documentos e Pessoas Jurídicas;

III – Circunscrição Judiciária de Taguatinga:

a) 2 (dois) Ofícios de Notas;

b) 1 (um) Ofício de Notas, Registro Civil, Títulos e Documentos, Protesto de Títulos e Pessoas Jurídicas;

c) 1 (um) Ofício de Registro de Imóveis;

d) 1 (um) Ofício de Registro Civil, Títulos e Documentos e Pessoas Jurídicas;

IV – Circunscrição Judiciária de Samambaia:

a) 1 (um) Ofício de Registro Civil, Títulos e Documentos e Pessoas Jurídicas;

b) 1 (um) Ofício de Notas;

V – Circunscrição Judiciária do Gama:

a) 2 (dois) Ofícios de Notas e Protesto de Títulos;

b) 1 (um) Ofício de Registro Civil, Títulos e Documentos e Pessoas Jurídicas;

c) 1 (um) Ofício de Registro de Imóveis;

VI – Circunscrição Judiciária de Ceilândia:

a) 1 (um) Ofício de Notas e Protesto de Títulos;

b) 1 (um) Ofício de Registro Civil, Títulos e Documentos e Pessoas Jurídicas;

c) 1 (um) Ofício de Registro de Imóveis;

VII - Circunscrição Judiciária de Sobradinho:

a) 1 (um) Ofício de Notas e Protesto de Títulos;

b) 1 (um) Ofício de Notas, Registro Civil, Títulos e Documentos, Protesto de Títulos e Pessoas Jurídicas;

c) 1 (um) Ofício de Registro Civil, Títulos e Documentos e Pessoas Jurídicas;

d) 1 (um) Ofício de Registro de Imóveis;

VIII - Circunscrição Judiciária de Planaltina:

a) 1 (um) Ofício de Notas e Protesto de Títulos;

b) 1 (um) Ofício de Registro Civil, Títulos e Documentos e Pessoas Jurídicas;

c) 1 (um) Ofício de Registro de Imóveis;

IX - Circunscrição Judiciária de Brazlândia:

a) 1 (um) Ofício de Notas, Registro Civil, Títulos e Documentos, Protesto de Títulos e Pessoas Jurídicas;

b) 1 (um) Ofício de Registro de Imóveis;

X - Circunscrição Judiciária do Paranoá:

1 (um) Ofício de Registro Civil, Títulos e Documentos e Pessoas Jurídicas.

Os direitos dos empregados não remunerados pelos cofres públicos derivados do vínculo empregatício com o titular dos Serviços Notariais e de Registro são os previstos nas leis trabalhistas.

O Corregedor também poderá aplicar aos empregados das serventias não oficializadas penas disciplinares.

> ATENÇÃO! *Os empregados dos Serviços Notariais e de Registro no DF são regidos pela CLT, e, apesar disso, podem ser penalizados pelo Corregedor por eventuais faltas funcionais.*

CAPÍTULO 8

DOS SERVIDORES DA JUSTIÇA DO DF E DOS TERRITÓRIOS

8.1. REGIME JURÍDICO E PROVIMENTO DOS CARGOS

Aos servidores do Quadro do Tribunal de Justiça aplica-se o Regime Jurídico dos Servidores Públicos Civis da União (Lei nº 8.112/90, **os servidores do TJDFT são servidores federais**), observado, também, o ordenamento jurídico que regulamenta o Plano de Cargos e Salários dos Servidores Públicos do Poder Judiciário Federal (Lei nº 11.416/2006, que dispõe sobre as Carreiras dos Servidores do Poder Judiciário da União).

Como esse assunto foi cobrado em concurso?

No concurso para Técnico Judiciário/Área Administrativa (2015) foi perguntado: *"O Regime Jurídico dos Servidores Públicos Civis da União é aplicável aos servidores do quadro do TJDFT".* O item foi considerado correto por corresponder ao art. 76 da LOJDFT.

Compete ao Tribunal de Justiça do Distrito Federal e dos Territórios prover os cargos dos serviços auxiliares previstos na Constituição Federal.

Salvo para os cargos de confiança, as nomeações obedecerão à ordem de classificação no concurso.

Os cargos em comissão de Diretor da Secretaria dos Ofícios Judiciais, das Turmas, Câmaras, Conselhos e Secretarias Judiciárias, bem como de seus substitutos, serão preenchidos por Bacharéis em Direito, do Quadro de Pessoal do Tribunal de Justiça do Distrito Federal e dos Territórios, **em efetivo exercício,** ou seja, deve ser ocupado por servidor concursado do TJDFT.

Como esse assunto foi cobrado em concurso?

No concurso para Técnico Judiciário/Área Administrativa (2013), foi perguntado: "*Caso esteja vago, o cargo em comissão de diretor da Secretaria de Ofícios Judiciais poderá ser ocupado por bacharel em direito, em administração ou em ciências contábeis, independentemente de o bacharel ser do quadro de pessoal do TJDFT*". A assertiva foi considerada errada, tendo em vista o art. 78 da LOJDFT, que exige ser Bacharel em Direito para o cargo de Diretor da Secretaria dos Ofícios Judiciais, das Turmas, Câmaras, Conselhos e Secretarias Judiciárias.

Em cada serventia judicial haverá, além do titular, pelo menos 2 (dois) outros servidores ativos, Bacharéis em Direito.

Os cargos em comissão e as funções comissionadas da estrutura administrativa das Secretarias do Tribunal e da Corregedoria da Justiça serão preenchidos obedecendo aos critérios previstos no Plano de Cargos e Salários do Judiciário Federal.

8.2. DISPOSIÇÕES GERAIS

Os artigos 81, 82 e 83 da LOJDFT criaram, respectivamente, o Instituto de Formação, Desenvolvimento Profissional e Pesquisa, como Escola de Administração Judiciária do Distrito Federal e dos Territórios, a Ouvidoria-Geral da Justiça do Distrito Federal e dos Territórios e o Programa de Modernização e Aperfeiçoamento da Justiça do Distrito Federal – PROJUS.

I – O **Instituto de Formação, Desenvolvimento Profissional e Pesquisa** tem como missão a capacitação e o aperfeiçoamento dos seus magistrados e servidores, bem como demais atividades afins. É responsável por realizar diversos cursos, seminários e palestras com o objetivo de aprimorar os conhecimentos dos juízes e dos servidores, também promove o curso obrigatório de formação dos juízes

Atualmente, por força da Resolução nº 18 de 23 de novembro de 2015 é denominado de **Escola de Formação Judiciária do TJDFT - Ministro Luiz Vicente Cernicchiaro,** em homenagem ao ex-Ministro do Superior Tribunal de Justiça que já foi, também, Desembargador do TJDFT.

A organização e o detalhamento das competências do Instituto serão definidos por ato próprio do Tribunal de Justiça.

II – A **Ouvidoria-Geral da Justiça do Distrito Federal e dos Territórios** tem como missão tornar a Justiça mais próxima do cidadão, ouvindo sua opinião acerca dos serviços prestados pelo Tribunal de Justiça do Distrito Federal e dos Territórios, colaborando para elevar o nível de excelência das atividades necessárias à prestação jurisdicional, sugerindo medidas de aprimoramento e buscando soluções para os problemas apontados.

A organização e o detalhamento das competências da Ouvidoria-Geral serão definidos por ato próprio do Tribunal de Justiça.

III – O **Programa de Modernização e Aperfeiçoamento da Justiça do Distrito Federal – PROJUS** tem o objetivo de executar os recursos financeiros arrecadados por esta Corte necessários à modernização e ao reaparelhamento da Justiça do Distrito Federal e dos Territórios, sem prejuízo da proposta orçamentária anual.

Os recursos arrecadados compreenderão:

a – custas, taxas, emolumentos, multas e fianças arrecadados no âmbito da Justiça do Distrito Federal e dos Territórios de Primeiro e Segundo Graus, ressalvado o que dispõe a Lei Complementar nº 79, de 7 de janeiro de 1994, os repasses devidos à Ordem dos Advogados do Brasil – Seccional do Distrito Federal (Decreto-Lei nº 115, de 25 de janeiro de 1967) e os casos legais de devolução de custas;

b – auxílios, subvenções, contribuições, doações de entidades privadas e transferências de instituições públicas, nacionais ou estrangeiras;

c – inscrição em concursos públicos de ingresso no quadro de pessoal e em provas seletivas de estagiários;

d– inscrição para realização de cursos, simpósios, seminários e congressos promovidos pelo Tribunal de Justiça do Distrito Federal e dos Territórios;

e – venda de assinatura ou volumes avulsos de revistas, boletins ou outras publicações editadas pelo Tribunal de Justiça;

f – aluguéis ou permissões de uso de espaços para terceiros onde funcionam atividades da Justiça do Distrito Federal e dos Territórios;

g – produto da alienação de equipamentos, veículos ou outros materiais permanentes inservíveis ou imprestáveis;

h – multas aplicadas a fornecedores por descumprimento contratual;

i – quaisquer outros ingressos que lhe forem destinados por lei, bem como outros supervenientes.

Os recursos do PROJUS serão aplicados, preferencialmente, na modernização e aperfeiçoamento dos serviços judiciários da Primeira Instância.

A organização e o detalhamento das atribuições do Programa serão definidos por ato próprio do Tribunal de Justiça.

PARTE II

PROVIMENTO GERAL DA CORREGEDORIA APLICADO AOS JUÍZES E OFÍCIOS JUDICIAIS

CAPÍTULO 1

INTRODUÇÃO

O Provimento Geral da Corregedoria Aplicado aos Juízes e aos Ofícios Judiciais (PGC) dispõe acerca das rotinas de trabalho e da aplicabilidade de dispositivos de lei no âmbito da Primeira Instância do Tribunal de Justiça do Distrito Federal e dos Territórios - TJDFT[1]. Funciona com verdadeiro manual e guia para as rotinas processuais que devem ser observadas pelos juízes e pelos servidores das unidades.

O PGC foi dividido em quatro Títulos distintos, sendo eles:

PROVIMENTO GERAL DA CORREGEDORIA	
Título I	Dos Juízes e dos Ofícios Judiciais. (Art. 1º a Art. 114): trata das atribuições dos Juízes e das Serventias Judiciais
Título II	Do Plantão Judicial (Art. 115 a Art. 126): disciplina as regras de funcionamento do plantão no âmbito da primeira instância.
Título III	Dos Servidores Subordinados à Corregedoria. (Art. 127 a Art. 134): trata dos deveres dos servidores subordinados à Corregedorias, elogios e questões disciplinares
Título IV	Disposições Finais. (Art. 198 a Art. 200): apresenta algumas regras de transição em relação ao Provimento anterior

1. Texto da ementa do PGC.

CAPÍTULO 2

DOS JUÍZES

2.1. ATRIBUIÇÕES ADMINISTRATIVAS DO JUIZ

O Juiz é responsável pela condução e pelo julgamento dos processos judiciais. Além disso, também possui atribuições administrativas, relacionadas ao funcionamento da Serventia Judicial. Sendo ele um gestor da atividade jurisdicional, ele cuida, também, do trato de questões relativas a pessoal às rotinas cartorárias. Para fins didáticos, as funções administrativas do Juiz foram divididas em três categorias:

ATRIBUIÇÕES ADMINISTRATIVAS DO JUIZ	
Gestão da Vara	• orientar os serviços do juízo, zelando pela prática dos atos processuais com observância da forma e dos prazos legais; • discriminar, mediante portaria, os atos meramente ordinatórios a serem praticados pelo diretor de secretaria e seus servidores, visando à celeridade da prestação jurisdicional; • submeter à Corregedoria as portarias baixadas, exceto aquelas em conformidade com os modelos por ela sugeridos;
Pessoal	• indicar, por meio eletrônico, para fins de nomeação, o diretor da secretaria e, para fins de designação, seu substituto, dentre os bacharéis em Direito do Quadro de Pessoal do Tribunal, em efetivo exercício (somente Juiz de Direito Titular) • indicar, por meio eletrônico, os servidores para as demais funções comissionadas sob sua direção, dentre os ocupantes de cargos de provimento efetivo e em exercício; (somente Juiz de Direito Titular)
Institucional	• manter-se informado de todos os atos normativos expedidos pelo Conselho Nacional de Justiça – CNJ, pela Presidência, Primeira Vice-Presidência, Segunda Vice Presidência e Corregedoria deste Tribunal, cumprindo-os e fazendo-os cumprir no que couber;

ATRIBUIÇÕES ADMINISTRATIVAS DO JUIZ	
	• à Procuradoria-Geral da Justiça, à seção local da Ordem dos Advogados do Brasil – OAB, à Procuradoria-Geral do Distrito Federal – PGDF e à Defensoria Pública do Distrito Federal – DPDF as faltas, omissões, ausências ou outros atos ou fatos praticados por membros dessas instituições e que lhes possam interessar, inclusive disciplinarmente; • manter firmas registradas e atualizadas em todos os cartórios de notas do Distrito Federal.

Como esse assunto foi cobrado em concurso?

No concurso para Analista Judiciário/Área Processual (2003) foi perguntado: "*Compete aos juízes de direito nomear o diretor da secretaria da vara em que oficiem*". O item foi considerado errado, tendo em vista o disposto no art. 1º, IV, do PGC. Que nomeia é o Presidente (art. 367, III, do Regimento Interno do TJDFT).

No concurso para Técnico Judiciário/Área Administrativa e Judiciária (2003) foi perguntado: "*O diretor de secretaria pode praticar atos de mero impulso dos processos judiciais, os quais devem estar previamente indicados em relação baixada pela Corregedoria da Justiça*". O item foi considerado errado, tendo em vista o disposto no art. 1º, II e III, do PGC.

No concurso para Analista Judiciário/Atividade Processual (2000) foi perguntado: "*Cabe exclusivamente aos juízes praticar atos de impulso processual*". O item foi considerado errado, tendo em vista o disposto no art. 1º, II, do PGC.

2.2. DOS ELOGIOS

Os elogios feitos por Desembargadores, autoridades públicas, instituições públicas e privadas de **reconhecida idoneidade,** serão averbados nos assentamentos funcionais do Juiz de Direito ou do Juiz de Direito Substituto agraciado.

Os Juízes de Direito poderão encaminhar elogio para registro nos assentamentos funcionais de Juiz de Direito Substituto.

Os elogios recebidos por meio da Ouvidoria serão encaminhados, para ciência, ao endereço eletrônico do Juiz agraciado e, após, submetidos à análise do Corregedor, que poderá determinar a anotação nos assentamentos funcionais do Magistrado. Os elogios vindos da Ouvidoria normalmente são aqueles relacionados com a atuação do Juiz em audiência, em despacho com advogados, ou até mesmo com relação à atuação no processo, levando-se em conta critérios de presteza e de celeridade.

IMPORTANTE:

Se o elogio partir de Desembargadores, autoridades públicas, instituições públicas e privadas de reconhecida idoneidade, os elogios **serão averbados** nos assentamentos funcionais do Juiz de Direito ou do Juiz de Direito Substituto agraciado.

Se o elogio partir de manifestação da ouvidoria, para averbação nos assentamentos funcionais, dependem de prévia análise pelo Corregedor, que poderá (não deverá) determinar a anotação nos assentamentos funcionais do Magistrado.

Como esse assunto foi cobrado em concurso?

No concurso para Analista Judiciário/Área Judiciária (2013) foi perguntado: "*Serão averbados nos assentamentos funcionais dos juízes todos os elogios encaminhados ao corregedor, independentemente da origem do elogio*". A assertiva foi considerada errada, tendo em vista o disposto no §2º do art. 2º do PGC.

ELOGIOS FEITOS POR AUTORIDADES OU INSTITUIÇÕES

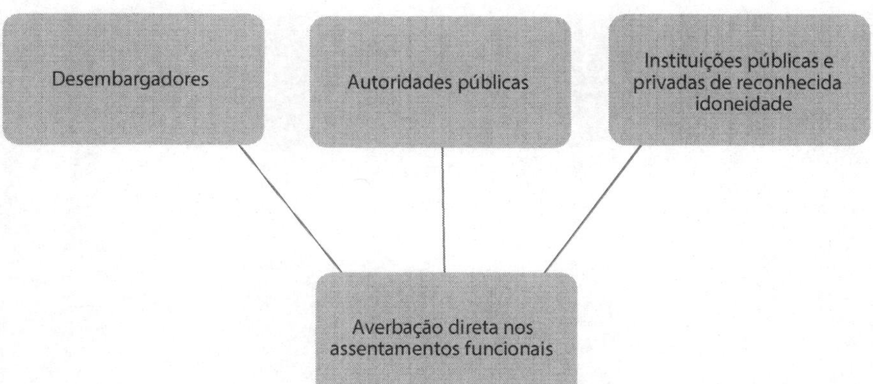

ELOGIOS REGISTRADOS NA OUVIDORIA

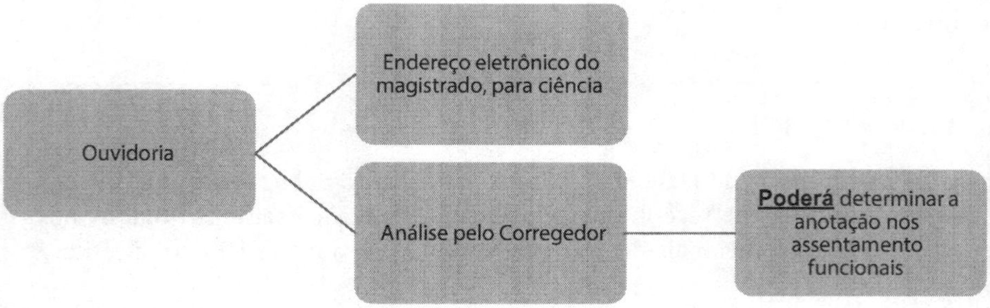

CAPÍTULO 3

DOS OFÍCIOS JUDICIAIS

Conforme dispõe o PGC, os Ofícios Judiciais compreendem as Varas de Natureza Cível, as Varas de Natureza Criminal e os Juizados Especiais.

Para fins de classificação pelo PGC, as Varas de **Natureza Cível** são responsáveis por processos relacionados a temas de Direito Civil (incluindo Direito de Família e Direito das Sucessões), Direito Empresarial (incluindo Falências e Recuperação Judicial), Direito do Consumidor e Direito Administrativo (como as Varas da Fazenda Pública), dentro outros.

As Varas de **Natureza Criminal** cuidam de processos relacionados ao Direito Penal e Processual Penal: são as Varas Criminais, os Tribunais do Júri, as Varas de Entorpecentes e Contravenções Penais, Auditoria Militar, Violência Doméstica, dentre outros.

Por sua vez, os **Juizados Especiais** podem tratar tanto de temas de Direito Civil e Direito Público, quanto de temas de Direito Penal e são responsáveis pelo processamento e julgamento das causas menos complexas (serão tratados oportunamente).

3.1. AS VARAS DE NATUREZA CÍVEL

Conforme mencionado anteriormente, as Varas de natureza Cível englobam as Varas Cíveis, de Família, de Órfãos e Sucessões, Registros Públicos, Varas da Fazenda Pública, Falências, Meio Ambiente, Previdenciária, Execução de Título Extrajudicial.

As Varas são responsáveis pela alimentação constante do banco de dados dos processos. Toda vez que uma parte for incluída ou excluída do processo, ou, ainda, quando ocorrer alguma modificação no procedimento, esses dados devem ser inseridos no sistema informatizado.

Assim, as varas de natureza cível, sem prejuízo de outras determinações do juízo, deverão registrar no sistema informatizado do Tribunal a ocorrência de:

I. retificação do nome das partes e de sua qualificação;
II. inclusão, exclusão e baixa de partes;
III. reconvenção, intervenção de terceiros, incidente de desconsideração da personalidade jurídica[1] e conversão em cumprimento de sentença ou em execução;
IV. modificação da classe ou do assunto de processo;
V. remessa de processo a outro juízo.

REGISTRO NO SISTEMA INFORMATIZADO DAS VARAS	
Retificação do nome das partes e de sua qualificação	Correção de erros materiais quanto aos nomes e/ou dados cadastrais das partes.
Inclusão, exclusão e baixa de partes	Quando uma parte é adicionada ao processo ou dele é excluída
Reconvenção, intervenção de terceiros, incidente de desconsideração da personalidade jurídica e conversão em cumprimento de sentença ou em execução	Alteração procedimental. Ver abaixo.
Modificação da classe ou do assunto de processo	Alterações da natureza do processo, quando, por exemplo, uma ação cobrança é alterada para ação de prestação de contas.
Remessa de processo a outro juízo	Quando os autos são encaminhados para outra Vara, para o TJDFT (2º grau) ou para Tribunal diverso.

Reconvenção: Quando, ao tempo em que se defende, o réu também exerce direito de ação contra o autor, dentro da contestação. Ocorre quando, por exemplo, o autor cobra uma dívida do réu e este, na verdade, se diz credor do autor, e cobra nos mesmos autos a dívida, evitando, assim, o ajuizamento de outra ação.

1. O Código de Processo Civil de 2015 classificou o incidente de desconsideração da personalidade jurídica como espécie de intervenção de terceiro. Todavia, para fins de prova, recomendamos a observância da distinção feita pelo PGC, salvo se na questão da prova for cobrado o critério do CPC/2015.

Intervenção de terceiros: É o ingresso de pessoas no processo que não são autores e nem réus, mas que de alguma forma possam ter envolvimento com o processo. Exemplo, quando o réu, processado por ter atingido como seu veículo o veículo do autor, chama a sua seguradora ao processo para ressarcir os prejuízos.

Incidente de desconsideração da personalidade jurídica: ocorre quando no processo há confusão patrimonial e fraude praticada pelos sócios de determinada pessoa jurídica, prejudicando o credor, e o Juiz desconsidera a separação que existe entre o patrimônio da pessoa jurídica e dos sócios, de modo que o processo atingirá diretamente os bens dos sócios.

Conversão em cumprimento de sentença ou em execução: o cumprimento de sentença é a fase em que, uma vez reconhecido o direito de crédito, a sentença passa a ser executada pelo credor, buscando bens do devedor passíveis de penhora para satisfazer a dívida. Exemplo: sentença condena o réu a pagar o valor de R$ 5.000,00. Após o trânsito em julgado, o credor passa à fase do cumprimento de sentença, momento em que o devedor é intimado a pagar, pena de ter seus bens penhorados para satisfazer a dívida.

Portanto, havendo reconvenção, intervenção de terceiros no processo ou quando o processo estiver em fase de cumprimento de sentença ou é convertido em processo de execução, há necessidade de se alimentar o sistema informatizado do Tribunal, o que é feito pela Vara competente.

A baixa de partes em processos nos quais for instituída a tutela ou a curatela somente será feita após o levantamento dessas restrições.

Curatela**:** dá-se a curatela a quem por causa transitória ou permanente, não puderem exprimir suas vontades, aos ébrios habituais e os viciados em tóxico e aos pródigos (art. 1.767 do Código Civil).

Tutela**:** Os filhos menores são postos em tutela com o falecimento dos pais, ou sendo estes julgados ausentes, bem como em caso de os pais decaírem do poder familiar (art. 1.728 do Código Civil).

Instituída ou destituída a curatela, ainda que provisória, haverá comunicação à Junta Comercial do Distrito Federal e à Associação dos Notários e Registradores do Distrito Federal - ANOREG/DF[2], sem prejuízo do disposto no art. 9º, III, do Código Civil; no art. 755, § 3º, do Código de

2. A ANOREG é a Associação dos Notários e Registradores do Brasil, que representa "os titulares de serviços notariais e de registro do Brasil em qualquer instância ou Tribunal" <https://www.anoreg.org.br/site/institucional/historia/>.

Processo Civil; e nos artigos 29, V, 89, 92 e 107, § 1º, da Lei nº 6.015, de 31 de dezembro de 1973. A comunicação tem por objetivo dar publicidade a terceiros a respeito da instituição ou destituição da **curatela (e não a tutela)**, ainda que provisória.

ENTENDENDO	
Art. 9º, III, do Código Civil	Art. 9º Serão registrados em registro público: III – a interdição por incapacidade absoluta ou relativa;
Art. 755, §3º, do Código de Processo Civil	Art. 755, §3º. A sentença de interdição será inscrita no registro de pessoas naturais e imediatamente publicada na rede mundial de computadores, no sítio do tribunal a que estiver vinculado o juízo e na plataforma de editais do Conselho Nacional de Justiça, onde permanecerá por 6 (seis) meses, na imprensa local, 1 (uma) vez, e no órgão oficial, por 3 (três) vezes, com intervalo de 10 (dez) dias, constando do edital os nomes do interdito e do curador, a causa da interdição, os limites da curatela e, não sendo total a interdição, os atos que o interdito poderá praticar autonomamente.
Art. 29, V, da Lei nº 6.015/73	Art. 29. Serão registrados no registro civil de pessoas naturais: V – as interdições;
Art. 89 da Lei nº 6.015/73	Art. 89. Poderão os Juízes togados admitir justificação para o assento de óbito de pessoas desaparecidas em naufrágio, inundação, incêndio, terremoto ou qualquer outra catástrofe, quando estiver provada a sua presença no local do desastre e não for possível encontrar-se o cadáver para exame.
Art. 92 da Lei nº 6.015/73	Art. 92. Quando o Juiz conceder emancipação, deverá comunicá-la, de ofício, ao oficial de registro, se não constar dos autos haver sido efetuado este dentro de 8 (oito) dias.

Como esse assunto foi cobrado em concurso?

No concurso para Técnico Judiciário/Área administrativa (2007) foi perguntado: *"Nos casos de tutela e curatela, extinto o processo, será imediatamente expedido o ofício de baixa ao Serviço de Registro de Distribuição".* O item foi considerado errado, tendo em vista o disposto no art. 3º, §1º, do PGC.

As varas de natureza cível deverão registrar as condenações por improbidade administrativa, transitadas em julgado, **no Cadastro Nacional**

de Condenados por Ato de Improbidade Administrativa - CNCIA, do Conselho Nacional de Justiça - CNJ, até o dia 10 (dez) do mês subsequente ao trânsito em julgado.

Como esse assunto foi cobrado em concurso?

No concurso para Técnico Judiciário/Área Administrativa (2015) foi perguntado: "*As varas criminais deverão registrar as condenações por improbidade administrativa, transitadas em julgado, no Cadastro Nacional de Condenados por Ato de Improbidade Administrativa (CNCIA), do Conselho Nacional de Justiça*". O item foi considerado errado, tendo em vista o disposto no art. 4º do PGC.

O que vem a ser tal Cadastro? Segundo informações extraídas da página do CNJ, "O Cadastro Nacional de Condenações Cíveis por Ato de Improbidade Administrativa (CNIA) é uma ferramenta eletrônica que permite o controle jurídico dos atos da Administração que causem danos patrimoniais ou morais ao Estado. Concentradas as informações de todo o Brasil em um único banco de dados, será possível imprimir às decisões judiciais maior eficácia, principalmente no que tange ao cadastro de processos e condenação/requerido, ressarcimento de valores ao erário, ao cumprimento de multas civis e à proibição de contratação com a Administração Pública[3]".

E o que vem a ser o trânsito em julgado da sentença?

Ocorre o **trânsito em julgado** quando da sentença não cabe mais recurso, tornando-se definitiva.

3.1.1. As audiências de conciliação e de instrução e julgamento

Nos processos podem ocorrer audiências, que, basicamente, são de conciliação (e/ou de mediação) ou de instrução e julgamento.

Audiência de conciliação e de mediação: Destina-se à tentativa de obtenção de acordo entre as partes.
Audiência de instrução e julgamento: Tem como objetivo colher depoimento das partes, das testemunhas ou do perito, quando há prova pericial.

---

3. Disponível em: <http://www.cnj.jus.br/sistemas/certidoes/20650-cadastro-nacional-de--condenacoes-civeis-por-ato-de-improbidade-administrativa-cnia>.

Sala de audiência[4]

A condução da audiência de conciliação e mediação poderá ser delegada a **conciliador** nomeado por ato da **Segunda Vice-Presidência do Tribunal** ou, em sua **ausência**, por **servidor lotado** no **juízo**.

A condução da audiência de **instrução e julgamento** é exclusiva do **Juiz**.

A capacitação do conciliador se dará em conformidade com as diretrizes estabelecidas pela **Segunda Vice-Presidência do Tribunal.**

> **IMPORTANTE:** Para fixação, ter em mente que a Segunda Vice-Presidência trata de questões relativas aos servidores do TJDFT e aos núcleos de conciliação e de mediação.

- A audiência de instrução e julgamento poderá ser gravada por meio de sistema de áudio ou audiovisual, com certificação no termo de audiência. Nesse caso fica dispensada a necessidade de se reduzir a termo os depoimentos das partes, das testemunhas e dos peritos, como se fazia anteriormente, medida que torna mais ágeis os trabalhos realizados nas audiências.

---

4. Foto disponível em <https://www.flickr.com/photos/tjdft_noticias/6147523951/in/album-72157627670909002/>

- Caso haja solicitação, será fornecida cópia da gravação à parte interessada, às expensas desta.
- Para fins de recurso, a audiência gravada apenas em áudio poderá ser transcrita por iniciativa e às expensas do interessado.
- Não haverá transcrição no caso de registro da audiência por meio audiovisual.
- As gravações permanecerão disponíveis às partes.
- A gravação também poderá ser realizada diretamente por qualquer das partes.

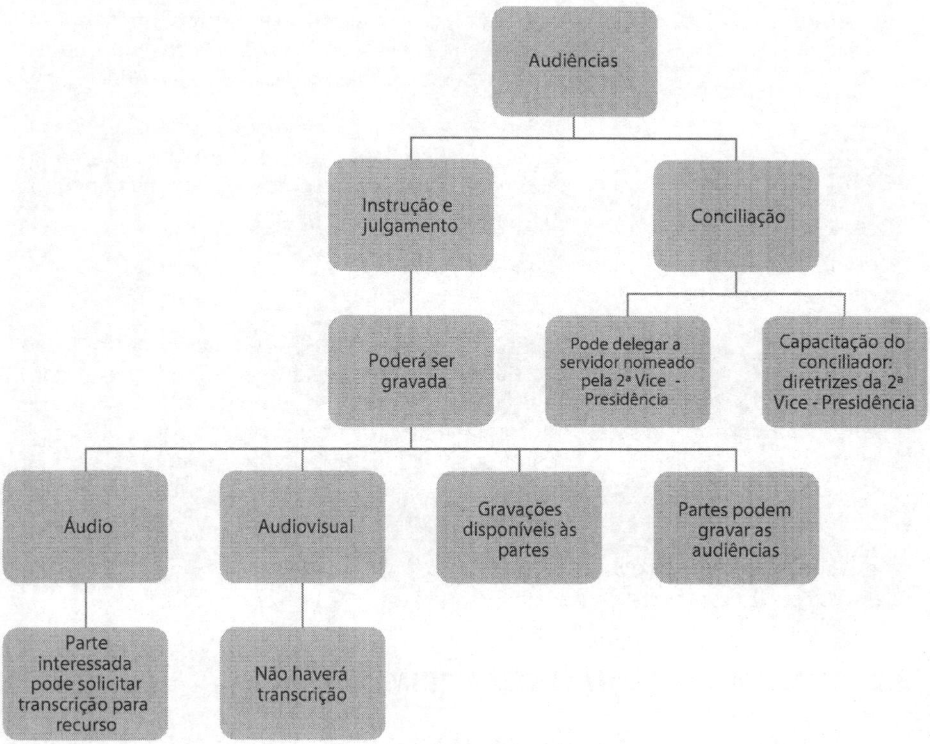

3.1.2. Recolhimento de multas processuais

A legislação prevê a aplicação de multa à parte que, durante o processo, tiver adotado conduta incompatível com a boa-fé processual, alterando a verdade dos fatos, atravessando petições meramente protelatórias etc. Há casos em que a multa é fixada em favor da parte contrária, bem como outros nos quais a multa é fixada em favor da União.

Assim, o recolhimento, em favor da União, das multas previstas no Código de Processo Civil – CPC, tais como as decorrentes de ato atentatório à dignidade da justiça, litigância de má-fé, descumprimento de ordem mandamental, interposição de embargos de declaração manifestamente protelatórios, descumprimento de prazos para devolução dos autos, deverá ser realizado por meio de **Guia de Recolhimento da União – GRU, emitida pela Serventia Judicial.**

ENTENDENDO	
Ato atentatório à dignidade da justiça	Quanto a parte não cumpre com exatidão as determinações; pratica inovação ilegal no processo, não comparece à audiência inicial de conciliação ou de mediação; cria embaraços ao processo de execução
Litigância de má-fé	Quando a parte altera a verdade dos fatos, busca alcançar objetivo ilegal, resiste injustificadamente ao andamento do processo, procede de forma temerária, ou protela de um modo geral.
Descumprimento de ordem mandamental	Quando a parte descumpre, por exemplo, uma liminar, e arca com multa diária
Embargos de declaração manifestamente protelatórios	Os embargos de declaração buscam sanar omissão (juiz deixou de apreciar algum pedido da parte), contradição (por exemplo, no corpo da sentença fala que o autor não tem prova, todavia julga o pedido procedente) ou obscuridade (falta de evidente clareza) na sentença. Se os embargos forem opostos para atrasar o processo, o juiz poderá fixar multa
Descumprimento de prazos para devolução dos autos	Advogado que deixa de devolver o processo à Vara no prazo de três dias (art. 234, §2º, do CPC).

3.2. DAS VARAS DE NATUREZA CRIMINAL

As Varas de natureza criminal são responsáveis pelo processamento e julgamento dos feitos criminais. Para melhor compreensão das disposições do PCG acerca das rotinas, passamos a uma pequena análise didática acerca do trâmite de uma ação penal.

A ação penal pública é, em regra, proposta pelo Ministério Público.

Alguns crimes permitem que a própria vítima ingresse em juízo, caso em que a ação penal é de iniciativa privada.

Na ação penal pública, a petição inicial é denominada de **denúncia.**

Na ação penal de iniciativa privada, a petição inicial é denominada de **queixa-crime.**

É possível, ainda, que tanto a denúncia ou a queixa-crime sejam alteradas para acrescentar, suprimir ou alterar determinada informação, ao que se chama de **aditamento.**

FIXANDO		
Autor da ação penal	**Tipo de ação penal**	**Nome da petição inicial**
Ministério Público	Pública	Denúncia (pode ser aditada)
Vítima (ofendido)	Iniciativa privada	Queixa-crime (pode ser aditada)

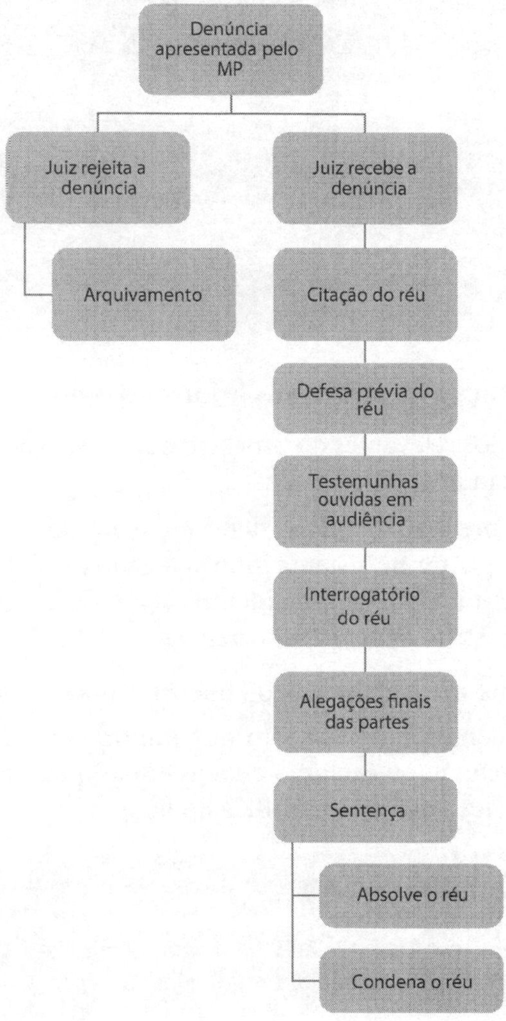

Entendendo	
Citação	Comunicação formal do réu acerca da existência da ação penal em seu desfavor
Data do fato	Dia em que o crime foi cometido. Importante a sua anotação para fins de cálculo da prescrição
Denúncia	Petição inicial mediante a qual o Ministério Público ajuíza a ação penal
Dispositivo da sentença	Parte final da sentença, na qual o juiz condena ou absolve o réu
Incidência penal	É o crime cometido pelo réu, tipo penal. Ex: art. 155 do Código Penal (crime de furto)
Oferecimento da denúncia	Apresentação da denúncia em juízo pelo Ministério Público.
Queixa-crime	Petição inicial mediante a qual a vítima ajuíza a ação penal
Recebimento da denúncia	É o ato do juiz de aceitar a denúncia oferecida pelo Ministério Público. Se não houver indícios de crime, o juiz poderá rejeitá-la.
Trânsito em julgado	Esgotamento do prazo para recorrer da sentença ou do acórdão

3.2.1 Alimentação dos sistemas informatizados

Todos os dados relevantes do processo devem ser cadastrados nos sistemas informatizados do Tribunal.

Assim, sem prejuízo de outras determinações do juízo, as Varas Criminais deverão registrar no sistema informatizado do Tribunal, bem como comunicar ao Instituto Nacional de Identificação – INI e à Corregedoria da Polícia Civil do Distrito Federal a ocorrência de:

I. recebimento de denúncia ou queixa-crime;

II. recebimento de aditamento que importe em retificação de nomes, inclusão ou exclusão de réus e suas qualificações, modificação ou nova definição jurídica do fato;

Como esse assunto foi cobrado em concurso?

No concurso para Técnico Judiciário/Área Administrativa e Judiciária (2000) foi perguntado: *"Considere a seguinte situação hipotética: O MPDFT ofereceu*

> *denúncia contra um indivíduo pelo crime de furto e, no curso do processo, aditou a denúncia para definir o crime como roubo. O juiz recebeu o aditamento da denúncia e determinou as providências necessárias ao prosseguimento do feito. Nessa situação, o juiz deverá também comunicar a alteração da definição legal do delito, para que seja registrada pelos órgãos competentes".* O item foi considerado correto por corresponder ao art. 5º, II, do PGC.

III. transação penal, suspensões processuais realizadas na forma da Lei nº 9.099, de 26 de setembro de 1995, absolvição, desclassificação, impronúncia, condenação, extinção de punibilidade e arquivamento;

IV. desmembramentos e remembramentos de processos;

V. redistribuição de processos.

O juízo poderá cadastrar as ocorrências descritas acima diretamente no Sistema Nacional de Informações Criminais – SINIC, cujo acesso será fornecido pelo Departamento da Polícia Federal e, nessa hipótese, tornar-se-á desnecessária a comunicação ao INI.

À Corregedoria da Polícia Civil do Distrito Federal serão encaminhadas as sentenças penais transitadas em julgado, bem como serão comunicadas as decisões declinatórias de competência e de retificação de nomes.

As **condenações** transitadas em julgado deverão ser comunicadas à Corregedoria do Tribunal Regional Eleitoral do Distrito Federal – **TRE/DF, para fins de suspensão dos direitos políticos, conforme art. 15, III, da Constituição Federal**.

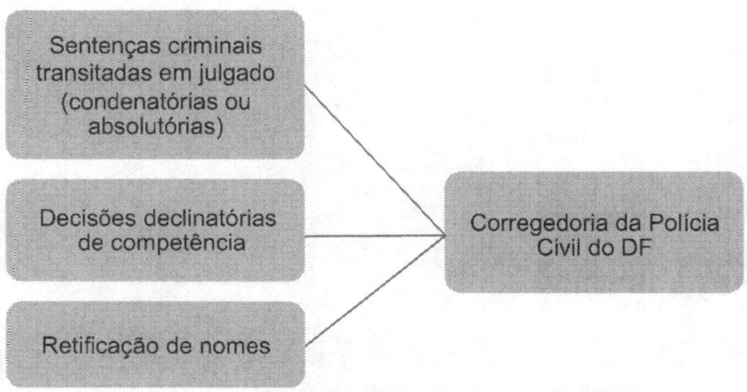

Além das informações acima, as varas de natureza criminal, sem prejuízo de outras determinações do juízo, deverão inserir nos sistemas informatizados do Tribunal os seguintes dados:

I – data do fato

II – incidência penal e data do oferecimento e do recebimento da denúncia;

III – data da suspensão do processo;

IV – data da citação;

V – data da sentença, bem como da sua publicação;

VI – espécie de recurso, data do acórdão, bem como da sua publicação;

VII – data do trânsito em julgado;

VIII – pena aplicada;

IX – dispositivo das decisões, das sentenças e dos acórdãos

IX – as informações sobre a prisão, a soltura, a recomendação e o estabelecimento em que se encontra recolhido o preso provisório.

Exemplo de certidão criminal extraída pelo sistema PJe:

CERTIDÃO CRIMINAL

Orgão Julgador:	2ª Vara Criminal de Brasília
Processo:	
Data da Distribuição:	19/03/2021
Classe:	AÇÃO PENAL - PROCEDIMENTO ORDINÁRIO
Data do Fato:	18/10/2020

Procedimentos

Estado:	DF
Procedimento:	
Tipo:	Número de Protocolo
Ministério Público:	MPDFT - Ministério Público do Distrito Federal e Territórios
Número do Protocolo:	
Retombamento:	Não

Estado:	DF
Procedimento:	
Tipo:	Boletim de Ocorrência
Delegacia de Polícia Civil:	2ª Delegacia de Polícia (Asa Norte)
Número do Protocolo:	
Retombamento:	Não

Estado:	DF
Procedimento:	
Tipo:	Inquérito Policial
Delegacia de Polícia Civil:	2ª Delegacia de Polícia (Asa Norte)
Número do Protocolo:	
Retombamento:	Não

Parte

Polo Passivo:
Naturalidade:
Filiações:
Outras Filiações:
Outros Nomes:
Alcunhas:
Características Pessoais:

Situação do Processo

Última Movimentação:	123 - Remessa - 02/08/2021 - 21:13:04 - Remetidos os Autos da(o) 2ª Vara Criminal de Brasília para 2º Grau - (em grau de recurso)
Tarefas:	Aguardando apreciação pela instância superior [REM2GR]

Eventos Criminais

Evento Criminal:	Recebimento da Denúncia
Data:	19/03/2021
Tipificações:	CP 2848, Art. 157, § 2, VII; ECA 8069, Art. 244-B;
Evento Criminal:	Oferecimento da Denúncia
Data:	19/03/2021
Tipificações:	CP 2848, Art. 157, § 2, VII;
Evento Criminal:	Preso por Outro Processo
Número do processo:	
Unidade prisional:	Centro de Detenção Provisória-CDP I
Evento Criminal:	Citação
Data intimação do réu:	26/03/2021
Evento Criminal:	Sentença Condenatória
Tipificações:	CP 2848, Art. 157, § 2, VII; ECA 8069, Art. 244-B; CP 2848, Art. 157, § 2, II; CP 2848, Art. 70;
Resumo:	Posto isso, JULGO PROCEDENTE a pretensão punitiva deduzida na denúncia e CONDENO devidamente qualificado nos autos, como incurso no artigo 157, §2º, incisos II e VII, do CP e art. 244-B, da Lei 8.069/90 (duas vezes), todos na forma do art. 70, do CP.
Data da sentença:	19/07/2021
Regime:	Semi-Aberto
Prazo recorrível:	7 anos 1 mês 9 dias
Resumo da sentença:	Posto isso, JULGO PROCEDENTE a pretensão punitiva deduzida na denúncia e CONDENO devidamente qualificado nos autos, como incurso no artigo 157, §2º, incisos II e VII, do CP e art. 244-B, da Lei 8.069/90 (duas vezes), todos na forma do art. 70, do CP.

Folha de antecedentes penais (FAP): A secretaria da vara fará juntar aos autos, até o oferecimento da denúncia ou da queixa-crime, a folha de antecedentes penais do acusado disponibilizada pelo INI e as informações constantes do sistema informatizado do Tribunal, certificando sobre os antecedentes e esclarecendo as anotações ali constantes, sem prejuízo de novas atualizações.

Suspensão condicional do processo/transação penal: Se o acusado for beneficiário de suspensão condicional do processo ou de transação penal, ou, ainda, se estiver em cumprimento de pena no Distrito Federal ou em outra unidade da Federação, a secretaria da vara comunicará ao juízo que fiscaliza o cumprimento do benefício ou que executa a pena o recebimento da denúncia ou da queixa-crime.

Atuação conjunta com outros órgãos: As varas de natureza criminal atuam, rotineiramente, em conjunto com outros órgãos de atuação na área penal, como a Polícia Civil e o Instituto Nacional de Identificação (INI).

> **O INI é órgão da Polícia Federal**, criado pela Lei nº 4.483/64 e foi regulamentado pelo Decreto nº 56.510/65. Sua principal atribuição é a de permitir a centralização de prontuários criminais em todo o país, em proveito dos órgãos policiais e judiciário do Brasil (art. 200, inciso I, do Decreto).

Com isso, é possível *coordenar e interligar os serviços de identificação civil e criminal no país* (trecho destacado na página eletrônica da rede Facebook da Polícia Federal).

Prioridade de tramitação: O *habeas corpus*, os processos relativos a **réus presos** e aqueles com réus **monitorados eletronicamente** terão andamento **prioritário.**

Como esse assunto foi cobrado em concurso?

No concurso para Técnico Judiciário/Área administrativa (2007) foi perguntado: *"Nas varas criminais, têm andamento prioritário os processos de habeas corpus e os relativos a réus presos.* O item foi considerado certo por corresponder ao art. 7º do PGC.

No concurso para Analista Judiciário/Área Administrativa (2007) foi perguntado: *"Nas varas criminais, os processos relativos a réus presos terão andamento prioritário".* A assertiva foi considerada correta por corresponder ao art. 7º do PGC.

No concurso para Técnico Judiciário/Área Administrativa e Judiciária (2003) foi perguntado: *"Os processos com movimentação prioritária sobre todos os demais são as ações de habeas corpus, de mandado de segurança e cautelares".* O item foi considerado errado, tendo em vista o disposto no art. 7º do PGC.

Exemplo de dispositivo de sentença penal condenatória:

"Ante o exposto, JULGO PROCEDENTE a pretensão punitiva estatal deduzida na denúncia para CONDENAR o acusado FULANO DE TAL como incurso nas penas do artigo 155, §1º, e § 4º, inciso IV, do Código Penal.

Atento ao que estatui a Constituição Federal, e, na forma preconizada pelos artigos 59 e 68 do Estatuto Repressivo, passo à individualização e dosimetria das reprimendas impostas ao réu, obedecido o critério trifásico doutrinariamente recomendado.

No tocante às circunstâncias judiciais de que trata o artigo 59 do Código Penal, conclui-se que:

a) a culpabilidade, consistente na reprovabilidade social da conduta, não excedeu o normal a essa espécie de delito; b) no que concerne aos antecedentes, verifica-se que, apesar de possuir diversas anotações, o réu é tecnicamente primário; c) quanto à conduta social da denunciada, observa-se que não há notícia nos autos de outros fatos desabonadores. Da mesma forma, não constam elementos materiais que conduzam à conclusão de que possui personalidade voltada para a prática de infrações criminais, razão pela qual mantenho a pena no patamar fixado; d) os motivos do crime se confundem com os exigidos para a configuração do tipo penal, qual seja, o lucro fácil, não sendo possível a valoração negativa de tal circunstância judicial; e) as circunstâncias do delito se revestem de gravidade, eis que a subtração foi praticada em concurso de pessoas (art. 155, § 4º, inciso IV, do CP). Contudo, constitui qualificadora do crime de furto e sua utilização para exasperar a pena-base implicaria em bis in idem. Por isso, deixo de valorar negativamente tal circunstância; f) as consequências do crime não excederam o inerente ao tipo penal, esclarecendo que não houve restituição dos bens furtados. Desta forma, deixo de valorar negativamente esta circunstância; g) o comportamento da vítima em nada contribuiu para a ocorrência do evento danoso, razão pela qual mantenho a pena no patamar anteriormente fixado.

Diante das circunstâncias judiciais acima expendidas, fixo a pena-base, para o crime de furto qualificado, em 2 (dois) anos de reclusão e 10 (dez) dias-multa.

No segundo estágio de aplicação da pena, inexistentes atenuantes ou agravantes, razão pela qual mantenho a pena 2 (dois) anos de reclusão e 10 (dez) dias-multa.

Por fim, aplico a causa de aumento pela prática do furto durante o repouso noturno (art. 155, § 1º, do CP), resultando em pena definitiva de 2 (dois) anos e 8 (oito) meses de reclusão e 13 (treze) dias-multa. Tendo em vista a situação financeira do réu, determino que cada dia-multa tenha valor de 1/30 (um trigésimo) do salário mínimo da época dos fatos.

Fixo a pena definitiva em 02 (dois) anos e 08 (oito) meses de reclusão e 13 (treze) dias-multa, no valor equivalente a um trigésimo do salário mínimo vigente ao tempo do fato delituoso, devidamente corrigido.

Considerando as condições pessoais do réu, além do quantum sancionatório preconizado, o regime de cumprimento de pena será, inicialmente, o aberto (art. 33, § 2º, alínea "c", do CP).

O réu preenche os requisitos do artigo 44, do Código Penal, de maneira que substituo a pena privativa de liberdade aplicada por duas restritivas de direitos, a ser fixada pelo Juízo das Execuções.

Concedo-lhe o direito de recorrer em liberdade, tendo em vista que, apesar do sentenciado possuir anotações em sua folha penal, a manutenção da prisão cautelar do réu é incompatível com a fixação do regime aberto para o início do cumprimento da pena. Ademais, o réu é tecnicamente primário, e houve a substituição da pena privativa de liberdade por restritiva de direitos para o condenado. Portanto, são circunstâncias incompatíveis com a segregação.

Expeça-se alvará de soltura em favor do réu.

Deixo de fixar valor mínimo para a reparação dos danos causados, tendo em vista a ausência de comprovação do real prejuízo obtido pela vítima. Eventual indenização poderá ser pleiteada em ação autônoma.

Intime-se a vítima para conhecimento da presente sentença, nos termos do artigo 201, § 2º, do Código de Processo Penal.

Oficie-se ao Instituto Nacional de Identificação – INI, noticiando a condenação em primeiro grau de jurisdição.

Condeno, ainda, o sentenciado, a pagar as custas processuais, que deverão ser calculadas e recolhidas de acordo com a legislação em vigor. Eventual pedido de isenção deverá ser formulado perante o Juízo das Execuções.

Após o trânsito em julgado, expeça-se ofício ao Tribunal Regional Eleitoral, para os fins do artigo 15, inciso III, da Constituição Federal e, ainda, a carta de guia para o juízo competente, a fim de que possa ter início a execução das penas. Sem prejuízo da execução provisória da pena após o julgamento de eventual recurso, nos termos da jurisprudência recente do Supremo Tribunal Federal.

Em momento oportuno, arquive-se o feito com as cautelas de praxe.

Sentença registrada neste ato. Publique-se. Intimem-se.

Se for proferida sentença penal absolutória (réu não condenado):

I. A vara deverá expedir, **imediatamente**, o alvará de soltura em favor do réu, se ainda não foi posto em liberdade.

II. Após o **trânsito em julgado** de sentença penal absolutória, retirar-se-á do sistema informatizado, para **consulta externa**, qualquer **informação** que possa identificar o réu.

Como esse assunto foi cobrado em concurso?

No concurso para Analista Judiciário/Atividade Processual (2003) foi perguntado: "*Sempre que o juízo criminal de primeiro grau ou o TJDFT proferir decisão absolutória em ação penal, o julgamento deverá ser imediatamente comunicado à Vara de Execuções Criminais, para expedição do competente alvará de soltura*". O item foi considerado errado, tendo em vista o disposto no art. 8º do PGC, que determina a expedição do alvará pela própria Vara Criminal.

Intimação do réu preso: O réu preso será intimado das sentenças e dos acórdãos por meio de oficial de justiça, dispensada a requisição. Caso o réu manifeste interesse em recorrer, firmará, no momento da intimação, o termo respectivo.

Como esse assunto foi cobrado em concurso?

No concurso para Analista Judiciário/Oficial de Justiça Avaliador Federal (2015) foi perguntado: "*Proferida sentença pelo juízo criminal, haverá a requisição do réu preso para que dela seja intimado e, caso queira recorrer, para que firme o termo respectivo, podendo, excepcionalmente, a intimação ser feita por intermédio de oficial de justiça*". A assertiva foi considerada errada, tendo em vista o art. 9º, *caput*, do PGC.

No concurso para Analista Judiciário/Área Administrativa (2007) foi perguntado: "*O réu preso deverá ser trazido ao cartório da vara criminal para ser intimado das sentenças*". O item foi considerado errado, tendo em vista o disposto no art. 9º do PGC.

No concurso para Analista Judiciário/Execução de Mandados (2003) foi perguntado: "*Nas ações penais, o réu tem o direito de ser intimado pessoalmente da sentença que o absolva ou condene; essa intimação deve ocorrer por meio da requisição do réu, quando preso, para que se apresente na secretaria da vara por onde tramitar a ação penal, a fim de que ali se dê a intimação*". O item foi considerado errado, tendo em vista o disposto no art. 9º do PGC.

No concurso para Analista Judiciário/Execução de Mandados (2003) foi perguntado: "*Nas ações penais, uma vez prolatada sentença condenatória, o réu, se desejar interpor apelação, deverá instar para esse fim seu advogado, pois não poderá fazê-lo pessoalmente*". O item foi considerado errado, tendo em vista o disposto no art. 9º, parágrafo único, do PGC.

Intimação do Ministério Público: O diretor de secretaria ou seu substituto dará conhecimento da sentença ao órgão do Ministério Público no prazo de 3 (três) dias após a publicação.

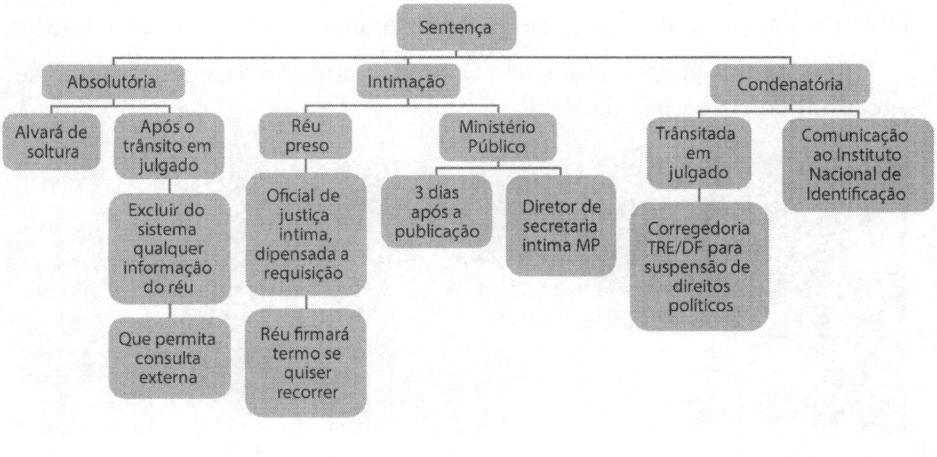

Arquivamento: Se o Juiz acolher o requerimento do Ministério Público e determinar o arquivamento do inquérito policial ou do termo circunstanciado, deverá prolatar **decisão** de extinção e determinar a **baixa** nos órgãos respectivos.

Carta de guia definitiva

A secretaria da vara, ao expedir a carta de guia definitiva, deverá conferir e atualizar no sistema informatizado os seguintes dados:

I – número do procedimento investigatório que a originou, acrescido da informação do órgão que deu início ao procedimento;

II – nome e qualificação do apenado;

III – pena a ser cumprida e o regime inicial de cumprimento;

IV – data do trânsito em julgado para acusação e defesa;

V – demais informações que julgar pertinentes.

Cumprimento do alvará de soltura

O cumprimento do alvará de soltura, em caso de liberdade provisória, será precedido do recolhimento de fiança, se for o caso, e de assinatura do termo de compromisso, na forma do Código de Processo Penal.

Vara de Execuções Penais – movimentação em estabelecimentos penais

Caberá ao Juiz da Vara de Execuções Penais – VEP decidir sobre pedidos de concessão ou regulamentação de visitas, bem como de remoção, ingresso e permanência de quaisquer presos em estabelecimentos penais sujeitos à sua fiscalização, inclusive os que não tenham vinculação com a Justiça do Distrito Federal, sejam eles presos provisórios ou com condenação definitiva.

Os pedidos apresentados nas varas de natureza criminal deverão ser encaminhados ao juízo da VEP.

<table>
<tr><td rowspan="3">VEP</td><td>Concessão/regulamentação de visitas nos estabelecimentos penais que fiscaliza</td></tr>
<tr><td>Remoção, ingresso ou permanência de presos provisórios ou com condenação definitiva nos estabelecimentos penais, mesmo sem vinculação com a Justiça do DF</td></tr>
<tr><td>Pedidos apresentados nas varas de natureza criminal – encaminhados à VEP</td></tr>
</table>

Como esse assunto foi cobrado em concurso?

No concurso para Analista Judiciário/Área Judiciária (2007) foi perguntado: *"Em casos de prisões provisórias, os juízes dos juizados especiais criminais poderão conhecer de pedidos de remoção de presos e da concessão ou regulamentação de visitas"*. A assertiva foi considerada errada, tendo em vista o disposto no art. 15 do PGC.

No concurso para Técnico Judiciário/Área administrativa (2007) foi perguntado: *"Em se tratando de prisão provisória, o juiz da vara criminal pode conhecer pedidos de remoção de presos"*. O item foi considerado errado, tendo em vista o art. 15 do PGC.

No concurso para Analista Judiciário/Execução de Mandados (2003) foi perguntado: *"Se réu preso por sentença transitada em julgado pretender a remoção de um para outro estabelecimento prisional, o requerimento para esse fim deverá ser apreciado pelo juiz da vara criminal que processou a ação penal"*. O item foi considerado errado, tendo em vista o disposto no art. 15 do PGC.

Fiança

A fiança e os valores apreendidos com o réu e que, por decisão judicial, devam ser restituídos, serão levantados ou reclamados no prazo de **90 (noventa) dias**, a contar da sua ciência.

O interessado será cientificado pelo mesmo instrumento que o intimar da sentença, **salvo** quando a fiança for paga por terceiro, hipótese em que a comunicação será feita **por via postal.**

E se o interessado não se manifestar no prazo? As secretarias das varas, após decisão judicial, oficiarão à instituição financeira em que se encontra o depósito, determinando sua transferência ao Programa de Modernização e Aperfeiçoamento da Justiça do Distrito Federal e dos Territórios – PROJUS, mediante emissão de Guia de Recolhimento da União – GRU.

Fiança quebrada ou perdida: A secretaria da vara em que tramita o processo oficiará à instituição financeira responsável pelo depósito, com vistas ao recolhimento dos valores ao Tesouro Nacional, mediante Guia de Recolhimento da União – GRU/DOC.

As secretarias das varas encaminharão à unidade responsável pelo controle das custas e depósitos judiciais, até o 5º (quinto) dia útil do mês subsequente, relatório dos depósitos efetuados no mês, informando o valor, a data e o motivo.

Os valores mencionados serão devolvidos quando houver determinação judicial nesse sentido.

PENAS DE MULTA

Recolhimento: As penas de multa impostas em sentenças condenatórias com trânsito em julgado serão recolhidas pela parte por meio de Guia de Recolhimento da União - GRU, emitida pela Vara de Execuções Penais do Distrito Federal - VEP, pela Vara de Execuções das Penas e Medidas Alternativas do Distrito Federal - VEPEMA ou pela Vara de Execuções das Penas em Regime Aberto do Distrito Federal - VEPERA, ressalvada a hipótese do art. 84 da Lei nº 9.099, de 26 de setembro de 1995.

> Art. 84. Aplicada exclusivamente pena de multa, seu cumprimento far-se-á mediante pagamento na Secretaria do Juizado.

Portanto, no caso de aplicação exclusiva da pena de multa, as secretarias dos Juizados Especiais Criminais providenciarão a emissão da GRU.

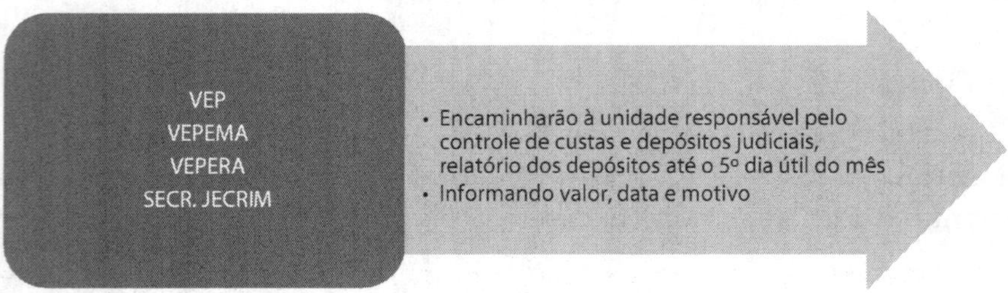

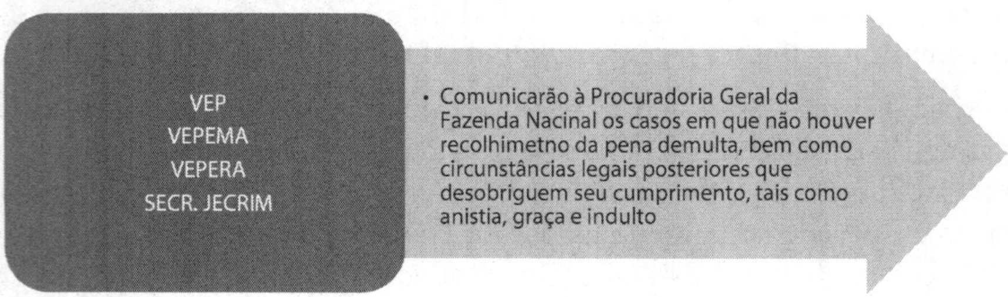

A VEP, a VEPEMA e a VEPERA compõem as varas de execução penal do Distrito Federal, basicamente atuam durante o cumprimento de pena do réu condenado.

VEP – Vara de Execuções Penais

VEPEMA – Vara de Execuções de Penas Alternativas

VEPERA – Vara de Execuções das Penas em Regime Aberto

Vejamos abaixo uma simplificação das competências de cada uma dessas varas

VEP	Penas privativas de liberdade em regime semiaberto e fechado
VEPEMA	Penas alternativas, como a prestação de serviços à comunidade, prestação pecuniária etc.
VEPERA	Penas em regime aberto Prisão domiciliar Livramento condicional

Jurados e testemunhas faltosos

O recolhimento, em favor da União, das multas previstas nos artigos 436, § 2º (recusa injustificada ao serviço do júri), 442 (jurado que falta injustificadamente à sessão do júri ou retira-se antes de ser dispensado) e 458 (testemunha que não comparece ao júri sem justa causa), do Código de Processo Penal, será feito por meio de Guia de Recolhimento da União – GRU, emitida pela Serventia Judicial.

CENTRAL DE GUARDA E DE OBJETOS DE CRIME (CEGOC)

Existe no âmbito do TJDFT a Central de Guarda de Objetos de Crime (CEGOC), criada pela Portaria Conjunta 27 de 2 de maio de 2012, que é responsável pela guarda de armas, instrumentos e objetos de crime. Ela é coordenada por um Juiz indicado pela Corregedoria. Portanto, os casos de perdimento de bens apreendidos em feitos criminais, restituição de bens apreendidos e redistribuição de inquérito ou ação penal com objeto apreendido, deverão ser comunicados à CEGOC.

Vejamos abaixo o que o PGC dispõe acerca a atuação da CEGOC

Perdimento de bens apreendidos: A secretaria da vara deverá comunicar à Central de Guarda de Objetos de Crime – CEGOC o decreto de perdimento de bens apreendidos em até 48h (quarenta e oito horas) após o trânsito em julgado da decisão.

Se houver restituição de objeto apreendido: A secretaria da vara encaminhará uma via do alvará de restituição à CEGOC, do qual constará os elementos para identificação do bem e a qualificação da pessoa autorizada a recebê-lo.

Redistribuição do inquérito ou ação penal: A secretaria da vara deverá comunicar à CEGOC a redistribuição do inquérito ou da ação penal, na hipótese em que haja objeto apreendido relacionado ao feito sob a guarda da referida unidade.

3.3. DOS JUIZADOS ESPECIAIS

Os Juizados Especiais Cíveis e Criminais têm o seu procedimento disciplinado pela Lei nº 9.099/95. São causas mais simples, com procedimento com menor rigor formal em relação aos feitos que tramitam nas varas cíveis.

O PCG estabelece que a audiência de conciliação será conduzida por conciliador nomeado por ato da **Segunda Vice-Presidência do Tribunal** ou, em sua ausência, por servidor lotado no juízo.

A capacitação do conciliador se dará em conformidade com a Resolução nº 125, de 29 de novembro de 2010, do Conselho Nacional de Justiça - CNJ, e seu exercício estará condicionado às diretrizes estabelecidas pela Segunda Vice-Presidência do Tribunal.

IMPORTANTE!

Toda a política de mediação e conciliação e de soluções alterativas de conflitos são atribuições do Segundo Vice-Presidente, conforme estabelece o art. 369, II, do Regimento Interno do TJDFT:

"Art. 369. São atribuições administrativas do Segundo Vice-Presidente:

[...]

II – coordenar a política de mediação, de conciliação e de soluções alternativas e conflitos de interesses na Justiça do Distrito Federal".

Faremos adiante uma análise contextualizada das disposições do PGC com o Regimento Interno do TJDFT a respeito dos juizados especiais:

Órgão competente	Função	Previsão normativa
Tribunal Pleno	Aprovar o Regimento Interno das Turmas Recursais dos Juizados Especiais Cíveis e Criminais do Distrito Federal e suas emendas	Art. 361, XIII, do RITJDFT

Órgão competente	Função	Previsão normativa
Corregedor de Justiça	Coordenador-Geral do Sistema dos Juizados Especiais do Distrito Federal, indicando ao Conselho Especial magistrados para integrar a respectiva Coordenação	Art. 47, IV, do RITJDFT

ATENÇÃO! NÃO CONFUNDIR!

CONCILIADOR → NOMEADO POR ATO DA SEGUNDA VICE-PRESIDÊNCIA

COORDENADOR-GERAL DO SISTEMA DOS JUIZADOS ESPECIAIS DO DISTRITO FEDERAL, INDICANDO AO CONSELHO ESPECIAL MAGISTRADOS PARA INTEGRAR A RESPECTIVA COORDENAÇÃO → É O CORREGEDOR DE JUSITÇA

Cores de capa dos processos dos Juizados Especiais

CORES DAS CAPAS DOS PROCESSOS DOS JUIZADOS	
Tipo de procedimento	**Cor**
Ação de conhecimento e cumprimento de sentença	**PALHA**
Execução de Título Extrajudicial	**AZUL**
Ação penal de iniciativa pública ou privada	**LARANJA**
Habeas Corpus, pedidos de liberdade provisória, revogação e relaxamento de prisão	**BRANCA**
termos circunstanciados, busca e apreensão, interceptação telefônica, pedido de prisão preventiva ou temporária, quebra de sigilo telefônico, quebra de sigilo bancário, reabilitação e demais incidentes.	**AMARELO**

Nos juizados especiais, a audiência de instrução e julgamento **poderá** ser gravada por meio do sistema de **áudio** ou **audiovisual**, com **certificação no termo de audiência**.

Em regra, os depoimentos das partes e das testemunhas são reduzidos a termo pelo servidor. A gravação da audiência tem como objetivo agilizar a dinâmica dos trabalhos, tornando-se desnecessária a redução a redução a termo.

Caso haja solicitação, será fornecida cópia da gravação à parte interessada, às expensas desta.

Para fins de recurso, a audiência gravada apenas em áudio poderá ser transcrita por iniciativa e às expensas do interessado.

Não haverá transcrição no caso de registro da audiência por meio audiovisual.

As gravações permanecerão disponíveis às partes **até o trânsito em julgado da sentença**, quando poderão ser destruídas, **exceto no caso de sentença penal condenatória.**

Rememorando:

Audiência de conciliação e de mediação: Destina-se à tentativa de obtenção de acordo entre as partes.

Audiência de instrução e julgamento: Tem como objetivo colher depoimento das partes, das testemunhas ou do perito, quando há prova pericial.

3.3.1. Juizados Especiais Cíveis e de Fazenda Pública

O processo terá início, nos Juizados Especiais Cíveis e de Fazenda Pública, com a distribuição do pedido escrito elaborado pela própria parte, por seu advogado ou pelo serviço de redução a termo oferecido pelo Tribunal.

Distribuição: é atribuição de um processo a um juízo, em razão da matéria (cível, família, fazenda pública, penal etc.) e do local (circunscrição de Brasília, do Paranoá, de Taguatinga etc.), ocorrendo, em regra, por sorteio, salvo os casos de prevenção.

Pedido: é a petição inicial nos juizados. Nas causas até 20 salários mínimos a atuação do advogado não é obrigatória, salvo para recorrer da sentença.

Redução a termo: Nos juizados especiais o pedido pode ser apresentado oralmente pela parte (nos casos em que atua sem advogado) junto ao setor competente, havendo a redução a termo do pedido pelo servidor.

O servidor responsável pela redução a termo colherá a narrativa dos fatos e elaborará a peça inicial de forma simples, sucinta e em linguagem acessível.

Como esse assunto foi cobrado em concurso?

No concurso para Analista Judiciário/Atividade Processual (2003) foi perguntado: "*A despeito da celeridade e da simplicidade do procedimento nos juizados especiais, os pedidos que as partes formularem devem ser encaminhados já por escrito a esses órgãos, em face da necessidade de registro dos atos processuais*". O item foi considerado errado, tendo em vista o disposto no art. 23, §1º, do PGC, tendo em vista que a parte pode formular pedido oral, o qual será reduzido a termo pelo servidor responsável.

O benefício do atendimento preferencial para a redução a termo apenas se aplica ao titular do direito de ação e não se estende a terceiros ou acompanhantes. Se, por exemplo, o autor não for idoso, mas se comparecer ao setor de redução a termo acompanhado de uma pessoa idosa, ele não terá, por esse motivo, preferência no atendimento.

Como esse assunto foi cobrado em concurso?

No concurso para Técnico Judiciário/Área Administrativa (2015) foi perguntado: "*Fará jus ao atendimento preferencial para redução a termo nos juizados especiais cíveis homem que, na ocasião do atendimento, estiver acompanhado da esposa grávida, ainda que esta não seja parte na causa a ser ajuizada*". A assertiva foi considerada errada, tendo em vista o disposto no art. 23, §1º, do PGC.

A autuação dos processos de conhecimento somente será obrigatória se for frustrada a conciliação.

Autuação: é a documentação do processo, pelo qual o escrivão ou chefe de secretaria mencionará o juízo, a natureza do processo, o número de seu registro, os nomes das partes e a data de seu início (art. 206 do Código de Processo Civil).

Assim, podemos esquematizar o início do processo nos juizados especiais na seguinte ordem:

Após o entendimento do esquema seguir, reiteramos: a **autuação** dos processos de conhecimento somente será obrigatória se **não houver conciliação**. Havendo acordo, o processo é extinto, independentemente de autuação.

➲ A **distribuição**, portanto, é sempre **obrigatória**!

Havendo conciliação, constará, no instrumento homologatório, declaração das partes de que receberam as peças de seu interesse.

As sentenças homologatórias de acordo serão arquivadas em pastas com índices de identificação.

As citações nos Juizados Especiais Cíveis serão efetuadas, preferencialmente, por via **postal**, nos termos da lei.

As intimações serão realizadas pela forma mais célere e menos onerosa, priorizando-se a comunicação telefônica ou por *e-mail* quando previamente indicado pela parte, lavrando-se certidão do ocorrido.

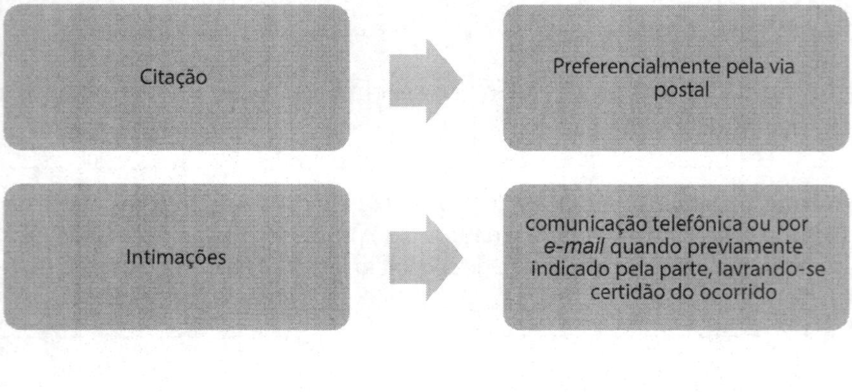

Ao intimar a parte, o servidor deverá identificar-se antes da prática do ato e assegurar-se da identificação do interlocutor, mediante solicitação de seu nome completo e do número do documento de identificação.

Pontos importantes:

- O cumprimento da sentença será processado nos autos principais, independentemente de distribuição, mediante a conversão do feito.

> **Como esse assunto foi cobrado em concurso?**
>
> No concurso para Analista Judiciário/Área Judiciária (2007) foi perguntado (com adaptações): *"Nos juizados especiais cíveis, o cumprimento da sentença deverá ser feito nos autos principais, e independentemente de distribuição"*. O item foi considerado correto por corresponder ao art. 27, parágrafo único, do PGC.
>
> **Como esse assunto foi cobrado em concurso?**
>
> No concurso para Técnico Judiciário/Área administrativa (2007) foi perguntado (com adaptações): *"Nos juizados especiais cíveis, os cumprimentos de sentença devem ser distribuídos e não podem ser realizadas nos próprios autos"*. A assertiva foi considerada errada, tendo em vista o disposto no art. 27, parágrafo único, do PGC.

- Nos casos em que os autos principais foram eliminados ou em que os documentos, após a conciliação, tenham sido restituídos às partes, o pedido de cumprimento de sentença será autuado e receberá o número originário do processo em que o título foi constituído, mediante reativação do feito.
- A interposição do recurso exige o recolhimento das custas processuais e do preparo, **em guias distintas, por cada um dos recorrentes.**
- Fica dispensado dos recolhimentos o beneficiário da gratuidade de justiça.

> **Cumprimento de sentença**: fase de execução da sentença. Quando, por exemplo, o réu é condenado a pagar ao autor a quantia de R$ 5.000,00 (cinco mil reais, mas queda-se inerte. O autor, então, mediante requerimento, a fase de cumprimento de sentença, com penhora de bens para satisfação da dívida.
>
> O cumprimento de sentença será processado nos mesmos autos do processo de conhecimento, havendo apenas a necessidade de retificar o sistema, passando a classe processual a se chamar de "cumprimento de sentença".

Aos Juizados Especiais Cíveis e de Fazenda Pública aplica-se ainda, no que couber, o disposto no Título I, Cap. II, Seção I do PGC, ou seja, as disposições aplicáveis às varas de natureza cível (item 3.1 supra).

3.3.2. Dos Juizados Especiais Criminais

O Juizado Especial Criminal, provido por juízes togados ou togados e leigos, tem competência para a conciliação, o julgamento e a execução das infrações penais de menor potencial ofensivo, respeitadas as regras de conexão e continência (art. 60 da Lei nº 9.099/95).

E o que vem a ser uma infração penal de menor potencial ofensivo?

A resposta é fornecida pelo art. 61 da Lei nº 9.099/95: Consideram-se infrações penais de menor potencial ofensivo as contravenções penais e os crimes a que a lei comine pena máxima não superior a 2 (dois) anos, cumulada ou não com multa.

Infrações de menor potencial ofensivo	
Contravenções penais	Qualquer pena
Crimes	Pena máxima não superior a dois anos, cumulada ou não com multa

Os juizados especiais criminais destinam-se ao processamento e ao julgamento das infrações penais de menor repercussão, as quais dificilmente levarão ao autor do crime ao encarceramento.

Sob esse prisma, a legislação prevê uma fase preliminar, em que é possível obter uma composição civil dos danos e da aplicação imediata de pena não privativa de liberdade (art. 72 da Lei n.º 9.099/95).

O PGC estabelece que as varas dos Juizados Especiais Criminais poderão disponibilizar às delegacias da respectiva circunscrição pauta com datas e horários para a marcação de audiências preliminares.

Na delegacia as partes serão informadas da data, do horário e do local onde se realizará a audiência.

A pauta será elaborada conjuntamente pelos Juízes dos Juizados Especiais Criminais da respectiva circunscrição.

Em relação às **intimações**, elas serão realizadas pela forma mais célere e menos onerosa, priorizando-se a comunicação telefônica ou por e-mail quando previamente indicado pela parte, lavrando-se certidão do ocorrido.

Havendo condenação, será expedida carta de guia a ser encaminhada, a depender do caso:

- ao juízo da **Vara de Execuções Penais do Distrito Federal** - VEP,
- à **Vara de Execuções das Penas e Medidas Alternativas do Distrito Federal** - VEPEMA
- à **Vara de Execuções de Penas em Regime Aberto do Distrito Federal** - VEPERA,

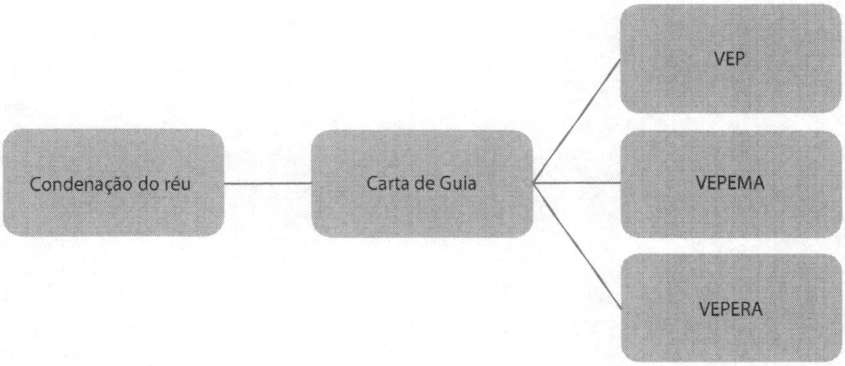

Como esse assunto foi cobrado em concurso?

No concurso para Técnico Judiciário/Área Administrativa e Judiciária (2003) foi perguntado: *"Não compete aos juizados especiais criminais a execução de penas decorrentes de condenação"*. O item foi considerado correto por corresponder ao art. 31 do PGC.

Aos Juizados Especiais Criminais aplica-se, no que couber, as disposições aplicáveis às varas de natureza criminal (item 3.2 supra).

CAPÍTULO 4

DAS SECRETARIAS DAS VARAS

O presente capítulo abordará as atribuições dos diretores de secretaria e da rotina cartorária de um modo geral, dos órgãos e servidores subordinados à Corregedoria, do plantão judiciário no primeiro grau de jurisdição e demais disposições aplicáveis.

4.1. DOS DIRETORES DE SECRETARIA

O diretor de secretaria é o gestor do cartório, cabendo zelar pela regularidade dos trabalhos, cabendo-lhe ainda, estando subordinado ao juiz, ordenar a execução dos serviços.

O diretor de secretaria deve ser **bacharel em Direito** e pertencer ao **quadro de pessoal do Tribunal, em efetivo exercício.**

DIRETOR DE SECRETARIA		
Quem indica à nomeação	**Situação**	**Previsão normativa**
Juiz de Direito	Quando há juiz em exercício na vara	Art. 1º, IV, do PGC
Corregedor	Quando há vacância do juiz titular da vara	Art. 370, XI, do RITJDFT

NOMEAÇÃO E POSSE DO DIRETOR DE SECRETARIA	
Quem nomeia	**Quem dá posse**
Presidente do TJDFT	Primeiro Vice-Presidente
Art. 367, III, do RITJDFT	Art. 368, II, do RITJDFT

IMPORTANTE: Em regra, atos de nomeação dos servidores em geral são expedidos pelo Presidente, mas a posse é dada pelo Primeiro Vice-Presidente.

IMPORTANTE: O juiz titular da vara não nomeia e não dá posse ao diretor de secretaria! Ele apenas indica à nomeação. O mesmo em relação ao Corregedor, para os casos em que há vacância do juiz titular.

4.1.1. Atribuições

São atribuições dos diretores de secretaria (**as atribuições que podem ser delegadas a outros servidores da serventia foram grafadas em negrito**):

I – manter-se informado de todos os atos normativos expedidos pela Presidência, Primeira e Segunda Vice-Presidência, pela Corregedoria, pelo Conselho Especial, Conselho da Magistratura, pelo Conselho Nacional de Justiça e pelo juízo ao qual esteja subordinado, cumprindo-os e fazendo-os cumprir no que couber;

II – manter-se atualizado com a correspondência institucional enviada ao seu correio eletrônico e ao da vara;

III – assegurar a conservação e identificação dos documentos sob sua guarda;

IV – executar os atos processuais nos prazos estabelecidos em lei;

V – distribuir os serviços da secretaria da vara, orientar e supervisionar a sua execução e produtividade;

Como esse assunto foi cobrado em concurso?

No concurso para Analista Judiciário/Área Judiciária (2013) foi perguntado: *"Compete ao diretor de secretaria dos ofícios judiciais a distribuição dos serviços da secretaria da vara".* A assertiva foi considerada correta por corresponder ao art. 33, V, do PGJ.

VI – organizar e manter em ordem o serviço da secretaria da vara de modo a permitir a localização imediata de autos e documentos;

VII – manter a secretaria da vara aberta ao público durante o horário de expediente;

VIII – cumprir e fazer cumprir as ordens e decisões judiciais;

IX – receber e encaminhar a correspondência oficial endereçada à vara;

X – fornecer, quando requerido, atestado de comparecimento àqueles chamados a juízo;

Como esse assunto foi cobrado em concurso?

No concurso para Técnico Judiciário/Área Administrativa e Judiciária (2000) foi perguntado: "No caso de testemunha intimada a comparecer ao juízo para prestar depoimento, não cabe à vara fornecer-lhe nenhum documento para justificar a ausência ao trabalho, pois o mandado de intimação que ela houver recebido já possui também essa destinação". O item foi considerado errado, tendo em vista o disposto no art. 33, X, do PGC.

XI – permanecer na secretaria da vara, ausentando-se apenas quando ali estiver presente quem legalmente o substitua;

Como esse assunto foi cobrado em concurso?

No concurso para Técnico Judiciário/Área Administrativa e Judiciária (2003) foi perguntado: *"O diretor de secretaria pode ausentar-se do recinto da vara mesmo durante o horário de expediente, desde que seu substituto legal possa ali permanecer"*. O item foi considerado correto por corresponder ao art. 33, XI, do PGC.

XII – afixar, em local visível e de fácil acesso, os editais encaminhados à publicação e outros atos que reclamem publicidade;

XIII – zelar pelo cumprimento dos prazos de autos com carga, adotando as providências necessárias para a sua tempestiva devolução e certificando, sempre, qualquer irregularidade encontrada;

XIV – certificar a não devolução dos autos no prazo legal e intimar o advogado para restituí-los no prazo de três dias, sob pena de perda do direito de vista fora de cartório e de multa correspondente à metade do salário mínimo, a ser aplicada pela seção local da Ordem dos Advogados do Brasil;

XV – encaminhar ao Serviço Médico, em caráter reservado e com autorização do Juiz, o nome do servidor que apresentar transtorno psicológico capaz de afetar sua capacidade laboral;

XVI – comunicar ao Juiz qualquer irregularidade praticada por servidor da vara;

XVII – prestar informações e expedir certidões referentes a atos ou termos de processos sob sua guarda, observado o segredo de justiça disposto em lei, bem como autenticar documentos;

Como esse assunto foi cobrado em concurso?

No concurso para Técnico Judiciário/Área Administrativa e Judiciária (2003) foi perguntado: *"Todas as certidões emitidas de feitos em trâmite na justiça do DF, sobretudo as relativas a feitos criminais, devem ser assinadas pelo diretor de secretaria ou pelo juiz"*. O item foi considerado errado, tendo em vista o disposto no art. 33, XVII, do PGC, pois há possibilidade de delegação.

No concurso para Analista Judiciário/Atividade Processual (2003) foi perguntado: *"O diretor de secretaria e os demais servidores de ofícios judiciais não poderão, em nenhuma hipótese, autenticar cópia sem a vista do documento original"*. O item foi considerado errado, tendo em vista o disposto no art. 33, XVII, e parágrafo único, bem como o art. 85 do PGC.

XVIII – zelar pela adequada utilização das senhas de acesso restrito sob a sua responsabilidade;

XIX – zelar pela organização e limpeza das instalações da vara;

XX – prestar informações solicitadas pela Ouvidoria, salvo quando a lei dispuser em contrário;

XXI – manter afixado nas instalações da secretaria da vara cartaz com informações sobre as formas de acesso à Ouvidoria;

XXII – disponibilizar aos usuários material de divulgação fornecido pelo Tribunal sobre as formas de acesso à Ouvidoria;

XXIII – manter os magistrados informados acerca dos processos pendentes relativos às metas determinadas pelo CNJ.

XXIV – nas varas de natureza cível, nos juizados especiais cíveis e de fazenda pública, intimar as partes do retorno dos autos à primeira instância.

A seguir, procuramos reunir as funções do diretor de secretaria em grupos com atribuições que mais se assemelham entre si, para a melhor assimilação do conteúdo:

FUNCIONAMENTO DOS TRABALHOS E HORÁRIO DE EXPEDIENTE.

- permanecer na secretaria da vara, ausentando se apenas quando ali estiver presente quem legalmente o substitua;
- manter a secretaria da vara aberta ao público durante o horário de expediente;
- zelar pela organização e limpeza das instalações da vara
- organizar e manter em ordem o serviço da secretaria da vara de modo a permitir a localização imediata de autos e documentos;
- zelar pela adequada utilização das senhas de acesso restrito sob a sua responsabilidade

INFORMAÇÕES INSTITUCIONAIS

- manter-se informado de todos os atos normativos expedidos pela Presidência, Primeira e Segunda Vice-Presidência, pela Corregedoria, pelo Conselho Especial, Conselho da Magistratura, pelo Conselho Nacional de Justiça e pelo juízo ao qual esteja subordinado, cumprindo-os e fazendo-os cumprir no que couber;
- manter-se atualizado com a correspondência institucional enviada ao seu correio eletrônico e ao da vara
- receber e encaminhar a correspondência oficial endereçada à vara
- manter os magistrados informados acerca dos processos pendentes relativos às metas determinadas pelo CNJ

GESTÃO DA VARA:

- Cumprir e fazer cumprir as ordens e decisões judiciais
- Distribuir os serviços da secretaria da vara, orientar e supervisionar a sua execução e produtividade
- Executar os atos processuais nos prazos estabelecidos em lei
- Prestar informações e expedir certidões referentes a atos ou termos de processos sob sua guarda, observado o segredo de justiça disposto em lei, bem como autenticar documentos
- Fornecer, quando requerido, atestado de comparecimento àqueles chamados a juízo;
- Assegurar a conservação e identificação dos documentos sob sua guarda
- Afixar, em local visível e de fácil acesso, os editais encaminhados à publicação e outros atos que reclamem publicidade;
- Nas varas de natureza cível, juizados especiais cíveis e de fazenda pública, intimar as partes do retorno dos autos à 1ª instância

EM RELAÇÃO À OUVIDORIA		
Prestar informações solicitadas pela Ouvidoria, salvo quando a lei dispuser em contrário	Manter afixado nas instalações da secretaria da vara cartaz com informações sobre as formas de acesso à Ouvidoria	Disponibilizar aos usuários material de divulgação fornecido pelo Tribunal sobre as formas de acesso à Ouvidoria

PROCESSOS COM CARGA AO ADVOGADO
Zelar pelo cumprimento dos **prazos** de autos com **carga**, adotando as providências necessárias para a sua tempestiva devolução e certificando, **sempre**, qualquer irregularidade encontrada
Certificar a não devolução dos autos no prazo legal e **intimar** o **advogado** para restituí-los no prazo de **três dias**, sob pena de perda do direito de vista fora de cartório e de multa correspondente à metade do salário mínimo, a ser aplicada pela seção local da Ordem dos Advogados do Brasil

EM RELAÇÃO AOS SERVIDORES DA VARA
Comunicar ao Juiz qualquer irregularidade praticada por servidor da vara
Encaminhar ao Serviço Médico, em caráter reservado e com autorização do Juiz, o nome do servidor que apresentar transtorno psicológico capaz de afetar sua capacidade laboral

4.1.2. Atos que podem ser delegados aos demais servidores da serventia

O PGC permite que algumas das incumbências do diretor de secretaria possam ser delegadas aos demais servidores São elas:

- ➢ Executar os atos processuais nos prazos estabelecidos em lei (atos de rotina, como intimação das partes ou dos advogados)
- ➢ Fornecer, quando requerido, atestado de comparecimento àqueles chamados a juízo (na prática, quando a testemunha depõe em juízo, o servidor que auxilia o juiz nas audiências fica incumbido de fornecer o respectivo atestado de comparecimento)

- Afixar, em local visível e de fácil acesso, os editais encaminhados à publicação e outros atos que reclamem publicidade
- Certificar a não devolução dos autos no prazo legal e intimar o advogado para restituí-los no prazo de três dias, sob pena de perda do direito de vista fora de cartório e de multa correspondente à metade do salário mínimo, a ser aplicada pela seção local da Ordem dos Advogados do Brasil;
- Prestar informações e expedir certidões referentes a atos ou termos de processos sob sua guarda, observado o segredo de justiça disposto em lei, bem como autenticar documentos.

Esquematizando:

AUTENTICAÇÃO DE DOCUMENTOS: somente podem ser autenticadas cópias de documentos relacionados ao **processo** (art. 85 do PGC).

A autenticação está sujeita ao recolhimento de **custas**.

O prazo é **de cinco dias**, salvo **urgência** para instrução de **recursos**, o que será feito de **imediato**.

EDITAIS: Os editais são as comunicações processuais destinadas às partes que sejam desconhecidas ou incertas, ou quando conhecidas, se encontrem em locais ignorados, incertos ou inacessíveis (art. 256, I e II, do Código de Processo Civil)

O descumprimento de normas que regulam as rotinas cartorárias ensejará a apuração da responsabilidade administrativa do diretor de secretaria.

Como esse assunto foi cobrado em concurso?

No concurso para Analista Judiciário/Área Judiciária (2015) foi perguntado: *"Além dos deveres inerentes ao servidor em geral, o diretor de secretaria é responsável por várias incumbências indelegáveis, como, por exemplo, expedir certidões referentes a atos ou termos de processos sob sua guarda e autenticar documentos".* O item foi considerado errado, tendo em vista o parágrafo único do art. 33 do PGC.

4.2. DO EXPEDIENTE E DAS ROTINAS EM GERAL

4.2.1. Funcionamento

No presente item trataremos do horário de funcionamento do Tribunal e da prática dos atos processuais.

Em regra, o horário de expediente forense é das 12h às 19h, à exceção dos 1º e 3º Juizados Especiais Criminais de Brasília, os quais funcionarão, respectivamente, das 6h às 13h e das 17h às 24h.

HORÁRIO DE EXPEDIENTE FORENSE	
Regra geral	12h às 19h
1º Juizado Especial Criminal de Brasília	6h às 13h
3º Juizado Especial Criminal de Brasília	17h às 24h

Relembrando as datas em que não haverá expediente regular

FERIADOS FORENSES	
Recesso forense	20 de dezembro a 6 de janeiro
Carnaval	Segunda-feira e terça-feira e quarta-feira de cinzas
Semana santa	Entre quarta-feira e domingo de Páscoa
Dia do advogado	11 de agosto
Finados	1º e 2º de novembro
Dia da Justiça	8 de dezembro

Como esse assunto foi cobrado em concurso?

No concurso para Analista Judiciário/Execução de Mandados (2003) foi perguntado: "*Ao longo de todo o ano, o expediente forense irá das oito às dezenove horas*". O item foi considerado errado, tendo em vista o disposto no art. 35, 124 e 126, do PGC.

IMPORTANTE: A comemoração de aniversário de **Brasília suspende** o **expediente forense**, as das **demais cidades** do Distrito Federal **não**.

Como esse assunto foi cobrado em concurso?

No concurso para Técnico Judiciário/Área Administrativa (2013) foi perguntado: "*À exceção do aniversário de Brasília, a comemoração de aniversário de cidade do DF não suspende o expediente forense na respectiva circunscrição judiciária*". A assertiva foi considerada correta por corresponder ao parágrafo único do art. 35 do atual PGC.

No concurso para Analista Judiciário/Área Judiciária (2007) foi perguntado: "*A comemoração de aniversário das cidades-satélites do DF deverá suspender o expediente forense nas respectivas circunscrições judiciárias*". O item foi considerado errado, tendo em vista o disposto no parágrafo único do art. 35 do PGC.

No concurso para Técnico Judiciário/Área Administrativa e Judiciária (2003) foi perguntado: "*Nos dias em que se comemorar o aniversário de cidade-satélite, não se suspenderá o expediente forense na respectiva circunscrição*". O item foi considerado correto por corresponder ao art. 35, parágrafo único, do PGC.

No concurso para Técnico Judiciário/Área Administrativa e Judiciária (2000) foi perguntado: "*Se a cidade de Brazlândia – DF comemorar seu aniversário em uma determinada data, nesse dia não haverá expediente forense na respectiva circunscrição judiciária".* O item foi considerado errado, tendo em vista o disposto no art. 35, parágrafo único, do PGC.

4.2.2. Prática dos atos processuais.

Os atos processuais serão praticados por servidor mediante registro no **sistema informatizado**. Assim, por exemplo, a juntada de petição, a expedição de mandado, a intimação das partes, todos esses atos devem ser registrados no sistema informatizado do Tribunal.

- ➢ Os registros anteriormente conservados em pastas e livros próprios também serão inseridos e gravados no sistema informatizado.
- ➢ Excepcionalmente, será admitida a utilização de livros quando o registro do ato pelo sistema informatizado não se mostrar adequado.

Em regra, os atos são praticados pelos **servidores**. Os **estagiários** poderão praticar atos de mero expediente (uma juntada de petição, por exemplo), mediante registro nos sistemas eletrônicos, sob a **supervisão** do **diretor** de secretaria ou de seu **substituto** legal.

Para fins de controle dos trâmites cartorários, as varas poderão manter pastas para registros temporários de carga, remessa, recebimento e entrega de autos sem traslado, mandados encaminhados para cumprimento, ofícios e memorandos recebidos e quaisquer outros documentos expedidos ou recebidos na secretaria.

O termo inicial e final dos prazos não constará dos andamentos processuais disponibilizados às partes, aos advogados e ao público em geral no sistema informatizado.

Como esse assunto foi cobrado em concurso?

No concurso para Analista Judiciário/Área judiciária (2015) foi perguntado: *"Os andamentos processuais disponibilizados no sistema informatizado conterão informações sobre o termo inicial dos prazos, mas não sobre o termo final".* O item foi considerado errado, tendo vista o art. 38 do PGC.

O PGC preocupa-se com a fidedignidade dos atos processuais, exigindo, sempre, que os andamentos registrados correspondam à exata situação do processo na Vara.

Assim, é vedado ao diretor de secretaria e aos servidores inserir dados no sistema informatizado que não reflitam a exata situação dos processos em tramitação na vara respectiva, bem como utilizarem códigos ou expedientes que possam comprometer a exatidão das estatísticas.

Da mesma forma, é vedada a repetição sequencial de andamentos processuais.

O PGC também proíbe a adoção de qualquer rotina cartorária que retarde o lançamento do andamento de conclusão no sistema informatizado, sob pena de apuração da responsabilidade administrativa do diretor de secretaria ou do servidor responsável pelo lançamento de andamento diverso da conclusão.

Explicando, é proibido lançar andamento como "autos a serem remetidos à conclusão" ou "autos aguardando a conclusão". Sendo o caso de conclusão dos autos, o servidor deverá registrar a conclusão do processo imediatamente.

É vedada a retenção, na secretaria da vara, de autos conclusos, os quais devem ser entregues ao Juiz na mesma data constante do termo de conclusão neles lançado.

CONCLUSÃO: Fala-se que os autos estão conclusos quando estão com o juiz para proferir despacho, decisão ou sentença.

O processo tramita no cartório ou no gabinete. Estando no gabinete, para apreciação do juiz, dizemos que o processo está concluso.

Não confundir conclusão do processo com extinção do processo.

Os autos serão sempre conclusos ao Juiz Titular da vara ou ao Substituto em exercício pleno, excetuados os casos de vinculação.

Cessado o exercício pleno ou a vinculação, os autos serão imediatamente conclusos ao Juiz Titular ou ao Substituto designado para exercício pleno.

A designação do Juiz Substituto é temporária. Desse modo, encerrada a designação, não pode haver processo concluso em nome do Juiz Substituto, já que não estará mais vinculado à Vara.

IMPORTANTE: É **vedado** ao servidor da vara prestar **informação** por **telefone** sobre **andamento** processual, **salvo** ao oficial de justiça em cumprimento da ordem judicial (por exemplo, servidor informa ao oficial de justiça que o processo foi extinto, tornando-se desnecessário cumprir mandado de penhora de bens).

Processo em segredo de justiça: o oficial de justiça somente poderá obter informações, pessoalmente, na secretaria da vara.

Como esse assunto foi cobrado em concurso?

No concurso para Técnico Judiciário/Área Administrativa e Judiciária (2003) foi perguntado: *"Desde que o diretor de secretaria ou algum servidor da vara identifique o autor de telefonema que solicitar informação sobre o andamento processual, este poderá ser comunicado por telefone".* O item foi considerado errado, tendo em vista o disposto no art. 42 do PGC.

De acordo com o art. 189 do Código de Processo Civil, tramitam em **segredo de justiça** os processos:

- Em que o exija o interesse público ou social;
- Que versem sobre casamento, separação de corpos, divórcio, separação, união estável, filiação, alimentos e guarda de crianças e adolescentes;
- Em que constem dados protegidos pelo direito constitucional à intimidade;
- Que versem sobre arbitragem, inclusive sobre cumprimento de carta arbitral, desde que a confidencialidade estipulada na arbitragem seja comprovada perante o juízo.

4.3 COR DA CAPA DOS AUTOS

As capas dos autos obedecerão à padronização de cor quanto à competência da vara, à natureza da ação, do procedimento processual ou do incidente.

Essa regulamentação está em vias de perder a utilidade, em razão da expansão do PJe. De qualquer modo, para fins didáticos, o seu estudo é necessário.

VARAS DE NATUREZA CÍVEL	
Procedimento comum	VERDE

VARAS DE NATUREZA CÍVEL	
Ação cautelar, impugnação, notificação, interpelação e embargos	**ROSA**
Registros públicos Monitória Separação Judicial e divórcio	**PALHA**
Inventário, alvará, execução de alimentos e execução de título extrajudicial	**AZUL**
Lei de alimentos, excetuadas as execuções	**CINZA**
Procedimento sumário ainda em trâmite	**AMARELO-OURO**
Carta Precatória e carta arbitral	**BRANCA**
Ação civil pública, ação de busca e apreensão fundada no Decreto-Lei nº 911, de 1 de outubro de 1969, ações possessórias e outras ações, incidentes e procedimentos não previstos nos itens anteriores	**AMARELO**

VARAS DE NATUREZA CRIMINAL	
Comunicação em flagrante Ação Penal • Inciativa pública • Iniciativa privada	**LARANJA**
Habeas corpus, carta precatória, pedidos de liberdade provisória, revogação e relaxamento de prisão e incidentes relativos à Lei nº 11.340, de 7 de agosto (Lei Maria da Penha)	**BRANCO**
Termos circunstanciados, busca e apreensão, interceptação telefônica, pedido de prisão preventiva ou temporária, quebra de sigilo telefônico, quebra de sigilo bancário, reabilitação e demais incidentes.	**AMARELO**

JUIZADOS CÍVEIS E DE FAZENDA PÚBLICA	
Ação de conhecimento e cumprimento de sentença	**PALHA**
Execução de Título Extrajudicial	**AZUL**

JUIZADOS CRIMINAIS	
Ação penal de iniciativa pública ou privada	**LARANJA**
Habeas Corpus, pedidos de liberdade provisória, revogação e relaxamento de prisão	**BRANCA**
Termos circunstanciados, busca e apreensão, interceptação telefônica, pedido de prisão preventiva ou temporária, quebra de sigilo telefônico, quebra de sigilo bancário, reabilitação e demais incidentes.	**AMARELO**

INFÂNCIA E JUVENTUDE	
Ação ordinária, exceto obrigação de fazer e de não fazer, remoção, modificação ou dispensa de tutela e curatela;	**VERDE**
Exceção de incompetência, execução provisória, *habeas corpus*, mandado de segurança, pedidos de quebra de sigilo, medida de proteção à criança e ao adolescente, se o menor não estiver cadastrado para adoção;	**AMARELO**
Ação cautelar inominada, busca e apreensão, adoção, impugnação ao valor da causa e medida de proteção à criança e ao adolescente quando o menor estiver cadastrado para adoção;	**ROSA**
Ação de guarda	**AZUL**
Apuração de ato infracional	**CINZA**
Ação de suprimento de capacidade, perda, suspensão ou restabelecimento de poder familiar, prestação de contas, providências, regularização de registro civil e restauração de autos;	**PALHA**
Ação civil pública, alimentos, agravo de instrumento, autorização judicial, suprimento de consentimento, apuração de irregularidade em entidade de atendimento, carta precatória, emancipação, execução de alimentos, execução por quantia certa, incidente de insanidade mental, apuração de infração administrativa, habilitação para adoção, averiguação de paternidade, oposição, obrigação de fazer e de não fazer, regulamentação de visitas, sindicância e outras ações, incidentes e procedimentos não previstos nos itens anteriores.	**BRANCA**

VARA DE EXECUÇÃO DE MEDIDAS SOCIOEDUCATIVAS DO DF – VEMSE	
Medida de internação	**LARANJA**
Medida de semiliberdade	**AMARELO**

VARA DE EXECUÇÃO DE MEDIDAS SOCIOEDUCATIVAS DO DF - VEMSE	
Medida de liberdade assistida	**VERDE**
Medida de prestação de serviços à comunidade	**AZUL**
Internação provisória	**CINZA**

Nas execuções de medidas de liberdade assistida em que houver cumulação com prestação de serviços à comunidade será utilizada a capa **verde**, com a aplicação de **TARJA AZUL** na lombada da capa, observando-se o disposto no art. 54 do PGC.

> Art. 54. Será aplicada fita adesiva estreita e colorida, na horizontal, no canto esquerdo e inferior da capa dos autos, atravessando a sua lombada, de modo a ser notada sob qualquer ângulo para destaque de informações relevantes para o processo.

AUDITORIA MILITAR	
Ações penais referentes a bombeiros militares	**LARANJA**
Ações penais referentes a policiais militares	**AZUL**
Cartas de guia e para os termos circunstanciados, busca e apreensão, interceptação telefônica, pedido de prisão preventiva ou temporária, quebra de sigilo telefônico, quebra de sigilo bancário, reabilitação e demais incidentes	**AMARELO**

VEP/VEMPEMA/VEPERA	
Execuções de pena ou de medida de segurança de sentenciados do sexo masculino	**VERDE**
Execuções de pena ou de medida de segurança de sentenciadas do sexo feminino	**AMARELO**
Agravo em execução penal	**ROSA**
Habeas corpus e carta precatória	**BRANCA**

VEP/VEMPEMA/VEPERA	
Pedidos de providências	**AZUL**
Precatórias de fiscalização de suspensão condicional do processo e de transação penal.	**LARANJA**

VARA DE FALÊNCIAS, RECUPERAÇÕES JUDICIAIS, INSOLVÊNCIA CIVIL E LITÍGIOS EMPRESARIAIS DO DF	
Pedidos de falência e de recuperação judicial	**PALHA**
Procedimento comum	**VERDE**
Execução de título extrajudicial	**AZUL**
Processo cautelar, notificação, interpelação e embargos	**ROSA**
Carta precatória	**BRANCA**
Comunicação de prisão em flagrante e ação penal	**LARANJA**
Habilitação de crédito e demais procedimentos não previstos nas cores anteriores	**AMARELO**

Será aplicada TARJA AMARELA na lombada das ações de falência, que somente deverá ser retirada quando houver o decreto falimentar, na forma disciplinada no art. 54 do PGC.

> Art. 54. Será aplicada fita adesiva estreita e colorida, na horizontal, no canto esquerdo e inferior da capa dos autos, atravessando a sua lombada, de modo a ser notada sob qualquer ângulo para destaque de informações relevantes para o processo.

Não havendo previsão expressa, as varas deverão observar as cores de capas definidas nos artigos 44 e 45 deste Provimento (varas de natureza cível e varas de natureza criminal).

4.4. DAS ANOTAÇÕES NA CAPA DOS AUTOS

Em alguns casos mostra-se necessário destacar informações relevantes para o processo. Para isso, o PGC determina que será aplicada uma fita adesiva estreita e colorida, na horizontal, no canto esquerdo e inferior da capa dos autos, atravessando a sua lombada, de modo a ser notada sob qualquer ângulo para destaque de informações relevantes para o processo (art. 54 do PGC).

Esquematizando, temos o seguinte:

VARAS DE NATUREZA CÍVEL (Tarjas obrigatórias e recomendáveis)		
Tramitação prioritária: – Idade igual ou superior a 60 (sessenta) anos – Portadores de doença grave ou de necessidades especiais;	**VERDE**	**Obrigatória**
Feito convertido em cumprimento de sentença	**AZUL**	**Obrigatória**
Defensor com direito à vista pessoal	**BRANCA**	**Recomendável**
Atuação do Ministério Público	**PRETA**	**Recomendável**
VARAS DE NATUREZA CRIMINAL (Tarjas sempre obrigatórias)		
Réu preso	**VERMELHA**	
Preso por outro processo	**AZUL**	
Tramitação prioritária: crimes de abuso e exploração sexual, tortura e maus tratos praticados contra crianças e adolescentes; quaisquer atos de violência praticados contra crianças e adolescentes; quando figurar parte com idade igual ou superior a 60 (sessenta) anos; quando figurar como parte portadores de doença grave ou de necessidades especiais; quando houver indiciado, acusado, vítima ou réu colaboradores, vítima ou testemunha protegidas pelos programas de que trata a Lei nº 9.807, de 13 de julho de 1999; os processos que apurem a prática de crime hediondo.	**VERDE**	
Réu monitorado eletronicamente	**BRANCA**	
Suspensão prevista no art. 89 da Lei 9.099/95 (Juizados)	**AMARELA**	
Suspensão do processo na forma do art. 366 do Código de Processo Penal	**PRETA**	

A critério do **diretor de secretaria**, poderão ser utilizadas **outras tarjas** para sinalização de situações que mereçam destaque.

Será anotada na capa dos autos a ocorrência de **impedimento** ou **suspeição** de **Juiz** ou de membro do **Ministério Público**, bem como a **penhora** no **rosto** dos **autos**, deferimento dos benefícios da **justiça gratuita** e as informações dos **patronos** da causa.

Como esse assunto foi cobrado em concurso?

No concurso para Analista Judiciário/Área Judiciária (2007) foi perguntado: "*Impedimentos ou suspeições de juízes ou membros do Ministério Público deverão ser anotados na capa dos autos*". A assertiva foi considerada correta por corresponder ao art. 57 do PGC.

Na prática, é possível que um processo tenha mais de uma tarja. Exemplo, se for idoso e o feito tiver sido convertido em cumprimento de sentença, ele terá uma tarja verde e uma tarja azul.

Como esse assunto foi cobrado em concurso?

No concurso para Técnico Judiciário/Área Administrativa (2015) foi perguntado: "*A cor da capa dos autos varia conforme a competência da vara, assim como a natureza da ação, do procedimento processual ou do incidente; a colocação de fitas adesivas na capa também tem significados, como, por exemplo, o uso de tarja verde é estabelecido nos processos em que a tramitação prioritária do feito for deferida a idoso ou portador de doença grave*". O item foi considerado correto, por corresponder ao art. 55, I, do PGC.

4.5. DA NUMERAÇÃO DAS FOLHAS DOS AUTOS

Tendo em vista que o processo segue uma ordem lógica e cronológica, o PGC determina que as folhas dos autos sejam numeradas manual ou eletronicamente no canto superior direito, iniciando-se a contagem a partir da capa, sem, contudo, numerá-la. Imediatamente abaixo do número constará a rubrica de quem o grafou.

No caso de numeração das folhas por **processo mecânico**, fica dispensada a rubrica. Nessa hipótese, deverá ser certificado no sistema informatizado o intervalo de folhas numeradas dessa forma.

Processos criminais, quando oferecida a denúncia e autuado o feito como ação penal, a secretaria poderá aproveitar a numeração do inquérito policial. Nessa hipótese, a primeira folha da peça acusatória receberá o número 2 (dois) e as demais receberão letras, iniciando-se por 2A (dois A), rotina que deverá ser certificada no sistema informatizado.

Quando houver o desentranhamento de documentos é feita a renumeração? Não. Em tais casos, basta inserir uma folha com a certidão que indique a peça desentranhada e sua numeração, registrando-se o ato no sistema informatizado.

Exemplo: "Certifico e dou fé que desentranhei as folhas 31/42 dos autos conforme determinação de fl. 86".

Como esse assunto foi cobrado em concurso?

No concurso para Analista Judiciário/Atividade Processual (2003) foi perguntado: "*Quando houver ordem judicial para o desentranhamento de folha de autos de processo, as seguintes à extraída deverão ser automaticamente renumeradas, a fim de evitar descontinuidade na sequência dos documentos; além disso, o desentranhamento deverá ser certificado nos autos*". O item foi considerado errado, tendo em vista o disposto no art. 58, §2º do PGC.

No concurso para Técnico Judiciário/Área Administrativa e Judiciária (2000) foi perguntado: "*Se um juiz determinar o desentranhamento de folhas de autos de um processo, não será necessária a renumeração deles, mas o desentranhamento deverá ser certificado no processo*". O item foi considerado correto por corresponder ao art. 58, §2º, do PGC.

Processos originários de outras varas, instância superior ou outros órgãos da Justiça, especial ou comum: Poderá ser aproveitada a numeração existente, com a respectiva certificação no sistema informatizado.

Como esse assunto foi cobrado em concurso?

No concurso para Analista Judiciário/Execução de Mandados (2003) foi perguntado: "*Os autos de processos oriundos de outras varas, sejam elas do DF ou de outra unidade da Federação, deverão ser renumerados na hipótese de redistribuição a outro ofício judicial*". O item foi considerado errado, tendo em vista o disposto no art. 59 do PGC.

Os processos baixados à vara, em diligência, terão suas capas e numeração integralmente mantidas durante a sua permanência na primeira instância. Isso ocorre, por exemplo, o processo está para ser julgado pela segunda instância e o Desembargador Relator determina o retorno do processo à vara de origem para juntar algum documento ou adotar determinada providência.

Em se tratando de encaminhamento ou retorno definitivo, as capas de autuação de outras varas ou instâncias deverão ser retiradas e imediatamente descartadas. Quando, por exemplo, o processo é remetido em definitivo para o TJDFT por determinação da Justiça do Trabalho ou da Justiça Federal por motivo de incompetência daqueles órgãos, é feita a troca da capa dos autos.

Erro material: Deverá ser imediatamente sanada a incorreção, observando-se os seguintes procedimentos:

I - Ausência de número, a folha imediatamente seguinte ao erro será renumerada de forma a englobar todos os números faltantes;

II - Duplicidade de números, todos os números repetidos serão acrescidos de letras, iniciando-se em A;

III - Folha não numerada, deverá ser repetido o número da folha anterior, acrescido de letra, iniciando-se em A.

Caso esses procedimentos não se mostrem adequados, proceder-se-á à renumeração das folhas dos autos a partir do erro constatado, inutilizando-se a numeração anterior com um traço. Em todas as hipóteses o procedimento será certificado no sistema informatizado.

Limite de folhas por volume: 200 (duzentas), permitido o acréscimo ou redução para evitar a cisão de peças processuais. Portanto, chegando a 200 folhas, deverá ser aberto novo volume. A exceção, por exemplo, ocorre quando uma petição ou decisão judicial está numerada entre as folhas 198 e 205. Nesses casos, é possível que o primeiro volume dos autos contenha 205 folhas, iniciando o volume seguinte pela folha 206.

O **encerramento** e a **abertura** de cada volume serão certificados em **folhas suplementares não numeradas**. A indicação do número do volume será anotada na capa dos autos.

4.6. DO PROTOCOLO DE PETIÇÕES E DEMAIS DOCUMENTOS

As petições e os demais documentos entregues na secretaria da vara, **exceto avisos de recebimento - AR e mandados**, serão protocolizados mediante aposição de etiqueta impressa pelo sistema informatizado.

Como esse assunto foi cobrado em concurso?

No concurso para Analista Judiciário/Atividade Processual (2003) foi perguntado: *"As circunscrições judiciárias manterão sistema centralizado de recebimento de petições e processos, no qual deverão ser entregues todas as petições destinadas a processos judiciais, de modo que é vedada a protocolização delas diretamente nas varas, mesmo em caso de urgência"*. O item foi considerado errado, tendo em vista o disposto no art. 62 do PGC, que determina o protocolo na secretaria da vara.

Em caso de indisponibilidade do sistema, o protocolo será efetuado por meio de relógio datador ou de carimbo do qual conste data, horário de recebimento, nome e matrícula do recebedor. Tais informações são importantes sobretudo para averiguar se o advogado protocolizou a petição dentro do prazo previsto.

O recebimento de petições e documentos será registrado, do mesmo modo, na via devolvida ao interessado. Desse modo, o advogado tem consigo uma cópia que serve como comprovante da prática do ato.

O documento protocolizado na **unidade de protocolo judicial** ou na **Distribuição** fica **dispensado** de **novo protocolo** na **vara**.

A unidade de protocolo judicial nada mais é do que o protocolo integrado, responsável pelo recebimento de autos de processos e petições, que posteriormente os remetem para as varas. Trata-se de um serviço colocado à disposição do advogado, evitando-se o deslocamento para a vara unicamente para a prática de atos simples, como a mera devolução de processos ou protocolo de petições.

E se as petições e documentos forem protocolizados em vara diversa daquela que o processo tramita? Nesse caso, deverão ser imediatamente encaminhados à secretaria da vara originária, onde serão protocolizados, mantido o registro do protocolo inicialmente recebido e vedada qualquer anotação que o torne sem efeito.

Como esse assunto foi cobrado em concurso?

No concurso para Analista Judiciário/Área judiciária (2015) foi perguntado: *"Caso a petição seja protocolizada pelo advogado em vara diversa daquela em que tramita o processo, deverá o servidor anular o registro do protocolo realizado e, imediatamente, encaminhar a petição à vara correta, onde receberá novo e definitivo protocolo".* A assertiva foi considerada errada, tendo em vista o art. 62, §4º, do PGC.

4.7. DA JUNTADA DE PETIÇÕES E DE DEMAIS DOCUMENTOS

A juntada é a inserção de petições protocolizadas e/ou demais documentos no processo. Tendo em vista a necessidade de

As petições protocolizadas, bem como mandados, ofícios, Avisos de Recebimento – AR e demais documentos deverão ser juntados aos autos no prazo máximo de 48 (quarenta e oito) horas, **salvo os casos que reclamem apreciação imediata pelo Juiz, hipótese em que serão imediatamente juntados e levados à conclusão.** Nesse último caso, podemos citar como exemplo os casos de pedidos de tutela de urgência, os quais requerem apreciação imediata do Juiz, sob pena de se causar prejuízo à parte.

A juntada deverá ser **certificada** no sistema informatizado.

O Aviso de Recebimento – AR será juntado no verso da cópia do respectivo documento a que referido no *caput* do art. 63 (mandados, ofícios e demais documentos).

Aviso de Recebimento – AR devolvido sem o efetivo cumprimento: não necessitará ser juntado aos autos, bastando que seja certificada a informação prestada pelos Correios quanto ao motivo do não cumprimento.

E se o processo estiver concluso (no gabinete do Juiz)? Caso haja a necessidade da juntada de documentos em autos de processos que estejam conclusos, é vedado o lançamento de andamentos que importem na retirada do processo da conclusão. Exemplo: advogado junta uma petição acompanhada de documentos. Nesse caso, o servidor faz a juntada nos autos e devolve o processo à conclusão no gabinete do Juiz.

A certificação da juntada deverá ser lançada no sistema com a informação sobre a manutenção dos autos na conclusão.

Após a juntada, os autos deverão ser guardados no mesmo escaninho de onde foram retirados.

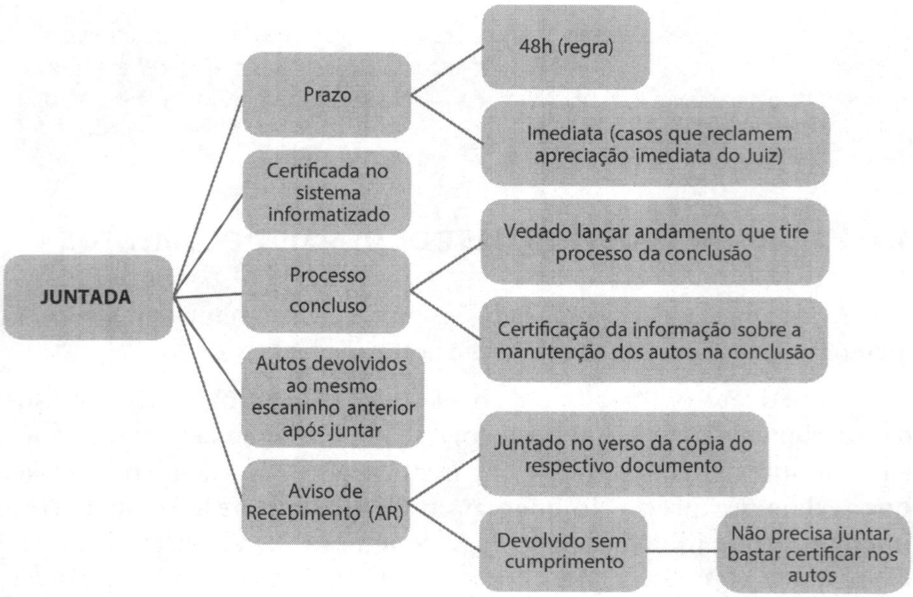

4.8. DAS PUBLICAÇÕES NO DIÁRIO DE JUSTIÇA ELETRÔNICO – DJE

O Diário de Justiça eletrônico – DJe[1] do Tribunal de Justiça do Distrito Federal e dos Territórios é o **instrumento oficial** de publicação dos atos judiciais, administrativos e de comunicação em geral. É por meio da publicação que se considera que as partes e demais interessados tiveram ciência da prática do ato praticado, passando a fluir os prazos processuais.

CERTIDÃO

N. - CUMPRIMENTO DE SENTENÇA - A: . Adv(s).: DF R: Adv(s).: Não Consta Advogado. R: Adv(s).: Não Consta Advogado. Poder Judiciário da União TRIBUNAL DE JUSTIÇA DO DISTRITO FEDERAL E DOS TERRITÓRIOS 10VARCVBSB 10ª Vara Cível de Brasília Processo: Classe: CUMPRIMENTO DE SENTENÇA (156) Assunto: Cheque (4970) EXEQUENTE: EXECUTADO: CERTIDÃO Nos termos da Portaria nº 01/2016 deste Juízo e, considerando o transcurso do prazo fixado na decisão de ID. 90340179, fica a parte exequente intimada a informar sobre o cumprimento do acordo. Prazo: 5 dias. Brasília/DF, 09/08/2021. Diretor de Secretaria

Exemplo de certidão publicada no DJe.

A publicação eletrônica **não substituirá a intimação** ou **vista pessoal** nos casos em que a lei as exigir, como nos casos do Ministério Público (art.

1. Disponível no endereço <https://pesquisadje.tjdft.jus.br/>.

180 do Código de Processo Civil) e da Defensoria Pública (art. 186, §1º, do Código de Processo Civil).

É isenta de custas a publicação de atos no DJe.

A remessa de expediente para publicação no Diário da Justiça eletrônico será feita por meio eletrônico e deverá restringir-se aos atos judiciais que forem estritamente obrigatórios e essenciais, assim entendidos:

I – a parte **dispositiva** da sentença (parte final da sentença, na qual o Juiz acolhe ou rejeita os pedidos, quando condena ou absolve acusado etc.);

II – as decisões interlocutórias, os despachos e os atos ordinatórios que devam ser cumpridos ou atendidos pelas partes ou por terceiros interessados;

III – as datas designadas para a realização de atos processuais, tais como audiências, leilões e perícias judiciais;

IV – os editais.

Como esse assunto foi cobrado em concurso?

No concurso para Técnico Judiciário/Área Administrativa (2013) foi perguntado: "*É obrigatória, sob pena de nulidade processual, a publicação do inteiro teor da sentença no órgão oficial da imprensa*". A assertiva foi considerada errada, tendo em vista o disposto no art. 66, I, do atual PGC.

Publicação de edital de citação

A publicação do **edital de citação** deverá ser feita na rede mundial de computadores, no sítio eletrônico do Tribunal[2] e na plataforma de editais do Conselho Nacional de Justiça, sendo obrigatória a certificação do ato nos autos.

O réu será citado por edital quando não for localizado. Como a citação é indispensável para a validade do processo, é possível que o réu seja citado ainda que dessa forma. Assim, com o objetivo de assegurar o máximo de publicidade ao ato, o PGC, reproduzindo o artigo 257, II, do Código de Processo Civil, determina que ele seja publicado em três lugares distintos, como visto no parágrafo anterior.

2. É possível a consulta pelo sítio do TJDFT no seguinte link: <https://www.tjdft.jus.br/consultas/editais-de-citacao>.

EDITAL DE CITAÇÃO	
	Rede mundial de computadores
	Sítio eletrônico do Tribunal
	Plataforma de editais do CNJ

4.9. DOS MANDADOS

O mandado é uma determinação escrita expedida pelo Juízo com a finalidade de cumprimento de determinada medida. Portanto, m**andado** é uma **ordem judicial escrita**, emanada **por autoridade judicial**, que prescreve o **cumprimento de ato processual**. Possui conteúdo e finalidade específica, tais como a citação do réu, intimação de partes ou testemunhas, despejo, reintegração de posse etc.[3].

O diretor de secretaria adotará, como **regra**, a **via postal** para a comunicação dos atos processuais, utilizando-se do **oficial de justiça**, exclusivamente, nos **casos previstos em lei**. Assim, via de regra, os mandados serão encaminhados via correio.

No processo civil, o art. 247 do Código de Processo Civil (com as alterações da Lei nº 14.195/2021) estabelece, por exemplo, que a citação será feita por meio eletrônico ou pelo correio para qualquer comarca do país, **exceto**: I – nas ações de estado, observado o disposto no art. 695, § 3º ; II – quando o citando for incapaz; III – quando o citando for pessoa de direito público; IV – quando o citando residir em local não atendido pela entrega domiciliar de correspondência; V – quando o autor, justificadamente, a requerer de outra forma. Já o art. 249 diz que a **citação** será feita por meio de **oficial de justiça** nas hipóteses previstas no Código ou em lei, ou quando **frustrada a citação pelo correio**.

No processo penal a citação do réu é feita via oficial de justiça (art. 352 e art. 355, §2º, do Código de Processo Penal). O Conselho Nacional de Justiça (CNJ), interpretando o Código de Processo Penal, considerou ilegal norma de Tribunal de Justiça que determinava a intimação de réus, testemunhas e vítimas por correio (Procedimento de Controle Administrativo nº 0000476-38.2018.2.00.000).

3. Conceito extraído da página eletrônica http://www.tjdft.jus.br/institucional/corregedoria/mandados-judiciais/perguntas-frequentes

Como esse assunto foi cobrado em concurso?

No concurso para Técnico Judiciário/Área Administrativa e Judiciária (2000) foi perguntado: "*Deve o diretor de secretaria dar preferência à comunicação dos atos processuais pela via postal, devendo valer-se dos oficiais de justiça, em princípio, apenas quando a lei assim o exigir*". O item foi considerado correto por corresponder ao art. 67 do PGC.

A comunicação dos atos processuais por via postal será feita pela Empresa Brasileira de Correios e Telégrafos – ECT, mediante sistema de postagem com **Aviso de Recebimento – AR ou Aviso de Recebimento em Mão Própria – AR/MP**. Deverão ser observadas as normas regulamentares de endereçamento e postagem definidas pela ECT.

O mandado de citação ou de intimação por **via postal** será expedido de modo a permitir a realização do ato, **também**, por meio de **oficial de justiça**, o que evita nova expedição caso seja necessário o cumprimento da diligência pelo oficial de justiça. Nesse contexto, o PGC estabelece que frustrada a citação ou intimação por via postal, o mandado será destacado do envelope para cumprimento por oficial de justiça.

O mandado será expedido pela secretaria da vara em **uma única via** contendo o endereço principal do destinatário indicado pela parte, observando-se os modelos padronizados pela Corregedoria.

Não indicando a parte o endereço principal do destinatário, considerar-se-á como tal o primeiro endereço fornecido na petição inicial.

Nos casos envolvendo **vítimas ou pessoas em situação de perigo**, o mandado deverá ser expedido separadamente para cada parte, de modo que apenas o endereço do destinatário conste do documento. Exemplo, ações relativas à violência doméstica.

Nos mandados que possam exigir **apoio policial** deverá constar a expressão "em caso de necessidade, requisite-se reforço policial".

Vejamos abaixo alguns casos específicos de mandados. São eles os mandados de intimação para audiência, para constrição de bens, para encaminhamento de bens ao Depósito Público, prisão e prisão civil, bem como o procedimento de entrega dos mandados.

Audiência

O mandado de intimação para audiência deverá ser encaminhado ao setor competente com antecedência mínima de 10 (dez) dias e máxima de

60 (sessenta) dias da data de realização do ato, **salvo** se a **lei** ou a **urgência** justificarem **prazo diverso.**

Constrição de bens

O mandado para constrição de bens deverá indicar todos os dados necessários para a sua consecução, inclusive o nome da pessoa indicada como depositária e o meio de contatá-la, sob pena de devolução sem o efetivo cumprimento.

> **Constrição de bens:** consiste na apreensão de bens para garantir a satisfação do débito, permitindo que posteriormente possam ser vendidos ou integrados ao patrimônio do credor.

Bens ao depósito público

De acordo com o art. 149 do PGC, caberá ao depositário público a guarda e conservação dos bens oriundos dos processos de natureza cível. Assim, o mandado que importe no encaminhamento de bens ao Depósito Público deverá ser expedido **com uma via adicional para controle do depositário** (art. 73 do PGC).

> **Como esse assunto foi cobrado em concurso?**
>
> No concurso para Analista Judiciário/Oficial de Justiça Avaliador Federal (2015) foi perguntado: "*Deverá ser expedida uma via adicional do mandado judicial que implique encaminhamento de bens ao depósito público, a fim de facilitar o controle pelo depositário*". O item foi considerado correto, conforme art. 73 do PGC.

Mandado de prisão

O mandado de prisão será expedido em conformidade com o parágrafo único do art. 285 do Código de Processo Penal[4].

---

4. Art. 285. (...). Parágrafo único. O mandado de prisão: a) será lavrado pelo escrivão e assinado pela autoridade; b) designará a pessoa, que tiver de ser presa, por seu nome, alcunha ou sinais característicos; c) mencionará a infração penal que motivar a prisão; d) declarará o valor da fiança arbitrada, quando afiançável a infração; e) será dirigido a quem tiver qualidade para dar-lhe execução.

Do mandado de prisão constará, em destaque, o **prazo de sua validade**, assim considerado o da prescrição pela pena máxima cominada ao delito ou pela fixada na sentença condenatória.

O mandado de prisão deverá ser registrado, de **imediato**, no **Banco Nacional de Mandados de Prisão – BNMP**[5], nos termos do art. 289-A do Código de Processo Penal e da Resolução nº 137, de 13 de julho de 2011, do CNJ, devendo a **serventia** encaminhar **cópia**, por meio **eletrônico** e em endereço específico para tal finalidade aos **órgãos de captura da Polícia Judiciária**. O acesso é feito pelo portal do CNJ. Com isso, é possível que qualquer pessoa acesse o BNMP para verificar se há mandado de prisão emitido em desfavor de alguém.

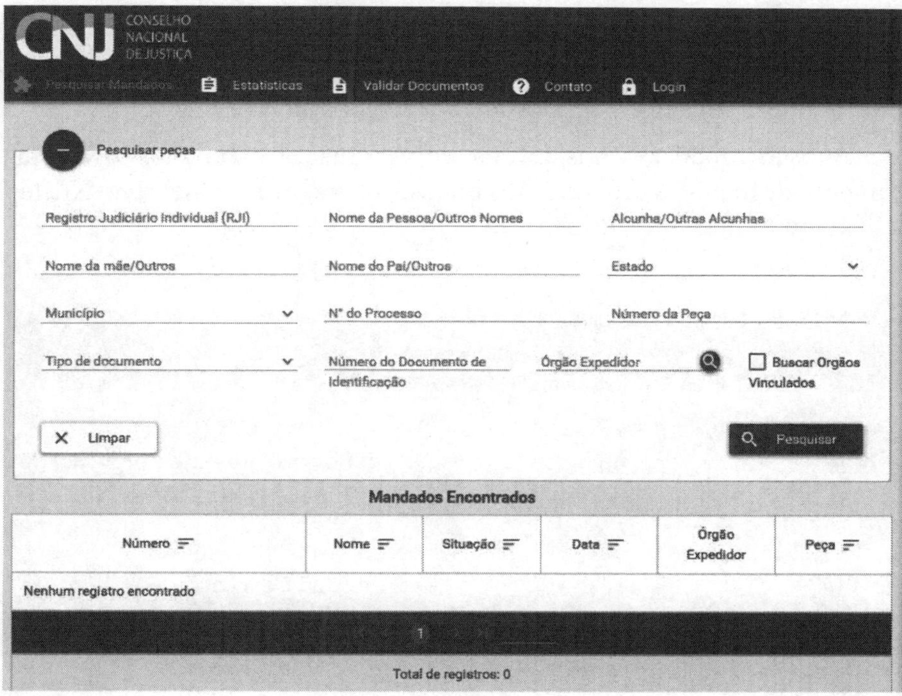

Ambiente virtual do BNMP

A vara deverá **atualizar** a informação de mandados de **prisão** registrados no **BNMP no prazo máximo de 24 (vinte e quatro) horas**, a contar da **revogação da prisão** ou do **conhecimento** do **cumprimento** da **ordem**.

5. Acesso ao BNMP disponível em <https://portalbnmp.cnj.jus.br/#/pesquisa-peca>.

Revogado o decreto de prisão ou absolvido o réu, o juízo requisitará **imediatamente** a **devolução** do mandado ao órgão encarregado de seu cumprimento.

Prisão civil

Os mandados de prisão civil serão expedidos com validade de **1 (um) ano** e renovados ao fim desse prazo, se ainda não cumprida a ordem judicial. Atualmente, admite-se unicamente a prisão civil do devedor de prestação alimentícia.

Entrega dos mandados

Os mandados deverão ser entregues na unidade de distribuição de mandados das 12h às 18h, salvo aqueles que se destinarem ao cumprimento de medidas urgentes, os quais serão recebidos até as 19h30.

Após as 19h30, as varas deverão encaminhar os mandados para cumprimento de medidas urgentes, por meio eletrônico, diretamente ao Núcleo de Plantão Judicial – NUPLA.

MANDADOS (normas gerais)		
Regra	Via postal, pela ECT com AR ou AR/MP, regras da ECT Expedido de forma a permitir o cumprimento por oficial de justiça	
Exceção	Oficial de Justiça	Casos previstos em lei Frustrada a citação ou intimação por via postal
Expedição	Única via Com endereço principal do destinatário indicado pela parte Modelo padronizado pela Corregedoria	
Vítimas/pessoas em situação de perigo	Mandado expedido separadamente para cada parte Apenas o endereço do destinatário constará no mandado	
Necessidade de apoio policial	Constar a expressão "em caso de necessidade, requisite-se reforço policial".	

<table>
<tr><th colspan="3">Mandados específicos</th></tr>
<tr><td>Intimação para audiência</td><td colspan="2">Antecedência mínima de 10 dias e máxima de 60 dias</td></tr>
<tr><td>Constrição de bens</td><td colspan="2">Todos os dados necessários, inclusive nome do depositário e meios para contatá-lo</td></tr>
<tr><td>Encaminhamento de bens ao depósito público</td><td colspan="2">Via adicional para controle do depositário</td></tr>
<tr><td>Prisão</td><td colspan="2">– De acordo com o art. 285 do Código de Processo Penal
– Em destaque: prazo de validade, considerado o da prescrição pela pena máxima cominada ao delito ou pela fixada na sentença condenatória.
– Registrado de imediato no BNMP, devendo a serventia encaminhar cópia, por meio eletrônico e em endereço específico para tal finalidade aos órgãos de captura da Polícia Judiciária
– Vara deverá atualizar a informação dos mandados registrados no BNMP em até 24h, a contar da revogação da prisão ou do conhecimento do cumprimento da ordem
– Revogado o mandado ou absolvido o réu: juízo requisitará imediatamente a devolução do mandado ao órgão encarregado do cumprimento</td></tr>
<tr><td>Prisão civil</td><td colspan="2">Validade de 1 ano e renovados ao fim, caso ainda não cumprida a ordem</td></tr>
<tr><th colspan="3">Entrega dos mandados</th></tr>
<tr><td rowspan="2">Entrega</td><td>Unidade de distribuição de mandados</td><td>Entre 12h e 18h
Até 19h30 (cumprimento de medidas urgentes)</td></tr>
<tr><td>Núcleo de Plantão Judicial (NUPLA)</td><td>Após 19h30</td></tr>
</table>

4.10. DOS DEPÓSITOS JUDICIAIS E DOS ALVARÁS DE LEVANTAMENTO DE VALORES

O recolhimento dos depósitos judiciais será efetuado em **instituição bancária oficial**, a qual administrará os valores, nos termos de instrumento próprio firmado com o Tribunal. Trata-se dos pagamentos feitos em dinheiro no processo (exemplo, quando o devedor quita o débito com o credor efetuando um depósito em conta corrente vinculada ao processo).

Como esse assunto foi cobrado em concurso?

No concurso para Analista Judiciário/Atividade Processual (2003) foi perguntado: "*Os depósitos judiciais em dinheiro na justiça do DF somente se podem realizar em agência do Banco do Brasil S.A. ou da Caixa Econômica Federal*". O item foi considerado errado, tendo em vista o disposto no art. 78 do PGC.

No concurso para Técnico Judiciário/Área Administrativa e Judiciária (2000) foi perguntado: "*Compete ao juiz de direito indicar ao diretor de secretaria o estabelecimento bancário onde se deverão realizar os depósitos do juízo; para tanto, o critério primordial deverá ser a proximidade do banco em relação à sede da vara, a fim de facilitar aquela providência para as partes interessadas*". O item foi considerado errado, tendo em vista o disposto no art. 78 do PGC.

Os valores decorrentes de depósitos judiciais serão levantados mediante **alvará judicial**.

TJDFT Poder Judiciário da União
TRIBUNAL DE JUSTIÇA DO DISTRITO FEDERAL E DOS TERRITÓRIOS

ALVARÁ DE LEVANTAMENTO - Banco de Tal

Número do processo:
Classe judicial:

O Doutor Fulano de tal, **Juiz de Direito do Décimo Juizado Especial Cível de Brasília**, na forma da lei, etc.

AUTORIZA, ao ilustríssimo Senhor Gerente do **BANCO DE TAL Agência 0000-0**, ou quem suas vezes fizer, a entregar ao(à) senhor Sicrano de tal a importância de xxxxxx, com os devidos acréscimos legais, depositada à disposição deste Juízo, no processo em referência, na conta denominada "Depósitos Judiciais" de nº , referente ao depósito de ID Nº . O presente alvará é expedido em virtude de a parte interessada ter requerido o levantamento da importância depositada. Dado e passado nesta cidade, Brasília - DF, terça-feira, 22/07/2014 às 13h18.

Assinatura do Juiz de Direito

Modelo adaptado de alvará judicial

O alvará deverá ser expedido, **obrigatoriamente**, por meio do **sistema informatizado**, podendo ser substituído pela transferência eletrônica do valor depositado em conta corrente vinculada ao juízo para outra indicada pelo exequente.

Como esse assunto foi cobrado em concurso?

No concurso para Analista Judiciário/Área judiciária (2015), foi perguntado (com adaptações): "*As quantias decorrentes de depósitos judiciais só poderão ser levantadas mediante alvará judicial, o qual deve ser expedido obrigatoriamente por sistema informatizado*". O item foi considerado correto, conforme art. 79, *caput*, e §1º do PGC.

O exequente pode requerer ao juízo que ao invés de se expedir alvará de levantamento de valores, os valores depositados em conta vinculada ao processo sejam transferidos eletronicamente para uma conta corrente indicada por ele, simplificando, assim, o procedimento.

Qual o prazo para a instituição bancária liberar o valor? 24 (vinte e quatro) horas, contadas da apresentação do alvará, para a liberação do valor em favor do beneficiário.

A instituição bancária consultará a autenticidade do alvará no *site* do Tribunal, por meio do **código de certificação** constante do documento.

O alvará de levantamento será expedido em nome da parte, ou do advogado que detiver procuração válida nos autos com **poderes expressos para receber e dar quitação**, ou em nome de ambos.

4.11. DAS CERTIDÕES, DOS OFÍCIOS, DOS ALVARÁS E DOS DEMAIS DOCUMENTOS

O presente tópico trata da necessária padronização das certidões, dos ofícios, alvarás e demais documentos emitidos pelo TJDFT. Em todos eles, é obrigatória a utilização da assinatura visual (logomarca) do Tribunal e dos modelos padronizados pela Corregedoria nos documentos expedidos.

TJDFT

Logomarca do TJDFT

Os documentos expedidos pela serventia conterão o nome e a matrícula do servidor que os expediu, além do nome e assinatura do Juiz ou do diretor de secretaria, conforme o caso.

Os documentos expedidos pela serventia deverão identificar o nome de quem os assinou.

Ofícios: serão datados e numerados em ordem crescente, reiniciando-se a cada ano, e farão referência ao número do processo, quando houver.

Correspondências concernentes a processos com réu preso: serão remetidas pelo meio mais rápido e seguro, apondo-se carimbo com a palavra URGENTE, tanto no expediente quanto no envelope.

Certidões: As certidões serão expedidas **sem rasuras** e com **inutilização dos espaços não aproveitados**, no prazo máximo de **5 (cinco) dias**, salvo motivo justificado.

O fornecimento de certidão a pessoa estranha à relação processual dependerá de **requerimento escrito**, do qual conste a devida qualificação do requerente.

O nome do requerente constará das certidões.

O **nome da vítima** não poderá constar das certidões e dos documentos referentes a informações sobre o andamento de processos criminais.

São **gratuitas** as certidões expedidas pelos ofícios judiciais e órgãos administrativos da Corregedoria.

Autenticação de documentos: A autenticação de documentos é privativa do diretor de secretaria ou de seu substituto, limitando-se a cópias de documentos originais ou dos legalmente autenticados, desde que relacionados a processos do juízo.

A autenticação de documentos está sujeita ao **recolhimento prévio de custas**.

Como esse assunto foi cobrado em concurso?

No concurso para Analista Judiciário/Atividade Processual (2003) foi perguntado: "*O diretor de secretaria e os demais servidores de ofícios judiciais não poderão, em nenhuma hipótese, autenticar cópia sem a vista do documento original*". O item foi considerado errado, tendo em vista o disposto no art. 33, XVII, e parágrafo único, bem como o art. 85 do PGC.

A secretaria da vara dispõe do prazo máximo de 5 (cinco) dias para a diligência, salvo nos casos de comprovada urgência para instrução de recursos, hipótese em que a autenticação se fará de imediato.

O Juiz poderá, mediante portaria, designar outros servidores a ele subordinados para autenticar documentos.

A cópia integral de autos de processo destinado ao Tribunal pode ser autenticada por certidão única, sendo desnecessária, portanto, a autenticação de cada folha.

COMPARANDO	
Certidões	**Autenticação de documentos**
Qualquer servidor da vara pode emitir	Ato privativo do diretor de secretaria Juiz pode designar outros servidores para autenticar documentos, mediante portaria
Prazo de 5 dias	Prazo de 5 dias Imediato, nos casos de comprovada urgência para instrução de recursos
Gratuitas	Recolhimento de custas

Alvará de liberação de bem guardado no depósito público: O alvará de liberação do bem guardado no Depósito Público conterá a advertência expressa de que o bem deverá ser retirado pelo interessado em até **30 (trinta) dias corridos**, sob pena de alienação em hasta pública ou doação a entidades sem fins lucrativos. O alvará somente será entregue ao interessado mediante comprovação do pagamento das **custas de depósito**.

Como esse assunto foi cobrado em concurso?

No concurso para Analista Judiciário/Atividade Processual (2003) foi perguntado: *"Se uma parte em processo receber alvará para retirada de bens do depósito judicial e não o fizer no prazo de trinta dias, os bens serão levados a leilão"*. O item foi considerado correto por corresponder ao art. 157 do PGC.

Para fiscalização do prazo de retirada do bem, a vara deverá encaminhar ao depositário público uma via do alvará com a informação da data da sua entrega ao interessado.

4.12. DOS DOCUMENTOS E DOS FEITOS SOB SIGILO OU EM SEGREDO DE JUSTIÇA

A regra é que os atos processuais sejam públicos, todavia, há casos em que se mostra necessário em que a publicidade seja restringida parcialmente ou por completo. São os casos de sigilo e de segredo de justiça. Embora parecidas, essas expressões não são sinônimas, conforme veremos a seguir.

4.12.1. Feitos sob sigilo

Os documentos, as medidas cautelares e os procedimentos criminais sigilosos exigirão cuidado diferenciado. Em razão do caráter sigiloso, os documentos tramitarão de modo diferenciado no sistema de protocolo e de endereçamento ao Ministério Público e às delegacias de polícia, e os responsáveis pela tramitação deverão acautelar-se da segurança e da proteção do seu conteúdo. Não constarão na etiqueta de distribuição e no sistema informatizado dados que comprometam o caráter sigiloso do feito, tal como o seu vínculo de dependência a outro processo.

E o que seria o sigilo? Considera-se sob sigilo qualquer documento, medida cautelar ou procedimento que, **por sua natureza**, exija a preservação do segredo das informações nele contidas para **assegurar a eficácia da investigação criminal**, tais como os pedidos de quebra de sigilo e de escuta telefônica, de prisão preventiva ou temporária, e de quebra de sigilo bancário ou fiscal.

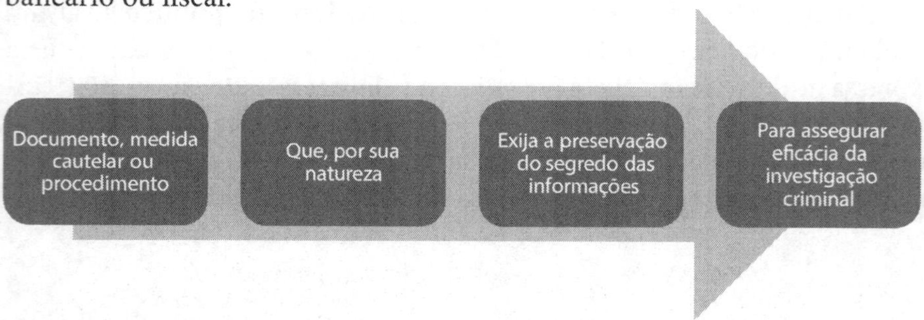

Nos feitos sob sigilo sequer é possível visualizar o número do processo ou o andamento pela internet. Somente os magistrados e servidores vinculados à vara que conseguem consultá-los ou acessá-los.

Duração do sigilo: será mantido até que seja proferida decisão que afaste essa condição.

Assim, não serão prestadas quaisquer informações sobre documentos, medidas cautelares e procedimentos sob sigilo, **salvo** às autoridades **diretamente envolvidas na investigação**.

Acondicionamento: Os documentos e os feitos previstos no artigo anterior serão acondicionados em **envelope lacrado**, do qual constará apenas o número de distribuição e no qual será afixada etiqueta ou aposto carimbo com as palavras "SOB SIGILO".

Os documentos ou feitos devolvidos pelo Ministério Público ou delegacia de polícia somente poderão ser recebidos pela vara de origem.

A Lei 9.296/96 (Interceptação de comunicações telefônicas) é bom exemplo de feito que tramita sob **sigilo**. Diz o seu art. 8º que "A interceptação de comunicação telefônica, de qualquer natureza, ocorrerá em autos apartados, apensados aos autos do inquérito policial ou do processo criminal, preservando-se o sigilo das diligências, gravações e transcrições respectivas".

4.12.2. Feitos em segredo de justiça

Nos feitos que tramitam em segredo de justiça, somente as partes e os respectivos advogados têm acesso aos autos. É possível visualizar o andamento pela consulta na internet, no entanto, os nomes das partes são grafados unicamente com as suas iniciais e também não é possível visualizar o conteúdo dos atos processuais.

O art. 189 do Código de Processo Civil regulamenta hipóteses de segredo de justiça: "Os atos processuais são públicos, todavia tramitam em segredo de justiça os processos: I – em que o exija o interesse público ou social; II – que versem sobre casamento, separação de corpos, divórcio, separação, união estável, filiação, alimentos e guarda de crianças e adolescentes; III – em que constem dados protegidos pelo direito constitucional à intimidade; IV – que versem sobre arbitragem, inclusive sobre cumprimento de carta arbitral, desde que a confidencialidade estipulada na arbitragem seja comprovada perante o juízo".

Na expedição e tramitação de documentos e de feitos sob segredo de justiça serão adotadas as seguintes medidas:

I – aposição de etiqueta ou carimbo no documento, no mandado ou na capa dos autos, com a informação "SEGREDO DE JUSTIÇA";

II – salvaguarda da identidade das partes na publicação de atos processuais na imprensa oficial, sendo que nas hipóteses de inobservância desta garantia, caberá ao juízo solicitar a retificação da publicação à unidade competente, mediante a inserção de tarja opaca para ocultação dos dados sensíveis.

III – fornecimento de certidão acerca do feito apenas às partes e aos seus procuradores, salvo expressa autorização do Juiz.

Como esse assunto foi cobrado em concurso?

No concurso para Analista Judiciário/Atividade Processual (2003) foi perguntado: "*A despeito da necessidade de preservação da intimidade e dos demais direitos fundamentais das partes envolvidas em processo, é permitida a extração de certidão para entrega a pessoa estranha à relação processual*". O item foi considerado correto por corresponder ao art. 89, III, do PGC.

No concurso para Analista Judiciário/Atividade Processual (2003) foi perguntado: "*Do processo em segredo de justiça nenhuma certidão que possa causar a divulgação do nome das partes ou do objeto do processo poderá ser expedida*". O item foi considerado errado, tendo em vista o disposto no art. 89, III.

Na hipótese de **citação com hora certa**, a contrafé será entregue em **envelope lacrado**.

Citação com hora certa ocorre quando há fundada suspeita de que o réu está se ocultando para não ser citado. Em tais casos, o oficial de justiça intima alguém da família ou vizinho de que retornará para fazer a citação e, ao retornar fará a citação ainda que o citando não esteja presente.

Está disciplinada nos artigos 252 a 254 do Código de Processo Civil.

> "Art. 252. Quando, por 2 (duas) vezes, o oficial de justiça houver procurado o citando em seu domicílio ou residência sem o encontrar, deverá, havendo suspeita de ocultação, intimar qualquer pessoa da família ou, em sua falta, qualquer vizinho de que, no dia útil imediato, voltará a fim de efetuar a citação, na hora que designar.
>
> Parágrafo único. Nos condomínios edilícios ou nos loteamentos com controle de acesso, será válida a intimação a que se refere o caput feita a funcionário da portaria responsável pelo recebimento de correspondência.
>
> Art. 253. No dia e na hora designados, o oficial de justiça, independentemente de novo despacho, comparecerá ao domicílio ou à residência do citando a fim de realizar a diligência.
>
> § 1º Se o citando não estiver presente, o oficial de justiça procurará informar-se das razões da ausência, dando por feita a citação, ainda que o citando se tenha ocultado em outra comarca, seção ou subseção judiciárias.
>
> § 2º A citação com hora certa será efetivada mesmo que a pessoa da família ou o vizinho que houver sido intimado esteja ausente, ou se, embora presente, a pessoa da família ou o vizinho se recusar a receber o mandado.
>
> § 3º Da certidão da ocorrência, o oficial de justiça deixará contrafé com qualquer pessoa da família ou vizinho, conforme o caso, declarando-lhe o nome.
>
> § 4º O oficial de justiça fará constar do mandado a advertência de que será nomeado curador especial se houver revelia.
>
> Art. 254. Feita a citação com hora certa, o escrivão ou chefe de secretaria enviará ao réu, executado ou interessado, no prazo de 10 (dez) dias, contado da data da juntada do mandado aos autos, carta, telegrama ou correspondência eletrônica, dando-lhe de tudo ciência".

Vejamos um comparativo entre o sigilo e o segredo de justiça:

PRINCIPAIS CARACTERÍSTICAS E DIFERENÇAS	
SIGILO	**SEGREDO DE JUSTIÇA**
Preservação dos segredos das informações para assegurar a eficácia da investigação criminal	Não há restrição
Não serão prestadas quaisquer informações sobre documentos, medidas cautelares e procedimento sob sigilo, salvo às autoridades diretamente envolvidas na investigação	Fornecimento de certidões às partes e aos seus procuradores, salvo expressa autorização do juiz
	Partes têm acesso autos
Documentos e feitos acondicionados em envelope lacrado, apenas com número da distribuição e etiqueta ou aposto carimbo com as palavras "SOB SIGILO"	Aposição de etiqueta ou carimbo no documento, no mandado ou na capa dos autos, com a informação "SEGREDO DE JUSTIÇA".
Documentos somente podem ser devolvidos à vara de origem	Não há restrição
Tramitação de modo diferenciado no sistema de protocolo e de endereçamento ao MP e às delegacias de polícia	Salvaguarda da identidade das partes na publicação de atos processuais na imprensa oficial, sendo que nas hipóteses de inobservância desta garantia, caberá ao juízo solicitar a retificação da publicação à unidade competente, mediante a inserção de tarja opaca para ocultação dos dados sensíveis
Não constarão na etiqueta de distribuição e no sistema informatizado dados que comprometam o caráter sigiloso, tais como processos vinculados	

4.13. DAS CARTAS DE GUIA

Como visto, as varas criminais, do Tribunal do Júri, de Entorpecentes e juizados especiais são competentes para processar e julgar processos feitos criminais. Após a condenação, a execução da pena fica a cargo das varas de execução (VEP, VEPEMA ou VEPERA).

Para tanto, a serventia deverá remeter à Vara de Execuções Penais do Distrito Federal - VEP, à Vara de Execuções das Penas e Medidas Alternativas do Distrito Federal - VEPEMA ou à Vara de Execuções das Penas em Regime Aberto do Distrito Federal - VEPERA, conforme o caso, **a carta de guia**, extraída do processo penal com sentença condenatória ou absolutória imprópria transitada em julgado, para execução da pena. Obviamente, as sentenças absolutórias (que não condenam o réu) dispensam a expedição de carta de guia.

Sentença absolutória imprópria: é proferida nas hipóteses em que o réu inimputável que praticou o delito, ou seja, não tinha pleno entendimento do ato praticado.

Art. 26 do Código Penal: "É isento de pena o agente que, por doença mental ou desenvolvimento mental incompleto ou retardado, era, ao tempo da ação ou da omissão, inteiramente incapaz de entender o caráter ilícito do fato ou de determinar-se de acordo com esse entendimento".

Em tais casos não se aplica pena ao condenado, mas uma medida de segurança, que consiste em internação em hospital de custódia ou de tratamento ambulatorial.

A expedição da carta de guia para execução provisória será certificada nos autos do processo criminal.

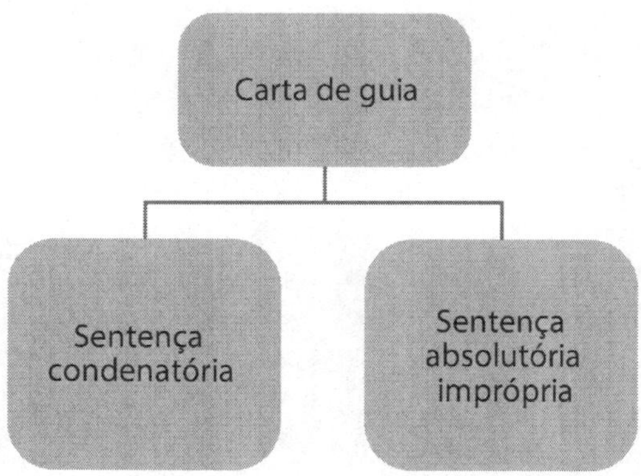

Carta de guia provisória: Tratando-se de réu preso por sentença condenatória **recorrível**, será expedida carta de guia para **execução provisória** da pena privativa de liberdade, ainda que pendente recurso sem efeito suspensivo, caso em que o **juízo da execução** definirá o agendamento dos benefícios cabíveis.

A carta de guia para execução provisória será remetida à VEP, à VEPEMA ou à VEPERA, conforme o caso, após o recebimento do recurso, independentemente de quem o tenha interposto, acompanhada, no que couber, das peças e informações previstas no artigo 1º da Resolução nº 113, de 20 de abril de 2010, do CNJ.

Resolução nº 113/CNJ:

Art. 1º A sentença penal condenatória será executada nos termos da Lei 7.210, de 11 de julho de 1984, da lei de organização judiciária local e da presente Resolução, devendo compor o processo de execução, além da guia, no que couber, as seguintes peças e informações:

I – qualificação completa do executado;

II – interrogatório do executado na polícia e em juízo;

III – cópias da denúncia;

IV – cópia da sentença, voto(s) e acórdão(s) e respectivos termos de publicação, inclusive contendo, se for o caso, a menção expressa ao deferimento de detração que importe determinação do regime de cumprimento de pena mais benéfico do que seria não fosse a detração, pelo próprio juízo do processo de conhecimento, nos termos do art. 387, § 2º, do Código de Processo Penal, acrescentado pela Lei 12.736/12; (Redação dada pela Resolução nº 180, de 03.10.13)

V – informação sobre os endereços em que possa ser localizado, antecedentes criminais e grau de instrução;

VI – instrumentos de mandato, substabelecimentos, despachos de nomeação de defensores dativos ou de intimação da Defensoria Pública;

VII – certidões de trânsito em julgado da condenação para a acusação e para a defesa;

VIII – cópia do mandado de prisão temporária e/ou preventiva, com a respectiva certidão da data do cumprimento, bem como com a cópia de eventual alvará de soltura, também com a certidão da data do cumprimento da ordem de soltura, para cômputo da detração, caso, nesta última hipótese, esta já não tenha sido apreciada pelo juízo do processo de conhecimento para determinação do regime de cumprimento de pena, nos termos do art. 387, § 2º, do Código de Processo Penal, acrescentado pela Lei 12.736/12; (Redação dada pela Resolução nº 180, de 03.10.13)

IX – nome e endereço do curador, se houver;

X – informações acerca do estabelecimento prisional em que o condenado encontra-se recolhido e para o qual deve ser removido, na hipótese de deferimento de detração que importe determinação do regime de cumprimento de pena mais benéfico do que haveria não fosse a detração, pelo próprio juízo do processo de conhecimento, nos termos do art. 387, § 2º, do Código de Processo Penal, acrescentado pela Lei 12.736/12; (Redação dada pela Resolução nº 180, de 03.10.2013)

XI – cópias da decisão de pronúncia e da certidão de preclusão em se tratando de condenação em crime doloso contra a vida;

XII – certidão carcerária;

XIII – cópias de outras peças do processo reputadas indispensáveis à adequada execução da pena.

Como esse assunto foi cobrado em concurso?

No concurso para Analista Judiciário/Atividade Processual (2003) foi perguntado (com adaptações): "*Nas ações penais, se o réu estiver preso e for condenado, caberá à vara criminal expedir carta de guia, mesmo em caráter provisório, e expedi-la à vara de execuções penais, vara de execuções de penas e medidas alternativas ou à vara de execuções das penas em regime aberto, ainda que haja recurso por parte da defesa*". O item foi considerado correto por corresponder ao art. 91 do PGC.

Superveniência do trânsito em julgado: O juízo de conhecimento encaminhará as peças complementares, nos termos do art. 1º da Resolução nº 113, de 20 de abril de 2010, do CNJ, à VEP, à VEPEMA ou à VEPERA para as providências cabíveis.

Julgamento em segunda instância: Havendo, após o julgamento em segunda instância, decisão que determine o **início imediato de execução da pena**, a vara de origem, tão logo cientificada, expedirá a carta de guia provisória, instruída com a respectiva decisão e os demais documentos necessários, à VEP, à VEPEMA ou à VEPERA, conforme o caso, e, sobrevindo o trânsito em julgado da condenação, adotará as providências previstas no parágrafo antecedente.

Requisitos da carta de guia: Além dos requisitos legais, deverá conter:

I - data da suspensão processual, quando determinada nas hipóteses do § 3° do art. 89 da Lei nº 9.099, de 26 de setembro de 1995, e do art. 366 do Código de Processo Penal;

II - informações sobre substituição da pena privativa de liberdade por pena restritiva de direitos;

III - informação sobre a ocorrência de pagamento de fiança, hipótese em que deverá ser encaminhada cópia da guia de depósito.

A carta de guia deverá estar acompanhada da **folha de antecedentes penais** do(a) apenado(a), devidamente **atualizada e esclarecida**.

CARTA DE GUIA	
Hipóteses de emissão	Sentença condenatória Sentença absolutória imprópria
Tipos	Definitiva Provisória

CARTA DE GUIA	
Quem expede	Varas de natureza criminal
Destinatário	VEP VEPEMA VEPERA
Expedição	Certificada nos autos do processo criminal
Carta de guia provisória	– Réu preso por sentença condenatória recorrível – Independe de quem recorreu
Superveniência do trânsito em julgado	Juízo criminal encaminha peças complementares
Julgamento em segunda instância	Vara de origem expede a carta de guia
Requisitos	Art. 1º
	Data da suspensão processual, nas hipóteses do §3º do art. 89 da Lei 9.099/95 e art. 366 do CPP
	Informações sobre substituição da pena privativa de liberdade por restritiva de direitos
	Informações sobre pagamento de fiança, com cópia da guia de depósito
	Folha de antecedentes penais do(a) apenado(a), devidamente atualizada e esclarecida.

4.14. DA CONSULTA E DA CARGA DE AUTOS

Os autos do processo podem ser consultados, em regra, no balcão da serventia, ou, ainda, podem ser levados ao escritório do advogado, nos casos em que o PGC autoriza a retirada. A **carga** é a retirada dos autos do cartório judicial. Levando o processo para o escritório o advogado pode estudá-lo com mais tranquilidade para então definir qual o procedimento a ser adotado visando ao melhor interesse do cliente.

4.14.1. Consulta dos autos

A consulta dos autos é o exame do processo feito no balcão da serventia judicial. Caso se queria retirar os autos para consulta em outro local, é necessário fazer a carga, o que será abordado no tópico seguinte.

Quem pode consultar os autos? As partes, os estagiários, os interessados e os advogados, mesmo sem procuração nos autos, que poderão consultar, na secretaria da vara, autos de qualquer processo.

Exceção: processos que tramitam em segredo de justiça ou sob sigilo.

Processos em segredo de justiça: a consulta aos autos será restrita às partes e aos seus advogados.

Como esse assunto foi cobrado em concurso?

No concurso para Técnico Judiciário/Área administrativa (2007) foi perguntado: *"Nos processos que corram em segredo de justiça, o exame dos autos, assim como a carga, somente poderá ser feito por advogado com procuração nos autos"*. A assertiva foi considerada errada, tendo em vista o disposto no art. 93, §1º, do PGC, pois as partes também podem consultar os autos.

Processos que tramitam sob sigilo: Observar o disposto no § 3º do art. 87 do PGC.

Art. 87, §3º: "Não serão prestadas quaisquer informações sobre documentos, medidas cautelares e procedimentos sob sigilo, salvo às autoridades diretamente envolvidas na investigação".

Digitalização de documentos no balcão da vara: É permitida a utilização de equipamentos eletrônicos portáteis para digitalização de documentos no balcão da vara, desde que não haja desmonte dos autos.

4.14.2. Carga dos autos

Já vimos que a carga é a retirada dos autos da secretaria da vara, e, agora, passaremos a pontuar as regras estabelecidas pelo PGC a respeito da carga.

Quem pode fazer carga: os advogados, as pessoas credenciadas a pedido do advogado ou da sociedade de advogados, bem como estagiários de direito devidamente autorizados e os peritos.

Como esse assunto foi cobrado em concurso?

No concurso para Técnico Judiciário/Área Administrativa e Judiciária (2003) foi perguntado: *"Em nenhum caso, autos de processo poderão ser entregues a estagiário de curso de direito"*. O item foi considerado errado, tendo em vista o disposto no art. 94 e 95 do PGC.

No concurso para Técnico Judiciário/Área Administrativa e Judiciária (2000) foi perguntado: *"Em nenhuma hipótese será admissível a entrega de autos a estagiário de escritório de advocacia"*. O item foi considerado errado, tendo em vista o disposto no art. 94 do PGC.

E se o advogado estiver sem procuração? Poderá, mediante certificação nos autos, obter cópia de processos em andamento, desde que acompanhado por servidor, **salvo se tramitarem em segredo de justiça ou sob sigilo.** Impossibilitado o acompanhamento por servidor ou a retirada de cópia nas dependências do Fórum, será feita carga ao advogado pelo prazo máximo de 24 (vinte e quatro) horas, salvo se houver prazo em curso, hipótese em que a carga somente poderá ser realizada pelo prazo de 2 (duas) a 6 (seis) horas, em analogia ao disposto no art. 107, § 3º, do Código de Processo Civil (analogia ao disposto que trata do prazo comum às partes).

Juízo pode fixar horário para tirar cópia dos autos? Sim, por meio de ato próprio, o juízo poderá fixar horário para que partes e terceiros interessados possam tirar cópia dos autos, devidamente acompanhados por servidor.

Identificação profissional: O advogado e o estagiário de direito serão identificados por meio do documento de identificação profissional, nos termos do art. 13, da Lei nº 8.906, de 4 de julho de 1994.

Carga feita pelo estagiário de direito: O estagiário de direito somente estará apto a ter carga dos autos se, munido da carteira de estagiário ou de declaração que a substitua, emitida pela Ordem dos Advogados do Brasil - OAB, estiver **cadastrado** no sistema informatizado do Tribunal e expressamente autorizado pelo procurador constituído. A autorização ou o substabelecimento deverá conter declaração do advogado na qual se responsabilize por todos os atos praticados pelo estagiário.

Como esse assunto foi cobrado em concurso?

No concurso para Analista Judiciário/Área Judiciária (2007) foi perguntado (com adaptações): *"A carga dos autos poderá ser feita a estagiário de direito que possuir procuração nos autos, independentemente de cadastramento na diretoria do fórum".* O item foi considerado errado, tendo em vista o disposto no art. 95 do PGC.

Ainda que a **carga** seja realizada pelo **estagiário**, a carga será **gerada** em **nome** do **advogado constituído** nos **autos** para fins de controle de prazos, geração de relatórios e eventual necessidade de intimação para restituição de autos, colhendo-se no ato a identificação do estagiário, da pessoa credenciada ou do representante da sociedade de advogados.

Como é feita a carga: por meio do sistema informatizado, com a impressão de apenas uma cópia da guia, a qual será juntada ao processo após a assinatura do advogado ou estagiário, procedendo-se a digitalização e arquivamento em pasta virtual compartilhada na serventia.

E se o sistema estiver inoperante? nesse caso, a carga será provisoriamente registrada em pasta, seguindo-se o seu lançamento no sistema tão logo disponível.

O que deverá constar na carga? nome, endereço, telefone e prazo respectivo. A secretaria da vara necessita de tais informações para saber com quem o processo ficou sob a responsabilidade, bem como o prazo para a respectiva devolução.

Comprovante de devolução dos autos: Fornecido pela secretaria da vara no momento da devolução dos autos.

A secretaria pode reter documento de identificação de advogados, estagiários ou partes? Não. É vedado.

Como esse assunto foi cobrado em concurso?

No concurso para Analista Judiciário/Área Judiciária (2007) foi perguntado: *"Será dispensada a carga de processo para cópia se ficar retido na vara o documento de identidade do advogado"*. O item foi considerado errado, tendo em vista o disposto no art. 96, §4º, do PGC.

No concurso para Analista Judiciário/Atividade Processual (2003) foi perguntado: *"Se um advogado mantiver autos em seu poder além do prazo permitido pelo juiz, na próxima ocasião em que precisar retirá-los, somente poderá fazê-lo deixando sua carteira de identidade profissional em poder do diretor de secretaria, que a devolverá tão logo sejam os autos trazidos de volta à vara".* O item foi considerado errado, tendo em vista o disposto no art. 96, §4º, do PGC.

No concurso para Técnico Judiciário/Área Administrativa e Judiciária (2000) foi perguntado: "*Se um juiz determinar o desentranhamento de folhas de autos de um processo, não será necessária a renumeração deles, mas o desentranhamento deverá ser certificado no processo*". O item foi considerado correto por corresponder ao art. 58, §2º, do PGC.

Processo findo: Em se tratando de processo findo que permaneça na serventia judicial, o advogado sem procuração nos autos poderá obter carga pelo **prazo de 10 (dez) dias, salvo** nas hipóteses do art. 7º, § 1º, itens 1 e 2, da Lei nº 8.906, de 4 de julho de 1994 (Estatuto da OAB).

O art. 7º, §1º, itens 1 e 2 da Lei nº 8.906/94 (Estatuto da OAB) estabelece que não se aplicam os dispositivos que permitem vista dos processos e retirada de processos findos:

1) aos processos sob regime de segredo de justiça;

2) quando existirem nos autos documentos originais de difícil restauração ou ocorrer circunstância relevante que justifique a permanência dos autos no cartório, secretaria ou repartição, reconhecida pela autoridade em despacho motivado, proferido de ofício, mediante representação ou a requerimento da parte interessada;

Cadastramento de advogados, pessoas indicadas por advogados ou sociedades de advogados para credenciamento e estagiários: será realizado pelos setores de distribuição das Circunscrições Judiciárias do Distrito Federal e pelos diretores de secretaria.

4.15. DA BAIXA NO SISTEMA INFORMATIZADO E DO ARQUIVAMENTO

Trataremos neste tópico da finalização do processo, que consiste nas seguintes etapas: pagamento das custas finais, da baixa e do arquivamento dos autos, como no esquema abaixo:

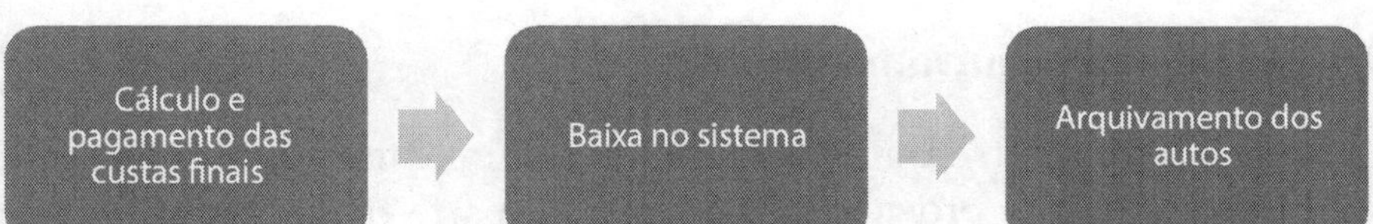

4.15.1. Cálculo e pagamento das custas finais

Processo de natureza cível: Findo o processo de natureza cível, os autos serão remetidos à contadoria judicial para a elaboração dos cálculos das custas finais, **salvo** se a parte responsável pelo pagamento for beneficiária da **justiça gratuita**.

> **A gratuidade da justiça** é o benefício concedido a todo aquele que não dispõe de condições de arcar com o pagamento das despesas processuais (custas, honorários advocatícios, honorários periciais etc.), ficando a parte isenta desse pagamento. As pessoas jurídicas também podem ser beneficiadas. De acordo com o art. 98 do Código de Processo Civil, "A pessoa natural ou jurídica, brasileira ou estrangeira, com insuficiência de recursos para pagar as custas, as despesas processuais e os honorários advocatícios tem direito à gratuidade da justiça, na forma da lei".

A parte sucumbente será intimada para pagamento das custas finais em **5 (cinco) dias**, independentemente do valor.

A intimação para pagamento das custas finais será realizada pelo Diário da Justiça eletrônico – DJe ou, não havendo advogado constituído, por edital disponibilizado no Diário da Justiça eletrônico – DJe.

Na intimação para pagamento das custas finais deverá constar a advertência de que os documentos contidos nos autos de processos findos poderão ser eliminados de acordo com a tabela de temporalidade do Tribunal. Essa intimação é de suma importância para cientificar a parte a respeito da destruição dos autos, para que, caso queira, retirar do processo documentos originais ou extrair cópias.

Como ocorre essa intimação nos Juizados Especiais Cíveis? Não havendo advogado constituído nos autos, aplica-se o disposto no artigo 26 do PGC.

> Art. 26. As intimações serão realizadas pela forma mais célere e menos onerosa, priorizando-se a comunicação telefônica ou por e-mail quando previamente indicado pela parte, lavrando-se certidão do ocorrido.

4.15.2. Baixa e arquivamento

Após o transcurso do prazo para o recolhimento das custas, a secretaria da vara deverá providenciar a baixa da parte requerida no sistema informatizado e o arquivamento dos autos, **mesmo que não tenha havido o pagamento das custas.**

Baixa: ocorre quando o nome da parte é excluído da visualização do sistema. Consequentemente, o nome da parte não será exibido em certidão de nada consta.

Em relação ao **arquivamento**:

I. **Não serão arquivados** autos de processo sem que seja dada destinação definitiva a bens guardados no Depósito Público.
II. Poderão ser arquivados os autos de processo em que não foi dada destinação ao depósito judicial, **desde que** previamente expedido alvará de levantamento em favor da parte credora.

Caso as **custas finais** sejam **superiores** a **R$ 1.000,00 (um mil reais) e não tenham sido recolhidas**, o diretor de secretaria enviará ofício à Procuradoria da Fazenda Nacional para fins de inscrição na dívida ativa da União.

> **IMPORTANTE!** O TJDFT pertence à **União** e não ao Distrito Federal, por essa razão é que o ofício não é enviado à Procuradoria Geral do Distrito Federal: a dívida ativa não é do Distrito Federal, mas da União.

Varas de natureza criminal: após a distribuição das cartas de guia definitivas em relação a todos os réus condenados, a secretaria deverá providenciar a baixa e o arquivamento dos autos.

Não serão arquivados:

I. Autos com mandado de prisão pendente de cumprimento ou de recolhimento.
II. Autos de inquérito ou de processo sem que seja dada destinação definitiva a todos os objetos, bens ou valores apreendidos a eles relacionados.

Execução penal: Finda a execução, a Vara de Execuções Penais do Distrito Federal – VEP, a Vara de Execuções das Penas e Medidas Alternativas do Distrito Federal – VEPEMA ou a Vara de Execuções das Penas em Regime Aberto do Distrito Federal – VEPERA promoverá a baixa e o arquivamento definitivo dos autos.

Nas execuções provisórias, sobrevindo absolvição ou ocorrendo anulação do processo de conhecimento, o juízo de execução promoverá o cancelamento da distribuição da guia, restituindo os documentos ao juízo de origem.

Desapensamento: Serão desapensados e arquivados os incidentes processuais, cíveis ou criminais, de cuja decisão não caiba nenhum recurso. Além disso, serão trasladadas aos autos do processo principal cópias da decisão, dos atos e documentos essenciais.

Exceção: Incidente processual de caráter sigiloso, caso em que não há desapensamento. O incidente aguardará a conclusão do feito principal.

Desapensamento: em alguns casos previstos em lei, dois ou mais processos podem ser apensados, ou seja, anexados um ao outro. No desapensamento ocorre justamente o contrário, ou seja, a separação dos processos.

Incidente processual: questão acessória ao processo original que surge durante a sua tramitação. Exemplo, incidente de desconsideração da personalidade jurídica, impugnação ao valor da causa etc. Há casos em que o incidente tramita nos próprios autos e outros em que é necessário a formação de autos em apartado.

CAPÍTULO 5

INSPEÇÕES E CORREIÇÕES JUDICIAIS

5.1. DISPOSIÇÕES GERAIS

Podemos afirmar, basicamente, que as inspeções e as correições judiciais são verificações são feitas nos processos a fim de apurar a existência de alguma irregularidade. As inspeções são feitas pelos juízes enquanto que as correições ficam a cargo do Corregedor. Além disso, na inspeção será verificada a regularidade dos processos e os respectivos incidentes (art. 106 do PGC).

A Lei de Organização Judiciária do DF (LOJDFT) também trada da inspeção em seu art. 45, inciso I:

"Art. 45. Aos Juízes de Direito cabe, além de processar e julgar os feitos de sua competência:

I – inspecionar os serviços cartorários, informando, semestralmente, ao Corregedor o resultado das inspeções".

ATENÇÃO! O art. 47 do Regimento Interno do TJDFT estabelece que é atribuição do Corregedor realizar inspeções e correições nos serviços judiciários de Primeiro Grau de Jurisdição e extrajudiciais. Portanto, sob a ótica do RITJDFT, o Corregedor também realiza inspeções, no entanto, sob a ótica do PGC, essa atribuição fica a cargo dos Juízes.

Por sua vez, a correição tem por objetivo a apuração e prevenção de irregularidades, o aprimoramento dos serviços cartorários e a eficiência na prestação jurisdicional (art. 111 do PGC).

INSPEÇÃO	CORREIÇÃO
Feita pelos Juízes	Feita pelo Corregedor
É verificada a regularidade dos processos e os respectivos incidentes	Apuração e prevenção de irregularidades, o aprimoramento dos serviços cartorários e a eficiência na prestação jurisdicional

Trataremos a seguir das disposições do PGC a respeito de cada uma delas.

5.2. DAS INSPEÇÕES JUDICIAIS

Quando são feitas? Entre os meses de janeiro e junho, **inspeção ordinária anual**, que compreenderá **todos** os processos em tramitação na vara. Ou seja, a inspeção é, em regra, **ordinária**, porque deve ocorrer anualmente no período definido.

Como funciona? Os Juízes encaminharão à COCIJU (Coordenadoria de Inspeção Judicial, órgão da estrutura da Corregedoria), por intermédio de **correio eletrônico**, até o dia 07 de fevereiro de cada ano, a cópia da publicação da portaria que define os dias de início e fim da inspeção.

Poder Judiciário da União

Tribunal de Justiça do Distrito Federal e dos Territórios

PORTARIA 1 DE 09 DE JANEIRO DE 2019

PODER JUDICIÁRIO DA UNIÃO TRIBUNAL DE JUSTIÇA DO DISTRITO FEDERAL E TERRITÓRIOS JUÍZO DE DIREITO DA QUINTA VARA CÍVEL DA CIRCUNSCRIÇÃO ESPECIAL JUDICIÁRIA DE TAGUATINGA - DF JUIZ DE DIREITO:

PORTARIA Nº 01, de 09 de janeiro de 2019

Juiz de Direito da 5ª Vara Cível da Circunscrição Judiciária Especial de Taguatinga - DF, no uso de suas atribuições legais,

CONSIDERANDO a necessidade legal de se proceder à Inspeção Ordinária Anual, conforme disposto no Capítulo IV, Seção I, artigos 105 a 110, do Provimento Geral da Corregedoria do TJDFT, sobre todos os processos distribuídos nos anos anteriores e em tramitação e,

CONSIDERANDO a oportunidade de disciplinar os trabalhos de inspeção a serem realizados na forma das normas vigentes,

RESOLVE:

1 - Designar inspeção ordinária anual, no cartório da 5ª Vara Cível de Taguatinga, conforme artigos 105 a 110, do PGC TJDFT, para o período de 04 de fevereiro a 30 de abril de 2019;

2 - A inspeção será realizada pelo modelo padronizado no SISTJ com a inserção dos dados, via computador e de acordo com os atos necessários e inseridos no sistema;

3 - Com a nova redação do Provimento n. 18, de 23/11/2012, que trata sobre o uso da etiqueta na inspeção cartorária a qual substituirá a atual ficha de inspeção cartorária, todos os feitos inspecionados deverão conter as duas etiquetas: a etiqueta de inspeção anual de processo, interna, cor verde, modelo código 11433 e a etiqueta para sinalização de processo inspecionado, externa, modelo código 12257.

4 - Oficie-se ao Ministério Público, à OAB - Ordem dos Advogados do Brasil - Seção DF e à Assistência Judiciária do DF para, querendo, acompanharem a inspeção;

5 - Ao final dos trabalhos, lavrar-se-á a ata de inspeção, contendo todos os elementos pormenorizados dela, que será encaminhada à d. Corregedoria de Justiça. A inspeção será realizada sem prejuízo dos trabalhos judicantes e cartorários desenvolvidos no Juízo de Direito da 5ª Vara Cível da Circunscrição Judiciária Especial de Taguatinga - DF. Esta Portaria entra em vigor na data da sua publicação no DJ-e.

Remeta-se cópia à Corregedoria. Publique-se, afixe-se e cumpra-se.

Taguatinga, em 09 de janeiro de 2019.

Juiz de Direito

Exemplo adaptado de Portaria que define o início e o fim da inspeção

O Juiz oficiará à Corregedoria, ao Ministério Público, à Ordem dos Advogados do Brasil – Seção DF e à Defensoria Pública do Distrito Federal **para, querendo**, acompanharem a inspeção.

E quanto aos processos que correm sob segredo de justiça? A inspeção poderá ser acompanhada pela Corregedoria, Ministério Público, Ordem dos Advogados do Brasil – Seção DF e Defensoria Pública do Distrito Federal, caso em que os processos por eles acessados deverão ser relacionados na ata de inspeção.

A inspeção nas varas declaradas vagas para provimento, enquanto durar a vacância, será realizada pelo Juiz Substituto em exercício pleno.

ATENÇÃO! Os prazos processuais **não serão suspensos durante a inspeção**.

Como esse assunto foi cobrado em concurso?

No concurso para Técnico Judiciário/Área Administrativa (2015) foi perguntado: "*Durante a inspeção ordinária anual, realizada em todos os processos em tramitação na vara, os prazos processuais ficam suspensos*". A assertiva foi considerada errada, tendo em vista o disposto no §5º do art. 105 do PGC.

O que é verificado na inspeção? a regularidade dos processos e os respectivos incidentes, abrangendo os seguintes aspectos:

I – numeração das folhas dos autos;

II – prazos processuais;

III – publicações;

IV – cumprimento dos mandados expedidos;

V – existência de ofícios não respondidos e de cartas precatórias e rogatórias não devolvidas;

Como esse assunto foi cobrado em concurso?

No concurso para Analista Judiciário/Área Judiciária (2013) foi perguntado: "*As inspeções ordinárias nos processos em tramitação no TJDFT, realizadas anualmente pelos juízes, objetivam verificar a regularidade dos processos e seus incidentes, abrangendo, inclusive, a análise acerca da existência de ofícios que ainda não tenham sido respondidos*". A assertiva foi considerada correta. Embora se refira ao PGJ revogado, corresponde ao art. 106, V, do atual PGJ.

VI – despachos e decisões ainda não cumpridos;

VII – estado geral do processo;

VIII – cumprimento das metas estabelecidas pelo Conselho Nacional de Justiça – CNJ e pelo Tribunal;

IX – expedição de mandados de prisão, seu registro no Banco Nacional de Mandados de Prisão – BNMP, do CNJ, e envio de cópia eletrônica, na forma determinada por este Provimento, para o órgão de capturas da Polícia Judiciária;

X – registro dos dados relativos ao processo no Sistema Informatizado, incluindo, conforme o caso:

a) dados das partes, advogados e terceiros;

b) registro das preferências na tramitação;

c) classificação do processo;

d) baixa de documentos anexados;

e) cadastramento da incidência penal;

f) cadastramento de sentenças e decisões, conforme o caso;

g) anotação e controle de réu preso;

h) baixa de partes;

i) cadastro de informações sobre presos provisórios em rotina própria.

A situação de cada processo deverá ser registrada no Sistema Informatizado, observados os seguintes procedimentos:

I – em todos os feitos inspecionados será aplicada, na borda inferior direita da última folha dos autos, no momento da inspeção, etiqueta padronizada devidamente datada e rubricada, conforme modelo aprovado pela Corregedoria;

II – a ficha de inspeção somente será impressa e juntada aos autos se houver determinação do magistrado para saneamento de pendências;

III – não será impressa a ficha de inspeção para os feitos em ordem.

Varas de natureza criminal: serão dispensados de inspeção os inquéritos policiais com carga às delegacias de polícia e ao Ministério Público, os quais deverão ser mencionados na ata de inspeção.

Como esse assunto foi cobrado em concurso?

No concurso para Técnico Judiciário/Área administrativa (2007) foi perguntado: *"Nas varas criminais, são dispensados de inspeção direta os inquéritos policiais baixados às delegacias de origem".* O item foi considerado correto por corresponder ao art. 107 do PGC.

Após a inspeção: Concluída a inspeção, deverá ser lavrada ata conforme modelo aprovado pela Corregedoria. A ata deverá ser encaminhada à Corregedoria, por intermédio do Sistema Eletrônico de Informações – SEI, em até 30 (trinta) dias após o término da inspeção.

O Sistema Eletrônico de Informações (SEI) é uma plataforma que operacionaliza a criação e tramitação de processos administrativos eletrônicos. Foi desenvolvido pelo Tribunal Regional Federal da 4ª Região e cedido gratuitamente para diversos órgãos públicos. A inspeção é um procedimento essencialmente administrativo, por essa razão o envio da ata respectiva é feito pelo SEI

TJDFT Poder Judiciário da União
Tribunal de Justiça do Distrito Federal e dos Territórios

GC
GABINETE DA CORREGEDORIA

REF: PA XX.XXX/2020

ATA DA INSPEÇÃO ORDINÁRIA ANUAL

(nome da unidade)

Em observância ao contido no art. 45, inciso I, da Lei 11.697/2008, no art. 105 do Provimento Geral da Corregedoria e no art. 68 do Provimento Judicial 12/2017, foi realizada Inspeção Ordinária Anual na *(nome da unidade judicial)*, no período de ___/___/___ a ___/___/___, conforme a Portaria ___ de ___/___/___, devidamente publicada no Diário de Justiça eletrônico. Acompanharam a inspeção o MM. Juiz de Direito ___________, o Diretor de Secretaria, ___________, o Diretor de Secretaria Substituto, ___________, bem como os servidores (transcrever os nomes). Também acompanharam a inspeção o Ministério Público do Distrito Federal, por meio do Promotor ___________, a Ordem dos Advogados do Brasil – Seção DF, por meio do Advogado ___________, e a Defensoria Pública do Distrito Federal, por meio do Defensor ___________, *que tiveram acesso aos seguintes autos de processos tramitando em segredo de justiça:* ___________. Quanto aos recursos humanos, verificou-se que a lotação de referência era de ___ servidores e a lotação paradigma era de ___, contando a serventia efetivamente com ___ servidores lotados, ressaltando que ___ estavam em gozo de licença superior a 30 dias, que ___ eram servidores excedentes, e que havia ___ estagiários de nível médio e ___ estagiários de nível superior. Quanto aos feitos, verificou-se constar no sistema informatizado, ao final da inspeção, ___ processos físicos e ___ processos eletrônicos em tramitação. Dentre eles, ___ procedimentos investigatórios encontravam-se em carga ao Ministério Público (*à Delegacia de Polícia*), ___ processos encontravam-se remetidos ao Tribunal (*às Turmas Recursais*), ___ processos encontravam-se em carga à Defensoria Pública e ___ processos em outras cargas ou remessas. Os detentores dos ___ processos fora da serventia foram intimados para a sua devolução, tendo em vista o prazo desarrazoado da carga ou remessa. Inspecionados os processos foram detectadas as seguintes inconsistências:

Número do processo	Inconsistência detectada	Providência adotada
Ex: 0040831-69.2012.8.06.0002	Ex: cadastramento incorreto, alocação em tarefa equivocada, excesso de prazo, diligência não realizada, pedido pendente de análise pelo Juiz Observar o disposto no artigo 106 do Provimento Geral da Corregedoria	Indicar se a providência para sanar o problema já foi reali necessário para a correção do problema

Foram verificados, ainda, os seguintes fatos e adotadas as providências: (Relatar qualquer outra ocorrência relevante verificada durante a inspeção e os atos praticados para sua correção. Informar, em caso de vacância, o período em que a vara permaneceu sem Juiz titular). Nada mais havendo a registrar, foi encerrada a Inspeção Ordinária Anual, da qual eu, ________, Diretor de Secretaria, ________, lavrei a presente ata, que, por ser a expressão da verdade, segue assinada pelo o MM. Juiz de Direito.

Nome do Magistrado

Nome da Unidade Judicial

Modelo da ata de inspeção

5.2.1. Inspeção extraordinária

Vimos que a inspeção é, em regra, ordinária, ou seja, deve ocorrer anualmente no período definido pela portaria, observando-se o PGC. Por outro lado, o Juiz poderá realizar inspeção **extraordinária**, **total ou parcial**, a **qualquer tempo** e **independentemente de prévio aviso**, sempre que identificar motivo ensejador para esse procedimento, atendendo, no que couber, ao disposto no PGC quanto à inspeção ordinária.

Como esse assunto foi cobrado em concurso?

No concurso para Analista Judiciário/Área Administrativa (2007) foi perguntado: *"A inspeção extraordinária poderá ser feita a qualquer tempo, mediante aviso de situações específicas que a justifiquem"*. O item foi considerado errado, tendo em vista o disposto no art. 109 do PGC.

5.2.2. Inspeção especial

Além da inspeção ordinária e da extraordinária, o PGC prevê a realização da inspeção especial. A inspeção especial é feita pelo Juiz removido (Juiz Titular que pede para sair de uma vara para outra) ou promovido (Juiz Substituto que se torna Juiz Titular) na vara de destino, **desde que** outra não tenha sido realizada no ano em que se deu a remoção ou a promoção.

Prazo para conclusão da inspeção especial: até 120 (cento e vinte) dias, contados da data de início do exercício.

5.3. DAS CORREIÇÕES JUDICIAIS

Nos tópicos anteriores, vimos que as inspeções são realizadas pelos Juízes. A correição, por sua vez, é realizada pelo Corregedor, que a fará em todos os ofícios judiciais de **Primeira Instância e Turmas Recursais dos Juizados Especiais**, objetivando a **apuração e prevenção de irregularidades, o aprimoramento dos serviços cartorários e a eficiência na prestação jurisdicional.**

Art. 12, §2º, da LOJDFT – Correição nos Territórios

"A correição geral dos Territórios será feita pessoalmente pelo Corregedor e abrangerá, no mínimo, em cada ano, a metade das circunscrições neles existentes, de forma que, no final do biênio, estejam todas inspecionadas".

> **ATENÇÃO!** Não existe previsão de correição na **segunda instância!** Ou seja, o Corregedor não faz correição nos processos de responsabilidade dos Desembargadores!

Delegação: A correição pode ser delegada aos Juízes Assistentes da Corregedoria, mediante ato do Corregedor.

O Corregedor oficiará ao Ministério Público, à Ordem dos Advogados do Brasil - Seção DF e à Defensoria Pública do Distrito Federal para, querendo, acompanharem a correição.

Processos sob segredo de justiça: As correições dos processos sob segredo de justiça poderão ser acompanhadas pelos representantes do Ministério Público, da Ordem dos Advogados do Brasil - Seção DF e da Defensoria Pública do Distrito Federal, caso em que os processos por eles acessados deverão ser relacionados na ata de correição.

5.3.1. Correição extraordinária

O Corregedor poderá realizar **correição extraordinária** quando houver fundada suspeita ou reclamação que indique a prática de erro ou omissão que prejudique a prestação jurisdicional ou o regular funcionamento dos serviços da justiça de Primeira Instância e das Turmas Recursais dos Juizados Especiais.

A correição extraordinária poderá ser realizada a qualquer tempo e independentemente de prévio aviso, alcançando a totalidade ou somente parte dos processos.

Delegação: A correição extraordinária pode ser delegada aos Juízes Assistentes da Corregedoria, mediante ato do Corregedor.

CORREIÇÃO EXTRAORDINÁRIA	
Motivo	Fundada suspeita ou reclamação que indique a prática de erro ou omissão que prejudique a prestação jurisdicional ou o regular funcionamento dos serviços
Onde é feita	Justiça de Primeira Instância Turmas Recursais
Quando é feita?	A qualquer tempo
Depende de aviso?	Não
Pode ser delegada aos Juízes Assistentes?	Sim, mediante ato do Corregedor

CAPÍTULO 6

DO PLANTÃO JUDICIAL

6.1. DO PLANTÃO JUDICIÁRIO DE PRIMEIRO GRAU DE JURISDIÇÃO

6.1.1 Disposições Gerais

A prestação jurisdicional é ininterrupta, ou seja, funciona 24h por dia, mesmo fora do horário de expediente do Tribunal, e em regime de plantão.

O plantão judiciário do Primeiro Grau de Jurisdição no Tribunal de Justiça do Distrito Federal e dos Territórios é constituído pelo plantão judiciário semanal e pelo plantão judiciário prestado no feriado forense compreendido entre 20 de dezembro e 6 de janeiro.

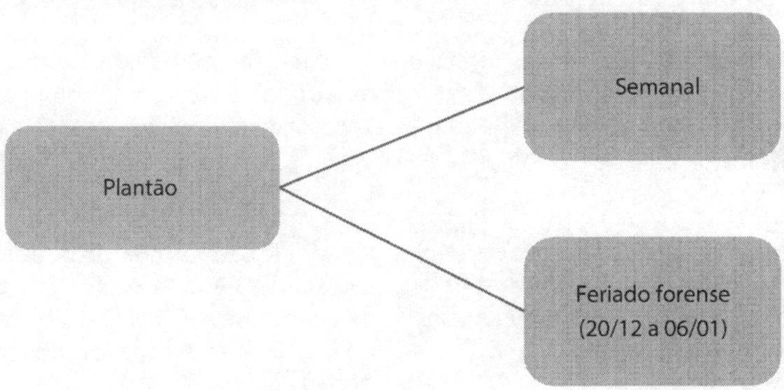

PLANTÃO								
	Segunda	Terça	Quarta	Quinta	Sexta	Sábado	Domingo	Feriado
Expediente	12h à 19h	12h à 19h	12h à 19h	12h à 19h	12h à 19h	-	-	-
Plantão	19h01 às 11h59							

Como é feita a designação? Os Juízes plantonistas serão designados pela Corregedoria da Justiça mediante sistema de **revezamento**, observada a ordem do mais **moderno** para o mais **antigo**.

O ato de designação dos Juízes plantonistas será publicado no Diário da Justiça eletrônico – DJe e no *link* de publicações oficiais da internet do Tribunal, com antecedência máxima de 5 (cinco) dias da data do plantão.

É possível permuta entre magistrados? Sim. Os pedidos de permuta somente serão apreciados pela Corregedoria se apresentados com **antecedência mínima de 5 (cinco) dias** contados da data do plantão que será prestado.

Substituição do plantonista: Em caso de ausência, suspeição ou impedimento, o Juiz plantonista será automaticamente substituído pelo Juiz plantonista designado para o plantão judiciário do horário seguinte. O Juiz plantonista que deixar de prestar o plantão judiciário para o qual foi designado será reinserido na escala tão logo retorne às suas atividades laborais.

O que pode e o que não pode ser apreciado no plantão?

COMPETÊNCIA DO JUIZ PLANTONISTA	
O que pode apreciar	**O que não pode apreciar**
I – apreciar pedidos de *habeas corpus* e mandados de segurança em que figurar como coatora autoridade submetida à competência jurisdicional do magistrado de Primeiro Grau;	I – reiteração de pedido já apreciado no órgão judicial de origem ou em plantão anterior, nem a sua reconsideração;
II – em caso de justificada urgência, decidir sobre pedidos de prisão preventiva ou temporária, busca e apreensão de pessoas, bens ou valores;	II – pedido de prorrogação de autorização judicial para escuta telefônica, **ressalvada** a hipótese excepcional e comprovada de risco iminente e grave à vida ou à integridade física de pessoas;
III – receber comunicação de prisão em flagrante e apreciar sua legalidade, nos termos do artigo 310 do Código de Processo Penal;	III – pedido de levantamento de importância em dinheiro ou valores;
IV – decidir os pedidos de liberdade provisória, com ou sem fiança, desde que a competência já não esteja afeta, por prevenção, a outro juízo;	IV – liberação de bens apreendidos;

COMPETÊNCIA DO JUIZ PLANTONISTA	
O que pode apreciar	**O que não pode apreciar**
V – decidir as medidas urgentes de que trata a Lei nº 11.340, de 7 de agosto de 2006 (Lei Maria da Penha), salvo se, a prudente arbítrio do magistrado, for possível aguardar o prazo previsto no artigo 18 do referido diploma legal, hipótese em que o Juiz deverá encaminhar o pedido ao Juiz natural da causa;	V – recebimento de comunicação de prisões temporárias, preventivas ou outras diversas das efetuadas em flagrante;
VI – decidir sobre pedidos de liberdade, em caso de prisão civil	VI – recebimento de quaisquer documentos impertinentes às matérias de competência do plantão;
VII – decidir medidas urgentes de competência da Vara da Infância e da Juventude – VIJ que não tenham sido apreciadas por qualquer órgão que trata dessa matéria;	VII – apreciação de matérias afetas à Vara de Execução Penal do Distrito Federal – VEP e à Vara de Execução das Penas e Medidas Alternativas do Distrito Federal – VEPEMA, salvo a hipótese prevista no art. 120, da Lei nº 7.210, de 11 de julho de 1984.
VIII – decidir medidas urgentes de natureza cível ou criminal que não possam ser apreciadas no horário normal de expediente, estritamente nos casos de risco concreto de perecimento do direito, de lesão grave ou de difícil reparação.	

Na atuação durante o plantão, incumbe, ainda, ao juiz plantonista:

I – Avaliar a urgência que mereça atendimento, fundamentando os pedidos que não considerar urgentes ou que não tiverem sido adequadamente instruídos.

IMPORTANTE! Consideram-se medidas de caráter urgente as que, sob pena de **dano irreparável ou de difícil reparação**, tiverem de ser apreciadas, **inadiavelmente**, fora do horário de expediente forense, **ainda** quando requeridas mediante **carta precatória**a (art. 118, parágrafo único, do PGC).

Cabe, portanto, ao juiz plantonista aferir a urgência de cada caso que lhe é submetido. Não sendo caso de plantão, ele remeterá o feito à vara de origem para apreciação durante o horário normal de expediente.

II – Apreciar todas as medidas protocoladas no período de sua designação, ressalvadas aquelas que não retornarem do Ministério Público até o encerramento do plantão para o qual foi designado;

O juiz plantonista deverá examinar todas as medidas que forem protocoladas enquanto ainda estiver no plantão, ainda que se inicie o horário normal de expediente ou o turno do próximo juiz plantonista. Ainda que não seja caso de plantão, caberá ao juiz plantonista manifestar-se nesse sentido.

III – Formular e registrar os atos e as decisões judiciais no sistema informatizado do Tribunal, adotando, no que couber, as práticas cartorárias seguidas pelas serventias judiciais;

O juiz plantonista registrará os atos processuais de sua competência no sistema informatizado do TJDFT, determinando a expedição de diligências tal como ocorre nas varas.

IV – Determinar o encaminhamento de cópia da decisão proferida em sede de apreciação preliminar nos Autos de Prisão em Flagrante – APF ao MPDFT e à Defensoria Pública

Audiência de Custódia

Atualmente, essa apreciação é feita durante a audiência de custódia, que tem como finalidade aferir a legalidade da prisão do suposto autor do fato delituoso. Desse modo, os integrantes do MPDFT e da Defensoria Pública são imediatamente intimados da decisão do juiz. A audiência de custódia não tem previsão no PGC.

Código de Processo Penal:

"Art. 310. Após receber o auto de prisão em flagrante, no prazo máximo de até 24 (vinte e quatro) horas após a realização da prisão, o juiz deverá promover audiência de custódia com a presença do acusado, seu advogado constituído ou membro da Defensoria Pública e o membro do Ministério Público, e, nessa audiência, o juiz deverá, fundamentadamente:

I – relaxar a prisão ilegal; ou

II – converter a prisão em flagrante em preventiva, quando presentes os requisitos constantes do art. 312 deste Código, e se revelarem inadequadas ou insuficientes as medidas cautelares diversas da prisão; ou

III – conceder liberdade provisória, com ou sem fiança".

V – Exercer o poder de polícia nas instalações destinadas ao funcionamento do plantão judiciário.

Código de Processo Civil:

"Art. 360. O juiz exerce o poder de polícia, incumbindo-lhe:

I – manter a ordem e o decoro na audiência;

II – ordenar que se retirem da sala de audiência os que se comportarem inconvenientemente;

III – requisitar, quando necessário, força policial;

IV – tratar com urbanidade as partes, os advogados, os membros do Ministério Público e da Defensoria Pública e qualquer pessoa que participe do processo;

V – registrar em ata, com exatidão, todos os requerimentos apresentados em audiência".

O que seria a natureza urgentíssima? Entende-se por medida de natureza urgentíssima aquela em que o perigo de dano irreparável ou de difícil reparação possa ocorrer **entre 19h e 12h do dia seguinte, nos dias úteis, sábados, domingos e feriados.**

A medida de natureza urgentíssima é aquela que se não apreciada no período entre 19h e 12h do dia seguinte, nos dias úteis, sábados, domingos e feriado, pode acarretar o perecimento do direito. Podemos citar por exemplo de natureza urgentíssima o pedido de internação em UTI com risco de óbito.

É possível que magistrado não reconheça que a medida não seja de natureza urgentíssima, mas, ainda assim, dentro das hipóteses do planto judiciário. Nesse caso deverá determinar, por escrito, o seu encaminhamento ao plantonista designado para o próximo período ou, se não incluída nas referidas hipóteses, ao Juiz natural da causa.

Como funciona a distribuição no plantão? As medidas recebidas no plantão judiciário serão imediatamente distribuídas e, uma vez ultimado esse ato, conclusas ao Juiz plantonista.

A retirada ou a reprodução de qualquer documento ou medida somente será permitida **após a distribuição do feito.**

Pagamento de custas: A propositura de qualquer medida no plantão não dispensa o recolhimento de custas em momento posterior, quando exigível, nem isenta o interessado da demonstração do preenchimento de seus requisitos formais de admissibilidade.

As peças recebidas durante o plantão judiciário serão mantidas pela unidade plantonista até o término do período, quando serão remetidas aos juízos a que tiverem sido distribuídas.

Nos dias úteis, somente serão recebidas no plantão judiciário as medidas de natureza urgentíssima.

Nos sábados, domingos e feriados, as medidas advindas das delegacias de polícia somente serão recebidas no plantão judiciário no horário das 12h às 19h, salvo aquelas de natureza urgentíssima.

6.1.2. Plantão Judiciário Semanal

O plantão judiciário semanal corresponde a feriados, fins de semana e dias úteis fora do horário ordinário do expediente forense, excetuado o período de 20 de dezembro a 6 de janeiro.

O plantão será prestado no Núcleo de Plantão Judicial - NUPLA por magistrado designado por ato da Corregedoria.

Como é feito o atendimento?

I. Nos dias úteis, da 0h às 12h e das 19h às 24h, por Juiz plantonista acionado pelo NUPLA;

II. Nos sábados, domingos e feriados, exceto de 20 de dezembro a 6 de janeiro:

  a. das 0h às 14h e das 19h às 24h, por Juiz plantonista acionado pelo NUPLA;

b. das 14h às 19h, por Juiz plantonista presente no NUPLA.

6.1.3. Plantão Judiciário no Período do Feriado Forense

O plantão judiciário no período do feriado forense de 20 de dezembro a 6 de janeiro será prestado, de modo ininterrupto, por magistrados designados por ato da Corregedoria, **independente da listagem do plantão judiciário semanal.**

A concessão de férias no período de dezembro ou de janeiro do ano subsequente não impede a designação do magistrado para o plantão judiciário referido nesta seção.

Como é feito o atendimento?

O atendimento do plantão judiciário disciplinado nesta seção será:

I. De segunda-feira a sexta-feira, exceto nos dias 24, 25 e 31/12 e 1º/1:

  a) de 0h às 12h e das 19h às 24h, por Juiz plantonista acionado pelo NUPLA;

b) das 12h às 19h, por Juízes plantonistas presentes no NUPLA e em outras unidades judiciárias indicadas pela Corregedoria.

II. Aos sábados, domingos, dias 24, 25, 31/12 e 1º/1:

a) de 0h às 14h e das 19h às 24h, por Juiz plantonista acionado pelo NUPLA;

b) das 14h às 19h, por Juiz plantonista presente no NUPLA.

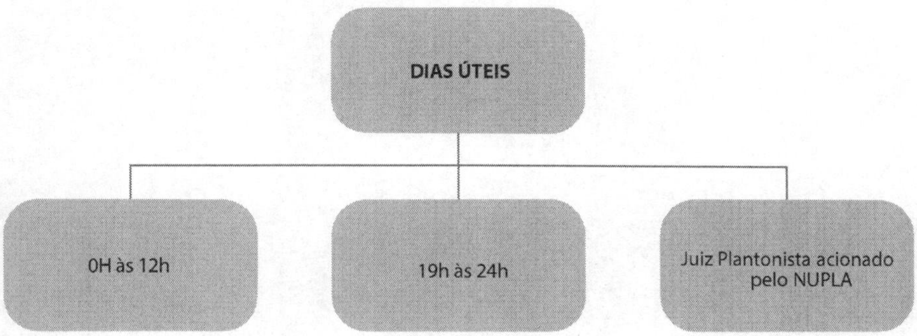

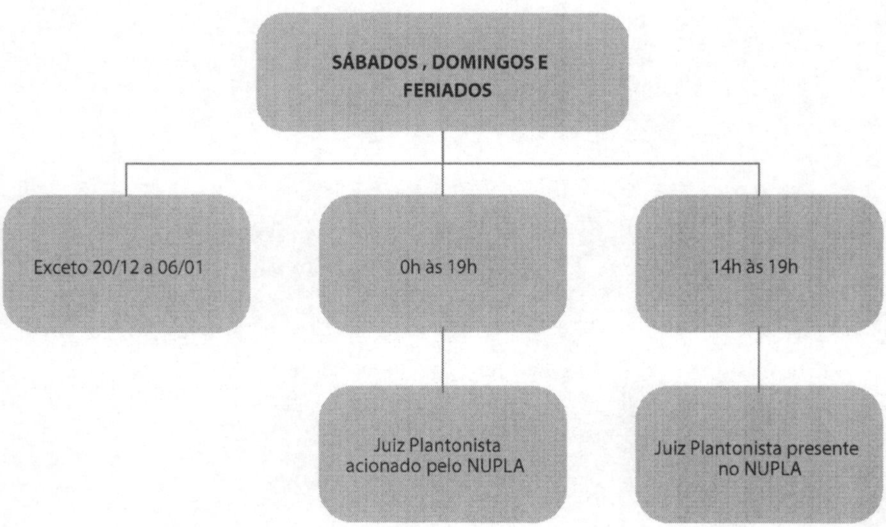

CAPÍTULO 7

DOS SERVIDORES SUBORDINADOS À CORREGEDORIA

7.1. NORMAS GERAIS

Nos capítulos anteriores foram apresentados, à luz do PGC, as disposições a respeito dos juízes e dos ofícios judiciais (as varas), horários de expediente prazos, informações processuais etc. O presente capítulo dedicará ao estudo das normas referentes aos servidores e aos órgãos subordinados à Corregedoria.

Quanto aos servidores, serão estudados os deveres, o registro de elogio e a apuração disciplinar.

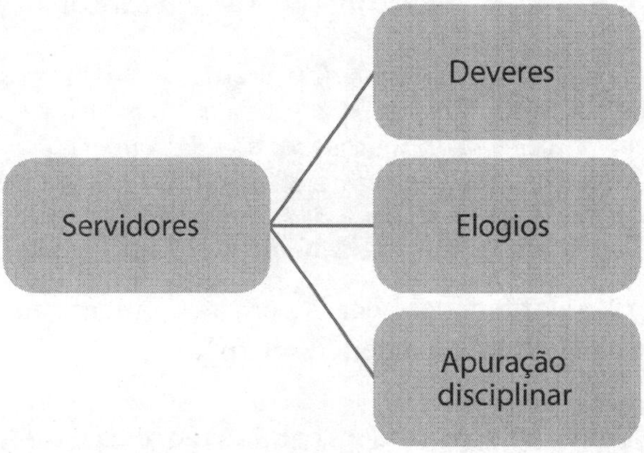

7.1.1 Dos Deveres

Os servidores públicos exercem relevante função pública, e, por essa razão, estão sujeitos a um regime jurídico que disciplinar diversos direitos e deveres estabelecidos, sejam eles previstos na Constituição Federal, na Lei

n. 8.112/90 ou nas respectivas normas estaduais, a depender da esfera de governo a qual integrar o servidor.

O PGC estabelece os seguintes **deveres** dos servidores do TJDFT, sem prejuízo dos demais deveres previstos em **lei** (art. 127):

Deveres:

I. protocolizar os documentos recebidos e registrar o recebimento deles na via devolvida ao interessado;

II. apor nome e matrícula nos atos que subscrever, a fim de permitir sua identificação;

III. zelar pela conservação e pela segurança dos autos e dos demais documentos;

IV. manter **sigilo** sobre **atos**, **diligências** e **decisões** relativas a processos **sigilosos** ou que tramitem em **segredo de justiça**;

V. informar à Secretaria de Recursos Humanos **qualquer** alteração em seus assentamentos funcionais;

VI. comunicar, **imediatamente**, à Segurança do Tribunal a presença de **vendedores**, pessoas **embriagadas**, **armadas** ou que se portem de modo **inconveniente** nas dependências do fórum;

Como esse assunto foi cobrado em concurso?

No concurso para Analista Judiciário/Execução de Mandados (2003) foi perguntado: "*Se servidor de ofício judicial do DF presenciar a existência de pessoa portando arma nas dependências da justiça do DF e souber que tal pessoa não detém autorização para o porte, deverá efetuar a prisão do indivíduo*". O item foi considerado errado, tendo em vista o disposto no art. 127, VI, do PGC.

VII. observar a ordem de chegada para atendimento ao público, **priorizando o idoso, a gestante e o deficiente físico**.

Como esse assunto foi cobrado em concurso?

No concurso para Analista Judiciário/Execução de Mandados (2003) foi perguntado: "*Considere a seguinte situação hipotética. João é servidor de uma vara e tem como função o atendimento às partes e aos advogados que para lá se dirijam. Certa tarde, chegaram ao balcão os advogados Antônio, Bruno e Carlos, nessa ordem. O último a chegar, o advogado Carlos, disse a João que estava atrasado para uma audiência que se iniciaria em poucos instantes e precisava consultar autos de um processo na vara onde laborava João. Considerando a situação do advogado, João atendeu-o antes dos outros, apesar dos protestos destes. Nessa situação, João agiu corretamente, devido à urgência da situação e a fim de não causar atraso no início da audiência a iniciar-se na outra vara".* O item foi considerado errado, tendo em vista o disposto no art. 127, VII, do PGC.

Quanto às **vedações,** o PGC prescreve ser vedado aos servidores dos ofícios judiciais e dos demais órgãos subordinados à Corregedoria:

Vedações

I. referir-se, **por qualquer meio**, de forma depreciativa a magistrado, promotor, advogado ou ao Tribunal;

II. retirar da serventia autos ou outros documentos de interesse de partes ou advogados, **salvo** se em cumprimento de ato de ofício ou de ordem superior;

III. sonegar informações **essenciais** ao convencimento da autoridade a que estiver subordinado, gerando dúvida, ou para ela concorrendo, inclusive em procedimento de natureza administrativa;

Como esse assunto foi cobrado em concurso?

No concurso para Analista Judiciário/Execução de Mandados (2003) foi perguntado: *"Considere a seguinte situação hipotética. Um advogado comentou, informalmente, com servidor de ofício judicial do DF, que determinado documento por ele apresentado para juntada a processo era falso e que o juiz daquela vara perceberia a falsidade se examinasse com muito cuidado um outro documento já acostado aos autos. Nessa situação, o servidor estaria juridicamente obrigado a levar essa informação ao conhecimento do juiz responsável pelo processo, mesmo tendo-a recebido informalmente".* O item foi considerado correto por corresponder ao art. 128, III, do PGC.

IV. **usar ou permitir** o uso de materiais ou equipamentos do Tribunal por pessoa estranha ou para fins alheios ao serviço;

V. prestar informações ou fazer certificações que não correspondam à verdade sobre **quaisquer processos**;

VI. **violar sigilo** ou **segredo** de **justiça**.

Vestimenta dos servidores: Os servidores deverão comparecer ao local de trabalho em trajes adequados ao exercício da função pública e portar crachá de identificação.

O Juiz poderá exigir dos servidores que atuam nas **audiências** o uso de **vestimenta adequada**. Por se tratar de ato solene, o PGC confere ao Juiz tal prerrogativa. Observe-se que o PGC fala em vestimenta adequada, não especificando exatamente o que pode ser considerado como tal.

Como esse assunto foi cobrado em concurso?

No concurso para Técnico Judiciário/Área Administrativa e Judiciária (2003) foi perguntado: *"Embora a vestimenta das pessoas seja uma das dimensões de sua individualidade, ela está sujeita à supervisão das autoridades judiciais no que tange aos servidores dos ofícios judiciais; por isso, pode o juiz exigir que esses servidores se trajem adequadamente durante o exercício de sua função"*. O item foi considerado correto por corresponder ao art. 129, parágrafo único, do PGC.

7.1.2. Dos Elogios

As condecorações e os elogios feitos por magistrado, diretor de secretaria ou gestor de unidade administrativa serão averbados nos **assentamentos funcionais** do servidor. Cada servidor possui um assentamento funcional, no qual são inseridos seus dados pessoais e profissionais (cursos realizados, afastamentos, elogios e penalidades).

O que é o elogio, para fins do PGC? Elogio é a expressão de reconhecimento individual a servidor que, devido à competência, ao zelo, à iniciativa e à dedicação se destaque no desempenho de suas obrigações e de atribuições além daquelas inerentes ao cargo (art. 130).

O PGC estabelece, ainda, que a averbação em pasta funcional de elogio encaminhado por **autoridade pública, instituição pública ou instituição privada de reconhecida idoneidade** fica condicionada à **anuência da chefia imediata**. Cabe, portanto, ao superior imediato do servidor, avaliar, e, sendo o caso, anuir com o elogio proferido de fora.

7.2. DA APURAÇÃO DISCIPLINAR

Compete ao **Corregedor supervisionar** e exercer o **poder disciplinar** em relação aos servidores lotados nos **ofícios judiciais**, na **Corregedoria**

da Justiça e nos **órgãos a ela subordinados**, por infração praticada no exercício de suas atribuições, ou que tenha relação com as atribuições do cargo em que se encontra investido, **sem prejuízo** da **competência** atribuída às **demais autoridades.**

O que diz a Lei de Organização Judiciária do DF (LOJDFT):

"Art. 12. São atribuições do Corregedor:

I – supervisionar e exercer o poder disciplinar, relativamente aos serviços forenses, sem prejuízo do que é deferido às autoridades de menor hierarquia;

II – instaurar sindicância e processo administrativo disciplinar para apurar infrações praticadas pelos notários, oficiais de registro e afins e seus prepostos, aplicando as penas cabíveis, exceto a perda de delegação;

(...)

§ 1° O Corregedor poderá delegar a juízes a realização de correição nas serventias e a presidência de processos administrativos disciplinares, salvo para apurar a prática de infração penal atribuída a juiz".

"Art. 75.

(...)

Parágrafo único. O Corregedor também poderá aplicar aos empregados das serventias não oficializadas penas disciplinares".

ATENÇÃO! *Os empregados dos Serviços Notariais e de Registro no DF são regidos pela CLT, e, apesar disso, podem ser penalizados pelo Corregedor por eventuais faltas funcionais.*

O que diz o Regimento Interno (RITJDFT):

"Art. 47. São atribuições do Corregedor da Justiça:

I – fiscalizar, normatizar e exercer o poder disciplinar relativo aos serviços judiciários de Primeiro Grau de Jurisdição e extrajudiciais";

"Art. 370. São atribuições administrativas do Corregedor da Justiça:

XVI – instaurar sindicância ou processo administrativo disciplinar para apurar falta cometida por servidores lotados na Corregedoria da Justiça e nos órgãos a ela subordinados, bem como por tabeliães e oficiais de registro, impondo-lhes, no limite de sua competência, as penalidades cabíveis, ou propor ao Presidente a aplicação da pena de demissão, na forma do artigo 367, XV;

XVII – julgar recursos administrativos relativos a sanções disciplinares aplicadas pelos magistrados aos servidores que lhes sejam subordinados;

(...)

§ 1º O Corregedor da Justiça poderá delegar a juízes a realização de inspeções e correições nos serviços judiciais e extrajudiciais, bem como a presidência de processos administrativos disciplinares, salvo aqueles que tenham por objeto a apuração da prática de infração penal atribuída a magistrado ou a juiz de paz".

Art. 29. São atribuições dos presidentes dos órgãos colegiados:

(...)

V – **comunicar** ao **Presidente** do Tribunal **ou** ao **Corregedor** da Justiça a existência de **indício** da prática de **falta disciplinar** por magistrado, **servidor**, tabelião, registrador ou serventuário, **quando** assim **deliberado** pelo **colegiado** no julgamento".

ATENÇÃO! Em relação aos servidores lotados na **Secretaria do Tribunal**, a **competência** para aplicar **sanções disciplinares** é do **Presidente do TJDFT**!

Vejamos o que diz o RITJDFT:

"Art. 367. São atribuições administrativas do Presidente do Tribunal:

(...)

XIV – baixar instruções necessárias para a aplicação do ajustamento de conduta a servidores lotados na Secretaria do Tribunal, a quem se possa atribuir infração disciplinar, punível com advertência;

XV – aplicar sanções disciplinares aos servidores lotados na Secretaria do Tribunal e a pena de demissão aos servidores da Justiça do Distrito Federal e dos Territórios".

Conduta funcional irregular: Será considerada conduta funcional irregular aquela que infringir as normas relacionadas ao exercício das atribuições funcionais, bem como a que ferir os princípios que norteiam a Administração Pública.

O art. 37 da Constituição Federal exige a observância dos princípios da legalidade, impessoalidade, moralidade, publicidade e eficiência (art. 37, *caput*). Por sua vez, a Lei de Improbidade Administrativa estabelece que constitui ato de improbidade administrativa que atenta contra os princípios da administração pública qualquer ação ou omissão que viole os deveres de honestidade, imparcialidade, legalidade, e lealdade às instituições, e notadamente (art. 11 da Lei n. 8.24/92).

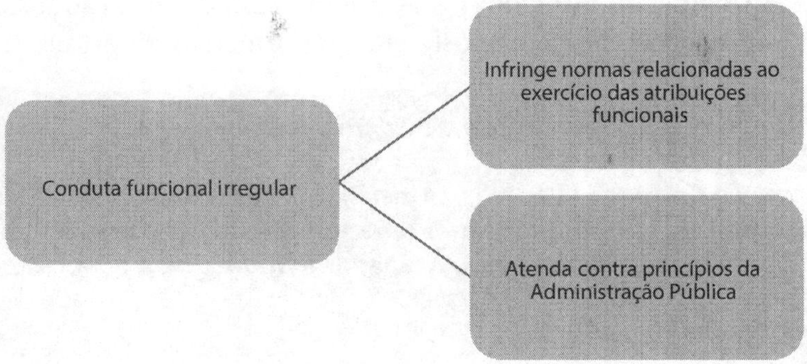

7.2.1. Poder disciplinar exercido pelo Juiz

Como visto anteriormente, o poder disciplinar é, em regra, exercido pelo Corregedor. No entanto, em alguns casos será exercido pelo Juiz, independentemente da identidade física, quando praticada falta funcional atribuída a servidor subordinado ao juízo.

Princípio da identidade física: vincula o juiz que colheu as provas ao julgamento do feito. Independentemente de eventuais discussões no âmbito dos processos judiciais a esse respeito, certo é que de acordo com o PCG o Juiz que aplicar a penalidade ao servidor não precisa ser, necessariamente, o mesmo que fez a colheita de provas durante a tramitação do processo administrativo disciplinar.

O poder disciplinar será exercido pelo Juiz, independentemente da identidade física do magistrado, quando praticada falta funcional atribuída a servidor subordinado ao juízo, cabendo-lhe:

I – instaurar sindicância para apurar o fato e, se for o caso, aplicar **penalidade de advertência ou de suspensão até 30 (trinta) dias;** Superado o prazo, ou, ainda, sendo outra a penalidade a ser aplicada, a competência é do Corregedor.

Como esse assunto foi cobrado em concurso?

No concurso para Técnico Judiciário/Área Administrativa e Judiciária (2000) foi perguntado: "*O juiz de direito pode aplicar determinadas sanções de menor gravidade aos funcionários que lhe são subordinados, mediante apuração sumária e verbal*". O item foi considerado errado, tendo em vista o disposto no art. 133, I, do PGC.

II – avaliar a possibilidade de aplicar o **Termo de Compromisso de Adequação Funcional – TCAF**, no caso de infração disciplinar leve, observado o disposto em ato normativo próprio;

Termo de Compromisso de Adequação Funcional – TCAF

Compete ao **Corregedor** expedir as **instruções necessárias** para aplicação de **ajustamento de conduta a servidores lotados nos ofícios judiciais, extrajudiciais e na Secretaria da Corregedoria da Justiça**, a quem se possa atribuir infração disciplinar, punível com advertência ou considerada de lesividade mínima (art. 370, XX, do RITJDFT).

Atualmente, a Portaria GC 59 de 4 de maio de 2017 regulamenta a aplicação do TCAF. Diz o seu art. 2º que "O Termo de Compromisso de Adequação Funcional – TCAF pode ser utilizado como medida alternativa à instauração de procedimentos disciplinares, no caso de infrações leves praticadas pelos servidores dos Ofícios Judiciais e da Corregedoria, notários e registradores do Distrito Federal, a fim de restabelecer a disciplina de forma célere e eficaz".

No mais, compete ao **Presidente** do Tribunal baixar **instruções necessárias** para a aplicação do **ajustamento de conduta a servidores lotados na Secretaria do Tribunal**, a quem se possa atribuir infração disciplinar, punível com advertência;

III – determinar, quando entender **necessário** e mediante **decisão fundamentada**, que o processo administrativo tramite sob **sigilo**;

IV – determinar o **arquivamento**, de **plano**, da **representação manifestamente infundada contra servidor.**

Na **impossibilidade** de processar o feito ou quando verificada a possibilidade de imputação de **pena mais severa** ao servidor, o Juiz deverá remeter os autos ao Corregedor, o qual ficará responsável pelo seu processamento e julgamento

As penalidades aplicadas pelo Juiz devem ser comunicadas à **Corregedoria e à Secretaria de Recursos Humanos para fins de anotação.**

RESUMO DO PODER DISCIPLINAR DO JUIZ	
Instaurar sindicância:	Penalidade de advertência ou de suspensão até 30 dias.
Possibilidade de pena mais severa:	Remeter os autos ao Corregedor para processar e julgar o feito
Avaliar possibilidade de aplicar TCAF:	Infração disciplinar leve

RESUMO DO PODER DISCIPLINAR DO JUIZ	
Se necessário + decisão fundamentada:	Sigilo ao processo administrativo
Determinar arquivamento de plano:	Representação manifestamente infundada contra servidor
Penalidades aplicadas:	Comunicação à Corregedoria e à Secretaria de RH para anotação.

Como esse assunto foi cobrado em concurso?

No concurso para Técnico Judiciário/Área administrativa (2007) foi perguntado: *"Compete aos juízes exercer o poder disciplinar sobre os servidores que lhes sejam subordinados"*. O item foi considerado correto por corresponder ao art. 133 do PGC.

ATENÇÃO!

Sanção disciplinar:

– Servidores lotados na Secretaria do TJDFT: Presidente aplica

– Servidores lotados na Corregedoria e nos órgãos a ela subordinados: Corregedor aplica

Penalidade de advertência ou de suspensão não superior a 30 dias:

– Atribuição é do Juiz de Direito da Vara à qual o servidor estiver vinculado. Os recursos administrativos dessas sanções são julgados pelo Corregedor.

Demissão:

– Presidente aplica a todos os servidores do TJDFT.

CAPÍTULO 8

DOS ÓRGÃOS SUBORDINADOS À CORREGEDORIA

Após o estudo sobre os servidores subordinados à Corregedoria, passaremos a tratar dos órgãos subordinados à Corregedoria, que são: Distribuição, Depósito Público, Guarda de Objetos de Crime, que compete à Central de Guarda de Objeto de Crime (CEGOC), Leilões Públicos coletivos, realizados pelo NULEJ (Núcleo Permanente de Leilões), Contadorias-Partidorias, Oficiais de Justiça e Recolhimento e Controle das Custas processuais.

Abaixo, uma ilustração dos órgãos da forma em que foram relacionados pelo PGC (arts. 135 a 197).

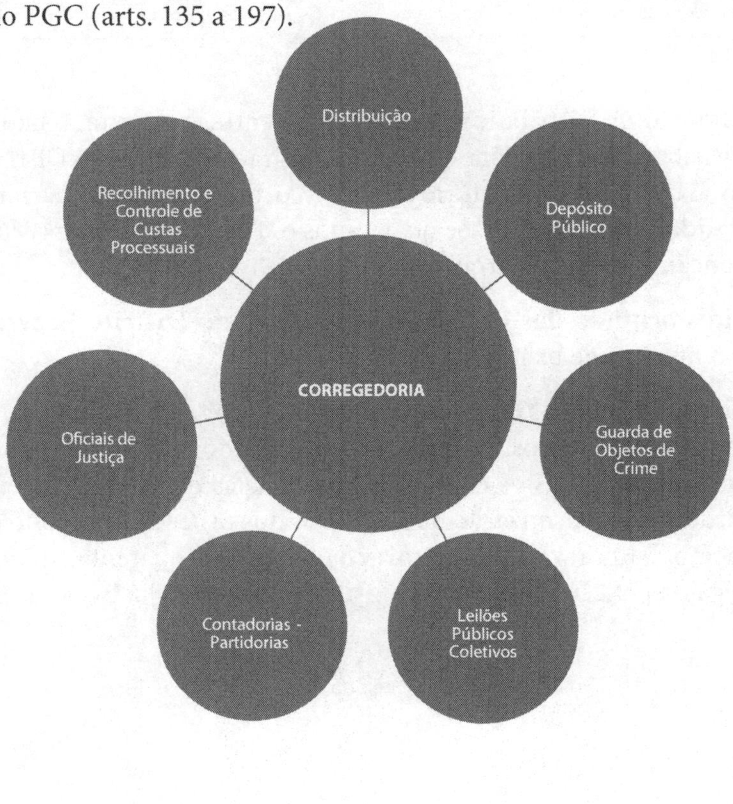

8.1. DA DISTRIBUIÇÃO

A Distribuição é o setor responsável pelo primeiro tratamento da ação judicial. À Distribuição compete **distribuir, redistribuir, autuar e remeter** os feitos aos juízos competentes. O que seria cada uma dessas funções? Vejamos:

Distribuir

- Atribuição de um processo a um determinado juízo, por sorteio ou por prevenção

Redistribuir

- Realização de nova distribuição de um processo em favor de outro juízo, por motivo de declinação de competência.

Autuar

- Documentação do processo, mencinando-se o juízo, a natureza do processo, número do registro, nome das partes e data do início (conforme art. 206 do Código de Processo Civil).

Remeter

- Envio do processo ao juízo competente.

Relatório: A Distribuição emitirá, para entrega na vara, relatório dos feitos distribuídos, com data e hora da realização do ato. A Distribuição manterá arquivados os relatórios durante o prazo previsto na tabela de **temporalidade da área fim**, os quais, após o transcurso desse prazo, deverão ser encaminhados ao arquivo.

Feitos oriundo das Delegacias de Polícia do Distrito Federal: será exigido o número de protocolo da Polícia Civil.

Tabelas unificadas de classes e assuntos processuais do CNJ: Os feitos, antes de distribuídos, deverão ser classificados de acordo com as tabelas unificadas de classes e assuntos processuais do CNJ. O objetivo é a padronização e uniformização dos assuntos dos processos em todo o território nacional. Em razão disso, **o prazo** é de até 48 (quarenta e oito) horas da entrega da petição à Distribuição, salvo por motivo justificado.

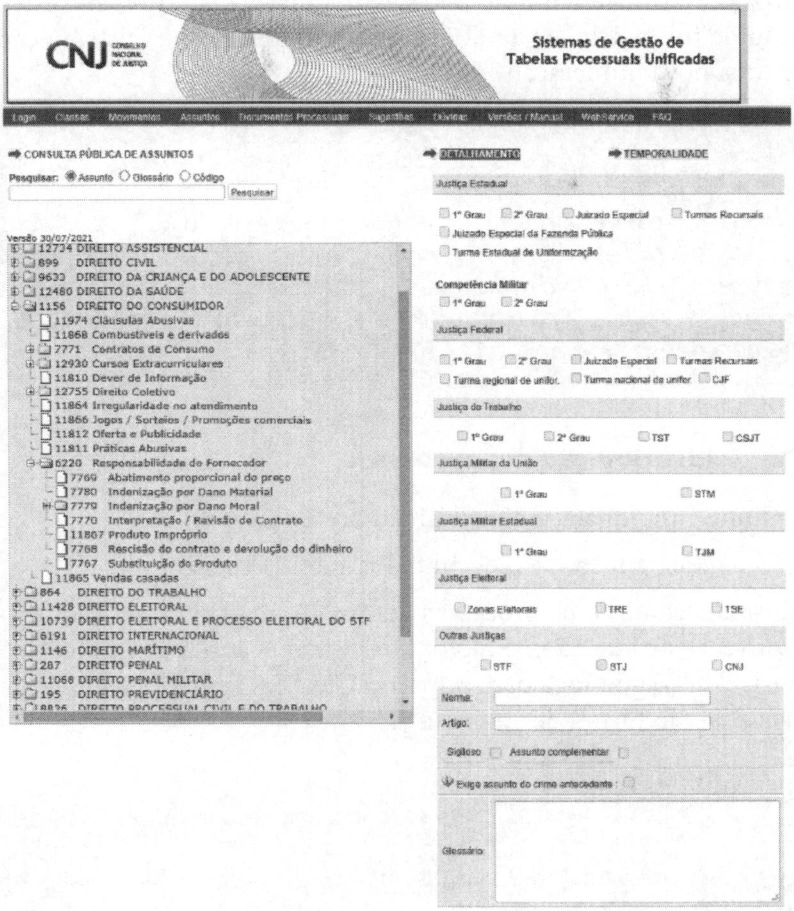

Tabela Unificada do CNJ, com diversos assuntos

Os feitos de qualquer natureza, principais ou acessórios, serão distribuídos e numerados em ordem **crescente**.

O **controle** e o **acompanhamento** dos processos e dos atos processuais serão feitos pelo **número** de **distribuição**. O número de distribuição do processo permite que ele seja consultado e visualizado no sistema informatizado e na internet.

A **petição** entregue **diretamente** na **secretaria** da **vara** e que exija distribuição será encaminhada à Distribuição. Como exemplo, podemos citar o art. 553 do Código de Processo Civil, que trata do dever de prestação de contas do inventariante, em autos separados do inventário. Nesse caso, se o advogado do inventariante apresentar uma petição nos mesmos autos da ação de inventário, essa petição será encaminhada à Distribuição para gerar uma nova numeração.

Como esse assunto foi cobrado em concurso?

No concurso para Analista Judiciário/Execução de Mandados (2003) foi perguntado: "*Os processos de qualquer natureza devem ser distribuídos, ainda que por dependência; se uma petição sujeita a distribuição for entregue na secretaria, esta deve remetê-la ao serviço de distribuição*". O item foi considerado correto por corresponder ao art. 137, §2º, do PGC.

8.1.1. Redistribuição dos processos

Como funciona a redistribuição dos processos?

Depende do fórum e o destino dos autos. Vejamos.

A redistribuição de processos dentro do mesmo fórum será feita pela respectiva Distribuição. Exemplo, a redistribuição de um processo da 1º Vara Cível de Taguatinga para a 3ª Vara Cível de Taguatinga fica a cargo da Distribuição do fórum de Taguatinga.

Como esse assunto foi cobrado em concurso?

No concurso para Analista Judiciário/Atividade Processual (2003) foi perguntado: "*Quando um processo for redistribuído para outra vara dentro da mesma circunscrição judiciária, não deverá ser enviado pelo correio, mas pelo serviço de distribuição do respectivo fórum*". O item foi considerado correto por corresponder ao art. 135, §1º, do PGC.

No Fórum **Milton Sebastião Barbosa** (que fica em Brasília), os processos que devam ser redistribuídos para **outros fóruns** serão encaminhados ao **Núcleo de Movimentação de Malotes Judiciais – NUMAJ**.

Nos **demais fóruns**, os processos a serem redistribuídos serão encaminhados ao **Posto de Protocolo Judicial – PPJ**, que providenciará a remessa à Distribuição do fórum de destino.

Os processos a serem redistribuídos a **outros tribunais ou comarcas** deverão ser encaminhados à **Subsecretaria de Protocolo Administrativo – SUPRA**.

REDISTRIBUIÇÃO		
ORIGEM	**DESTINO**	**QUEM REDISTRIBUI**
Qualquer fórum	Mesmo fórum	Distribuição
Qualquer fórum	Outros tribunais ou comarcas	Subsecretaria de Protocolo Administrativo (SUPRA)
Fórum Milton Sebastião Barbosa	Fórum diverso	Núcleo de Movimentação de Malotes Judiciais (NUMAJ)
Demais fóruns	Fórum diverso	Posto de Protocolo Judicial (PPJ)

Não haverá nova distribuição (ou seja, tramitará nos mesmos autos do processo originário):

I – o inquérito policial precedido de comunicação de prisão em flagrante, o qual deverá ser entregue diretamente na secretaria da vara respectiva.

Quando um indivíduo é preso o Juiz é comunicado por meio de um Auto de Prisão em Flagrante (APF), que recebe um número da Distribuição. O respectivo inquérito policial receberá o mesmo número do APF, por isso não há nova distribuição do inquérito.

II – a decisão que converter a prisão em flagrante em prisão preventiva, o requerimento para o cumprimento definitivo de sentença, a reconvenção e a intervenção de terceiros, salvo a oposição, o pedido de impugnação à assistência e os pedidos individuais de cumprimento de sentença lastreados em título formado em ação coletiva.

Conversão da prisão em flagrante em preventiva: A decisão é proferida nos mesmos autos da prisão em flagrante, não há necessidade de nova distribuição.

Requerimento para cumprimento definitivo de sentença: o cumprimento de sentença é a fase em que, uma vez reconhecido o direito de crédito, a sentença passa a ser executada pelo credor, buscando bens do devedor passíveis de penhora para satisfazer a dívida. Exemplo: sentença condena o réu a pagar o valor de R$ 5.000,00. Após o trânsito em julgado, o credor passa à fase do cumprimento de sentença, momento em que o devedor é intimado a pagar, pena de ter seus bens penhorados para satisfazer a dívida. O cumprimento de sentença é definitivo quando há trânsito em julgado, se houver recursos, a lei permite, em alguns casos, o cumprimento provisório de sentença.

Reconvenção: Quando, ao tempo em que se defende, o réu também exerce direito de ação contra o autor, dentro da contestação. Ocorre quando, por exemplo, o autor cobra uma dívida do réu e este, na verdade, se diz credor do autor, e cobra nos mesmos autos a dívida, evitando, assim, o ajuizamento de outra ação. A reconvenção é apresentada na mesma petição da contestação.

Intervenção de terceiros: É o ingresso de pessoas no processo que não são autores e nem réus, mas que de alguma forma possam ter envolvimento com o processo. Exemplo, quando o réu, processado por ter atingido como seu veículo o veículo do autor, chama a sua seguradora ao processo para ressarcir os prejuízos.

Oposição: Havendo disputa de determinado direito ou bem entre o autor e o réu, o opoente é o terceiro que chega ao processo dizendo ser, na verdade, dele o direito ou o bem disputado. Se, por exemplo, dois indivíduos disputam em uma Vara Cível a propriedade de determinado terreno e o DF ingressa no feito mediante oposição dizendo ser o dono, o processo é remetido para uma das Varas da Fazenda Pública, haja vista a presença do ente distrital. Existe determinação do parágrafo único do art. 683 do Código de Processo Civil para que a oposição seja distribuída: "Art. 683. (...) Parágrafo único. Distribuída a oposição por dependência, serão os opostos citados, na pessoa de seus respectivos advogados, para contestar o pedido no prazo comum de 15 (quinze) dias".

Pedido de impugnação à assistência: Pendendo causa entre 2 ou mais pessoas, o terceiro juridicamente interessado em que a sentença seja favorável a uma delas poderá intervir no processo para assisti-la (art. 119 do Código de Processo Civil). Se houver impugnação, há distribuição da impugnação em autos apartados.

Cumprimento individual de sentença em ação coletiva: Em linhas gerais, é a ação movida em favor de um grande grupo de beneficiários ou de toda a coletividade. Imaginemos a situação em que o Ministério Público move uma ação contra uma cláusula abusiva de um contrato bancário e o pedido é julgado procedente, condenando a instituição financeira a restituir a todos os clientes que firmaram esse contrato os valores pagos a título de uma taxa declarada ilegal. Se todos os consumidores alcançados resolvessem apresentar os seus respectivos requerimentos de cumprimento de sentença nos mesmos autos da ação coletiva isso geraria um tumulto processual. Por essa razão é que cada cumprimento de sentença deverá ser distribuído e atribuída uma numeração.

Recapitulando:

EXCEÇÕES À NOVA DISTRIBUÇÃO
Inquérito policial precedido de comunicação de prisão em flagrante
Decisão que converte prisão em flagrante em preventiva
Requerimento para cumprimento definitivo de sentença
Reconvenção
Intervenção de terceiros **Salvo**: • Oposição • Pedido de impugnação à assistência • Pedidos individuais de cumprimento de sentença com base em título formado em ação coletiva

8.1.2. Cancelamento da distribuição

Cancelamento da distribuição: somente será realizado se houver determinação judicial e será providenciado, **exclusivamente**, pela **Distribuição de cada fórum**.

Nos casos de **erro material** quanto à **seleção do órgão**, o Distribuidor poderá efetuar o cancelamento **de ofício**, ou seja, independentemente de decisão judicial.

Quando ocorre o cancelamento da distribuição?

De acordo com o art. 290 do Código de Processo Civil, "Será cancelada a distribuição do feito se a parte, intimada na pessoa de seu advogado, não realizar o pagamento das custas e despesas de ingresso em 15 (quinze) dias".

8.1.3. Outras questões relacionadas à distribuição

E se o processo sair e depois retornar à vara de origem? O processo que, em virtude de decisão ulterior, voltar a tramitar na circunscrição de origem, terá seu número original reativado pela secretaria do juízo ou pela Distribuição. Imaginemos a situação em que numa ação de complementação de aposentadoria um Juiz de vara cível do DF entende que a justiça do trabalho é a competente para julgar o feito. O Juiz da vara do trabalho diz não ser competente e o caso chega ao Superior Tribunal de Justiça, que declara ser competente o Juiz da vara cível do DF[1]. Quando o processo retornar, será reativada a numeração original (art. 138 do PGC).

E se não forem pagas as custas? A ausência do pagamento das custas processuais iniciais não obsta a distribuição do feito. Basta imaginar as hipóteses em que a parte autora requer a concessão da gratuidade da justiça, demonstrando não dispor de recursos suficientes para arcar com os encargos do processo. Ou, até mesmo, deixar de recolher as custas por um lapso. Cabe ao Juiz aferir se é ou não caso de cancelamento da distribuição.

Custas processuais emitidas em desconformidade com as respectivas normas regulamentares: serão recusadas pela Distribuição e devolvidas ao peticionante. Nesse caso, é desnecessária a intervenção do Juiz.

A distribuição será feita por **meio eletrônico** com a emissão de **etiquetas**, as quais serão rubricadas pelo distribuidor, seu substituto ou servidor previamente autorizado pelo distribuidor.

Medida de natureza urgente: A petição poderá, após a distribuição, ser entregue diretamente ao advogado, o qual se incumbirá de encaminhá-la ao juízo (à vara e não ao juiz). Nesse caso, após a apreciação da liminar **ou** caso não seja reconhecida a natureza urgente da medida, a petição poderá retornar à Distribuição para fins de autuação. É muito comum nos plantões judiciais o feito ser distribuído, despachado, e somente autuado no retorno ao horário normal de expediente.

Como esse assunto foi cobrado em concurso?

No concurso para Analista Judiciário/Execução de Mandados (2003) foi perguntado: "*Se petição urgente for distribuída, o advogado poderá encaminhá-la, em seguida, diretamente ao juiz competente*". O item foi considerado correto por corresponder ao art. 143 do PGC.

E se houver indisponibilidade do sistema informatizado? A distribuição dos feitos urgentes será realizada por sorteio **manual** e supervisionada pelo **Juiz diretor do fórum** (lembrando que o juiz diretor do fórum

1. Apenas a título de curiosidade, realmente há julgado do STJ nesse sentido: "Compete à justiça comum estadual o processamento e julgamento de ação que objetiva a complementação de benefício previdenciário, porquanto o pedido e a causa de pedir decorrem de pacto negocial firmado com instituição de previdência privada, evidenciando a natureza civil da contratação e envolvendo apenas de maneira indireta os aspectos da relação trabalhista" (AgInt no CC 164.064/CE, Rel. Ministro MARCO BUZZI, SEGUNDA SEÇÃO, julgado em 15/06/2021, DJe 17/06/2021).

é designado pelo Corregedor). Os dados constantes da petição, necessários ao registro da distribuição, serão anotados e, posteriormente, inseridos no sistema informatizado, por ocasião de seu restabelecimento.

Como esse assunto foi cobrado em concurso?

No concurso para Analista Judiciário/Execução de Mandados (2003) foi perguntado: "*Após a implantação do sistema de distribuição por processamento eletrônico, não mais pode haver distribuição manual de processos*". O item foi considerado errado, tendo em vista o disposto no art. 144 do PGC.

Distribuição por dependência: Em regra, a distribuição é aleatória, feita por sorteio. No entanto, há casos em que o processo é distribuído por dependência, e isso acontece quando um processo é distribuído em associação a outro, anteriormente distribuído. Ocorre nas seguintes hipóteses (art. 145 do PGC):

> I – houver pedido do peticionante ou determinação judicial;
>
> II – o processo for extinto sem julgamento de mérito ou houver o cancelamento da distribuição e for reiterado o pedido.
>
> III – ocorrer o ajuizamento de ações idênticas e houver juízo prevento.

Se o Juiz não reconhecer a dependência, determinará o retorno dos autos à Distribuição para fins de redistribuição.

Como esse assunto foi cobrado em concurso?

No concurso para Analista Judiciário/Execução de Mandados (2003) foi perguntado: "*Ainda que a parte alegue ser caso de distribuição por dependência, esta dependerá de despacho judicial, mesmo que posterior à distribuição*". O item foi considerado errado, tendo em vista o disposto no art. 145 do PGC.

A Distribuição não receberá: armas de fogo, acessórios, munições e demais objetos apreendidos em procedimentos criminais, os quais deverão ser entregues pela autoridade policial diretamente à **Central de Guarda de Objetos de Crimes – CEGOC**.

Feito criminal contra servidor do TJDFT: A distribuição de ação penal, inquérito ou qualquer procedimento criminal contra servidor do TJDFT será comunicada, **conforme o caso**, ao Presidente ou ao Corregedor da Justiça. Como assim, conforme o caso? Vejamos.

COMUNICAÇÃO DE FEITO CRIMINAL CONTRA SERVIDOR DO TJDFT	
Servidor vinculado à Corregedoria (exemplo, servidor lotado em uma vara)	Comunica ao Corregedor
Servidor vinculado à Presidência	Comunica ao Presidente

Podemos citar como exemplo de servidores vinculados à Presidência, os que são lotados nos órgãos subordinados diretamente àquele órgão, como Coordenadoria da Conciliação de Precatórios, Ouvidoria Geral, Secretaria Especial da Presidência, Secretaria-Geral do Tribunal de Justiça do Distrito Federal e dos Territórios, dentre outros.

Alegação de incompetência do juízo: As petições a que se refere o art. 340 do Código de Processo Civil serão recebidas diretamente pela Distribuição, devendo ser:

> I – autuadas e distribuídas na circunscrição do domicílio apontado pelo réu, com a devida comunicação, de imediato e, preferencialmente, por meio eletrônico, ao juízo da causa, cabendo ao interessado indicar, de forma clara e precisa, o correto endereçamento e a causa a que se refere;
>
> II – encaminhadas à Subsecretaria de Protocolo Administrativo – SUPRA, para envio ao juízo da causa;
>
> III – baixadas do sistema de distribuição, com a devida comunicação ao juízo prevento no Distrito Federal.

Não serão aceitas petições referentes a processos que tramitam por meio eletrônico.

Definida a competência da Justiça do Distrito Federal e dos Territórios, a redistribuição do processo será feita ao juízo para o qual fora distribuída a petição, por prevenção, procedendo-se a reclassificação, se o caso.

Art. 340. Havendo alegação de incompetência relativa ou absoluta, a contestação poderá ser protocolada no foro de domicílio do réu, fato que será imediatamente comunicado ao juiz da causa, preferencialmente por meio eletrônico.

§ 1º A contestação será submetida a livre distribuição ou, se o réu houver sido citado por meio de carta precatória, juntada aos autos dessa carta, seguindo-se a sua imediata remessa para o juízo da causa.

§ 2º Reconhecida a competência do foro indicado pelo réu, o juízo para o qual for distribuída a contestação ou a carta precatória será considerado prevento.

§ 3º Alegada a incompetência nos termos do caput, será suspensa a realização da audiência de conciliação ou de mediação, se tiver sido designada.

§ 4º Definida a competência, o juízo competente designará nova data para a audiência de conciliação ou de mediação.

8.2. DEPÓSITOS PÚBLICOS

Caberá ao depositário público a **guarda** e **conservação** dos bens oriundos dos processos de natureza **cível**. Os bens oriundos de processos criminais ficam sob a responsabilidade da Central de Guarda de Objeto de Crime (CEGOC), o que será estudado no tópico seguinte.

DIFERENÇAS	
Depósito Público:	Guarda e conservação de bens de processos cíveis
Central de Guarda de Objeto de Crime (CEGOC):	Guarda e a conservação dos bens oriundos dos processos de natureza criminal.

ATENÇÃO! É vedada a guarda de bens imóveis sob a responsabilidade de depositário público. Havia exceção, no entanto essa possibilidade foi retirada no ano de 2020.

O depositário público deverá conferir, pormenorizadamente, no ato da entrega do mandado pelo oficial de justiça, as informações nele contidas, principalmente os dados e características dos bens depositados. O depositário público cadastrará no sistema informatizado os dados referentes aos bens recolhidos ao Depósito Público, bem como baixará os bens dele retirados.

No ato do recebimento, é formalizado o **auto de depósito,** que será datado e assinado pelo depositário público e pelo portador da ordem judicial (normalmente, o oficial de justiça). Portanto, o PGC exige ao menos duas assinaturas no. Importante destacar que **o juiz não assina o auto de depósito.**

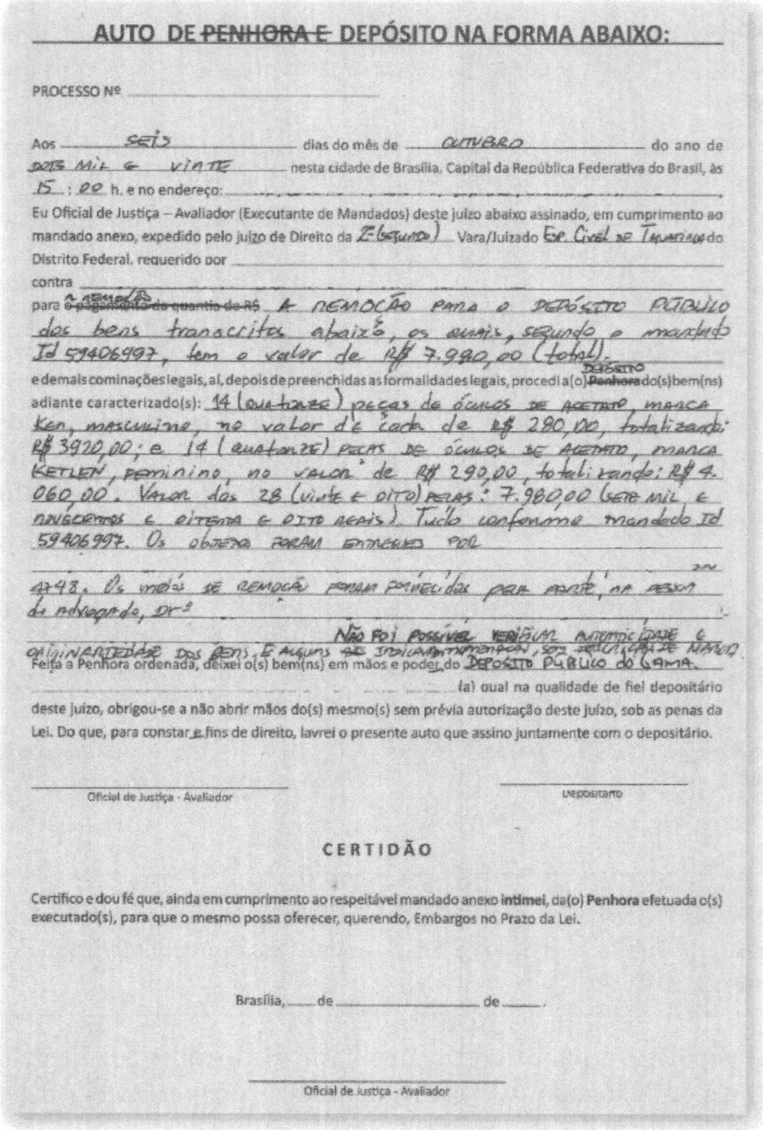

AUTO DE ~~PENHORA E~~ DEPÓSITO NA FORMA ABAIXO:

PROCESSO Nº ____

Aos seis dias do mês de outubro do ano de dois mil e vinte nesta cidade de Brasília, Capital da República Federativa do Brasil, às 15 : 00 h. e no endereço: ____

Eu Oficial de Justiça – Avaliador (Executante de Mandados) deste juízo abaixo assinado, em cumprimento ao mandado anexo, expedido pelo juízo de Direito da 2ª (segunda) Vara/Juizado Esp. Cível de Taguatinga do Distrito Federal, requerido por ____

contra ____

para a remoção ~~o pagamento da quantia de R$~~ a remoção para o depósito público dos bens transcritos abaixo, os quais, segundo o mandado Id 59406997, tem o valor de R$ 7.980,00 (total).

e demais cominações legais, aí, depois de preenchidas as formalidades legais, procedi a(o) Depósito ~~Penhora~~ do(s) bem(ns) adiante caracterizado(s): 14 (quatorze) peças de óculos de acetato, marca Ken, masculino, no valor de cada de R$ 280,00, totalizando: R$ 3920,00; e 14 (quatorze) peças de óculos de acetato, marca Ketlen, feminino, no valor de R$ 290,00, totalizando: R$ 4.060,00. Valor das 28 (vinte e oito) peças: 7.980,00 (sete mil e novecentos e oitenta reais). Tudo conforme mandado Id 59406997. Os objetos foram entregues por [illegible] 4748. Os meios de remoção foram fornecidos pela parte, na pessoa do advogado, Dr. [illegible] Não foi possível verificar autenticidade e originalidade dos bens. E alguns [illegible]

Feita a Penhora ordenada, deixei o(s) bem(ns) em mãos e poder do Depósito Público do Gama. ____ (a) qual na qualidade de fiel depositário deste juízo, obrigou-se a não abrir mãos do(s) mesmo(s) sem prévia autorização deste juízo, sob as penas da Lei. Do que, para constar e fins de direito, lavrei o presente auto que assino juntamente com o depositário.

Oficial de Justiça - Avaliador

Depositário

CERTIDÃO

Certifico e dou fé que, ainda em cumprimento ao respeitável mandado anexo **intimei**, da(o) **Penhora** efetuada o(s) executado(s), para que o mesmo possa oferecer, querendo, Embargos no Prazo da Lei.

Brasília, ___ de ___ de ___.

Oficial de Justiça - Avaliador

Modelo de auto de depósito[2]

Despesas com remoção de bens para o Depósito Público: são de responsabilidade do interessado. Se em determinado processo um veículo é penhorado e o credor requer a remoção do bem para o Depósito Público, o credor é quem arcará com as respectivas despesas.

2. Extraído de caso concreto, com adaptações.

8.2.1. Bens que não podem ser guardados no Depósito Público

O que não pode ser guardado no Depósito Público? Semoventes (animais domésticos e selvagens), bens inflamáveis, explosivos, corrosivos, radioativos, sujeitos à combustão espontânea, perecíveis e medicamentos, cabendo ao Juiz determinar as providências necessárias para que sejam depositados em local adequado.

Por sua vez, o depósito de dinheiro, joias, pedras e metais preciosos, bem como de papéis de crédito, será feito nos bancos oficiais.

NÃO PODEM SER GUARDADOS NO DEPÓSITO PÚBLICO	
Bens	**Destino**
• Semoventes (animais) • Bens inflamáveis • Explosivos • Corrosivos • Radioativos • Sujeitos à combustão espontânea	Juiz determina providências necessárias para que sejam depositados em local adequado.
Dinheiro, joias, pedras e metais preciosos, e papéis de crédito	Depósito em bancos oficiais

Como esse assunto foi cobrado em concurso?

No concurso para Técnico Judiciário/Área Administrativa e Judiciária (2003) foi perguntado: *"Qualquer espécie de bem móvel pode ser confiada à guarda do depositário público, sendo que, em se tratando de bem perecível, aquele deverá comunicar o recebimento ao juiz no prazo de 24 horas, a fim de obter autorização para leiloar o bem"*. O item foi considerado errado, tendo em vista o disposto no art. 155, *caput*, e parágrafo único, do PGC.

No concurso para Analista Judiciário/Execução de Mandados (2003) foi perguntado: *"Em todos os casos de penhora, arresto, sequestro e busca e apreensão, os oficiais de justiça-avaliadores deverão entregar os bens objeto da diligência ao depositário público, sob pena de responsabilidade funcional, salvo em se tratando de bens imóveis ou semoventes"*. O item foi considerado errado, tendo em vista o disposto no art. 155, *caput* e parágrafo único, do PGC.

8.2.2 Prazos e procedimentos para a retirada dos bens depositados

Obviamente os bens depositados não podem ficar custodiados eternamente. O PGC estabelece algumas regras acerca do tempo de permanência no depósito público, bem como o procedimento de retirada e destino dos bens. Vejamos.

Liberação do bem depositado: O depositário público não poderá liberar o bem sem a apresentação da guia de custas processuais válida ou a comprovação da dispensa do seu recolhimento.

Prazo para retirar os bens liberados pelo Juiz: 30 (trinta) dias, a contar da data do recebimento do alvará, serão levados a leilão público coletivo, deduzindo-se do valor da arrematação as custas do depósito e colocando-se o remanescente à disposição do juízo. Caso o alvará de liberação não contenha a advertência do prazo de 30 (trinta) dias, os bens não serão levados a leilão coletivo.

Como esse assunto foi cobrado em concurso?

No concurso para Analista Judiciário/Atividade Processual (2003) foi perguntado: *"Se uma parte em processo receber alvará para retirada de bens do depósito judicial e não o fizer no prazo de trinta dias, os bens serão levados a leilão"*. O item foi considerado correto por corresponder ao art. 157 do PGC.

Bens arrematados e não retirados do Depósito Público: Caso não sejam retirados no prazo de 30 (trinta dias), a contar da data do recebimento do alvará, poderão ser doados a entidades sem fins lucrativos. Não serão doados os bens cujo alvará de liberação não contenha a advertência desse prazo.

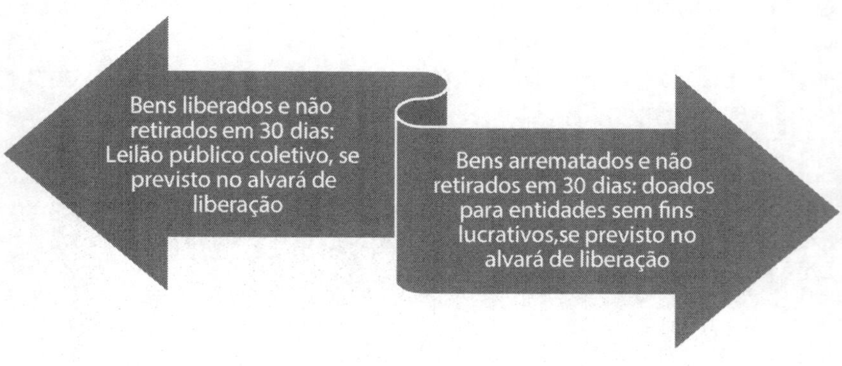

Como esse assunto foi cobrado em concurso?

No concurso para Analista Judiciário/Atividade Processual (2003) foi perguntado: "*Se o arrematante de um bem em leilão não o retirar do depósito público no prazo previsto no PGC, perderá o valor da arrematação para a União e o bem será novamente levado a leilão*". O item foi considerado correto por corresponder ao art. 158 do PGC.

Bens depositados há mais de 6 (seis) meses nos depósitos públicos: serão alienados em leilão público coletivo, mediante **prévia autorização do juízo**. Observe-se que nesse caso não houve liberação do bem.

Na prática, o depositário público comunica o Juiz acerca da situação, as partes são intimadas a se manifestarem, e, se não houver interesse, o Juiz autoriza a alienação em leilão público coletivo.

Como esse assunto foi cobrado em concurso?

No concurso para Técnico Judiciário/Área Administrativa e Judiciária (2000) foi perguntado: "*Em todos os casos, se bens levados ao depósito público ali passarem mais de doze meses, serão leiloados, após intimadas as partes*". O item foi considerado errado, tendo em vista o disposto no art. 157, 158 e 159 do PGC.

ATRIBUIÇÕES DO DEPOSITÁRIO PÚBLICO (art. 159, parágrafo único, ao art. 161, do PGC)
Comunicar, **mensalmente**, ao Núcleo Permanente de Leilões Judiciais – NULEJ a existência de bens em condição de serem incluídos em leilão público coletivo.
Encaminhar à unidade responsável pelo controle das custas e depósitos judiciais o **demonstrativo mensal das custas recolhidas** e guias correspondentes, **até o 5º (quinto) dia útil do mês subsequente**.
Encaminhar à unidade responsável pelo controle das custas e depósitos judiciais, **até o 10º (décimo) dia útil do mês de janeiro**, relatório com a síntese dos demonstrativos mensais do ano anterior.
Realizar **inspeção anual** e emitir **relatório circunstanciado** das ocorrências e das condições gerais do depósito, o qual será encaminhado à unidade superior **até o dia 10 (dez) de fevereiro**.

8.3. DA GUARDA DE OBJETOS DE CRIME

Caberá à Central de Guarda de Objeto de Crime - CEGOC a **guarda** e a **conservação** dos bens oriundos dos processos de **natureza criminal**. Podemos dizer que a CEGOC equivale, na área criminal, ao Depósito Público. Vamos rememorar:

DIFERENÇAS	
Depósito Público:	Guarda e conservação de bens de processos cíveis
Central de Guarda de Objeto de Crime (CEGOC):	Guarda e a conservação dos bens oriundos dos processos de natureza criminal.

Assim como nos Depósitos Públicos, há exceções quanto ao que pode ser guardado na CEGOC.

O que não pode ser guardado na CEGOC? A CEGOC não receberá substâncias entorpecentes ou que determinem dependência física ou psíquica, substâncias químicas, tóxicas, inflamáveis, explosivas ou assemelhadas, radioativos, medicamentos, alimentos perecíveis, bem como objetos de qualquer natureza utilizados para a prática dos crimes definidos na Lei nº 11.343/2006 (Lei Antidrogas), excetuadas as armas de fogo e munição, cabendo ao Juiz determinar as providências necessárias para que sejam depositados em local adequado.

O depósito de dinheiro, joias, pedras e metais preciosos, bem como de papéis de crédito, será feito nos bancos oficiais.

NÃO PODEM SER GUARDADOS NA CEGOC	
• Substâncias entorpecentes ou que determinem dependência física ou psíquica • Substâncias químicas, tóxicas, inflamáveis, explosivas ou assemelhadas, • Radioativos, medicamentos, alimentos perecíveis, bem como objetos de qualquer natureza utilizados para a prática dos crimes definidos na Lei nº 11.343/2006, **excetuadas** as armas de fogo e munição	Juiz determina providências necessárias para que sejam depositados em local adequado.
Dinheiro, joias, pedras e metais preciosos, e papéis de crédito	Depósito em bancos oficiais

Empréstimo de arma de fogo ou de objetos apreendidos em procedimento criminal: É proibida a utilização ou o empréstimo de arma de fogo ou de qualquer objeto apreendido em procedimento criminal, ainda que se trate de solicitação formulada por autoridades. **Exceção:** as hipóteses legais de produção de provas.

Como esse assunto foi cobrado em concurso?

No concurso para Técnico Judiciário/Área Administrativa e Judiciária (2003) foi perguntado: *"Não é permitido o empréstimo de bens apreendidos por decisão judicial, tais como armas, ainda que a solicitação parta de outro juiz ou de desembargador do TJDFT"*. O item foi considerado correto por corresponder ao art. 164 do PGC.

8.4. DOS LEILÕES PÚBLICOS COLETIVOS

Os leilões públicos coletivos serão **coordenados** por um Juiz designado pelo Corregedor e **administrados** pelo Núcleo Permanente de Leilões Judiciais - **NULEJ**. Por outro lado, o NULEJ deve solicitar **autorização do juízo** (leia-se, o juiz da vara que determinou a remessa dos bens ao NULEJ) para:

I. incluir, nos leilões **coletivos**, os bens que estejam nos depósitos públicos **há mais de 6 (seis) meses;**

II. realizar leilão com lance inicial **no valor das custas do depósito**, sempre **quando** não for obtida a arrematação do bem **em 3 (três) leilões consecutivos**;

III. doar, descartar, destruir ou inutilizar os bens imprestáveis ou sem valor econômico expressivo que se encontrem depositados **há mais de 6 (seis) meses nos depósitos públicos.**

Como esse assunto foi cobrado em concurso?

No concurso para Analista Judiciário/Atividade Processual (2003) foi perguntado: *"Sempre que um bem permanecer por mais de doze meses no depósito público, deverá ser vendido em leilão o mais cedo possível, bastando que o depositário público comunique o fato ao juiz da causa"*. O item foi considerado errado, tendo em vista o disposto no art. 166 do PGC.

O edital do leilão público coletivo deverá ser publicado **1 (uma) vez**, no Diário de Justiça eletrônico - DJe.

O NULEJ providenciará a **ampla divulgação** dos leilões coletivos nos meios de comunicação.

O Juiz Coordenador poderá determinar a **dispensa do recolhimento das custas** referentes à permanência dos bens em depósito público para os casos de **doação** previstos no Provimento.

O NULEJ deverá apresentar **prestação de contas** dos leilões públicos coletivos para aprovação pelo Juiz Coordenador.

8.5. DAS CONTADORIAS-PARTIDORIAS

As Contadorias-Partidorias são responsáveis pelo cálculo e atualização dos débitos judiciais (nos casos determinados pelo Juiz) e também das custas judiciais.

Prazo para elaborar os cálculos ou prestar informações: O contabilista-partidor tem o prazo de 48 (quarenta e oito) horas, contado da data do recebimento dos autos, **salvo outro prazo estabelecido pelo Juiz** ou quando a matéria envolver **cálculo de elevada complexidade**.

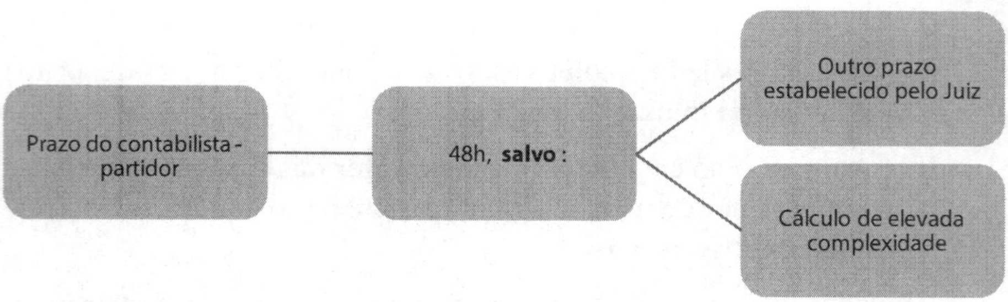

A data inicial de incidência de correção monetária e de juros deverá constar do demonstrativo de cálculos.

O contabilista-partidor poderá solicitar **dados complementares** ao juízo, se **indispensáveis** à elaboração dos cálculos.

A movimentação de autos entre a contadoria e a secretaria da vara será realizada, **exclusivamente**, por **servidor ou estagiário** do Tribunal, ou seja, partes e advogados não podem remeter os autos da contadoria à secretaria da vara e vice-versa.

Como esse assunto foi cobrado em concurso?

No concurso para Analista Judiciário/Atividade Processual (2003) foi perguntado: *"Mesmo em se tratando de processos urgentes, não podem a parte nem seu advogado efetuar a entrega direta de autos ao contador judicial, pois esta deve ser providenciada pelo ofício judicial"*. O item foi considerado correto por corresponder ao art. 173 do PGC.

É vedada a consulta de autos por advogado ou parte enquanto estiverem com carga ao contabilista-partidor, salvo se deferido pelo Juiz o pedido de vista, hipótese em que o contabilista-partidor remeterá os autos à secretaria da vara.

8.6. DOS OFICIAIS DE JUSTIÇA

8.6.1. Das Atribuições dos Oficiais de Justiça

O oficial de justiça é o servidor encarregado do cumprimento das diligências determinadas pelas autoridades judiciais, tais como citações, intimações, penhoras, dentre outras. São atribuições do oficial de justiça:

I – exercer as funções definidas pelas leis processuais e pelo PGC, além de cumprir as determinações do Corregedor, dos Juízes, da unidade administrativa superior e das comissões disciplinares;

II – cumprir **pessoalmente** as diligências, identificando-se pelo nome e pela função, portando o crachá em local visível e, se solicitado, apresentar a carteira de identidade funcional;

Como esse assunto foi cobrado em concurso?

No concurso para Técnico Judiciário/Área Administrativa e Judiciária (2003) foi perguntado: *"Em casos excepcionais e desde que faça comunicação prévia ao juiz emissor do mandado, o oficial de justiça-avaliador poderá atribuir a pessoa de sua estrita confiança o cumprimento de mandado judicial, mas a certidão da diligência e a responsabilidade pela correção dela ficarão, em qualquer caso, a cargo do servidor"*. O item foi considerado errado, tendo em vista o disposto no art. 175, I do PGC.

III – **avaliar** bens, salvo quando exigidos conhecimentos técnicos especializados;

IV - proceder à **prévia avaliação** na hipótese de bens a serem **removidos ao Depósito Público;**

V - realizar **leilões públicos, coletivos ou individuais**, exceto quando houver indicação de leiloeiro por credor em leilão público individual, admitido pelo juízo do feito;

VI - lavrar certidões circunstanciadas, conforme model os aprovados pela Corregedoria;

VII - assinar o termo de carga dos mandados, conferi-los **no prazo de 24 (vinte e quatro) horas** e devolver aqueles em desacordo com o Provimento, sob pena de assumir o encargo de regularizá-lo junto à unidade expedidora.

VIII - **devolver**, sem cumprimento, **no prazo máximo de 24 (vinte e quatro) horas contadas** do **recebimento**, mandado de outro setor que lhe seja distribuído indevidamente ou, transcorrido esse prazo, cumpri-lo integralmente;

IX - comparecer à sala a ele destinada, durante o expediente forense, **mediante agendamento** realizado com as **partes e advogados** por **e-mail institucional**, salvo se disponibilizar número de telefone celular para o atendimento solicitado. O e-mail institucional do oficial de justiça será disponibilizado na consulta processual realizada no sítio eletrônico do TJDFT.

X - acessar o **correio eletrônico institucional** nos dias de expediente forense;

XI - responder, **até o dia útil seguinte**, às orientações encaminhadas pela Administração e pelos ofícios judiciais, bem como as mensagens eletrônicas enviadas pelas partes e advogados;

XII - providenciar o **depósito** em banco credenciado dos valores provenientes das constrições sobre dinheiro, os quais ficarão à disposição do juízo, devendo juntar aos autos o respectivo comprovante **nas 48 (quarenta e oito) horas subsequentes.**

XIII - cumprir o plantão diário e dar cumprimento às diligências recebidas durante a escala de seu plantão.

Vedações aos oficiais de justiça
Lavrar certidões manuscritas.
Receber valores ou vantagens, a qualquer título, para o exercício de suas atribuições.
Devolver mandado sem cumprimento, salvo nas exceções previstas pelo PGC

ATENÇÃO: Os números dos telefones do Núcleo e dos Postos de Distribuição de Mandados serão divulgados no sítio eletrônico do TJDFT para que as partes e os advogados possam solicitar contato com os oficiais de justiça, caso necessário.

8.6.2. Da Distribuição, do Cumprimento e da Devolução dos Mandados

Os mandados serão distribuídos **diariamente**, observada a **setorização** e a **equidade** entre os oficiais de justiça, bem como a **proximidade** da **data** do ato processual ou a **urgência** da diligência.

Como esse assunto foi cobrado em concurso?

No concurso para Técnico Judiciário/Área Administrativa e Judiciária (2003) foi perguntado: *"Os mandados judiciais, na Circunscrição Especial Judiciária de Brasília, devem ser distribuídos aleatoriamente aos oficiais de justiça-avaliadores, para cumprimento em todo o território da circunscrição, com base na terminação numérica dos processos"*. O item foi considerado errado, tendo em vista o disposto no art. 177 do PGC.

Devolução dos mandados: vedada a devolução diretamente nas secretarias das varas.

Como esse assunto foi cobrado em concurso?

No concurso para Analista Judiciário/Oficial de Justiça Avaliador Federal (2015) foi perguntado: *"Os mandados serão cumpridos pelo oficial de justiça e devolvidos no prazo improrrogável de vinte dias, diretamente nas secretarias das varas, salvo prazo diverso previsto em lei ou fixado pelo juiz"*. A assertiva foi considerada errada, tendo em vista o disposto no art. 178, §2º, do PGC.

Prazo para cumprir e devolver os mandados:

- **Regra**: 20 (vinte) dias **(prazo improrrogável**), a contar da data de distribuição, salvo prazo diverso previsto em lei ou determinado pelo Juiz da causa ou, ainda, quando, por sua natureza, o cumprimento do mandado protrair-se no tempo.

Como esse assunto foi cobrado em concurso?

No concurso para Técnico Judiciário/Área Administrativa e Judiciária (2003) foi perguntado: *"Os oficiais de justiça-avaliadores terão prazo de trinta dias para cumprimento dos mandados que hajam recebido, salvo necessidade de prorrogação, autorizada pelo juiz perante o qual atuem".* O item foi considerado errado, tendo em vista o disposto no art.178 do PGC.

- **Réu preso:** Os mandados de **citação** de réu preso deverão ser cumpridos e devolvidos em até **5 (cinco) dias** a contar da sua **distribuição.**
- **Mandado de intimação para audiência ou leilão:** O oficial de justiça deverá devolvê-lo com até 3 (três) dias úteis de antecedência, salvo se cumprido em regime de plantão.
    - o **Se não houver tempo hábil para cumprir no prazo:** o oficial deverá informar à unidade expedidora o resultado da diligência por telefone ou e-mail, fazendo constar tal fato na certidão, bem como o nome e matrícula do servidor contatado.

Nos casos de ordem de despejo, de reintegração de posse de bem imóvel e de outras congêneres: se ausente o ocupante ou quedando-se inerte quanto à retirada de móveis e utensílios sem valor comercial, cujo estado de conservação seja precário, possibilitando a avaliação como entulho ou sucata, de nenhum valor econômico, o oficial de justiça poderá deixá-los no respectivo imóvel, cientificando o juízo para que determine as providências necessárias.

Municípios contíguos. O TJDFT e o TJGO firmaram no ano de 2006 um Protocolo de Cooperação pelo qual os oficiais de justiça do DF e do Estado de Goiás poderão ingressar no território da respectiva comarca vizinha para o cumprimento de determinadas diligências, o que antes, para tanto, exigia a expedição de carta precatória.

Desse modo, nas comarcas dos municípios contíguos de Valparaíso de Goiás, Novo Gama, Águas Lindas de Goiás, Planaltina de Goiás, Santo Antônio do Descoberto e Cidade Ocidental, os oficiais de justiça deverão cumprir mandados de **citação, intimação, notificação, penhora, avaliação e quaisquer outros atos executivos** (art. 179).

E se o mandado encaminhado pela secretara do juízo estiver em desacordo com o PGC e com as demais normas legais? É passível de devolução, devidamente justificada, atentando-se, em qualquer hipótese, ao prazo hábil para o efetivo cumprimento da diligência.

Devolução do mandado sem cumprimento: É vedado ao oficial de justiça devolver mandado sem cumprimento, salvo nas hipóteses excepcionadas no PGC (como, por exemplo, mandado de outro setor que lhe seja distribuído indevidamente, desde que o faça em até 24h do recebimento, conforme inciso VIII do art. 175). E o que caracteriza um mandado cumprido?

1. É aquele que alcança a finalidade do ato determinado pelo Juiz, produzindo os efeitos processuais pretendidos.
2. Ainda que não atingida a sua finalidade, reputa-se cumprido o mandado nos seguintes casos, desde que esgotados os meios e certificados os atos realizados para o êxito da diligência:
   a. se verificada a necessidade de autorização judicial específica para a sua consecução, tais como ordem de arrombamento, horário especial ou força policial;
   b. se o destinatário estiver viajando com prazo para retorno desconhecido ou superior a 20 (vinte) dias;
   c. se as informações contidas no mandado forem errôneas ou insuficientes para o seu cumprimento;
   d. nas demais circunstâncias que inviabilizem o seu cumprimento.

Portanto, para que o um mandado que não tenha atingido a sua finalidade seja considerado cumprido, são necessárias **duas condições**: esgotados os meios de cumprimento e certificação dos atos realizados para o êxito da diligência.

Como esse assunto foi cobrado em concurso?

No concurso para Analista Judiciário/Oficial de Justiça Avaliador Federal (2015) foi perguntado: "*Caso receba indevidamente mandado de outro setor, o oficial de justiça deverá devolvê-lo dentro de vinte e quatro horas. Se não observar o prazo, ficará responsável pelo cumprimento integral do mandado*". O item foi considerado correto por corresponder ao inciso VIII do art. 175 do PGC.

No concurso para Analista Judiciário/Atividade Processual (2003) foi perguntado: "*Considere a seguinte situação hipotética. Um oficial de justiça-avaliador recebeu mandado de citação para cumprimento em determinado bloco e apartamento da SQN 315. Após comparecer ao local, o oficial devolveu o mandado com a seguinte certidão: "Certifico que, em cumprimento ao mandado, compareci ao endereço do citando e este não foi encontrado no local, pois, de acordo com informação do atual morador, seu endereço atual é a SQS 308, bloco X, ap.*

Y." Nessa situação, nos termos do PGC, o mandado de citação deve ser considerado não-cumprido". O item foi considerado correto por corresponder ao art. 181, §2º, do PGC.

Estabelecimentos prisionais: Somente serão cumpridas diligências nos estabelecimentos prisionais, em horário noturno, quando se cuidar de alvará de soltura, salvo se diversamente ordenar o Juiz.

8.7. DO RECOLHIMENTO E DO CONTROLE DAS CUSTAS PROCESSUAIS

O recolhimento das custas processuais no âmbito da Justiça do Distrito Federal e dos Territórios será efetuado de acordo o PGC e com o Decreto–Lei nº 115, de 25 de janeiro de 1967, que dispõe sobre o Regimento de Custas.

ATENÇÃO!

Compete ao **Conselho da Magistratura** regulamentar e atualizar a Tabela do Regimento de Custas das Serventias Judiciais e dos Serviços Notariais e de Registro, conforme art. 15, II, do RITJDFT.

Compete ao **Conselho Especial**, no exercício das funções administrativas, aprovar proposta do Regimento de Custas das Serventias Judiciais e dos Serviços Notariais e de Registro para encaminhamento ao Poder Legislativo (art. 363, VII, do RITJDFT)

A cobrança de custas processuais para as ações sujeitas à distribuição, ressalvados os casos legais de isenção, será realizada de acordo com as Tabelas do Regimento de Custas da Justiça do Distrito Federal e dos Territórios, mediante a emissão de Guia de Recolhimento da União - GRU, que compreenderá os itens:

I - custas;

II - mandado;

III - distribuidor;

IV - contador;

IV - contabilista-partidor;

V – diligência;

VI – ofício de averbação de baixa.

Abaixo, exemplo de guia de custas, com os itens relacionados acima:

O pagamento desta GRU Cobrança poderá ser efetuado em qualquer banco.
Para pagamento via Internet banking ou caixa eletrônico, utilize a opção pagamento de títulos.
Instruções:

1. Imprima em impressora jato de tinta ou laser em qualidade normal ou alta. Não use modo econômico.
2. Utilize papel A4 (210 x 297 mm) e margens mínimas à esquerda e à direita do formulário.
3. Corte na linha indicada. Não rasure, não risque, não fure e não dobre a região onde se encontra o código de barras.
4. Para pagamento via Internet banking ou caixa eletrônico, utilize a opção pagamento de títulos.

Via do Processo
Guia de Custas e Emolumentos / Guia Inicial - 1ª instância

BANCO DO BRASIL | **001-9** | **00190.00009 02941.725166 00111.060174 6 87050000041588**

Cedente	Vencimento	Valor do documento
Tribunal de Justiça do Distrito Federal e Territórios	**07/08/2021**	**R$ 415,88**
Processo	Data do documento	Número da Guia
	29/07/2021	**29417251600111060**

Competência/Juízo
Cível

Circunscrição / Forum
ÁGUAS CLARAS / Fórum de Águas Claras

Nome da Petição
1045 - Busca e Apreensão em Alienação Fiduciária

Polo Ativo

Polo Passivo

Valor da Causa
R$ 18.195,62

Distribuidor:8,74 / Mandados:7,20 / Ofícios:7,20 / Contador:10,76 / Custas:363,91 / Diligências:18,07 *

Válida até 07/08/2021 ressalvados os prazos recursais.
Os itens cobrados estão de acordo com as tabelas do Decreto-Lei nº 115/67 e do § 2º do artigo 191 do Provimento Geral da Corregedoria.
* 1 RCO

13613684896 11:51

Sacado / Pago Por

corte na linha pontilhada

Ficha de Compensação
Guia de Custas e Emolumentos / Guia Inicial - 1ª instância

BANCO DO BRASIL | **001-9** | **00190.00009 02941.725166 00111.060174 6 87050000041588**

Local do pagamento						Vencimento
Pagável em qualquer banco.						**07/08/2021**
Cedente						Agência/Código do cendente
Tribunal de Justiça do Distrito Federal e Territórios Praça municipal, Lote 01 - CEP 70094-900 - Brasília/DF CNPJ: 00531954/0001-20						**4200/333050**
Data do documento	Número do documento		Espécie DOC	Aceite	Data process.	Nosso Número
29/07/2021	**29417251600111060**			**N**	**29/07/2021**	**29417251600111060**
Uso do Banco	Carteira	Espécie	Quantidade	x Valor		(=) Valor do documento
	17	**R$**				**R$ 415,88**

Instruções

1. Senhor(a) caixa, por favor não receba este documento após a data de vencimento.
2. Não receber por depósito.
3. **SR. CAIXA: NÃO RECEBER EM CHEQUE**.

(-) Desconto/Abatimento ******************

****

(+) Juros/Multa ******************

****

(=) Valor Cobrado **R$ 415,88**

Sacado

Sacador/Avalista

Autenticação mecânica - Ficha de compensação

Guia de custas

Pode ser exigido o pagamento de outros itens? Sim, quando realizados atos processuais previstos no Regimento de Custas.

Despesas processuais com serviços dos Correios: serão recolhidas no decurso do processo e nas custas finais, de acordo com as tarifas da Empresa Brasileira de Correios e Telégrafos – ECT.

Recolhimento de custas: Há alguns casos que embora não sujeitos à distribuição o recolhimento de custas é obrigatório: o pedido de cumprimento de sentença, a reconvenção e a intervenção de terceiros.

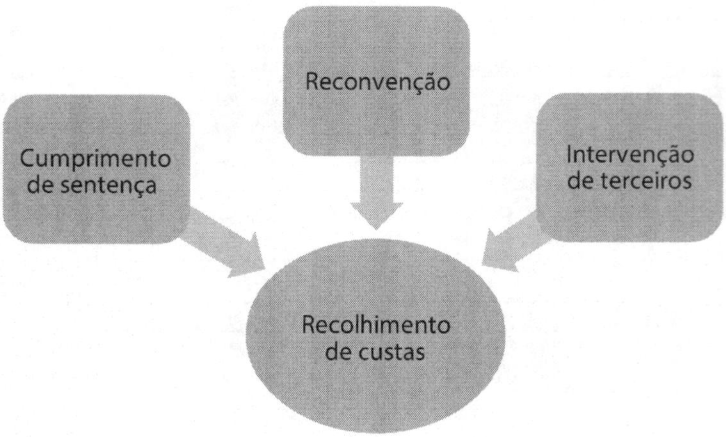

As Tabelas do Regimento de Custas da Justiça do Distrito Federal e dos Territórios ficarão disponíveis para consulta dos interessados no *site* do Tribunal – www.tjdft.jus.br.

TABELA "G" - JUDICIAL
DOS ESCRIVÃES
SEÇÃO 1ª DO CÍVEL

I	Ações ordinárias e aquelas em que, contestadas, tomam o rito ordinário, salvo disposição em contrário sobre o valor da causa, garantido o mínimo de R$ 35,95 e fixado o máximo de R$ 541,13	2%
II	Executivos fiscais, sobre o valor do pedido garantido o mínimo de R$ 35,95 e o máximo de R$ 541,13	0,5%
	Nota: As custas previstas neste item serão reduzidas:	
	a) de 50% (cinquenta por cento), se o devedor pagar a dívida até o fim do prazo para contestação;	
	b) 1/3 (um terço), se o pagamento for efetuado antes da audiência de instrução e julgamento e não houver produção intermediária de prova. Numa ou noutra hipótese fica assegurado o mínimo de R$ 35,95	
	Nota: Se o escrivão tiver justo motivo para recusar o valor dado à causa, poderá levantar dúvida que será resolvida pelo Juiz sem recurso. Se a dúvida for julgada improcedente, perderá, o Escrivão, 20% (vinte por cento) das custas a que tiver direito.	

III	Nos mandados de segurança as custas serão as do item I, com cinquenta por cento de redução, respeitando o mínimo de R$ 35,95, cobrando-se R$ 18,07 por impetrante, se mais de um.	
IV	Nas ações e processos especiais em que a instrução seja sumária, tais como venda de imóveis a prestação, venda de quinhão de coisa comum, remoção de tutor e curador ou de administrador de fundação, dissolução e liquidação de sociedade, arbitramento de alugueres, as custas serão as previstas no item I, com cinquenta por cento de desconto, garantido o mínimo de R$ 35,95.	
	Nota: Nas ações e processos especiais não incluídos nos itens anteriores, as custas serão contadas conforme o disposto no item I, com a redução de 2/3 (dois terços), garantido o mínimo de R$ 35,95.	
V	Justificação, inclusive tomadas de depoimentos	54,07
VI	Interpelação, notificação e protesto	35,95
VII	Processos acessórios, preventivos e incidentes, as custas indicadas no item I, calculadas pela quarta parte, garantido o mínimo de R$ 35,95.	
VIII	Nas ações de despejo em que seja deferida e efetuada a purgação da mora, as custas contar-se-ão segundo o item I, reduzidas de 2/3 (dois terços), com o mínimo de R$ 35,95 e o máximo de R$ 180,39.	

Trecho da Tabela de Custas

Carta arbitral: A carta arbitral cumprida será devolvida ao juízo arbitral após o pagamento das custas pela parte.

Arbitragem e carta arbitral: As partes podem convencionar que a solução de determinado conflito seja dada por um árbitro e não pelo Poder Judiciário. Nesse contexto, de acordo com a Lei nº 9.307/96 (Lei de Arbitragem), "O árbitro ou o tribunal arbitral poderá expedir carta arbitral para que o órgão jurisdicional nacional pratique ou determine o cumprimento, na área de sua competência territorial, de ato solicitado pelo árbitro" (art. 22-C). A carta arbitral é, portanto, um instrumento de comunicação do árbitro com a Justiça, na qual solicita a cooperação do Poder Judiciário para efetivar alguma medida deferida durante a arbitragem.

O PGC disciplina, ainda, hipóteses de isenção e de não incidência das custas processuais. Os casos de isenção dizem respeito a pessoas, ao passo em que os casos de não incidência são referentes a processos. Vejamos.

ISENÇÃO E NÃO INCIDÊNCIA DE CUSTAS	
ISENÇÃO	**NÃO INCIDÊNCIA**
Distrito Federal e suas autarquias e fundações	Ações populares

ISENÇÃO E NÃO INCIDÊNCIA DE CUSTAS	
Ministério Público	Ações civis públicas
Beneficiários de justiça gratuita	Ações coletivas de que trata o Código de Defesa do Consumidor, ressalvada a hipótese de litigância de má-fé
	Habeas corpus e no *habeas data*;
	Ações de competência das Varas da Infância e da Juventude, quando figurarem crianças ou adolescentes no polo ativo ou no passivo.

Como esse assunto foi cobrado em concurso?

No concurso para Técnico Judiciário/Área administrativa (2007) foi perguntado: *"O cumprimento de cartas precatórias não depende de prévio recolhimento de preparo"*. A assertiva foi considerada errada, tendo em vista o disposto no art. 184, V, e art. 186 do PGC.

No concurso para Analista Judiciário/Atividade Processual (2003) foi perguntado: *"O autor de ação popular pode sujeitar-se ao pagamento de custas".* O item foi considerado correto por corresponder ao art. 186, I, do PGC.

Emissão das guias: As guias para recolhimento das custas processuais no âmbito da Justiça do Distrito Federal e dos Territórios serão emitidas **exclusivamente por meio eletrônico**, utilizando-se o sistema disponível no *site* www.tjdft.jus.br, no formato de Guia de Recolhimento da União – GRU.

Responsabilidade pelas informações inseridas: A responsabilidade pelas informações inseridas no sistema de emissão de guias de custas processuais é do interessado.

Custas recolhidas em desconformidade: As custas processuais recolhidas em desconformidade com este Provimento, com as Tabelas do Regimento de Custas da Justiça do Distrito Federal e dos Territórios e com os demais atos normativos referentes ao tema poderão ser restituídas mediante requerimento de devolução.

Onde retirar as guias de custas: As guias para recolhimento de custas processuais intermediárias, finais e para a retirada de bens do Depósito Público estarão disponíveis para emissão no *site* do Tribunal, após o lançamento dos cálculos no sistema.

Onde fazer o recolhimento (pagamento): As custas processuais serão recolhidas em qualquer instituição financeira ou correspondentes bancários. O recolhimento das custas processuais **não** poderá ser realizado diretamente na **secretaria da vara** ou por meio de **cheque**.

Procedimento: O interessado apresentará guia que contém as informações processuais, fazendo prova do recolhimento das custas processuais mediante apresentação de um dos seguintes documentos:

I – do original da guia autenticada mecanicamente;

II – do original do comprovante de pagamento emitido pela instituição financeira ou correspondente bancário;

III – do comprovante de pagamento impresso via internet.

A guia apresentada deverá ser anexada ao processo com o respectivo comprovante de pagamento. **Atenção!** Não será aceito comprovante de agendamento, vez que não é apto a demonstrar o efeito pagamento das custas.

E se houver extravio do comprovante de pagamento? Nesse caso, o pagamento poderá ser demonstrado mediante certidão emitida pela unidade responsável pelo controle das custas e depósitos judiciais, a pedido do interessado.

É possível distribuir o feito sem o prévio recolhimento das custas processuais? Sim, caso em que a guia e o respectivo comprovante de pagamento deverão ser apresentados pelo interessado diretamente às varas, que procederão à vinculação da guia ao processo, utilizando o sistema informatizado do Tribunal.

A unidade responsável pelo controle das custas e depósitos judiciais informará às serventias judiciais o eventual recolhimento de custas processuais em valor inferior ao discriminado na guia.

Indisponibilidade do sistema no último dia do prazo: Verificada a impossibilidade de emissão da guia em razão da indisponibilidade do sistema no último dia do prazo processual, a unidade responsável pelo controle das custas e depósitos judiciais emitirá certidão mediante solicitação do interessado, que deverá realizar o pagamento no primeiro dia útil subsequente. **Atenção!** Isso somente ocorre se a indisponibilidade do sistema ocorrer no último dia do prazo! Se for no penúltimo e nos dias antecedentes, a unidade responsável não emitirá a certidão.

Validade para pagamento da guia: 10 (dez) dias corridos, contados da data de emissão.

Exceções:

- A guia emitida a partir de 21 de dezembro terá validade para pagamento limitada ao último dia útil do exercício.
- As guias destinadas à interposição de recurso e à retirada de bens do Depósito Público terão data de vencimento igual à data de emissão. Já o cálculo das custas processuais referentes aos bens retirados do depósito público será efetuado com base no período de permanência e no valor de avaliação dos bens.
- A guia com vencimento em feriado ou fim de semana deverá ser paga no primeiro dia útil subsequente.

PRAZO PARA PAGAMENTO DA GUIA DE CUSTAS	
Regra:	10 dias
Exceções:	Guia emitida a partir de 21 de dezembro: validade para pagamento limitada ao último dia útil do exercício.
	Interposição de recurso e retirada de bens do Depósito Público: data de vencimento igual à data de emissão.
	Vencimento em feriado ou fim de semana: primeiro dia útil subsequente.

A guia de custas processuais somente será aceita se o valor pago corresponder ao da tabela vigente no momento da sua apresentação.

O valor da autenticação de documentos será calculado com base no inciso XX, da Seção 1, da Tabela G, do Decreto-Lei nº 115, de 25 de janeiro de 1967.

Devolução das custas processuais: É possível nos seguintes casos:

- desistência do ajuizamento da ação ou da interposição do recurso;
- recolhimento indevido decorrente de erro na emissão da guia;
- recolhimento em duplicidade;
- concessão de gratuidade de justiça;
- determinação judicial ou administrativa.

> **ATENÇÃO!** Se o pedido do autor for julgado improcedente ou se o feito for extinto sem apreciação do mérito (quando, por exemplo, o autor não era parte legítima para propor a ação), não há que se falar em devolução das custas!

Valor a ser devolvido: O valor da guia das custas processuais será devolvido em sua integralidade, vedada qualquer compensação com débitos existentes no processo.

Prazo para pleitear a devolução: Prescreve em 5 (cinco) anos contados da data do recolhimento.

CAPÍTULO 9

DISPOSIÇÕES FINAIS E TRANSITÓRIAS

Não é necessária a reautuação dos feitos em que houve a alteração da cor da capa dos autos em razão da entrada em vigor do atual PGC, que revogou o Provimento Geral da Corregedoria aplicado aos Juízes e Ofícios Judiciais, publicado no Diário da Justiça de 04 de janeiro de 2008, e disposições em contrário. A entrada em vigor do atual PGC ocorreu 30 (trinta) dias após a data da sua publicação.

PARTE III

REGIMENTO INTERNO DO TRIBUNAL DE JUSTIÇA DO DISTRITO FEDERAL E DOS TERRITÓRIOS

Capítulo 1

O TRIBUNAL DE JUSTIÇA DO DISTRITO FEDERAL E DOS TERRITÓRIOS

A **segunda instância,** também chamada de instância recursal, é responsável por analisar os recursos interpostos contra as decisões proferidas pela primeira instância (juízes), bem como algumas ações que iniciam originariamente no Tribunal, como exemplo desse último caso o julgamento de determinadas autoridades.

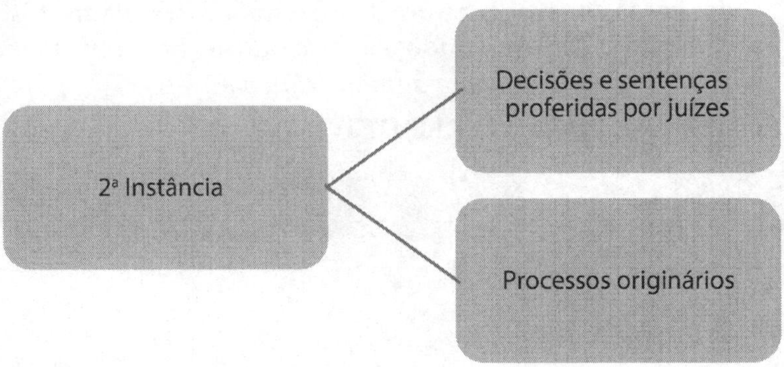

Ela é composta por **desembargadores**, que se dividem em grupos para analisar os recursos e os processos originários. Esses grupos podem ser Turmas, Seções ou o Conselho Especial, conforme estudaremos oportunamente).

Antes de ingressarmos propriamente no estudo do Regimento Interno do TJDFT (RITJDFT), é preciso ter uma visão geral acerca das suas disposições normativas, o que facilita didaticamente a compreensão dos temas tratados.

O **RITJDFT** disciplina o funcionamento do Tribunal, especificamente, a **segunda instância**. Está dividido **em 03 (três) partes**, cada uma composta por seus respectivos títulos e demais subdivisões.

- A **Parte Primeira** trata da organização, da composição e da competência do TJDFT, é a parte *orgânica* do RITJDFT, na medida em que disciplina o funcionamento de seus órgãos internos (Conselho

Especial, Câmaras, Turmas, além das Comissões) e dispõe sobre os Desembargadores. *Basicamente, diz quem compõe o TJDFT.*

- A **Parte Segunda** trata dos Serviços (registro e classificação dos feitos, sejam eles recursos ou processos originários), além do funcionamento e do trâmite do processo judicial na segunda instância (recursos, mandados de segurança, ações originárias etc.), desde a chegada do processo ao TJDFT, o funcionamento das sessões de julgamento (também das sessões solenes e especiais), e, ainda, o julgamento dos feitos pelos órgãos jurisdicionais do TJDFT. *Basicamente, diz como funcionam os processos no TJDFT.*
- A **Parte Terceira** cuida do funcionamento **administrativo** do TJDFT, ou seja, das funções administrativas do Tribunal Pleno e do Conselho Especial, das atribuições administrativas do Presidente, Primeiro Vice-Presidente, do Segundo Vice-Presidente e do Corregedor da Justiça, bem como o funcionamento de processos administrativos, tais como eleição para cargos de direção, para o Tribunal Regional Eleitoral (TRE), do provimento dos cargos da magistratura de carreira, processo administrativo disciplinar de magistrados, dentre outros. *Basicamente, regulamenta o funcionamento administrativo do TJDFT.*

ESQUEMATIZANDO O RITJDFT

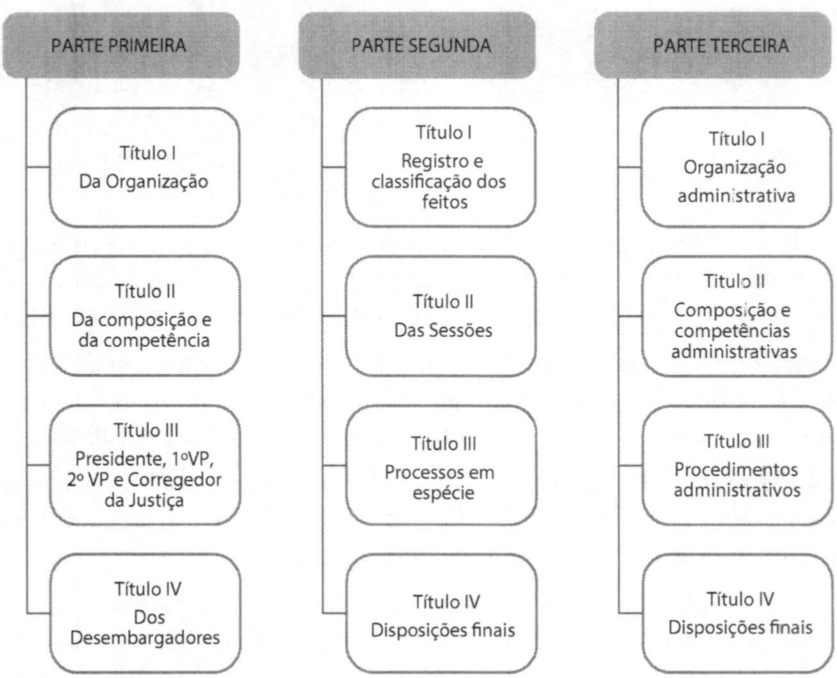

1.1. COMPOSIÇÃO E FUNCIONAMENTO DO TJDFT

O Tribunal de Justiça do Distrito Federal e dos Territórios é composto por 48 Desembargadores e tem jurisdição em todo o Distrito Federal e nos Territórios Federais. Ele integra a Justiça do Distrito Federal, juntamente com os demais órgãos relacionados no art. 2º da Lei de Organização Judiciária do Distrito Federal, que, para rememorar, passamos novamente a transcrever:

Órgão da Justiça do DF:

I – o Tribunal de Justiça;

II – o Conselho Especial;

III – o Conselho da Magistratura;

IV – os Tribunais do Júri;

V – os Juízes de Direito do Distrito Federal e dos Territórios;

VI – os Juízes de Direito Substitutos do Distrito Federal;

VII – a Auditoria e o Conselho de Justiça Militar.

O TJDFT atua tanto por meio das sessões do plenário ou de seus órgãos fracionários, como em reuniões das comissões permanentes ou temporárias, sendo elas:

<table>
<tr><th colspan="3">FUNCIONAMENTO</th></tr>
<tr><th>Sessões</th><th>Reuniões das Comissões Permanentes</th><th>Reuniões das Comissões Temporárias</th></tr>
<tr><td>tabela vigente no momento da sua apresentação</td><td>Comissão de Regimento Interno
(5 membros)</td><td rowspan="6">Criadas pelo Tribunal Pleno ou pelo Presidente
Podem se reunir com qualquer número de membros</td></tr>
<tr><td>Conselho Especial</td><td>Comissão de Jurisprudência
(5 membros)</td></tr>
<tr><td>Conselho da Magistratura</td><td rowspan="4">Comissão de Acompanhamento de Estágio Probatório
(3 membros).</td></tr>
<tr><td>Câmara de Uniformização</td></tr>
<tr><td>Câmaras Especializadas</td></tr>
<tr><td>Turmas Especializadas</td></tr>
</table>

As comissões colaboram no desempenho dos encargos do TJDFT, sua atuação é exclusivamente administrativa, ou seja, tem por finalidade atuar em questão que dizem respeito à organização administrativa e gestão do Tribunal.

> **IMPORTANTE**: as comissões não julgam processos judiciais!

Voltaremos ao estudo das comissões em tópico específico.

Podemos esquematizar os órgãos do funcionamento do TJDFT da seguinte maneira:

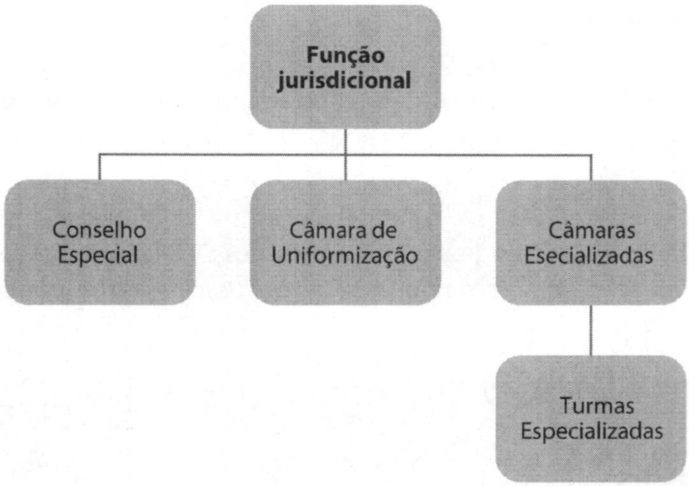

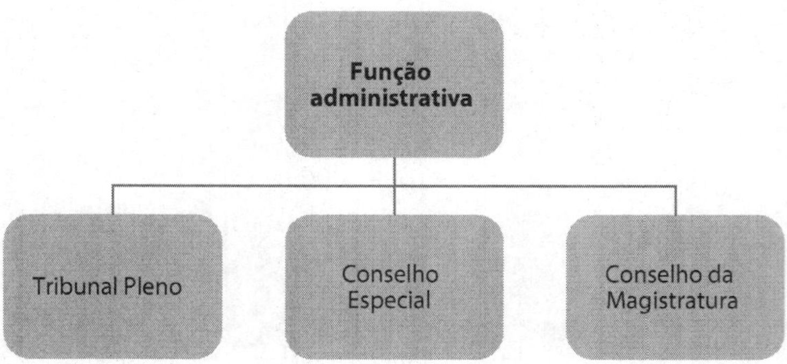

Funções dos órgãos do TJDFT	
Órgão	**Natureza da atribuição**
Tribunal Pleno	Administrativa
Conselho Especial	Jurisdicional e Administrativa
Conselho da Magistratura	Administrativa
Câmara de Uniformização	Jurisdicional
Câmaras Especializadas	Jurisdicional
Turmas Especializadas	Jurisdicional

- **Tribunal Pleno:** função administrativa
- **Conselho da Magistratura:** função administrativa
- **Conselho Especial:** função Jurisdicional e administrativa
- **Câmara de Uniformização, Câmaras Especializadas e Turmas Especializadas:** função Jurisdicional

O art. 359 do RITJDFT estabelece que somente o Tribunal Pleno, o Conselho Especial e o Conselho da Magistratura funcionam em sessões administrativas.

ATENÇÃO! Não confundir o Conselho da Magistratura com o Conselho Nacional de Justiça!

CONSELHO NACIONAL DE JUSTIÇA: É órgão do Judiciário brasileiro, que tem como atribuição, basicamente, a de zelar pela autonomia do Poder Judiciário, tratar de questões disciplinares dos magistrados, além de definir planejamento estratégico, planos de meta e programas de avaliação institucional do Judiciário[1].

1. Disponível em: < https://www.cnj.jus.br/sobre-o-cnj/quem-somos-visitas-e-contatos>

Esquematizando:

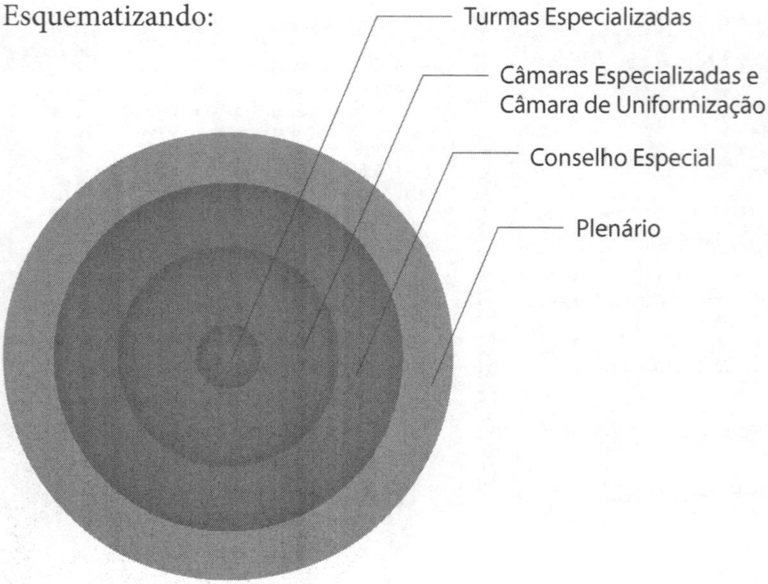

1.2. TRIBUNAL PLENO

O Tribunal Pleno é composto pela totalidade dos desembargadores, é presidido pelo Presidente do TJDFT e possui atribuições administrativas. Assim como as comissões, o Tribunal Pleno não julga processos judiciais.

Imagem do Tribunal Pleno[2]

2. Disponível em: <https://www.flickr.com/photos/tjdftoficial/41956277960/in/album-72157698044631051/>

Tribunal Pleno: somente trata de questões administrativas

1.2.1. Funções do Tribunal Pleno

O RITJDFT trata das funções do Tribunal Pleno em diversas passagens. Para facilitar a compreensão, reunimos as suas funções:

Funções institucionais

- Dar posse aos membros do tribunal (desembargadores);

QUEM DÁ POSSE:	
Desembargadores	Tribunal Pleno (sessão solene)
Presidente do TJDFT	
Primeiro Vice-Presidente do TJDFT	
Segundo Vice-Presidente	
Corregedor da Justiça	
Juízes substitutos de segundo grau	Presidente do TJDFT
Juízes substitutos	Presidente do TJDFT (sessão solene)
Servidores	Primeiro Vice-Presidente do TJDFT

- Realizar sessões especiais, solenes ou administrativas;
- Eleger o Presidente, o Primeiro Vice-Presidente, o Segundo Vice-Presidente e o Corregedor da Justiça, **assim como dar-lhes posse;**
- Eleger os desembargadores e os juízes de direito que devam integrar o Tribunal Regional Eleitoral do Distrito Federal (TRE/DF), na condição de membros efetivos e substitutos;

IMPORTANTE: Tribunal Pleno não dá posse aos membros do TRE/DF, apenas os elege

- Eleger os membros do Conselho Especial; o que inclui eleger 10 desembargadores para o Conselho Especial e prover as vagas mais antigas para o Conselho Especial;

- Decidir sobre o acesso ao cargo de desembargador;
- Escolher os membros das Comissões de Regimento, de Jurisprudência e de Acompanhamento de Estágio Probatório, bem como deliberar sobre a recondução dos seus membros;
- Aprovar membros das comissões indicados pelo Presidente do TJDFT;
- Criar comissões temporárias com qualquer número de membros.

Elaboração de listas tríplices

- Elaborar a lista tríplice para o preenchimento das vagas correspondentes ao quinto reservado aos advogados e aos membros do Ministério Público;
- Elaborar a lista para a nomeação de advogados que integrarão o Tribunal Regional Eleitoral do Distrito Federal, nos termos do art. 120, III, da Constituição da República.

Gestão administrativa de magistrados

- Decidir sobre remoção, promoção e permuta de magistrados, podendo abster-se temporariamente de indicar nomes, se assim recomendar o interesse público;
- Decidir sobre vitaliciamento de juiz de direito substituto ou afastamento das respectivas funções;
- Pronunciar-se sobre a regularidade das contas do Presidente do Tribunal.

Aprovação de Regimento Interno

- Aprovar o Regimento Interno, as respectivas emendas, os atos regimentais, bem como o Regimento Administrativo das Secretarias do Tribunal e da Corregedoria da Justiça;
- Aprovar o Regimento Interno das Turmas Recursais dos Juizados Especiais Cíveis e Criminais do Distrito Federal e suas emendas.

Funções de gestão e de organização judiciária

- Iniciar os trabalhos do TJDFT no dia 7 de janeiro e os encerrar no dia 19 de dezembro, postergando ou antecipando as respectivas datas, se necessário, para dia útil.

- Regulamentar o plantão judiciário de segunda instância;
- Delegar funções para o Conselho da Magistratura;
- Deliberar sobre matéria relativa à organização judiciária, inclusive instalação, extinção, transformação, remanejamento e desmembramento de varas e circunscrições judiciárias;
- Conhecer do plano de administração apresentado pelo Presidente no início da gestão;=.
- Decidir matéria administrativa de grande relevância, a critério do Conselho Especial ou dos membros da Administração Superior;
- Propor alterações na Lei de Organização Judiciária do Distrito Federal e dos Territórios e exercer as demais atribuições que lhe são conferidas pela Constituição ou por lei.
- Definir o direcionamento estratégico, monitorar os resultados e fomentar a prestação de contas, garantindo que as ações e os resultados da organização observem o interesse público primário[3].

IMPORTANTE: Não há impedimento para que desembargadores cônjuges ou parentes em linha reta ou colateral, inclusive por afinidade, até o terceiro grau, atuem no Tribunal Pleno.

O impedimento vale somente para Turma ou Câmara.

Conselho Especial: os parentes podem integrá-lo, todavia, a intervenção de um determinará o impedimento de outro, salvo se for sessão administrativa do Conselho Especial.

Exemplo: Se um desembargador profere voto no Conselho Especial o seu irmão ficará impedido de votar no mesmo processo judicial. Se estiver em julgamento matéria administrativa, esse impedimento não ocorre.

Como esse assunto foi cobrado em concurso?

No concurso para Técnico Judiciário/Área administrativa (2007) foi perguntado: "*Marcelo é desembargador, compondo uma das turmas do TJDFT. Felipe é primo de Marcelo e tomou posse no cargo de desembargador do TJDFT. Nessa situação, não há óbice a que Felipe tenha assento na mesma turma em que Marcelo é membro*". O item foi considerado correto por corresponder ao art. 6º do RITJDFT.

3. Incluído pela Emenda Regimental n. 16/2020.

O Tribunal Pleno somente se reunirá na presença de desembargadores em número equivalente, no mínimo, ao **inteiro que se seguir à metade** de seus membros.

Considerando que são 48 desembargadores, o *quórum* mínimo é de 25 integrantes.

Quando exigido *quorum* **qualificado** para deliberação, o Tribunal Pleno não se reunirá sem que estejam presentes desembargadores em número equivalente, no mínimo, **a dois terços dos membros que o integram.**

Far-se-á verificação de *quorum* de instalação no **início** da sessão de julgamento.

QUÓRUM DO TRIBUNAL PLENO	
Quórum simples	Número inteiro que se seguir à metade de seus membros. (Atualmente o *quórum* é de 25 integrantes)
Quórum qualificado	2/3 dos integrantes (Atualmente esse *quórum* é de 32 integrantes).
Verificação do *quórum*	Início da sessão

1.3. CONSELHO ESPECIAL

O Conselho Especial tem assento constitucional, especificamente no art. 93, XI, da Constituição Federal, que dispõe:

> "ART. 93, XI nos tribunais com número superior a vinte e cinco julgadores, poderá ser constituído órgão especial, com o mínimo de onze e o máximo de vinte e cinco membros, **para o exercício das atribuições administrativas e jurisdicionais delegadas da competência do tribunal pleno**, provendo-se metade das vagas por antigüidade e a outra metade por eleição pelo tribunal pleno".

A Lei de Organização Judiciária (Lei nº 11.697/2008) também contemplou o Conselho Especial, ao relacioná-lo como órgão da Justiça do Distrito Federal e dos Territórios em seu art. 2º, II. Por outro lado, o seu art. 9º reservou ao RITJDFT as disposições sobre a organização competência, atribuição e funcionamento do Conselho Especial.

E quais seriam as funções do Conselho Especial? As suas atribuições podem ser tanto judiciais (quando julgam processos judiciais originalmente ou em grau de recurso) quanto administrativas (quando decidem questões internas do Tribunal, como gestão, organização administrativa etc.).

A sua existência justifica-se pela necessidade de se delegar certas atribuições a um órgão menor para otimizar e agilizar o julgamento dos processos. Alguns Tribunais do país, como o Tribunal de Justiça do Estado de São Paulo (TJSP), são compostos por um enorme número de julgadores (no caso do TJSP são mais de trezentos e sessenta desembargadores).

Qual a composição do Conselho Especial?

Ele é composto por 21 desembargadores e é presidido pelo Presidente do TJDFT. Assim, respeitada a representação do quinto constitucional, integram o Conselho Especial:

- 11 desembargadores mais antigos, incluindo o Presidente do Tribunal, o Primeiro Vice-Presidente, o Segundo Vice-Presidente e o Corregedor da Justiça.

  As vagas por antiguidade são providas pelos membros mais antigos do Tribunal Pleno, nas respectivas classes, por ato do Presidente
- 10 desembargadores eleitos pelo Tribunal Pleno com **mandato de 2 anos,** admitida uma recondução.

COMPOSIÇÃO DO CONSELHO ESPECIAL	
11 desembargadores mais antigos	Incluindo: ➢ Presidente ➢ Primeiro Vice-Presidente ➢ Segundo Vice-Presidente ➢ Corregedor da Justiça (não substitui Presidente).
10 desembargadores eleitos pelo Tribunal Pleno	Mandato de 2 anos + 1 recondução
QUORUM DE FUNCIONAMENTO	
Quórum simples	Número inteiro que se seguir à metade de seus membros. (Atualmente o *quórum* é de 11 integrantes)
Quórum qualificado	2/3 dos integrantes, considerados os membros substitutos (Atualmente esse *quórum* é de 15 integrantes).
Verificação do *quórum*	Início da sessão

QUORUM DE FUNCIONAMENTO PARA FUNÇÕES ADMINISTRATIVAS	
Somente se reunirá na presença de:	Número equivalente, no mínimo, ao inteiro que se seguir a metade de seus membros (1/2 + 1)
Procedimento administrativo disciplinar relativo a magistrados	Verificação de quórum antes do início da sessão. Se insuficiente, o Presidente, de ofício ou a requerimento de qualquer desembargador, convocará desembargadores para substituição, observada a suplência na ordem de antiguidade. **ATENÇÃO!** A suspeição ou impedimento serão comunicados, preferencialmente, antes da abertura da sessão, ao Presidente, que convocará substituto.

Como esse assunto foi cobrado em concurso?

No concurso para Analista Judiciário/Execução de Mandados (2003) foi perguntado: *"Considere a seguinte situação hipotética. Os desembargadores A e B são irmãos e compõem o TJDFT, lotados em turmas diferentes. Em um processo de competência do Conselho Especial do Tribunal, o desembargador A proferiu seu voto antes do irmão, em virtude das regras de precedência. Nessa situação, o desembargador B poderá também proferir seu voto normalmente, por se tratar de processo de competência do Conselho Especial, de que fazem parte todos os membros do tribunal".* O item foi considerado errado, tendo em vista o disposto no art. 6º, §1º, do RITJDFT.

No concurso para Analista Judiciário/Atividade Processual (2003) foi perguntado (com adaptações) : *"Considerando que o Conselho Especial do TJDFT é composto por vinte e um desembargadores, esse órgão apenas se poderá reunir validamente para julgamento com a presença de pelo menos quatorze membros, o que equivale a dois terços dos componentes do órgão.* A assertiva foi considerada errada, tendo em vista o disposto no art. 12, *caput* e §1º, do RITJDFT.

Se houver impedimento do Presidente do TJDFT, a substituição ocorrerá da seguinte maneira:

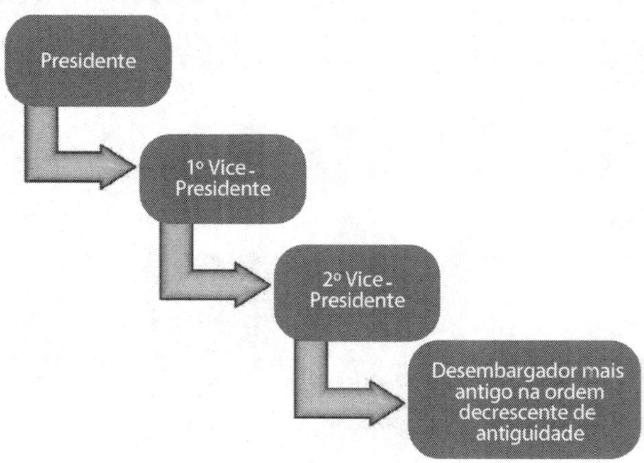

ATENÇÃO: Corregedor não integra a linha de substituição do Presidente no Conselho Especial!

Presidente vota? O presidente do **Conselho Especial** e os presidentes das **Câmaras** votarão quando o julgamento exigir *quorum* qualificado para apuração do resultado ou quando houver empate, para que o resultado seja desempatado. Ver item 1.8.1.

1.3.1. Eleição para as vagas não providas por antiguidade

Vimos que as vagas do Conselho Especial são preenchidas por antiguidade ou por eleição. Os membros que ingressaram pelas vagas de antiguidade são permanentes, ou seja, não há mandato. Quanto aos eleitos, o mandato é de 2 anos, permitida a recondução. A seguir, estudaremos os critérios e o processo eleitoral para os membros com mandato.

Três critérios básicos para a eleição para o Conselho Especial (10 vagas):

- A votação é **secreta**
- Eleito: maioria **simples**
- **Empate**: eleito é o mais **antigo** no Tribunal (não o mais idoso), ou seja, o desembargador com mais tempo de carreira.

ATENÇÃO: Desembargador que já integrou o Conselho Especial pode ser novamente eleito?

SIM, desde que esgotados todos os nomes elegíveis, desprezada convocação por período igual ou inferior a seis meses.

1.3.1.1. Processo eleitoral para o Conselho Especial

O Tribunal Pleno ser reúne na presença de, no mínimo, ao equivalente ao inteiro que se seguir à metade de seus membros.

As candidaturas serão apresentadas **no início da sessão** convocada para a eleição.

Nas vagas destinadas ao **quinto constitucional**, será observado o critério da **alternância** prevista em lei (alternância entre oriundos do Ministério Públicos e da advocacia).

Será eleito o desembargador que obtiver **maioria simples**.

No caso de **empate**, será considerado eleito o desembargador **mais antigo** no Tribunal.

Esquematizando

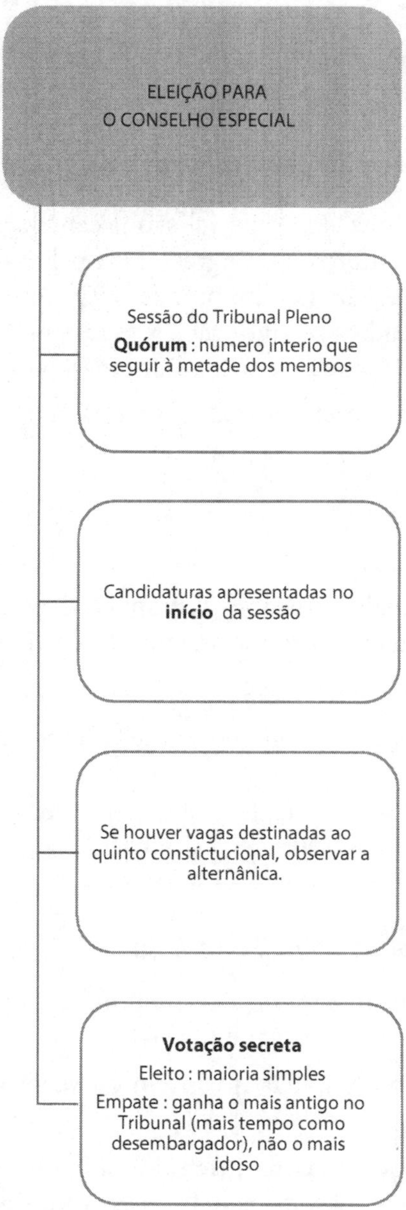

SUPLENTES: Serão considerados suplentes, na ordem decrescente da votação, os membros não eleitos; na falta destes, observar-se-á a antiguidade.

E SE MEMBRO ELEITO PASSAR A INTEGRAR O CONSELHO ESPECIAL PELA ANTIGUIDADE? Nesse caso, será declarada vacância e convocada eleição para o provimento da respectiva vaga.

1.3.2. Substituições dos membros do Conselho Especial

O membro do Conselho Especial pode se afastar temporariamente do Conselho Especial por motivo de férias, licenças ou impedimentos. Para essas situações o RITJDFT estabelece alguns critérios de substituição:

- I – Os membros escolhidos pelo critério de antiguidade serão substituídos de acordo com a ordem decrescente dessa, excluídos os suplentes e inadmitida a recusa;
- II – Os membros eleitos serão substituídos pelos suplentes na ordem decrescente da votação ou, na falta destes, na ordem de antiguidade, inadmitida a recusa;
- III – Os membros convocados ficarão vinculados aos processos que lhes forem distribuídos.

SUBSTITUIÇÃO DO MEMBRO DO CONSELHO ESPECIAL				
Ingresso por:	**Como é feita a substituição**	**Há suplentes nesse caso?**	**Pode haver recusa?**	**Membro convocado fica vinculado aos processos?**
Antiguidade	Ordem decrescente de antiguidade	NÃO	NÃO	SIM
Eleição	Pelos suplentes	SIM	NÃO	SIM

Como esse assunto foi cobrado em concurso?

No concurso para Analista Judiciário/Área Judiciária (2007) foi perguntado: *"Fábio foi nomeado, entre os desembargadores mais antigos, para integrar o Conselho Especial do TJDFT. Nessa situação, nos afastamentos e impedimentos de Fábio, a sua substituição se dará pelos suplentes na ordem decrescente da votação obtida"*. A assertiva foi considerada errada, tendo em vista o disposto no inciso I do art. 11 do RITJDFT.

1.3.3. Funções judiciais do Conselho Especial

A competência do Conselho Especial é **originária** ou **recursal**. Diz-se originária aquela relativa aos feitos que iniciam diretamente no Tribunal (segunda instância), ou seja, não existe neste caso, um trâmite prévio no primeiro grau de jurisdição.

A competência recursal pressupõe o prévio ajuizamento de ação na primeira instância que, após decisão proferida por um juiz, foi interposto recurso a ser examinado pelo Tribunal.

Compete ao Conselho Especial:

I – processar e julgar originariamente:

a) nos crimes comuns e de responsabilidade, os Governadores dos Territórios, o Vice-Governador e os Secretários de Governo do Distrito Federal e os dos Governos dos Territórios, ressalvada a competência da Justiça Eleitoral;

Como esse assunto foi cobrado em concurso?

No concurso para Analista Judiciário/Área Judiciária (2015) foi perguntado: *"Se secretário de governo do DF cometer crime comum no período em que exerce a função, ele será processado e julgado originariamente pelo Tribunal Pleno do TJDFT".* O item foi considerado errado, tendo em vista o disposto no art. 13, I, do RITJDF.

Como esse assunto foi cobrado em concurso?

No concurso para Técnico Judiciário/Área administrativa (2007) foi perguntado: *"Juliano, nomeado para o cargo de secretário do governo do Distrito Federal (DF), foi acusado da prática de crime de porte ilegal de arma. Nessa situação, a competência para processá-lo e julgá-lo é do Conselho Especial"*. A assertiva foi considerada correta por corresponder ao art. 13, I, do RITJDFT.

b) nos crimes comuns, os Deputados Distritais, e nesses e nos de responsabilidade, os Juízes de Direito do Distrito Federal e dos Territórios e os Juízes de Direito Substitutos do Distrito Federal, ressalvada a competência da Justiça Eleitoral;

Como esse assunto foi cobrado em concurso?

No concurso para Analista Judiciário/Atividade Processual (2000) foi perguntado: *"Se um membro do MPDFT cometer crime cujo julgamento seja competência do TJDFT, deverá ser julgado pelo Tribunal Pleno"*. O item foi considerado errado, tendo em vista o disposto no art. 13 do RITJDFT, que não prevê essa competência. Na verdade, compete aos Tribunais Regionais Federais o julgamento dos membros do MPDFT, por integrarem o Ministério Público da União (art. 108, I, "a", da Constituição Federal).

c) o mandado de segurança e o *habeas data* contra atos do Presidente do Tribunal, de quaisquer de seus órgãos e membros, observados os arts. 21, II, e 23, IV, do Procurador-Geral de Justiça do Distrito Federal e Territórios; do Presidente da Câmara Legislativa do Distrito Federal e dos membros da Mesa; do Presidente do Tribunal de Contas do Distrito Federal e de quaisquer de seus membros; do Governador do Distrito Federal e dos Governadores dos Territórios;

d) o *habeas corpus*, quando o coator ou o paciente for autoridade diretamente sujeita à jurisdição do Conselho Especial, ressalvada a competência da Justiça Especial e a dos Tribunais Superiores;

e) o mandado de injunção, quando a elaboração da norma regulamentadora for atribuição de órgão, de entidade ou de autoridade – quer da administração direta, quer da indireta – dos Governos do Distrito Federal e dos Territórios, da Câmara Distrital ou do Tribunal de Contas do Distrito Federal;

f) o conflito de competência entre órgãos e entre desembargadores do próprio Tribunal;

g) a ação rescisória e a revisão criminal dos próprios julgados;

h) o incidente de arguição de inconstitucionalidade;

i) os embargos infringentes opostos aos próprios julgados e às ações rescisórias de competência das Câmaras;

j) a carta testemunhável relativa a recursos especial, extraordinário ou ordinário;

k) a ação direta de inconstitucionalidade e a ação declaratória de constitucionalidade de lei ou de ato normativo distrital em face da Lei Orgânica do Distrito Federal e as respectivas reclamações, para garantir a autoridade de suas decisões.

II – promover o pedido de intervenção federal no Distrito Federal ou nos Territórios, de ofício ou mediante provocação;

III – julgar as exceções e os incidentes de impedimento ou de suspeição relativos a desembargadores e ao Procurador-Geral de Justiça do Distrito Federal e Territórios;

IV – julgar a exceção da verdade nos casos de crime contra a honra em que o querelante tenha direito a foro por prerrogativa de função;

V – julgar os recursos referentes às decisões dos membros do Tribunal nos casos previstos nas leis processuais e neste Regimento;

VI – executar as sentenças que proferir nas causas de sua competência originária, podendo o relator delegar aos magistrados de Primeiro Grau a prática de atos não decisórios.

VII – processar e julgar proposta de súmula sobre matéria de sua competência e de competência comum às Câmaras Especializadas;

VIII – julgar a reclamação para preservar a sua competência e garantir a autoridade dos seus julgados, nos termos do art. 988, I e II, e § 1º, do Código de Processo Civil.

Esquematizando as competências do Conselho Especial

Processar e julgar orginariamente	
Crimes comuns e de responsabilidade	Governadores dos Territórios Vice-Governador do Distrito Federal Juízes de Direito do Distrito Federal e dos Territórios Juízes de Direito Substitutos do Distrito Federal e dos Territórios
Crimes comuns	Deputados Distritais **Crimes de responsabilidade** praticados por Deputados Distritais são julgados pela **Câmara Legislativa do DF.**

ATENÇÃO!	
Crime praticado por Governador do DF **Crime praticado por Desembargador do TJDFT**	**STJ** julga
Crime eleitoral	Justiça Eleitoral julga

IMPORTANTE: Nas causas de sua competência originária, ao Tribunal compete executar as decisões que proferir, **podendo delegar aos juízes de primeiro grau a prática de atos não decisórios**, ou seja, o juiz de primeiro grau ficará incumbido de cumprir a determinação oriunda do Tribunal, já decidida, não cabendo ao magistrado singular a prática de qualquer ato que venha acatar ou negar pedido das partes.

REMÉDIOS CONSTITUCIONAIS	
Mandado de segurança ***Habeas data***	• Atos do Presidente do Tribunal e de qualquer de seus órgãos e membros, • Atos do Procurador-Geral da Justiça do Distrito Federal e dos Territórios, • Atos dos Juízes do Distrito Federal e dos Territórios, • Atos do Governador do Distrito Federal, dos Governadores dos Territórios, • Atos do Presidente do Tribunal de Contas do Distrito Federal e de qualquer de seus membros, • Atos do Procurador-Geral do Distrito Federal • Atos dos Secretários de Governo do Distrito Federal e dos Territórios
Habeas corpus	• Atos do Presidente do Tribunal e de qualquer de seus órgãos e membros, • Atos do Procurador-Geral da Justiça do Distrito Federal e dos Territórios, • Atos dos Juízes do Distrito Federal e dos Territórios, • Atos do Presidente do Tribunal de Contas do Distrito Federal e de qualquer de seus membros, • Atos do Procurador-Geral do Distrito Federal • Atos dos Secretários
Mandado de injunção	• elaboração da norma regulamentadora de atribuição de órgão, entidade ou autoridade do Distrito Federal, quer da administração direta, quer da indireta

RECURSOS E INCIDENTES PROCESSUAIS	
Recursos	• (e remessas de ofício) das decisões dos Juízes de Direito do Distrito Federal e dos Territórios; • Das decisões dos membros do Tribunal nos casos previstos em lei e no RITJDFT • Embargos declaratórios e seus acórdãos • Embargos infringentes de seus julgados
Arguições de suspeição e impedimento	• Magistrados • Procurador-Geral de Justiça
Reclamações formuladas pelas partes e pelo Ministério Público, em 5 (cinco) dias	Contra ato ou omissão de juiz de que não caiba recurso ou que, importando em erro de procedimento, possa causar dano irreparável ou de difícil reparação
Exceção da verdade em crime contra a honra	Querelante com foro por prerrogativa da função
Ação direta de inconstitucionalidade de lei ou ato normativo do DF	Em face de sua Lei Orgânica
Ação declaratória de constitucionalidade de lei ou ato normativo do DF	Em face de sua Lei Orgânica
Intervenção Federal no DF	De ofício ou mediante provocação
Representações por indignidade para o Oficialato	Polícia Militar e Corpo de Bombeiros do Distrito Federal e dos Territórios

OUTROS
• Conflitos de competência entre órgãos do próprio Tribunal; • Ações rescisórias e revisões criminais de seus julgados; • Pedidos de uniformização de sua jurisprudência; • Decidir sobre a perda de posto e da patente dos oficiais e da graduação dos praças

1.3.4. Funções administrativas do Conselho Especial

Inicialmente, vamos recapitular o *quorum* de funcionamento do Conselho Especial no que diz respeito às suas funções administrativas:

QUORUM DE FUNCIONAMENTO PARA FUNÇÕES ADMINISTRATIVAS	
Somente se reunirá na presença de:	Número equivalente, no mínimo, ao inteiro que se seguir a metade de seus membros (1/2 + 1)
Procedimento administrativo disciplinar relativo a magistrados	Verificação de quórum antes do início da sessão. Se insuficiente, o Presidente, de ofício ou a requerimento de qualquer desembargador, convocará desembargadores para substituição, observada a suplência na ordem de antiguidade. **Atenção!** A suspeição ou impedimento serão comunicados, preferencialmente, antes da abertura da sessão, ao Presidente, que convocará substituto.

Passaremos, adiante, ao estudo das funções administrativas do Conselho Especial. Assim, compete ao Conselho Especial, no exercício das suas funções administrativas:

Esquematizando:

Gestão administrativa

I. **Avocar**, para decisão, pelo voto **da maioria absoluta** de seus membros, procedimentos administrativos em curso no Tribunal.

> **Avocar**: trazer para si a competência de determinado procedimento.

II. Aprovar **proposta** do Regimento de Custas das Serventias Judiciais e dos Serviços Notariais e de Registro para encaminhamento ao Poder Legislativo;

III. Aprovar a eliminação de documentos, observadas as **cautelas legais**;

IV. Declinar para o Tribunal Pleno matéria administrativa de grande relevância, pelo voto da **maioria simples**;

V. Estabelecer diretrizes gerais que serão observadas pela direção do Tribunal.

VI. Decidir matéria submetida à sua deliberação pela Administração Superior[4].

4. Incluído pela Emenda Regimental n. 16/2020.

Função recursal

I. Julgar, em **última instância**, os recursos administrativos contra as decisões do Presidente do Tribunal, do Primeiro Vice-Presidente, do Segundo Vice-Presidente e do Corregedor da Justiça, **salvo** quando da decisão resultar **criação** ou **aumento** de **despesa orçamentária.**

Função disciplinar

I. Aplicar sanções disciplinares, decidir sobre exoneração, disponibilidade e aposentadoria ou remoção compulsórias de **magistrados**;

> Sanção disciplinar aplicada a servidor: **compete ao Presidente do TJDFT** (art. 367, XV, do RITJDFT).

II. Aplicar a penalidade de **perda** de **delegação** a **notários** e **oficiais** de **registro**;

> **Curiosidade:** Os notários e oficiais de registros são os responsáveis pela administração dos cartórios extrajudiciais e atuam mediante delegação do Estado, mediante concurso público (art. 14, I, da Lei nº 8.935/94). A perda de delegação está prevista nos arts. 32, IV, 34 e 35 da Lei nº 8.935/94.

III. Decidir sobre pedido de **aproveitamento** de magistrado colocado em **disponibilidade** em razão de **processo disciplinar.**

> Aproveitamento é o retorno do magistrado que estava afastado de suas funções por conta de processo disciplinar.

Concurso/pessoal

I. Designar os membros para compor a **Comissão de Concurso** para Ingresso na **Magistratura** do Tribunal de Justiça do Distrito Federal e dos Territórios, **autorizar** a realização de concurso e **homologar** o seu resultado;

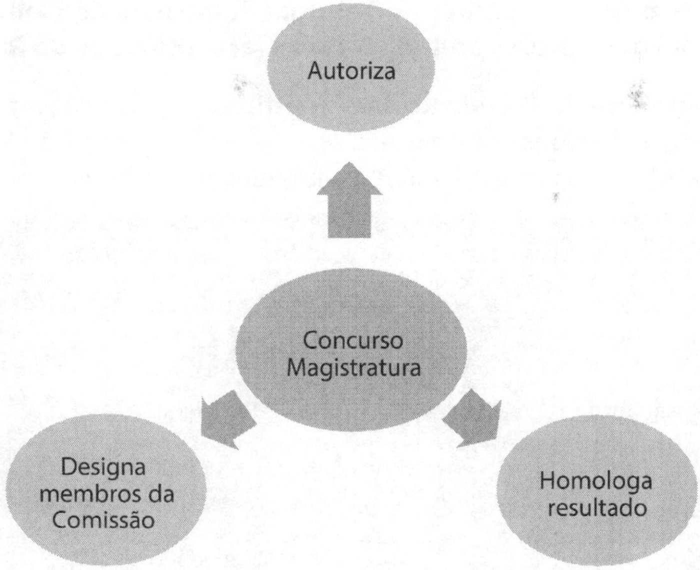

II. Deliberar sobre a **convocação** de **juiz de direito** para substituir **desembargador** nos casos de afastamento previstos neste Regimento;

III. Decidir sobre o **afastamento** de **qualquer magistrado** em **missão oficial**, para **aperfeiçoamento profissional** ou que, de qualquer modo, importe em **ônus** para os **cofres públicos**;

Exceção: Excetuam-se as viagens em missão oficial, inclusive as do Presidente, desde que não excedam a 7 (sete) dias, nem impliquem afastamento do Território Nacional, bem com os deslocamentos do Corregedor da Justiça ou de juiz por ele designado para a realização de inspeção e correição nos Territórios Federais.

IV. Aprovar a indicação, **sem perda da titularidade e da designação**, de até dois juízes de direito auxiliares da Presidência, um juiz de direito auxiliar da Primeira Vice-Presidência, um juiz de direito auxiliar da Segunda Vice-Presidência e três juízes de direito auxiliares da Corregedoria da Justiça.

Em tais casos, a Vara conta com um juiz substituto que fica temporariamente responsável pelo Juízo.

O juiz titular, embora afastado no tempo em que atuar como juiz assistente, não perde a qualidade de titular, tampouco deixa de ser o titular da Vara.

1.3.5. Disposições comuns ao Tribunal Pleno e ao Conselho Especial nas funções administrativas (art. 234 a 366 do RITJDFT).

Substituição do Presidente do A substituição do Presidente do Tribunal Pleno e do Conselho Especial: segue a regra do art. 57 do RITJDFT, que foi tratado no item 3.6.2.1, que, para fins didáticos, apresentamos abaixo:

SUBSTITUIÇÃO DOS CARGOS DA ADMINISTRAÇÃO SUPERIOR	
Critérios	
Presidente	1º VP ou 2º VP (caso o 1º VP não possa)
1º Vice-Presidente	2º Vice-Presidente
2º Vice-Presidente	Desembargador mais antigo (ordem decrescente de antiguidade)
Corregedor	Desembargador mais antigo (ordem decrescente de antiguidade)
Período da substituição	
Igual ou inferior a 30 dias	Substituto acumula as funções do cargo
Superior a 30 dias	Não serão distribuídos processos ao substituto

IMPORTANTE! Corregedor não substitui o 2º Vice-Presidente!

SUBSTITUIÇÃO DOS PRESIDENTES DAS CÂMARAS E DAS TURMAS	
Presidente	Demais membros, ordem decrescente de antiguidade

REGRA GERAL SUBSTITUIÇÃO DESEMBARGADORES		
Hipótese	**Quem substitui?**	**E se não for possível?**
Impedimento ou suspeição	Desembargador do mesmo órgão	Presidente da Câmara ou Turma solicita ao Presidente do TJDFT desembargador de outro órgão, preferência da mesma especialidade, ordem decrescente de antiguidade

REGRA GERAL SUBSTITUIÇÃO DESEMBARGADORES		
Complementação de *quorum* nas Câmaras Especializadas e nas Turmas	Presidente da Câmara ou Turma solicita ao Presidente do TJDFT desembargador de outro órgão, preferência da mesma especialidade, ordem decrescente de antiguidade	
Período superior a 30 dias ou caso de vacância do cargo		
Quem substitui?	**E se não for possível?**	**Atividade jurisdicional**
Juiz de direito substituto de segundo grau localizado na respectiva Turma	Designação do Presidente do TJDFT	Substituto pode atuar nos processos anteriormente distribuídos ao desembargador substituído

Datas de reunião para exercício das funções administrativas: O Presidente do Tribunal determinará, mediante ato próprio.

Pauta de julgamento: A pauta do julgamento, acompanhada dos respectivos relatórios, será encaminhada aos gabinetes dos desembargadores com **pelo menos 5 (cinco) dias de antecedência**, salvo situação devidamente justificada e sem objeção da maioria do colegiado.

Sessões extraordinárias: Serão convocadas sessões extraordinárias sempre que necessário ou mediante requerimento de um terço dos integrantes dos respectivos órgãos.

Convocação das sessões extraordinárias: Salvo urgência devidamente justificada, a convocação de sessão extraordinária será feita, mediante a entrega de ofício nos gabinetes dos desembargadores, **pelo menos 3 (três) dias antes da data designada.**

Aplica-se ao Presidente do Tribunal Pleno e do Conselho Especial, no exercício das funções administrativas, no que couber, o disposto no art. 29, I a V, do RITJDFT:

> *Art. 29. São atribuições dos presidentes dos órgãos colegiados:*
>
> *I – presidir as sessões, submetendo-lhes questões de ordem;*
>
> *II – convocar sessões extraordinárias;*
>
> *III – manter a ordem nas sessões, adotando as providências necessárias;*

IV – proclamar os resultados dos julgamentos;
V – comunicar ao Presidente do Tribunal ou ao Corregedor da Justiça a existência de indício da prática de falta disciplinar por magistrado, servidor, tabelião, registrador ou serventuário, quando assim deliberado pelo colegiado no julgamento.

Voto do Presidente: O Presidente proferirá voto no caso de **empate**, no julgamento que depender de ***quorum* qualificado** para apuração do **resultado** e nas **eleições** ou **indicações** do Tribunal.

1.4. CÂMARA DE UNIFORMIZAÇÃO

Como o próprio nome diz, a Câmara de Uniformização tem o objetivo de uniformizar o entendimento dos demais órgãos colegiados. Pensar na Câmara de Uniformização corresponde a pensar em harmonização da jurisprudência e em segurança jurídica, que tem como objetivo o de evitar que sejam proferidas decisões conflitantes entre si.

A Câmara de Uniformização é integrada pelo desembargador mais **antigo** das **Turmas Cíveis**, que a presidirá, e pelos dois desembargadores mais antigos de cada uma delas.

As Turmas Criminais não integram a Câmara de Uniformização!

Quem Preside: A Câmara de Uniformização será presidida pelo desembargador mais antigo, em **rodízio anual**, e a duração do mandato coincidirá com **o ano judiciário**.

Antiguidade: Será considerada a antiguidade no órgão julgador de origem do desembargador.

***Quorum*:** A Câmara de Uniformização reunir-se-á na presença de desembargadores em número equivalente, no mínimo, a dois terços de seus membros.

Substituições: Nas faltas e impedimentos, os desembargadores serão substituídos pelos integrantes das respectivas Turmas Cíveis, observada a ordem decrescente de antiguidade.

O presidente não receberá distribuição e somente votará quando houver empate e nos processos vinculados. Quando chamado a julgamento processo da sua relatoria, passará a presidência ao desembargador que o suceder na ordem de antiguidade.

Vinculação: O desembargador ficará vinculado a todos os feitos distribuídos e não julgados até a data que deixar de integrar o órgão.

No rodízio anual da Presidência, o desembargador mais moderno da turma de origem do Presidente deixará de integrar o órgão.

<table>
<tr><th colspan="5">CÂMARA DE UNIFORMIZAÇÃO</th></tr>
<tr><th>Composição</th><th>Quem preside</th><th>Substituição</th><th>Quorum</th><th>Vinculação aos processos</th></tr>
<tr><td>Integrantes das Câmaras Cíveis</td><td>Desembargador mais antigo das Turmas Cíveis</td><td>Integrantes das respectivas Turmas Cíveis</td><td rowspan="3">2/3 dos membros</td><td>Desembargador fica vinculado aos feitos distribuídos e não julgados</td></tr>
<tr><td rowspan="2">2 Desembargadores mais antigos de cada Turma Cível</td><td>Rodízio anual, Desembargador mais moderno da Turma do Presidente deixa o órgão</td><td rowspan="2">Ordem decrescente de antiguidade</td><td rowspan="2">Vinculação até a data em que deixar a Câmara de Uniformização</td></tr>
<tr><td>Mandato = ano judiciário</td></tr>
</table>

1.4.1. Competência

Compete à Câmara de Uniformização processar e julgar:

I – o incidente de resolução de demanda repetitiva (IRDR) e a revisão da tese jurídica firmada no seu julgamento;

II – o recurso, a remessa necessária ou o processo de competência originária de onde se originou o incidente de resolução de demanda repetitiva;

III – o incidente de assunção de competência;

IV – proposta de súmula em **matéria cível** e a revisão da tese jurídica firmada no seu julgamento;

V – julgar a **reclamação** para preservar a sua competência e garantir a autoridade dos seus julgados;

VI – a **reclamação** destinada a dirimir divergência entre acórdão de **Turma Recursal** e a jurisprudência do **Superior Tribunal de Justiça sumulada** ou consolidada em julgamento de **recurso repetitivo, incidente de assunção de competência** e **incidente de resolução de demandas repetitivas**;

VII – a ação rescisória, quando o resultado for a rescisão da sentença (art. 120, I do RITJDFT).

Entendendo	
Incidente de Resolução de Demanda Repetitiva (IRDR)	Tem por finalidade unificar o entendimento do Tribunal sobre matéria de direito (apenas teses jurídicas) quando houver ações repetitivas sobre o mesmo tema. Os seus julgados devem ser seguidos obrigatoriamente pelos juízes e pelos Tribunais, de acordo como art. 927, III, do Código de Processo Civil. É possível interpor recurso especial para o STJ contra as decisões proferidas em IRDR, cujo resultado vinculará os demais tribunais do país. **Exemplo de IRDR:** IRDR000505-03.2018.807.0000, que tem como questão submetida a julgamento: "*Se menor de 18 anos, uma vez aprovado em vestibular de ensino superior, tem direito a ser matriculado em curso supletivo, com imediata aplicação de provas para obtenção de certificado de conclusão de ensino médio*". Nesse caso, a tese a ser adotada pelo TJDFT será de observância obrigatório em todo o Tribunal. Caso interposto recurso especial para o STJ, a tese vinculará todos os Tribunais do país.
Remessa necessária	É o reexame, feito pelo TJDFT, das sentenças proferidas pelos juízes de primeiro grau, independentemente de recurso, quando a parte vencida for a Fazenda Pública (no caso do TJDFT, o Distrito Federal ou alguma de suas autarquias ou fundações de direito público). Está prevista no art. 496 do Código de Processo Civil: *"Seção III* *Da Remessa Necessária* *Art. 496. Está sujeita ao duplo grau de jurisdição, não produzindo efeito senão depois de confirmada pelo tribunal, a sentença:* *I – proferida contra a União, os Estados, o Distrito Federal, os Municípios e suas respectivas autarquias e fundações de direito público;* *II – que julgar procedentes, no todo ou em parte, os embargos à execução fiscal".*
Incidente de Assunção de Competência (IAC)	Definição do art. 947 do Código de Processo Civil. "É admissível a assunção de competência quando o julgamento de recurso, de remessa necessária ou de processo de competência originária envolver **relevante questão de direito,** com grande repercussão social, sem repetição em múltiplos processos" (sem grifos no original).

Entendendo	
Súmulas	São resumos de julgamentos. A súmula é instrumentalizada em pequenos verbetes, que refletem o entendimento do Tribunal depois de reiteradas decisões acerca de determinada matéria. Exemplos: **Súmula 24 do TJDFT**: "A competência para julgamento da ação de usucapião, fundada no art. 1.240-A do Código Civil, é do Juízo Cível". **Súmula 602 do STJ**: "O Código de Defesa do Consumidor é aplicável aos empreendimentos habitacionais promovidos pelas sociedades cooperativas".
Reclamação	É o instrumento processual "endereçado a qualquer tribunal em caso de (a) usurpação de sua competência, (b) desrespeito a suas decisões tomadas em um dado caso concreto e (c) inobservância de decisões tomadas em julgamento de casos repetitivos, em incidente de assunção de competência ou de decisão do Supremo Tribunal Federal à qual tenha sido reconhecida repercussão geral – além das hipóteses em que já da Constituição Federal vem a admissibilidade das reclamações[5]".
Recursos Especiais Repetitivos	São recursos julgados pelo STJ quando há multiplicidade de recursos tratando sobre o mesmo tema de direito. ***<u>Não confundir com IRDR!</u>***: ✓ O IRDR tramita somente pelos Tribunais Estaduais e Federais e vincula somente os Juízes e Desembargadores do próprio Tribunal. ✓ O Recurso Especial Repetitivo vincula todos os Tribunais do país e é julgado somente pelo STJ.
Ação Rescisória	É a ação que tem como objetivo desconstituir a coisa julgada formada em sentença ou em acórdão não mais sujeitos a recurso – ou seja, mesmo após o seu trânsito em julgado – em razão de vícios ou defeitos existentes. A ação rescisória, em regra, é julgada pela Câmara Cível. Todavia, se o resultado do julgamento em que houver a rescisão da sentença não for unânime, ou seja, se não houver consenso entre os Desembargadores, será designada uma nova sessão para julgamento na Câmara de Uniformização.

5. DINAMARCO, Cândido Rangel. LOPES, Bruno Vasconcelos Carrilho. Teoria geral do novo processo civil, 2. ed. – São Paulo: Malheiros, 2017, p. 224.

Em resumo, a Câmara de Uniformização atua basicamente em 04 (quatro) tipos de feitos:

- ✓ IRDR, seus respectivos recursos e remessas necessárias.
- ✓ Incidente de Assunção de Competência (IAC).
- ✓ Reclamações
- ✓ Propostas de Súmulas
- ✓ Ação rescisória

1.4.2. Esquematizando

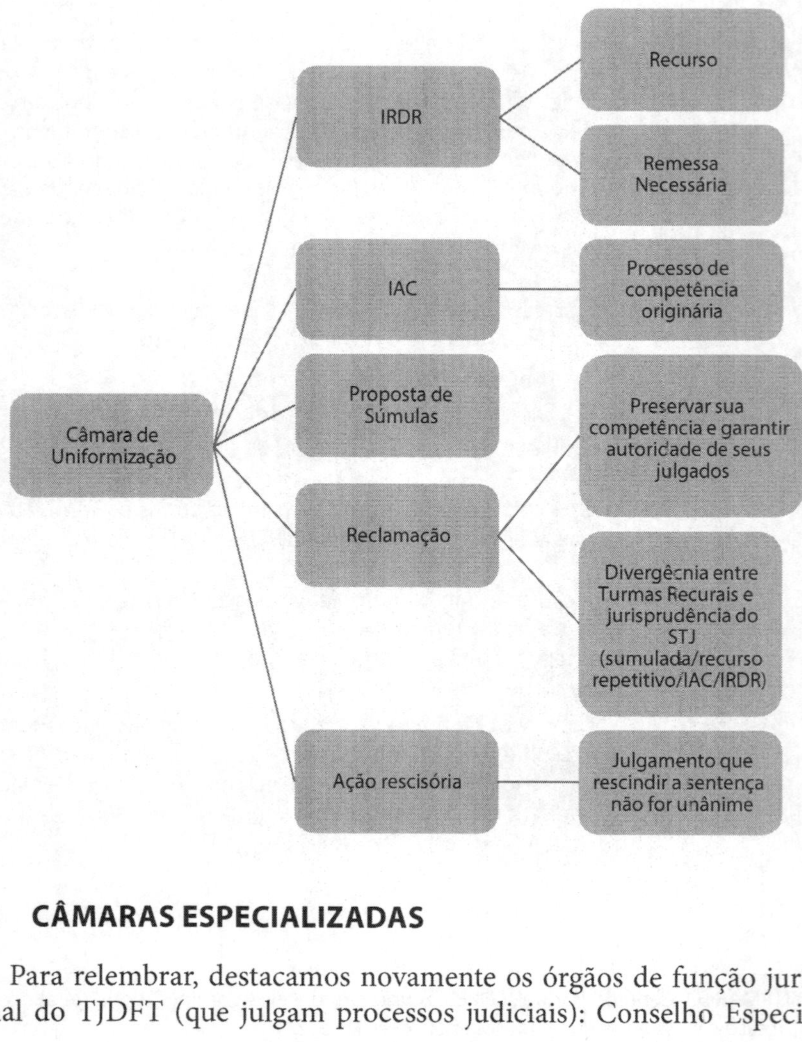

1.5. CÂMARAS ESPECIALIZADAS

Para relembrar, destacamos novamente os órgãos de função jurisdicional do TJDFT (que julgam processos judiciais): Conselho Especial, a

Câmara de Uniformização, as Câmaras Especializadas, sendo elas as Câmaras Cíveis e as Câmaras Criminais e as Turmas.

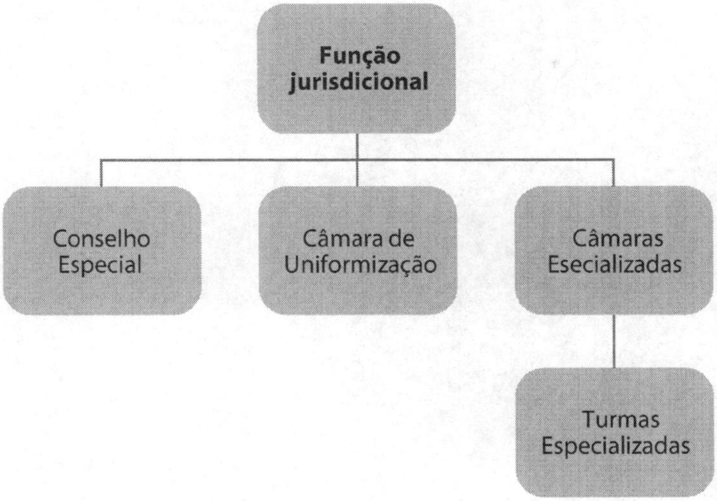

Para ajudar na fixação do tema, basta pensar que as Câmaras são compostas por integrantes das Turmas, a Câmara de Uniformização é integrada por membros das Câmaras Cíveis, ao passo que o Conselho Especial possui integrantes das Câmaras Especializadas e das Turmas.

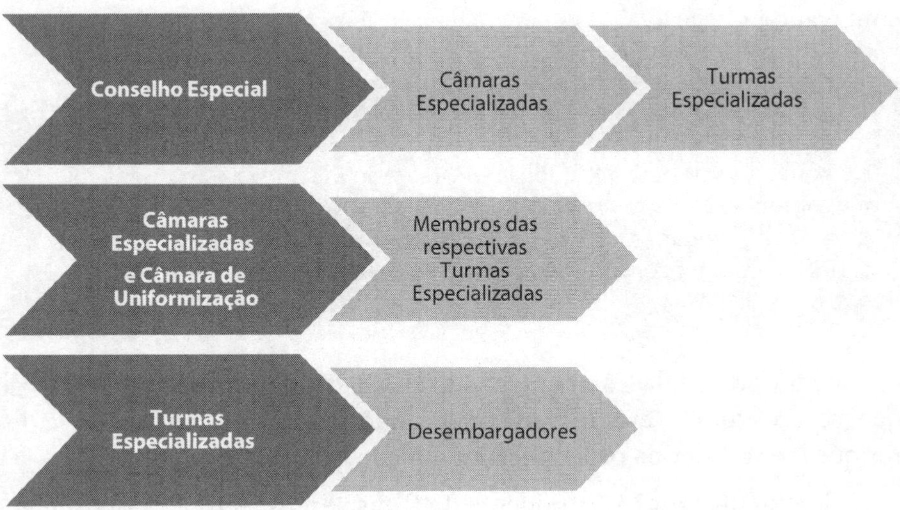

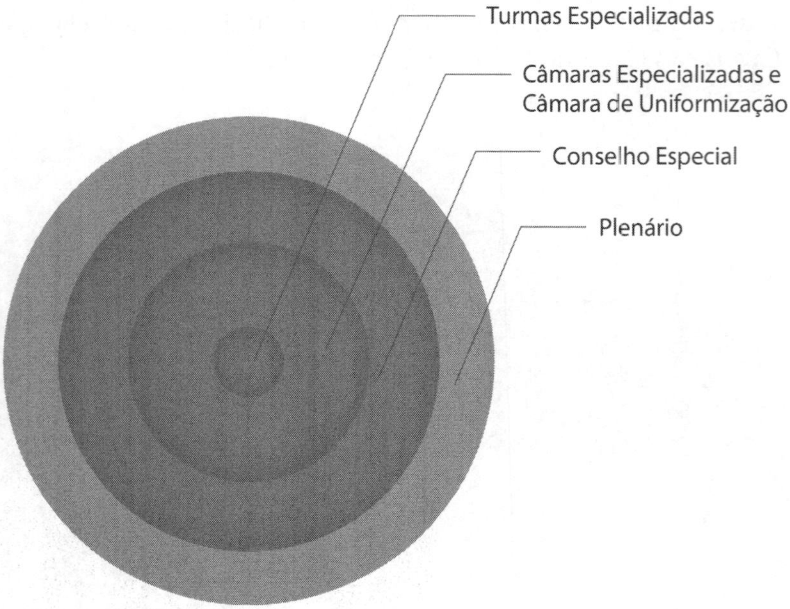

Passaremos ao estudo das Câmaras Especializadas, subdivididas em Cíveis ou Criminais.

1.5.1 Regras gerais às Câmaras Cíveis e Criminais.

Quem preside: As Câmaras serão presididas pelo desembargador mais antigo no órgão, em rodízio anual, e a duração do mandato coincidirá com o ano judiciário.

> **Como esse assunto foi cobrado em concurso?**
>
> No concurso para Técnico Judiciário/Área Administrativa e Judiciária (2003) foi perguntado: *"As câmaras especializadas do TJDFT serão sempre presididas pelo desembargador mais antigo que as integrar e enquanto este compuser o órgão"*. O item foi considerado errado, tendo em vista o disposto no art. 19, §1º, do RITJDFT.

O presidente da Câmara, quando chamado a julgamento processo do qual seja relator ou revisor, passará a presidência a um dos desembargadores que lhe suceder na ordem de antiguidade.

Presidente vota? O presidente do Conselho Especial e os presidentes das **Câmaras** votarão quando o julgamento exigir *quorum* qualificado para apuração do resultado ou quando houver empate, para que o resultado seja desempatado

***Quorum*:** As Câmaras reunir-se-ão na presença de desembargadores em número equivalente, no mínimo, ao inteiro que se seguir à metade de seus membros. O *quorum* poderá ser completado com a participação de membro de outra Câmara.

As Câmaras Cíveis são compostas por 08 (oito) Desembargadores, sendo o *quorum*, portanto, de 05 (cinco) membros, que corresponde ao número inteiro que segue à metade, 04 (quatro) integrantes.
As Câmaras Criminais são compostas por 12 (doze) Desembargadores, sendo o *quorum*, portanto, de 07 (sete) membros, que corresponde ao número inteiro que segue à metade, 06 (seis) integrantes.

Vinculação: O comparecimento à Câmara de desembargador vinculado ao julgamento de processo não importará exclusão de quaisquer de seus membros, salvo se ocorrer permuta. Neste caso, deixará de participar o desembargador que, em virtude dela, tenha passado a integrar o órgão, ou se, com essa presença, extrapolar o número correspondente à composição total da Câmara, da qual ficará excluído seu componente mais moderno.

<table>
<tr><th colspan="5">CÂMARAS ESPECIALIZADAS (CÍVEIS E CRIMINAIS)</th></tr>
<tr><th>Composição</th><th>Quem preside</th><th>Substituição</th><th>Quorum</th><th>Vinculação aos processos</th></tr>
<tr><td>Integrantes das respectivas Turmas Especializadas</td><td>Desembargador mais antigo no órgão</td><td>Integrantes das respectivas Turmas Cíveis</td><td>Número inteiro que seguir à metade de seus membros</td><td rowspan="4">Comparecimento de Desembargador vinculado não exclui outros membros, salvo permuta</td></tr>
<tr><td rowspan="3">2 Desembargadores mais antigos de cada Turma Cível</td><td>Rodízio anual.</td><td rowspan="3">Ordem decrescente de antiguidade</td><td rowspan="3">Pode ser chamado integrante de outra Câmara</td></tr>
<tr><td>Presidente quando Relator ou Revisor, passará a Presidência a quem o suceder na antiguidade.</td></tr>
<tr><td>Mandato = ano judiciário</td></tr>
</table>

1.5.2. Câmaras Cíveis

Existem duas Câmaras Cíveis, compostas por membros, respectivamente, das Turmas Cíveis pares e ímpares, com a seguinte composição:

Primeira Câmara Cível			
Primeira Turma Cível	Terceira Turma Cível	Quinta Turma Cível	Sétima Turma Cível
Segunda Câmara Cível			
Segunda Turma Cível	Quarta Turma Cível	Sexta Turma Cível	Oitava Turma Cível

Esquematizando:

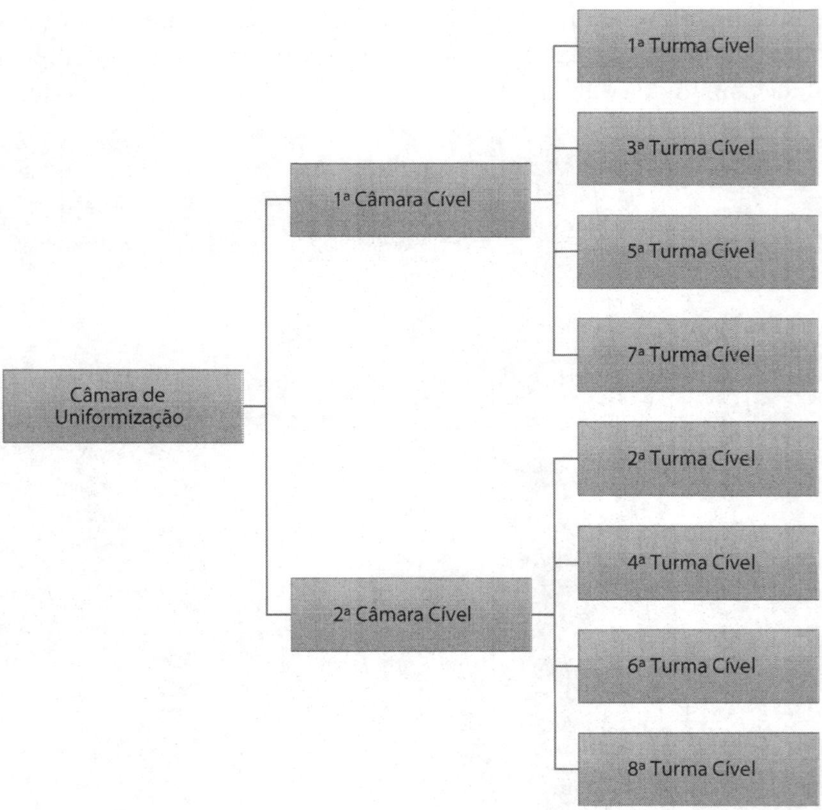

Como esse assunto foi cobrado em concurso?

No concurso para Técnico Judiciário/Área Administrativa e Judiciária (2000) foi perguntado: "*O TJDFT compõe-se de quatro câmaras especializadas, sendo duas cíveis e duas criminais, e sete turmas, sendo cinco cíveis e duas criminais*". O item foi considerado errado, tendo em vista o disposto no art. 2º, parágrafo único, do RITJDFT. São três Câmaras especializadas.

1.5.2.1. Competência

Compete às Câmaras Cíveis processar e julgar:

I – os conflitos de competência, inclusive os oriundos da Vara da Infância e da Juventude,

II – o mandado de segurança contra ato de relator de recurso distribuído às Turmas Cíveis, de Juízes do Distrito Federal, do Procurador-Geral do Distrito Federal e dos Secretários de Governo do Distrito Federal e dos Territórios;

III – o *habeas data* contra ato do Procurador-Geral do Distrito Federal e dos Secretários de Governo do Distrito Federal e dos Territórios;

IV – a ação rescisória de sentença de Primeiro Grau, de acórdãos das Turmas Cíveis e dos próprios julgados;

Como esse assunto foi cobrado em concurso?

No concurso para Analista Judiciário/Atividade Processual (2000) foi perguntado: "*Se um cidadão ajuizar ação rescisória contra sentença de juiz de direito do DF, o julgamento dela competirá a uma das câmaras cíveis do Tribunal*". O item foi considerado correto por corresponder ao art. 21, IV, do RITJDFT.

V – os incidentes de impedimento e de suspeição relativos aos juízes no exercício da jurisdição civil;

VI – as ações que tenham por objeto a declaração de legalidade ou ilegalidade de greve de servidores distritais não regidos pela legislação trabalhista;

VII – julgar a reclamação para preservar a sua competência e garantir a autoridade dos seus julgados, nos termos do art. 988, I e II, e § 1º, do Código de Processo Civil.

Fixando, as Câmaras Cíveis julgam dois remédios constitucionais (mandado de segurança e *habeas data*), além de incidentes processuais. Assim, Esquematizando:

Remédios constitucionais	
Mandado de segurança	Contra ato proferido por: ✓ Relator de recurso distribuído às Turmas Cíveis, ✓ Juízes do Distrito Federal, ✓ Procurador-Geral do Distrito Federal ✓ Secretários de Governo do Distrito Federal e dos Territórios
Habeas Data	Contra ato proferido por: ✓ Procurador-Geral do Distrito Federal ✓ Secretários de Governo do Distrito Federal e dos Territórios

Mandado de Segurança: Ação proposta para proteger direito líquido e certo, ameaçado ou violado por ato de autoridade, cuja finalidade é a de anular ato ilegal e/ou inconstitucional.

Habeas Data: é ação constitucional que "tem por objeto a proteção do direito líquido e certo do impetrante em conhecer todas as informações e registros relativos à sua pessoa e constantes de repartições públicas ou particulares acessíveis ao público, para eventual retificação de seus dados pessoais" (Hely Lopes Meirelles, in: Mandado de Segurança". 27ª ed. São Paulo: Malheiros Editores, 2004).

Incidentes processuais	
Conflitos de competência	Todos, inclusive os da Vara da Infância. __Exceção__: órgãos e Desembargadores do próprio Tribunal, que é julgado pelo **Conselho Especial**
Ação rescisória (Se o resultado do julgamento em que houver a rescisão da sentença não for unânime, ou seja, se não houver consenso entre os Desembargadores, será designada uma nova sessão para julgamento na Câmara de Uniformização).	Sentenças dos juízes (primeiro grau) Acórdãos das Turmas Cíveis Julgados das Câmaras Cíveis
Incidentes de impedimento e de suspeição	Juízes, no exercício da jurisdição civil. Em relação aos juízes criminais, a competência é da Câmara Criminal

Incidentes processuais	
Reclamação	Para preservar a sua competência e garantir a autoridade dos seus julgados
Ações	Cujo objeto é a declaração de legalidade ou ilegalidade de greve de servidores distritais não regidos pela legislação trabalhista (Servidores estatuários, regidos pela Lei Complementar Distrital n. 840/2011).

ENTENDENDO	
Impedimento	Processo para afastar do caso o juiz impedido de exercer, legalmente, sua jurisdição em determinado momento, ou em relação à determinada causa.
Suspeição	Processo para afastar do caso um juiz, membro do Ministério Público ou servidor da Justiça que se desconfie de ser parcial em um caso, por ter motivo para estar interessado nele.
Ação rescisória	É a ação que tem como objetivo desconstituir a coisa julgada formada em sentença ou em acórdão não mais sujeitos a recurso – ou seja, mesmo após o seu trânsito em julgado – em razão de vícios ou defeitos existentes.
Conflito de competência	Há conflito de competência quando dois ou mais juízes (ou tribunas) se declaram competentes ou não para julgar determinado processo.

1.5.3. Câmara Criminal

Existe apenas uma única Câmara Criminal, formada pelos membros da Primeira, da Segunda e da Terceira Turma Criminal.

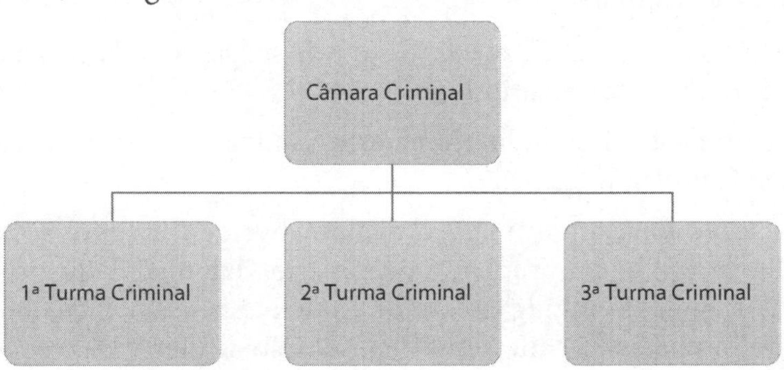

> **IMPORTANTE:** As Câmaras Cíveis são compostas por 08 (oito) Desembargadores, enquanto a Câmara Criminal possui 12 (doze) Desembargadores

1.5.3.1. Competência

I – os embargos infringentes e de nulidade criminais e o conflito de competência, inclusive o de natureza infracional, oriundo de Vara da Infância e da Juventude;

II – a revisão criminal, ressalvada a competência do Conselho Especial;

III – o pedido de desaforamento;

> **Como esse assunto foi cobrado em concurso?**
>
> No concurso para Analista Judiciário/Atividade Processual (2000) foi perguntado: "*Se, em um processo de competência do tribunal do júri, o MPDFT requerer o desaforamento da causa, caberá a uma das turmas criminais julgar esse incidente*". O item foi considerado errado, tendo em vista o disposto no art. 23, III, do RITJDFT.

IV – o mandado de segurança contra decisão de magistrado de primeiro grau ou de relator de recurso distribuído a qualquer das Turmas Criminais;

V – a representação por indignidade para o oficialato de membros da Polícia Militar e do Corpo de Bombeiros Militar do Distrito Federal, bem como de membros dessas corporações nos Territórios;

VI – a representação para a perda da graduação das praças da Polícia Militar e do Corpo de Bombeiros Militar do Distrito Federal, bem como das praças dessas corporações nos Territórios;

VII – o agravo contra decisão que não admita embargos infringentes e de nulidade criminais;

VIII – as exceções de impedimento e de suspeição relativas aos juízes no exercício da jurisdição criminal;

IX – proposta de súmula em matéria criminal e a revisão da tese jurídica firmada no seu julgamento.

X – a reclamação destinada a dirimir divergência entre acórdão de Turma Recursal e a jurisprudência do Superior Tribunal de Justiça sumulada ou consolidada em julgamento de recurso repetitivo, incidente de assunção de competência e incidente de resolução de demandas repetitivas.

Esquematizando:

Competência das Câmaras Criminais	
Embargos infringentes e de nulidades	Matéria criminal, inclusive oriundo da Vara da Infância e da Juventude.
Agravo	Contra decisão que não admita embargos infringentes e de nulidade criminais
Revisão Criminal	Salvo julgado proferido pelo Conselho Especial, a quem cabe julgar a própria Revisão Criminal
Desaforamento	Deslocamento da competência do julgamento em plenário de júri de uma comarca para outra, da mesma região. Hipóteses: a) interesse da ordem pública o reclamar, b) ou houver dúvida sobre a imparcialidade do júri, c) segurança pessoal do acusado
Representação por indignidade para o oficialato	Membros da Polícia Militar e do Corpo de Bombeiros Militar do DF e dos Territórios
Representação para a perda da graduação	Praças da Polícia Militar e do Corpo de Bombeiros Militar do DF e dos Territórios
Exceções de impedimento e de suspeição	Juízes criminais
Proposta de súmula	Matéria criminal e a revisão da tese jurídica firmada no seu julgamento
Reclamação	Dirimir divergência entre acórdão de Turma Recursal e a jurisprudência do Superior Tribunal de Justiça sumulada ou consolidada em julgamento de recurso repetitivo, incidente de assunção de competência e incidente de resolução de demandas repetitivas
Mandado de segurança	Contra: ✓ Decisão de magistrado de primeiro grau ✓ Relator de recurso distribuído a qualquer das Turmas Criminais

Entendendo	
Embargos infringentes e de nulidade	Recurso que tem como objetivo fazer prevalecer o voto vencido, favorável ao réu, em acórdão cuja a maioria de votos foi desfavorável a ele. Se, por exemplo, uma Turma Criminal condena ou mantém a sentença condenatória desfavorável o réu, todavia, havendo voto(s) de Desembargador(es) favorável(is) ao acusado, a sua Defesa pode se valer dos Embargos Infringentes e de nulidade para que a Câmara Criminal reaprecie o caso.
Revisão Criminal	É ação que busca desconstituir a decisão condenatória mesmo após o trânsito em julgado. Assim como na área cível existe a ação rescisória, na área criminal o instrumento processual é a revisão criminal, que pode ser ajuizada a qualquer momento, sem prazo, nas hipóteses do art. 621 do Código de Processo Penal: I – quando a sentença condenatória for contrária ao texto expresso da lei penal ou à evidência dos autos; II – quando a sentença condenatória se fundar em depoimentos, exames ou documentos comprovadamente falsos; III – quando, após a sentença, se descobrirem novas provas de inocência do condenado ou de circunstância que determine ou autorize diminuição especial da pena".
Desaforamento	Deslocamento da competência do julgamento em plenário de júri de uma comarca para outra, da mesma região. Hipóteses: a) interesse da ordem pública o reclamar, b) ou houver dúvida sobre a imparcialidade do júri, c) segurança pessoal do acusado
Representação por indignidade para o oficialato	Exame da dignidade de Oficial da Polícia Militar e do Corpo de Bombeiros Militar do Distrito Federal ou de oficial dessas corporações nos Territórios Federais
Representação para a perda da graduação	Representação para perda do grau hierárquico da praça.

1.6. TURMAS ESPECIALIZADAS

As Turmas Especializadas, subdivididas em Turmas Cíveis e Turmas Criminais, são os órgãos fracionários do TJDFT com menor número de membros (apesar de serem responsáveis pela maior parte da movimentação dos processos no Tribunal), e, basicamente, julgam recursos interpostos contra as decisões dos juízes de primeira instância.

1.6.1 Disposições gerais

Vejamos as disposições comuns das Turmas Especializadas no que diz respeito à composição, ao quórum e à presidência.

Composição: 04 (quatro) Desembargadores

Quórum: 03 (três) julgadores.

Como esse assunto foi cobrado em concurso?

No concurso para Técnico Judiciário/Área Administrativa e Judiciária (2003) foi perguntado: *"As turmas do TJDFT somente podem reunir-se com a presença de pelo menos três desembargadores"*. O item foi considerado correto por corresponder ao art. 24 do RITJDFT.

Presidência: Exercida pelo desembargador mais antigo no órgão, em rodízio anual, e a duração do mandato coincidirá com o ano judiciário.

Presidente vota? Sim.

- Lembrando: O presidente do **Conselho Especial** e os presidentes das **Câmaras** votarão quando o julgamento exigir *quorum* qualificado para apuração do resultado ou quando houver empate, para que o resultado seja desempatado

IMPORTANTE: Presidente da Turma sempre vota!

1.6.2. Turmas Cíveis

Como dito anteriormente, as Turmas Cíveis estão incumbidas, basicamente, do julgamento de recursos das decisões dos juízes de primeira instância, além de *habeas corpus* referente à prisão civil decretada pelo juiz de primeiro grau e reclamação para preservar a sua competência e garantir a autoridade de seus julgados.

Assim, compete às Turmas Cíveis julgar:

I. apelação;
II. agravo de instrumento;
III. embargos de declaração de seus julgados;
IV. recurso interposto contra decisão proferida por juiz de Vara da Infância e da Juventude, observado o disposto no art. 198 do Estatuto da Criança e do Adolescente;
V. *habeas corpus* referente a prisão civil decretada por magistrado de primeiro grau;
VI. reclamação para preservar a sua competência e garantir a autoridade dos seus julgados, nos termos do art. 988, I e II, e § 1º, do Código de Processo Civil.

Esquematizando:

Competência das Turmas Cíveis	
Apelação	Recurso interposto da sentença proferida pelo juiz de primeira instância. A Turma Cível é responsável pelo novo julgamento da causa, se houver recurso interposto contra a sentença proferida pelo juiz de primeira instância.
Agravo de instrumento	Recurso interposto contra decisão interlocutória proferida pelo juiz da primeira instância
Embargos de declaração de seus julgados	Recurso que tem como finalidade esclarecer, tornar clara a decisão, quando omissa, contraditória ou obscura. Não visa modificar o conteúdo da decisão. Se o acórdão da Turma Cível, por exemplo, deixou de apreciar determinada alegação da parte, o próprio órgão é que será responsável por sanar a omissão, passando a examinar o tema.
Recurso interposto contra decisão do juiz da Vara da Infância e da Juventude	Pode ser apelação ou agravo de instrumento
***Habeas Corpus* de prisão civil** Prisão civil: decretada pelo Juiz da Vara de Família em execuções de alimentos, quando o alimentante não paga a dívida ao alimentando.	Garantia constitucional destinada a assegurar a liberdade de locomoção, podendo ser preventivo ou liberatório **Impetrante**: aquele pede a ordem de *habeas corpus*, pode ser o paciente ou terceiro **Paciente**: quem sofre a restrição ou ameaça ao direito de locomoção. **Autoridade coatora**: quem pratica o ato tido por ilegal
Reclamação	Para preservar a sua competência e garantir a autoridade dos seus julgados

1.6.3. Turmas Criminais

Compete às Turmas Criminais:

I – julgar a apelação criminal, o recurso em sentido estrito [(1)], o recurso de agravo em execução, a carta testemunhável e a reclamação contra decisão proferida por magistrado de primeiro grau;

II – julgar o recurso interposto contra decisão proferida por juiz de Vara da Infância e da Juventude, em matéria de natureza infracional, obedecendo ao disposto no art. 198 do Estatuto da Criança e do Adolescente;

III – processar e julgar *o habeas corpus* impetrado contra decisão de magistrado de Primeiro Grau, observado o art. 26, II do RITJDFT, e o *habeas corpus* impetrado contra ato emanado de Turma Recursal dos Juizados Especiais Criminais.

(1) Recurso em sentido estrito: Recurso interposto contra decisões judiciais proferidas nas Varas Criminais, que não coloquem fim ao processo. Tem previsão no art. 581 do Código de Processo Penal.

Exemplificando, algumas hipóteses de cabimento do recurso em sentido estrito, que será interposto contra decisão: I – que não receber a denúncia ou a queixa; II – que concluir pela incompetência do juízo; III – que julgar procedentes as exceções, salvo a de suspeição; IV – que conceder, negar, arbitrar, cassar ou julgar inidônea a fiança, indeferir requerimento de prisão preventiva ou revogá-la, conceder liberdade provisória ou relaxar a prisão em flagrante; V – que decretar a prescrição ou julgar, por outro modo, extinta a punibilidade; VI – que anular o processo da instrução criminal, no todo ou em parte.

1.7. CONSELHO DA MAGISTRATURA[6]

O Conselho da Magistratura é integrado pelo Presidente do Tribunal, pelo Primeiro Vice-Presidente, pelo Segundo Vice-Presidente e pelo Corregedor da Justiça e funcionará como órgão deliberativo da Administração Superior.

Quem preside: Presidente do Tribunal.

Relatoria: O Presidente do Tribunal, o Primeiro Vice-Presidente, o Segundo Vice-Presidente e o Corregedor da Justiça só exercerão a função de relator no Conselho da Magistratura.

6. De acordo com a Emenda Regimental n. 16/2020.

Como esse assunto foi cobrado em concurso?

No concurso para Analista Judiciário/Área Judiciária (2015) foi perguntado: *"O corregedor da justiça do TJDFT integra o Conselho da Magistratura, logo pode exercer, nesse conselho, as funções de relator e de revisor".* O item foi considerado errado, tendo em vista o disposto no art. 79, §5º, do RITJDFT.

Reuniões: Ordinariamente, na penúltima sexta-feira de cada mês, exceto se desnecessário, e extraordinariamente mediante convocação de qualquer dos seus membros.

Quórum: Pelo menos três de seus membros.

Ata: As sessões administrativas do Conselho da Magistratura serão registradas em ata, que será subscrita por seus membros e pelo Secretário-Geral do TJDFT, que as secretariará.

Competência:

I. Julgar representação contra magistrados por excesso injustificado de prazos legais e regimentais.

ATENÇÃO: Compete ao Conselho Especial em competência administrativa aplicar as demais penalidades disciplinares aos magistrados.

Procedimento da representação por excesso de prazo

Autuação: encaminhada ao Presidente, nos casos de desembargadores, ou ao Corregedor, nos casos de magistrados de primeiro grau, que funcionarão como relator.

Ouvido previamente o magistrado no prazo de 10 (dez) dias:

I – A representação poderá ser arquivada por decisão do relator;

II – Não sendo o caso de arquivamento liminar, o magistrado será intimado para apresentar justificativa no prazo de 15 (quinze) dias.

Julgamento:

– Julgada procedente a representação, o magistrado será intimado para praticar o ato em 10 (dez) dias. Permanecendo inerte o magistrado, os autos serão encaminhados ao seu substituto legal para decisão em 10 (dez) dias.

– Quando manifestamente infundada a justificativa apresentada, o relator poderá, no prazo de 48 (quarenta e oito) horas, determinar a intimação do magistrado para praticar o ato em 10 (dez) dias, *ad referendum* do Conselho da Magistratura.

II. Regulamentar e atualizar a Tabela do Regimento de Custas das Serventias Judiciais e dos Serviços Notariais e de Registro, observado o disposto no art. 72 do RITJDFT.

> Art. 72. Serão cobrados emolumentos pelo fornecimento de certidões, de quaisquer documentos, e de cópias por qualquer meio de reprodução, autenticadas ou não, ressalvadas as isenções legais.
>
> § 1º A cobrança será feita de acordo com a Tabela do Regimento de Custas das Serventias Judiciais e dos Serviços Notariais e de Registro.
>
> § 2º Os valores e as guias para o recolhimento das custas judiciais de Segunda Instância ficarão a cargo da Secretaria de Apoio Judiciária da Corregedoria e estarão disponíveis, na página eletrônica do Tribunal, aos interessados para consulta e emissão.
>
> § 3º O recolhimento será feito em instituição financeira oficial autorizada pelo Tribunal e os comprovantes respectivos deverão ser juntados aos autos.
>
> § 4º A expedição de alvará de soltura ou de salvo-conduto não será cobrada.

III. Julgar o agravo interno interposto da decisão proferida pelo Presidente do Tribunal nos casos do art. 266 (*Ver item 5.3.10, sobre o agravo interno*).

> Art. 266. Caberá também agravo interno das decisões do Presidente do Tribunal nos casos de:
>
> I – suspensão de segurança;
>
> II – negativa de seguimento a recurso extraordinário e especial, na forma do art. 1.030, § 2º, do Código de Processo Civil;
>
> III – sobrestamento de recursos extraordinário e especial, na forma do art. 1.030, § 2º, do Código de Processo Civil;
>
> IV – pedido de concessão de efeito suspensivo nos recursos extraordinário e especial sobrestados, na forma do art. 1.037 do Código de Processo Civil;
>
> V – pedido a que se refere o art. 1.036, § 2º, do Código de Processo Civil.

IV. Exercer as funções que lhe forem delegadas pelo **Conselho Especial ou pelo Tribunal Pleno**.

São competências administrativas do Conselho da Magistratura:

I. Deliberar sobre matéria administrativa, podendo submetê-la ao Tribunal Pleno ou ao Conselho Especial, no exercício das funções administrativas, para análise, referendo ou ratificação.

II. Apreciar questão envolvendo o sistema de governança do TJDFT, observadas as diretrizes e os princípios estabelecidos pelo Tribunal Pleno e pelo Conselho Especial, no exercício das funções administrativas.

Qualquer membro do Conselho da Magistratura pode submeter a esse colegiado matéria que repute relevante, previamente ao exame dela pelo Tribunal Pleno ou pelo Conselho Especial, no exercício das funções administrativas. Nessa hipótese, caso a matéria envolva ordenação de despesas, a manifestação do colegiado terá **caráter opinativo**.

A atuação administrativa do Conselho da Magistratura se faz **sem prejuízo** das competências regimentais do Tribunal Pleno ou do Conselho Especial, no exercício das funções administrativas.

1.8. DISPOSIÇÕES COMUNS AOS ÓRGÃOS COLEGIADOS

O Conselho Especial, o Conselho da Magistratura, as Câmaras e as Turmas têm atribuições comuns referentes à solução de questões que podem surgir no desenrolar do processo de sua competência.

Órgão colegiado	Competência comum	Entendendo
Conselho Especial	**Embargos de declaração opostos aos próprios acórdãos**	Recurso que tem como finalidade esclarecer, tornar clara a decisão, quando omissa, contraditória ou obscura. Não visa modificar o conteúdo da decisão
Conselho da Magistratura	**Medidas e os processos incidentes**	Questões que podem surgir no decorrer do processo.
	Agravo interno contra decisão do relator	Há casos em que o Relator pode decidir o processo monocraticamente, sem levar o processo ao colegiado. O agravo interno é o recurso interposto pela parte que pretende que a questão seja rediscutida pelo órgão colegiado respectivo

Órgão colegiado	Competência comum	Entendendo
Câmaras	**Restauração de autos**	Ação que busca a recomposição de autos desaparecidos ou extraviados, eletrônicos ou não.
Turmas	**Incidentes de execução que lhes forem submetidos.**	Questões que se surgem durante o cumprimento da pena no processo penal, tais como conversões de pena, excesso ou desvio da finalidade do cumprimento da pena, anistia e indulto

Assim, exemplificando, se os autos de uma apelação cível, cuja competência é de uma Turma Cível, desaparecem, àquele órgão colegiado caberá o julgamento da respectiva ação de restauração de autos. Caso sejam extraviados os autos de ação rescisória em trâmite no Conselho Especial, a ele caberá o julgamento da restauração.

Da mesma forma, decidindo o Relator de uma apelação cível monocraticamente a respeito do mérito do recurso (nas hipóteses cabíveis), negando-lhe seguimento, o recorrente poderá apresentar agravo interno para que a Turma possa fazer um novo julgamento do recurso.

1.8.1. Atribuições comuns dos Presidentes dos órgãos colegiados

Os órgãos colegiados são dirigidos por seus respectivos presidentes, cujas atribuições, em todos eles, são as seguintes:

I – presidir as sessões, submetendo-lhes questões de ordem;

II – convocar sessões extraordinárias;

III – manter a ordem nas sessões, adotando as providências necessárias;

IV – proclamar os resultados dos julgamentos;

V – comunicar ao Presidente do Tribunal ou ao Corregedor da Justiça a existência de indício da prática de falta disciplinar por magistrado, servidor, tabelião, registrador ou serventuário, quando assim deliberado pelo colegiado no julgamento.

O presidente do órgão colegiado também vota?

O presidente do **Conselho Especial** e os presidentes das **Câmaras** votarão quando o julgamento exigir *quorum* qualificado para apuração do resultado ou quando houver empate, para que o resultado seja desempatado.

Presidente das Turmas sempre vota.

PRESIDENTE DO ÓRGÃO	QUANDO VOTA
Conselho Especial	✓ *Quorum* qualificado ✓ Empate
Câmara de Uniformização	✓ Empate*
Câmaras Especializadas	✓ *Quorum* qualificado ✓ Empate
Turmas Especializadas	Sempre

***Atenção**: O art. 17, §5º, do RITJDFT estabelece que o presidente da **Câmara de Uniformização** somente **votará** se houver **empate**, nada dispondo acerca da possibilidade de voto para *quorum* qualificado.

O art. 29, §1º, do RITJDFT, prescreve, por sua vez, que os presidentes das Câmaras (aqui não fazendo qualquer distinção entre a Câmara de Uniformização e as Câmaras Especializadas) votarão tanto no caso de empate quanto no caso de formação de *quorum* qualificado.

Por ser o art. 17, §5º, do RITJDFT mais específico, optamos por manter a especialidade da regra, ficando, todavia, a interpretação dos artigos a cargo do leitor.

Como esse assunto foi cobrado em concurso?

No concurso para Técnico Judiciário/Área Administrativa e Judiciária (2003) foi perguntado: *"O presidente do Conselho Especial e o das câmaras do TJDFT jamais votam nesses órgãos"*. O item foi considerado errado, tendo em vista o disposto no art. 28, §1º, do RITJDFT.

Há um caso previsto no RITJDFT em que é desnecessário o voto de desempate do presidente do órgão colegiado: ***Habeas Corpus***

EXCEÇÃO: *HABEAS CORPUS*
No caso de *habeas corpus*, prevalecerá a decisão mais favorável ao paciente se houver empate e se o voto de vista for dispensável para o *quorum* de julgamento (art. 113, §6º, do RITJDFT). Nessa hipótese, se, por exemplo, o Conselho Especial estiver apreciando *habeas corpus* e o julgamento estiver empatado, não haverá voto do Presidente para desempate, prevalecendo a decisão mais favorável ao paciente.

Como esse assunto foi cobrado em concurso?

No concurso para Analista Judiciário/Área Processual (2003) foi perguntado: *"O presidente do Tribunal de Justiça do Distrito Federal e dos Territórios (TJDFT) vota em todas as questões administrativas de competência do Tribunal Pleno".* O item foi considerado errado, tendo vista o disposto no art. 366, parágrafo único, do RITJDFT.

Os presidentes das Câmaras e das Turmas indicarão ao Presidente do Tribunal servidor para ser nomeado secretário do respectivo órgão e designar o substituto.

Passaremos ao estudo das Comissões.

1.9. AS COMISSÕES

As comissões são órgãos internos do TJDFT que colaboram no desempenho dos encargos do Tribunal, apresentando manifestações técnicas acerca das suas respectivas áreas de atuação.

Podem ser **permanentes** ou **temporárias.**

As comissões contarão com o apoio dos órgãos da Administração do Tribunal.

O Tribunal Pleno e o Presidente do Tribunal poderão criar comissões temporárias com **qualquer número de membros.**

Os membros das comissões serão indicados pelo **Presidente do Tribunal** para aprovação do **Tribunal Pleno.**

Os membros das comissões cumprirão mandato de **dois anos**, permitida uma **recondução.**

Como esse assunto foi cobrado em concurso?

No concurso para Técnico Judiciário/Área Administrativa e Judiciária (2003) foi perguntado: *"As comissões permanentes do TJDFT são compostas por desembargadores que necessariamente devem passar por rodízio ao término de cada mandato, uma vez que é proibida a recondução para essa função".* O item foi considerado errado, tendo em vista o disposto no art. 31, §2º, do RITJDFT.

É **vedada** a participação do **mesmo desembargador** em **mais** de **uma** comissão **permanente.**

São comissões permanentes:

I – a Comissão de Regimento Interno;

II – a Comissão de Jurisprudência;

III – a Comissão de Acompanhamento de Estágio Probatório.

COMISSÕES					
Membros		**Mandato**		**Participação em mais de uma comissão?**	
Quem indica	***Quem aprova***	***Duração***	***Recondução***	***Permanente***	***Temporária***
Presidente do TJDFT	Tribunal Pleno	2 anos	1 recondução	Não	Sim
NÚMERO DE MEMBROS					
Regimento Interno	5 membros efetivos e dois suplentes				
Jurisprudência	5 membros efetivos e um suplente				
Acompanhamento de Estágio Probatório	3 membros efetivos e um suplente				
Temporárias	Qualquer número				
COMISSÕES TEMPORÁRIAS					
Podem ser criadas pelo Presidente do TJDFT ou pelo Tribunal Pleno					

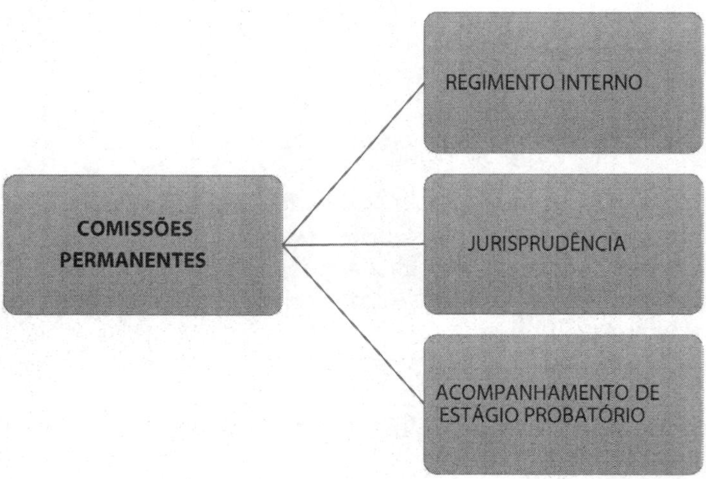

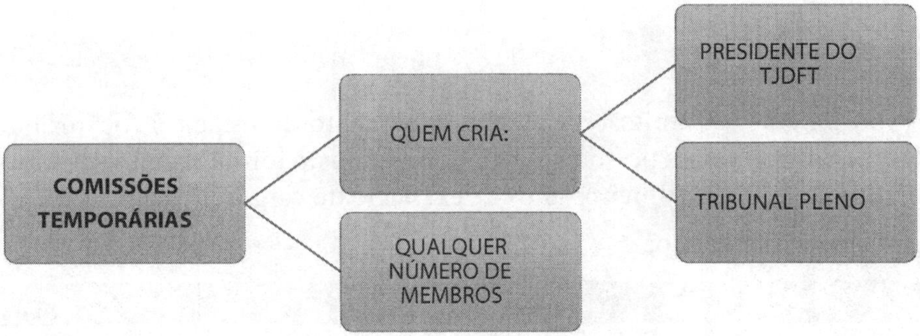

1.9.1 Comissão de Regimento Interno

A Comissão de Regimento Interno é composta por **5 (cinco) membros efetivos** e **dois** membros **suplentes**, sendo **presidida** por **seu membro mais antigo**.

Compete à Comissão de Regimento Interno propor e manifestar-se sobre propostas de alterações regimentais.

O Presidente do Tribunal poderá consultar a Comissão de Regimento Interno sobre outras matérias administrativas.

A Comissão de Regimento Interno reunir-se-á ordinariamente uma vez por mês e terá o prazo de 30 (trinta) dias para se manifestar sobre as propostas que lhe forem submetidas, salvo hipóteses de urgência.

1.9.2. Comissão de Jurisprudência

A Comissão de Jurisprudência é composta de **5 (cinco) membros efetivos** e **um suplente**, sendo **presidida por seu membro mais antigo**.

A Comissão de Jurisprudência terá **um representante** de cada **Câmara especializada**.

Compete à Comissão de Jurisprudência propor e se manifestar sobre propostas de edição, revisão e cancelamento de súmula, observado o disposto nos arts. 331, 334 e 335 do RITJDFT.

A Comissão de Jurisprudência auxiliará o Tribunal nos assuntos relacionados à sua competência.

1.9.3. Comissão de Acompanhamento de Estágio Probatório

A Comissão de Acompanhamento de Estágio Probatório é presidida pelo Corregedor e composta por 3 (três) membros efetivos, dentre os quais o Corregedor, que a presidirá, bem como por 1 (um) suplente.

Corregedor preside a Comissão de Acompanhamento de Estágio Probatório

Compete à Comissão de Acompanhamento de Estágio Probatório o exame das condições pessoais e do desempenho do juiz de direito substituto durante os dois primeiros anos de exercício do cargo.

Esquematizando:

COMISSÕES			
	Regimento Interno	***Jurisprudência***	***Acompanhamento de Estágio Probatório***
Membros	5 + 2 suplentes	5 + 1 suplente	3 + 1 suplente
Quem preside	Membro mais antigo	Membro mais antigo	Corregedor
Competência	Propor e manifestar-se sobre propostas de alterações regimentais	propor e se manifestar sobre propostas de edição, revisão e cancelamento de súmula	Exame das condições pessoais e do desempenho do juiz de direito substituto durante os dois primeiros anos de exercício do cargo
Reunião	1 vez por mês	**RITJDFT omisso**	**RITJDFT omisso**
Observação	– 30 dias para se manifestar sobre as propostas que lhe forem submetidas, salvo urgência; – Poderá ser consultada pelo Presidente do TJDFT sobre outras matérias administrativas	– Terá 1 representante de cada Câmara Especializada – Auxiliará o Tribunal nos assuntos relacionados à sua competência.	

CAPÍTULO 2

DO PRESIDENTE DO TRIBUNAL, DO PRIMEIRO VICE-PRESIDENTE, DO SEGUNDO VICE-PRESIDENTE E DO CORREGEDOR DA JUSTIÇA

2.1. DISPOSIÇÕES GERAIS

O Presidente do Tribunal, o Primeiro Vice-Presidente, o Segundo Vice-Presidente e o Corregedor da Justiça terão mandato **de dois anos** e tomarão posse no **primeiro dia útil seguinte a 21 de abril.**

Ao tomarem posse, prestarão o **compromisso** de bem e fielmente desempenhar os deveres do cargo, cumprindo e fazendo cumprir a Constituição da República, as leis e as decisões da Justiça.

ESQUEMATIZANDO	
Presidente	Eleitos pelos desembargadores Posse dia útil seguinte a 21 de abril Mandato de 2 anos Vedada a reeleição, salvo para outro cargo
Primeiro Vice-Presidente	
Segundo Vice-Presidente	
Corregedor	

Se ocorrer vacância dos cargos de Presidente do Tribunal, de Primeiro Vice-Presidente, de Segundo Vice-Presidente ou de Corregedor da Justiça, realizar-se-á nova eleição, salvo se faltarem menos de seis meses para o término do mandato, caso em que a Presidência do Tribunal será exercida pelo Primeiro Vice-Presidente; e a Primeira Vice-Presidência, a Segunda Vice-Presidência ou a Corregedoria da Justiça, pelos demais membros, observada a ordem decrescente de antiguidade.

Tem-se, assim:

VAGANDO CARGOS DA ADMINISTRAÇÃO ANTES DO FIM DO MANDATO (Art. 42 do RITJDFT)	
Faltando 6 meses ou mais para o fim	Nova eleição para completar mandato
Faltando menos de 6 meses para o fim	Substituição legal
E COMO FUNCIONA A SUBSTITUIÇÃO LEGAL?	
Presidente	1º Vice ou 2º Vice
1º Vice, 2º Vice ou Corregedor	Desembargador mais antigo
E SE FOR O CASO DE NOVA ELEIÇÃO (art. 372, §§1º e 2º do RITJDFT)?	
Vacância de algum dos cargos de direção:	Presidente convoca para um dos 15 dias seguintes
Vacância de algum dos cargos de direção em virtude de aposentadoria compulsória:	A eleição será realizada dentro dos 20 dias que antecederem sua ocorrência.

Afastamento para missão fora do Distrito Federal:

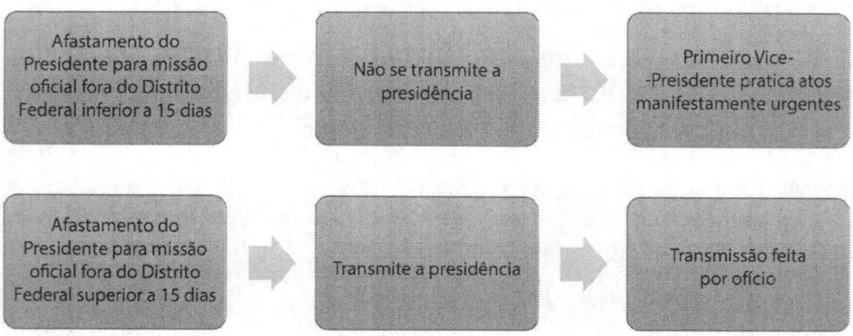

Como esse assunto foi cobrado em concurso?

No concurso para Analista Judiciário/Atividade Processual (2003) foi perguntado: "*Se o presidente do TJDFT ausentar-se do DF a serviço, pelo prazo de dez dias, não haverá necessidade de transmissão da presidência do órgão ao primeiro vice-presidente, a quem caberá, nessa hipótese, praticar os atos manifestamente urgentes durante a ausência do presidente*". A assertiva foi considerada correta por corresponder ao art. 46 do RITJDFT.

2.1.1 Eleição dos cargos de direção (Presidente, Primeiro Vice-Presidente, Segundo Vice-Presidente e Corregedor)

Em que mês ocorrem as eleições? No mês de fevereiro do ano em que findar o mandato dos antecessores, mediante convocação do Presidente.

A transição poderá ser disciplinada em ato regimental.

Quem elege? Tribunal Pleno

Quem pode ser eleito? A eleição do Presidente do Tribunal, do Primeiro Vice-Presidente, do Segundo Vice-Presidente e do Corregedor da Justiça recairá nos três desembargadores mais antigos que, nos termos do artigo seguinte, não estejam impedidos de ocupar esses cargos.

Quem não pode ser eleito? Até que se esgotem todos os nomes, não figurará entre os elegíveis, para qualquer outro cargo, o desembargador que houver sido Presidente, salvo se estiver completando mandato por período inferior a um ano.

Como esse assunto foi cobrado em concurso?

No concurso para Analista Judiciário/Área Judiciária (2007) foi perguntado: "*Antônio, presidente do TJDFT, em virtude do término do seu mandato, foi sucedido por Luciana, corregedora do TJDFT. Nessa situação, Antônio ocupará o cargo de sua sucessora e será titular do cargo de corregedor*". A assertiva foi considerada errada, tendo em vista o disposto no art. 374, *caput*, do RITJDFT.

Igualmente não poderá ser eleito quem já houver sido Primeiro Vice-Presidente, Segundo Vice-Presidente e Corregedor da Justiça por um período total de quatro anos.

Imagine, por exemplo, que determinado desembargador já foi Corregedor por um biênio, tendo, posteriormente, atuado como Segundo Vice-Presidente em outro biênio, subsequente ou não. Nesse caso, não poderá mais concorrer a cargo da Administração do TJDFT.

É possível reeleição para o mesmo cargo? Não. Possível, todavia, que um desembargador que já tenha sido Primeiro Vice-Presidente possa ser eleito, por exemplo, como Corregedor e vice-versa.

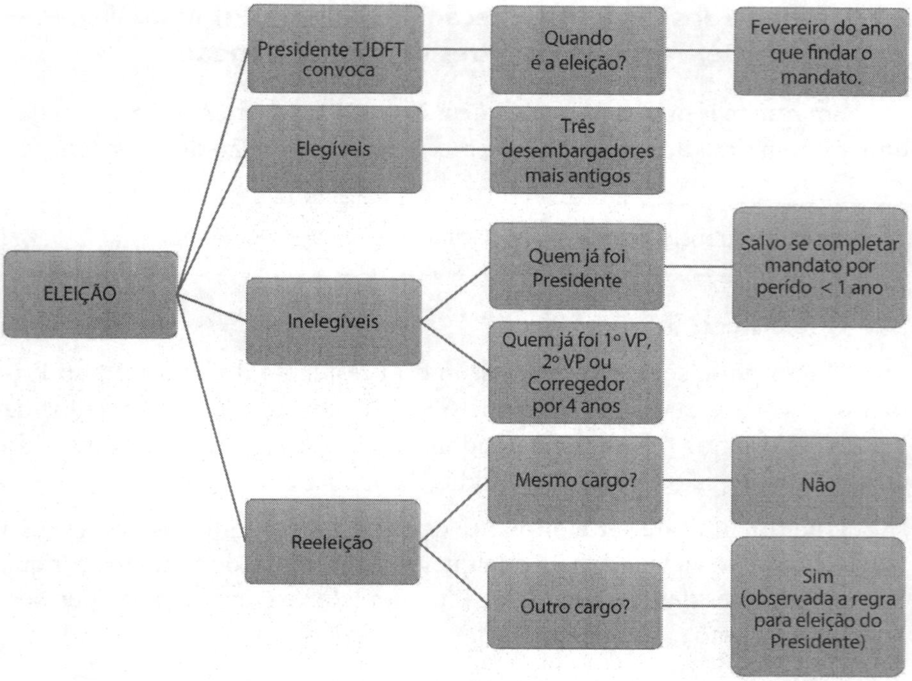

2.1.1.1. *Procedimento*

1. Eleger-se-á primeiro o Presidente do Tribunal e, sucessivamente, o Primeiro Vice-Presidente, o Segundo Vice-Presidente e o Corregedor da Justiça (Logo, são feitas quatro eleições sucessivas).

2. Antes de se proceder à votação, o Presidente consultará os desembargadores elegíveis sobre a aquiescência de eventual indicação.

   2.1. Recusa do indicado: O Tribunal poderá não aceitar a recusa pelo voto da **maioria absoluta** de seus membros.

   2.1.2. Recusa após a eleição: Em nenhum caso, a recusa será aceita após a eleição.

   A recusa aceita não prejudicará, para os efeitos do art. 377, a colocação do desembargador na lista de antiguidade.

3. ***Quorum* de deliberação:** O *quorum* mínimo de deliberação do Tribunal Pleno é de dois terços dos seus membros.

4. **Eleito:** Será considerado eleito quem obtiver pelo menos metade mais um dos votos.

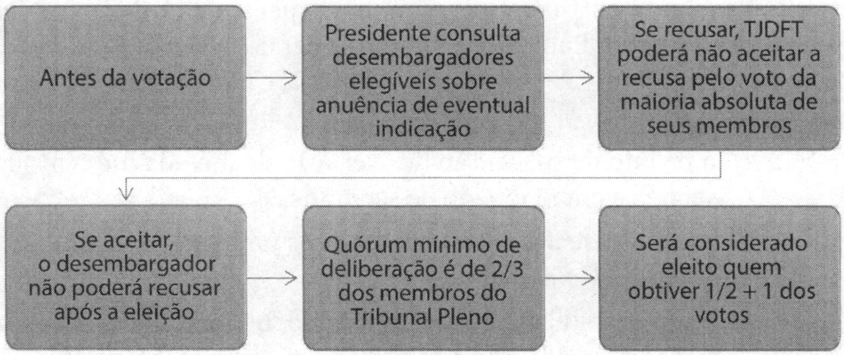

Recapitulando: os desembargadores tomam **posse** em sessão **solene**

2.2. ATRIBUIÇÕES DO PRESIDENTE DO TJDFT:

O Presidente do TJDFT é o principal gestor do Tribunal, por essa razão, o RITJDFT elenca uma série de atribuições necessárias ao comando da Corte, para fins institucionais e administrativos.

Com o objetivo de alcançar uma abordagem mais didática do tema, optamos por agrupar as atribuições de acordo com as respectivas áreas de atuação, não seguindo, necessariamente, a ordem do RITJDFT.

Para tanto, subdividimos as atribuições em **institucionais, processuais, gestão administrativa** e relativa aos **desembargadores**.

Dessa forma, são atribuições do Presidente do TJDFT:

Institucionais

I. Representar o Poder Judiciário do Distrito Federal e dos Territórios nas suas relações com os outros Poderes e autoridades;

Processuais

I. Administrar e dirigir os trabalhos do Tribunal, presidir as sessões do Tribunal Pleno, do Conselho Especial e do Conselho da Magistratura, bem como as sessões solenes e as especiais, cumprindo e fazendo cumprir o Regimento;

II. Promover a execução das penas quando a condenação houver sido imposta em ação de competência originária do Tribunal, podendo delegar a magistrado de Primeiro Grau a prática de atos não decisórios;

III. Requisitar as verbas necessárias ao pagamento de precatórios pela Fazenda Pública do Distrito Federal

IV. Decidir:

a) o pedido de suspensão de execução de medida liminar ou de sentença em mandado de segurança;
b) o pedido de avocação de processos (art. 496, § 1º, Código de Processo Civil);
c) a admissibilidade dos recursos endereçados às instâncias superiores, resolvendo os incidentes suscitados, bem como a decretação de deserção;
d) pedido de concessão de efeito suspensivo a recurso extraordinário ou a recurso especial, na hipótese do art. 1.029, § 5º, III, do Código de Processo Civil;
e) o pedido a que se refere o art. 1.036, § 2º, do Código de Processo Civil.

V. Decidir e ordenar o sequestro previsto no art. 100, § 2º, Constituição da República;

Gestão administrativa

I. Determinar a suspensão dos serviços judiciários na ocorrência de motivo relevante;

> **Como esse assunto foi cobrado em concurso?**
>
> No concurso para Analista Judiciário/Atividade Processual (2003) foi perguntado: "*Considere a seguinte situação hipotética. Em determinado ano, a umidade relativa do ar no DF chegou a níveis potencialmente perigosos para a saúde. Por isso, as autoridades competentes sugeriram a suspensão das atividades dos órgãos públicos, escolas etc. Nessa situação, a competência para determinar a suspensão dos trabalhos do TJDFT seria do Plenário do Tribunal, o qual deveria ser imediatamente convocado por seu presidente para deliberar a esse respeito*". A assertiva foi considerada errada, tendo em vista o disposto no art. 43, IV, do RITJDFT.

II. Velar pela regularidade e pela exatidão das publicações das estatísticas mensais, relativas aos trabalhos judiciários do Tribunal;

III. Outorgar delegação para o exercício da atividade notarial e de registro, bem como extingui-la nos casos previstos em lei, declarando vago o respectivo serviço

Desembargadores

I. Elaborar as escalas de plantão judicial do Conselho da Magistratura e de plantão semanal da segunda instância;

> **Plantão dos Juízes Substitutos**: Corregedor elabora a escala.

II. Designar desembargador para substituição de membro do Conselho Especial, por ocasião de férias, afastamentos e impedimentos, observados os critérios estabelecidos neste Regimento;

III. Designar desembargador para composição de *quorum* de outro órgão julgador nas hipóteses previstas neste Regimento;

IV. Solicitar ao Procurador-Geral de Justiça do Distrito Federal e Territórios e ao Presidente da Ordem dos Advogados do Brasil, Seccional do Distrito Federal, lista sêxtupla para início dos procedimentos referentes ao preenchimento das vagas correspondentes ao quinto constitucional;

2.2.1. Atribuições administrativas do Presidente do TJDFT

O RITJDFT elenca, ainda, algumas atribuições administrativas do Presidente do TJDFT. Assim como no caso das atribuições anteriores, para fins didáticos também subdividimos as atribuições, agora em questões relativas aos **desembargadores, gestão administrativa, questões relativas à administração de pessoal (magistrados e servidores).** São, portanto, atribuições administrativas do Presidente do Tribunal:

Desembargadores

I. Convocar eleições para os cargos de direção do Tribunal de Justiça;

II. Convocar desembargador para substituição de membro do Conselho Especial, por ocasião de férias, afastamentos e impedimentos, observados os critérios estabelecidos no RITJDFT;

III. Solicitar ao **Procurador-Geral de Justiça** do Distrito Federal e Territórios e ao Presidente da Ordem dos Advogados do Brasil, Seccional do Distrito Federal, lista sêxtupla para início dos procedimentos referentes ao preenchimento das vagas correspondentes ao quinto constitucional;

IV. Indicar os membros e os respectivos suplentes das Comissões Permanentes para aprovação do Tribunal Pleno

> **Comissões permanentes**: Regimento Interno, Jurisprudência e Acompanhamento de Estágio Probatório.

V. Receber o pedido de afastamento com a finalidade de aperfeiçoamento profissional, formulado por membro do Tribunal, e determinar a respectiva distribuição a um relator;

VI. Decidir sobre o afastamento de qualquer magistrado em missão oficial, desde que não excedam a 7 (sete) dias e nem impliquem afastamento do Território Nacional, os quais dependerão de deliberação do Conselho Especial

Gestão administrativa

I. Coordenar e normatizar o funcionamento dos órgãos que integram a estrutura organizacional da Presidência;

II. Decidir sobre matéria administrativa pertinente à organização e ao funcionamento da Justiça do Distrito Federal e dos Territórios, podendo submeter ao Tribunal Pleno ou ao Conselho Especial as matérias que entender convenientes;

III. Fazer publicar, no mês de **dezembro** de cada ano, a relação de todas as circunscrições e varas instaladas na Justiça do Distrito Federal e dos Territórios;

IV. Pronunciar-se sobre a regularidade das contas de quaisquer ordenadores de despesas do Quadro do Tribunal de Justiça do Distrito Federal e dos Territórios;

V. Apresentar ao Tribunal Pleno, **anualmente**, até o **primeiro dia de março**, **relatório** circunstanciado das **atividades** da **Justiça** do Distrito Federal e dos Territórios, relativo ao ano anterior;

VI. Autorizar, **na forma da lei**, a ocupação de áreas do Palácio da Justiça, de seus anexos ou de áreas próprias do Tribunal, no Distrito Federal e nos Territórios, assim como fixar a respectiva retribuição pecuniária devida por outros órgãos de entidades oficiais e por serventias não remuneradas por órgãos públicos ou por quaisquer outros serviços;

VII. Outorgar delegação para o exercício da atividade notarial e de registro**, na forma da lei;**

VIII. Apresentar um plano de administração ao Tribunal Pleno em **30 (trinta) dias, contados de sua posse;**

IX. Praticar os atos cuja competência lhe for delegada pelo **Tribunal Pleno** ou pelo **Conselho Especial,** no exercício das **funções administrativas**;

X. Coordenar e normatizar o funcionamento das unidades que integram a estrutura organizacional da Presidência, em conformidade com a política de governança institucional[1].

Administração de pessoal (magistrados e servidores)

I. Prover os cargos dos serviços auxiliares na forma da lei;

II. Expedir os atos de nomeação, exoneração, remoção, promoção, acesso, disponibilidade e aposentadoria de magistrados e servidores da Justiça;

III. Determinar a realização de **concurso público** para provimento dos cargos de **servidores** da Justiça do Distrito Federal e dos Territórios;

IV. **Nomear** os **juízes** de **direito substitutos** e dar-lhes **posse**, observada a ordem de classificação do respectivo concurso;

V. Expedir atos de designação nos casos de promoção, de remoção e de permuta;

VI. Ceder servidores do quadro do Tribunal e requisitar os de outros órgãos;

VII. Instaurar sindicância ou processo administrativo disciplinar para apurar falta cometida por servidores lotados na **Secretaria do Tribunal**;

> **ATENÇÃO:** se a falta foi cometida por servidores lotados na Corregedoria ou em órgãos a ela subordinados, a atribuição é do **Corregedor.**

VIII. Baixar instruções necessárias para a aplicação do ajustamento de conduta a servidores lotados na Secretaria do Tribunal, a quem se possa atribuir infração disciplinar, punível com advertência;

IX. Aplicar sanções disciplinares aos servidores lotados na Secretaria do Tribunal e a pena de demissão aos servidores da Justiça do

1. Introduzido pela Emenda Regimental n. 16/2020.

Distrito Federal e dos Territórios;

Sanção disciplinar:

- Servidores lotados na Secretaria do TJDFT: Presidente aplica
- Servidores lotados na Corregedoria e nos órgãos a ela subordinados: Corregedor aplica

Penalidade não superior a 30 dias: Atribuição é do Juiz de Direito da Vara à qual o servidor estiver vinculado. Os recursos administrativos dessas sanções são julgados pelo Corregedor.

Demissão: Presidente aplica a todos os servidores do TJDFT.

Como esse assunto foi cobrado em concurso?

No concurso para Analista Judiciário/Área Judiciária (2015) foi perguntado: *"Se um servidor da justiça do Distrito Federal (DF) cometer infração disciplinar cuja penalidade, após processo disciplinar, seja a demissão, a autoridade responsável para aplicá-la será o corregedor da justiça".* A assertiva foi considerada errada, tendo em vista o disposto no art. 367, XV, do RITJDFT.

X. Decidir sobre as questões administrativas de interesse dos magistrados e dos servidores da Justiça, ressalvada a competência dos órgãos colegiados;

XI. Organizar e publicar, anualmente, as listas de antiguidade dos magistrados;

XII. Decidir sobre o afastamento de qualquer magistrado em missão oficial, desde que não excedam a 7 (sete) dias e nem impliquem afastamento do Território Nacional, os quais dependerão de deliberação do Conselho Especial;

XIII. Deliberar sobre o processamento do pedido de aproveitamento de magistrado colocado em disponibilidade em razão de processo disciplinar

2.3. ATRIBUIÇÕES DO PRIMEIRO VICE-PRESIDENTE

O Primeiro Vice-Presidente, além da tarefa de substituir o Presidente em suas faltas e impedimentos, pratica os atos que lhe forem atribuídos pelo RITJDFT.

São elas:

I. Substituir o Presidente do Tribunal em suas férias, afastamentos, ausências ou impedimentos eventuais;
II. Supervisionar e regulamentar a autuação dos feitos e dos expedientes judiciais protocolizados na Secretaria do Tribunal, dirimindo as dúvidas suscitadas;
III. Homologar o relatório de distribuição dos feitos de competência do Tribunal, admitida a assinatura digital ou pessoal nos casos de manifesta urgência ou de impossibilidade de realização na distribuição por meio eletrônico;
IV. Regulamentar a distribuição no segundo grau de jurisdição;
V. Exercer atribuições do Presidente do Tribunal, previstas em lei ou neste Regimento, que lhe forem delegadas, por ato conjunto do Presidente do Tribunal e do Primeiro Vice-Presidente.

Como esse assunto foi cobrado em concurso?

No concurso para Técnico Judiciário/Área Administrativa e Judiciária (2003) foi perguntado com adaptações): *"O presidente do TJDFT pode atribuir, unilateralmente, ao primeiro vice-presidente do órgão, as competências que entenda devam ser exercidas pelo segundo".* O item foi considerado errado, tendo em vista o disposto no art. 44, parágrafo único, do RITJDFT.

2.3.1. Atribuições administrativas do Primeiro Vice-Presidente.

O RITJDFT elenca, ainda, algumas atribuições administrativas do Primeiro Vice-Presidente do TJDFT.

Para melhor compreensão, ter em mente que o Primeiro Vice-Presidente trata de questões administrativas relativas aos juízes e posse dos servidores, além da gestão documental do TJDFT.

São, portanto, atribuições administrativas do Primeiro Vice-Presidente do Tribunal:

I. Substituir o Presidente do Tribunal em suas faltas ou impedimentos;
II. Dar posse aos servidores do quadro do Tribunal de Justiça e àqueles investidos em cargo em comissão;

Rememorando:

QUEM DÁ POSSE:	
Desembargadores	Tribunal Pleno
Presidente do TJDFT	
Primeiro Vice-Presidente do TJDFT	
Segundo Vice-Presidente	
Corregedor da Justiça	
Juízes substitutos de segundo grau	Presidente do TJDFT
Juízes substitutos	Presidente do TJDFT
Servidores	Primeiro Vice-Presidente do TJDFT

III. Presidir a Comissão de Concurso para Ingresso na Magistratura do Distrito Federal e dos Territórios;

Como esse assunto foi cobrado em concurso?

No concurso para Analista Judiciário/Área Judiciária (2007) foi perguntado (com adaptações): "*O edital de um concurso público para ingresso na magistratura do DF previu que todas as questões não reguladas no instrumento convocatório serão resolvidas pela presidência da comissão do respectivo concurso. Nessa situação, a análise das referidas questões será de responsabilidade do Primeiro Vice-Presidente do TJDFT, no uso de suas atribuições*". A assertiva foi considerada correta por corresponder ao art. 368, III, do RITJDFT.

IV. Conceder férias e licenças aos magistrados;

V. Designar juiz de direito substituto e juiz de direito dos Territórios para exercerem as funções a eles conferidas em lei;

A designação dos juízes de direito substitutos ocorre com bastante frequência, praticamente diária, seja para atuação para suprir afastamento dos juízes titulares (férias, licenças etc.), seja para auxílio, ou seja, atuação em conjunto com o juiz titular.

VI. Coordenar a política de gestão documental do Tribunal;

VII. Coordenar a política de desenvolvimento e de aperfeiçoamento jurisprudencial e de biblioteconomia do Tribunal;

VIII. Coordenar e normatizar o funcionamento das unidades que integram a estrutura organizacional da Primeira Vice-Presidência, em conformidade com a política de governança institucional.
IX. Editar e publicar a Revista de Doutrina Jurídica – RDJ

2.4. ATRIBUIÇÕES DO SEGUNDO VICE-PRESIDENTE.

As atribuições do Segundo Vice-presidente são, basicamente, a de substituir o Presidente na impossibilidade de o Primeiro Vice-Presidente fazê-lo, bem como coordenar os centros de conciliação e de mediação do Tribunal.

O RITJDFT elenca as seguintes atribuições:

I. Substituir o Presidente do Tribunal em suas férias, afastamentos, ausências ou impedimentos eventuais, caso o Primeiro Vice-Presidente esteja impossibilitado de fazê-lo;
II. Exercer a função de Coordenador-Geral do Núcleo Permanente de Métodos Consensuais de Solução de Conflitos e do Núcleo Permanente de Mediação e Conciliação, bem como designar magistrados para a coordenação dos respectivos Centros Judiciários

"O Núcleo Permanente de Mediação e Conciliação – NUPEMEC, unidade da Segunda Vice-Presidência, é responsável por implantar e desenvolver a Política Judiciária Nacional de Tratamento Adequado dos Conflitos de Interesse no âmbito do TJDFT. Entre as suas atribuições estão:

a) instalar Centros Judiciários de Solução de Conflitos e Cidadania – CEJUSCs;

b) atuar na interlocução com outros tribunais, entidades públicas e privadas, universidades e instituições de ensino;

c) incentivar ou promover capacitação, treinamento e atualização permanente de magistrados, servidores, conciliadores e mediadores nos métodos consensuais de solução de conflitos[2]".

I. Exercer atribuições do Presidente do Tribunal, previstas em lei ou neste Regimento, que lhe forem delegadas, por ato conjunto do Presidente do Tribunal e do Segundo Vice-Presidente.

2. https://www.tjdft.jus.br/informacoes/cidadania/nupemec/institucional/nucleo-e-centros/nupemec

2.4.1. Atribuições Administrativas do Segundo Vice-Presidente

Assim quando aos demais integrantes da Administração Superior do Tribunal, o RITJDFT elenca, ainda, algumas atribuições administrativas do Primeiro Vice-Presidente do TJDFT:

I. Substituir o Presidente do Tribunal em suas férias, afastamentos, ausências ou impedimentos eventuais, caso o Primeiro Vice-Presidente esteja impossibilitado de fazê-lo;
II. Coordenar a política de mediação, de conciliação e de soluções alternativas de conflitos de interesses na Justiça do Distrito Federal;
III. Presidir a Comissão Permanente de Apoio ao Concurso de Servidores e de Serviços de Notas e de Registro;
IV. Coordenar e normatizar o funcionamento das unidades que integram a estrutura organizacional da Segunda Vice-Presidência, em conformidade com a política de governança institucional;
V. Exercer quaisquer das atribuições do Presidente do Tribunal, previstas em lei ou neste Regimento, que lhe forem delegadas, por ato conjunto do Presidente e do Segundo Vice-Presidente.

2.5. ATRIBUIÇÕES DO CORREGEDOR DA JUSTIÇA

As atribuições do Corregedor dizem respeito, basicamente, à fiscalização do funcionamento dos serviços do Tribunal, bem como às questões disciplinares, além de outras previstas no RITJDFT.

São atribuições do Corregedor da Justiça:

I. Fiscalizar, normatizar e exercer o poder disciplinar relativo aos serviços judiciários de Primeiro Grau de Jurisdição e extrajudiciais;
II. Realizar inspeções e correições nos serviços judiciários de Primeiro Grau de Jurisdição e extrajudiciais;

> **Correição** é a função administrativa que tem por finalidade emendar e corrigir os erros e abusos de autoridades judiciárias e dos serventuários da justiça e auxiliares (https://www.tjdft.jus.br/publicacoes/edicoes/manuais-e-cartilhas/GLOSSARIO_juridico2011_105x105.pdf).

III. Regulamentar a distribuição no Primeiro Grau de Jurisdição;

IV. Exercer a função de Coordenador-Geral do Sistema dos Juizados Especiais do Distrito Federal, indicando ao Conselho Especial magistrados para integrar a respectiva Coordenação;

V. Presidir inquérito destinado à apuração de infração penal praticada por juiz;

VI. Elaborar a escala mensal dos juízes de direito substitutos para os plantões judiciais de primeiro grau;

> Escalas de plantão judicial do Conselho da Magistratura e de plantão semanal da segunda instância: **Presidente** elabora.

VII. Exercer as funções que lhe forem delegadas pelo **Conselho Especial**.

2.5.1. Atribuições Administrativas do Corregedor de Justiça:

São elas:

I. Realizar inspeções e correições nos serviços judiciais e extrajudiciais do Distrito Federal e dos Territórios e zelar para que os serviços sejam prestados com rapidez, qualidade e eficiência;

II. Realizar, anualmente, inspeções e correições nos livros dos notários e registradores dos Territórios, com o intuito de verificar o cumprimento do disposto na Lei 6.634, de 2 de maio de 1979, podendo delegar essa atribuição a juiz de direito;

III. Expedir provimentos, portarias e instruções necessários ao bom funcionamento dos serviços da Justiça de Primeiro Grau e dos Serviços Notariais e de Registros no Distrito Federal, podendo delegar essa atribuição ao Secretário-Geral da Corregedoria da Justiça;

IV. Expedir as instruções necessárias para o serviço de distribuição de feitos no primeiro grau de jurisdição;

V. Propor ao Tribunal Pleno a aprovação da estrutura administrativa da Secretaria da Corregedoria da Justiça e das suas atribuições;

VI. Fiscalizar o procedimento funcional dos magistrados de Primeiro Grau, de ofício ou mediante reclamação, e propor ao Conselho Especial, se for o caso, a instauração de processo administrativo;

VII. Receber e instruir o pedido de afastamento com a finalidade de aperfeiçoamento profissional, formulado por magistrado de Primeiro Grau, e submetê-lo ao Conselho Especial;

VIII. **Designar os juízes diretores dos fóruns das circunscrições do Distrito Federal;**

IX. Fiscalizar a atividade dos juízes de paz e fixar a importância que será recebida para a celebração de casamento, observado o Regimento de Custas das Serventias Judiciais e dos Serviços Notariais e de Registro;

X. Expedir atos de designação ou de substituição dos tabeliães e dos oficiais de registro, nas hipóteses de vacância ou afastamento compulsório do titular;

XI. Indicar à nomeação diretor de secretaria quando houver vacância do titular da vara e designar servidor para substituí-lo em seus impedimentos;

XII. Indicar os Contadores-Partidores, os Distribuidores e os Depositários Públicos, bem como designar um dos Depositários Públicos como Coordenador dos Depósitos Públicos;

XIII. Regular as atividades dos Contadores-Partidores e Distribuidores e as do Depositário Público, dispondo especialmente sobre as formas de controle dos bens em depósito;

XIV. Determinar o número de servidores com fé pública para cada ofício judicial;

XV. Decidir sobre as questões administrativas relativas aos servidores lotados na Secretaria da Corregedoria da Justiça, ressalvada a competência dos órgãos colegiados;

XVI. Instaurar sindicância ou processo administrativo disciplinar para apurar falta cometida por **servidores lotados na Corregedoria da Justiça e nos órgãos a ela subordinados**, bem como por tabeliães e oficiais de registro, impondo-lhes, no limite de sua competência, as penalidades cabíveis, ou propor ao Presidente a aplicação da pena de demissão, na forma do artigo 367, XV;

XVII. Julgar recursos administrativos relativos a sanções disciplinares aplicadas pelos magistrados aos servidores que lhes sejam subordinados;

> **Penalidade não superior a 30 dias:** Atribuição é do Juiz de Direito da Vara à qual o servidor estiver vinculado. Os recursos administrativos dessas sanções são julgados pelo Corregedor.

XVIII. Conduzir os procedimentos de remoção de juízes de direito e de promoção de juízes de direito substitutos, relatando a matéria no Tribunal Pleno;

XIX. Coordenar e normatizar o funcionamento das unidades que integram a estrutura organizacional da Corregedoria da Justiça, em conformidade com a política de governança institucional;

XX. Expedir as instruções necessárias para aplicação de ajustamento de conduta a servidores lotados nos ofícios judiciais, extrajudiciais e na Secretaria da Corregedoria da Justiça, a quem se possa atribuir infração disciplinar, **punível com advertência ou considerada de lesividade mínima;**

XXI. Exercer as demais funções que lhe são atribuídas neste Regimento e praticar os atos cuja competência lhe seja delegada.

- O Corregedor da Justiça poderá delegar a juízes a realização de inspeções e correições nos serviços judiciais e extrajudiciais, bem como a presidência de processos administrativos disciplinares, **salvo aqueles que tenham por objeto a apuração da prática de infração penal atribuída a magistrado ou a juiz de paz.**
- A inspeção e a correição nos Territórios Federais será feita pessoalmente pelo Corregedor da Justiça, com o auxílio de juiz de direito por ele convocado, e abrangerá, **no mínimo e em cada ano, a metade das circunscrições neles existentes, de forma que, no final do biênio, estejam todas inspecionadas.**

CAPÍTULO 3

DOS DESEMBARGADORES E DOS JUÍZES SUBSTITUTOS DO SEGUNDO GRAU

3.1. DESEMBARGADORES

Os desembargadores são magistrados integrantes do Tribunal de Justiça, que compõe a segunda instância. Em linhas gerais, os desembargadores são responsáveis pelo exame dos recursos interpostos contra as decisões dos juízes de primeira instância, bem como pelo julgamento de algumas ações originárias do TJDFT.

3.2. POSSE DOS DESEMBARGADORES

Os desembargadores tomarão posse diante do **Tribunal Pleno ou do Presidente do Tribunal** e prestarão o compromisso solene de bem e fielmente desempenhar os deveres do cargo, cumprindo e fazendo cumprir a Constituição da República e as leis, distribuindo justiça e pugnando sempre pelo prestígio e pela autoridade do cargo.

A sessão de posse de desembargador é sessão solene.

São sessões solenes[1]:

- ✓ Para posse do Presidente do Tribunal, do Primeiro Vice-Presidente, do Segundo Vice-Presidente e do Corregedor da Justiça;
- ✓ Para posse dos desembargadores;
- ✓ Para posse dos juízes de direito substitutos;

1. O tema será melhor tratado em tópico distinto.

✓ Para celebração de acontecimento de alta relevância, a critério do Presidente do Tribunal ou por deliberação do Conselho Especial

Realizando-se a posse perante o Presidente do Tribunal, o compromisso poderá ser prestado por meio de **procurador com poderes especiais.**

ATENÇÃO! Posse perante o **Tribunal Pleno: não** pode ser prestado o **compromisso** por meio de **procurador** com **poderes especiais.**

Como esse assunto foi cobrado em concurso?

No concurso para Analista Judiciário/Atividade Processual (2003) foi perguntado: "*Se um promotor de justiça for nomeado para o cargo de desembargador do TJDFT mas não puder tomar posse no dia designado por se encontrar enfermo, a posse deverá aguardar seu restabelecimento, pois o nomeado não poderá constituir procurador para aquele fim*". O item foi considerado errado, tendo em vista o disposto no §1º do art. 48 do RITJDFT.

Do ato de posse lavrar-se-á termo em livro especial, subscrito pelo **Presidente do Tribunal**, pelo **empossado** e pelo **Secretário-Geral do Tribunal**.

Ao ser empossado como desembargador, o juiz titular ou suplente do Tribunal Regional Eleitoral do Distrito Federal terá por encerrado o seu mandato na Justiça Eleitoral.

Como esse assunto foi cobrado em concurso?

No concurso para Analista Judiciário/Atividade Processual (2003) foi perguntado: "*Considere a seguinte situação hipotética. Pedro, que é juiz de direito do DF e suplente do Tribunal Regional Eleitoral do DF (TRE/DF), foi promovido, durante a suplência, ao cargo de desembargador. Nessa situação, Pedro deverá concluir seu mandato como suplente, mas após isso somente poderá ser novamente escolhido para compor o TRE/DF obedecendo à ordem de antiguidade dos desembargadores do TJDFT*". O item foi considerado errado, tendo em vista o disposto no art. 48, §3º, do RITJDFT.

É facultada aos desembargadores a transferência de uma Turma para outra na qual haja vaga antes da posse de novo desembargador ou no caso de permuta. Se houver mais de um pedido, terá preferência o desembargador mais antigo.

3.3. PRERROGATIVAS

Os desembargadores têm as prerrogativas, as garantias, os direitos e os deveres inerentes ao exercício da magistratura e receberão o tratamento de "Excelência", conservado o título e as honras correspondentes, **ainda que aposentados.**

> **Como esse assunto foi cobrado em concurso?**
>
> No concurso para Analista Judiciário/Atividade Processual (2000) foi perguntado: "*Após aposentar-se, o membro do Tribunal mantém o direito a ser tratado como desembargador, mas deixa de ser necessário o tratamento de 'Excelência'*". O item foi considerado errado, tendo em vista o disposto no art. 49 do RITJDFT.

3.4. CRITÉRIOS DE ANTIGUIDADE NO TRIBUNAL

Determina-se a antiguidade no Tribunal pela Data da posse, pela ordem de colocação anterior, na classe em que ocorreu a promoção, pelo tempo de serviço como magistrado, e, por fim, pela idade. São critérios sucessivos.

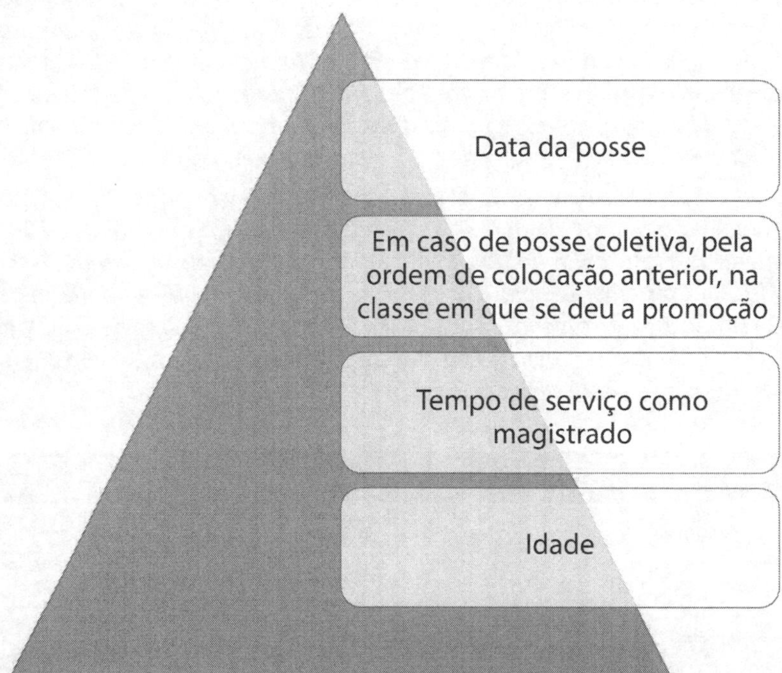

Os critérios para a determinação da antiguidade dos desembargadores diferem sensivelmente daqueles previstos para os juízes. Relembrando:

ANTIGUIDADE DOS JUÍZES

I – pelo efetivo exercício na classe;

II – pela data da posse;

III – pela data da nomeação;

IV – pela colocação anterior na classe em que se deu a promoção;

V – pela ordem de classificação no concurso;

VI – pelo tempo de serviço público efetivo;

VII – pela idade.

Como esse assunto foi cobrado em concurso?

No concurso para Técnico Judiciário/Área Administrativa e Judiciária (2003) foi perguntado: *"Considere a seguinte situação hipotética. Foram empossados, no mesmo ato, os desembargadores Armando, Breno e Carolina, todos oriundos da carreira de juiz de direito do DF. Pela posição na carreira, o mais antigo era Armando, seguido de Breno e Carolina, respectivamente. Ao tomarem posse, existia vaga na 1.a e na 2.a Turma Cível e na 1.a Turma Criminal. Nessa situação, o provimento das vagas nas turmas do tribunal ocorrerá mediante sorteio entre os novos desembargadores, uma vez que tomaram posse simultaneamente"*. O item foi considerado errado, tendo em vista o disposto no art. 55 do RITJDFT.

No concurso para Analista Judiciário/Execução de Mandados (2003) foi perguntado: *"Considere a seguinte situação hipotética. João era advogado e Sônia, promotora de justiça. Ambos foram nomeados para o cargo de desembargador do TJDFT, no sistema do quinto constitucional. Tomaram posse no mesmo ato. Nessa situação, a precedência na antiguidade entre os dois será determinada a favor de Sônia, por ser membro do Ministério Público"*. O item foi considerado errado, tendo em vista o disposto no art. 50 do RITJDFT.

COMPARATIVO ANTIGUIDADE DESEMBARGADORES E JUIZES

Desembargadores	Juízes
Data da posse	Efetivo exercício na classe
Em caso de posse coletiva, pela ordem de colocação anterior, na classe em que se deu a promoção	Data da posse

COMPARATIVO ANTIGUIDADE DESEMBARGADORES E JUIZES	
Tempo de serviço como magistrado	Data da nomeação
Idade	Colocação anterior na classe em que se deu a promoção
-	Ordem de classificação no concurso
-	Tempo de serviço público efetivo
-	Idade

3.5. COMO OCORRE O INGRESSO NO CARGO DE DESEMBARGADOR?

Não existe concurso público para o cargo de desembargador. Torna-se desembargador por meio de promoção de juiz de direito ou de juiz de direito substituto de segundo grau, ou, ainda, ou mediante ingresso pelo denominado **quinto constitucional,** em que um quinto das vagas são reservadas para membros do Ministério Público e para advogados, previsão existente na Constituição Federal (art. 94) nos seguintes termos:

> "Art. 94. Um quinto dos lugares dos Tribunais Regionais Federais, dos Tribunais dos Estados, e do Distrito Federal e Territórios será composto de membros, do Ministério Público, com mais de dez anos de carreira, e de advogados de notório saber jurídico e de reputação ilibada, com mais de dez anos de efetiva atividade profissional, indicados em lista sêxtupla pelos órgãos de representação das respectivas classes".

Composição do TJDFT (Quinto constitucional)

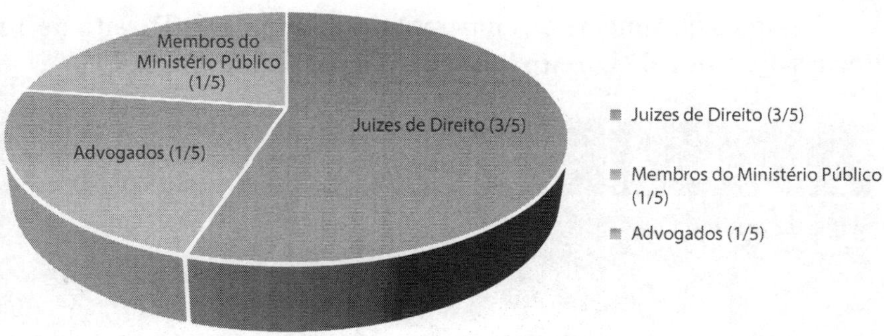

Passaremos a estudar as diferentes formas de ingresso no cargo de desembargador do TJDFT.

3.5.1. Ingresso mediante promoção dos juízes de direito e dos juízes de direito substitutos de segundo grau

Antes, vamos recapitular a forma de ingresso nos cargos da magistratura:

CARGO	FORMA DE INGRESSO
Juiz de Direito Substituto	Posse após aprovação em concurso público
Juiz de Direito	Promoção de Juiz de Direito Substituto
Juiz de Direito Substituto de Segundo Grau	Remoção de Juiz de Direito de Turma Recursal e de Juízes de Direito da Circunscrição de Brasília
Desembargador	Acesso de Juiz de Direito ou de Juiz de Direito Substituto de Segundo Grau
	Indicação de membro do Ministério Público
	Indicação de advogado

Atenção para os termos *posse*, *promoção* e *acesso*, para cada cargo!

Juiz de Direito de Turma Recursal: A Lei nº 13.049/2014 criou a figura do Juiz de Direito de Turma Recursal, responsável por julgar os recursos interpostos das sentenças proferidas pelos juízes dos Juizados Especiais. O Juiz de Direito de Turma Recursal, embora aprecie recursos, integra a primeira instância e não se equipara ao Desembargador. O RITJDFT não dispõe especificamente sobre o Juiz de Direito de Turma Recursal, embora aborde a sua figura em algumas passagens.

Vejamos novamente o comparativo entre o **Juiz de Direito de Turma Recursal** e o **Juiz de Direito Substituto de Segundo Grau:**

	Juiz de Direito de Turma Recursal	Juiz de Direito Substituto de Segundo Grau
É juiz de **primeira instância?**	SIM	SIM
		Integra classe especial da magistratura de primeiro grau
Atua na primeira instância?	SIM	NÃO (atua na segunda instância)

	Juiz de Direito de Turma Recursal	Juiz de Direito Substituto de Segundo Grau
O que faz?	Aprecia recursos das decisões e sentenças proferidas apenas pelos juízes dos juizados especiais	Atividade exclusivamente jurisdicional no auxílio aos órgãos de segundo grau e na substituição de desembargadores. Aprecia recursos das decisões e sentenças proferidas pelos juízes das Varas Cíveis, Família, Criminais, Fazenda Pública etc., tudo o que não for da competência dos Juizados Especiais.
Integra qual órgão?	Turmas Recursais	Turmas e Câmaras Especializadas
Tem tratamento de desembargador?	NÃO	Aplicam-se as normas referentes a localização, férias, permuta e transferência dos desembargadores.

Passaremos ao estudo do acesso ao cargo de desembargador pelo juiz de carreira.

3.5.2. Acesso do juiz de direito e do juiz de direito substituto de segundo grau ao cargo de desembargador

O provimento dos cargos de desembargador, mediante **acesso**, obedecerá aos critérios de **antiguidade** e de **merecimento**, alternadamente, ou seja, se última vaga provida foi pelo critério de merecimento a próxima será por antiguidade, e assim sucessivamente.

A antiguidade e o merecimento serão apurados entre os juízes de direito substitutos de segundo grau, os juízes de direito de turmas recursais e os juízes de direito da Circunscrição Judiciária de Brasília ou de vara com competência em todo o Distrito Federal.

As Varas de competência em todo o Distrito Federal são responsáveis pelas causas referentes a fatos ocorridos em qualquer local do DF.

VARAS COM COMPETÊNCIA EM TODO O DF:
✓ Varas da Fazenda Pública
✓ Vara da Infância e da Juventude do DF
✓ Vara Regional
✓ Vara Regional de Atos Infracionais da Infância e da Juventude do DF
✓ Vara de Execuções Penais do DF

VARAS COM COMPETÊNCIA EM TODO O DF:
✓ Vara de Execuções das Penas e Medidas Alternativas do DF ✓ Vara de Meio Ambiente, Desenvolvimento Urbano e Fundiário do DF ✓ Vara de Execução Fiscal do DF ✓ Juizados Especiais da Fazenda Pública do DF ✓ Vara de Falências, Recuperações Judiciais, Insolvência Civil e Litígios Empresariais do DF ✓ Vara de Execução de Medidas Socioeducativas do DF ✓ Vara de Registros Públicos do DF ✓ Vara de Precatórias do DF ✓ Vara de Execuções das Penas em Regime Aberto ✓ Varas de Entorpecentes do DF ✓ Auditoria Militar do DF

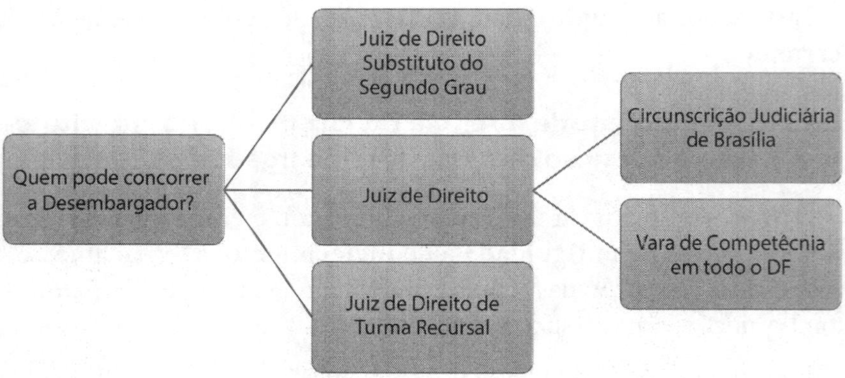

Assim, podemos afirmar que o juiz de direito, o juiz de direito substituto do segundo grau e o juiz de direito de turma recursal concorrem em igualdade de condições ao cargo de desembargador, não havendo, portanto, qualquer diferença entre eles para tais fins, salvo os critérios de antiguidade e de merecimento. Dessa forma, ao concorrer a uma vaga de desembargador por antiguidade, um juiz de direito que tenha ingressado na carreira anteriormente a um juiz de direito substituto de segundo grau terá preferência em relação a este último.

O juiz de direito pode recusar o acesso ao cargo de desembargador? Sim. Caberá ao juiz de direito que recusar o acesso se manifestar até o início da votação.

Vejamos os dois critérios.

3.5.2.1. Antiguidade

Pelo critério de antiguidade terá preferência o juiz mais antigo na carreira, ou seja, o que se leva em conta é o tempo de experiência como magistrado. Relembremos os critérios para aferição de antiguidade entre os juízes, sendo que se tratam de critérios subsidiários, no caso de empate no primeiro critério, será aferido o critério subsequente.

Antiguidade dos Juízes

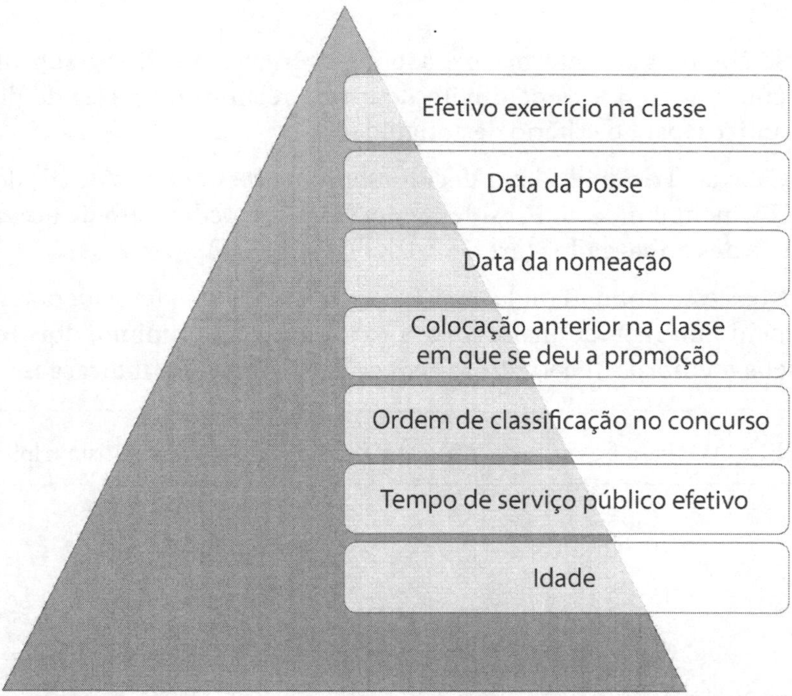

COMPARATIVO ANTIGUIDADE DESEMBARGADORES E JUIZES	
Desembargadores	**Juízes**
Data da posse	Efetivo exercício na classe
Em caso de posse coletiva, pela ordem de colocação anterior, na classe em que se deu a promoção	Data da posse
Tempo de serviço como magistrado	Data da nomeação

COMPARATIVO ANTIGUIDADE DESEMBARGADORES E JUIZES	
Idade	Colocação anterior na classe em que se deu a promoção
-	Ordem de classificação no concurso
-	Tempo de serviço público efetivo
-	Idade

Serão prestadas informações sobre os três juízes de direito substitutos de segundo grau, juízes de direito de turma recursal ou juízes de direito mais antigos, para o critério de antiguidade.

Cabe ao **Tribunal Pleno decidir** sobre o **acesso** (art. 361, III, do RITJDFT), incumbindo ao **Presidente do TJDFT** expedir o **ato de acesso** ao cargo de **desembargador** (art. 367, III, do RITJDFT).

No acesso por antiguidade, o Tribunal Pleno somente poderá recusar o nome do magistrado mais antigo pelo voto de, no mínimo, **dois terços dos seus membros**, repetindo-se a votação até obter-se a indicação.

> **ATENÇÃO**: Para fins de acesso por antiguidade não se elabora lista tríplice!

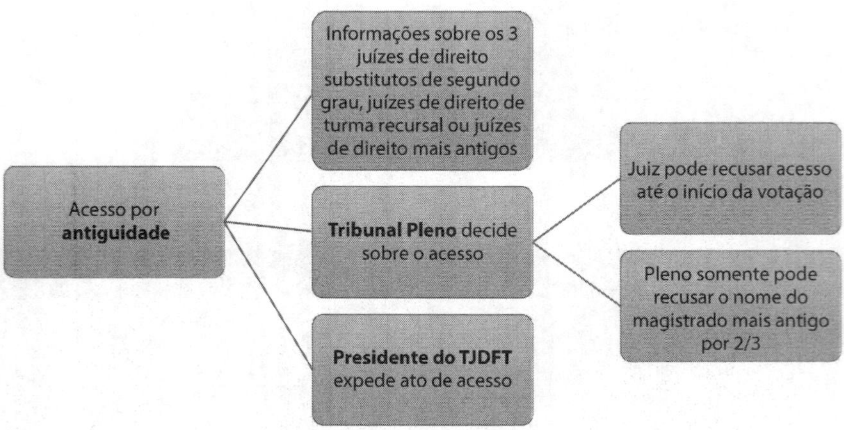

3.5.2.2. Merecimento

O critério de merecimento leva em conta a qualidade da atividade profissional do juiz. A antiguidade, por outro lado, não foi deixada completamente de lado, porque para o acesso por merecimento serão considerados inscritos todos os juízes de direito integrantes **da primeira quinta parte da lista de antiguidade**.

Assim, para concorrer, basta figurar no **1/5 mais antigo entre os juízes de direito.**

Se houver apenas uma vaga de desembargador, será elaborada a lista tríplice, far-se-á votação e será indicado o juiz de direito que tenha obtido a maioria simples dos votos.

Elaborada a **lista tríplice**, na forma regimental, para o provimento de vaga mediante critério de merecimento, o **Tribunal Pleno**, em segundo escrutínio, indicará o juiz de direito que terá acesso à vaga.

Em caso de **empate**, proceder-se-á a **novo escrutínio**, repetindo-se a votação **quantas vezes forem necessárias**, apenas **entre** aqueles que obtiverem **igual número** de **votos**.

Se for necessário **segundo escrutínio**, a ele concorrerão os **mais votados** e em número correspondente ao **dobro** dos **lugares** por preencher, **excluindo**-se, em caso de **empate** e, se **necessário**, os mais **modernos**.

Nos **escrutínios seguintes**, observar-se-á a regra do parágrafo anterior e, se **nenhum** nome obtiver **metade mais** um dos **votos**, será **excluído** o que tiver obtido **menor número** de **votos** e, se houver **empate**, o **mais moderno**.

> **Escrutínio** é o processo de votação mediante a utilização de uma urna.

Serão elaboradas, sempre que **possível**, **listas tríplices** em **número correspondente** ao de **vagas**.

Na apuração do merecimento será observado o seguinte:

O Corregedor da Justiça apresentará relatório contendo informações que possam ser úteis à avaliação da conduta funcional dos juízes, dentre as quais:

I. O número de sentenças proferidas anualmente, o de processos distribuídos à respectiva vara, bem como, no caso de o juiz estar ou de ter sido convocado no último ano, o número de processos recebidos e o de votos proferidos;

II. Os casos em que o juiz excedeu os prazos legais, especificados o tempo e a justificativa do excesso;

III. Os elogios recebidos;

IV. As penalidades impostas;

V. O resultado alcançado em cursos de aperfeiçoamento e quaisquer títulos obtidos;

VI. As observações formuladas por desembargadores em acórdãos remetidos à Corregedoria da Justiça para as providências necessárias.

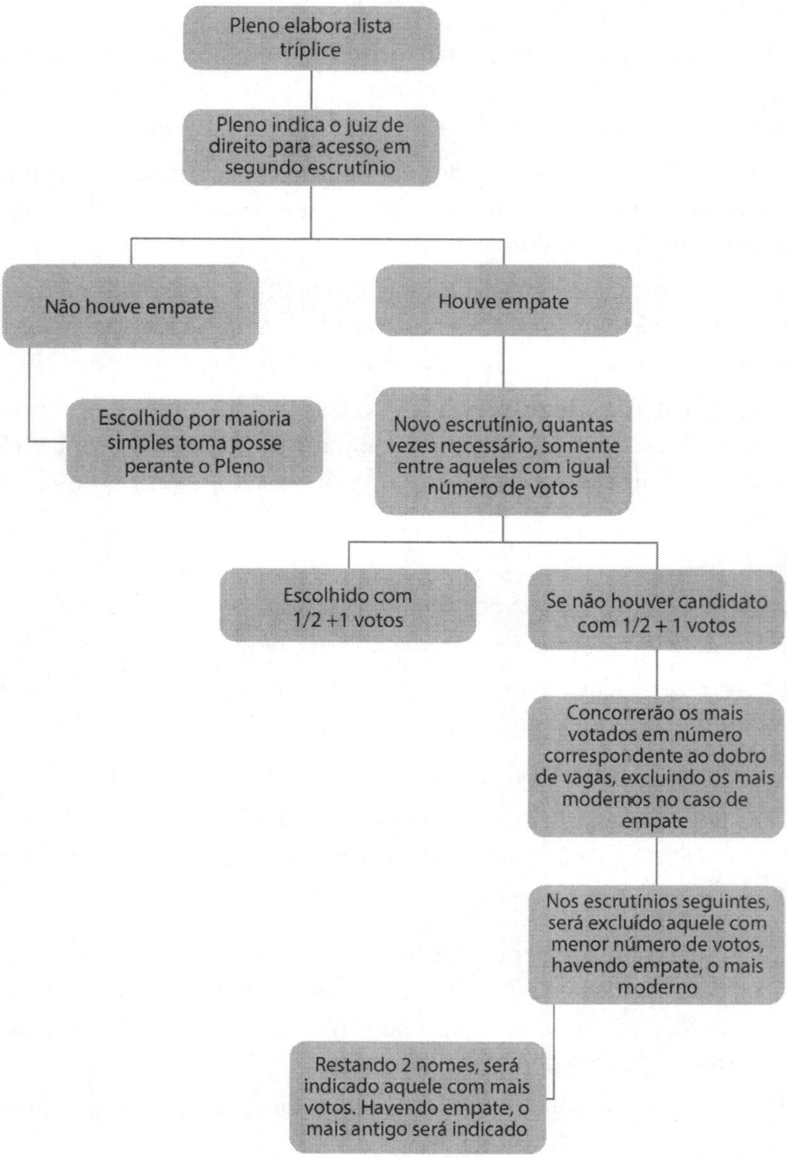

3.5.3. Acesso de membros do Ministério Púbico e de advogados ao cargo de Desembargador

Trataremos aqui da forma de acesso pelo quinto constitucional.

Havendo vaga, o Presidente do TJDFT solicitará ao Procurador-Geral de Justiça do Distrito Federal e Territórios (PGJ) para o caso de vaga destinada a membro do Ministério Público e ao Presidente da Ordem dos Advogados do Brasil, Seccional do Distrito Federal, para o caso de vaga destinada a advogado, a lista sêxtupla dos indicados.

> **ATENÇÃO!** Em relação à lista relativa ao Ministério Público constarão os cargos e a respectiva antiguidade na carreira.

Quórum para a formação da lista tríplice: Para a indicação, o Tribunal Pleno reunir-se-á com a presença mínima de dois terços dos seus integrantes. O *quorum*, portanto, é de 2/3.

Procedimento da votação: Para a elaboração da lista, cada desembargador votará em **três nomes**, considerando-se indicados os mais votados, **desde** que tenham obtido pelo **menos metade mais** um dos **votos** dos integrantes do **Tribunal Pleno**.

E se não for alcançada metade mais um dos votos? Se for necessário segundo escrutínio, a ele concorrerão os mais votados e em número correspondente ao dobro dos lugares por preencher, excluindo-se, em caso de empate e, se necessário, os mais modernos.

Nos escrutínios seguintes, observar-se-á a regra do parágrafo anterior e, se nenhum nome obtiver metade mais um dos votos, será excluído o que tiver obtido menor número de votos e, se houver empate, o mais moderno.

Restando apenas dois nomes, ter-se-á por indicado o que obtiver maior número de votos e, em caso de empate, o mais antigo.

> **Procurador-Geral do Distrito Federal**: é o chefe da Procuradoria do Distrito Federal, órgão responsável pela representação judicial e a consultoria jurídica do Distrito Federal e de suas autarquias e fundações, privativas dos Procuradores do Distrito Federal (art. 1º da Lei Complementar Distrital n. 395/2001). Integra o Poder Executivo do Distrito Federal.
>
> Assim, por exemplo, se alguém move uma ação judicial contra o DF, incumbe ao Procurador do DF defender o ente público.

Procurador-Geral da Justiça do Distrito Federal: é o chefe do Ministério Público do Distrito Federal. Ministério Público é instituição permanente, essencial à função jurisdicional do Estado, incumbindo-lhe a defesa da ordem jurídica, do regime democrático e dos interesses sociais e individuais indisponíveis (art. 1º da Lei n. 8.625/93). O Ministério Público do Distrito Federal e Territórios exercerá as suas funções nas causas de competência do Tribunal de Justiça e dos Juízes do Distrito Federal e Territórios (art. 149 da Lei Complementar n. 75/93). Não integra nenhum dos três poderes.

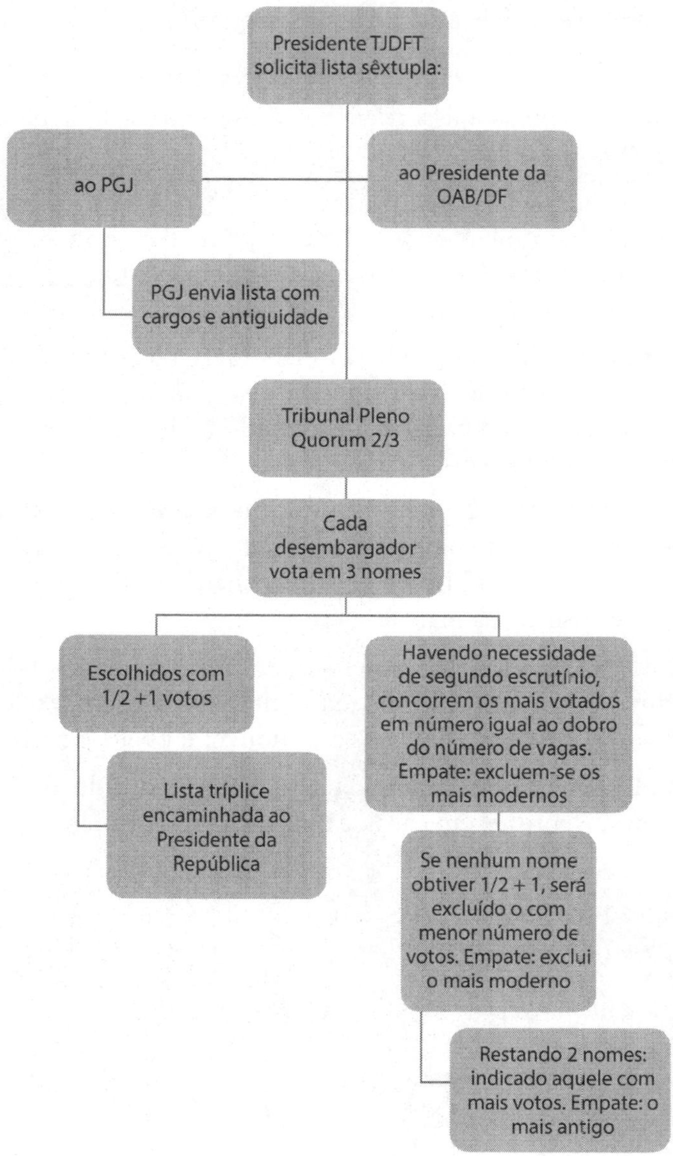

Passaremos ao estudo das férias, dos afastamentos e das substituições dos desembargadores.

3.6. FÉRIAS, AFASTAMENTOS E SUBSTITUIÇÕES DOS DESEMBARGADORES.

3.6.1. Férias e afastamentos

Os desembargadores gozarão férias individuais na forma disciplinada pelo Tribunal. Poderão ocorrer, ainda, afastamentos por razões diversas, caso em que o desembargador comunicará oficialmente à Presidência do Tribunal, em 24 (vinte e quatro) horas, seu afastamento, para regularização da distribuição de processos.

Afastamento: o desembargador comunicará oficialmente à Presidência do Tribunal, em 24 (vinte e quatro) horas, seu afastamento, para regularização da distribuição de processos.

Quem concede férias? Primeiro Vice-Presidente (art. 368, IV, do RITJDFT).

Desembargador de férias ou em gozo de licença pode participar das sessões? Somente das sessões administrativas, e, em relação às sessões de julgamentos, nas seguintes hipóteses:

- ✓ Poderá proferir decisões nos processos que antes das férias ou do afastamento, haja lançado visto como relator ou revisor, salvo contraindicação médica no caso de licença.
- ✓ Poderá proferir decisões nos processos em que tiver pedido vista antes das férias ou da licença, salvo contraindicação médica.

Lançar visto: Ocorre quando o relator restitui os autos após análise em gabinete, demonstrando estar habilitado para relatar e votar, encaminhando o processo ao revisor, quando tiver revisor

Pedir vista: Durante a sessão, o desembargador pede para olhar o processo em gabinete com mais, com mais tempo, restituindo os autos, para tanto pedindo vista. O desembargador terá até a sessão seguinte para devolver o processo, podendo haver prorrogação por mais dez dias[2].

---

2. O tema será melhor tratado no tópico referente às sessões de julgamento.

Assim, temos:

DESEMBARGADOR DE FÉRIAS OU DE LICENÇA				
Hipótese		**Em regra, pode participar?**	**Se houver contraindicação médica no caso de licença**	**Caso compareça, poderá compensar período de férias ou afastamento?**
Sessão de julgamento	Processos em que lançou visto como relator ou revisor antes do afastamento	SIM	NÃO PARTICIPA	NÃO
	Processos em que pediu vista antes das férias ou da licença	SIM	NÃO PARTICIPA	NÃO
Sessão administrativa		SIM	RITJDFT omisso	RITJDFT omisso

Como esse assunto foi cobrado em concurso?

No concurso para Técnico Judiciário/Área Administrativa (2015) foi perguntado: "*Caso um desembargador do TJDFT esteja em gozo de férias individuais, ele estará impedido de participar de sessão administrativa e de proferir decisão em processo, ainda que tenha lançado visto nele como revisor, antes das férias*". O item foi considerado errado, tendo em vista o disposto no art. 54 do RITJDFT.

No concurso para Analista Judiciário/Atividade Processual (2003) foi perguntado: "*Se um desembargador estiver no gozo de férias, não poderá participar de nenhuma sessão do tribunal, ainda que o deseje, sob pena de nulidade da sessão de que participar*". O item foi considerado errado, tendo em vista o disposto no art. 53, 54 e 55, do RITJDFT.

No concurso para Técnico Judiciário/Área Administrativa e Judiciária (2003) foi perguntado: "*Se, durante as suas férias, um desembargador comparecer ao tribunal para proferir voto em determinado processo, isso não lhe dará direito a compensar o dia em que trabalhou durante o descanso*". O item foi considerado correto por corresponder ao art. 56 do RITJDFT.

No concurso para Analista Judiciário/Atividade Processual (2000) foi perguntado: "*Se um desembargador em gozo de férias comparecer a uma sessão de julgamento para proferir voto em um processo ao qual esteja vinculado, poderá fazê-lo, desde que cumpridos certos requisitos; disso surgirá para ele direito a compensação quanto ao período de férias".* O item foi considerado errado, tendo em vista o disposto no art. 56 do RITJDFT.

3.6.2. Substituições

Nos casos de afastamento temporário do desembargador, ele será substituído na forma do RITJDFT, que traça alguns critérios, a depender do cargo ocupado na Administração Superior e do órgão que o desembargador integra.

3.6.2.1. Critérios de substituição

Classificamos a substituição pelos seguintes critérios:

I. Substituição dos cargos da Administração Superior
II. Substituição dos presidentes das Câmaras e das Turmas
III. Regra geral de substituição dos desembargadores
IV. Critério de convocação dos juízes substitutos do segundo grau

Visando à melhor compreensão do tema, elencamos as hipóteses de substituição nos seguintes esquemas:

SUBSTITUIÇÃO DOS CARGOS DA ADMINISTRAÇÃO SUPERIOR	
Critérios	
Presidente	1º VP ou 2º VP (caso o 1º VP não possa)
1º Vice-Presidente	2º Vice-Presidente
2º Vice-Presidente	Desembargador mais antigo (ordem decrescente de antiguidade)
Corregedor	Desembargador mais antigo (ordem decrescente de antiguidade)
Período da substituição	
Igual ou inferior a 30 dias	Substituto acumula as funções do cargo
Superior a 30 dias	Não serão distribuídos processos ao substituto

IMPORTANTE! Corregedor não substitui o 2º Vice-Presidente!

SUBSTITUIÇÃO DOS PRESIDENTES DAS CÂMARAS E DAS TURMAS	
Presidente	Demais membros, ordem decrescente de antiguidade

Como esse assunto foi cobrado em concurso?

No concurso para Técnico Judiciário/Área Administrativa e Judiciária (2003) foi perguntado: *"Considere que, em uma turma do TJDFT, estejam lotados os desembargadores Marcos, Núbia, Oscar e Pedro, relacionados em ordem decrescente de antiguidade, sendo Marcos o presidente do órgão. Nessa situação, se Marcos se ausentar em férias, a presidência da turma tocará à desembargadora Núbia"*. O item foi considerado correto por corresponder ao art. 58 do RITJDFT.

REGRA GERAL SUBSTITUIÇÃO DESEMBARGADORES		
Hipótese	**Quem substitui?**	**E se não for possível?**
Impedimento ou suspeição	Desembargador do mesmo órgão	Presidente da Câmara ou Turma solicita ao Presidente do TJDFT desembargador de outro órgão, preferência da mesma especialidade, ordem decrescente de antiguidade
Complementação de *quorum* nas Câmaras Especializadas e nas Turmas	Presidente da Câmara ou Turma solicita ao Presidente do TJDFT desembargador de outro órgão, preferência da mesma especialidade, ordem decrescente de antiguidade	
Período superior a 30 dias ou caso de vacância do cargo		
Quem substitui?	**E se não for possível?**	**Atividade jurisdicional**
Juiz de direito substituto de segundo grau localizado na respectiva Turma	Designação do Presidente do TJDFT	Substituto pode atuar nos processos anteriormente distribuídos ao desembargador substituído

Como esse assunto foi cobrado em concurso?

No concurso para Analista Judiciário/Área Judiciária (2015) foi perguntado: *"Se um desembargador afastar-se de suas funções por um período de quarenta dias, o presidente do TJDFT designará um juiz de direito substituto de segundo grau para substituí-lo, o que vinculará esse juiz aos processos que lhe possam ser distribuídos durante o período da substituição".* O item foi considerado correto por corresponder ao art. 60 do RITJDFT.

3.6.2.2. ritério de convocação dos juízes de direito

Vimos que os juízes de direito substitutos do segundo grau exercem atividade exclusivamente jurisdicional no auxílio aos órgãos de segundo grau e na substituição de desembargadores. Haverá situações, contudo, em que a necessidade do serviço exigirá a convocação de juízes de direito para o auxílio dos trabalhos na segunda instância.

Como esse assunto foi cobrado em concurso?

No concurso para Técnico Judiciário/Área Administrativa (2015) foi perguntado: *"Se um desembargador afastar-se por mais de trinta dias, um juiz de direito substituto, de segundo grau, será designado para substituí-lo. No período da substituição, o juiz exercerá as atividades jurisdicionais e administrativas na turma integrada pelo desembargador substituído".* O item foi considerado errado, tendo em vista o disposto no art. 60, parágrafo único, do RITJDFT.

Quem convoca? Conselho Especial (art. 363, XII, do RITJDFT), por maioria absoluta.

Se houver urgência, o Presidente do TJDFT convoca, *ad referendum* do Conselho Especial.

CONVOCAÇÃO	
Situação normal	**Urgência**
Maioria absoluta do Conselho Especial	Presidente do Tribunal, *ad referendum*

- **Maioria absoluta**: metade mais um do número de integrantes do órgão fracionário

- **Maioria relativa**: metade mais um do número de presentes, independentemente do número de integrantes do órgão colegiado.
- **Ad referendum**: Presidente decide sozinho em razão da urgência, devendo a decisão ser referendada, ou seja, apreciada posteriormente pelo órgão colegiado.

Como esse assunto foi cobrado em concurso?

No concurso para Analista Judiciário/Execução de Mandados (2003) foi perguntado: *"Se um desembargador precisar afastar-se das funções por prazo superior a trinta dias, um juiz de direito deverá ser convocado, e sua escolha competirá ao presidente do tribunal"*. O item foi considerado errado, tendo em vista o disposto no art. 62 do RITJDFT.

Quando ocorre a convocação, de acordo como RITJDFT?

A convocação de juiz de direito para substituição de desembargador ou de juiz de direito substituto de segundo grau terá caráter **excepcional** e somente ocorrerá:

I. Quando a necessidade de substituição ou auxílio superar o número de juízes de direito substitutos de segundo grau em exercício;
II. Na hipótese de afastamento de juiz substituto de segundo grau por período superior a 30 (trinta) dias; ou
III. Em face de situação extraordinária, a critério do Conselho Especial (A título de exemplo, para atender mutirões estabelecidos pelo Conselho Nacional de Justiça).
IV. Também em caráter excepcional, poderão ser convocados juízes de direito para auxílio aos órgãos julgadores, aos desembargadores ou aos juízes de direito substitutos de segundo grau.

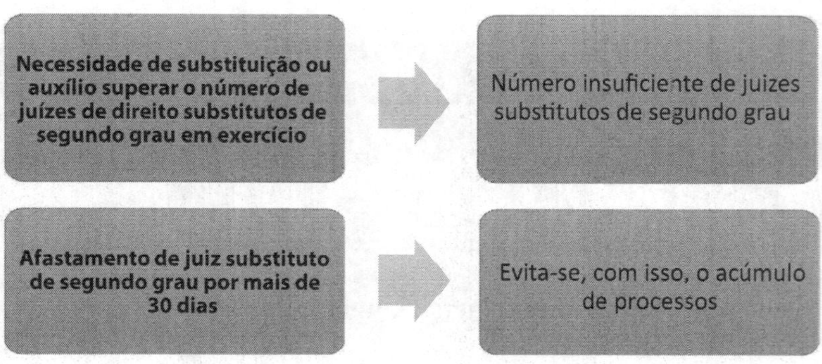

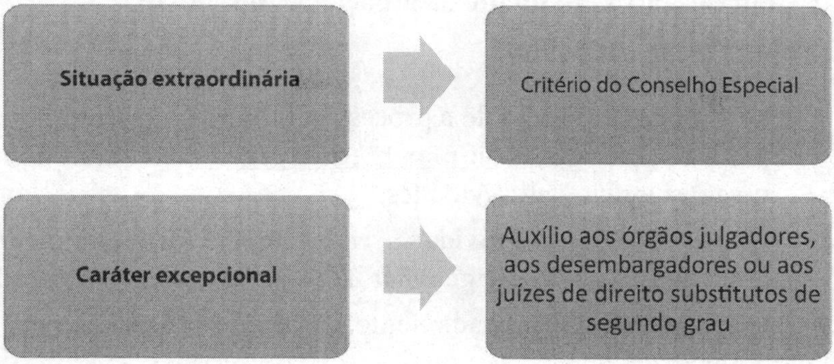

Como esse assunto foi cobrado em concurso?

No concurso para Analista Judiciário/Área Judiciária (2007) foi perguntado: "*Em meados do mês de outubro de 2007, João, juiz de direito do TJDFT, foi consultado pela presidência do tribunal a respeito de sua preferência por atuação na área cível ou criminal, se convocado para substituição, em caso de vaga ou afastamento de desembargador. João, em ato formal, declinou que sua preferência era pela área cível. Nessa situação, e com base no regimento em questão, o Conselho Especial somente poderá indicar João para uma das turmas cíveis do TJDFT, para eventual substituição*". O item foi considerado errado, tendo em vista o disposto no art. 61 do RITJDFT.

Quais juízes de direito podem ser convocados?

A convocação será feita na decrescente de antiguidade e observará critérios objetivos que assegurem a impessoalidade da escolha. O RITJDFT estabelece requisitos negativos, ou seja, estabelece que não será convocado. As hipóteses são duas, sendo a primeira, relativa ao local em que o juiz exerce as suas atividades (dada a imprescindibilidade de sua presença), ao passo que a segunda diz respeito à qualidade de atuação profissional do juiz de direito.

I – Em relação ao local em que exercem suas atividades

Não serão convocados juízes de direito que estejam no exercício de:

- Jurisdição eleitoral de primeiro grau;
- Auxílio à Presidência, às Vice-Presidências ou à Corregedoria de Justiça;
- Diretoria de Fórum;
- Titularidade de Vara da Infância e da Juventude;
- Coordenação de Juizados Especiais.

II – Em relação à qualidade da atuação profissional:

Não será convocado juiz:

- Que esteja respondendo a processo disciplinar ou tenha recebido pena disciplinar nos últimos 12 (doze) meses, contados do retorno ao exercício das atividades;
- Que apresente produtividade sensivelmente inferior à média registrada nos juízos de igual natureza, salvo motivo justificado;
- Que retenha, injustificadamente, autos além do prazo legal.

Como esse assunto foi cobrado em concurso?

No concurso para Técnico Judiciário/Área Administrativa e Judiciária (2003) foi perguntado: *"Um juiz de direito que haja sofrido punição disciplinar nunca mais poderá ser convocado para substituir desembargador no TJDFT"*. O item foi considerado errado, tendo em vista o disposto no art. 62, §2º, I, do RITJDFT.

No concurso para Analista Judiciário/Execução de Mandados (2003) foi perguntado: *"Se um juiz de direito der causa à instauração de processo disciplinar pelo cometimento de ato que lhe possa ensejar a perda do cargo, essa instauração, por si só, não o impedirá de ser convocado para substituir desembargador no TJDFT"*. O item foi considerado errado, tendo em vista o disposto no art. 62, §2º, I, do RITJDFT.

O que o RITJDFT diz a respeito da atuação do juiz de direito convocado? O juiz de direito convocado utilizará a assessoria do substituído ou a estrutura de apoio disponibilizada pela Presidência.

O juiz de direito convocado ficará vinculado aos processos em que tiver lançado relatório ou pedido inclusão em pauta de julgamento.

Procedimento da convocação do juiz de direito

A convocação de juiz de direito far-se-á na ordem **decrescente** de **antiguidade** e observará **critérios objetivos** que assegurem a impessoalidade da escolha.

Será realizada por votação favorável da maioria absoluta dos membros do Conselho Especial. Em caso de urgência, a convocação será feita *ad referendum* pelo Presidente do Tribunal.

CONVOCAÇÃO	
Situação normal	**Urgência**
Maioria absoluta do Conselho Especial	Presidente do Tribunal, *ad referendum*

Maioria absoluta: metade mais um do número de integrantes do órgão fracionário

Maioria relativa: metade mais um do número de presentes, independentemente do número de integrantes do órgão colegiado.

Ad referendum: Presidente decide sozinho em razão da urgência, devendo a decisão ser referendada, ou seja, apreciada posteriormente pelo órgão colegiado.

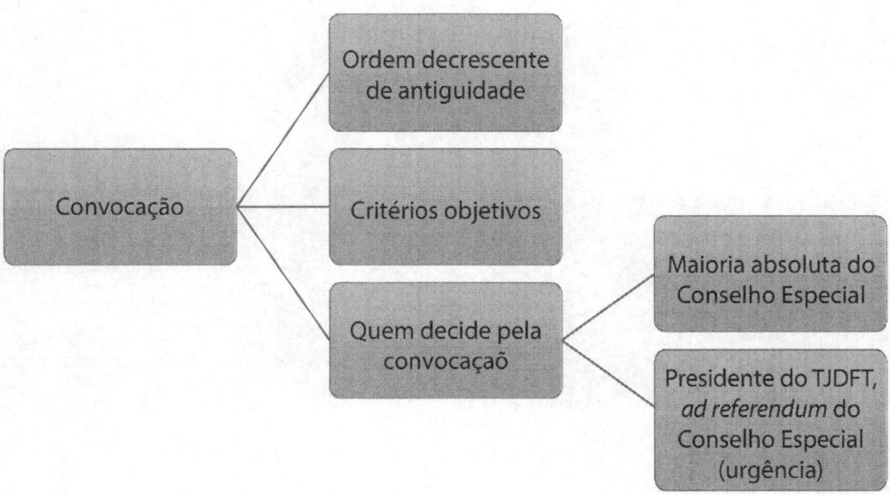

3.7. JUÍZES SUBSTITUTOS DE SEGUNDO GRAU

O cargo de juiz de direito substituto de segundo grau foi criado pela Lei n. 12.782/2013. Os juízes de direito substitutos de segundo grau integram **classe especial da magistratura** de **primeiro grau** e exercerão atividade exclusivamente jurisdicional no auxílio aos órgãos de **segundo grau** e na substituição de desembargadores.

Embora sejam juízes de direito de primeiro grau, a sua atuação ocorre exclusivamente na segunda instância, exercendo apenas atividade jurisdicional, ou seja, não participam das sessões administrativas.

JUIZ DE DIREITO SUBSTITUTO DE SEGUNDO GRAU	
Quem os designa para atuação?	Presidente do TJDFT
Qual instância integram?	1º grau
Onde atuam?	2º grau
Distinção em relação ao juiz de direito e de turmas recursais?	Não
Onde serão localizados?	Turmas e Câmaras Especializadas
Podem ser relator, revisor ou vogal?	Sim
Ficam vinculados aos processos?	Sim, como relator ou revisor, independentemente de remoção, permuta ou acesso ao cargo de desembargador
Recebem diferença de remuneração do cargo de desembargador?	Sim
Aplicam-se normas relativa aos desembargadores?	Sim I – Normas administrativas ➢ Localização ➢ Férias ➢ Permuta ➢ Transferência II – No exercício da atividade jurisdicional das Turmas e nas Câmaras ➢ Normas relativas aos desembargadores, salvo restrições previstas no RITJDFT

CAPÍTULO 4

DOS SERVIÇOS E DO PROCESSO JUDICIAL

4.1. LINHAS GERAIS

Nos capítulos anteriores tratamos dos órgãos que compõem o TJDFT (Tribunal Pleno, Conselho Especial, Câmaras, Turmas etc.) e dos magistrados que atuam no Tribunal (desembargadores e juízes substitutos de segundo grau). Foram examinadas as competências jurisdicionais e administrativas dos órgãos, além do regime administrativo dos integrantes da Corte (Administração Superior, forma de provimento dos cargos, substituições etc.).

O presente capítulo se dedicará ao estudo do fluxo dos processos, desde a origem até o julgamento pelos órgãos colegiados, ou, pelo relator do processo em decisão monocrática, quando assim o couber.

Antes, porém, entendemos que para compreender o andamento de um processo no TJDFT, é preciso ter uma visão geral, um panorama, para, a partir de então, fazer o estudo detalhado da tramitação processual.

Assim, podemos dizer que o processo, ao chegar no Tribunal (seja um recurso ou uma ação originária), receberá um número, será classificado de acordo com um assunto, e, posteriormente, distribuído a um relator. O relator, por sua vez, poderá decidir o processo monocraticamente, sem a necessidade de submeter o caso ao órgão colegiado, ou levará o processo a uma sessão de julgamento, e ao final serão lavrado o acórdão respectivo.

> **Acórdão**: é a decisão final tomada pelo órgão colegiado. Contém o relatório e os votos proferidos por seus integrantes. A sentença está para o juiz de primeira instância assim como o acórdão está para o Tribunal de Justiça.

Estudaremos, ainda, o julgamento eletrônico, além das sessões solenes e especiais.

Portanto, para fins didáticos, o presente capítulo será dividido nos seguintes tópicos[1]:

I. Registro e classificação dos feitos
II. Preparo/deserção
III. Distribuição
IV. Relator e revisor
V. Pautas de julgamento
VI. Sessões de julgamento
VII. Julgamento eletrônico
VIII. Decisões e notas taquigráficas
IX. Sessões solenes e especiais

ESTRUTURA DOS TÓPICOS A SEREM ESTUDADOS	
Registro e classificação dos feitos	Registro é a documentação do processo, atribuindo-lhe um número Classificação é a atribuição do processo a uma determina classe judicial, como apelação, mandado de segurança, embargos de declaração etc.
Preparo/deserção	Preparo são as despesas, as custas judiciais devidas pela interposição do recurso. Todos os recursos estão sujeitos a preparo, salvo os casos de assistência judiciária gratuita ou de isenção. Deserção é ausência do pagamento do preparo, levando o processo ou o recurso a ser extinto
Distribuição	Atribuição de um processo a um juízo em razão da matéria (cível, família, fazenda pública, penal etc.) e do local (circunscrição de Brasília, do Paranoá, de Taguatinga etc.), ocorrendo, em regra, por sorteio, salvo os casos de prevenção Também há distribuição dos feitos submetidos à segunda instância (processo originário ou recurso pode ser distribuído a uma Turma Cível ou a uma Câmara Cível, por exemplo).

1. Optamos por fazer uma modificação sensível em relação à ordem de procedimentos prevista no RITJDFT.

ESTRUTURA DOS TÓPICOS A SEREM ESTUDADOS	
Relator e revisor	Relator é o responsável por fazer a primeira análise do processo, elaborar o relatório e levar o feito a julgamento no órgão colegiado, proferindo o primeiro voto. Revisor examina o processo após o relator
Pautas de julgamento	Relação de processos para julgamento em determinada sessão
Sessões de julgamento	É a reunião do colegiado para julgar recursos ou processo originários (atividade jurisdicional), ou para apreciar questões administrativas (sessões administrativas)
Julgamento eletrônico	Julgamento em ambiente eletrônico dos processos que tramitam pelo sistema PJe.
Decisões e notas taquigráficas	Decisões são os votos proferidos pelos integrantes do colegiado. Notas taquigráficas são a documentação das decisões tomadas pelo colegiado na sessão.
Sessões solenes e especiais	São sessões destinadas a cerimônias de posse ou de homenagens

Reiteramos a importância de uma visão geral e panorâmica do fluxo processual antes de fazer o estudo pormenorizado de cada tópico. Assim, a título de exemplo, imaginemos uma situação hipotética em que um juiz em uma Vara Cível condena o réu a pagar determinada quantia ao autor em razão de colisão de veículos. Na ação, o autor pediu o ressarcimento do conserto do seu veículo em virtude da manobra irregular realizada pelo réu, vindo a atingir o seu veículo. Inconformado, o réu apresenta recurso de apelação cível, e, após ouvido o autor em suas contrarrazões, o juiz encaminha o processo para julgamento em segunda instância, proferindo o seguinte despacho "encaminhem-se os autos ao egrégio TJDFT, com as nossas homenagens". Chegando o processo ao TJDFT, vamos imaginar o fluxograma abaixo, simplificando o caminho percorrido, mas para fins didáticos (os temas serão melhor abordados nos tópicos subsequentes):

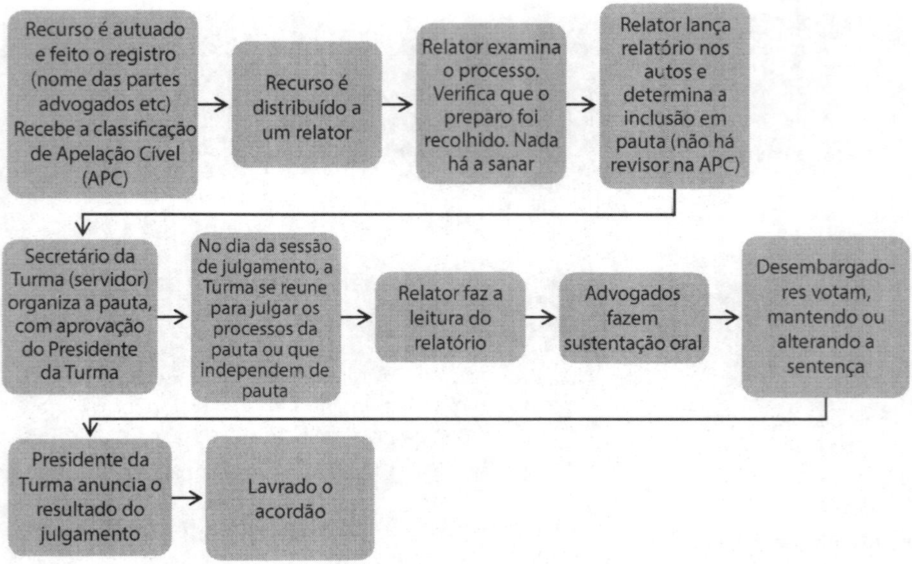

Nas linhas anteriores, dissemos que os tópicos seguintes abordariam os seguintes temas: a) Registro e classificação dos feitos; b) Preparo/deserção; c) Distribuição; d) Relator e revisor, e) Pautas de julgamento; f) Sessões de julgamento; g) Julgamento eletrônico, h) Decisões e notas taquigráficas, e, i) Sessões solenes e especiais.

Examinaremos cada um deles a partir de agora.

4.2. REGISTRO E CLASSIFICAÇÃO DOS FEITOS

Trataremos no presente tópico da chegada do processo ao TJDFT, que pode ser tanto um recurso interposto contra uma decisão de primeira instância quanto um processo originário no próprio Tribunal.

Todo **feito** que chega ao Tribunal será **registrado** no protocolo no dia de sua entrada.

> **Feito**: é o processo originário ou o recurso em trâmite no Tribunal. Pode ser uma apelação, um agravo, um *habeas corpus* etc.
>
> **Registro**: é a documentação do processo, pelo que ele recebe um número respectivo.

Onde é efetivado o registro? Os autos serão registrados no protocolo do Tribunal no dia de sua entrada.

Os serviços de protocolo descentralizados do primeiro grau de jurisdição poderão, mediante ato próprio, ser integrados ao protocolo do Tribunal.

Numeração e ordem de recebimento: O registro obedecerá à numeração única de processos no âmbito do Poder Judiciário, observada a ordem de recebimento, ressalvados os feitos em que haja pedido de liminar ou que exijam urgência, os quais terão preferência na autuação, considerando-se, para distribuição, as classes processuais que serão definidas por ato do Tribunal.

Ordem cronológica: cada feito será registrado com um número, observada a ordem de chegada ao Tribunal, exceto os casos com pedido de liminar ou que exijam urgência, tais como os requerimentos de autorização de tratamentos médicos urgentes, liminares para realização de provas de concurso em data próxima etc.

Como esse assunto foi cobrado em concurso?

No concurso para Técnico Judiciário/Área Administrativa e Judiciária (2003) foi perguntado: *"O registro dos processos na secretaria do tribunal far-se-á por ordem de recebimento, independentemente de o processo conter ou não pedido de medida liminar ou cautelar"*. O item foi considerado errado, tendo em vista o disposto no art. 68 do RITJDFT.

IMPORTANTE! Em relação aos feitos penais: Será registrado como processo penal, após o recebimento da denúncia ou da queixa, o inquérito policial ou qualquer notícia de crime cujo julgamento seja de competência originária do Tribunal, observando-se também a ordem cronológica e eventuais pedidos liminares (tais como liminar em *habeas corpus*).

Recapitulando:

A **denúncia** é a ação penal movida pelo Ministério Público em desfavor do acusado (é a regra). A queixa é a ação penal movida pelo particular (a vítima) para os casos de ação penal de iniciativa privada (a exemplo da calúnia, injúria e difamação, em que a própria vítima processa o acusado).

Recebimento da denúncia: ocorre quando o juiz vislumbra elementos acerca da autoria e da materialidade (existência) do crime, e aceita a denúncia (não é condenação); momento em que o acusado passa a ser formalmente réu no processo, podendo, obviamente, apresentar todos os meios de defesa autorizados pelo ordenamento jurídico.

O inquérito, portanto, passa a tramitar como ação penal originária, para os casos de foro de prerrogativa de função junto ao TJDFT.

Lembrando que a ação penal originária é tramita no **Conselho Especial,** que tem competência para julgar e julgar as seguintes autoridades:

a) nos crimes comuns e de responsabilidade, os Governadores dos Territórios, o Vice-Governador e os Secretários de Governo do Distrito Federal e os dos Governos dos Territórios, ressalvada a competência da Justiça Eleitoral;

b) nos crimes comuns, os Deputados Distritais, e nesses e nos de responsabilidade, os Juízes de Direito do Distrito Federal e dos Territórios e os Juízes de Direito Substitutos do Distrito Federal, ressalvada a competência da Justiça Eleitoral;

Todos eventos processuais alteram a classe ou acarretam a distribuição? Não.

ATENÇÃO! As hipóteses abaixo **não** exigem **anotação** na **capa** dos **autos**!

- agravo interno
- arguição de inconstitucionalidade
- avocatória
- embargos de declaração
- habilitação incidente
- Incidente de falsidade
- Medidas cautelares
- Processo de execução
- Restauração de autos
- Recursos para as Instâncias Superiores ou outros pedidos incidentes ou acessórios

Há, ainda, alguns acontecimentos no decorrer do processo que necessitam de atenção especial, tanto para chamar a atenção do julgador quanto dos servidores que lidarão com o processo.

Assim, far-se-á anotação na capa dos autos quando:

- ocorrerem pedidos incidentes
- houver interposição de recursos
- estiver preso o réu
- for o caso de preferências legais e metas do Poder Judiciário
- correr o processo em segredo de justiça
- for determinada pelo relator a certificação de impedimento ou de suspeição de desembargador.

Como esse assunto foi cobrado em concurso?

No concurso para Analista Judiciário/Execução de Mandados (2003) foi perguntado: "*Sempre que um desembargador for considerado impedido ou suspeito para atuar em determinado processo, essa circunstância deverá ser expressamente registrada na capa dos autos*". O item foi considerado errado, tendo em vista o disposto no art. 68, §3º, que exige a determinação por parte do Relator.

O que ocorre após o registro? A Secretaria Judiciária ordenará os autos protocolizados e promoverá sua imediata **distribuição** para um **relator**.

Recapitulando: o relator é o responsável pela primeira análise do processo, decide questões incidentes e urgentes; na sessão faz leitura do relatório e profere o primeiro voto.

Ao se consultar um processo físico no sítio eletrônico do Tribunal, a informação é disponibilizada da seguinte forma:

Órgão:	1ª TURMA CÍVEL
Endereço:	Palácio da Justiça – Térreo
Processo:	APC 2015 01 1 11111-1 0011111-11.2015.807.0001 (Res.65 – CNJ)
Classe:	Apelação
Assunto:	Acidente de Trânsito, Indenização por Dano Moral

Origem:	8ª VARA CÍVEL DE BRASÍLIA – 20150111111111 – Procedimento Ordinário
Apelante(s):	EMPRESA DE TAL LTDA
Advogado:	DF0000 – FULANO DE TAL
Apelado(s):	SOCIEDADE DE TAL S/A
Advogado:	DF0000 – SICRANO DE TAL
Relator:	Des. BELTRANO DE TAL

Onde:

- ✓ **Órgão:** Colegiado responsável pelo julgamento do feito
- ✓ **Endereço:** Localização do órgão julgador
- ✓ **Processo:** número do processo. Constam dois números, sendo o primeiro referente aos autos físicos e o segundo é a numeração única do CNJ.
- ✓ **Classe:** Tipo de processo. Nesse caso, uma apelação (recurso interposto contra a sentença do juiz de primeira instância).
- ✓ **Assunto:** Tema discutido no recurso. No caso, pedido de indenização por dano moral em razão de colisão de veículos no trânsito.
- ✓ **Origem:** Vara que julgou o processo na primeira instância
- ✓ **Apelante:** nome do recorrente
- ✓ **Advogado:** nome do advogado do recorrente
- ✓ **Apelado:** nome do recorrido
- ✓ **Advogado:** nome do advogado do recorrido
- ✓ **Relator:** Desembargador para quem o recurso foi distribuído.

4.3. PREPARO E DESERÇÃO

Preparo são as despesas, ou seja, as custas judiciais devidas pela interposição do recurso. Todos os recursos estão sujeitos a preparo, salvo os casos de assistência judiciária gratuita ou de isenção. Sujeitam-se a preparo na Secretaria do Tribunal:

- ➢ ação rescisória
- ➢ reclamação
- ➢ ação penal privada originária

- agravo de instrumento interposto contra decisão de primeiro grau
- mandado de segurança
- a medida cautelar
- incidente de desconsideração da personalidade jurídica
- os recursos para o Supremo Tribunal Federal e para o Superior Tribunal de Justiça.

Como esse assunto foi cobrado em concurso?

No concurso para Técnico Judiciário/Área Administrativa e Judiciária (2003) foi perguntado: *"Nem todos os recursos e ações de competência do TJDFT são sujeitos a preparo, isto é, ao pagamento de custas".* O item foi considerado correto por corresponder ao art. 69 do RITJDFT.

No concurso para Analista Judiciário/Atividade Processual (2000) foi perguntado (com adaptações): *"Se um indivíduo ajuizar ação penal de iniciativa privada contra outro, em processo de competência originária do TJDFT, por haver sofrido crime contra a honra, não precisará efetuar preparo, providência igualmente desnecessária no caso de denúncia oferecida pelo ministério público".* O item foi considerado errado, tendo em vista o disposto no art. 69, III, do RITJDFT.

São isentos de preparo os recursos e as ações:

I – intentados pela Fazenda Pública ou pelo Ministério Público;

II – em que ao requerente sejam concedidos os benefícios da assistência judiciária gratuita

III – expedição de alvará de soltura ou de salvo-conduto.

Fazenda Pública: é o Poder Público em juízo. Municípios, estados, Distrito Federal, União e respectivas autarquias e fundações públicas. As sociedades de economia mista e as empresas públicas não integram o conceito de Fazenda Pública, logo, estão sujeitas ao pagamento do preparo.

Portanto, ações movidas pela CAESB, pelo BRB, pelo Banco do Brasil, pela TERRACAP, pelo METRO-DF etc., devem ter o preparo recolhido.

O RITJDFT está alinhado ao art. 1.007, §1º, do Código de Processo Civil:

"São dispensados de preparo, inclusive porte de remessa e de retorno, os recursos interpostos pelo Ministério Público, pela União, pelo Distrito Federal, pelos Estados, pelos Municípios, e respectivas autarquias, e pelos que gozam de isenção legal".

> **IMPORTANTE:** O art. 69 do RITJDFT trata dos casos em que o preparo é efetuado na Secretaria do Tribunal, unicamente por conta dos recursos protocolados diretamente na segunda instância. A apelação cível, por exemplo, deve ser interposta nos mesmos autos do processo em curso na primeira instância e não na segunda, por essa razão é que o RITJDFT não fez qualquer menção a ela, não significando, pois, estar ela isenta de preparo.

4.3.1. Recolhimento do preparo

Onde pagar: O recolhimento será feito em instituição financeira oficial autorizada pelo Tribunal e os comprovantes respectivos deverão ser juntados aos autos.

Como obter a guia de pagamento: Os valores e as guias para o recolhimento das custas judiciais de Segunda Instância ficarão a cargo da Secretaria de Apoio Judiciária da Corregedoria e estarão disponíveis, na página eletrônica do Tribunal, aos interessados para consulta e emissão.

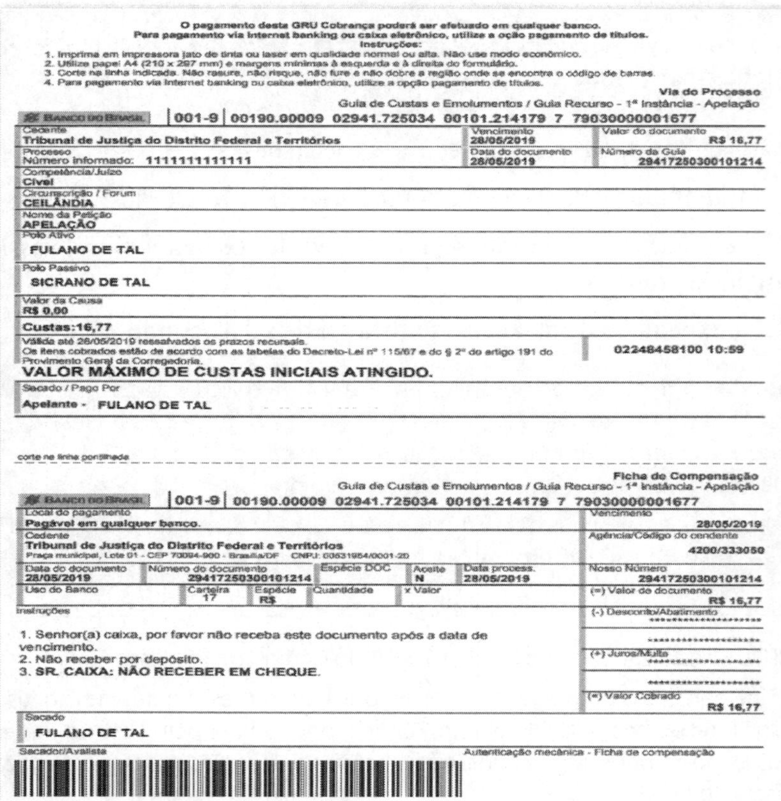

O pagamento desta GRU Cobrança poderá ser efetuado em qualquer banco.
Para pagamento via Internet banking ou caixa eletrônico, utilize a opção pagamento de títulos.
Instruções:
1. Imprima em impressora jato de tinta ou laser em qualidade normal ou alta. Não use modo econômico.
2. Utilize papel A4 (210 x 297 mm) e margens mínimas à esquerda e à direita do formulário.
3. Corte na linha indicada. Não rasure, não risque, não fure e não dobre a região onde se encontra o código de barras.
4. Para pagamento via Internet banking ou caixa eletrônico, utilize a opção pagamento de títulos.

Via do Processo
Guia de Custas e Emolumentos / Guia Recurso - 1ª Instância - Apelação

Banco do Brasil | 001-9 | 00190.00009 02941.725034 00101.214179 7 79030000001677

Cedente	Vencimento	Valor do documento
Tribunal de Justiça do Distrito Federal e Territórios	28/05/2019	R$ 16,77
Processo Número informado: 1111111111111	Data do documento 28/05/2019	Número da Guia 29417250300101214

Competência/Juízo: Cível
Circunscrição / Forum: CEILÂNDIA
Nome da Petição: APELAÇÃO
Polo Ativo: FULANO DE TAL
Polo Passivo: SICRANO DE TAL
Valor da Causa: R$ 0,00
Custas:16,77

Válida até 28/05/2019 ressalvados os prazos recursais.
Os itens cobrados estão de acordo com as tabelas do Decreto-Lei nº 115/67 e do § 2º do artigo 191 do Provimento Geral da Corregedoria. — 02248458100 10:59

VALOR MÁXIMO DE CUSTAS INICIAIS ATINGIDO.

Sacado / Pago Por: Apelante - FULANO DE TAL

corte na linha pontilhada

Ficha de Compensação
Guia de Custas e Emolumentos / Guia Recurso - 1ª Instância - Apelação

Banco do Brasil | 001-9 | 00190.00009 02941.725034 00101.214179 7 79030000001677

Local do pagamento: Pagável em qualquer banco. — Vencimento: 28/05/2019
Cedente: Tribunal de Justiça do Distrito Federal e Territórios
Praça municipal, Lote 01 - CEP 70094-900 - Brasília/DF CNPJ: 00531954/0001-20 — Agência/Código do cendente: 4200/333050

Data do documento	Número do documento	Espécie DOC	Aceite	Data process.	Nosso Número
28/05/2019	29417250300101214		N	28/05/2019	29417250300101214

Uso do Banco	Carteira	Espécie	Quantidade	x Valor	(=) Valor do documento
	17	R$			R$ 16,77

Instruções
1. Senhor(a) caixa, por favor não receba este documento após a data de vencimento.
2. Não receber por depósito.
3. **SR. CAIXA: NÃO RECEBER EM CHEQUE.**

(-) Desconto/Abatimento: ********************
****
(+) Juros/Multa: ********************
****
(=) Valor Cobrado: R$ 16,77

Sacado: FULANO DE TAL
Sacador/Avalista
Autenticação mecânica - Ficha de compensação

Serão cobrados emolumentos pelo fornecimento de certidões, de quaisquer documentos, e de cópias por qualquer meio de reprodução, autenticadas ou não, ressalvadas as isenções legais.

A cobrança será feita de acordo com a Tabela do Regimento de Custas das Serventias Judiciais e dos Serviços Notariais e de Registro.

4.3.2. Gratuidade da justiça

De acordo com o art. 98 do Código de Processo Civil, "A pessoa natural ou jurídica, brasileira ou estrangeira, com insuficiência de recursos para pagar as custas, as despesas processuais e os honorários advocatícios tem direito à gratuidade da justiça, na forma da lei".

Logo, a assistência judiciária gratuita é concedida a todo aquele que não tiver condições de arcar com as despesas do processo, sob pena de obstaculizar o acesso à Justiça pelos economicamente hipossuficientes.

A gratuidade pode ser concedida no tanto no primeiro quanto no segundo grau de jurisdição.

Gratuidade da justiça deferida no primeiro grau de jurisdição: Prevalece o benefício em razão da presunção em favor do beneficiário, quando o juiz de direito concede ao postulante a isenção do pagamento das despesas processuais.

E se o pedido somente foi formulado no recurso tramitando no TJDFT ou se tratar de processo originário do Tribunal? Vejamos:

> Por se tratar de uma situação de fato, é possível que durante trâmite do processo na primeira instância, aquele que detinha condições de arcar com o pagamento das despesas processuais venha a atravessar período de dificuldade financeira e postule o benefício somente quando o processo estiver tramitando na segunda instância, em grau de recurso. Possível, ainda, que em processo de competência originária, ou seja, cuja tramitação iniciou-se diretamente na segunda instância, a gratuidade venha ser pleiteada desse já pela parte interessada.

Nessas situações, qual o procedimento?

Compete ao **Presidente do Tribunal**, nos **recursos** dirigidos às **Instâncias Superiores**, e aos **relatores**, nos processos de **competência originária** e nos **recursos** em **geral**, decidir os pedidos de assistência judiciária gratuita.

QUEM DECIDE O PEDIDO DE ASSISTÊNCIA JUDICIÁRIA GRATUITA	
Recursos dirigidos às Instâncias Superiores	Presidente do Tribunal
Processos de competência originária e nos recursos em geral	Relator
Processos em curso na primeira instância	Juiz de direito ou juiz de direito substituto

Como esse assunto foi cobrado em concurso?

No concurso para Analista Judiciário/Atividade Processual (2000) foi perguntado (com adaptações): "*Em qualquer processo de competência do Tribunal no qual a parte interessada deseje requerer a dispensa de preparo, a competência para apreciar o requerimento será do presidente do órgão*". O item foi considerado errado, tendo em vista o disposto no art. 71 do RITJDFT.

Em caso de **indeferimento**, será fixado **prazo** para o **recolhimento** do **preparo**.

4.3.3. Deserção

Se não houver o recolhimento do preparo, será decretada a deserção, ensejando o não conhecimento do recurso ou o arquivamento do processo originário do TJDFT.

Quem decreta a deserção? Os mesmos incumbidos de apreciar os pedidos de concessão de assistência judiciária gratuita. Logo, compete ao **Presidente do Tribunal**, nos **recursos** dirigidos às **instâncias superiores**, e aos **relatores**, nas ações de **competência originária** do Tribunal, decretar a deserção.

Preclusa a decisão que decretou a deserção: os autos serão arquivados ou devolvidos ao juízo de origem independentemente de despacho.

Decorridos 30 (trinta) dias da intimação e não realizado o pagamento do preparo, as petições relativas a processos de competência originária do Tribunal serão devolvidas ou arquivadas.

Esquematizando:

4.4. DISTRIBUIÇÃO

Cada processo é, inicialmente, distribuído a um relator, em regra por sorteio, e, nesse momento, vinculado a um órgão colegiado de acordo com a matéria e com a classe processual. Portanto, a noção de distribuição está ligada à de relator do processo, ou seja, distribuir um processo, significa atribuí-lo a um relator.

Após a distribuição os autos serão imediatamente conclusos ao relator.

Os integrantes da Administração Superior podem ser relatores?

O Presidente do Tribunal, o Primeiro Vice-Presidente, o Segundo Vice-Presidente e o Corregedor da Justiça só exercerão a função de relator no Conselho da Magistratura.

Como esse assunto foi cobrado em concurso?

No concurso para Analista Judiciário/Área Judiciária (2015) foi perguntado: "*O corregedor da justiça do TJDFT integra o Conselho da Magistratura, logo pode exercer, nesse conselho, as funções de relator e de revisor*". O item foi considerado errado, tendo em vista o disposto no art. 79, §5º, do RITJDFT

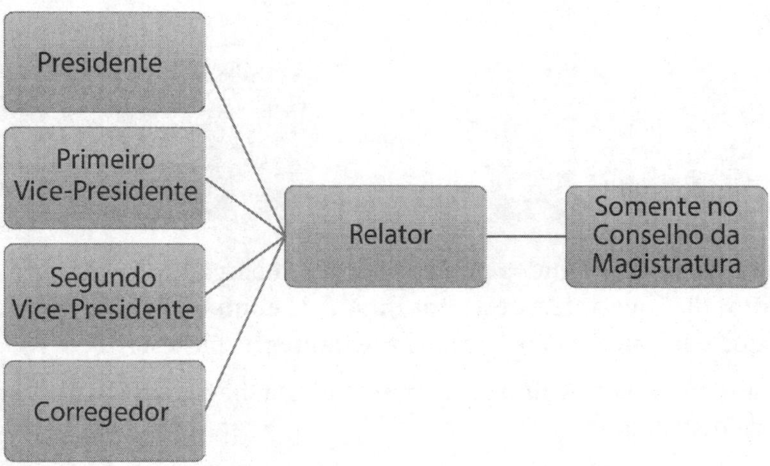

A razão é simples: O Conselho da Magistratura é integrado unicamente pelo Presidente, pelo, Primeiro Vice-Presidente, pelo Segundo Vice-Presidente e pelo Corregedor da Justiça, de modo que a relatoria haveria de ser atribuída a um deles.

A **distribuição** far-se-á **publicamente** por meio de **sorteio eletrônico** e atenderá ao critério da **alternatividade**, que observará as **classes processuais**, e à **numeração sequencial**.

Haverá sorteio **manual** em caso de **inoperância** do sistema **eletrônico**.

Como esse assunto foi cobrado em concurso?

No concurso para Técnico Judiciário/Área Administrativa (2015) foi perguntado: "*A distribuição dos processos de competência do TJDFT é realizada publicamente pelo sistema de computação eletrônica. Entretanto, caso a distribuição por esse meio esteja impossibilitada, ela poderá ser realizada mediante sorteio*". A assertiva foi considerada correta por corresponder ao art. 75, §2º, do RITJDFT.

Assim, no ato da distribuição, o feito é autuado (autuação, que significa a formalização dos autos, por meio de um termo de autuação), recebe um número, cadastram-se os nomes das partes e dos advogados, e, ainda, é incluído em sua respectiva classe.

Quem regulamenta a distribuição e a redistribuição de processos do Tribunal? O Primeiro Vice-Presidente regulamentará a distribuição e redistribuição de processos de competência do Tribunal e decidirá os casos omissos.

Não serão distribuídos processos a desembargador no período de **90** (**noventa**) dias que antecede a **aposentadoria compulsória** ou **voluntária**, desde que **comunicada** ao Tribunal **previamente**, por **escrito**.

Caso não seja consumada a aposentadoria, haverá imediata **compensação** da distribuição.

Não haverá exclusão prévia de desembargador do sorteio de distribuição por qualquer motivo, inclusive impedimento ou suspeição.

Entenda: O impedimento é índole objetiva, mais fácil de ser demonstrado. Já a suspeição é de índole subjetiva.

Impedimento: está relacionado a questões objetivas, que independem da vontade do julgador quanto ao desfecho do processo, tampouco de eventual vínculo afetivo ou emocional com alguma das partes ou de seus procurares.

São exemplos de impedimento os casos em que o juiz já atuou no mesmo processo como advogado, quando prestou depoimento como testemunha, ou, ainda, quando estiver postulando no processo seu cônjuge ou parente próximo.

Suspeição: diz respeito a critérios subjetivos e tem relação à possibilidade de a vontade do juiz estar maculada. Ocorre quando o magistrado for amigo íntimo ou inimigo de qualquer das partes ou de seus advogados, também quando receber presentes de pessoas que tiverem interesse na causa antes ou depois de iniciado o processo, ou ainda quando for interessado no julgamento do processo em favor de qualquer das partes.

DISTRIBUIÇÃO	
Hipótese	**Há distribuição?**
Impedimento	Sim
Suspeição	Sim
90 dias antes da aposentadoria Compulsória ou voluntária	Não, desde que comunicado ao Tribunal previamente por escrito

A distribuição ao desembargador impedido/suspeito significa que ele atuará no feito? Não. No termo de autuação, será certificado o impedimento para que o relator do processo possa analisá-lo e determinar a anotação do impedimento ou da suspeição nos autos (art. 68, §3º, VI, do RITJDFT).

A suspeição não constará do termo de autuação e sua anotação nos autos somente será realizada após determinação de redistribuição feita pelo relator.

CONSTA NO TERMO DE AUTUAÇÃO	
Impedimento	SIM
Suspeição	NÃO
Certidão de prevenção*	SIM

**A prevenção será estudada no tópico seguinte. Em resumo, significa que o relator já atou antes no mesmo processo ou em processo a ele relacionado, o que atrai a competência do novo processo ou recurso apresentado.*

O registro da distribuição e da movimentação de processos entre os órgãos judiciais, incluindo-se os gabinetes dos desembargadores, os gabinetes dos juízes de direito substitutos de segundo grau e as secretarias das Turmas, das Câmaras e do Conselho Especial, será feito mediante lançamento no sistema informatizado, executado pelos respectivos serviços dos referidos órgãos.

Abaixo, modelos de distribuição e de movimentação de processo (via sistema PJe, processo eletrônico, atualmente o utilizado pelo TJDFT).

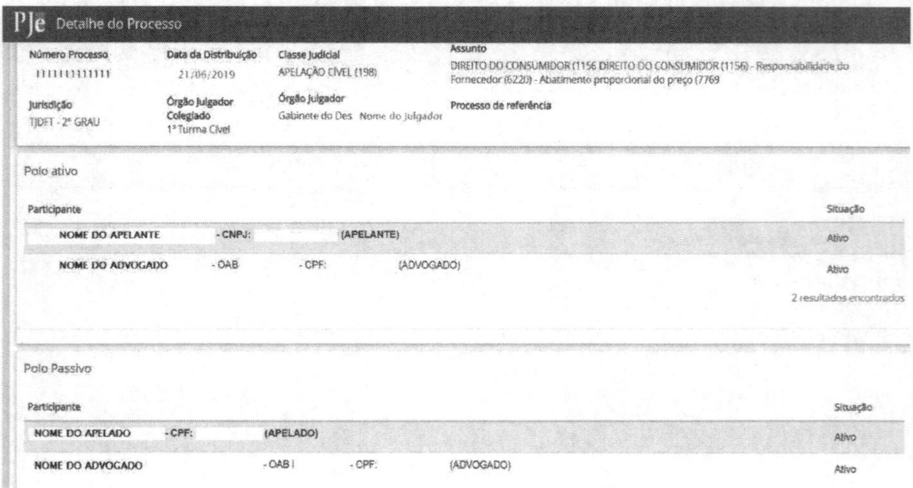

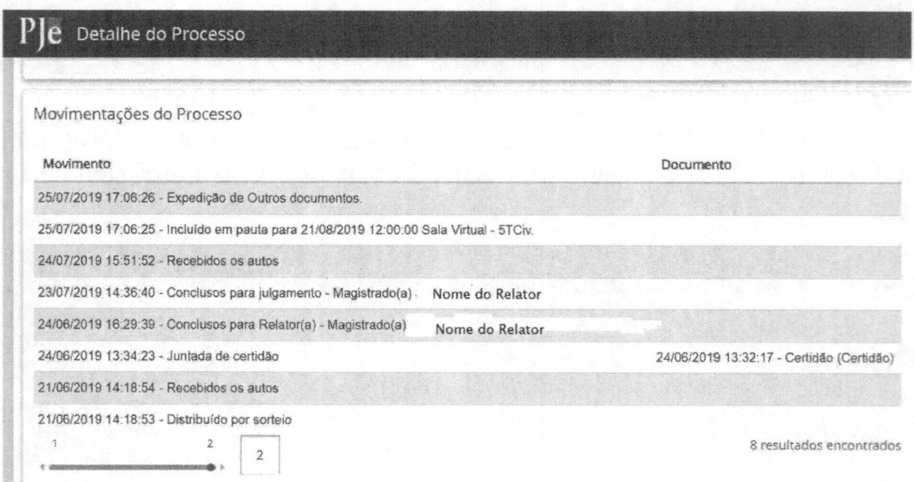

A quem será feita a distribuição? A todos os desembargadores competentes em razão da matéria, que estiverem em exercício na data da sua realização.

A falta de preparo impede a distribuição? Não.

Por que? Porque depende de manifestação do relator. O fato será certificado nos autos e o relator decidirá sobre a matéria.

O RITJDFT está alinhado com o Código de Processo Civil, que dispõe, em seu art. 1.006, §4º:

"O recorrente que não comprovar, no ato de interposição do recurso, o recolhimento do preparo, inclusive porte de remessa e de retorno, será intimado, na pessoa de seu advogado, para realizar o recolhimento em dobro, sob pena de deserção".

Assim, efetuada a distribuição, caberá ao relator decidir acerca de eventual pedido de concessão de gratuidade de justiça, e, caso não haja pedido nesse sentido, intimar o recorrente a pagar o dobro do valor devido, sob pena de deserção.

A distribuição deverá ser feita observando-se a proporcionalidade entre desembargadores e órgãos julgadores, respeitadas as respectivas classes. Isso significa que a proporcionalidade não está relacionada ao número de processos, mas à **classe** que o feito integra, ou seja, os julgadores receberão o mesmo número de apelações, de mandados de segurança, de *habeas corpus* etc.

O sistema informatizado não manterá diferença superior a **três processos**, por **classes**, entre os integrantes do **mesmo órgão**.

Trata-se de uma pequena margem de diferença.

4.4.1. A compensação na distribuição

O objetivo da compensação é assegurar a proporcionalidade na distribuição dos feitos, como forma de igualar o acervo processual de cada desembargador ou juiz de direito substituto de segundo grau, quando, por algum motivo, algum deles deixa de receber processos ou recebe quantidade superior aos demais.

Haverá compensação na distribuição por prevenção.

O que é a prevenção? Ocorre a prevenção quando um desembargador fica vinculado a um processo quando nele houver decidido alguma questão no processo ou em um processo a ele relacionado. Dessa forma, a distribuição de ação originária e de recurso cível ou criminal torna o órgão (Câmara, Turma) e o relator preventos, observada a legislação processual respectiva, para todos os feitos posteriores, referentes ao mesmo processo, tanto na ação de conhecimento quanto na de execução, ressalvadas as hipóteses de suspeição ou de impedimento supervenientes, procedendo-se à devida compensação.

Portanto, o primeiro recurso distribuído torna preventos o órgão e o relator para eventual recurso subsequente interposto em processo conexo, observada a legislação processual respectiva.

A certidão de prevenção constará do termo de autuação e distribuição, cabendo ao relator determinar nova distribuição, caso entenda não se tratar de prevenção.

Vamos entender isso melhor: *Imagine a seguinte situação*: durante um processo em trâmite em uma Vara Cível (uma ação de cobrança, por exemplo), um juiz de direito indefere um pedido de gratuidade da justiça da parte, que, por sua vez, interpõe recurso de agravo de instrumento (o que não impede o trâmite regular do feito o primeiro grau). Esse recurso será distribuído a um relator, que será um desembargador ou um juiz de direito de segundo grau, integrante de uma determinada Turma Cível, e ficará responsável por reexaminar o pedido de concessão da gratuidade da justiça na segunda instância. Tempos depois, o juiz profere sentença, e, caso haja recurso de apelação dessa sentença, o relator do agravo de instrumento e a Turma Cível respectiva estarão preventos para o julgamento do recurso de apelação, via de consequência. Tendo em vista que esse relator recebeu esse processo a mais em razão da prevenção, haverá compensação entre o recurso recebido por ele e os demais integrantes da Turma, em relação à classe processual (no caso em comento, uma apelação cível), ou seja, na próxima "rodada" de distribuição, esse relator deixará de receber uma apelação, que será distribuída entre os demais componentes do órgão colegiado.

Como esse assunto foi cobrado em concurso?

No concurso para Analista Judiciário/Execução de Mandados (2003) foi perguntado: "*Considere a seguinte situação. Uma ação de cobrança foi sentenciada e o processo chegou ao TJDFT por força de apelação. Passado em julgado o acórdão, os autos retornaram ao primeiro grau para execução. Nesta, houve embargos do devedor, que também foram julgados por sentença e causaram nova apelação. Nessa situação, a segunda apelação deverá ser distribuída aleatoriamente entre os desembargadores das turmas cíveis, pois a primeira não induzirá prevenção".* O item foi considerado errado, tendo em vista o disposto no art. 81, §1º, do RITJDFT.

Algumas regras sobre prevenção:

- ✓ Ao membro do Conselho Especial e ao convocado, bem como ao membro da Câmara de Uniformização, far-se-á compensação dos processos nas Turmas.
- ✓ O Primeiro Vice-Presidente requisitará os autos de processos ainda não julgados, distribuídos a relator que se encontre em órgão de competência diversa, para distribuição conjunta de ações, de recursos ou de incidentes, procedendo-se à oportuna compensação.

Quem pode alegar a ocorrência de prevenção? A prevenção, *se não for reconhecida de ofício*, poderá ser arguida por qualquer das partes ou pelo Ministério Público até o início do julgamento.

Reconhecer de ofício: ocorre quando o magistrado profere uma decisão sem que haja pedido de alguma das partes, ou seja, decide por iniciativa própria.

4.4.2. A redistribuição

Ocorre a redistribuição de um processo a outro relator, quando, por algum motivo, o relator para quem o feito foi originalmente distribuído não puder exercer a relatoria ou quando se afastar definitivamente ou por tempo superior a 30 dias, ou, ainda, ainda for eleito para cargo de direção do TJDFT (Presidente, Primeiro Vice-Presidente, Segundo Vice-Presidente ou Corregedor). Haverá também a redistribuição quando for detectada a prevenção em relação de processo de outro relator, de modo que o relator para quem o feito distribuído aleatoriamente determinará a sua redistribuição ao relator prevento. Vejamos:

Há redistribuição quando o relator:

I – afastar-se definitivamente do Tribunal;

II – afastar-se, a qualquer título, por prazo superior a 30 (trinta) dias;

III – eleger-se para cargo de direção do Tribunal;

IV – for suspeito ou impedido

Para as hipóteses previstas nos itens II e III, a redistribuição pressupõe urgência na apreciação de medidas ou no julgamento e restringe-se a agravos de instrumento, mandados de segurança, *habeas corpus*, medidas cautelares, reclamações, processos criminais com réu preso e outros feitos que, por sua natureza e a juízo do Primeiro Vice-Presidente, reclamem igual providência.

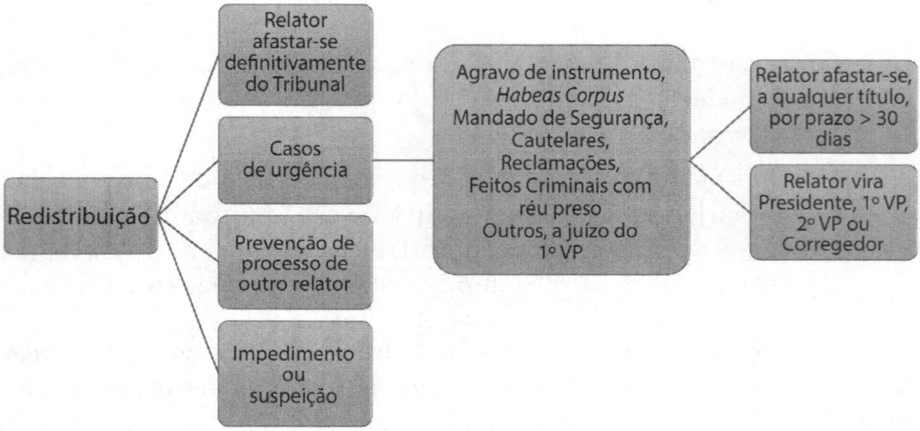

E se o período de afastamento for igual ou inferior a 30 dias? Nesse caso, as medidas urgentes serão apreciadas pelo substituto legal do relator, salvo quando este autorizar que os autos lhe sejam conclusos.

E se houver transferência ou permuta entre julgadores? A transferência e a permuta não acarretarão redistribuição, sendo que o magistrado ficará vinculado a todos os feitos distribuídos e não julgados até a data da remoção ou da permuta.

Logo:

NÃO ACARRETA REDISTRIBUIÇÃO	
Período de afastamento inferior a 30 dias:	As medidas urgentes serão apreciadas pelo substituto do relator, salvo quando ele autorizar que os autos lhe sejam conclusos
Transferência ou permuta:	Magistrado fica vinculado a todos os feitos que lhe foram distribuídos e não julgados

Como esse assunto foi cobrado em concurso?

No concurso para Técnico Judiciário/Área Administrativa e Judiciária (2003) foi perguntado: *"Se um desembargador estiver em gozo de férias, isso não impedirá que haja distribuição de processos à sua pessoa, a não ser que se trate de processo urgente ou em que haja pedido de medida liminar ou cautelar".* O item foi considerado errado, tendo em vista o disposto no art. 82, §2º, do RITJDFT.

No concurso para Técnico Judiciário/Área Administrativa e Judiciária (2003) foi perguntado: *"Sempre que um desembargador mudar de turma ou câmara, todos os processos ainda não julgados que lhe tenham sido distribuídos serão objeto de redistribuição".* O item foi considerado errado, tendo em vista o disposto no art. 83 do RITJDFT.

O que ocorre quando o desembargador retorna? Ao reassumir suas funções, o desembargador que se encontrava afastado poderá receber igual número de feitos dos magistrados a quem foram redistribuídos seus processos, cuja apreciação de medidas ou julgamento requereram urgência, respeitadas as respectivas classes, dentro dos 10 (dez) dias posteriores à sua reassunção; após isso, a compensação processar-se-á automaticamente.

Existe um limite diário de processos para a compensação? Sim, esse número é de cinco processos diários, até atingir a quantidade de processos a serem compensados.

Por fim, alguns pontos importantes acerca da redistribuição:

- ✓ No período de afastamento do desembargador, a prevenção será observada somente em relação ao órgão que integra, não havendo compensação.
- ✓ Afastado definitivamente o desembargador do órgão por qualquer motivo, a prevenção será observada somente em relação ao órgão que integrava.

4.5. RELATOR E REVISOR

4.5.1. Relator

O relator é o responsável por fazer a primeira análise do processo, elaborar o relatório e levar o feito a julgamento no órgão colegiado, proferindo o primeiro voto. Além disso, ele conduz o processo, ficando responsável pela análise de questões incidentes, aquelas que surgem no decorrer da tramitação do processo. Assim como o desembargador, o juiz substituto de segundo grau podem ser relatores.

Os órgãos colegiados julgam feitos cíveis e criminais, sendo que, em relação aos cíveis, tratam de matérias referentes às Varas Cíveis, Varas de Família, Vara da Fazenda Pública etc., enquanto que os de natureza criminal julgam temas que dizem respeito a infrações penais (crimes) e atos infracionais (delitos praticados por menores).

O RITJDFT elenca uma série de atribuições do relator, seja ele integrante de um órgão que aprecia matéria cível ou pertencente a um órgão que somente trata de matéria criminal, sendo essas atribuições comuns a ambos. Assim, por exemplo, há algumas atribuições que cabem tanto a um relator de uma Turma Cível quanto ao um relator de uma Turma Criminal; outras, por outro lado, são atribuições típicas de atuação em matéria cível, além daquelas típicas de atuação em matéria criminal.

Relacionamos abaixo as atribuições comuns do relator quanto aos feitos cíveis e criminais, e, adiante, as distintas (As atribuições comuns, mas não totalmente idênticas, foram destacadas com um fundo cinza):

ATRIBUIÇÕES DO RELATOR	
Atribuições comuns	
Feitos cíveis	**Feitos criminais**
Ordenar e dirigir o processo no Tribunal, inclusive quanto à produção de prova;	Ordenar e dirigir o processo no Tribunal, inclusive quanto à produção de prova;
Apreciar pedido de tutela provisória [(1)] nos processos de competência originária, bem como atribuir efeito suspensivo a recurso e antecipar a tutela recursal, nos casos previstos em lei;	Apreciar o pedido de liminar [(2)]
Determinar a intimação do Ministério Público nas hipóteses legais. Nos casos em que o Ministério Público tiver funcionado no primeiro grau, a secretaria providenciará a intimação independentemente de despacho;	Determinar a intimação do Ministério Público nas hipóteses legais. Nos casos em que o Ministério Público tiver funcionado no primeiro grau, a secretaria providenciará a intimação independentemente de despacho

ATRIBUIÇÕES DO RELATOR	
Atribuições comuns	
Feitos cíveis	**Feitos criminais**
Determinar às autoridades judiciárias e administrativas providências relativas ao andamento e à instrução [3] do processo, podendo delegar a prática das que achar necessárias, zelando pelo cumprimento das decisões interlocutórias, salvo se o ato for de competência do órgão colegiado ou do respectivo presidente	Determinar às autoridades judiciárias e administrativas providências relativas ao andamento e à instrução do processo, podendo delegar a prática das que achar necessárias, zelando pelo cumprimento das decisões interlocutórias, salvo se o ato for de competência do órgão colegiado ou do respectivo presidente
Submeter aos órgãos julgadores questões de ordem necessárias ao regular andamento do processo	Submeter aos órgãos julgadores questões de ordem necessárias ao regular andamento do processo
Homologar desistências e autocomposições [4] das partes	Homologar desistências e transações
Admitir ou rejeitar ação originária, negando-lhe seguimento quando manifestamente inadmissível, improcedente, prejudicada ou contrária à súmula ou à jurisprudência predominante do Tribunal ou de Tribunal Superior	Admitir ou rejeitar ação originária, negando-lhe seguimento quando manifestamente inadmissível, improcedente, prejudicada ou contrária à súmula ou à jurisprudência predominante do Tribunal ou de Tribunal Superior
Julgar prejudicados ou extintos os feitos quando ocorrer perda superveniente do objeto[5]	Julgar prejudicados ou extintos os feitos quando ocorrer perda superveniente do objeto
Lançar relatório nos autos, quando exigido em lei ou no RITJDFT e determinar a inclusão do processo em pauta ou levá-lo para julgamento em mesa [6]	Lançar relatório nos autos, quando exigido em lei no RITJDFT, e determinar a inclusão do processo em pauta ou levá-lo para julgamento em mesa
Decretar a deserção nos recursos e nas ações de competência originária do Tribunal	Decretar a deserção nos recursos e nas ações de competência originária do Tribunal
Redigir ementas [7] e acórdãos	Redigir ementas e acórdãos
Mandar expedir e subscrever ofícios, alvarás e mandados, zelando pelo cumprimento das decisões tomadas, inclusive das sujeitas a recursos sem efeito suspensivo, e praticar todos os demais atos processuais necessários	Mandar expedir e subscrever ofícios, alvarás e mandados, zelando pelo cumprimento das decisões tomadas, inclusive das sujeitas a recursos sem efeito suspensivo, e praticar todos os demais atos processuais necessários

ATRIBUIÇÕES DO RELATOR	
Atribuições distintas	
Feitos cíveis	**Feitos criminais**
Não conhecer, negar ou dar provimento a recurso, nos termos dos art. 932, III, IV e V, do código de processo civil [(8)]	Decidir sobre a admissão de embargos infringentes [(9)] opostos a acórdãos que tenha lavrado
Decidir o incidente de desconsideração da personalidade jurídica [(10)], quando este for instaurado originariamente no tribunal	Determinar a soltura de réu nos casos pendentes de julgamento, assinando o alvará respectivo
Processar e julgar habilitação incidente [(11)]	Assinar os termos de fiança em livro próprio, juntamente com quem a prestar, quando concedida pelo tribunal
Presidir o processo de execução de competência originária do Tribunal, podendo delegar a magistrado de primeiro grau a prática de atos não decisórios	Presidir audiências admonitórias [(5)], podendo delegar essa atribuição a magistrado de Primeiro Grau, salvo nos processos de competência originária do Tribunal
Solicitar ou admitir, nos casos previstos em lei, a participação de *amicus curiae* [(6)] e definir os seus poderes	
Analisar a regularidade de depósitos judiciais, observando a guia de depósito aprovada pelo Tribunal	

(1) Tutela provisória: decisão proferida no processo antes da sentença em razão da urgência, seja para conceder ao postulante aquilo que seria concedido na sentença ou para que seja adotada uma providência que assegure eventual direito a ser reconhecido na sentença. Exemplo: pedidos de retirada do nome do autor dos cadastros de proteção ao crédito, baixa de protesto, reintegração de posse etc.

(2) Pedido de liminar: para os fins do RITJDFT, a liminar concedida nos feitos criminais é a decisão proferida no processo de forma urgente, antes da decisão final, como no caso da liminar de *habeas corpus*, de mandado de segurança etc.

(3) Instrução do processo: momento processual em que se promove a colheita de provas (juntada de documentos, laudo pericial, oitiva de testemunhas etc.). Quando se fala que o feito será instruído, isso significa que as provas serão produzidas no processo.

(4) **Autocomposições:** Quando as partes, de forma amigável, encerram o processo mediante acordo, por meio de conciliação, mediação ou arbitragem.

(5) **Perda superveniente do objeto:** ocorre quando durante o trâmite do processo a ação não se mostra mais necessária.

(6) **Julgamento em mesa:** Processos que não dependem de inclusão em pauta para serem julgados. *habeas corpus*, questões de ordem, quando houver pedido das partes, embargos de declaração (em regra) etc. O tema será estudado em tópico específico.

(7) **Ementa:** Resumo dos principais pontos discutidos em determinado julgamento.

Não confundir ementa com súmula.

A súmula é o resumo de uma tese firmada pelo Tribunal, após o julgamento de diversos processos. A súmula é instrumentalizada em pequenos verbetes, que refletem o entendimento do Tribunal depois de reiteradas decisões acerca de determinada matéria. **Não se referem a um processo específico, mas à tese jurídica aplicável em diversos feitos.**

A ementa é o resumo de um processo julgado.

(8) **Art. 932, III, IV e V do CPC:** São algumas das hipóteses em que o relator pode decidir sozinho, sem precisar levar o processo a julgamento pelo órgão colegiado (o que é chamado de decisão monocrática). Ocorre, basicamente, quando já existe jurisprudência consolidada sobre o assunto. Nada impede que a parte inconformada com a decisão possa levar o tema a novo julgamento pelo colegiado, por meio de um recurso denominado agravo interno.

(9) **Embargos infringentes:** Recurso que tem como objetivo fazer prevalecer o voto vencido, favorável ao réu, em acórdão cuja a maioria de votos foi desfavorável a ele.

(10) **Incidente de desconsideração da personalidade jurídica:** Quando no processo há confusão patrimonial e fraude praticada pelos sócios de determinada pessoa jurídica, prejudicando o credor, e o Juiz desconsidera a separação que existe entre o patrimônio da pessoa jurídica e dos sócios, de modo que o processo atingirá diretamente os bens dos sócios.

(11) **Habilitação incidente:** "A habilitação ocorre quando, por falecimento de qualquer das partes, os interessados houverem de suceder-lhe no processo" (art. 687 do Código de Processo Civil).

(12) **Audiência admonitória:** Audiência que ocorre durante a execução da pena do condenado, pela qual o juiz, antes de conceder a suspensão

condicional da pena, adverte o condenado das consequências de nova infração penal e do descumprimento das condições impostas.

(13) ***Amicus Curiae***: "Amigo da Corte". **É a pessoa, natural ou jurídica, que não integra o processo e tampouco nele tem interesse, que oferece auxílio ao juiz para o julgamento da causa, trazendo esclarecimentos relevantes sobre o tema.**

Como esse assunto foi cobrado em concurso?

No concurso para Analista Judiciário/Execução de Mandados (2003) foi perguntado (com adaptações): *"Considere a seguinte situação. O MPDFT atuou como fiscal da lei em um processo que tramitou no primeiro grau de jurisdição, por envolver interesse público. Após a sentença, houve apelação. Nessa situação, ao chegar ao TJDFT, a secretaria providenciará a intimação do MPDFT independentemente de despacho"*. O item foi considerado correto por corresponder ao art. 87, V, do RITJDFT.

ATENÇÃO! O relator poderá delegar alguns atos relativos à instrução ou andamento do processo a magistrados de primeiro grau, com as respectivas exceções.

Atribuição do Relator	Pode delegar?	Exceção
Prática das providências relativas ao andamento e à instrução do processo **cível** que achar necessárias, zelando pelo cumprimento das decisões interlocutórias (art. 87, VI, do RITJDFT)	SIM	Se o ato for de competência do órgão colegiado ou do respectivo presidente
Prática de atos não decisórios em execução de competência originária **cível** do TJDFT (art. 87, XI)	SIM	Atos decisórios, como, por exemplo, deferir uma penhora.
Prática de atos não decisórios em execução de sentenças de competência originária do Conselho Especial (art. 13, VI, do RITJDFT)	SIM	Atos decisórios
Prática das providências relativas ao andamento e à instrução do processo **criminal** que achar necessárias, zelando pelo cumprimento das decisões interlocutórias (art. 89, VI, do RITJDFT)	SIM	Atos decisórios

Atribuição do Relator	Pode delegar?	Exceção
Prática de atos não decisórios em execução de competência originária **criminal** do TJDFT (art. 89, XI)	SIM	Atos decisórios
Presidir audiências admonitórias (art. 89, X, do RITJDFT)	SIM	Processos de competência originária do TJDFT.
Interrogatório e atos de instrução em Ação Penal Originária (art. 182, parágrafo único, do RITJDFT).	SIM	-

Como esse assunto foi cobrado em concurso?

No concurso para Analista Judiciário/Execução de Mandados (2003) foi perguntado: *"Se um processo penal de competência originária do TJDFT gerar a condenação do réu e a pena comportar suspensão condicional, a audiência admonitória poderá ser presidida pelo relator da causa, mas este também poderá delegar a realização do ato a juiz de primeiro grau"*. O item foi considerado errado, tendo em vista o disposto no art. 89, X, do RITJDFT. Não pode haver delegação em processo originário do TJDFT.

No concurso para Analista Judiciário/Execução de Mandados (2003) foi perguntado: *"No processamento da ação penal originária, todos os atos instrutórios podem ser delegados pelo relator a juiz de primeiro grau"*. O item foi considerado errado, tendo em vista o disposto no art. 89, X, do RITJDFT.

IMPORTANTE:

Mesmo nas decisões monocráticas, nos casos em que o recurso for inadmissível ou quando for acolher o recurso da parte (quando dá provimento ao recurso), o relator deverá observar o princípio do contraditório, sob pena de ofensa de direito de defesa. Assim:

- Antes de considerar inadmissível o recurso, o relator concederá o prazo de 5 (cinco) dias ao recorrente para que seja sanado vício ou complementada a documentação exigível.
- Antes de dar provimento ao recurso por decisão unipessoal o relator deverá facultar a apresentação de contrarrazões.

PROVIDÊNCIAS DO RELATOR	
Antes de considerar inadmissível o recurso	Concede prazo de 5 dias seja sanado vício ou complementada a documentação exigível.
Antes de dar provimento ao recurso	Faculta apresentação de contrarrazões

E se no curso do processo forem constatados fatos supervenientes à decisão recorrida ou a existência de questão apreciável de ofício? Se o relator, de ofício ou mediante provocação, constatar a ocorrência de fato superveniente à decisão recorrida ou a existência de questão apreciável de ofício ainda não examinada que devam ser considerados no julgamento do recurso, intimará as partes para que se manifestem no prazo de 5 (cinco) dias.

Se a constatação ocorrer durante a sessão de julgamento, esse será imediatamente suspenso a fim de que as partes se manifestem especificamente, que poderão se manifestar na própria sessão de julgamento, caso estejam presentes e se sintam habilitadas a fazê-lo.

Se a constatação se der em vista dos autos, deverá o juiz que a solicitou encaminhá-los ao relator, que intimará as partes para manifestação no prazo de cinco dias, e, em seguida, solicitará a inclusão do feito em pauta para prosseguimento do julgamento, com submissão integral da nova questão aos julgadores.

Como esse assunto foi cobrado em concurso?

No concurso para Técnico Judiciário/Área Administrativa e Judiciária (2003) foi perguntado: *"O relator deverá submeter a julgamento pelo colegiado competente as ações de competência originária e os recursos de competência do TJDFT, ainda que estejam prejudicados ou sejam manifestamente inadmissíveis, improcedentes ou contrários a súmula ou à jurisprudência predominante do próprio tribunal ou de tribunal superior"*. O item foi considerado errado, tendo em vista o disposto no art. 87, IX e XIII, do RITJDFT.

Se for necessário o exame de **medidas urgentes**, o relator **impedido** ou **impossibilitado eventualmente** de examiná-las será substituído pelo **revisor**, quando houver, **ou** pelo desembargador que lhe seguir em antiguidade no órgão julgador. Ao término do impedimento, os autos serão conclusos ao relator para exame.

4.5.2. Revisor

O revisor é o desembargador que se seguir ao relator na ordem decrescente de antiguidade no órgão. Em relação ao juiz de direito substituto do segundo grau, ele ocupará a ordem de antiguidade mais moderna do órgão julgador.

E se houver mais de um juiz substituto do segundo grau? Será observada entre eles a antiguidade.

ATENÇÃO! A regra não é a mesma para o caso de juiz de direito convocado.

O juiz de direito convocado ocupará a ordem de antiguidade do desembargador ou juiz substituto de segundo grau substituído, ou seja, ele se equipara, para fins de antiguidade no órgão, ao julgador que foi substituído. Se o substituído for, por exemplo, o segundo mais antigo de uma Turma, o juiz de direito que o substitui votará como se fosse também o segundo mais antigo.

Esquematizando:

ANTIGUIDADE NO ÓRGÃO	
Juiz de direito substituto de segundo grau	Ordem de antiguidade mais moderna
Juiz de direito convocado	Ordem de antiguidade do desembargador ou do juiz de direito substituto do segundo grau substituído

Como esse assunto foi cobrado em concurso?

No concurso para Analista Judiciário/Atividade Processual (2000) foi perguntado (com adaptações): "*Quando um juiz substituir desembargador no TJDFT, sua antiguidade, para efeito de sua designação como revisor, será considerada como a do desembargador substituído*". O item foi considerado errado, tendo em vista o disposto no art.92, §3º, do RITJDFT.

Quando terá revisor? Somente nos feitos **criminais**[2]:

I. Ação penal originária;

2. O Código de Processo Civil de 2015 não contempla a figura do revisor, que existia no Código anterior, de 1973. A previsão, para os feitos cíveis, atualmente, é exclusivamente regimental.

II. Apelação criminal, quando a pena cominada ao crime for de **reclusão**;

III. Embargos infringentes em matéria criminal;

IV. Revisão criminal.

ATENÇÃO! Na **apelação criminal**, somente haverá revisor quando a pena for de **reclusão**.

As penas podem ser, ainda, de reclusão ou de detenção.

O que é pena de reclusão e de detenção? A diferença, basicamente, é o início do regime de cumprimento da pena, conforme art. 33 do Código Penal.

-Pena de **reclusão** deve ser cumprida em regime fechado, semiaberto ou aberto.

-Pena de **detenção**, deve ser cumprida em regime semiaberto, ou aberto, salvo necessidade de transferência a regime fechado.

Portanto, na apelação criminal, se a pena for de ***detenção****, não haverá revisor!*

Como esse assunto foi cobrado em concurso?

No concurso para Técnico Judiciário/Área Administrativa e Judiciária (2003) foi perguntado: *"Em todas as apelações cíveis, haverá revisor"*. O item foi considerado errado, tendo em vista o disposto no art. 91 do RITJDFT.

No concurso para Analista Judiciário/Atividade Processual (2000) foi perguntado (com adaptações): *"Deve haver revisor em todas as apelações cíveis de competência do Tribunal"*. O item foi considerado errado, tendo em vista o disposto no art. 91 do RITJDFT.

O revisor será determinado, por ocasião da respectiva conclusão dos autos, entre os desembargadores em efetivo exercício, observada a ordem decrescente de antiguidade.

Como esse assunto foi cobrado em concurso?

No concurso para Analista Judiciário/Atividade Processual (2003) foi perguntado: *"Considere, por hipótese, que uma Turma do TJDFT seja composta, segundo a ordem decrescente de antiguidade, pelos desembargadores Rômulo, Sílvia, Tâmara e Ubaldo. Nessa situação, se a desembargadora Tâmara for relatora de um recurso que exija revisão, a revisora deverá ser a desembargadora Sílvia"*. O item foi considerado errado, tendo em vista o disposto no art. 92 do RITJDFT.

No julgamento de processo vinculado à relatoria de desembargador não mais integrante do órgão julgador, observar-se-á a ordem de antiguidade que neste ocupava no dia de sua saída.

Quais as atribuições do revisor?

I. Sugerir ao relator quaisquer medidas da competência desse;
II. Completar ou retificar o relatório;
III. Ordenar a juntada de petições quando os autos lhe estiverem conclusos, determinando, se necessário, seja a matéria submetida ao relator;
IV. Pedir dia para julgamento.

Como esse assunto foi cobrado em concurso?

No concurso para Analista Judiciário/Execução de Mandados (2003) foi perguntado: "*Nos processos em que haja necessidade de revisor, a este caberá apreciar medidas cautelares incidentais e quaisquer outros pedidos protocolizados enquanto os autos estiverem em seu poder*". O item foi considerado errado, tendo em vista o disposto no art. 94 e art. 89, II, do RITJDFT.

4.6. PAUTAS DE JULGAMENTO

A pauta de julgamento é a relação de processos que serão julgados em uma sessão, seja ela do Conselho Especial, das Câmaras, das Turmas etc.

Quem organiza as pautas de julgamento? Caberá aos secretários dos órgãos julgadores a organização das pautas de julgamento, com a aprovação dos respectivos presidentes.

Há necessidade de publicação da pauta de julgamento? Sim, como medida de transparência.

- As pautas de julgamento serão publicadas no Diário da Justiça Eletrônico com pelo menos 5 (cinco) dias de antecedência, certificando-se, em cada processo, a respectiva inclusão.
- Serão incluídos novamente em pauta os processos que não tenham sido julgados, salvo aqueles cujo julgamento tiver sido expressamente adiado para a primeira sessão seguinte.
- A pauta será afixada na entrada da sala em que se realizar a sessão de julgamento.

Como esse assunto foi cobrado em concurso?

No concurso para Analista Judiciário/Atividade Processual (2003) foi perguntado: "*Todos os processos sujeitos à inclusão em pauta somente podem ser julgados de maneira válida se a pauta for publicada com antecedência mínima de 48 horas em relação à data prevista para a sessão de julgamento*". O item foi considerado errado, tendo em vista o disposto no art. 98 do RITJDFT, que estabelece o prazo de cinco dias.

PAUTAS DE JULGAMENTO	
Quem organiza?	Secretário do órgão julgador
Quem aprova?	Presidente do órgão julgador
Publicação prévia?	5 dias de antecedência no Diário da Justiça Eletrônico
E os processos não julgados?	Serão incluídos novamente em pauta, salvo aqueles cujo julgamento tiver sido expressamente adiado para a primeira sessão seguinte

Existe ordem de inclusão dos processos em pauta? Sim, e isso varia de acordo com a matéria, cível ou criminal.

ORDEM DE INCLUSÃO NA PAUTA (art. 96 do RITJDFT) (Atendido o critério cronológico)	
Feitos cíveis	**Feitos criminais**
Parte ou interessado pessoa portadora de deficiência física, com idade igual ou superior a 60 (sessenta) anos ou portadora de doença grave prevista no art. 6º, inciso XIV, da lei 7.713, de 22 de dezembro de 1988	Parte ou interessado pessoa portadora de deficiência física, com idade igual ou superior a 60 (sessenta) anos ou portadora de doença grave prevista no art. 6º, inciso XIV, da lei 7.713, de 22 de dezembro de 1988
Mandado de segurança e respectivos recursos, inclusive apelação	Mandado de segurança e respectivos recursos, inclusive apelação
Regulados pelo Estatuto da Criança e do Adolescente	Desaforamento [(1)]
Processos provenientes da Vara de Ações Previdenciárias e da Vara de Falências e Recuperações Judiciais	Réu preso

ORDEM DE INCLUSÃO NA PAUTA (art. 96 do RITJDFT) (Atendido o critério cronológico)	
Feitos cíveis	**Feitos criminais**
Relator deva afastar-se do Tribunal em caráter temporário ou definitivo ou, encontrando-se licenciado, deva comparecer à sessão apenas para julgá-los	Processos provenientes da Vara de Falências e Recuperações Judiciais (Exemplo: crimes falimentares)
Agravo de instrumento	Relator **ou revisor** deva afastar-se do tribunal em caráter temporário ou definitivo ou, encontrando-se licenciado, deva comparecer à sessão apenas para julgá-los
Apelação	Agravo de instrumento e recurso em sentido estrito (2)
Outros	Outros

(1) Desaforamento: Deslocamento da competência do julgamento em plenário de júri de uma comarca para outra, da mesma região. Hipóteses: a) interesse da ordem pública o reclamar, b) ou houver dúvida sobre a imparcialidade do júri, c) segurança pessoal do acusado

(2) Recurso em sentido estrito: Recurso interposto contra decisões judiciais proferidas nas Varas Criminais, que não coloquem fim ao processo. Tem previsão no art. 581 do Código de Processo Penal.

Exemplificando, algumas hipóteses de cabimento do recurso em sentido estrito, que será interposto contra decisão: I – que não receber a denúncia ou a queixa; II – que concluir pela incompetência do juízo; III – que julgar procedentes as exceções, salvo a de suspeição; IV – que conceder, negar, arbitrar, cassar ou julgar inidônea a fiança, indeferir requerimento de prisão preventiva ou revogá-la, conceder liberdade provisória ou relaxar a prisão em flagrante; V – que decretar a prescrição ou julgar, por outro modo, extinta a punibilidade; VI – que anular o processo da instrução criminal, no todo ou em parte.

A lista de processos aptos para julgamento será colocada à disposição para consulta pública na secretária dos órgãos julgadores e na rede mundial de computadores.

Todos os processos devem ser incluídos em pauta? Não. O RITJDFT relaciona os feitos que independem de inclusão em pauta, devendo ser julgados em mesa (em termos práticos, o relator coloca o processo sobre a mesa para julgamento).

Independem de inclusão em pauta:

- *Habeas corpus* e respectivos recursos,
- Conflitos de competência em **matéria criminal**,
- Embargos de declaração. Todavia, serão incluídos em pauta os embargos de declaração que não forem julgados em mesa na sessão subsequente,
- Incidentes e exceções de impedimento ou de suspeição;
- Questões de ordem relativas ao regular andamento do processo;
- Processos em que haja expressa manifestação das partes para não os incluir em pauta;
- Processos de pauta de sessão anterior e aqueles adiados por indicação do relator ou do revisor, desde que expressamente adiados para a primeira sessão seguinte.

Nos feitos que **independem** de **pauta**, caberá ao desembargador que **presidir** a sessão de julgamento determinar a ordem dos processos que serão julgados.

ATENÇÃO! Não é o relator que determina a ordem dos processos, é o desembargador que presidir a sessão!

Como esse assunto foi cobrado em concurso?

No concurso para Técnico Judiciário/Área Administrativa e Judiciária (2003) foi perguntado: *"Nem todos os processos e recursos de competência do TJDFT são sujeitos a inclusão em pauta para serem julgados"*. O item foi considerado correto, por corresponder ao art. 97 do RITJDFT.

No concurso para Analista Judiciário/Atividade Processual (2000) foi perguntado (com adaptações): *"A despeito dos princípios do devido processo legal e da publicidade dos julgamentos judiciais, a publicação de pauta não é obrigatória para todos os processos"*. O item foi considerado correto por corresponder ao art. 97 do RITJDFT.

4.7. SESSÕES

4.7.1. Linhas gerais

Recapitulando, estudamos a tramitação de um feito no Tribunal desde o seu registro e classificação, tratamos do preparo e da deserção, da distribuição para o respectivo relator, que, nos casos em que houver, encaminhará o processo para o revisor, e, ainda, abordamos as pautas de julgamento. Os feitos, incluídos ou não em pauta, serão examinados durante as sessões dos órgãos colegiados competentes.

Portanto, as sessões são as reuniões realizadas pelos órgãos colegiados para apreciar processos e recursos judiciais, ou, ainda, para tratar de matéria administrativa.

Assim, existem as sessões de julgamento (presenciais ou virtuais), as sessões solenes, as sessões especiais, bem como as sessões administrativas (Pleno ou Conselho Especial).

As sessões podem ser ainda **ordinárias** ou **extraordinárias.**

As sessões ordinárias são as sessões regulares, de rotina, com data e hora previamente fixadas.

As sessões extraordinárias são aquelas designadas eventualmente, para tratar de temas específicos.

Quando serão realizadas as sessões ordinárias? O Presidente do Tribunal, ouvidos os presidentes dos órgãos julgadores, designará os dias da semana em que serão realizadas as sessões ordinárias.

Como serão realizadas as sessões extraordinárias? As sessões extraordinárias serão realizadas mediante convocação do presidente do respectivo órgão colegiado.

Como esse assunto foi cobrado em concurso?

No concurso para Analista Judiciário/Execução de Mandados (2003) foi perguntado: *"As sessões extraordinárias dos órgãos fracionários do TJDFT podem ser convocadas por qualquer de seus membros, para julgamento de processos já incluídos em pauta".* O item foi considerado errado, tendo em vista o disposto no art. 28, II, 99, §1º, e 105, §2º, do RITJDFT.

Quem convoca o Pleno para as sessões especiais, solenes e administrativas? O Presidente do Tribunal.

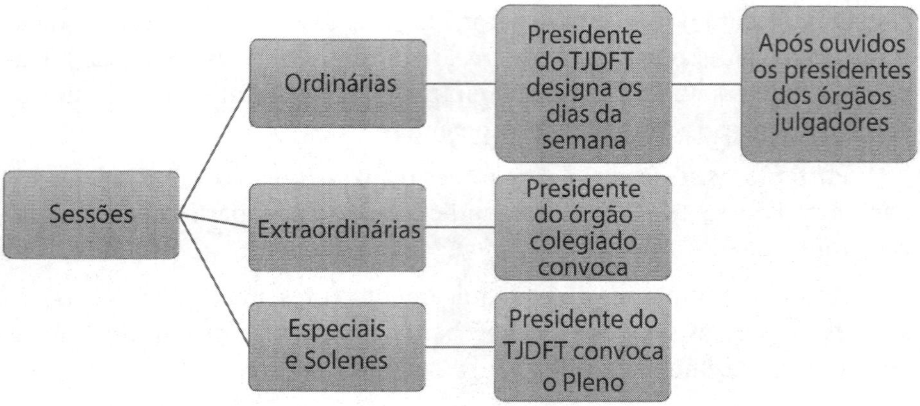

Poderes do Presidente do órgão durante a sessão: Competirá ao presidente a polícia das sessões, podendo determinar a retirada da sala de quem se portar de modo inconveniente, bem como cassar a palavra do advogado que, em sustentação oral, conduza-se de maneira desrespeitosa ou inadequada.

Como esse assunto foi cobrado em concurso?

No concurso para Técnico Judiciário/Área Administrativa e Judiciária (2003) foi perguntado: *"Se, em sessão de julgamento do TJDFT, um advogado se comportar de maneira desrespeitosa ou inadequada, o presidente da sessão deverá adverti-lo tantas vezes quantas sejam necessárias; se o advogado persistir na conduta, o presidente poderá somente comunicar o fato à Ordem dos Advogados do Brasil e ao Ministério Público do Distrito Federal e Territórios (MPDFT), se for o caso"*. O item foi considerado errado, tendo em vista o disposto no art. 104 do RITJDFT.

No concurso para Técnico Judiciário/Área Administrativa e Judiciária (2000) foi perguntado: *"Se, em sessão de julgamento, um advogado, na tribuna, comportar-se de modo desrespeitoso ou inadequado, caberá ao relator do processo cujo julgamento se estiver processando cassar a palavra daquele"*. O item foi considerado errado, tendo em vista o disposto no art. 104 do RITJDFT. Compete ao presidente das sessões.

Como é definida a vestimenta dos desembargadores nas sessões?

Os desembargadores usarão toga em todas as sessões judiciárias e administrativas.

Toga de Desembargador[50]

E nas sessões solenes?[3]

As sessões solenes serão estudadas em tópico específico, mas adiantamos que são aquelas:

✓ Para posse do Presidente do Tribunal, do Primeiro Vice-Presidente, do Segundo Vice-Presidente e do Corregedor da Justiça;

✓ Para posse dos desembargadores;

✓ Para posse dos juízes de direito substitutos;

✓ Para celebração de acontecimento de alta relevância, a critério do Presidente do Tribunal ou por deliberação do Conselho Especial

Nas sessões solenes será usada **toga de gala**, o **capelo** e o *botom* referente ao grau Grão-Colar da Ordem do Mérito Judiciário do Distrito Federal e dos Territórios.

Na sessão solene prevista para **posse** dos desembargadores, será também usada a insígnia referente ao grau Grão-Colar da Ordem do Mérito Judiciário do Distrito Federal e dos Territórios.

Os desembargadores ingressarão e sairão das salas de sessões com as vestes talares (do latim *talus*, que significa calcanhar. Portanto, as vestes talares são aquelas que chegam até o calcanhar).

As vestes talares compreendem a toga e a insígnia, quando esta for de uso obrigatório.

3. https://www.tjdft.jus.br/institucional/administracao-superior/presidencia/cerimonial-da-presidencia-1/vestes-talares

Toga de Desembargador[4]

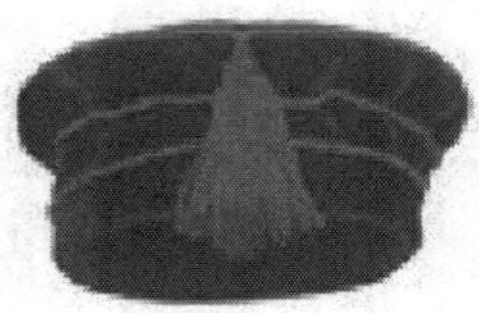

Capelo[5]

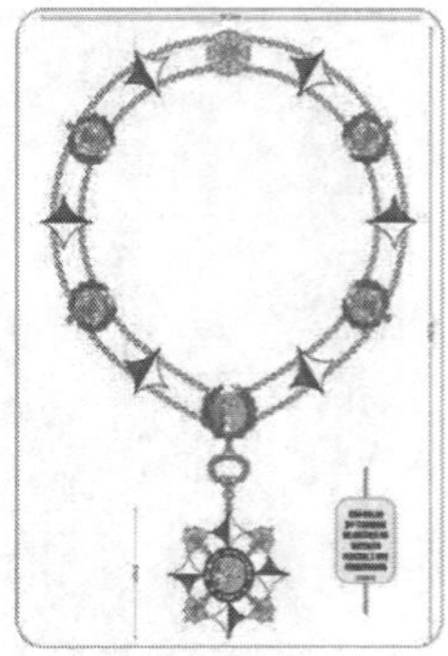

Insígnia Grão-Colar da Ordem do Mérito do Judiciário do DF e dos Territórios[6]

Vestimentas de desembargadores em sessões solenes de posse[7]

> Ato da Presidência disciplinará os modelos das vestes talares (Atualmente, é a Portaria GPR 2300 de 27 de dezembro de 2016).

---

4. https://www.tjdft.jus.br/institucional/administracao-superior/presidencia/cerimonial--da-presidencia-1/vestes-talares
5. https://www.tjdft.jus.br/institucional/administracao-superior/presidencia/cerimonial--da-presidencia-1/vestes-talares
6. https://www.tjdft.jus.br/institucional/administracao-superior/presidencia/ordem-do--merito/comendas
7. Disponível em https://www.flickr.com/photos/tjdft_noticias/14684946546/in/album-72157645766083546/ e https://www.flickr.com/photos/tjdft_noticias/29081897441/in/album-72157671608715870/

Como é a vestimenta dos advogados? Os advogados ocuparão a tribuna usando capa ou beca, além do traje civil completo, sempre que se dirigirem ao Tribunal ou a qualquer de seus membros.

Como esse assunto foi cobrado em concurso?

No concurso para Analista Judiciário/Atividade Processual (2003) foi perguntado: "*Sempre que um advogado resolver atuar em sessão de julgamento do TJDFT, deverá permanecer todo o tempo da sessão com traje civil completo e capa apropriada*". O item foi considerado errado, tendo em vista o disposto no art. 101 do RITJDFT, que fala da necessidade de vestimenta somente quando se dirigirem ao Tribunal ou a qualquer de seus membros.

Como os presentes se sentam nas sessões?

- O presidente da sessão terá assento à mesa, na parte central, e os desembargadores sentar-se-ão à direita e à esquerda, em ordem decrescente de antiguidade no Tribunal.
- Os juízes de direito substitutos de segundo grau e os juízes de direito convocados terão assento após o desembargador mais moderno, observando-se a ordem de antiguidade.

Como esse assunto foi c cobrado em concurso?

No concurso para Analista Judiciário/Atividade Processual (2003) foi perguntado: "*Nas sessões de julgamento do TJDFT, o juiz de direito convocado ocupará o assento correspondente ao desembargador que estiver substituindo*". O item foi considerado errado, tendo em vista o disposto no art. 102, §1º, do RITJDFT.

No concurso para Técnico Judiciário/Área Administrativa e Judiciária (2000) foi perguntado: "*Nas sessões de julgamento, os juízes de direito convocados sentar-se-ão nos lugares destinados aos desembargadores que estiverem substituindo*". O item foi considerado errado, tendo em vista o disposto no art. 102, §1º, do RITJDFT.

- O representante do Ministério Público sentar-se-á à direita do presidente.

4.7.2. Sessões de julgamento

As sessões de julgamento destinam-se ao exame de processos judiciais, sejam ações originárias ou recursos. Vimos anteriormente que essas sessões podem ser ordinárias ou extraordinárias.

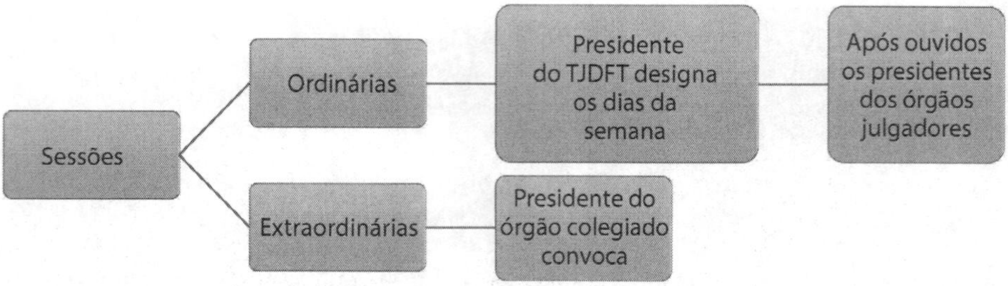

4.7.2.1. Horário e funcionamento das sessões

Quando começam as sessões ordinárias? As sessões ordinárias terão início às treze horas e trinta minutos, serão suspensas às dezesseis horas, por vinte minutos, e terminarão às dezoito horas, salvo quando esgotada a pauta.

A sessão pode ser prorrogada? Os trabalhos serão prorrogados, sempre que necessário, para o término de julgamento iniciado ou por deliberação da **maioria** dos desembargadores.

Como funcionam as sessões extraordinárias? As sessões extraordinárias, designadas a critério do presidente do órgão julgador, poderão ser convocadas para qualquer dia útil, inclusive no período matutino.

Como esse assunto foi cobrado em concurso?

No concurso para Analista Judiciário/Execução de Mandados (2003) foi perguntado: *"As sessões extraordinárias dos órgãos fracionários do TJDFT podem ser convocadas por qualquer de seus membros, para julgamento de processos já incluídos em pauta"*. O item foi considerado errado, tendo em vista o disposto no art. 28, II, 99, §1º, e 105, §2º, do RITJDFT.

SESSÕES DE JULGAMENTO		
Ordinárias		**Extraordinárias**
Início:	13h30min	Designadas a critério do presidente do órgão
Suspende:	16h	Podem em qualquer dia útil
Continua:	16h20min	Podem no período matutino
Término:	18h, salvo esgotada pauta	
Prorrogação:	Decisão da maioria	

4.7.2.2. Publicidade das sessões

Publicidade: As sessões e as votações serão públicas, exceto as relativas a processos que correrem em segredo de justiça [(1)] e aos casos previstos em lei ou no RITJDFT. A proclamação do resultado, todavia será pública.

Somente poderão permanecer na sala de sessões as partes, seus advogados, defensores públicos e o membro do Ministério Público.

Em qualquer caso, será pública a proclamação do resultado.

(1) O Código de Processo Civil estabelece os casos de segredo de justiça.

"Art. 189. Os atos processuais são públicos, todavia tramitam em segredo de justiça os processos:

I – em que o exija o interesse público ou social;

II – que versem sobre casamento, separação de corpos, divórcio, separação, união estável, filiação, alimentos e guarda de crianças e adolescentes;

III – em que constem dados protegidos pelo direito constitucional à intimidade;

IV – que versem sobre arbitragem, inclusive sobre cumprimento de carta arbitral, desde que a confidencialidade estipulada na arbitragem seja comprovada perante o juízo".

Como esse assunto foi cobrado em concurso?

No concurso para Técnico Judiciário/Área Administrativa e Judiciária (2003) foi perguntado: *"Nos processos que tramitem em segredo de justiça, serão sigilosas tanto a sessão de julgamento quanto a proclamação do respectivo resultado".* O item foi considerado errado, tendo em vista o disposto no art.106, §2º, do RITJDFT, que trata da publicidade do resultado.

Reunião em conselho: Nos julgamentos, após o relatório, será facultado a qualquer desembargador solicitar reunião em conselho para esclarecimentos, retirando-se as partes e seus advogados.

As reuniões em conselho são aquelas reservadas somente aos julgadores, não podendo estar presentes partes, advogados, ou membros do Ministério Público

Como esse assunto foi cobrado em concurso?

No concurso para Analista Judiciário/Execução de Mandados (2003) foi perguntado: *"Todo e qualquer esclarecimento que desejem os desembargadores participantes de sessão de julgamento deverão ser solicitados e prestados durante a própria sessão, na presença das partes e de seus advogados, salvo nos processos que tramitem em sigilo".* O item foi considerado errado, tendo em vista o disposto no art. 107 do RITJDFT.

4.7.2.3. *Ordem de julgamento dos feitos nas sessões*

No item 4.6 estudamos a ordem da pauta de julgamentos. Dentro desse contexto fazemos a ordem de julgamento dos processos nas sessões, devendo, para fins de estudo, ser combinada a leitura do art. 96 do RITJDFT com a do art. 108 do RITJDFT.

Assim, os julgamentos observarão à seguinte ordem:

I. Processos que independam de inclusão em pauta;

- *Habeas corpus* e respectivos recursos,
- Conflitos de competência em **matéria criminal**,
- Embargos de declaração. Todavia, serão incluídos em pauta os embargos de declaração que não forem julgados em mesa na sessão subsequente,
- Incidentes e exceções de impedimento ou de suspeição;
- Questões de ordem relativas ao regular andamento do processo;
- Processos em que haja expressa manifestação das partes para não os incluir em pauta;
- Processos de pauta de sessão anterior e aqueles adiados por indicação do relator ou do revisor, desde que expressamente adiados para a primeira sessão seguinte.

II. Processos adiados, novamente incluídos em pauta e com pedido de vista;
III. Processos em que haja pedido de sustentação oral, observada a ordem dos requerimentos;
IV. Processos em que haja preferência requerida até o início da sessão;
V. Ordem preferencial do art. 96 do RITJDFT:

ORDEM DE INCLUSÃO NA PAUTA (art. 96 do RITJDFT) (Atendido o critério cronológico)	
Feitos cíveis	**Feitos criminais**
Parte ou interessado pessoa portadora de deficiência física, com idade igual ou superior a 60 (sessenta) anos ou portadora de doença grave prevista no art. 6º, inciso XIV, da lei 7.713, de 22 de dezembro de 1988	Parte ou interessado pessoa portadora de deficiência física, com idade igual ou superior a 60 (sessenta) anos ou portadora de doença grave prevista no art. 6º, inciso XIV, da lei 7.713, de 22 de dezembro de 1988

ORDEM DE INCLUSÃO NA PAUTA (art. 96 do RITJDFT) (Atendido o critério cronológico)	
Feitos cíveis	**Feitos criminais**
Mandado de segurança e respectivos recursos, inclusive apelação	Mandado de segurança e respectivos recursos, inclusive apelação
Regulados pelo Estatuto da Criança e do Adolescente	Desaforamento (1)
Processos provenientes da Vara de Ações Previdenciárias e da Vara de Falências e Recuperações Judiciais	Réu preso
Relator deva afastar-se do Tribunal em caráter temporário ou definitivo ou, encontrando-se licenciado, deva comparecer à sessão apenas para julgá-los	Processos provenientes da Vara de Falências e Recuperações Judiciais (Exemplo: crimes falimentares)
Agravo de instrumento	Relator **ou revisor** deva afastar-se do tribunal em caráter temporário ou definitivo ou, encontrando-se licenciado, deva comparecer à sessão apenas para julgá-los
Apelação	Agravo de instrumento e recurso em sentido estrito (2)
Outros	Outros

VI. Demais processos, obedecida a ordem crescente de numeração dentro das respectivas classes.

4.7.2.4. A sustentação oral

A sustentação oral é a possibilidade de defesa verbal, feita pelo advogado da parte ou pelo Ministério Público, antes do julgamento do órgão colegiado. Trata-se de uma complementação da defesa, em que o advogado poderá expor as suas razões

Quando pode ser feito o pedido de sustentação oral? Os pedidos de sustentação oral, nas hipóteses admitidas em lei, serão formulados ao secretário do órgão julgador até o início da sessão ou por meio eletrônico.

Existe preferência na sustentação oral? Sim. As pessoas mencionadas no art. 1º da Lei nº 10.048/2000 terão preferência para sustentação oral, caso requeiram ao secretário do órgão julgador.

São elas: as pessoas com deficiência, os idosos com idade igual ou superior a 60 (sessenta) anos, as gestantes, as lactantes, as pessoas com crianças de colo e os obesos.

IRDR: A sustentação oral no incidente de resolução de demandas repetitivas observará o disposto no art. 984 do Código de Processo Civil:

Art. 984. No julgamento do incidente, observar-se-á a seguinte ordem:

I – o relator fará a exposição do objeto do incidente;

II – poderão sustentar suas razões, sucessivamente:

a) o autor e o réu do processo originário e o Ministério Público, pelo prazo de 30 (trinta) minutos;

b) os demais interessados, no prazo de 30 (trinta) minutos, divididos entre todos, sendo exigida inscrição com 2 (dois) dias de antecedência.

§ 1º Considerando o número de inscritos, o prazo poderá ser ampliado.

§ 2º O conteúdo do acórdão abrangerá a análise de todos os fundamentos suscitados concernentes à tese jurídica discutida, sejam favoráveis ou contrários.

Sustentação oral por meio eletrônico: Havendo disponibilidade técnica, é permitido ao advogado com domicílio profissional em outra cidade realizar sustentação oral por meio de videoconferência ou outro recurso tecnológico de transmissão de sons e imagens em tempo real, desde que o requeira até o dia anterior ao da sessão.

Ato do Presidente do Tribunal disciplinará o requerimento de sustentação oral por meio eletrônico.

Todos os processos comportam sustentação oral? Não.

Não comportará sustentação oral as seguintes hipóteses:

- ✓ Agravos de qualquer espécie, salvo agravo de instrumento contra decisão interlocutória que verse sobre tutela provisória de urgência ou da evidência, agravo de instrumento interposto contra decisão que julga antecipadamente o mérito, agravo interno contra decisão do relator que extinga ação rescisória, mandado de segurança e reclamação [(1)] ou que examine pedido de liminar nessas ações, além de agravo interno interposto contra decisão do Relator que extinga processo na revisão criminal.
- ✓ Embargos de declaração;

- ✓ Exceções ou incidentes de impedimento ou de suspeição;
- ✓ Conflito de competência.

(1) É a exceção da exceção: Confira-se o seguinte esquema abaixo:

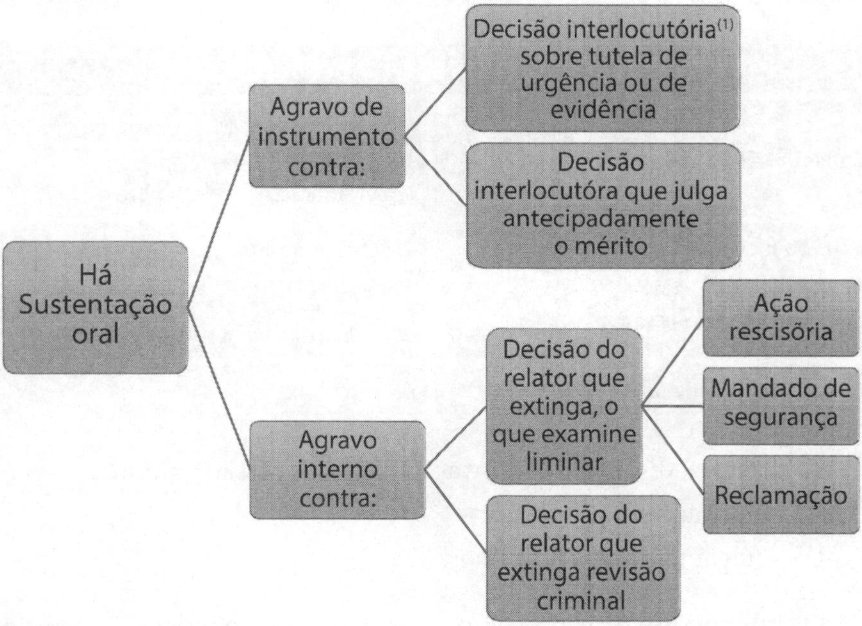

(1) Trata-se da decisão interlocutória proferida pelo juiz de primeira instância

Como esse assunto foi cobrado em concurso?

No concurso para Analista Judiciário/Atividade Processual (2003) foi perguntado: *"Não obstante o princípio da ampla defesa, há espécies de ações e de recursos nas quais não é admissível a sustentação oral"*. O item foi considerado correto por corresponder ao art. 110 do RITJDFT.

4.7.2.5. Procedimento da sessão

Iniciada a sessão, existe um rito formal estabelecido pelo RITJDFT a ser estabelecido, o que garante a otimização dos trabalhos e uma sequência lógica a ser seguida.

Assim, nas sessões de julgamento, será observada a seguinte ordem:

I – Verificação do número de desembargadores presentes;

E se o quórum for insuficiente? A sessão não será realizada se o *quorum* não se completar em até **trinta minutos** após o horário designado para o seu início, lavrando-se termo que mencionará os desembargadores presentes e os que, justificadamente ou não, deixaram de comparecer.

QUÓRUM DOS ÓRGÃOS COLEGIADOS JULGADORES	
Conselho Especial:	Simples: Número inteiro que seguir à metade de seus membros Qualificado: 2/3 dos membros
Câmara de Uniformização:	2/3 dos membros
Câmaras Especializadas:	Número inteiro que seguir à metade de seus membros
Turmas Especializadas:	03 julgadores

II – Leitura, discussão e aprovação da ata da sessão anterior;

III – Indicações e propostas;

IV – Julgamento dos processos.

O julgamento do processo, por sua vez, obedece à seguinte sequência:

1. Leitura do relatório
2. Sustentações orais, se houver
3. Voto do relator
4. Voto do revisor, se houver (pode haver pedido de vista).
5. Votos dos vogais, em ordem decrescente de antiguidade (vota primeiro o mais antigo e assim sucessivamente (pode haver pedido de vista)
6. Proclamação do resultado pelo Presidente do órgão.

Vejamos:

1. Leitura do relatório. Inicialmente, o relator fará a leitura do relatório.

2. Sustentações orais. Após o relatório, o presidente da sessão dará a palavra, sucessivamente, ao recorrente e ao recorrido, pelo prazo improrrogável de **quinze minutos**, **salvo na ação penal originária**, em que o prazo será de **uma hora**, **prorrogável** a critério do **presidente** do **Conselho Especial**.

2.1.1. O representante do Ministério Público, atuando como fiscal da ordem jurídica, terá a palavra após os advogados das partes, pelo prazo improrrogável de quinze minutos, salvo na ação penal privada, em que terá a palavra após o advogado do querelante.

2.1.2. Se houver **litisconsortes não representados pelo mesmo advogado**, o prazo será contado em **dobro** e **dividido igualmente** entre os do mesmo grupo, se diversamente não convencionarem. existir oposição, o advogado do opoente será o último a sustentar, dispondo de prazo idêntico ao das partes originárias.

2.1.3. A sustentação do advogado do **assistente**, já admitido, sucederá à do representante do assistido, aplicando-se a regra dos litisconsortes.

2.1.4. Na **ação penal originária**, se houver **corréus** em posições **antagônicas**, os respectivos advogados disporão do prazo de **uma hora**.

Como esse assunto foi cobrado em concurso?

No concurso para Analista Judiciário/Atividade Processual (2003) foi perguntado: *"Nas sessões de julgamento, o Ministério Público poderá sempre se manifestar sem limitação de tempo"*. O item foi considerado errado, tendo em vista o disposto no art. 111, *caput* e §1º, e 186, do RITJDFT.

No concurso para Técnico Judiciário/Área Administrativa e Judiciária (2003) foi perguntado: *"Quando houver de se manifestar oralmente nas sessões de julgamento, o Ministério Público deverá fazê-lo, em regra, após os advogados das partes"*. O item foi considerado correto por corresponder ao art. 111, §1º, do RITJDFT.

Recapitulando: Os pedidos de sustentação oral, nas hipóteses admitidas em lei, serão formulados ao secretário do órgão julgador até o início da sessão ou por meio eletrônico.

***Preferência na sustentação oral*:** As pessoas mencionadas no art. 1º da Lei nº 10.048/2000 terão preferência para sustentação oral, caso requeiram ao secretário do órgão julgador.

São elas: as pessoas com deficiência, os idosos com idade igual ou superior a 60 (sessenta) anos, as gestantes, as lactantes, as pessoas com crianças de colo e os obesos.

3. Processos com a mesma questão jurídica: O relator, ao verificar a existência de processo sobre a mesma questão jurídica de outro chamado a julgamento, poderá requerer ao presidente do órgão sejam julgados simultaneamente. A ideia é otimizar os trabalhos.

Como esse assunto foi cobrado em concurso?

No concurso para Analista Judiciário/Atividade Processual (2003) foi perguntado: *"Em certos casos, é possível o julgamento simultâneo de mais de um processo"*. O item foi considerado correto por corresponder ao art. 112 do RIJDFT.

4. Pedido de vista. O que é? Qualquer magistrado que não se considerar habilitado a proferir imediatamente seu voto (ou seja, após o voto do relator) poderá solicitar vista pelo prazo máximo de 10 (dez) dias, após o qual o recurso será reincluído em pauta para julgamento na sessão seguinte à data da devolução.

E se os autos não forem devolvidos? Se os autos não forem devolvidos tempestivamente ou se não for solicitada a prorrogação de prazo de no máximo mais 10 (dez) dias, o presidente do órgão fracionário os requisitará para julgamento do recurso na sessão ordinária subsequente, com publicação da pauta em que for incluído.

Se aquele que fez o pedido de vista ainda não se sentir habilitado a votar, o presidente convocará substituto para proferir voto.

Os outros desembargadores ficam impedidos de votar em razão do pedido de vista? Não. O pedido de vista não impedirá a votação dos desembargadores que se sintam habilitados. Assim, na sessão de continuação do julgamento, serão computados os votos já proferidos.

Como esse assunto foi cobrado em concurso?

No concurso para Analista Judiciário/Atividade Processual (2003) foi perguntado: *"Se um desembargador pedir vista de processo e não o trouxer com seu voto até a segunda sessão seguinte, o julgamento poderá prosseguir mesmo assim, até com a convocação de substituto, se necessário"*. O item foi considerado errado, tendo em vista o disposto no art. 113 do RITJDFT.

No concurso para Técnico Judiciário/Área Administrativa e Judiciária (2003) foi perguntado: *"Sempre que, na sessão de julgamento, um desembargador pedir vista dos autos, os que ainda não tiverem votado deverão aguardar o retorno do processo após a vista"*. O item foi considerado errado, tendo em vista o disposto no art. 113, §3º, do RITJDFT.

Se o número total de votantes for par, não exercerá a presidência do órgão julgador desembargador que tenha proferido voto ou que haja pedido vista.

Se o desembargador que pediu vista afastar-se por mais de 30 (trinta) dias e restar apenas o voto dele, o presidente do órgão julgador requisitará os autos para conclusão do julgamento e convocará novo desembargador se indispensável para composição do *quorum* ou para desempate. Prevalecerá a decisão mais favorável ao paciente se houver empate em *habeas corpus* e se o voto de vista for dispensável para o *quorum* de julgamento.

Como esse assunto foi cobrado em concurso?

No concurso para Analista Judiciário/Execução de Mandados (2003) foi perguntado: "*No julgamento de habeas corpus, o empate de votos implicará, como regra, a concessão da ordem*". O item foi considerado correto por corresponder ao art. 113, §6º, do RITJDFT.

A ausência de desembargador que ainda não tenha votado não impedirá a continuação do julgamento, exceto se indispensável para o *quorum* de votação, caso em que proferirá seu voto na primeira sessão a que comparecer. Se o afastamento for superior a 30 (trinta) dias, será convocado substituto, repetindo-se o relatório e, se requerida, a sustentação oral.

Como esse assunto foi cobrado em concurso?

No concurso para Analista Judiciário/Área Judiciária (2007) foi perguntado: "*Durante o julgamento de um habeas corpus, pelo Conselho Especial, certo desembargador pediu vista dos autos, para melhor analisar a questão. Os demais desembargadores, sentindo-se habilitados, proferiram seus votos. Na segunda sessão subsequente, o desembargador que havia pedido vista afastou-se, razão pela qual foram computados apenas os votos já proferidos, que resultaram no empate de 8 votos a favor e 8 contra. Nessa situação, haverá a necessidade de adiamento da sessão de julgamento, com sua continuidade na sessão mais próxima possível*". O item foi considerado errado, tendo em vista o disposto no art. 113, §6º, do RITJDFT.

5. E quem não assistiu à leitura do relatório? Os desembargadores que não tenham assistido ao relatório poderão participar do julgamento desde que se considerem habilitados e não tenha havido sustentação oral.

Logo, se houver sustentação oral, não poderão votar aqueles que não assistiram ao relatório.

Como esse assunto foi cobrado em concurso?

No concurso para Analista Judiciário/Execução de Mandados (2003) foi perguntado: "*Um desembargador que não haja presenciado o relatório do processo em sessão de julgamento poderá votar mesmo assim, em certos casos*". O item foi considerado correto por corresponder ao art. 114 do RITJDFT.

6. Ordem de votação: Os votos serão proferidos em **ordem decrescente de antiguidade**, a partir do **relator**, seguido do revisor, se houver.

Ainda que o relator seja o mais moderno no órgão, ele vota primeiro.

7. Quórum de julgamento: Nos feitos de competência das Turmas, a decisão será tomada pelos votos de três julgadores. Nos feitos de competência das Câmaras Cíveis, a decisão será tomada pelos votos de nove julgadores. Na Câmara Criminal, votarão todos os julgadores presentes, observado o *quorum* mínimo para julgamento. Não confundir com o quórum para instalação dos trabalhos.

QUÓRUM PARA JULGAMENTO	
Câmara Cível	9 votos
Câmara Criminal	Votam todos os presentes
Turmas	3

8. Apreciação de questão preliminar antes do mérito: As partes deverão ser ouvidas no prazo de cinco dias, ou na própria sessão, caso presentes e se sintam habilitadas a fazê-lo.

Questão preliminar: As questões preliminares são alegações que, caso aceitas, impedem ou postergam a análise do mérito. Exemplo: preliminar de ilegitimidade passiva (o réu afirma que o autor está processando a pessoa errada), preliminar de coisa julgada (alegação de que o tema já foi julgado antes, com trânsito em julgado), preliminar de incompetência territorial (o processo deve ser julgado em outro local) etc.

8.1. Se a preliminar for acolhida: O recurso não será conhecido ou será considerado prejudicado na hipótese de acolhimento da preliminar. Ou seja, não votam o mérito.

Como esse assunto foi cobrado em concurso?

No concurso para Analista Judiciário/Execução de Mandados (2003) foi perguntado: "*Na sessão de julgamento, serão votadas em primeiro lugar as questões preliminares e em seguida, qualquer que tenha sido o resultado da votação inicial, as questões de mérito*". O item foi considerado errado, tendo em vista o disposto no art. 116, §1º, do RITJDFT.

8.2. Se a preliminar for rejeitada ou se a apreciação do mérito for com ela compatível: seguir-se-ão a discussão e o julgamento da matéria principal, sobre a qual deverão se pronunciar os juízes vencidos na preliminar.

Vício sanável: Constatada a ocorrência de vício sanável, inclusive aquele que possa ser conhecido de ofício, o relator ou o órgão fracionário determinará a realização ou a renovação do ato processual, no próprio tribunal ou em primeiro grau de jurisdição, intimadas as partes.

Cumprida a diligência, o relator, sempre que possível, prosseguirá no julgamento do recurso.

Reconhecida a necessidade de produção de prova, o relator ou o órgão fracionário converterá o julgamento em diligência, que se realizará no tribunal ou em primeiro grau de jurisdição, decidindo-se o recurso após a conclusão da instrução.

Como esse assunto foi cobrado em concurso?

No concurso para Analista Judiciário/Atividade Processual (2003) foi perguntado: "*Se um desembargador votar, na sessão de julgamento, a favor do reconhecimento de alguma questão preliminar, não precisará proferir voto acerca do mérito, ainda que seja vencido no julgamento da preliminar*". O item foi considerado errado, tendo em vista o disposto no art. 116, §2º, do RITJDFT.

9. Resultado do julgamento: Proferidos os votos, o presidente anunciará o resultado do julgamento, designando para redigir o acórdão o relator ou, se vencido este, o prolator do primeiro voto vencedor.

10. Quem votou pode mudar de opinião durante a sessão? SIM. O voto poderá ser alterado até o momento da proclamação do resultado pelo **presidente**, **salvo aquele já proferido por juiz afastado ou substituído.**

Como esse assunto foi cobrado em concurso?

No concurso para Analista Judiciário/Atividade Processual (2003) foi perguntado: "*Enquanto não encerrada a sessão na qual determinado processo foi julgado, poderão os desembargadores, mediante solicitação ao presidente, registrar que resolveram modificar o voto que proferiram*". O item foi considerado correto por corresponder ao art. 119, §4º, do RITJDFT.

O voto vencido será necessariamente declarado e considerado parte integrante do acórdão para todos os fins legais, inclusive de prequestionamento.

Prequestionamento: é discussão prévia de determinado tema jurídico pelo Tribunal de Justiça antes de se levar o recurso ao STJ ou ao STF, sob pena de não aceitar sequer apreciar o mérito do recurso.

11. Quando o resultado da apelação não for unânime: o julgamento terá prosseguimento na mesma sessão, caso estejam presentes outros julgadores integrantes da Turma, em número suficiente para garantir a inversão do resultado inicial.

Constatada a insuficiência de *quorum*, será designada nova sessão de julgamento com a presença dos demais integrantes da Turma, ou, se houver necessidade, mediante designação de novos julgadores, assegurado às partes e a eventuais terceiros o direito de sustentar oralmente suas razões.

Havendo necessidade de complementação de *quorum*, o presidente da Turma solicitará ao Presidente do Tribunal a designação de julgadores que atuem em Turmas Cíveis.

A designação de desembargadores para complementação de *quorum* será objeto de regulamentação por ato da Presidência.

Os julgadores que já tiverem votado poderão rever seus votos por ocasião da continuidade de julgamento.

Essa técnica é chamada **de julgamento ampliado** e foi instituída pelo Código de Processo Civil de 2015, em substituição aos embargos infringentes, hoje limitados à área criminal.

O julgamento ampliado também se aplica ao julgamento não unânime proferido em:

I. **Ação rescisória**, quando o resultado for a **rescisão** da sentença, caso em que o julgamento prosseguirá na **Câmara Cível** em ***quorum*** **qualificado** em número suficiente para garantir a possibilidade de inversão do resultado inicial, observada a antiguidade a partir do prolator do último voto;

II. **Agravo de instrumento**, quando houver **reforma** da decisão que julgar **parcialmente** o mérito.

Não aplica o julgamento ampliado ao julgamento:

I. Do incidente de assunção de competência (IAC) e de resolução de demandas repetitivas (IRDR);

II. Da remessa necessária;

III. Não unânime proferido pelo Conselho Especial.

<table>
<tr><th colspan="4">JULGAMENTO AMPLIADO</th></tr>
<tr><th colspan="4">Cabimento</th></tr>
<tr><th>Feito</th><th colspan="2">Hipótese de resultado não unânime</th><th>Observação</th></tr>
<tr><td>Apelação</td><td colspan="2">Sempre que o resultado não for unânime</td><td>-</td></tr>
<tr><td>Ação rescisória</td><td colspan="2">Resultado for a rescisão da sentença</td><td>Resultado prossegue na Câmara Cível
Quórum qualificado</td></tr>
<tr><td>Agravo de instrumento</td><td colspan="2">Reforma da decisão que julgar parcialmente o mérito</td><td>-</td></tr>
<tr><th colspan="4">Descabimento</th></tr>
<tr><td>IAC</td><td>IRDR</td><td>Remessa necessária</td><td>Julgamento do Conselho Especial</td></tr>
</table>

4.7.3. Julgamento eletrônico

Além do julgamento que ocorre nas salas das sessões, poderão ser julgados por meio eletrônico os recursos e os processos de competência originária. Trata-se de medida que visa a otimizar os trabalhos do Tribunal.

A regulamentação fica a cargo de ato da Presidência, que tratou da matéria na Portaria GPR 1029 de 16 de maio de 2018 (revogou a Portaria GPR 499 de 16 de março de 2018).

Intimação prévia das partes: As partes serão intimadas do julgamento eletrônico e poderão, no prazo de 5 (cinco) dias úteis, apresentar memoriais ou objeção à forma de julgamento.

O julgamento eletrônico é obrigatório? Não. Será excluído do julgamento eletrônico o processo em relação ao qual for manifestada discordância por qualquer das partes.

Procedimento do julgamento eletrônico: O julgamento eletrônico será feito mediante aplicativo próprio e observará o seguinte procedimento:

I. O relator enviará seu voto aos demais membros do colegiado, integrantes do *quorum* de julgamento;
II. No prazo máximo de 5 (cinco) dias úteis a partir do recebimento do voto do relator, os demais desembargadores compartilharão seu voto de adesão ou de divergência;
III. Caso não seja observado o prazo de que trata o inciso anterior, o relator poderá incluir o processo em pauta para julgamento presencial;
IV. Persistindo a divergência, poderá o processo ser apreciado em sessão presencial mediante inclusão em pauta.
V. Concluído o julgamento e lavrado o acórdão, a ementa será publicada no diário de justiça eletrônico no prazo máximo de 10 (dez) dias.

4.7.4. Decisões e notas taquigráficas

Recapitulando, já dissemos que o julgamento proferido pelo **juiz** é feito por meio de uma **sentença**. Na segunda instância, os julgamentos podem ser instrumentalizados por duas formas: pelas **decisões monocráticas** proferidas pelo relator (nos casos em que não é preciso levar o processo para o órgão colegiado) ou pelos acórdãos, que são os julgamentos proferidos pelos órgãos.

> Podemos dizer que a sentença está para o juiz assim como o acórdão está para o Tribunal

O acórdão é lavrado posteriormente à sessão de julgamento, ele não é feito durante a sessão.

O que deve constar no acórdão? A espécie, o número do feito, os nomes das partes e dos desembargadores que votaram, a ementa[1], o relatório e os votos com as conclusões e os fundamentos da decisão. A ementa que conterá os princípios jurídicos que orientaram a decisão.

(1) Ementa: Resumo dos principais pontos discutidos em determinado julgamento. Diz respeito a um processo específico.

Não confundir ementa com súmula. A súmula é o resumo de uma tese firmada pelo Tribunal, após o julgamento de diversos processos. A súmula é instrumentalizada em pequenos verbetes, que refletem o entendimento do Tribunal depois de reiteradas decisões acerca de determinada matéria **e não se referem a um processo específico, mas à tese jurídica aplicável a vários outros feitos.**

Exemplo de súmula: Súmula 26/TJDFT: *Em ação proposta por consumidor, o juiz não pode declinar de ofício da competência territorial.*

TJDFT	Poder Judiciário da União TRIBUNAL DE JUSTIÇA DO DISTRITO FEDERAL E DOS TERRITÓRIOS

Órgão	4ª Turma Cível
Processo N.	APELAÇÃO CÍVEL ███
APELANTE(S)	███
APELADO(S)	███
Relator	Desembargador FERNANDO HABIBE
Acórdão Nº	███

EMENTA

Apelação cível. Cobrança de taxas condominiais. Revelia. Presunção de veracidade dos fatos alegados na inicial. Ausência de provas que a contrariem. Honorários advocatícios. Percentual mínimo legal.

ACÓRDÃO

Acordam os Senhores Desembargadores do(a) 4ª Turma Cível do Tribunal de Justiça do Distrito Federal e dos Territórios, FERNANDO HABIBE - Relator, ARNOLDO CAMANHO - 1º Vogal e SÉRGIO ROCHA - 2º Vogal, sob a Presidência do Senhor Desembargador ARNOLDO CAMANHO, em proferir a seguinte decisão: NEGAR PROVIMENTO AO RECURSO, UNÂNIME, de acordo com a ata do julgamento e notas taquigráficas.

Brasília (DF), 17 de Julho de 2019

Desembargador FERNANDO HABIBE
Relator

RELATÓRIO

Apelam os réus (ID 7985927) contra a sentença da 19ª Vara Cível de Brasília (ID 7985925) que os condenou ao pagamento das taxas ordinárias e extraordinárias vencidas a partir de 11/2017, bem como as vincendas, enquanto durar a obrigação, acrescidas de juros e correção monetária.

Alegam que, em razão da precariedade econômica que atualmente vivem, deixaram de ter disponibilidade financeira para arcar com as taxas condominiais, devendo ser afastada a culpa pela inexecução desta obrigação, ante a existência de caso fortuito (fato superveniente e inevitável).

Subsidiariamente, requerem a redução dos honorários sucumbências, os quais foram fixados em 10% sobre o valor atualizado da condenação.

Em contrarrazões (ID 7985931), o apelado menciona que há total desinteresse dos apelantes no adimplemento das taxas condominiais em atraso, uma vez que sequer compareceram à audiência de conciliação designada para tentativa de acordo.

Defende, ainda, que a situação de penúria alegada não justifica o descumprimento da obrigação, uma vez que o próprio imóvel dos apelantes garante a dívida, por se tratar de obrigação *propter rem*. Por fim, argumenta que os honorários advocatícios já foram fixados no percentual mínimo legal.

VOTOS

O Senhor Desembargador FERNANDO HABIBE - Relator
A indisponibilidade financeira não serve de embasamento para afastar a responsabilidade das obrigações condominiais.

Atente-se para precedente deste Tribunal:

EMENTA

AÇÃO DE COBRANÇA. TAXAS CONDOMINIAIS. PRELIMINAR. ILEGITIMIDADE ATIVA. REPRESENTAÇÃO NA AUDIÊNCIA DE CONCILIAÇÃO. PRESENÇA DO SÍNDICO. REJEIÇÃO. DIFICULDADES FINANCEIRAS. ENRIQUECIMENTO SEM CAUSA. MANUTENÇÃO DA OBRIGAÇÃO.

- Consoante determina o artigo 12, IX, do Código de Processo Civil, no âmbito processual, o condomínio deve ser representado pelo administrador ou pelo síndico, na medida em que mesmo os entes despidos de personalidade jurídica são dotados de personalidade judiciária que possibilita a defesa de seus interesses em juízo.

- A mera alegação de dificuldades financeiras experimentadas pelo condômino não tem o condão de elidir a obrigação de adimplir regularmente com as taxas condominiais a que se vincula pela propriedade imobiliária.

- Não se pode permitir que um condômino permaneça sem adimplir com suas obrigações condominiais, sob pena de caracterizar enriquecimento sem causa daquele que atua com desídia, em latente detrimento dos demais condôminos que cumprem regularmente com suas obrigações e usufruem dos mesmos serviços prestados pela administração do condomínio.

- Recurso improvido. Unânime. (Ac. 350583, Relator Otávio Augusto, 6ª T, julgado em 2009). Grifei

Acrescento que não é dado aos réus alegar, somente em apelo, matéria de defesa acobertada pela preclusão (CPC 336) e presunção de veracidade (CPC 344), a qual, embora relativa, não foi infirmada por provas em sentido contrário.

Confira-se, a propósito, excerto da sentença, cujos fundamentos adoto, como razões de decidir, com a vênia devida ao MM. Juiz Renato Castro Teixeira Martins:

"Como os réus não contestaram, ocorreu revelia, e não há qualquer elemento nos autos que permita afastar o seu principal efeito. Ao contrário. A obrigação de pagar taxas condominiais deriva da própria lei (art. 1.336, I, Código Civil), o valor da taxa ordinária se comprova pelas atas dos ID´s 21634195 e 21634230 e, por fim, o valor das taxas extraordinárias se prova por meio das atas dos ID´s 21634259 e 21634585.

O pagamento, se houvesse, somente poderia ser alegado pela defesa. De todo modo, o inadimplemento foi referido na petição inicial e, diante dos efeitos da revelia, se tornou incontroverso."

Por fim, quanto ao pedido de redução dos honorários advocatícios, verifica-se que estes já foram fixados no percentual mínimo legal (10%), nos termos do CPC 85 § 2º. Logo, não merece reparos a sentença também neste ponto.

Posto isto, **nego provimento** ao apelo. Majoro os honorários advocatícios para 12% sobre o valor da condenação (CPC 85, § 11).

O Senhor Desembargador ARNOLDO CAMANHO - 1º Vogal
Com o relator
O Senhor Desembargador SÉRGIO ROCHA - 2º Vogal
Com o relator

DECISÃO

NEGAR PROVIMENTO AO RECURSO, UNÂNIME

E se houver divergência entre a ementa e os votos? Nesse caso, os votos prevalecerão em face da ementa. Não poderia ser diferente, pois os votos contêm o inteiro teor dos fundamentos utilizados pelos julgadores, não faria sentido que a ementa, que é apenas um resumo, prevalecer sobre o texto de maior conteúdo.

O relatório constará do acórdão independentemente do seu prévio lançamento nos autos.

Na elaboração de acórdãos e de documentos da atividade judiciária, deverão ser observados os padrões técnicos adotados pelo Tribunal, sob pena de retornarem os acórdãos ou os documentos retornarão à origem para adequação.

Como esse assunto foi cobrado em concurso?

No concurso para Técnico Judiciário/Área Administrativa (2015) foi perguntado: "*Nos processos de jurisdição voluntária, as decisões tomadas serão lavradas pelo relator em forma de acórdão, que será sempre precedido de ementa e do qual constarão os princípios jurídicos que orientaram a decisão*". A assertiva foi considerada correta por corresponder ao art. 128, §2º, do RITJDFT.

Nos processos que tramitam em **segredo de justiça**, os **nomes** das **partes** serão **abreviados no relatório, no voto e na ementa**.

Quem lavrará o acórdão? Ele será subscrito pelo relator, em regra. Há exceções? Sim. Quais?

I. Relator impossibilitado, assinará o revisor, se houver, ou o desembargador que seguir o relator em antiguidade no órgão julgador, que tenha participado do julgamento e que tenha proferido voto vencedor.

II. Se o relator for vencido na questão principal ou afastar-se do exercício de suas funções por prazo superior a 30 (trinta) dias, o prolator do primeiro voto vencedor lavrará o acórdão.

Como esse assunto foi cobrado em concurso?

No concurso para Técnico Judiciário/Área Administrativa (2013) foi perguntado: "*Vencido o relator na questão principal, a lavratura do acórdão competirá ao prolator do primeiro voto vencedor*". O item foi considerado correto por corresponder ao art. 129 do RITJDFT.

No concurso para Técnico Judiciário/Área Administrativa e Judiciária (2003) foi perguntado: *"Nem sempre a lavratura do acórdão caberá ao relator originariamente designado pela distribuição do feito"*. O item foi considerado correto por corresponder ao art. 129 do RITJDFT.

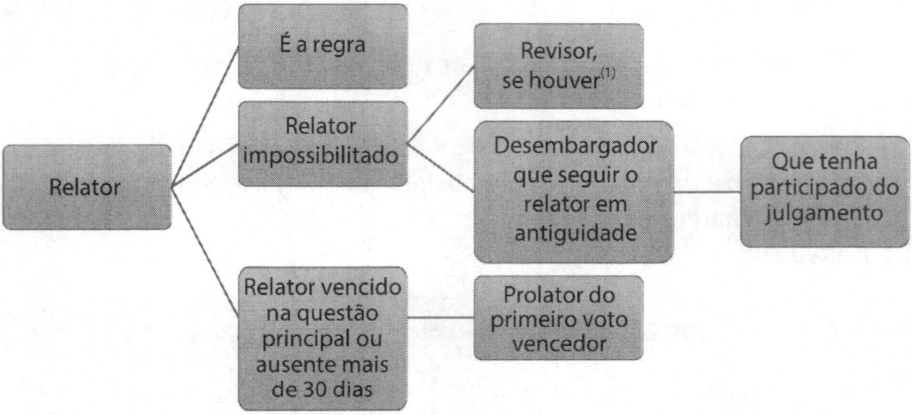

(1) Só há **revisor em feitos criminais.** Logo, nos feitos cíveis, será sempre o desembargador que seguir o relator em antiguidade.

Notas taquigráficas: As notas taquigráficas são as transcrições das decisões proferidas pelos julgadores durante a sessão. Elas serão revisadas e corrigidas preferencialmente no sistema eletrônico, salvo inviabilidade técnica, em até 3 (três) dias úteis, contados a partir da disponibilização, ou da entrega no respectivo gabinete. Decorrido o prazo, as notas taquigráficas serão trasladadas para os autos pelo relator com a observação de que não foram revisadas.

Confecção do acórdão: O acórdão será confeccionado em uma única via, e o relator deverá assinar, rubricar ou certificar eletronicamente todas as folhas. Serão adotadas as três providências a seguir:

1. As secretarias dos órgãos julgadores (Secretaria do Conselho Especial, Secretaria da 1ª Câmara Cível, Secretaria da 3ª Turma Cível etc.) remeterão cópias do acórdão às autoridades determinadas no RITJDFT, conforme os exemplos contidos na tabela a seguir:

ENVIO DO ACÓRDÃO	
Feito	Para quem o acórdão é encaminhado
Representação por Indignidade para o Oficialato	Acórdão remetido ao Governador do DF (art. 241, parágrafo único)

ENVIO DO ACÓRDÃO	
Feito	Para quem o acórdão é encaminhado
Revisão criminal	Juízo da execução (réu preso) e juízo de origem (art. 246, §2º)
Recurso em Sentido Estrito	Juízo de primeiro grau, no caso de recurso (Art. 236, §2º)
Incidente de assunção de competência	Câmara de Uniformização (art. 298, §1º)

2. Os gabinetes dos desembargadores, por meio de transmissão eletrônica, remeterão o acórdão para a Subsecretaria de Doutrina e Jurisprudência [(1)], disponibilizando o inteiro teor para publicação.

(1) Responsável pela compilação da jurisprudência do Tribunal.

3. Lavrado o acórdão, serão publicadas a decisão proferida e a respectiva ementa no Diário da Justiça Eletrônico, no prazo de 10 (dez) dias, e certificadas, em cada processo, as datas de remessa e de publicação.

Esquematizando:

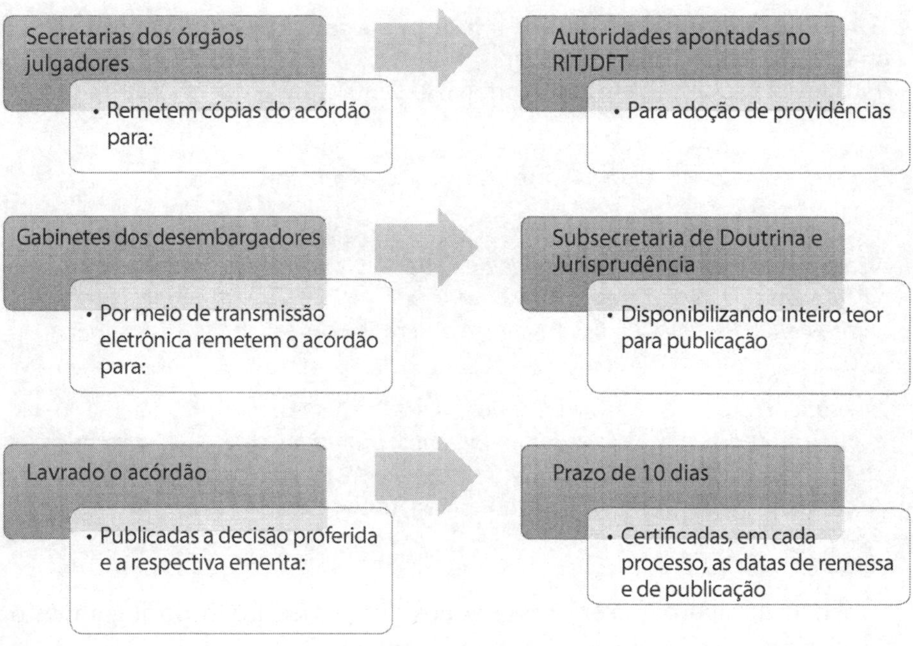

> - Se o acórdão não for publicado 30 (trinta) dias após a sessão de julgamento, as notas taquigráficas o substituirão, para todos os fins legais, independentemente de revisão.
> - Na hipótese do parágrafo anterior, o Presidente do Tribunal lavrará, de imediato, as conclusões e a ementa e mandará publicar o acórdão.

Feitos que independem da confecção do acórdão: Há situações em que a urgência do caso requer o cumprimento imediato da decisão do TJDFT, sob pena de causar prejuízo à parte ou ao andamento do processo. Assim, independem de acórdão, para que seja cumprida, a decisão:

I. que conceder *habeas corpus* ou mandado de segurança;

II. que, em *habeas corpus* ou mandado de segurança, declinar da competência para outro órgão do Tribunal ou juízo de Primeiro Grau do Distrito Federal e dos Territórios;

III. que decidir conflito de competência;

IV. que implicar conversão do julgamento em diligência, cabendo ao relator sugerir a inclusão, na papeleta de julgamento, da hipótese indicada no *caput* deste artigo;

V. que julgar procedente reclamação;

VI. que decidir desaforamento.

> **E nesse caso, como se procede a intimação das partes?** As partes serão intimadas dessas decisões mediante publicação (no Diário da Justiça Eletrônico) da ata da sessão em que ocorreu o julgamento.

Como esse assunto foi cobrado em concurso?

No concurso para Analista Judiciário/Área Judiciária (2015) foi perguntado: *"Caso um advogado impetre pedido de habeas corpus no TJDFT em favor de um cliente seu e a referida medida for concedida, a decisão será cumprida, independentemente de acórdão"*. O item foi considerado correto por corresponder ao art. 133, I, e ao art. 218 do RITJDFT.

No concurso para Técnico Judiciário/Área Administrativa e Judiciária (2003) foi perguntado: *"A execução dos julgamentos proferidos pelo TJDFT dependerá sempre da lavratura do acórdão, uma vez que este é a formalização do próprio julgamento"*. O item foi considerado errado, tendo em vista o disposto no art. 133 do RITJDFT.

Além do acórdão, será juntada aos autos a certidão do julgamento, subscrita pelo secretário da sessão, que conterá:

I. A natureza e o número do processo;

II. O nome do presidente e dos desembargadores que participaram do julgamento;

III. O nome do membro do Ministério Público presente à sessão;

IV. Os nomes dos advogados que fizeram sustentação oral;

V. A decisão proclamada pelo presidente.

Abaixo, exemplo de certidão de julgamento:

Poder Judiciário da União
TRIBUNAL DE JUSTIÇA DO DISTRITO FEDERAL E DOS TERRITÓRIOS

4ª Turma Cível

CERTIDÃO DE JULGAMENTO
24ª SESSÃO ORDINÁRIA - PLENÁRIO VIRTUAL

Órgão	:	4ª Turma Cível
Espécie	:	APELAÇÃO CÍVEL (198)
Nº Processo	:	[illegible]
Data da Sessão	:	17/07/19
Presidente	:	ARNOLDO CAMANHO DE ASSIS
Quorum	:	FERNANDO ANTONIO HABIBE PEREIRA - Relator, ARNOLDO CAMANHO DE ASSIS - 1º Vogal e SERGIO XAVIER DE SOUZA ROCHA - 2º Vogal
Decisão	:	**NEGAR PROVIMENTO AO RECURSO, UNÂNIME**

Brasília-DF, 24 de julho de 2019

NOME DO SECRETÁRIO DA SESSÃO

4ª Turma Cível

Quem realiza a comunicação das decisões proferidas pelo Tribunal? A Secretaria do órgão julgador procederá à comunicação de que trata este artigo. Desse modo, a respectiva Secretaria (Secretaria da 4ª Turma Cível, Secretaria da 1ª Turma Criminal etc.) providenciará tanto a publicação do Diário da Justiça Eletrônico quanto a comunicação das decisões do TJDFT às autoridades competentes.

4.7.5. Sessões solenes e especiais

As sessões solenes e as sessões especiais, diferentemente das sessões de julgamento, não se destinam à apreciação de processos judiciais. O objetivo é o de realizar cerimônias (posse, acontecimentos relevantes) ou para homenagens e celebração de datas comemorativas.

Os juízes usarão **togas** nas sessões **solenes** e **especiais**.

Ato do Presidente do Tribunal regulamentará o cerimonial das sessões.

4.7.5.1. Sessões solenes:

Serão solenes as sessões:

I. Para posse do Presidente do Tribunal, do Primeiro Vice-Presidente, do Segundo Vice-Presidente e do Corregedor da Justiça;
II. Para posse dos desembargadores;
III. Para posse dos juízes de direito substitutos;
IV. Para celebração de acontecimento de alta relevância, a critério do **Presidente do Tribunal** ou por **deliberação** do **Conselho Especial**.

IMPORTANTE: Poderá haver discurso apenas nas hipóteses de posse da administração do TJDFT e para a celebração de acontecimento de alta relevância, a critério do Presidente do Tribunal ou por deliberação do Conselho Especial.

Como esse assunto foi cobrado em concurso?

No concurso para Técnico Judiciário/Área Administrativa e Judiciária (2003) foi perguntado: *"No TJDFT, só se realizam sessões solenes em razão da posse de desembargadores".* O item foi considerado errado, tendo em vista o disposto no art. 125 do RITJDFT.

4.7.5.2. Sessões especiais:

Serão especiais as sessões convocadas para prestar **homenagem** aos seus **desembargadores**:

I. Por motivo de afastamento definitivo da jurisdição, exceto se decorrer de aplicação de penalidade;
II. Por motivo de falecimento;
III. Para celebrar o centenário de seu nascimento, após deliberação do Conselho Especial, no exercício das funções administrativas.

O Presidente do Tribunal designará um membro da Corte para saudar o desembargador homenageado na última sessão que este participar antes da aposentadoria; para homenagear a memória do desembargador falecido na primeira sessão após a comunicação do óbito; para homenagear, na data definida pelo Tribunal, a comemoração do centenário de nascimento, franqueando, sucessivamente, palavra ao Procurador Geral de Justiça e ao Presidente da Ordem dos Advogados do Brasil, seccional do Distrito Federal.

Havendo dois ou mais homenageados comemorando o centenário de nascimento no mesmo ano, a sessão especial será conjunta.

Como esse assunto foi cobrado em concurso?

No concurso para Técnico Judiciário/Área Administrativa e Judiciária (2003) foi perguntado: *"Além das sessões solenes, pode haver também sessões especiais, estas destinadas a homenagear desembargador que se aposentar ou falecer".* O item foi considerado correto por corresponder ao art. 126 do RITJDFT.

CAPÍTULO 5

DOS PROCESSOS EM ESPÉCIE

5.1. LINHAS GERAIS

Estudamos a organização, a composição e a competência do TJDFT, bem como o procedimento para o registro e a classificação dos feitos, além da distribuição do feito a um relator e a sua tramitação durante a sessão de julgamento.

No presente capítulo abordaremos finalmente os processos em espécie, vale dizer, quais os feitos de competência do Tribunal. O RITJDFT os classificou como feitos de competência originária, competência recursal e os processos incidentes e incidentes processuais:

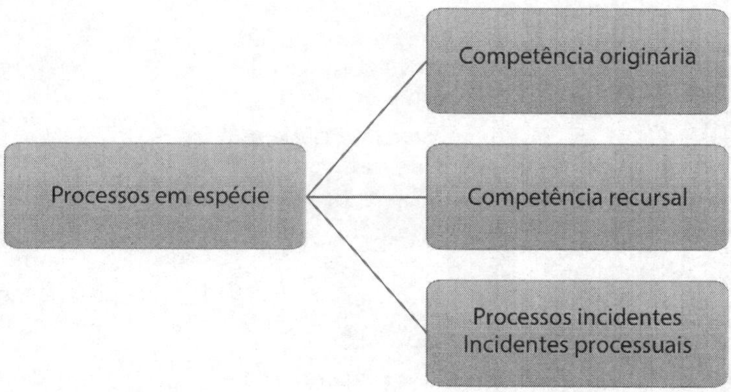

PROCESSOS EM ESPÉCIE DO TJDFT	
Competência originária:	Feitos que se originam diretamente no TJDFT.
Competência recursal:	Feitos que são recursos interpostos contra as decisões de primeiro grau
Processos incidentes/Incidentes processuais:	São questões que surgem durante a tramitação do processo, cuja solução é necessária ao seu desfecho.

Para fins meramente didáticos, elaboramos uma subdivisão dos temas, com o intuito de facilitar a compreensão do leitor. Classificamos os feitos nas seguintes categorias: Constitucional, ações constitucionais, cível, criminal, comuns (feitos que tramitam tanto na área cível quanto na criminal) e militar.

COMPETÊNCIA ORIGINÁRIA	COMPETÊNCIA RECURSAL	PROCESSOS INCIDENTES/INCIDENTES PROCESSUAIS
Constitucional 1. Ação Direta de Inconstitucionalidade 2. Ação Declaratória de Constitucionalidade 3. Reclamação ao Conselho Especial 4. Reclamação 5. Reclamação no Processo Penal 6. Intervenção no Distrito Federal ou nos Territórios **Ações constitucionais** 1. *Habeas Corpus* 2. Mandado de Segurança 3. Suspenção de Segurança 4. Mandado de Injunção 5. *Habeas Data* **Cível** 1. Ação Rescisória 2. Protesto, Notificação e Interpelação **Criminal** 1. Inquérito 2. Ação Penal Originária 3. Desaforamento 4. Revisão Criminal	**Cível** 1. Apelação Cível 2. Embargos de Declaração Cíveis **Criminal** 1. Apelação Criminal 2. Carta Testemunhável 3. Recurso de *Habeas Corpus* 4. Recurso em Sentido Estrito 5. Embargos Infringentes e de Nulidade Criminais 6. Embargos de Declaração Criminais **Comuns** 1. Agravo de instrumento 2. Agravo Interno 3. Recurso Extraordinário e Recurso Especial 4. Recurso Ordinário	**Comuns** 1. Incidente de arguição de constitucionalidade 2. Incidente de Assunção de Competência 3. Incidente de Resolução de Demandas Repetitivas 4. Exceção e do Incidente de Impedimento e Suspeição 5. Incidente de Falsidade 6. Tutela Provisória nos Processos de Competência Originária e das Medidas Cautelares nos Feitos Criminais 7. Restauração de Autos 8. Súmula **Cível** 1. Incidente de Desconsideração da Personalidade Jurídica 2. Habilitação **Criminal** 1. Anistia, Graça e Indulto 2. Reabilitação 3. Exceção da Verdade

COMPETÊNCIA ORIGINÁRIA	COMPETÊNCIA RECURSAL	PROCESSOS INCIDENTES/INCIDENTES PROCESSUAIS
Militar 1. Representação por Indignidade para o Oficialato 2. Representação para a Perda da Graduação das Praças **Comuns** 1. Avocatória 2. Carta Precatória 3. Conflito de Competência		

5.2. COMPETÊNCIA ORIGINÁRIA

5.2.1. Ação Direta de Inconstitucionalidade

Conceito: A ação direita de inconstitucionalidade (ADI) É uma ação constitucional pela qual se busca a declaração de inconstitucionalidade entre lei e qualquer ato normativo distritais e a Lei Orgânica do Distrito Federal (LODF). É por meio dela que se faz o controle concentrado de conformidade entre lei e atos normativos distritais, sendo que a inconstitucionalidade da lei pode ser total, ou parcial, vale dizer, apenas algumas partes da lei podem ser reputadas inconstitucionais.

IMPORTANTE: O Supremo Tribunal Federal faz o controle de constitucionalidade entre atos normativos e a Constituição Federal. Assim, se uma lei distrital ofender a Constituição Federal, é o STF quem julga a ADI. O TJDFT somente atua quando o parâmetro for a Lei Orgânica do Distrito Federal.

A LODF faz as vezes da Constituição no âmbito do Distrito Federal, por isso também se fala em controle de constitucionalidade tendo a Lei Orgânica do DF como parâmetro.

ADIN		
Ato impugnado	**Parâmetro**	**Quem julga**
Ato normativo ou lei do DF	Lei Orgânica do DF	TJDFT (Conselho Especial)
Ato normativo ou lei federal ou estadual (do DF também)	Constituição Federal	STF

A título de curiosidade, o TJDFT possui em sua página uma lista da legislação distrital declarada inconstitucional pelo TJDFT e pelo STF[1]. Para se ter uma noção, de janeiro de 2010 a março de 2013, o Conselho Especial do TJDFT julgou inconstitucionais 135 (cento e trinta e cinco) normas da Câmara Legislativa do Distrito Federal[2].

5.2.1.1. Legitimados

Quem pode propor ADI? São os seguintes:

I. Governador do Distrito Federal;
II. Mesa[(1)] da Câmara Legislativa do Distrito Federal;
III. Procurador-Geral de Justiça do Distrito Federal e Territórios (MPDFT)[(2)];
IV. Ordem dos Advogados do Brasil, Seccional do Distrito Federal[(3)];
V. Partido político com representação na Câmara Legislativa do Distrito Federal;
VI. Entidade sindical ou de classe com atuação no Distrito Federal, a qual demonstrará que a pretensão por ela deduzida guarda relação de pertinência direta com seus objetivos institucionais[(4)].

(1) Mesa da CLDF: A Mesa é órgão responsável "direção dos trabalhos legislativos e dos serviços administrativos da Casa. Compõe-se de presidente, vice-presidente, primeiro secretário, segundo secretário e terceiro secretário, bem como de três suplentes de secretário. O mandato da Mesa Diretora é de dois anos, vedada a recondução para o mesmo cargo, na eleição imediatamente subsequente"[3].

(2) Procurador-Geral de Justiça é o chefe do Ministério Público do Distrito Federal e dos Territórios. Não confundir com o Procurador-Geral do DF.

> **Procurador-Geral da Justiça do Distrito Federal**: é o chefe do Ministério Público do Distrito Federal. Ministério Público é instituição permanente, essencial à função jurisdicional do Estado, incumbindo-lhe a defesa da ordem jurídica,

1. https://www.tjdft.jus.br/consultas/jurisprudencia/jurisprudencia-em-temas/inconstitucionalidades
2. https://www.tjdft.jus.br/consultas/jurisprudencia/jurisprudencia-em-temas/inconstitucionalidades/estudo-acerca-das-acoes-diretas-de-inconstitucionalidade-adis/view
3. https://www.cl.df.gov.br/web/guest/mesa-diretora

do regime democrático e dos interesses sociais e individuais indisponíveis (art. 1º da Lei n. 8.625/93). O Ministério Público do Distrito Federal e Territórios exercerá as suas funções nas causas de competência do Tribunal de Justiça e dos Juízes do Distrito Federal e Territórios (art. 149 da Lei Complementar n. 75/93). Não integra nenhum dos três poderes.

Procurador-Geral do Distrito Federal: é o chefe da Procuradoria do Distrito Federal, órgão responsável pela representação judicial e a consultoria jurídica do Distrito Federal e de suas autarquias e fundações, privativas dos Procuradores do Distrito Federal (art. 1º da Lei Complementar Distrital n. 395/2001). Integra o Poder Executivo do Distrito Federal.

(3) **Atenção!** Apenas a OAB/DF pode propor ADI no TJDFT. OAB/SP, OAB/MG ou OAB/RS, por exemplo, não podem.

(4) Entidade sindical ou de classe com atuação no Distrito Federal deve comprovar que o tema proposto na ADI está relacionado com seus objetivos institucionais, é o que se denomina de pertinência temática

Como esse assunto foi cobrado em concurso?

No concurso para Analista Judiciário/Atividade Processual (2003) foi perguntado: "*A Seccional do DF da Ordem dos Advogados do Brasil é legitimada ao ajuizamento de ação direta de inconstitucionalidade (ADIn) no TJDFT e não estará obrigada a demonstrar que a norma atacada na ação guarda nexo de pertinência com seus objetivos institucionais*". O item foi considerado correto por corresponder ao art. 136, IV, do RITJDFT. A pertinência temática somente é exigida para entidade sindical ou de classe com atuação no DF (inciso VI).

No concurso para Técnico Judiciário/Área Administrativa e Judiciária (2003) foi perguntado: "*Qualquer cidadão no gozo dos direitos políticos é parte legítima para ajuizar ação direta de inconstitucionalidade no TJDFT*". O item foi considerado errado, tendo em vista o disposto no art. 136 do RITJDFT.

5.2.1.2. Conteúdo da petição inicial

A petição inicial não pode ser genérica. O RITJDFT elenca alguns elementos de observância obrigatória. São eles:

I. O dispositivo da lei ou do ato normativo distrital impugnado e os fundamentos jurídicos do pedido em relação a cada uma das impugnações (o autor deve demonstrar as razões de determinada lei ou artigo de lei, por exemplo, serem incompatíveis com a Lei Orgânica do DF).

II. Pedido com suas especificações (é o requerimento de declaração de inconstitucionalidade).

5.2.1.3. Procedimento

1. Proposta a ADI, ela será distribuída a um relator.

A petição inicial deverá ser apresentada em **duas vias** e acompanhada de cópias da lei ou do ato normativo impugnado, dos documentos necessários ao exame da impugnação, bem como do instrumento de procuração, quando subscrita por advogado.

Como esse assunto foi cobrado em concurso?

No concurso para Analista Judiciário/Execução de Mandados (2003) foi perguntado: *"A petição inicial da ação direta de inconstitucionalidade (ADIn) no TJDFT não precisará ser necessariamente firmada por advogado"* O item foi considerado correto por corresponder ao art. 137, parágrafo único.

E se a petição for inepta, não fundamentada ou manifestamente improcedente? Nessas situações, a petição será liminarmente indeferida pelo relator.

Cabe recurso dessa decisão? Sim, agravo regimental no prazo de 5 (cinco) dias.

Como esse assunto foi cobrado em concurso?

No concurso para Técnico Judiciário/Área Administrativa e Judiciária (2000) foi perguntado: *"Se uma parte legitimada a ajuizar ADIn protocolizar petição confusa e ininteligível, caracterizando, com isso, a inépcia da inicial, o relator a quem ela for distribuída poderá, individualmente, indeferi-la em caráter liminar, não precisando levar o processo a julgamento no órgão colegiado".* O item foi considerado correto por corresponder ao art. 138 do RITJDFT.

É possível desistir da ação após a sua propositura? Não. O interesse na declaração de inconstitucionalidade de uma lei é público, vai além do interesse da parte que ingressa com a ação. Por essa razão, não se admite a desistência.

Como esse assunto foi cobrado em concurso?

No concurso para Analista Judiciário/Execução de Mandados (2003) foi perguntado: "*Compete ao relator da ADIn no TJDFT homologar o pedido de desistência formulado pelo autor da ação*". O item foi considerado errado, tendo em vista o disposto no art. 139 do RITJDFT.

No concurso para Técnico Judiciário/Área Administrativa e Judiciária (2000) foi perguntado: "*Se o Procurador-Geral de Justiça ajuizar ADIn e, no curso do processo, constatar que a norma atacada na verdade não padece de nenhum vício de inconstitucionalidade, ainda assim não poderá desistir da ação*". O item foi considerado correto por corresponder ao art. 139 do RITJDFT.

2. O relator requisitará informações aos órgãos ou às autoridades das quais emanou a lei ou o ato normativo impugnado, que disporão do prazo de 30 (trinta) dias para fornecê-las, contado da data de recebimento do pedido.

Cabe intervenção de terceiros? Não.

2.1. *Amicus Curiae*: É possível. O relator, considerando a relevância da matéria e a representatividade dos postulantes, poderá admitir, por despacho irrecorrível, a manifestação de outros órgãos ou entidades, no prazo de 30 dias. O *amicus curiae* não pode fazer qualquer tipo de pedido, tampouco recorrer do mérito.

Então, qual a diferença entre a intervenção de terceiros e o amicus curiae? A diferença é o interesse jurídico no desfecho da ação. Vejamos:

DIFERENÇA ENTRE INTERVENÇÃO DE TERCEIROS E *AMICUS CURIAE*	
Amicus Curiae	"Amigo da Corte". **É a pessoa, natural ou jurídica, que não integra o processo e tampouco nele tem interesse, que oferece auxílio ao juiz para o julgamento da causa, trazendo esclarecimentos relevantes sobre o tema.** Não pode postular ou recorrer do mérito
Intervenção de terceiros	Ingresso de pessoas no processo que não são autores e nem réus, mas que de alguma forma possam ter envolvimento com o processo. Exemplo, quando o réu, processado por ter atingido como seu veículo o veículo do autor, chama a sua seguradora ao processo para ressarcir os prejuízos

Como esse assunto foi cobrado em concurso?

No concurso para Técnico Judiciário/Área Administrativa e Judiciária (2000) foi perguntado: "*No processo da ADIn, não cabe a intervenção de terceiro, ainda que tenha interesse no desfecho do julgamento; não obstante, o relator, observados certos requisitos, poderá admitir que outros órgãos ou entidades se manifestem no processo".* O item foi considerado correto por corresponder ao art. 141 e *caput*, do RITJDFT.

3. Oitiva do PGJ (Ministério Público) e do PGDF (DF). Decorrido o prazo das informações, prestadas ou não, o Procurador-Geral do Distrito Federal e o Procurador-Geral de Justiça do Distrito Federal e Territórios serão ouvidos e deverão manifestar-se no prazo de 15 (quinze) dias, sucessivamente.

4. Informações insuficientes ou necessidade de esclarecimento: Em caso de notória insuficiência das informações existentes nos autos ou de necessidade de esclarecimento de matéria ou de circunstância de fato, o relator poderá requisitar informações adicionais, designar perito ou comissão de peritos para que emita parecer sobre a questão ou fixar data para, em audiência pública, ouvir depoimentos de pessoas com experiência e autoridade na matéria.

O relator poderá, ainda, solicitar informações aos magistrados de Primeiro Grau acerca da aplicação da norma impugnada no âmbito de sua jurisdição.

Qual o prazo para se obter tais esclarecimentos? Prazo de 30 (trinta) dias, contado da solicitação do relator.

Como esse assunto foi cobrado em concurso?

No concurso para Analista Judiciário/Atividade Processual (2003) foi perguntado: *"Devido à natureza de processo abstrato que tem a ADIn, nela não se admite a realização de perícia".* O item foi considerado errado, tendo em vista o disposto no art.142, §1º e §3º, do RITJDFT.

Como esse assunto foi cobrado em concurso?

No concurso para Técnico Judiciário/Área Administrativa e Judiciária (2000) foi perguntado: *"Apesar de a ADIn não tratar de interesses jurídicos concretos, é possível a designação de peritos e a realização de audiência para instrução do processo".* O item foi considerado errado, tendo em vista o disposto no art. 142, §1º, que trata da audiência pública e não da audiência de instrução e julgamento.

4.1. Após o prazo, o relator remeterá os autos ao Procurador-Geral de Justiça do Distrito Federal e Territórios (MPDFT) para oferta de parecer no **prazo de 10 (dez) dias.**

> **ATENÇÃO!** Essa manifestação adicional do PGJ somente ocorre se for o caso de informações adicionais ou esclarecimentos. Caso contrário, haverá somente a manifestação no prazo de quinze dias, mencionada no item "3" acima.

5. Vencidos os prazos do artigo anterior, o relator lançará o relatório, com cópia para todos os desembargadores componentes do Conselho Especial, e pedirá dia para julgamento.

> **ATENÇÃO!** Não há revisor

5.2.1.4. Liminar em Ação Direta de Inconstitucionalidade

Há casos em que o lapso temporal até o julgamento final da ADI pode acarretar danos à sociedade, ao que se permite a concessão de liminar na ADI até que ela seja definitivamente julgada pelo TJDFT. Assim, conforme já decidiu o TJDFT, para a concessão de liminar exige-se a presença de dois requisitos para tanto: a relevância da fundamentação quanto à inconstitucionalidade do dispositivo legal questionado e o perigo de dano irreparável ou de difícil reparação[4].

Portanto, caso concedida a liminar, a norma terá eficácia suspensa, momentaneamente, até decisão final acerca de sua (in)constitucionalidade.

Quórum: Maioria absoluta do Conselho Especial, estando presentes pelo menos 2/3 de seus integrantes, salvo no período de feriado forense.

Qual o procedimento?

1. ADI é distribuída ao relator.

2. Manifestação, no prazo de 5 (cinco) dias, dos órgãos ou das autoridades dos quais emanou a lei ou o ato normativo impugnado, salvo caso de excepcional urgência.

---

4. Acórdão 1139663, 20180020049759ADI, Relator: JAIR SOARES, CONSELHO ESPECIAL, data de julgamento: 20/11/2018, publicado no DJE: 29/11/2018. Pág.: 52/53.

3. O relator, **se considerar indispensável**, ouvirá o Procurador-Geral do Distrito Federal e o Procurador-Geral de Justiça do Distrito Federal e Territórios no prazo **de 3 (três) dias**.

4. **Sustentação oral:** 15 minutos, facultada aos representantes judiciais dos requerentes e das autoridades ou dos órgãos responsáveis pela expedição do ato.

5. ***Amicus curiae*:** Facultada a sua manifestação, se admitido, e do Procurador-Geral de Justiça do Distrito Federal e Territórios.

Em caso de excepcional urgência, o Conselho Especial poderá deferir a liminar sem a manifestação dos órgãos ou das autoridades dos quais emanou a lei ou o ato normativo impugnado.

6. **E se a liminar for concedida?**

Concedida a liminar, o TJDFT fará publicar, no Diário da Justiça Eletrônico e no Diário Oficial do Distrito Federal, a parte dispositiva da decisão no prazo de 10 (dez) dias e solicitará as informações à autoridade da qual tiver emanado o ato, observado, no que couber, o procedimento estabelecido na Subseção I deste Título, que trata da admissibilidade e do procedimento da ação direta de inconstitucionalidade.

6.1. A liminar, dotada de eficácia contra todos, será concedida com efeito *ex nunc*, salvo se o Conselho Especial lhe conceder eficácia retroativa.

6.2. A concessão da liminar torna aplicável legislação anterior, caso existente, salvo expressa manifestação em sentido contrário.

Caso concreto: A Procuradoria-Geral de Justiça do DF (MPDFT) ajuizou ADI, com pedido liminar, requerendo a declaração de inconstitucionalidade da Lei Distrital nº 6.228/2018, que previu a suspensão automática do prazo de validade dos concursos públicos, na hipótese de a Administração Pública ficar impedida de realizar a nomeação dos candidatos aprovados em concurso homologado, por expressa disposição legal (por exemplo, restrição orçamentária). Na ocasião, o MPDFT requereu a concessão de liminar com efeitos *ex tunc* (retroativos), ante o risco de nomeação de candidatos selecionados em época remota, que não mais atendem as necessidades do cargo a ser preenchido, o que o que foi acolhido pelo Relator (entendendo pela relevância da fundamentação), para que não haja a consumação de nomeações tidas por irregulares (perigo na demora). A maioria dos votantes acompanharam o relator, havendo, contudo, divergência[5].

5. Acórdão 1163298, 20180020091686ADI, Relator: ROMEU GONZAGA NEIVA, CONSELHO ESPECIAL, data de julgamento: 19/3/2019, publicado no DJE: 5/4/2019. Pág.: 80/81.

Como esse assunto foi cobrado em concurso?

No concurso para Analista Judiciário/Área Judiciária (2007) foi perguntado: *"Partido político com representação na Câmara Legislativa do Distrito Federal ajuizou ação direta de inconstitucionalidade, com pedido de liminar, pleiteando a suspensão da eficácia de determinado dispositivo de lei distrital, até o julgamento do mérito da questão. Nessa situação, se concedida a liminar, esta será dotada de eficácia ex nunc, salvo se o Conselho Especial entender de conceder-lhe eficácia retroativa".* A assertiva foi considerada correta por corresponder o artigo 145, §1º, do RITJDFT.

No concurso para Analista Judiciário/Execução de Mandados (2003) foi perguntado: *"Havendo a concessão de medida liminar em ADIn no TJDFT, a legislação anterior à norma atacada voltará, como regra, a produzir efeitos, salvo se o tribunal deliberar de maneira diversa".* O item foi considerado correto por corresponder ao art. 145, §2º, do RITJDFT.

No concurso para Técnico Judiciário/Área Administrativa e Judiciária (2000) foi perguntado: *"É possível a concessão de medida cautelar na ADIn, a qual necessariamente dependerá da manifestação prévia do órgão de que emanou o ato atacado e terá eficácia não-retroativa (ex nunc)".* O item foi considerado correto por corresponder ao art. 144 e §2º do art. 145 do RITJDFT.

7. **Julgamento definitivo da liminar da ADI:** Se houver pedido de liminar, o relator, em face da relevância da matéria e de seu especial significado para a ordem social e para a segurança jurídica, poderá, após a prestação das informações no prazo de 10 (dez) dias e a manifestação do Procurador-Geral do Distrito Federal e do Procurador-Geral de Justiça do Distrito Federal e Territórios, sucessivamente, no prazo de 5 (cinco) dias, submeter o processo diretamente ao Conselho Especial, que terá a faculdade de julgar definitivamente a ação.

5.2.2. Ação Declaratória de Constitucionalidade

A ação declaratória de constitucionalidade (ADC) tem como objetivo reconhecer a compatibilidade do ato normativo e de lei distrital com a Lei Orgânica do DF. Tendo em vista que ato emanado pelo poder público presume-se válido e constitucional, é necessária a demonstração de controvérsia judicial relevante sobre a aplicação da disposição objeto da ação declaratória, ou seja, que a validade da norma impugnada suscite, concretamente, diversas dúvidas a respeito da sua aplicação.

O seu procedimento é praticamente o mesmo da ADI, com algumas sensíveis alterações.

5.2.2.1. Legitimados

Quem pode propor ADC? O número de legitimados é inferior ao da ADI. São os seguintes:

I. Governador do Distrito Federal;
II. Mesa da Câmara Legislativa do Distrito Federal;
III. Procurador-Geral de Justiça do Distrito Federal e Territórios (MPDFT)

Para facilitar a memorização, basta pensar na cúpula dos dois Poderes (Executivo e Legislativo), bem com o Ministério Público, na pessoa do PGJ.

5.2.2.2. Conteúdo da petição inicial

A petição inicial não pode ser genérica. O RITJDFT elenca alguns elementos de observância obrigatória. São eles:

I. O dispositivo da lei ou do ato normativo distrital impugnado e os fundamentos jurídicos do pedido em relação a cada uma das impugnações (o autor deve demonstrar as razões de determinada lei ou artigo de lei, por exemplo, serem incompatíveis com a Lei Orgânica do DF).
II. Pedido com suas especificações (é o requerimento de declaração de inconstitucionalidade).
III. Existência de controvérsia judicial relevante sobre a aplicação do ato normativo distrital questionado e os fundamentos jurídicos do pedido.

Como esse assunto foi cobrado em concurso?

No concurso para Técnico Judiciário/Área Administrativa e Judiciária (2003) foi perguntado: *"Uma vez promulgada lei ou ato normativo no âmbito do DF, imediatamente caberá o ajuizamento de ação declaratória de constitucionalidade, com a finalidade de evitar que decisões judiciais, sobretudo liminares e cautelares, venham a evitar a aplicação integral da norma".* O item foi considerado errado, tendo em vista o disposto no art. 148, III, do RITJDFT.

A petição inicial será apresentada em **duas vias**, acompanhada das cópias da lei ou do ato normativo questionado, dos documentos necessários ao exame do pedido de declaração de constitucionalidade, bem como do instrumento de procuração, quando subscrita por advogado.

E se a petição for inepta, não fundamentada ou manifestamente improcedente? Nessas situações, a petição será liminarmente indeferida pelo relator.

Cabe recurso dessa decisão? Sim, agravo regimental no prazo de 5 (cinco) dias.

5.2.2.3. Procedimento

1. Proposta a ADC, ela será distribuída a um relator.

É possível desistir da ação após a sua propositura? Não. O interesse na declaração de inconstitucionalidade de uma lei é público, vai além do interesse da parte que ingressa com a ação. Por essa razão, não se admite a desistência.

2. **Cabe intervenção de terceiros?** Não.

Amicus Curiae: É possível. O relator, considerando a relevância da matéria e a representatividade dos postulantes, poderá admitir, por despacho irrecorrível, a manifestação de outros órgãos ou entidades, no prazo de 30 dias. O *amicus curiae* não pode fazer qualquer tipo de pedido, tampouco recorrer do mérito.

Então, qual a diferença entre a intervenção de terceiros e o amicus curiae? A diferença é o interesse jurídico no desfecho da ação. Vejamos:

DIFERENÇA ENTRE INTERVENÇÃO DE TERCEIROS E *AMICUS CURIAE*	
Amicus Curiae	"Amigo da Corte". **É a pessoa, natural ou jurídica, que não integra o processo e tampouco nele tem interesse, que oferece auxílio ao juiz para o julgamento da causa, trazendo esclarecimentos relevantes sobre o tema.** Não pode postular ou recorrer do mérito
Intervenção de terceiros	Ingresso de pessoas no processo que não são autores e nem réus, mas que de alguma forma possam ter envolvimento com o processo. Exemplo, quando o réu, processado por ter atingido como seu veículo o veículo do autor, chama a sua seguradora ao processo para ressarcir os prejuízos

3. **Oitiva do PGJ (Ministério Público):** O Procurador-Geral de Justiça do Distrito Federal e Territórios deverá manifestar-se no prazo de 15 (quinze) dias.

Na ADC não há oitiva do Procurador-Geral do DF

4. **Informações insuficientes ou necessidade de esclarecimento:** Em caso de notória insuficiência das informações existentes nos autos ou de necessidade de esclarecimento de matéria ou de circunstância de fato, o relator poderá requisitar informações adicionais, designar perito ou comissão de peritos para que emita parecer sobre a questão ou fixar data para, em audiência pública, ouvir depoimentos de pessoas com experiência e autoridade na matéria.

O relator poderá, ainda, solicitar informações aos magistrados de Primeiro Grau acerca da aplicação da norma impugnada no âmbito de sua jurisdição.

Qual o prazo para se obter tais esclarecimentos? Prazo de 30 (trinta) dias, contado da solicitação do relator.

4.1. Após o prazo, o relator remeterá os autos ao Procurador-Geral de Justiça do Distrito Federal e Territórios (MPDFT) para oferta de parecer no **prazo de 10 (dez) dias.**

ATENÇÃO! Essa manifestação adicional do PGJ somente ocorre se for o caso de informações adicionais ou esclarecimentos. Caso contrário, haverá somente a manifestação no prazo de quinze dias, mencionada no item "3" acima.

5. Vencidos os prazos do artigo anterior, o relator lançará o relatório, com cópia para todos os desembargadores componentes do Conselho Especial, e pedirá dia para julgamento.

ATENÇÃO! Não há revisor

5.2.2.4. Liminar em Ação Declaratória de Constitucionalidade

A possibilidade de concessão de liminar em ADC decorre da necessidade de conferir segurança jurídica à interpretação do dispositivo normativo questionado.

Assim, o Conselho Especial, por decisão da maioria absoluta dos membros, observado o disposto no artigo seguinte, poderá deferir pedido de liminar na ação declaratória de constitucionalidade, determinando aos juízes a suspensão do julgamento dos processos que envolvam a aplicação de lei ou de ato normativo objeto da ação até o julgamento definitivo.

Concedida a liminar, o Conselho Especial fará publicar, no Diário da Justiça Eletrônico e no Diário Oficial do Distrito Federal, a parte dispositiva da decisão no prazo de 10 (dez) dias.

5.2.3. Disposições comuns (ADI e ADC)

A seguir, abordaremos algumas disposições comuns do RITJDFT em relação à ação direta de inconstitucionalidade e a ação declaratória de constitucionalidade.

5.2.3.1. A decisão na Ação Direta de Inconstitucionalidade e na Ação Declaratória de Constitucionalidade

Quórum para a deliberação: A decisão sobre a constitucionalidade ou a inconstitucionalidade de lei ou de ato normativo somente será tomada se presentes, na sessão, pelo menos dois terços dos desembargadores componentes do Conselho Especial.

Quórum de julgamento: Efetuado o julgamento, proclamar-se-á a constitucionalidade ou a inconstitucionalidade da disposição ou da norma impugnada se, em um ou em outro sentido, tiver se manifestado pelo menos a maioria absoluta dos desembargadores componentes do Conselho Especial, quer se trate de ação direta de inconstitucionalidade, quer de ação declaratória de constitucionalidade.

Se não for alcançada a maioria necessária à declaração de constitucionalidade ou de inconstitucionalidade e se o número de desembargadores ausentes puder influir no julgamento, este será **suspenso** a fim de se aguardar o comparecimento dos desembargadores ausentes, até que se atinja o número necessário para prolatar a decisão em um ou em outro sentido.

Proclamada a constitucionalidade, julgar-se-á improcedente a ação direta ou procedente eventual ação declaratória; e, proclamada a inconstitucionalidade, julgar-se-á procedente a ação direta ou improcedente eventual ação declaratória.

Julgada a ação, comunicar-se-á a decisão à autoridade ou ao órgão responsável pela expedição do ato.

É possível interpor recurso? A decisão que declara a constitucionalidade ou a inconstitucionalidade de lei ou de ato normativo em ação direta ou em ação declaratória é **irrecorrível**, ressalvada a interposição de **embargos declaratórios e de recurso extraordinário**, atendidos os requisitos específicos. Essa decisão não pode, igualmente, ser objeto de ação rescisória.

Modulação dos efeitos: Ao declarar a inconstitucionalidade de lei ou de ato normativo, tendo em vista razões de segurança jurídica ou de excepcional interesse social, o Conselho Especial poderá, por maioria de dois terços de seus membros, restringir os efeitos daquela declaração ou decidir que ela só tenha eficácia a partir de seu trânsito em julgado ou de outro momento que venha a ser fixado.

Publicação no DJE e DODF: Dentro do prazo de 10 (dez) dias após o trânsito em julgado da decisão, o Conselho Especial fará publicar a parte dispositiva do acórdão no Diário da Justiça Eletrônico e no Diário Oficial do Distrito Federal.

Efeitos da decisão: A declaração de constitucionalidade ou de inconstitucionalidade, inclusive a interpretação conforme a Constituição, e a declaração parcial de inconstitucionalidade sem redução de texto têm eficácia contra todos e efeito vinculante em relação aos órgãos do Poder Judiciário e à administração pública do Distrito Federal.

Manifestação do PGJ: O Procurador-Geral de Justiça do Distrito Federal e Territórios será sempre ouvido nas ações diretas de inconstitucionalidade e nas ações declaratórias de constitucionalidade.

Inconstitucionalidade por omissão: Declarada a inconstitucionalidade por omissão de medida para tornar efetiva norma da Lei Orgânica do Distrito Federal, a decisão será comunicada ao Poder competente para adoção das providências necessárias e, em se tratando de órgão administrativo, para fazê-lo em 30 (trinta) dias.

5.2.3.2. Tabela comparativa ADI e ADC

COMPARATIVO ADIN/ADC		
	ADI	**ADC**
Legitimados	Governador do DF Mesa da CLDF PGJ (MPDFT) OAB/DF Partido político com representação na CLDF Entidade sindical ou de classe com atuação no Distrito Federal, a qual demonstrará que a pretensão por ela deduzida guarda relação de pertinência direta com seus objetivos institucionais	Governador do DF Mesa da CLDF PGJ (MPDFT)

COMPARATIVO ADIN/ADC		
	ADI	**ADC**
Petição inicial	Dispositivo da lei ou do ato normativo distrital impugnado Fundamentos jurídicos do pedido Pedido com suas especificações (é o requerimento de declaração de inconstitucionalidade	Dispositivo da lei ou do ato normativo distrital questionado Fundamentos jurídicos do pedido Pedido com suas especificações (é o requerimento de declaração de inconstitucionalidade Existência de controvérsia judicial relevante sobre a aplicação do ato normativo distrital questionado e os fundamentos jurídicos do pedido
Anexos à petição inicial	2 vias da petição Cópias da lei ou do ato normativo impugnado Cópias dos documentos necessários ao exame da impugnação Procuração, quando subscrita por advogado	2 vias da petição Cópias da lei ou do ato normativo questionado Cópias dos documentos necessários ao exame do pedido de declaração de constitucionalidade Procuração, quando subscrita por advogado
Tem revisor?	NÃO	NÃO
Intervenção de terceiros?	NÃO	NÃO
Amicus curiae?	SIM	SIM
Manifestação PGJ	15 dias	15 dias
Manifestação PGDF	15 dias	NÃO
Informações adicionais 30 dias	Ouve o PGJ em 10 dias	Ouve o PGJ em 10 dias
Após informações e manifestações, o relator:	Lança relatório, Cópia para os desembargadores do Conselho Especial Pede dia para julgamento	Lança relatório Cópia para os desembargadores do Conselho Especial Pede dia para julgamento

COMPARATIVO ADIN/ADC		
	ADI	**ADC**
Quórum para deliberação	Presentes 2/3 dos desembargadores	Presentes 2/3 dos desembargadores
Quórum para julgamento	Maioria absoluta	Maioria absoluta
Sem maioria necessária p/ declaração de (in) constitucionalidade, e, Número de ausentes puder influir no julgamento:	Suspende o julgamento até atingir número suficiente	Suspende o julgamento até atingir número suficiente
Cabe recurso?	Embargos de declaração p/ TJDFT Recurso extraordinário p/STF	Embargos de declaração p/ TJDFT Recurso extraordinário p/STF
Publicação DJE e DODF da parte dispositiva	10 dias	10 dias
Efeitos da decisão	Contra todos	Contra todos
	Vincula Judiciário e DF	Vincula Judiciário e DF
Inconstitucionalidade por omissão	Comunica Poder competente para providências em 30 dias	NÃO SE APLICA
Modulação dos efeitos	Razões de segurança jurídica ou de excepcional interesse social, Maioria de 2/3 Restringe efeitos da declaração, ou, Decide que ela só tenha eficácia a partir de seu trânsito em julgado ou de outro momento que venha a ser fixado	NÃO SE APLICA

5.2.3.3. Fluxogramas ADIN e ADC

FLUXOGRAMA DA ADI

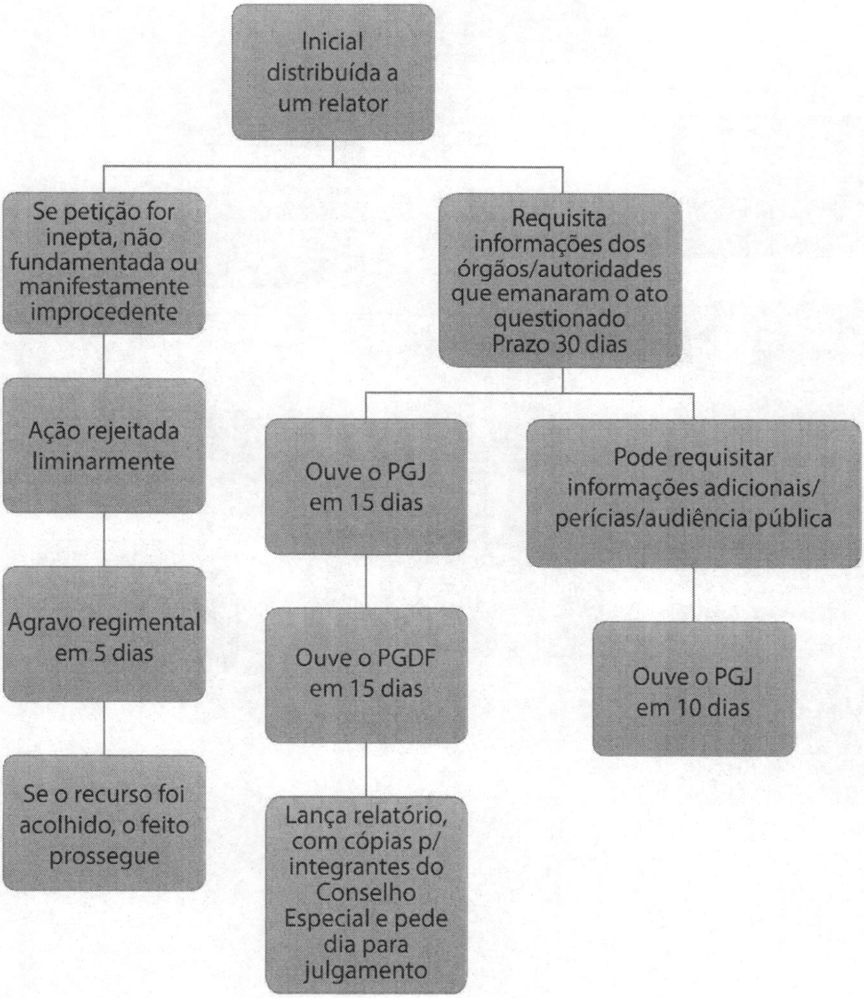

FLUXOGRAMA ADC

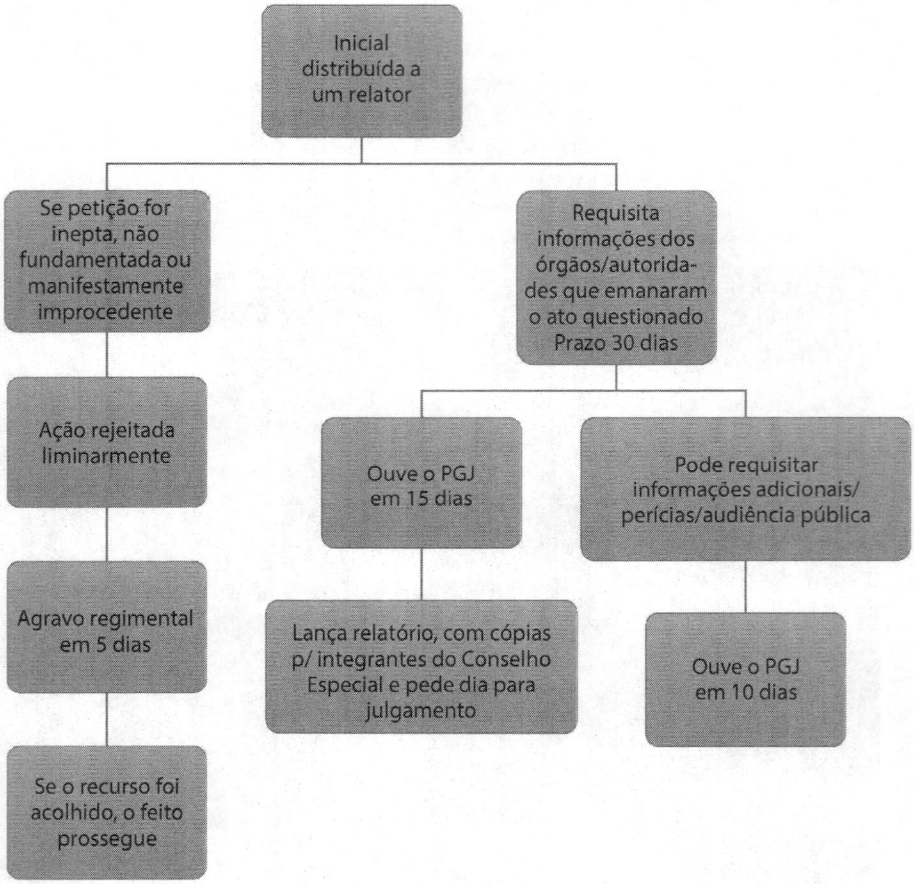

FLUXOGRAMA LIMINAR EM ADI

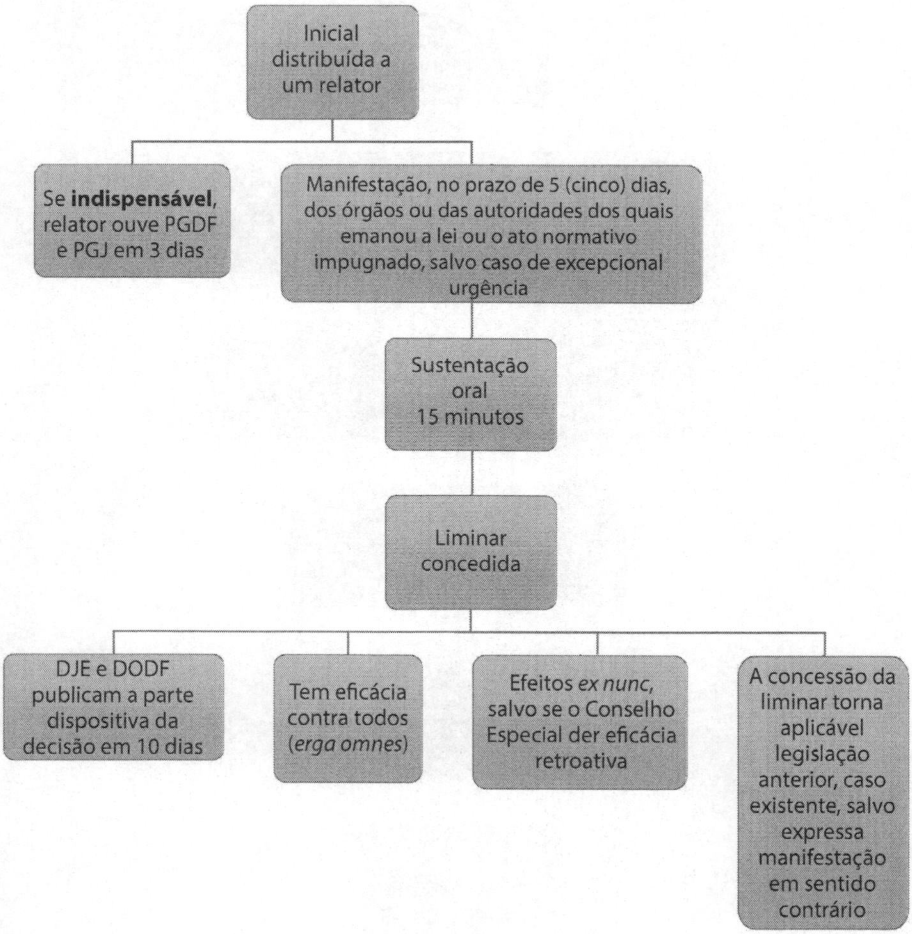

FLUXOGRAMA JULGAMENTO DEFINITIVO DA LIMINAR

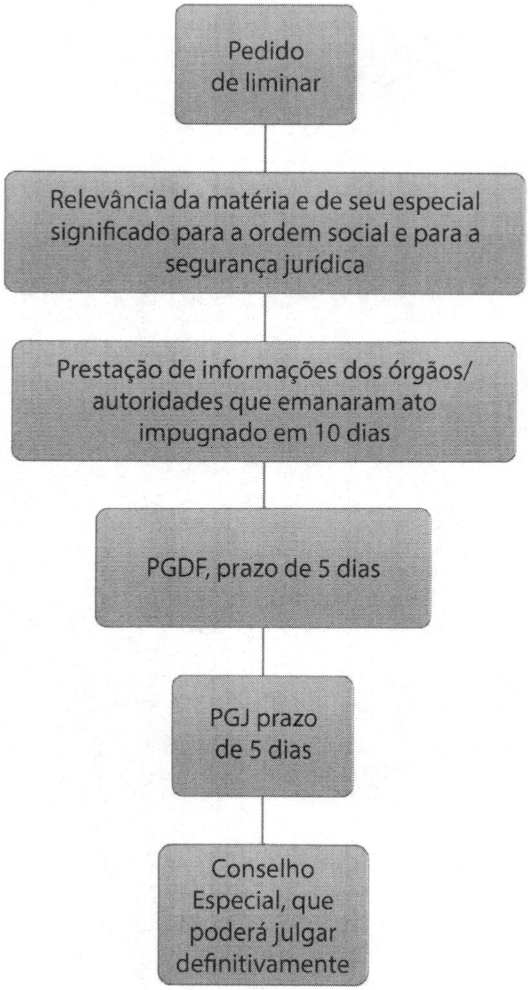

5.2.4. Reclamação

5.2.4.1. Linhas gerais. As três modalidades de Reclamação previstas no Regimento Interno

A reclamação é o instrumento processual que tem como objetivo preservar a sua competência do Tribunal e garantir a autoridade dos seus julgados. O RITJDFT trata de três tipos de reclamação: a) reclamação ao Conselho Especial, b) reclamação e, c) reclamação no processo penal, sendo que as duas primeiras modalidades são mais assemelhadas entre si.

Trataremos dos respectivos institutos nos tópicos a seguir, ao que preferimos agrupá-los, sequencialmente, a fim de permitir uma análise mais didática sobre o tema.

5.2.4.2. Reclamação ao Conselho Especial (art. 164)

A reclamação ao Conselho Especial tem como objetivo garantir a autoridade das decisões do Conselho Especial em ação direta de inconstitucionalidade e em ação declaratória de constitucionalidade.

Quem entra com a Reclamação: Procurador-Geral de Justiça ou da parte interessada na causa

A quem é dirigida a Reclamação: Presidente do TJDFT

Procedimento

1. A petição, instruída com prova documental, será autuada e distribuída ao **relator** da causa principal sempre que possível.

2. O relator requisitará informações da autoridade a quem for imputada a prática do ato impugnado, que as prestará no prazo de 10 (dez) dias.

3. O relator poderá determinar a **suspensão do curso do processo** em que se tenha verificado o ato reclamado, ou a **remessa** dos respectivos **autos** ao **Tribunal**.

4. Qualquer interessado poderá impugnar o pedido do reclamante.

5. **Ministério Público:** Quando não for autor da ação, terá vista do processo por 5 (cinco) dias, decorrido o prazo para informações.

6. **Julgada procedente:** O Conselho Especial cassará a decisão exorbitante de seu julgado ou determinará medida adequada à observância de sua jurisdição.

7. **Cumprimento da decisão:** O Presidente do Tribunal determinará o imediato cumprimento da decisão, lavrando-se o acórdão posteriormente.

Recapitulando: decisões que independem de acórdão para cumprimento imediato:

- Que conceder *habeas corpus* ou mandado de segurança;
- Que, em *habeas corpus* ou mandado de segurança, declinar da competência para outro órgão do Tribunal ou juízo de Primeiro Grau do Distrito Federal e dos Territórios;
- Que decidir conflito de competência;

- Que implicar conversão do julgamento em diligência,
- Que julgar procedente reclamação;
- Que decidir desaforamento.

5.2.4.3. Fluxograma da reclamação ao Conselho Especial

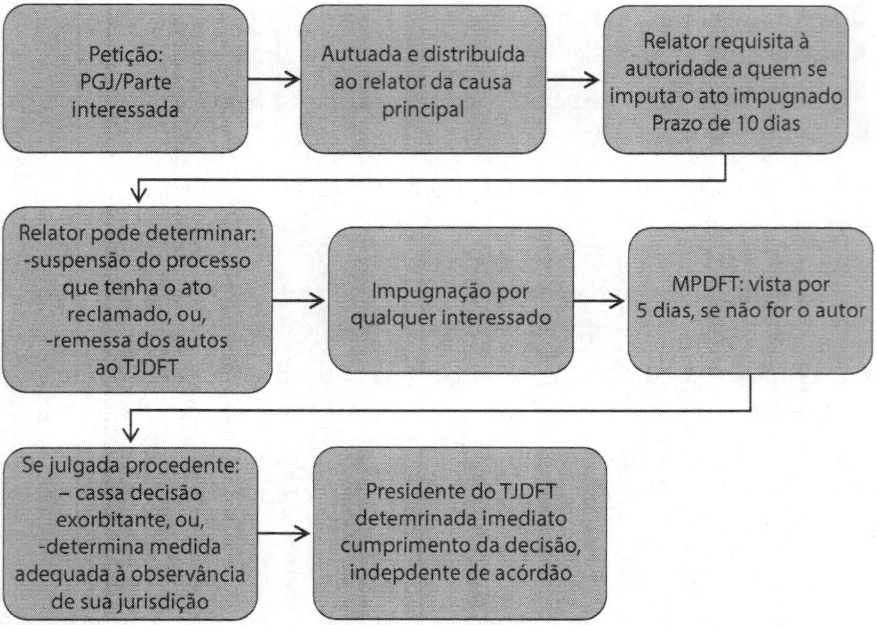

5.2.4.4. Reclamação (art. 196)

A reclamação prevista no art. 196 do RITJDFT, diferentemente da reclamação ao Conselho Especial e da reclamação no processo penal, tem como objetivo:

- Preservar a competência do tribunal;
- Garantir a autoridade das decisões do tribunal;
- Garantir a observância de precedente proferido em julgamento de casos repetitivos ou em incidente de assunção de competência.
- Dirimir divergência entre acórdão de Turma Recursal e a jurisprudência do Superior Tribunal de Justiça sumulada ou consolidada em julgamento de recurso repetitivo, incidente de assunção de competência e incidente de resolução de demandas repetitivas.

RECLAMAÇÃO	
Preservar competência do TJDFT	Hipótese em que o ato reclamado não respeitou a competência do Tribunal
Garantir autoridade das decisões do TJDFT	Não houve respeito às decisões proferidas pelo TJDFT
Garantir observância de precedente proferido em Repetitivos ou IAC	Necessidade de observar a uniformização da jurisprudência
Divergência entre acórdão de Turma Recursal x jurisprudência do STJ (súmula/Repetitivo/IAC/IRDR	Ocorre quando a Turma Recursal profere decisão em desacordo com a jurisprudência do STJ. A finalidade do STJ é, precipuamente, a de uniformizar a jurisprudência de todo o país em se tratando de interpretação de lei federal, daí a necessidade de se assegurar a observância de sua jurisprudência consolidada.

Quem julga a reclamação? Depende. O julgamento da reclamação compete ao órgão jurisdicional cuja competência se busca preservar ou cuja autoridade se pretenda garantir, nos termos deste Regimento. Assim, por exemplo, se a decisão da 4ª Turma Cível for inobservada, a ela caberá o julgamento da reclamação.

QUEM JULGA A RECLAMAÇÃO		
Situação	**Órgão Competente**	
I. **Preservar a própria competência** II. **Garantir a autoridade das próprias decisões**	Conselho Especial Câmara Cível Câmara Criminal Turma Cível Turma Criminal	
I. **Reclamação em Incidente de Assunção de Competência**	Câmara de Uniformização (art. 18, III e IV, art. 196, III)	
I. **Dirimir divergência entre acórdão de Turma Recursal e a jurisprudência do Superior Tribunal de Justiça sumulada ou consolidada em julgamento de recurso repetitivo, incidente de assunção de competência e incidente de resolução de demandas repetitivas:**	**Matéria Cível:**	Câmara de Uniformização
	Matéria Criminal:	Câmara Criminal

Procedimento

1. A reclamação deverá ser instruída com prova documental.

2. Será dirigida ao presidente do tribunal.

3. A reclamação será autuada e distribuída ao relator do processo principal, sempre que possível.

3.1. A reclamação contra acórdão **de Turma Recursal** será distribuída aos membros dos órgãos colegiados competentes para o seu julgamento.

4. **Providências do relator:**

I – indeferir de plano a reclamação inadmissível, prejudicada ou proposta em face de decisão transitada em julgado;

II – requisitar informações da autoridade a quem for imputada a prática do ato impugnado, que as prestará no prazo de 10 (dez) dias;

III – se necessário, ordenar a suspensão do processo ou do ato impugnado para evitar dano irreparável;

IV – determinar a citação do beneficiário da decisão impugnada, que terá prazo de 15 (quinze) dias para apresentar a sua contestação.

Reclamação contra acórdão de Turma Recursal:

Recapitulando, a Reclamação contra acórdão de Turma Recursal tem cabimento quando a Turma Recursal decidir de forma contrária às súmulas do STJ ou dos recursos repetitivos decididos também pelo STJ, além de Incidente de Assunção de Competência ou de Incidente de Resolução de Demandas Repetitivas.

Na reclamação contra acórdão de Turma Recursal o relator, admitido o seu processamento:

I – Poderá, de ofício ou a requerimento da parte, presentes a probabilidade do direito e o fundado receio de dano de difícil reparação, suspender a tramitação dos processos nos quais tenha sido estabelecida a mesma controvérsia, oficiando aos presidentes das turmas recursais a suspensão;

II – Oficiará ao presidente da turma recursal prolatora do acórdão reclamado, comunicando o processamento da reclamação e solicitando informações no prazo de 10 (dez) dias;

III – Ordenará a publicação de edital no Diário da Justiça e no site do Tribunal para ciência aos interessados sobre a admissão da reclamação, a fim de que se manifestem, querendo, no prazo de 15 (quinze) dias;

IV – Decidirá o que mais for necessário à instrução do procedimento.

Turma Recursal: Colegiado composto por três juízes de direito, responsável pelo julgamento das decisões proferidas pelos juízes dos Juizados Especiais.

5. Impugnação Qualquer interessado poderá impugnar o pedido do reclamante.

6. **Ministério Público:** Quando não for autor da ação, terá vista do processo por 5 (cinco) dias, decorrido o prazo para informações.

6.1. **Contra acórdão de Turma Recursal:** Na reclamação contra acórdão de Turma Recursal, o prazo para manifestação do Ministério Público será contado após o decurso do prazo para impugnação de interessados.

7. **Julgada procedente:** O Conselho Especial cassará a decisão exorbitante de seu julgado ou determinará medida adequada à observância de sua jurisdição.

8. **Cumprimento da decisão:** O Presidente do Tribunal determinará o imediato cumprimento da decisão, lavrando-se o acórdão posteriormente.

8.1. **Contra acórdão de Turma Recursal:** O acórdão do julgamento da reclamação de Turma Recursal será enviado mediante cópia ao Presidente da Turma Recursal prolatora da decisão reclamada e por meio eletrônico às demais turmas e juízes do sistema dos juizados especiais.

5.2.4.5. Fluxograma reclamação

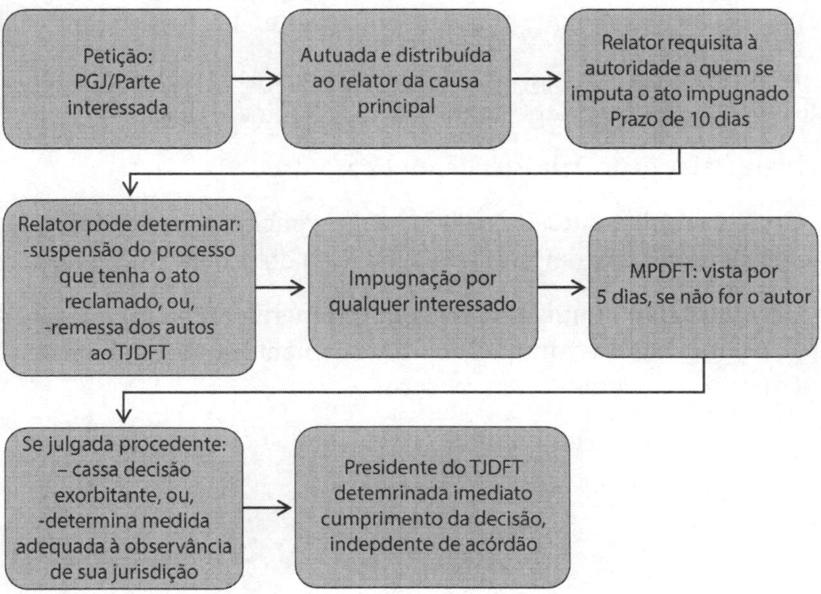

5.2.4.6. Reclamação no processo penal (art. 232)

A reclamação no processo penal, como dito anteriormente, é diferente da reclamação ao Conselho Especial e da reclamação do art. 196 do RITJDFT.

Cabimento: No processo penal, ela é cabível contra ato jurisdicional que contenha erro de procedimento que, à falta de recurso específico, possa resultar em dano irreparável ou de difícil reparação.

Quem julga: Turma Criminal (art. 27, I, do RITJDFT).

Prazo: O prazo para a reclamação será de 5 (cinco) dias, contado da data da ciência do ato.

Petição: A petição de interposição da reclamação conterá o nome e o endereço completos da parte contrária e será instruída com cópia do ato impugnado e dos demais documentos essenciais à compreensão do pedido, **sob pena de indeferimento de plano da reclamação pelo relator**.

Eficácia suspensiva: O relator poderá atribuir eficácia suspensiva à reclamação quando concorrerem a relevância dos fundamentos da interposição e o risco de dano irreparável ou de difícil reparação.

Comunicação ao juízo de origem: A Secretaria enviará ofício ao juízo de origem comunicando a decisão do relator que conceder ou indeferir o efeito suspensivo e para que preste informações no prazo de 5 (cinco) dias.

Resposta: A parte contrária e o assistente, quando houver, serão intimados para apresentar resposta no prazo de 5 (cinco) dias.

Manifestação do Ministério Público: 5 dias.

Conclusão dos autos: Os autos serão conclusos ao relator, que, no prazo de 10 (dez) dias, determinará a inclusão do processo em pauta.

Comunicação ao juízo de origem independentemente de acórdão: O juízo de origem será comunicado imediatamente do julgamento. O acórdão será enviado depois do seu registro.

5.2.4.7. *Fluxograma reclamação no processo penal*

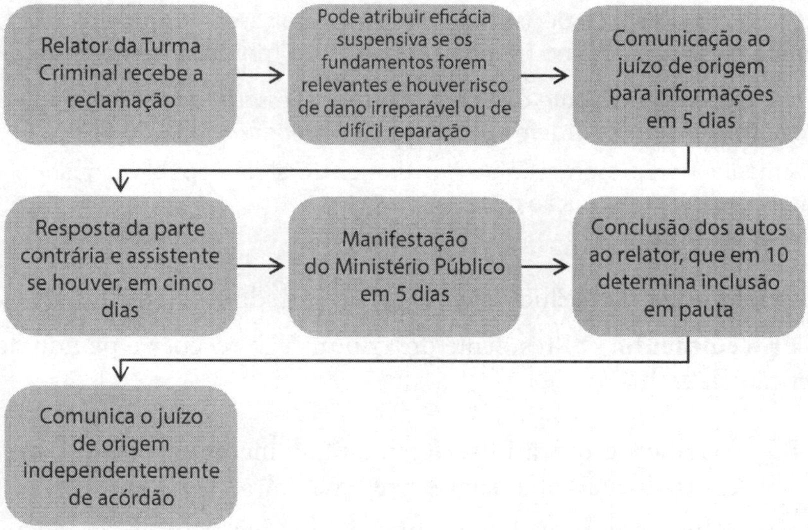

5.2.5. Intervenção Federal no Distrito Federal e nos Territórios

A intervenção federal é medida prevista no art. 34 da Constituição Federal, que tem como objetivo solucionar problema grave, mediante o afastamento da autonomia do ente federativo (Estados, Municípios) até a solução do problema[6]. Para os fins didáticos do presente trabalho, nos importa a remissão feita pelo art. 19 da Lei nº 8.038/90:

> "Art. 19 – A requisição de intervenção federal prevista nos incisos II **e** IV do art. 36 da Constituição Federal **será promovida:**

6. Art. 34. A União não intervirá nos Estados nem no Distrito Federal, exceto para: I – manter a integridade nacional; II – repelir invasão estrangeira ou de uma unidade da Federação em outra; III – pôr termo a grave comprometimento da ordem pública; IV – garantir o livre exercício de qualquer dos Poderes nas unidades da Federação; V – reorganizar as finanças da unidade da Federação que: a) suspender o pagamento da dívida fundada por mais de dois anos consecutivos, salvo motivo de força maior; b) deixar de entregar aos Municípios receitas tributárias fixadas nesta Constituição, dentro dos prazos estabelecidos em lei; VI – prover a execução de lei federal, ordem ou decisão judicial; VII – assegurar a observância dos seguintes princípios constitucionais: a) forma republicana, sistema representativo e regime democrático; b) direitos da pessoa humana; c) autonomia municipal; d) prestação de contas da administração pública, direta e indireta.

> I – de ofício, ou mediante pedido de Presidente de Tribunal de Justiça do Estado, ou de Presidente de Tribunal Federal, quando se tratar de prover a execução de ordem ou decisão judicial, com ressalva, conforme a matéria, da competência do Supremo Tribunal Federal ou do Tribunal Superior Eleitoral;
>
> II – de ofício, ou mediante pedido da parte interessada, quando se tratar de prover a execução de ordem ou decisão do Superior Tribunal de Justiça;
>
> III – mediante representação do Procurador-Geral da República, quando se tratar de prover a execução de lei federal".

Quem julga: Conselho Especial (art. 13, II, do RITJDFT)

Procedimento: O Presidente do Tribunal, ao receber o pedido de intervenção federal:

I. Mandará arquivá-lo se for manifestamente infundado, decisão contra a qual caberá agravo regimental;

II. Adotará as providências oficiais que lhe parecerem adequadas para remover, administrativamente, a causa do pedido. Se esse objetivo não for alcançado, distribuirá os autos a um desembargador relator, prosseguindo-se nos demais termos da Lei 8.038/90.

5.2.5.1. *Fluxograma Intervenção Federal*

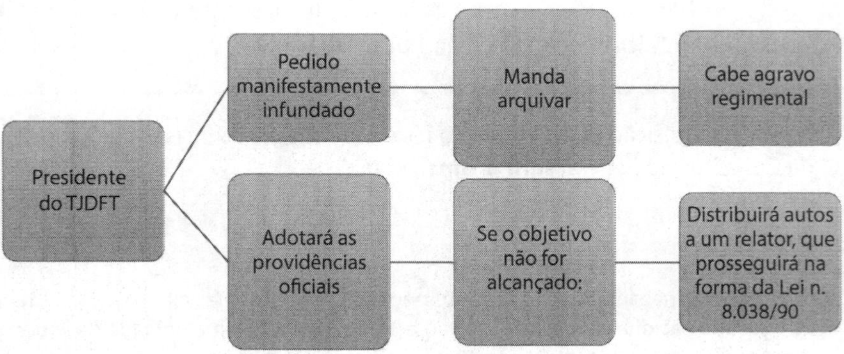

5.2.6. *Habeas Corpus*

5.2.6.1. *Linhas gerais*

O *habeas corpus* é um remédio constitucional previsto no art. 5º, LXVIII, da Constituição Federal, assim redigido: "conceder-se-á *habeas corpus* sempre que alguém sofrer ou se achar ameaçado de sofrer violência ou coação em sua liberdade de locomoção, por ilegalidade ou abuso de poder".

É, portanto, uma garantia constitucional destinada a assegurar a liberdade de locomoção, podendo ser preventivo ou liberatório. No *habeas corpus* figuram as seguintes pessoas:

Impetrante: aquele pede a ordem de habeas corpus

Paciente: quem sofre a restrição ou ameaça ao direito de locomoção.

Autoridade coatora: quem pratica o ato tido por ilegal.

O impetrante e o paciente podem ou não ser a mesma pessoa.

O *habeas corpus* pode ser **preventivo** ou **liberatório**:

***Habeas Corpus* preventivo**: Tem como objetivo evitar restrição futura a direito de ir e vir, expedindo-se salvo-conduto em favor do paciente, impedindo a prisão.

***Habeas Corpus* liberatório**: Utilizado quando o indivíduo já sofreu restrição de sua liberdade, encontrando-se, portanto, preso; o que enseja a expedição de um alvará de soltura.

5.2.6.2. *Órgãos competentes para julgar o Habeas Corpus*

A competência para processar e julgar o *habeas corpus* é fixada, basicamente, por dois critérios: a) a depender de quem seja a autoridade coatora e a depender de quem seja o paciente. Relacionamos abaixo os órgãos competentes de acordo com cada situação:

QUEM JULGA HABEAS CORPUS	
ÓRGÃO	**SITUAÇÃO**
Conselho Especial	**Coator ou paciente sujeitos à jurisdição do Conselho Especial:** I. Governadores dos Territórios II. Vice-Governador III. Secretários de Governo do Distrito Federal e os dos Governos dos Territórios IV. Deputados Distritais V. Juízes de Direito do Distrito Federal e dos Territórios **(aqui somente quando pacientes)** VI. Juízes de Direito Substitutos do Distrito Federal **(aqui somente quando pacientes)**

QUEM JULGA HABEAS CORPUS	
ÓRGÃO	**SITUAÇÃO**
Turma Criminal	**Autoridade coatora:** I. Magistrado de primeiro grau II. Turma Recursal dos Juizados Especiais Criminais
Turma Cível	**Autoridade coatora:** I. Magistrado de primeiro grau que decreta prisão civil
QUEM JULGA OS RECURSOS	
TJDFT	Recurso de *habeas corpus* contra decisão de primeiro grau em *habeas corpus*
STJ	Recurso ordinário contra decisão do TJDFT

Em relação aos **recursos**, temos as seguintes situações:

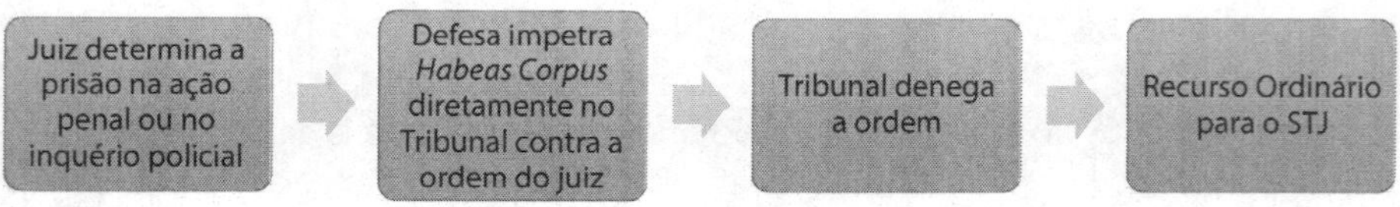

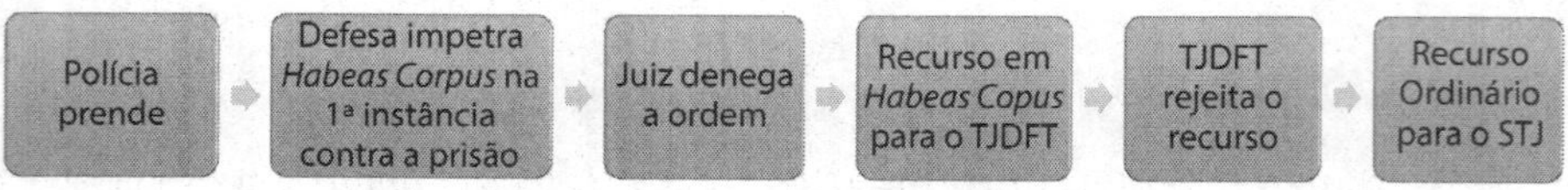

Pontos importantes do *habeas corpus* no RITJDFT:

HABEAS CORPUS	
Independe de pauta:	Julgamento em mesa
Prevalece decisão mais favorável:	Se houver empate e se o voto de vista for dispensável para o *quorum* de julgamento
Não de depende de acórdão, inclusive se houver declinação da competência:	Cumprimento imediato
Revisor?	Não

5.2.6.3. *Procedimento*

1. **Distribuição ao relator:** Distribuído o *habeas corpus,* o relator:

I. Se necessário, requisitará informações à autoridade apontada como coatora mediante ofício acompanhado de cópia da petição inicial e dos documentos fornecidos pelo impetrante. As informações serão prestadas em 2 (dois) dias e, se não forem, os autos serão conclusos ao relator com a respectiva certidão. Se a autoridade apontada como coatora se encontrar fora do Distrito Federal, a secretaria transmitirá ofício, incluindo resumo da inicial, pelo mais rápido meio de comunicação de que dispuser.

Como esse assunto foi cobrado em concurso?

No concurso para Técnico Judiciário/Área Administrativa e Judiciária (2003) foi perguntado: *"A ação de habeas corpus não pode ser julgada, em nenhum caso, sem que a autoridade impetrada preste informações".* O item foi considerado errado, tendo em vista o disposto no art. 213 do RITJDFT

II. Se houver pedido de liminar, os autos serão conclusos ao relator para exame.

III. Em todos os casos, o relator poderá:

- Ordenar diligência necessária à instrução do pedido
- Determinar apresentação do paciente (1), inclusive na sessão de julgamento;
- Nomear advogado para acompanhar o processamento do feito, se o impetrante (2) não for bacharel em Direito;
- Mandar expedir, no *habeas corpus* preventivo, salvo-conduto até decisão do feito, se houver grave risco de consumar-se a violência.

(1) **Paciente, o beneficiário do HC**, e não impetrante!

(2) **Atenção**: impetrante, e não paciente, não bacharel em Direito

2. **Manifestação da Procuradoria de Justiça (MPDFT):** Recebidas as informações e cumpridas as diligências determinadas pelo relator, os autos serão remetidos, independentemente de despacho, à **Procuradoria de Justiça** para oferta de parecer **em 5 (cinco) dias**.

Como esse assunto foi cobrado em concurso?

No concurso para Analista Judiciário/Execução de Mandados (2003) foi perguntado: *"Devido ao rito célere da ação de habeas corpus, é facultativa a intervenção do MPDFT, ao qual os autos serão remetidos apenas se o relator considerar que isso não retardará o julgamento do processo".* O item foi considerado errado, tendo em vista o disposto no art. 216 do RITJDFT.

3. **Julgamento em mesa:** O relator apresentará o processo para julgamento em mesa, na primeira sessão seguinte ao recebimento dos autos advindos da Procuradoria de Justiça (não inclui em pauta)

4. **Decisão de *habeas corpus*:** A decisão de *habeas corpus* será imediatamente comunicada pelo presidente do órgão julgador à autoridade apontada como coatora, a quem caberá tomar as providências necessárias para o cumprimento dela. Tão logo registrado o acórdão, a respectiva cópia será encaminhada à autoridade.

Como esse assunto foi cobrado em concurso?

No concurso para Analista Judiciário/Área Judiciária (2015) foi perguntado: *"Caso um advogado impetre pedido de habeas corpus no TJDFT em favor de um cliente seu e a referida medida for concedida, a decisão será cumprida, independentemente de acórdão".* O item foi considerado correto por corresponder ao art. 133, I, e ao art. 218 do RITJDFT.

No concurso para Técnico Judiciário/Área administrativa (2007) foi perguntado: *"A 1.ª Turma do TJDFT, ao analisar habeas corpus impetrado em favor de paciente preso, decidiu conceder a medida. Nessa situação, a exequibilidade da decisão depende da elaboração do acórdão".* O item foi considerado errado, tendo em vista o disposto no inciso I do art. 133 e no art. 218 do RITJDFT.

O Tribunal expedirá, entretanto, os alvarás de soltura e os salvo-condutos, sempre subscritos pelo presidente do órgão julgador.

Em se tratando de anulação do processo originário, a autoridade apontada como coatora poderá renovar os atos anulados, independentemente do recebimento do acórdão do *habeas corpus*, desde que, para isso, tenha os elementos necessários.

Como esse assunto foi cobrado em concurso?

No concurso para Analista Judiciário/Atividade Processual (2003) foi perguntado: "*Considere a seguinte situação hipotética. O TJDFT concedeu habeas corpus para anular atos de uma ação penal de competência do juízo do primeiro grau, em virtude de nulidades processuais. O juiz de primeiro grau apercebeu-se dessas nulidades e, antes mesmo de ser comunicado oficialmente do acórdão concessivo da ordem, anulou os atos defeituosos e passou a refazê-los regularmente. Nessa situação, não poderia o juiz tomar a iniciativa descrita antes de receber o acórdão da ação de habeas corpus*". O item foi considerado errado, tendo em vista o disposto no art. 218, §2º, do RITJDFT.

Importante frisar que a comunicação da decisão de *habeas corpus*, bem como a assinatura dos alvarás de soltura e de salvo-conduto ficarão sempre a cargo do presidente do órgão julgador, e não do relator!

Fiança: A prestação de fiança decorrente de ordem concessiva de *habeas corpus* em Segundo Grau de Jurisdição será efetivada perante o relator, que poderá delegar a atribuição a magistrado de Primeiro Grau.

Concessão de ofício: Os órgãos julgadores concederão *habeas corpus* de ofício sempre que, em processos sujeitos a seu julgamento, concluam pela existência de constrangimento ilegal à liberdade de locomoção e de permanência.

O Conselho Especial e a Câmara Criminal poderão conceder *habeas corpus* na hipótese deste artigo, ainda que a competência originária seja da Turma.

5.2.6.4. *Fluxograma do* Habeas Corpus

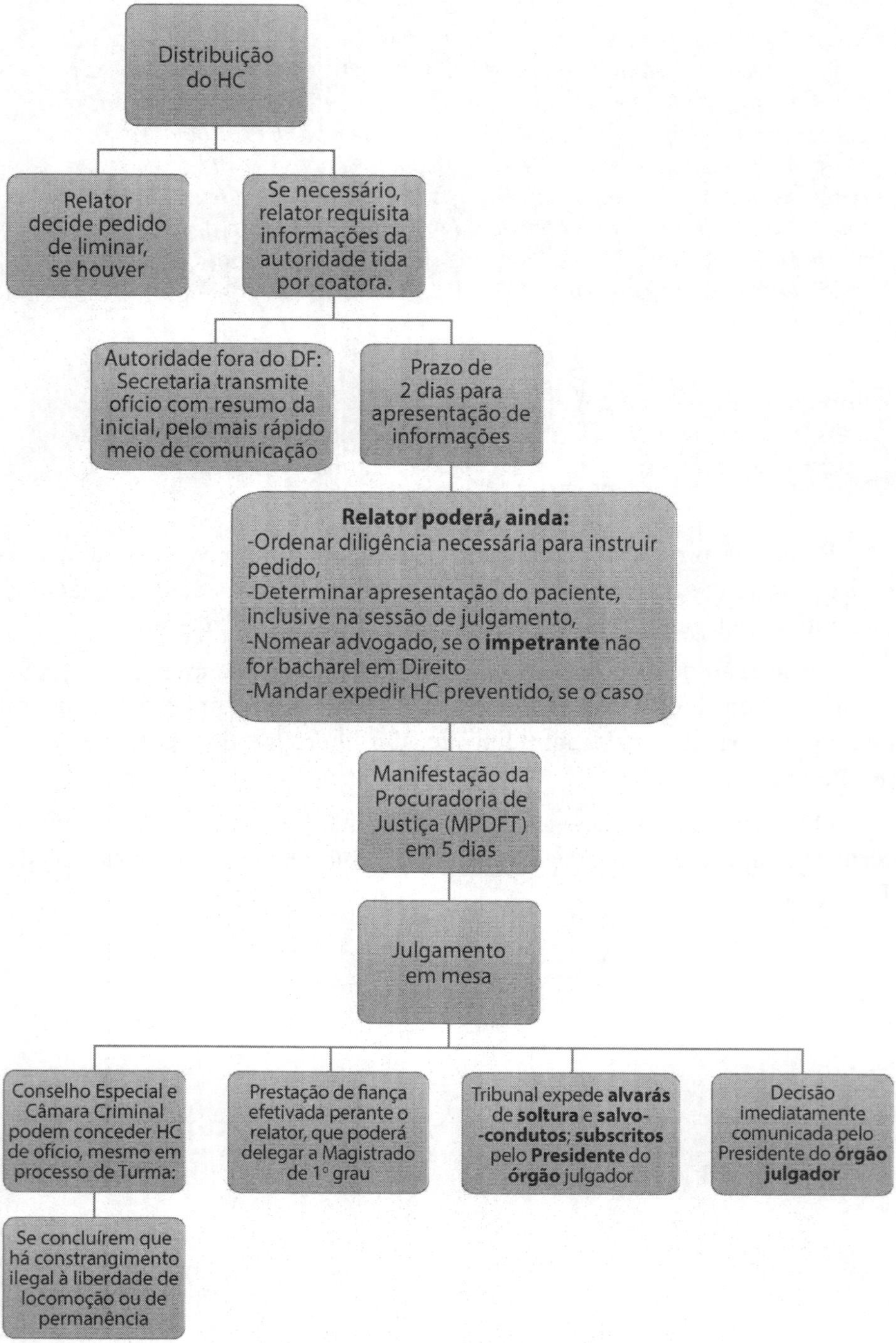

5.2.7. Mandado de Segurança

5.2.7.1. Linhas gerais

Cabimento: De acordo com o art. 5º, LXIX, da Constituição Federal, "conceder-se-á mandado de segurança para proteger direito líquido e certo, não amparado por *habeas corpus* ou *habeas data*, quando o responsável pela ilegalidade ou abuso de poder for autoridade pública ou agente de pessoa jurídica no exercício de atribuições do Poder Público".

Direito líquido e certo: Fala-se em direito líquido e certo aquele não depende de mais provas a serem colhidas no decorrer do processo (tais como perícias, testemunhas etc.), ou seja, trata-se de um direito que pode ser evidenciado de plano.

Impetrante: autor do mandado de segurança

Autoridade coatora/impetrado: quem pratica o ato tido por ilegal.

5.2.7.2. Órgãos competentes para julgar mandado de segurança

Quem julga? Depende.

QUEM JULGA MANDADO DE SEGURANÇA	
Autoridade coatora	Órgão competente **para julgar**
Presidente do TJDFT Membros do TJDFT Procurador-Geral de Justiça (MPDFT) Presidente da Câmara Legislativa do DF Mesa da Câmara Legislativa do DF Presidente do Tribunal e Contas do DF Membros do TCDF Governador do DF Governadores dos Territórios	Conselho Especial
Relator de recurso distribuído às Turmas Cíveis Juízes do DF Procurador-Geral do DF Secretários de Governo do DF e dos Territórios	Câmara Cível
Magistrado de primeiro grau Relator de recurso distribuído às Turmas Criminais	Câmara Criminal

IMPORTANTE! Turma Especializada não julga mandado de segurança!

5.2.7.3. Procedimento

1. Petição inicial: A petição inicial de mandado de segurança deverá:

I – indicar, precisamente, a autoridade apontada como coatora, bem como a pessoa jurídica que ela integra, à qual está vinculada ou na qual exerce atribuições;

II – especificar nome e endereço completos do litisconsorte (litisconsórcio é a situação em que há dois ou mais autores ou dois ou mais réus), se houver, bem como consignar se ele se encontra em lugar incerto e não sabido;

III – vir acompanhada de cópias, com os documentos que a instruam, em número equivalente ao quantitativo de autoridades informantes e, se houver, de litisconsortes.

2. Distribuição ao relator e providências iniciais: Feita a distribuição e imediata conclusão dos autos, poderá o relator:

I – indeferir a petição inicial quando não for o caso de mandado de segurança ou lhe faltar algum dos requisitos legais ou quando decorrido o prazo legal para a impetração;

II – preenchidos os requisitos legais, conceder liminar para suspender os efeitos do ato impugnado até o julgamento final da segurança, facultado a exigência de caução, fiança ou depósito, com o objetivo de assegurar o ressarcimento à pessoa jurídica.

3. Providências seguintes: Recebida a petição inicial, o relator ordenará:

I – a notificação da autoridade apontada como coatora para que, no prazo de 10 (dez) dias, preste as informações;

II – que se dê ciência do feito ao órgão de representação judicial da pessoa jurídica interessada, enviando-lhe cópia da inicial sem documentos, para que, querendo, ingresse no feito;

III – a citação do litisconsorte passivo, se houver, observando-se as disposições da lei processual civil (Lei nº 12.016/2009).

4. Manifestação da Procuradoria de Justiça (10 dias): Prestadas as informações e apresentada resposta pelo litisconsorte, ou decorridos os respectivos prazos, os autos serão remetidos à Procuradoria de Justiça, **independentemente de despacho**, para parecer no prazo improrrogável de 10 (dez) dias.

5. Conclusão dos autos para relator: Devolvidos, os autos serão conclusos ao relator, que, no prazo de 30 (trinta) dias, pedirá a inclusão do processo em pauta para julgamento.

6. Comunicação das decisões: Todas as decisões serão comunicadas à autoridade coatora para o devido cumprimento.

5.2.7.4. Fluxograma do Mandado de Segurança

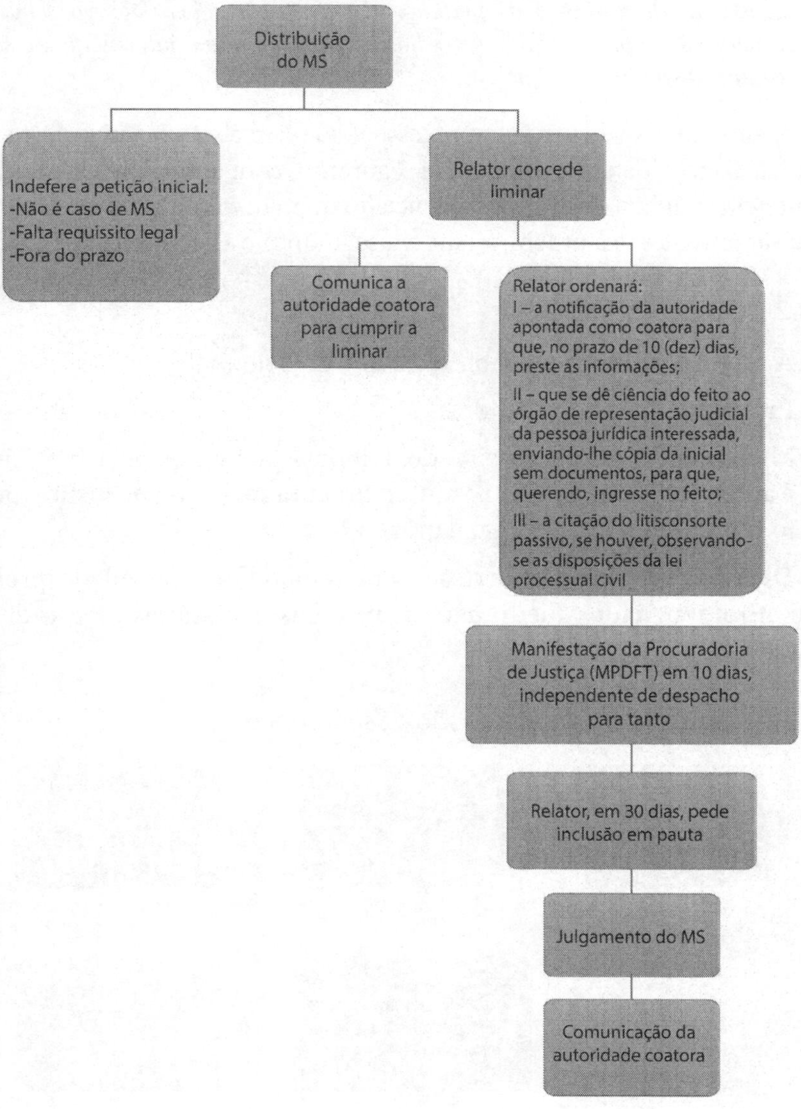

5.2.8. Suspensão de Segurança

5.2.8.1. Linhas gerais

A suspensão de segurança tem previsão o art. 15 da lei n. 12.016/2009, nos seguintes termos:

> *"Art. 15. Quando, a requerimento de pessoa jurídica de direito público interessada ou do Ministério Público e para evitar grave lesão à ordem, à saúde, à segurança e à economia públicas, o presidente do tribunal ao qual couber o conhecimento do respectivo recurso suspender, em decisão fundamentada, a execução da liminar e da sentença, dessa decisão caberá agravo, sem efeito suspensivo, no prazo de 5 (cinco) dias, que será levado a julgamento na sessão seguinte à sua interposição".*

Assim, trata-se de instituto processual que tem como objetivo suspender a liminar concedida em mandado de segurança, com a finalidade de resguardar interesse público, caso reste evidenciado que a decisão proferida seja capaz de causar grave lesão à ordem, à saúde, à segurança e à economia públicas.

5.2.8.2. Procedimento

A quem é distribuída: Ao Presidente do Tribunal.

Prazo para decidir: 48 horas.

Manifestação: O Presidente do Tribunal poderá ouvir, em 5 (cinco) dias, a autoridade que praticou o ato e o Procurador-Geral de Justiça, quando não for o requerente, em igual prazo.

Decisão: A cópia da decisão será remetida à autoridade prolatora do ato impugnado, que tomará as medidas necessárias para o devido cumprimento.

5.2.8.3. Fluxograma da suspensão de segurança

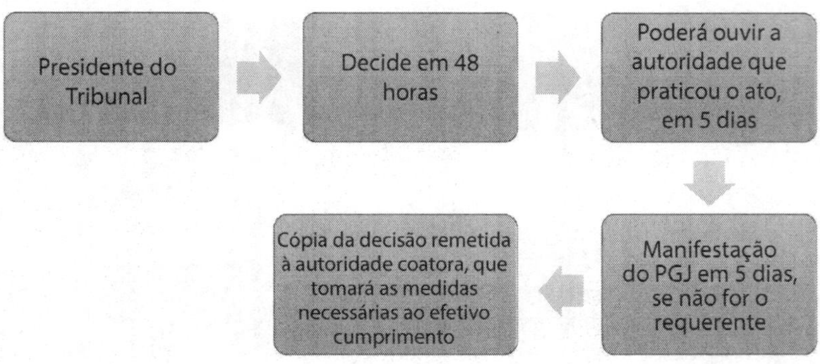

5.2.9. Mandado de Injunção

Cabimento: O mandado de injunção tem previsão no art. 5º, LXXI, da Constituição Federal: "conceder-se-á mandado de injunção sempre que a falta de norma regulamentadora torne inviável o exercício dos direitos e liberdades constitucionais e das prerrogativas inerentes à nacionalidade, à soberania e à cidadania".

Quem julga: Conselho Especial.

Processamento: O seu processamento e julgamento observará as normas relativas ao mandado de segurança, no que couber.

> **Caso concreto**: o TJDFT concedeu mandado de injunção para determinar ao Governo do Distrito Federal que regulamentasse, em até 60 dias, legislação que veda publicidade e propaganda no interior das escolas, ao entendimento de que a lei não é auto aplicável, necessitando de regulamentação, " a fim de viabilizar o crescimento e desenvolvimento saudável das crianças e futuros jovens, sem ingerências deturpadas de valores[7]".

5.2.10. *Habeas Data*

5.2.10.1. Linhas gerais

Cabimento: Nos termos do art.5º, LXXII, da Constituição Federal, "conceder-se-á *habeas data*: a) para assegurar o conhecimento de informações relativas à pessoa do impetrante, constantes de registros ou bancos de dados de entidades governamentais ou de caráter público; b) para a retificação de dados, quando não se prefira fazê-lo por processo sigiloso, judicial ou administrativo".

> **Impetrante**: autor do *habeas data*
>
> **Autoridade impetrada:** de quem se exige as informações

5.2.10.2. Órgãos competentes para julgar habeas data

Quem julga? Depende:

---

7. Acórdão 1172780, 20180020087388MDI, Relator: ROMEU GONZAGA NEIVA, CONSELHO ESPECIAL, data de julgamento: 14/5/2019, publicado no DJE: 24/5/2019. Pág.: 1937/1938.

QUEM JULGA HABEAS DATA	
A quem pertence o ato impugnado	Órgão competente **para julgar**
Presidente do TJDFT Membros do TJDFT Procurador-Geral de Justiça (MPDFT) Presidente da Câmara Legislativa do DF Mesa da Câmara Legislativa do DF Presidente do Tribunal e Contas do DF Membros do TCDF Governador do DF Governadores dos Territórios	Conselho Especial
Procurador-Geral do DF Secretários de Governo do DF	Câmara Cível

5.2.10.3. Procedimento

1. Distribuição e providências do relator: Distribuído o *habeas data*, os autos serão conclusos ao relator, que determinará a solicitação de informações à autoridade impetrada para que as forneça no prazo de 5 (cinco) dias.

2. Manifestação da PGJ ou da Procuradoria de Justiça: 5 dias

3. Julgamento em mesa: Devolvidos, os autos serão conclusos ao relator, que os levará para julgamento em mesa, na sessão subsequente (não inclui em pauta!)

4. Decisão: As decisões de mérito serão comunicadas às autoridades impetradas, que a elas darão cumprimento, praticando, para isso, todos os atos necessários.

5. Acórdão: Após o registro, a cópia do acórdão será remetida às autoridades competentes.

5.2.10.4. Fluxograma do habeas data

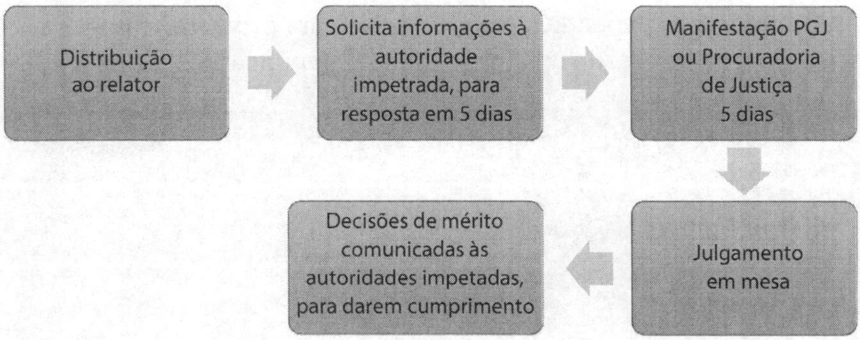

5.2.11. Ação Rescisória

5.2.11.1. Linhas gerais

Conceito: A ação rescisória tem como objetivo desconstituir decisão de mérito, transitada em julgado, ou seja, que não caiba mais recurso (o prazo é de dois anos), por conta de vícios gravíssimos existentes no ato judicial questionado.

> Art. 966, do Código de Processo Civil. A decisão de mérito, transitada em julgado, pode ser rescindida quando:
>
> I – se verificar que foi proferida por força de prevaricação, concussão ou corrupção do juiz;
>
> II – for proferida por juiz impedido ou por juízo absolutamente incompetente;
>
> III – resultar de dolo ou coação da parte vencedora em detrimento da parte vencida ou, ainda, de simulação ou colusão entre as partes, a fim de fraudar a lei;
>
> IV – ofender a coisa julgada;
>
> V – violar manifestamente norma jurídica;
>
> VI – for fundada em prova cuja falsidade tenha sido apurada em processo criminal ou venha a ser demonstrada na própria ação rescisória;
>
> VII – obtiver o autor, posteriormente ao trânsito em julgado, prova nova cuja existência ignorava ou de que não pôde fazer uso, capaz, por si só, de lhe assegurar pronunciamento favorável;
>
> VIII – for fundada em erro de fato verificável do exame dos autos.

5.2.11.2. Órgãos competentes para julgar a ação rescisória

Quem julga: Depende. A competência para processar e julgar a ação rescisória varia de acordo com o ato judicial impugnado.

QUEM JULGA AÇÃO RESCISÓRIA	
Órgão competente para julgar	**Situação**
Conselho Especial	Seus próprios julgados
Câmaras Cíveis	Sentença de primeiro grau Acórdãos das Turmas Cíveis Próprios julgados

- ✓ Turmas Cíveis não julgam ação rescisória!
- ✓ Não existe ação rescisória na área criminal, existe a revisão criminal

5.2.11.3. Procedimento

1. Distribuição A petição inicial da ação rescisória será distribuída, sempre que possível, a relator que não tenha participado do julgamento rescindendo.

2. Emenda. Verificando que a petição inicial não atende aos requisitos legais ou que apresenta defeitos capazes de dificultar o julgamento de mérito, o relator determinará que o autor a emende ou a complete no prazo de 10 (dez) dias, indicando com precisão o que deve ser corrigido e completado.

3. Relator pode:

3.1. ***Indeferir a petição inicial*:** A petição inicial será indeferida (não examina sequer o mérito do pedido):

I – nas hipóteses do art. 330 do Código de Processo Civil;

II – quando não for efetuado o depósito de que trata o art. 968, II, do Código de Processo Civil.

EXTINÇÃO PREMATURA DA AÇÃO RESCISÓRIA	
Indeferimento da inicial (art. 330 do CPC)	Art. 330. A petição inicial será indeferida quando: I – for inepta; II – a parte for manifestamente ilegítima; III – o autor carecer de interesse processual; IV – não atendidas as prescrições dos arts. 106 e 321 . § 1º Considera-se inepta a petição inicial quando: I – lhe faltar pedido ou causa de pedir; II – o pedido for indeterminado, ressalvadas as hipóteses legais em que se permite o pedido genérico; III – da narração dos fatos não decorrer logicamente a conclusão; IV – contiver pedidos incompatíveis entre si.
Depósito do art. 968, II, do CPC	A petição inicial será elaborada com observância dos requisitos essenciais do art. 319 , devendo o autor: (...) II – depositar a importância de cinco por cento sobre o valor da causa, que se converterá em multa caso a ação seja, por unanimidade de votos, declarada inadmissível ou improcedente.

3.2. ***Julgar liminarmente improcedente o pedido*:** nas hipóteses do art. 332 do Código de Processo Civil. Trata-se da improcedência liminar do pedido, examinando o mérito do pedido. Tem esse nome porque o pedido é julgado improcedente mesmo antes de se ouvir a parte contrária.

IMPROCEDÊNCIA LIMINAR DO PEDIDO – ART. 332 DO CPC	
Art. 332. Nas causas que dispensem a fase instrutória, o juiz, independentemente da citação do réu, julgará liminarmente improcedente o pedido que contrariar:	I – enunciado de súmula do Supremo Tribunal Federal ou do Superior Tribunal de Justiça; II – acórdão proferido pelo Supremo Tribunal Federal ou pelo Superior Tribunal de Justiça em julgamento de recursos repetitivos; III – entendimento firmado em incidente de resolução de demandas repetitivas ou de assunção de competência; IV – enunciado de súmula de tribunal de justiça sobre direito local

4. Recebida a inicial: O relator determinará a citação do réu, assinando-lhe prazo, nunca inferior a quinze nem superior a 30 (trinta) dias, para apresentar resposta.

Prazo de 15 a 30 dias

5. Providências preliminares após a resposta ou fim do respectivo prazo: Apresentada a resposta ou decorrido o prazo para fazê-lo, o relator adotará as providências preliminares que se fizerem necessárias.

6. Se não houver necessidade de provas: o relator lançará relatório e determinará a inclusão do processo em pauta para julgamento.

7. Se houver necessidade de provas: o relator saneará[8] o processo e decidirá sobre a sua produção.

*7.1. **Delegação de competência***: O relator poderá delegar competência ao órgão que proferiu a decisão rescindenda para a produção de provas, fixando prazo de 1 (um) a 3 (três) meses para a devolução dos autos.

Por exemplo, o relator poderá encaminhar os autos ao juiz que proferiu a sentença impugnada pela ação rescisória para ouvir uma testemunha.

8. **Prazo para razões finais:** Concluída a instrução, será aberta vista ao autor e ao réu para razões finais, sucessivamente, pelo prazo de 10 (dez) dias.

9. Inclusão em pauta: Em seguida, o relator lançará relatório e determinará a inclusão do processo em pauta para julgamento.

10. Atuação do Ministério Público: Nas hipóteses do art. 178 do Código de Processo Civil, o Ministério Público será intimado para intervir como fiscal da ordem jurídica quando não for parte e terá vista dos autos depois das partes e será intimado de todos os atos do processo.

---

8. Sanear o processo significa apreciar todas as alegações que, em tese, impedem o exame do mérito (alegação de que o órgão julgador não tem competência, que a parte é ilegítima, que houve prescrição etc.), deixando-o pronto para julgar ou para produzir provas.

"Art. 178. O Ministério Público será intimado para, no prazo de 30 (trinta) dias, intervir como fiscal da ordem jurídica nas hipóteses previstas em lei ou na Constituição Federal e nos processos que envolvam:

I – interesse público ou social;

II – interesse de incapaz;

III – litígios coletivos pela posse de terra rural ou urbana".

11. Cópia do relatório aos magistrados que participarão do julgamento

11.1. E se um dos julgadores for justamente o magistrado que proferiu a decisão rescindenda (impugnada pela ação rescisória)? Ele poderá participar do julgamento, tendo em vista que o RIJDFT diz não haver impedimento nesse sentido.

Como esse assunto foi cobrado em concurso?

No concurso para Analista Judiciário/Área Judiciária (2007) foi perguntado: *"Pedro, à época juiz de direito do TJDFT, proferiu sentença de mérito acolhendo pedido formulado nos autos de determinada ação. A referida sentença foi reformada integralmente pelo tribunal e transitou em julgado. Nessa situação, se Pedro for agora desembargador, não poderá participar do julgamento de ação rescisória ajuizada contra o acórdão".* O item foi considerado errado, tendo em vista o disposto no parágrafo único do art. 194 do RITJDFT, pois a decisão rescindenda não foi a sentença e sim o acórdão.

5.2.11.4. Fluxograma da ação rescisória

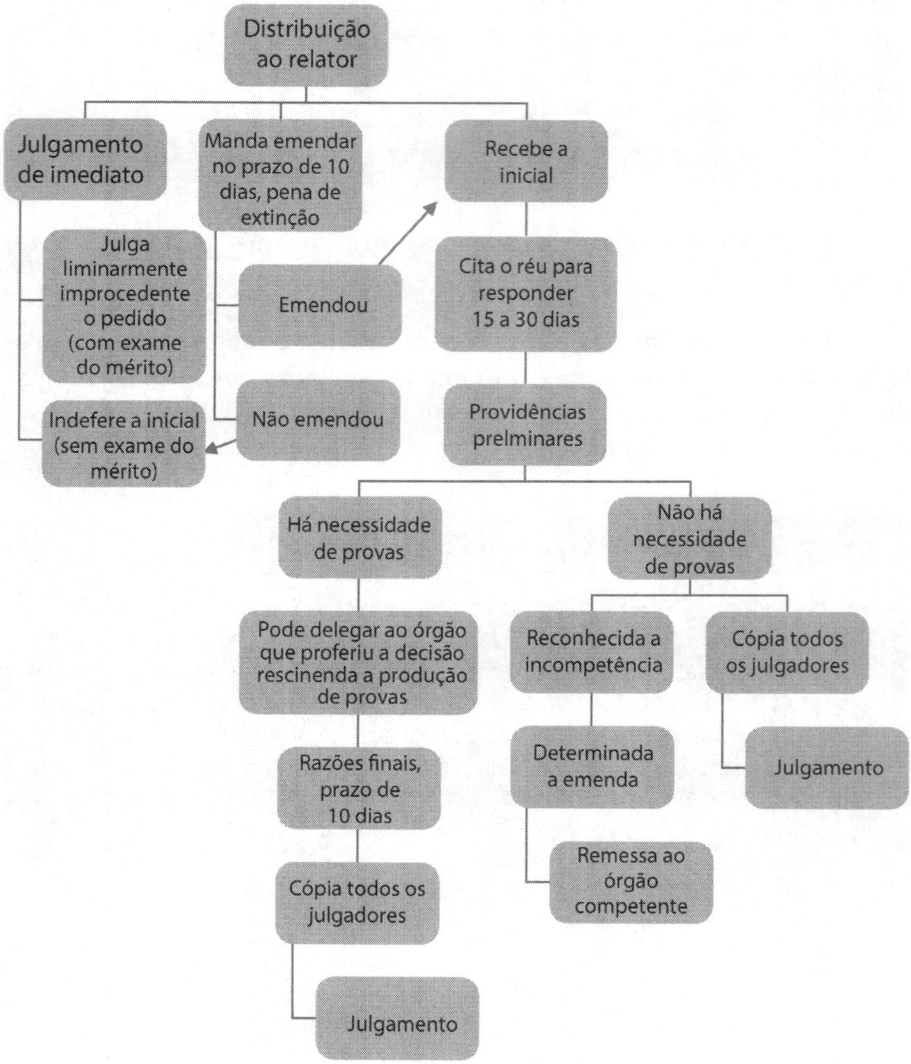

5.2.12. Protesto, Notificação e Interpelação

O protesto, a notificação e a interpelação são feitos que não vão a julgamento por órgão colegiado. A parte contrária é simplesmente comunicada, não havendo possibilidade de resposta.

Protesto: ato pelo qual alguém busca conservar direito próprio

Notificação: ato de dar ciência a alguém a respeito de fato jurídico relevante. Exemplo do locador que notifica o locatário informando o desinteresse na continuidade do contrato.

Interpelação: ato que tem como objetivo de levar ao conhecimento do devedor a sua situação de inadimplência de uma obrigação.

Procedimento: Os pedidos de protesto, de notificação ou de interpelação serão processados em conformidade com as leis processuais civis e penais.

Assim, feita a intimação e decorridas 48 (quarenta e oito) horas, os autos serão entregues ao notificante independentemente de traslado.

5.2.13. Inquérito

O inquérito é o feito pelo qual se apura a prática de crime, reunindo-se provas necessárias a subsidiar a ação penal, no que diz respeito às pessoas que devem ser julgadas pelo Conselho Especial do TJDFT.

Recapitulando:

CONSELHO ESPECIAL JULGA	
Crimes comuns e de responsabilidade	Governadores dos Territórios Vice-Governador do Distrito Federal Secretários dos Governos do Distrito Federal e dos Territórios Juízes de Direito do Distrito Federal e dos Territórios Juízes de Direito Substitutos do Distrito Federal e dos Territórios
Crimes comuns	Deputados Distritais

O inquérito será instaurado e desenvolvido, no que couber, de acordo com as normas aplicadas à ação penal originária, previstas no RITJDFT (art. 172), na legislação especial (lei nº 8.038/90) e nas leis processuais (Código de Processo Penal).

No TJDFT, a ação penal originária é dividida em duas fases, a do inquérito, anterior ao recebimento da denúncia ou da queixa e da ação penal propriamente dita, posterior ao recebimento da denúncia ou da queixa. A seguir, passaremos ao estudo da ação penal originária.

5.2.14. Ação Penal Originária

5.2.14.1. Linhas gerais

A ação penal originária é o processo pelo qual são processadas e julgadas criminalmente as pessoas que têm foro no TJDFT.

CONSELHO ESPECIAL JULGA	
Crimes comuns e de responsabilidade	Governadores dos Territórios Vice-Governador do Distrito Federal Secretários dos Governos do Distrito Federal e dos Territórios Juízes de Direito do Distrito Federal e dos Territórios Juízes de Direito Substitutos do Distrito Federal e dos Territórios
Crimes comuns	Deputados Distritais

Quem julga: Conselho Especial.

A denúncia nos crimes de ação penal pública e nos crimes de responsabilidade, a queixa nos de ação penal privada e a representação, quando indispensável ao exercício da primeira, serão regidas pelas leis processuais pertinentes.

É importante destacar, também, que a ação penal originária se divide em duas fases: a) a anterior ao recebimento da denúncia ou da queixa, quando o feito é autuado como inquérito, e, b) a posterior ao recebimento da denúncia ou da queixa, quando o feito passa a ser autuado como ação penal.

5.2.14.2. Procedimento da ação penal originária

PRIMEIRA FASE

Trataremos aqui da fase inicial, em que o feito tramita como inquérito, **antes**, portanto, do recebimento da denúncia.

1. Distribuição do inquérito: Distribuído inquérito ou representação que se refira a crime cuja competência para apurar seja originária do Tribunal e que verse sobre a prática de crime de ação pública ou de responsabilidade, o relator encaminhará os autos à Procuradoria-Geral de Justiça, que terá o prazo de 15 (quinze) dias para oferecer denúncia ou para requerer arquivamento. Se o indiciado estiver preso, o prazo será de 5 (cinco) dias, contado do termo de vista.

1.1. E se houver pedido de prisão cautelar ou comunicação de prisão em flagrante? Se existir pedido de prisão cautelar ou comunicação de prisão em flagrante, tão logo distribuídos, os autos serão conclusos ao relator, que decidirá em 24 (vinte e quatro) horas.

1.2. Diligências **complementares:** O Procurador-Geral de Justiça poderá requerer diligências complementares, que, se deferidas pelo relator, interrompem o prazo previsto no *caput* deste artigo, salvo se o indiciado estiver preso. Se as diligências forem indispensáveis ao oferecimento da denúncia, o relator determinará o relaxamento da prisão do indiciado; se dispensáveis, o relator determinará que se realizem, separadamente, depois de oferecida a denúncia, sem prejuízo da prisão e do desenvolvimento regular do processo.

2. E se houver pedido de arquivamento? O pedido de arquivamento feito pelo Procurador-Geral de Justiça será deferido pelo relator ou por este submetido à decisão do Conselho Especial.

Como esse assunto foi cobrado em concurso?

No concurso para Técnico Judiciário/Área Administrativa e Judiciária (2003) foi perguntado (com adaptações): *"Se o procurador-geral de justiça do MPDFT requerer o arquivamento de inquérito ou peças de informação sobre possível crime cujo julgamento seja de competência originária do TJDFT, o relator do feito deverá deferir o pedido ou submetê-lo à decisão ao Conselho Especial."*. O item foi considerado correto por corresponder ao art. 173 do RITJDFT.

No concurso para Técnico Judiciário/Área Administrativa e Judiciária (2000) foi perguntado: *"Se o Procurador-Geral de Justiça receber os autos de inquérito ou representação e requerer-lhes o arquivamento, o Tribunal poderá discordar dessa providência, caso entenda que a hipótese seja de oferecimento de denúncia; nesse caso, deverá remeter os autos ao Procurador-Geral da República para que os reexamine e adote as medidas adequadas"*. O item foi considerado errado, tendo em vista o disposto no art. 173 do RITJDFT.

3. Inquérito sobre crime de ação penal pública condicionada à representação ou de ação penal privada: o relator determinará seja aguardada a iniciativa do ofendido ou de quem, por lei, esteja autorizado a representar ou a oferecer queixa-crime.

3.1. ***E se for caso de decadência?*** Ao verificar a decadência, o relator, ouvida a Procuradoria-Geral de Justiça, julgará extinta a punibilidade, determinando o arquivamento dos autos.

3.2. ***Crime contra a honra:*** Nos processos relativos a crime contra a honra, o relator, antes de receber a queixa, procurará reconciliar as partes, adotando o procedimento previsto no art. 520 do Código de Processo Penal. Se qualquer das partes não comparecer, ter-se-á por prejudicada a tentativa de conciliação.

Como esse assunto foi cobrado em concurso?

No concurso para Técnico Judiciário/Área Administrativa e Judiciária (2000) foi perguntado: "*Considere a seguinte situação hipotética: Carlos ajuizou queixa contra Pedro por crime contra a honra, em processo de competência originária do TJDFT. O relator, antes de receber a queixa, determinou a intimação do querelante e do querelado, com a finalidade de conciliá-los. À sessão de conciliação, não compareceu o querelante, mas somente o querelado. Nessa situação, o relator não deverá determinar o arquivamento da queixa, mas o prosseguimento do feito, considerando que a ausência de uma das partes prejudica a tentativa de conciliação*". O item foi considerado correto por corresponder ao art. 176, parágrafo único do RITJDFT.

4. Notificação do acusado: O relator, antes do recebimento ou da rejeição da denúncia ou da queixa, mandará notificar o acusado por mandado, para oferecer resposta escrita no prazo de 15 (quinze) dias. Com a notificação, será entregue ao acusado cópia da denúncia ou da queixa, do despacho do relator e dos documentos indicados por ele.

4.1. ***Paradeiro do acusado desconhecido:*** é feita a notificação por edital, com o teor resumido da acusação, para que compareça ao Tribunal em 5 (cinco) dias, onde terá vista dos autos pelo prazo de 15 (quinze) dias, a fim de apresentar a resposta prevista neste artigo.

5. Apresentação da resposta do acusado: Nesse momento, o acusado apresenta suas razões de fato e de direito pelas quais entende que não deve ser processado.

5.1. ***Juntada de novos documentos com a resposta:*** a parte contrária será intimada para se manifestar sobre eles no prazo de 5 (cinco) dias. Na ação penal privada, a Procuradoria-Geral de Justiça será ouvida em igual prazo.

6. Manifestação da Procuradoria-Geral de Justiça: Prazo de cinco dias.

7. Recebimento ou rejeição da denúncia ou da queixa: Relator pode adotar uma das seguintes providências:

7.1. ***Relator decide monocraticamente (sozinho):*** A decisão do relator que rejeitar a denúncia ou a queixa será submetida ao Conselho Especial; ou,

7.2. ***Relator submete ao Conselho Especial:*** o relator pedirá dia para que o Conselho Especial delibere sobre o recebimento ou a rejeição da denúncia ou da queixa ou sobre a improcedência da acusação, se a decisão não depender de outras provas.

Como esse assunto foi cobrado em concurso?

No concurso para Analista Judiciário/Área Judiciária (2007) foi perguntado: *"Determinado desembargador, designado relator em ação penal de competência originária do TJDFT, proferiu decisão rejeitando a denúncia, por manifesta ilegitimidade da parte. Nessa situação, a referida decisão deve ser submetida ao Conselho Especial".* A assertiva foi considerada correta por corresponder ao art. 177 do RITJDFT.

8. Sustentação oral: Será facultada, consecutivamente, à acusação e à defesa pelo prazo de quinze minutos.

9. Acórdão de recebimento da denúncia/queixa publicado: o inquérito autuado como ação penal e distribuído ao mesmo relator ou àquele designado no acórdão.

SEGUNDA FASE

A segunda fase tem início com o recebimento da denúncia ou da queixa, quando passa a ser autuada como ação penal.

1. Recebimento da peça acusatória e interrogatório: Recebida a denúncia ou a queixa, o relator designará dia e hora para o interrogatório, citará o acusado ou o querelado e intimará o Procurador-Geral de Justiça, o assistente de acusação, se houver, bem como o querelante ou seu advogado.

1.1. ***Delegação do interrogatório e de atos de instrução:*** O relator poderá delegar a realização do interrogatório e de quaisquer atos de instrução a magistrado de Primeiro Grau.

Como esse assunto foi cobrado em concurso?

No concurso para Analista Judiciário/Execução de Mandados (2003) foi perguntado: *"No processamento da ação penal originária, todos os atos instrutórios podem ser delegados pelo relator a juiz de primeiro grau"*. O item foi considerado correto por corresponder ao art. 182, parágrafo único, do RITJDFT.

No concurso para Técnico Judiciário/Área Administrativa e Judiciária (2000) foi perguntado: *"No processo penal de competência do Tribunal, o relator poderá delegar a realização de atos instrutórios a juiz de direito"*. O item foi considerado correto por corresponder ao art. 182, parágrafo único, do RITJDFT.

2. Ausência do acusado ao interrogatório: Se o acusado não comparecer, sem motivo justificado, o relator nomear-lhe-á defensor.

3 Defesa prévia após interrogatório: O prazo para a defesa prévia será de 5 (cinco) dias, contado do interrogatório ou da intimação do defensor dativo.

4. Fase de instrução: A instrução obedecerá, no que couber, ao procedimento ordinário do Código de Processo Penal e ao disposto na Lei 8.038, de 28 de maio de 1990.

5. Diligências pela acusação e defesa: Concluída a inquirição de testemunhas, serão intimadas a acusação e a defesa para requerer diligências no prazo de 5 (cinco) dias.

6. Alegações finais: Se realizadas as diligências ou se estas não forem requeridas nem determinadas pelo relator, a acusação e a defesa serão intimadas para, sucessivamente, apresentarem alegações escritas no prazo de 15 (quinze) dias.

7. Manifestação da Procuradoria-Geral de Justiça nas ações penais privadas: Após as alegações escritas das partes, a Procuradoria-Geral de Justiça será ouvida no prazo de 15 (quinze) dias.

8. Relatório, remessa ao revisor e pauta: Após lançar relatório nos autos e remetê-los ao revisor, que pedirá dia para julgamento, a pauta será publicada com 10 (dez) dias de antecedência, intimadas a acusação e a defesa. Serão distribuídas cópias do relatório aos desembargadores componentes do Conselho Especial.

9. Sustentação oral: Na sessão de julgamento, a acusação e a defesa terão, sucessivamente, nessa ordem, prazo de uma hora para sustentação oral, assegurado ao assistente um quarto do tempo da acusação.

10. Julgamento: Encerrados os debates, o Tribunal proferirá o julgamento.

5.2.14.3. *Fluxograma da ação penal originária*

PRIMEIRA FASE

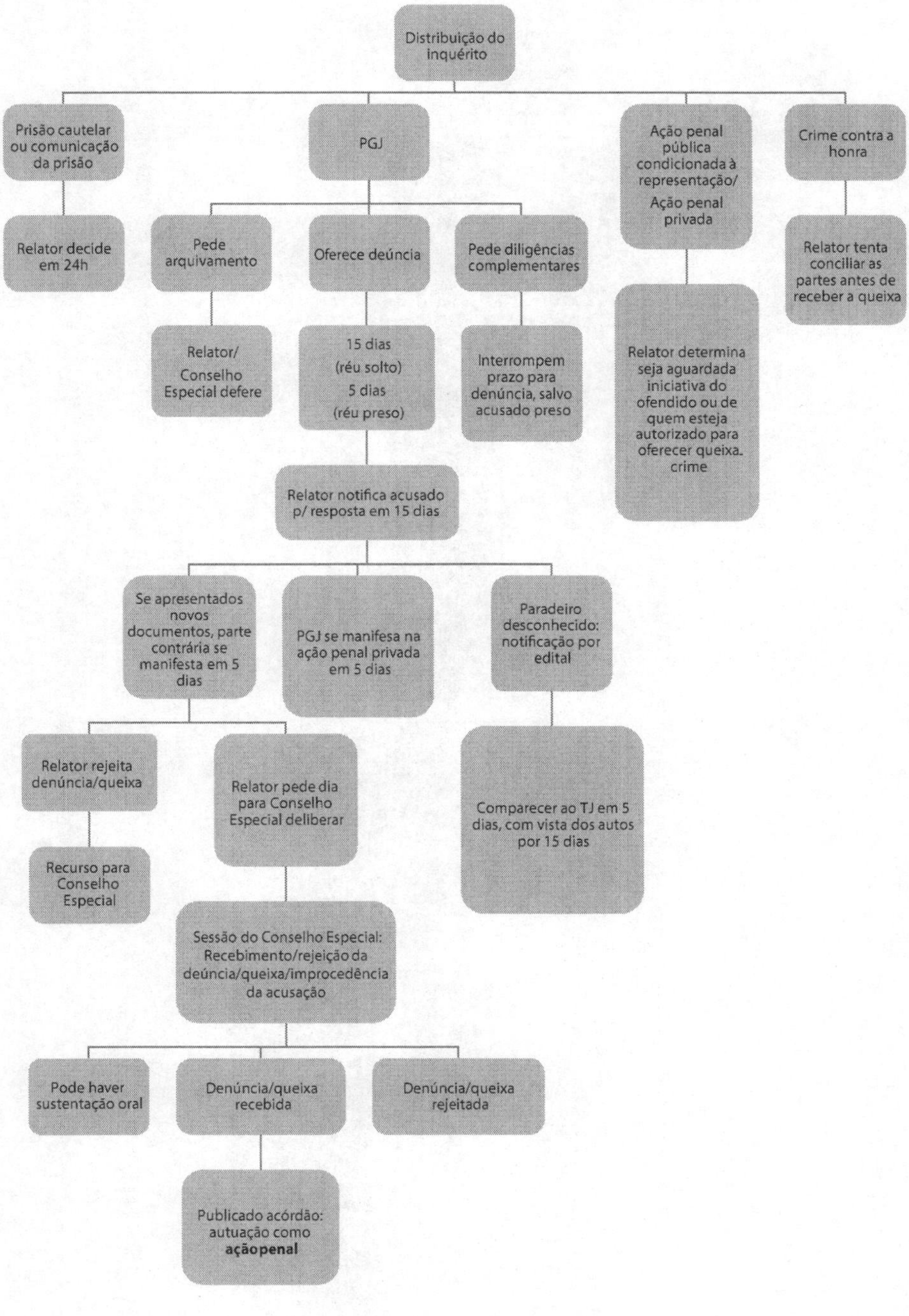

SEGUNDA FASE

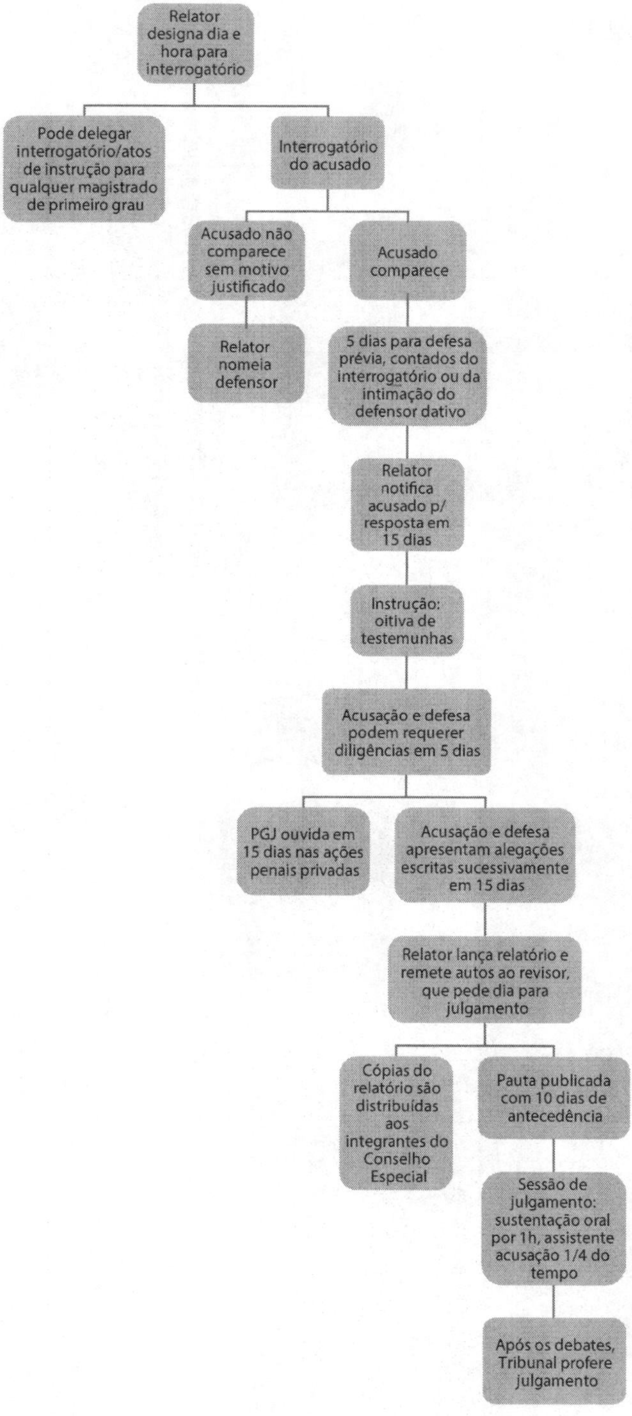

5.2.15. Desaforamento

O que é: O desaforamento é o deslocamento da competência do julgamento em plenário de júri de uma comarca para outra, da mesma região, nas seguintes hipóteses:

I. Fundadas dúvidas quanto à segurança pessoal do acusado ou à existência de condições para que os jurados decidam com imparcialidade;
II. Interesse da ordem pública o reclamar;
III. Em razão do comprovado excesso de serviço, se o julgamento não puder ser realizado no prazo de seis meses, contado da preclusão da decisão de pronúncia, não se computando, para contagem do prazo, o tempo de adiamentos, de diligências ou de incidentes de interesse da defesa.

Quem julga: Câmara Criminal.

Quem pode pedir o desaforamento: Ministério Público, assistente, querelante ou acusado, em petição fundamentada e instruída com as provas dos fatos alegados, ou por meio de representação do juiz competente.

Produção de provas: O requerente, quando não houver procedido à justificação judicial quanto à necessidade do desaforamento, poderá pleitear ao relator a produção de provas.

Cabe recurso da decisão do relator que deferir ou indeferir a produção de provas? Não

Suspensão do julgamento do júri: Se os motivos alegados forem relevantes, o relator poderá determinar, fundamentadamente, a suspensão do julgamento pelo júri.

Quando não cabe desaforamento: O pedido de desaforamento não será admitido na pendência de recurso contra a decisão de pronúncia ou na tramitação de recurso contra decisão do júri, salvo, nesta última hipótese, quanto a fato ocorrido durante ou após a realização de julgamento que se pretenda anular.

Pedido de imediato julgamento: O acusado poderá requerer ao Tribunal de Justiça que determine a imediata realização do julgamento, se não houver excesso de serviço ou processos aguardando julgamento em quantidade que ultrapasse a possibilidade de apreciação pelo Tribunal do Júri, nas reuniões periódicas previstas para o exercício.

DESAFORAMENTO		
Quem pode pedir?	MP Assistente Querelante Acusado	Petição fundamentada e instruída com a prova dos fatos alegados
Quem julga?	Câmara Criminal	
Cabe pedido de provas?	Sim, pelo requerente	Quando não houver procedido à justificação judicial
Cabe recurso da decisão do relator que indeferir as provas?	Não	
Pode suspender julgamento do Tribunal do Júri?	Sim	Se os motivos alegados forem relevantes, o relator poderá determinar, fundamentadamente, a suspensão
Quando não cabe desaforamento?	-Na pendência de recurso contra a decisão de pronúncia -Na tramitação de recurso contra decisão do júri	Salvo se, nesta última hipótese, quanto a fato ocorrido durante ou após a realização de julgamento que se pretenda anular
Pedido de imediato julgamento?	Sim	Se não houver excesso de serviço ou processos aguardando julgamento em quantidade que ultrapasse a possibilidade de apreciação pelo Tribunal do Júri, nas reuniões periódicas previstas para o exercício.

5.2.15.1. Procedimento

1. Distribuição do pedido: O pedido de desaforamento será distribuído imediatamente

2. Atitudes do relator: O relator poderá adotar os seguintes procedimentos:

2.1. Indeferimento liminar: o pedido pode ser rejeito se não for cabível.

2.2. Requisição de informações ao juiz Presidente do Tribunal do Júri: Se não indeferir liminarmente o pedido, o relator, se não for caso indeferimento liminar do pedido, o relator requisitará informações ao juiz Presidente do Tribunal do Júri, que as prestará no prazo de 5 (cinco) dias, quando essa autoridade não tiver sido o representante.

3. Resposta: O defensor do acusado, o querelante, o Ministério Público e o assistente, conforme o caso, serão notificados para oferecer resposta no prazo de 5 (cinco) dias.

4. Fase de produção de provas.

5. Manifestação da Procuradoria de Justiça: Parecer em 10 (dez) dias.

6. Inclusão em pauta: em 10 dias.

7. Realização de sessão de julgamento.

8. Sustentação oral: quinze minutos

9. Deferimento do pedido: Deferido o pedido, que abrangerá os corréus, determinar-se-á qual Tribunal do Júri realizará o julgamento. A decisão, independentemente da publicação do acórdão, será comunicada para cumprimento.

10. É possível o reaforamento? Não, ainda que cessados os motivos determinantes da designação de outro Tribunal do Júri. Ou seja, o processo não volta ao juízo anterior.

11. Remessa ao Tribunal do Júri competente: Julgado o desaforamento, ainda que pendente a publicação de acórdão, os autos serão remetidos à Vara do Tribunal do Júri onde deverá ser realizado o julgamento.

5.2.15.2. Fluxograma do desaforamento

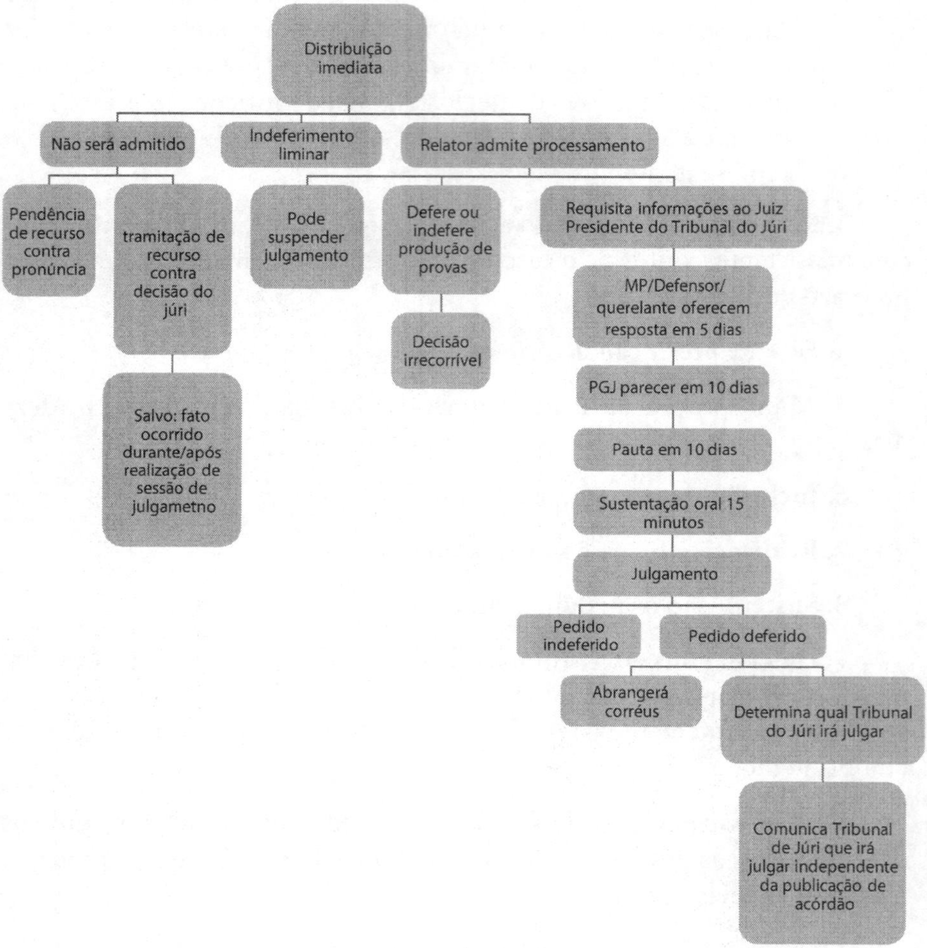

5.2.16. Revisão Criminal

5.2.16.1. Linhas gerais

A revisão criminal é a ação que busca desconstituir a decisão condenatória mesmo após o trânsito em julgado.

Assim como na área cível existe a ação rescisória, na área criminal o instrumento processual é a revisão criminal, que pode ser ajuizada a qualquer momento, sem prazo, nas hipóteses do art. 621 do Código de Processo Penal.

"Art. 621 do CPP. A revisão dos processos findos será admitida:

I – quando a sentença condenatória for contrária ao texto expresso da lei penal ou à evidência dos autos;

II – quando a sentença condenatória se fundar em depoimentos, exames ou documentos comprovadamente falsos;

III – quando, após a sentença, se descobrirem novas provas de inocência do condenado ou de circunstância que determine ou autorize diminuição especial da pena".

5.2.16.2. Órgãos competentes

Quem julga? Depende. A competência para processar e julgar a revisão criminal varia de acordo com o ato judicial impugnado.

QUEM JULGA REVISÃO CRIMINAL	
Órgão competente para julgar	**Situação**
Conselho Especial	Seus próprios julgados
Câmara Criminal	Sentença de primeiro grau Acórdãos das Turmas Criminais Próprios julgados

5.2.16.3. Procedimento:

1. Petição inicial: A petição inicial de revisão criminal será instruída com a certidão do trânsito em julgado da decisão condenatória e com as peças necessárias à comprovação dos fatos arguidos.

> ***1.1. Pedido insuficientemente instruído***: O relator, se julgar insuficientemente instruído o pedido e conveniente a apensação dos autos originais, poderá requisitá-los.

2. Distribuição: A revisão será distribuída a desembargador que não tenha prolatado decisão em qualquer fase do processo originário.

2.1. Indeferimento liminar: pode ocorrer, se o pedido for incabível.

3. Manifestação do Ministério Público: 10 dias.

4. Conclusão dos autos ao relator.

5. Conclusão dos autos ao revisor: pedirá dia para julgamento.

6. Julgamento: Julgada a revisão criminal, a secretaria do órgão julgador comunicará a decisão à Vara de Execuções Penais ou à Vara de Execuções das Penas e Medidas Alternativas e à vara de origem.

7. Registro do acórdão: Após o registro do acórdão, a respectiva cópia será remetida ao juízo da execução, quando se tratar de réu preso, e ao juízo de origem.

5.2.16.4. Fluxograma da revisão criminal

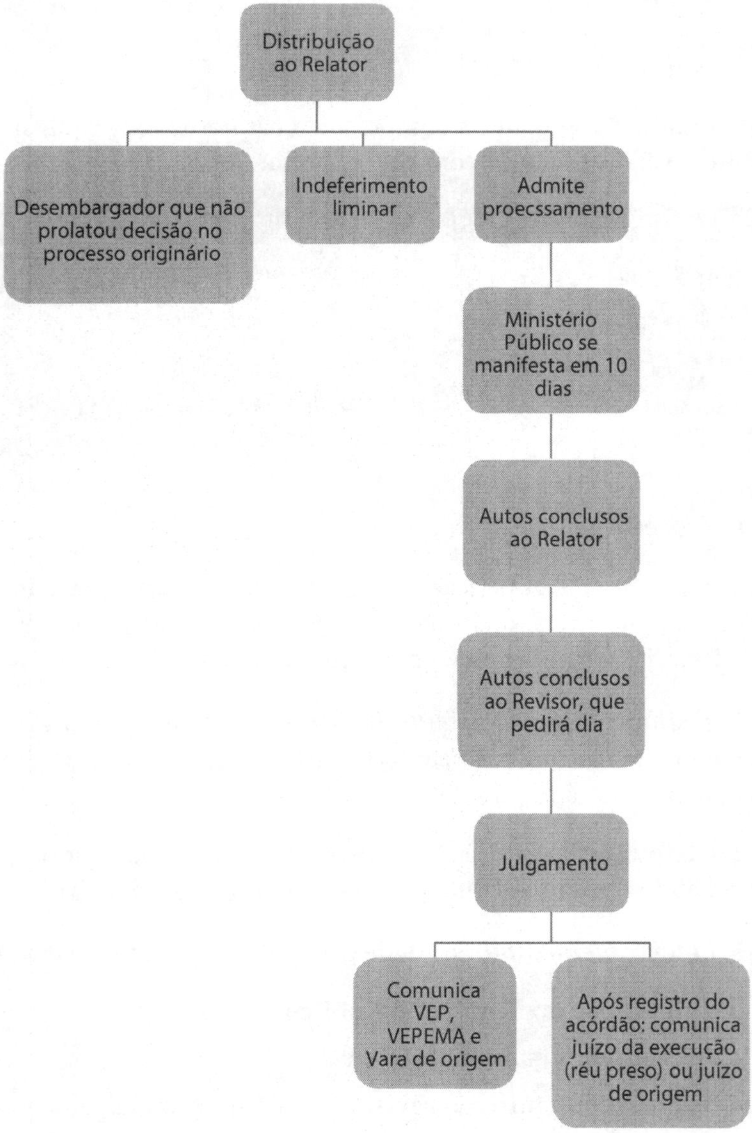

5.2.17. Representação por Indignidade do Oficialato

Os procedimentos oriundos do Conselho de Justificação, para exame da dignidade de Oficial da Polícia Militar e do Corpo de Bombeiros Militar do Distrito Federal ou de oficial dessas corporações nos Territórios Federais, serão julgados pela **Câmara Criminal,** decisão contra a qual não caberá recurso.

> **ATENÇÃO!** A Justiça Militar do Distrito Federal abrange tanto o primeiro quanto o segundo grau. No segundo grau ela é exercida pelo Tribunal de Justiça, no primeiro, pelo Juiz Auditor e pelos Conselhos de Justiça. Ou seja, na primeira instância, o Juiz de Direito atua em conjunto com os Conselhos de Justiça, que são dois:

I – Conselho Especial de Justiça, para processar e julgar os **Oficiais**;

II – Conselho Permanente de Justiça, para processar e julgar os **Praças.**

> Portanto, a Lei de Organização Judiciária do DF fala em Conselhos de Justiça e não em Conselho de Justificação.

Distribuída a representação, os autos serão conclusos ao relator, que determinará a citação do representado para oferecer alegações em 5 (cinco) dias.

A **citação** será efetuada na forma estabelecida nos arts. 277 a 293 do Código de Processo Penal Militar (Decreto-lei 1.002, de 21 de outubro de 1969).

Decorrido o prazo sem manifestação do representado, o relator designar-lhe-á **defensor dativo.**

Oferecidas as alegações de defesa ou expirado o respectivo prazo, os autos serão remetidos à **Procuradoria-Geral de Justiça para emissão de parecer em 5 (cinco) dias.**

Devolvidos, os autos serão **conclusos ao relator, que, no prazo de 10 (dez) dias, pedirá a inclusão do processo em pauta de julgamento.**

No julgamento, a **sustentação oral, pelo prazo de quinze minutos individuais**, será facultada ao advogado do representado e à Procuradoria-Geral de Justiça, e o Conselho deliberará em sessão, sem a presença do público.

Se o Tribunal reconhecer que o representado é indigno para o oficialato, decretará a perda do posto e da patente, e a **cópia do acórdão será**

remetida ao Governador do Distrito Federal ou ao Governador do Território Federal.

5.2.18. Da Representação para a Perda da Graduação das Praças

Os procedimentos oriundos do Conselho de Disciplina, para exame da perda da graduação das praças da Polícia Militar e do Corpo de Bombeiros Militar do Distrito Federal ou das praças dessas corporações nos Territórios Federais, serão julgados pela **Câmara Criminal.**

Como esse assunto foi cobrado em concurso?

No concurso para Analista Judiciário/Área Judiciária (2007) foi perguntado: "*Foi instaurado conselho de disciplina, para exame da perda da graduação pela prática de transgressão disciplinar grave, contra Henrique, praça da Polícia Militar do Distrito Federal. Nessa situação, o procedimento deverá ser julgado por uma das turmas criminais do TJDFT*". O item foi considerado errado, tendo em vista o disposto no inciso VI do art. 23 do RITJDFT.

Quanto ao procedimento, serão **observadas as disposições referentes à Representação por Indignidade para o Oficialato.**

5.2.19. Avocatória

A avocatória é a requisição dos autos pelo Tribunal quando o magistrado de primeiro grau deixa de enviá-los à segunda instância, nos casos de sentença sujeita ao duplo grau de jurisdição, ou seja, quando houver recurso interposto por uma das partes ou pelo Ministério Público contra uma sentença, mas o juiz não remete o processo ao Tribunal para análise.

Quem pede a avocatória? As partes ou o Ministério Público.

Quem requisita os autos? O Presidente do TJDFT.

Como procede? Após a provocação das partes ou do Ministério Público, o Presidente requisitará os autos, que receberão a numeração e a denominação que teriam caso se tratasse de recurso voluntário, sendo a eles apensados os autos da avocatória.

Como esse assunto foi cobrado em concurso?

No concurso para Analista Judiciário/Execução de Mandados (2003) foi perguntado: "*Considere a seguinte situação. Um juiz proferiu sentença concessiva de mandado de segurança, caso em que, pela legislação processual, a sentença estaria sujeita ao duplo grau de jurisdição, por meio de remessa de ofício. Não houve recurso voluntário da parte do impetrado. O juiz, porém, mesmo ante o duplo grau obrigatório, não remeteu os autos ao TJDFT. Nessa situação, o remédio processual cabível, segundo o RITJDFT, seria o ajuizamento de reclamação no tribunal".* O item foi considerado errado, tendo em vista o disposto no art. 203 do RITJDFT, que trata da avocatória.

5.2.20. Carta Precatória

A carta precatória é a solicitação feita por um magistrado a magistrado de comarca diversa para a prática de determinado ato processual, como a citação ou intimação do autor ou do réu, ou, ainda, para a oitiva de testemunha.

Por exemplo, se um processo tramita em uma Vara Cível em Brasília e a testemunha reside em São Paulo, será expedida uma carta precatória para que o juiz de São Paulo tome o depoimento da testemunha, evitando-se que ela se desloque até a capital federal.

O RITJDFT disciplina a carta precatória destinada a ouvir autoridade que detenha prerrogativa de foro no TJDFT.

A quem a carta precatória é distribuída? A um dos membros do Conselho Especial.

Em que casos? Referente às diligências relacionadas às autoridades que detenham a prerrogativa de foro prevista no art. 13, I, *a*, *b* e *c*, do RITJDFT, ou seja, aquelas que são julgadas pelo Conselho Especial, ou que a elas sejam equiparadas a juízo do Primeiro Vice-Presidente.

Autoridades relacionadas no art. 13, I, a, b e c do RITJDFT: Vamos recapitular a tabela de competências do Conselho Especial:

Processar e julgar orginariamente	
Crimes comuns e de responsabilidade	Governadores dos Territórios Vice-Governador do Distrito Federal Secretários dos Governos do Distrito Federal e dos Territórios Juízes de Direito do Distrito Federal e dos Territórios Juízes de Direito Substitutos do Distrito Federal e dos Territórios

Processar e julgar orginariamente	
Crimes comuns	Deputados Distritais **Crimes de responsabilidade** praticados por Deputados Distritais são julgados pela **Câmara Legislativa do DF.**

REMÉDIOS CONSTITUCIONAIS	
Mandado de segurança ***Habeas data***	• Atos do Presidente do Tribunal e de qualquer de seus órgãos e membros, • Atos do Procurador-Geral da Justiça do Distrito Federal e dos Territórios, • Atos dos Juízes do Distrito Federal e dos Territórios, • Atos do Governador do Distrito Federal, dos Governadores dos Territórios, • Atos do Presidente do Tribunal de Contas do Distrito Federal e de qualquer de seus membros, • Atos do Procurador-Geral do Distrito Federal • Atos dos Secretários de Governo do Distrito Federal e dos Territórios
Habeas corpus	• Atos do Presidente do Tribunal e de qualquer de seus órgãos e membros, • Atos do Procurador-Geral da Justiça do Distrito Federal e dos Territórios, • Atos dos Juízes do Distrito Federal e dos Territórios, • Atos do Presidente do Tribunal de Contas do Distrito Federal e de qualquer de seus membros, • Atos do Procurador-Geral do Distrito Federal • Atos dos Secretários
Mandado de injunção	• elaboração da norma regulamentadora de atribuição de órgão, entidade ou autoridade do Distrito Federal, quer da administração direta, quer da indireta

Intervenção da Procuradoria de Justiça (Ministério Público): Caberá ao relator decidir, intimando-a, se necessário.

Quem preside as audiências? O relator, podendo ser delegada a prática de outros atos de instrução a magistrado de Primeiro Grau de Jurisdição.

5.2.21. Conflito de Competência

5.2.21.1. Linhas gerais

O Conflito de Competência ocorre quando dois ou mais juízes (ou tribunais) se declaram competentes (conflito positivo) ou incompetentes (conflito negativo) para julgar determinado processo.

Nos casos previstos em lei, o conflito de competência poderá ser suscitado entre magistrados de primeiro grau, de segundo grau e órgãos fracionários do tribunal. Desse modo, o Conflito de Competência pode ser suscitado entre juízes, entre desembargadores entre ou entre órgãos julgadores.

Pode, ainda, ser suscitado pelas partes, pelo Ministério Público ou pelo magistrado.

Suscitante: é o magistrado ou órgão fracionário que suscita o conflito, ou seja, quem propõe o conflito de competência.

Suscitado: é o magistrado ou órgão fracionário contra quem o conflito de competência é apresentado.

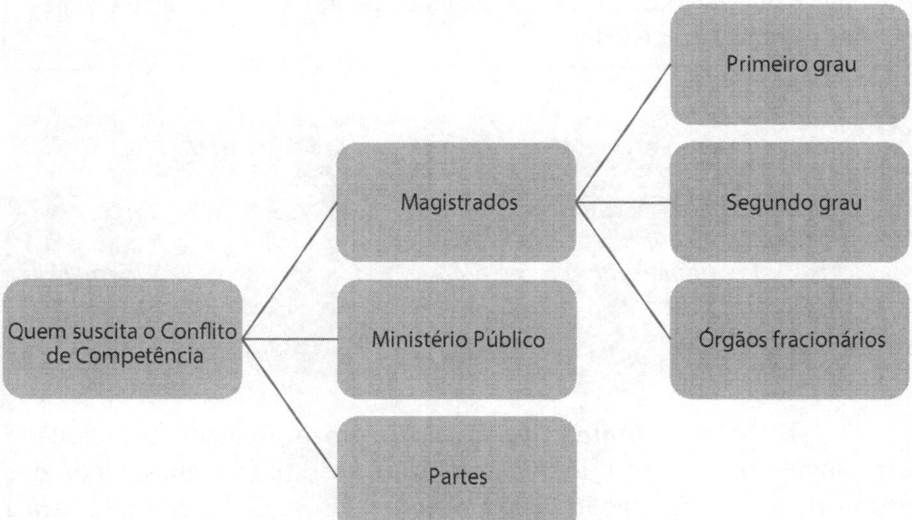

5.2.21.2. Procedimento

1. **Distribuição:** O Conflito é distribuído a um relator, que poderá:

1.1. Ouvir os juízes: determina a oitiva dos juízes em conflito ou, se um deles for suscitante, apenas do suscitado.

***1.2. Sobrestamento*:** Quando o conflito for positivo, poderá determinar o sobrestamento (suspensão) do processo e, nesse caso, bem como no de conflito negativo, designar um dos juízes para resolver, em caráter provisório, as medidas urgentes.

CONFLITO DE COMPETÊNCIA		
Situação	**Sobrestamento do processo**	**Designa juiz para resolver medidas urgentes**
Conflito Positivo	SIM	SIM
Conflito Negativo	NÃO	SIM

IMPORTANTE: No conflito negativo, não é necessário determinar o sobrestamento do feito, já que nesse caso nenhum dos juízes entende ser o competente para processar o feito.

Como esse assunto foi cobrado em concurso?

No concurso para Analista Judiciário/Atividade Processual (2003) foi perguntado: "*Nos conflitos de competência, caberá ao relator praticar os atos necessários ao impulso do processo gerador do conflito, até o julgamento deste*". O item foi considerado errado, tendo em vista o disposto no art. 207, II, do RITJDFT.

2. **Ministério Público:** Decorrido o prazo assinado pelo relator, será ouvido o Ministério Público, no prazo de 5 (cinco) dias, ainda que as informações não tenham sido prestadas; em seguida, o conflito irá a julgamento.

3. **Julgamento:** Após o julgamento, os autos em que foi manifestado o conflito de competência serão remetidos ao juízo declarado competente.

2.1. Remessa ao juízo competente independentemente de acórdão[9]: Suscitado o conflito nos autos originários, nas hipóteses admitidas na legislação processual penal, estes serão remetidos ao juízo declarado competente independentemente de acórdão, o qual será remetido posteriormente com a certidão da publicação e, se houver, com a do trânsito em julgado.

4. Julgamento de plano pelo relator: O relator poderá julgar de plano o conflito de competência, ou seja, deixar de submeter ao órgão fracionário, quando sua decisão se fundar em:

I – Súmula do Supremo Tribunal Federal, do Superior Tribunal de Justiça ou do próprio tribunal;

II – Tese firmada em julgamento de casos repetitivos ou em incidente de assunção de competência

Nesses casos, por já existir jurisprudência consolidada, a decisão monocrática do relator tem como objeto abreviar o processo, evitando-se desnecessária realização de sessão de julgamento para tratar de um tema já pacificado pelos tribunais.

9. Remetemos o leitor ao item 4.7.4, que relaciona os tipos de decisão que independem de acórdão para cumprimento imediato: que conceder *habeas corpus* ou mandado de segurança; que, em *habeas corpus* ou mandado de segurança, declinar da competência para outro órgão do Tribunal ou juízo de Primeiro Grau do Distrito Federal e dos Territórios; que decidir conflito de competência; que implicar conversão do julgamento em diligência, cabendo ao relator sugerir a inclusão, na papeleta de julgamento, da hipótese indicada no *caput* deste artigo; que julgar procedente reclamação; que decidir desaforamento.

5.3.21.3. Fluxograma do conflito de competência

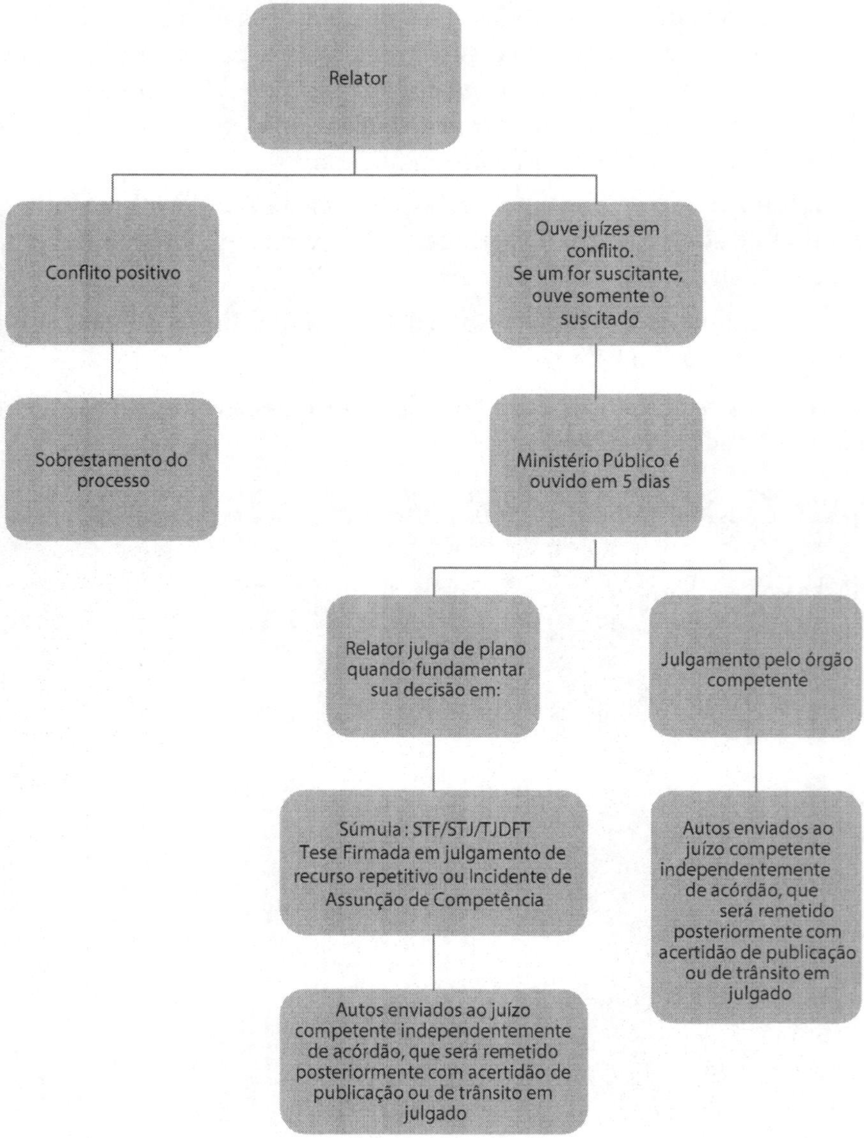

5.3. COMPETÊNCIA RECURSAL

5.3.1 Apelação Cível

A apelação cível é o recurso interposto contra as sentenças proferidas pelos juízes das Varas Cíveis, de Família, Fazenda Pública etc., ou seja,

Varas que não lidem com matéria criminal ou de juizados especiais (no juizado especial, cabe recurso inominado contra a sentença).

> **ATENÇÃO:** A apelação cível não tem revisor!
> Revisor somente em feitos criminais

5.3.1.1. Competência

A competência para julgar a apelação cível é da **Turma Cível.**

5.3.1.2. Procedimento

1. Distribuição: A apelação é distribuída a um relator, por sorteio (distribuição aleatória) ou por dependência.

2. Providências do relator: O relator poderá decidir monocraticamente o recurso (decidir sem submetê-lo à Turma) ou determinar o seu julgamento em uma sessão da Turma Cível. A decisão monocrática tem como objetivo acelerar a prestação jurisdicional, evitando que temas já pacificados sejam submetidos reiteradamente às Turmas Cíveis. Todavia, é possível que mesmo após a decisão do relator, a parte inconformada venha a interpor agravo interno para o colegiado.

2.1. Decisão monocrática do relator: O relator adotará as seguintes providências, sem apreciação, inicialmente, pela Turma:

a) Não conhecerá (não examina mérito) da apelação quando:

I. inadmissível: quando o recurso cabível era outro que não a apelação

II. prejudicada: quando sobrevém alguma situação que torna desnecessário ou impede o exame da apelação. Por exemplo, quando as partes fazem acordo.

III. não tenha impugnado especificamente os fundamentos da decisão recorrida: quando, por exemplo, o juiz fundamenta na sentença que a dívida não é devida porque já foi paga e o apelante nada diz a respeito disso na apelação.

> O RITJDFT fala que deverão ser observados os arts. 932, parágrafo único, e 1.007, §§ 2° e 4°, do Código de Processo Civil:

CÓDIGO DE PROCESSO CIVIL	
Art. 932, parágrafo único	Antes de considerar inadmissível o recurso, o relator concederá o prazo de 5 (cinco) dias ao recorrente para que seja sanado vício ou complementada a documentação exigível.
Art. 1.007, §§2º e 4º	Art. 1.007. No ato de interposição do recurso, o recorrente comprovará, quando exigido pela legislação pertinente, o respectivo preparo, inclusive porte de remessa e de retorno, sob pena de deserção. § 2º A insuficiência no valor do preparo, inclusive porte de remessa e de retorno, implicará deserção se o recorrente, intimado na pessoa de seu advogado, não vier a supri-lo no prazo de 5 (cinco) dias. § 4º O recorrente que não comprovar, no ato de interposição do recurso, o recolhimento do preparo, inclusive porte de remessa e de retorno, será intimado, na pessoa de seu advogado, para realizar o recolhimento em dobro, sob pena de deserção.

b) decidirá sobre requerimento de concessão de efeito suspensivo, nos termos do art. 1.012, § 3º, II, do Código de Processo Civil.

A regra é que a apelação tem refeito suspensivo, ou seja, a sua interposição já é suficiente para suspender os efeitos da sentença. O Código de Processo Civil estabelece algumas exceções, caso em que a sentença poderá ser executada provisoriamente. Ocorre que mesmo nesses casos, o recorrente poderá pedir ao relator a concessão de efeito suspensivo, alegando, por exemplo, risco de prejuízo irreparável.

✓ Antes da distribuição da apelação, o requerimento para concessão de efeito suspensivo será formulado por meio de petição, a ser distribuído aleatoriamente e oportunamente apensada aos autos da apelação, salvo se houver prevenção do relator.

c) negar-lhe-á provimento (examina o mérito, mas nega o pedido contido no recurso) nas hipóteses do art. 932, IV, do Código de Processo Civil;

Art. 932. Incumbe ao relator:

IV – negar provimento a recurso que for contrário a:

a) súmula do Supremo Tribunal Federal, do Superior Tribunal de Justiça ou do próprio tribunal;

> b) acórdão proferido pelo Supremo Tribunal Federal ou pelo Superior Tribunal de Justiça em julgamento de recursos repetitivos;
>
> c) entendimento firmado em incidente de resolução de demandas repetitivas ou de assunção de competência;

d) dar-lhe-á provimento (examina mérito e acata o pedido contido no recurso) nas hipóteses do art. 932, V, do Código de Processo Civil.

> Art. 932. Incumbe ao relator:
>
> V – depois de facultada a apresentação de contrarrazões, dar provimento ao recurso se a decisão recorrida for contrária a:
>
> a) súmula do Supremo Tribunal Federal, do Superior Tribunal de Justiça ou do próprio tribunal;
>
> b) acórdão proferido pelo Supremo Tribunal Federal ou pelo Superior Tribunal de Justiça em julgamento de recursos repetitivos;
>
> c) entendimento firmado em incidente de resolução de demandas repetitivas ou de assunção de competência.

2.2. Intimação do Ministério Público: A intimação do Ministério Público ocorrerá, preferencialmente, por meio eletrônico, quando for o caso de sua intervenção, para que se manifeste no prazo de 15 (quinze) dias.

2.3. Ocorrência de fato superveniente: O relator determinará a intimação das partes para manifestação na hipótese do art. 933, caput, do Código de Processo Civil.

> "Art. 933. Se o relator constatar a ocorrência de fato superveniente à decisão recorrida ou a existência de questão apreciável de ofício ainda não examinada que devam ser considerados no julgamento do recurso, intimará as partes para que se manifestem no prazo de 5 (cinco) dias".

3. Dia para julgamento: Relator solicitará dia para julgamento.

4. Julgamento da apelação.

5. Apelação ou remessa necessária em mandado de segurança: decisão será comunicada pela secretaria (da Turma) à autoridade coatora.

> **Remessa necessária**: Em determinadas hipóteses estabelecidas em lei, cumpre ao juiz determinar a subida dos autos ao tribunal, independentemente da interposição de recurso pelas partes, quando vencida a Fazenda Pública

(União, Estado ou Município, decisão de improcedência em execução de dívida ativa). A coisa julgada não ocorre senão a partir da confirmação da sentença pelo tribunal.

5.3.1.3. Fluxograma da apelação cível

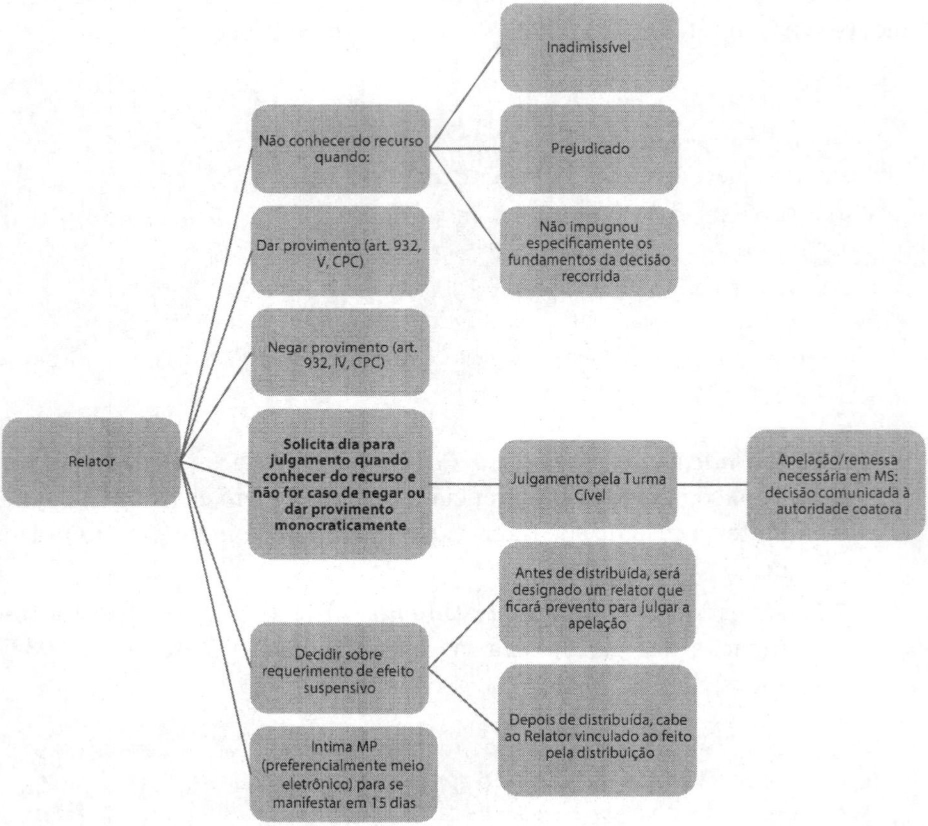

5.3.2 Embargos de declaração Cíveis

5.3.2.1. Linhas gerais

Os embargos de declaração são o recurso destinado a sanar omissão (juiz deixou de apreciar algum pedido da parte), contradição (por exemplo, no corpo da sentença fala que o autor não tem prova, todavia julga o pedido procedente) ou obscuridade (falta de evidente clareza) na sentença.

Não se tem como objetivo, portanto, mudar a decisão, mas que seja prestado algum esclarecimento. Todavia, é possível que por consequência do acolhimento dos embargos de declaração o resultado do processo seja completamente alterado, em que pese isso não ser a finalidade desse recurso.

Imagine, por exemplo, a sentença em que o juiz julga procedente o pedido do autor para condenar o réu a pagar uma dívida de R$ 10.000,00. Todavia, o magistrado deixa de apreciar a alegação do réu de que houve prescrição. Nesse caso, o juiz, acolhendo os embargos de declaração, passa a analisar o tema que foi omisso na sentença (prescrição) e a partir de então julga o pedido improcedente, havendo, assim, completa alteração do julgado.

Competência: Sempre o órgão prolator da decisão embargada. Dessa forma, se a decisão embargada é de Turma Cível, a ela caberá o julgamento dos respectivos embargos de declaração.

5.3.2.2. Prazo

O prazo é de 5 (cinco) dias, contado da publicação da decisão embargada.

5.3.2.3. Procedimento

1. Interposição do recurso: os embargos de declaração serão opostos no prazo de cinco dias, em petição dirigida ao próprio relator.

> ***1.1. Embargos de declaração contra decisão monocrática:*** se o recurso foi interposto contra decisão unipessoal do relator, a ele caberá apreciar o recurso, sendo desnecessário o julgamento pelo órgão colegiado.

2. Possibilidade de modificar a decisão embargada: Caso o eventual acolhimento dos embargos implique modificação da decisão embargada, o relator determinará a intimação do embargado para, querendo, manifestar-se no prazo de 5 (cinco) dias.

3. Apresentação do recurso para julgamento: O relator apresentará os embargos em mesa na sessão subsequente, proferindo voto, e, não havendo julgamento nessa sessão, será o recurso incluído em pauta automaticamente.

4. Conhecimento como agravo interno: Os embargos de declaração poderão ser conhecidos como agravo interno, se for este o recurso cabível, caso em que o recorrente será intimado para complementar as razões no prazo de 5 (cinco) dias. Após, o agravado será intimado para se manifestar em 15 (quinze) dias, podendo o relator se retratar da decisão. Caso não haja retratação, o recurso será incluído em pauta.

5. Acolhimento dos embargos de declaração: Acolhidos os embargos de declaração com efeito modificativo, observar-se-á o disposto no art. 1.024, § 4°, do Código de Processo Civil.

> Art. 1.024, § 4º, do CPC:
> "Caso o acolhimento dos embargos de declaração implique modificação da decisão embargada, o embargado que já tiver interposto outro recurso contra a decisão originária tem o direito de complementar ou alterar suas razões, nos exatos limites da modificação, no prazo de 15 (quinze) dias, contado da intimação da decisão dos embargos de declaração".

5.1. Recurso interposto pela outra parte: Rejeitados ou acolhidos os embargos de declaração sem efeito modificativo, o recurso interposto anteriormente pela outra parte será processado e julgado independentemente de ratificação.

5.2. Recurso principal não conhecido: Acolhidos os embargos de declaração interpostos contra acórdão que não conheceu do recurso principal, este poderá ser desde logo julgado, caso esteja em condições de pronta apreciação.

6. Efeitos dos embargos de declaração: Os embargos de declaração não possuem efeito suspensivo e interrompem o prazo para interposição de quaisquer recursos.

> *Interrupção do prazo*: Quando o prazo é interrompido, ele passa a ser computado desde o início, como se não houvesse transcorrido nenhum dia
>
> *Suspensão do prazo*: ocorre a suspensão do prazo quando o prazo, uma vez suspenso, volta a tramitar levando-se em conta os dias já computados.

O relator poderá suspender a eficácia da decisão se demonstrada a probabilidade de provimento do recurso ou, sendo relevante a fundamentação, houver risco de dano grave ou de difícil reparação.

5.3.2.4. Fluxograma dos embargos de declaração cíveis

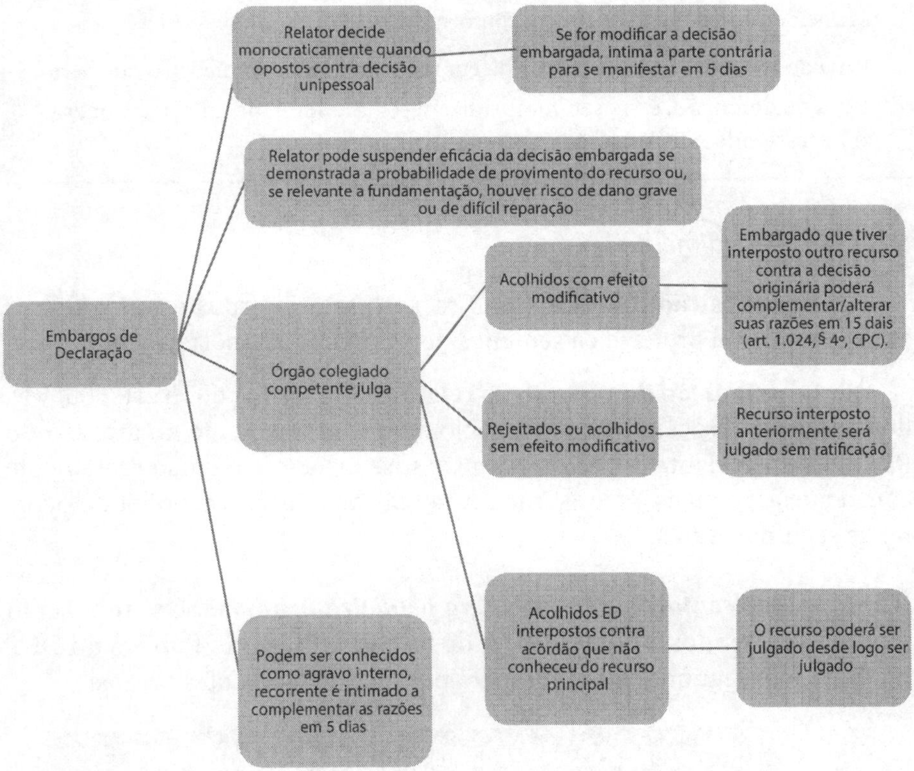

5.3.3. Apelação criminal

5.3.3.1. Linhas gerais

Apelação cível é o recurso interposto contra a sentença proferida pelos juízes das Varas de natureza criminal: Vara criminal, vara de entorpecentes, tribunal do júri etc.

A apelação criminal será processada e julgada na forma estabelecida na legislação processual e neste Regimento.

5.3.3.2. Competência

A competência para processar e julgar é da **Turma Criminal.**

> **ATENÇÃO!** Na **apelação criminal**, somente haverá revisor quando a pena for de **reclusão**.

As penas podem ser, ainda, de reclusão ou de detenção.

O que é pena de reclusão e de detenção? A diferença, basicamente, é o início do regime de cumprimento da pena, conforme art. 33 do Código Penal.

-Pena de **reclusão** deve ser cumprida em regime fechado, semiaberto ou aberto.

-Pena de **detenção**, deve ser cumprida em regime semiaberto, ou aberto, salvo necessidade de transferência a regime fechado.

5.3.3.3. Procedimento

1. Interposição do recurso: O recurso será interposto nos próprios autos em que foi proferida a sentença de primeira instância.

2. Distribuição do recurso ao relator: De acordo com o art. 600, §4º, do Código de Processo Penal (mencionado expressamente no art. 255 do RITJDFT) o apelante poderá apresentar suas razões de recurso juntamente com a apelação ou as expor somente na segunda instância, podendo ocorrer as seguintes situações:

2.1. ***Apresentação das razões na primeira instância***: Os autos serão remetidos à Procuradoria de Justiça (Ministério Público do DFT em segunda instância) para parecer, nos seguintes prazos:

Prazos para parecer da Procuradoria de Justiça (MPDFT)	
Réu solto	10 dias
Réu preso **Processo de contravenção** **Crime com pena de detenção**	5 dias

2.2. ***Apresentação das razões somente na segunda instância:*** Independentemente de despacho, abre vista ao apelante para apresentar razões. Após, os autos são remetidos ao Ministério Público de origem (que atua na primeira instância) para contrarrazões ao recurso.

3. Atuação do revisor: Somente haverá revisor nos casos de pena de **reclusão**. Nesse caso, os autos serão conclusos ao revisor, que solicitará a inclusão em pauta para julgamento em 15 dias.

E se não houver revisor (pena de detenção)? O relator, no prazo legal, ou na falta deste, em 15 dias, elaborará relatório e mandará incluí-lo em pauta de julgamento.

4. Julgamento: Julgada a apelação criminal relativa a acusado preso, o secretário do órgão julgador comunicará a decisão à Vara de Execuções Penais ou à Vara de Execuções das Penas e Medidas Alternativas.

5.3.3.4. Fluxograma da apelação criminal

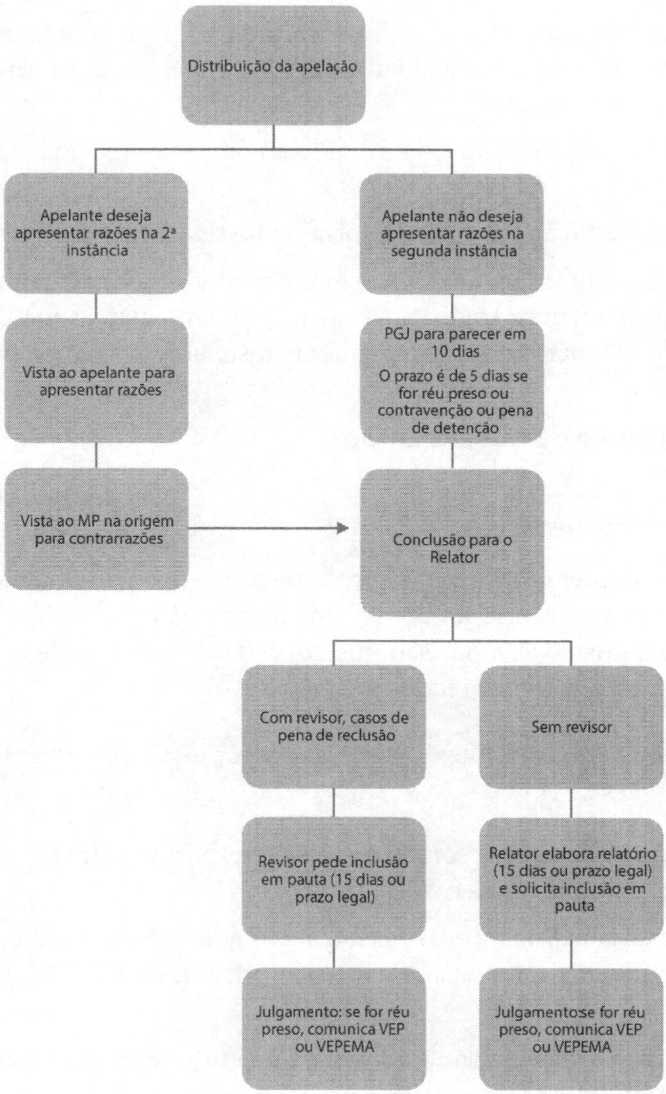

5.3.4. Carta Testemunhável

A carta testemunhável está prevista no art. 639 do Código de Processo Penal:

> *Art. 639. Dar-se-á carta testemunhável:*
> *I – da decisão que denegar o recurso;*
> *II – da que, admitindo embora o recurso, obstar à sua expedição e seguimento para o juízo ad quem*[10].

A Carta Testemunhável será processada e julgada conforme estabelecido na legislação processual e no RITJDFT, observada a forma prevista para o recurso originário.

1. Distribuição: Feito é distribuído ao órgão competente e respectivo relator.

2. Manifestação da Procuradoria de Justiça: Prazo de 5 dias.

3. Julgamento: Provido o recurso, o órgão julgador determinará o processamento do recurso originário ou seu seguimento para o juízo *ad quem* e poderá julgar o mérito se suficientemente instruída a carta testemunhável.

5.3.5. Recurso de *Habeas Corpus*

5.3.5.1. Linhas gerais

Vimos no item 5.2.6 que o *habeas corpus* é uma garantia constitucional destinada a assegurar a liberdade de locomoção, podendo ser preventivo ou liberatório[11]. Da decisão que concede ou não a ordem de *habeas corpus* é possível interpor recurso.

> É importante não confundir o recurso de *habeas corpus* com o recurso ordinário em *habeas corpus*!

O recurso de *habeas corpus* é aquele interposto contra decisão do juiz de primeira instância para o TJDFT julgar.

O recurso ordinário em *habeas corpus* é cabível em duas situações: a) contra decisão dos Tribunais dos Estados (incluindo o TJDFT), Tribunais

---

10. Juízo *ad quem* é o juízo destinatário do recurso, o órgão jurisdicional superior.
11. Para melhor fixação do assunto, remetemos o leitor ao item 5.2.6.

Regionais Federais (TRF) para julgamento pelo STJ, se a decisão for denegatória da ordem; b) contra decisão dos Tribunais Superiores (STJ, TSE, TST, STM) para o STF julgar, se a decisão for denegatória.

Vejamos.

RECURSO DE HABEAS CORPUS x RECURSO ORDIINÁRIO EM HABEAS CORPUS		
Recurso	**Decisão recorrida proferida por:**	**Quem julga:**
Recurso de *habeas corpus* (art. 259 do RITJDFT)	Juiz de primeiro grau	TJDFT
Recurso ordinário em *habeas corpus* (art. 105, II, a, da CF/88 e art. 285 do RITJDFT)	TJDFT, TRF (decisão denegatória)	STJ
Recurso ordinário em *habeas corpus* (art. 102, II, a, da CF/88 e art. 285 do RITJDFT)	STJ, TSE, TST, STM (decisão denegatória)	STF

Quem interpõe o recurso de *habeas corpus*? O recurso de *habeas corpus* poderá ser submetido ao Segundo Grau de Jurisdição em decorrência de remessa de ofício ou de recurso voluntário e receberá, em ambos os casos, a mesma denominação.

> Isso quer dizer que caso a decisão do juiz de primeira instância **denegue** o *habeas corpus*, essa decisão será obrigatoriamente reexaminada pelo TJDFT, o que é chamado de **remessa de ofício**. Caso o recurso seja interposto pelo próprio impetrante/paciente, ou pelo Ministério Público, contra decisão que, respectivamente, denegue ou conceda a ordem, ele será chamado de **recurso voluntário**.

5.3.5.2. Procedimento

1. Interposição: O recurso da decisão que denegar ou conceder ordem de *habeas corpus* deverá ser interposto nos **próprios autos** em que houver sido lançada a decisão recorrida.

2. Distribuição e manifestação da Procuradoria de Justiça: Distribuído o recurso, independentemente de determinação do relator, os autos serão remetidos à Procuradoria de Justiça para oferta de parecer no prazo de 5 (cinco) dias.

3. **Julgamento em mesa:** O relator apresentará o processo para julgamento em mesa na primeira sessão seguinte ao recebimento dos autos advindos da Procuradoria de Justiça.

Julgamento em mesa é aquele que independente da pauta

4. **Decisão do recurso:** A decisão do recurso de *habeas corpus* será imediatamente comunicada à autoridade apontada como coatora ou à que tenha remetido o recurso de ofício, a quem caberá tomar as providências necessárias para seu cumprimento.

Os alvarás de soltura e os salvo-condutos [(1)] serão expedidos pelo Tribunal e sempre subscritos pelo presidente do órgão julgador (não é o relator!).

(1) Salvo-conduto: Documento expedido em *habeas corpus* preventivo, impedindo que o paciente seja preso pelo motivo que originou a impetração do *habeas corpus*.

5.3.6. Recurso em Sentido Estrito

5.3.6.1. Linhas gerais

É o recurso interposto contra decisões judiciais proferidas nas Varas Criminais, que não coloquem fim ao processo. Tem previsão no art. 581 do Código de Processo Penal:

Art. 581. Caberá recurso, no sentido estrito, da decisão, despacho ou sentença:

I – que não receber a denúncia ou a queixa;

II – que concluir pela incompetência do juízo;

III – que julgar procedentes as exceções, salvo a de suspeição;

IV – que pronunciar o réu; (Redação dada pela Lei nº 11.689, de 2008)

V – que conceder, negar, arbitrar, cassar ou julgar inidônea a fiança, indeferir requerimento de prisão preventiva ou revogá-la, conceder liberdade provisória ou relaxar a prisão em flagrante; (Redação dada pela Lei nº 7.780, de 22.6.1989)

VI – (Revogado pela Lei nº 11.689, de 2008)

VII – que julgar quebrada a fiança ou perdido o seu valor;

VIII – que decretar a prescrição ou julgar, por outro modo, extinta a punibilidade;

IX – que indeferir o pedido de reconhecimento da prescrição ou de outra causa extintiva da punibilidade;

*X – que conceder ou negar a ordem de **habeas corpus**;*

XI – que conceder, negar ou revogar a suspensão condicional da pena;

XII – que conceder, negar ou revogar livramento condicional;

XIII – que anular o processo da instrução criminal, no todo ou em parte;

XIV – que incluir jurado na lista geral ou desta o excluir;

XV – que denegar a apelação ou a julgar deserta;

XVI – que ordenar a suspensão do processo, em virtude de questão prejudicial;

XVII – que decidir sobre a unificação de penas;

XVIII – que decidir o incidente de falsidade;

XIX – que decretar medida de segurança, depois de transitar a sentença em julgado;

XX – que impuser medida de segurança por transgressão de outra;

XXI – que mantiver ou substituir a medida de segurança, nos casos do art. 774;

XXII – que revogar a medida de segurança;

XXIII – que deixar de revogar a medida de segurança, nos casos em que a lei admita a revogação;

XXIV – que converter a multa em detenção ou em prisão simples.

Tem revisor? **Não!**

5.3.6.2. Competência

A competência é das **Turmas Criminais**

5.3.6.3. Procedimento

1. Interposição: O recurso em sentido estrito subirá ao Tribunal nos próprios autos ou mediante traslado (cópia), nos casos previstos no Código de Processo Penal (art. 581, já citado).

2. Distribuição e manifestação da Procuradoria de Justiça: Distribuído o recurso, os autos irão à Procuradoria de Justiça para oferta de parecer no prazo de 5 dias.

3. Conclusão ao relator para pauta de julgamento: Ao retornarem, os autos serão conclusos ao relator, que incluirá o processo em pauta de julgamento, em 5 dias.

4. Decisão: A decisão será comunicada ao juízo de Primeiro Grau, e a cópia do acórdão ser-lhe-á remetida no caso de interposição de recurso.

5.3.7. Embargos Infringentes e de Nulidade Criminais

5.3.7.1. Linhas gerais

Conceito: Os embargos infringentes e de nulidade criminais são cabíveis contra decisão não unânime e desfavorável ao réu, proferida em apelação criminal, carta testemunhável, recurso em sentido estrito ou agravo em execução penal.

Prazo: 10 dias

Sujeito a preparo? Não

EMBARGOS INFRINGENTES E DE NULIDADE CRIMINAIS	
Cabe se houver decisão proferida nos seguintes feitos:	Apelação criminal
	Carta testemunhável
	Recurso em sentido estrito
	Agravo em execução penal
Resultado da decisão embargada:	Não unânime
	Desfavorável ao réu
Prazo	10 dias
Preparo	Não

5.3.7.2. Competência

A competência é da **Câmara Criminal**

5.3.7.3. Procedimento

1. Interposição do recurso.

2. Vista ao recorrido para contrarrazões.

3. Admissibilidade do recurso: é feita pelo relator do acórdão embargado.

> Assim, por exemplo, se os embargos forem apresentados contra o resultado não unânime de uma apelação criminal, caberá ao relator do julgamento da apelação apreciar a admissibilidade dos embargos. Nesse caso, ele não entra no mérito da questão, avalia unicamente aspectos formais.

3.1. Hipótese de o relator do feito originário não admitir os embargos: cabe agravo interno no prazo de 5 (cinco) dias para a Câmara Criminal.

3.1.1. Distribuição do agravo interno ao relator da Câmara Criminal: Num primeiro momento, o feito ainda não é distribuído à Câmara Criminal, mas ao relator. Caso mantida a decisão pelo relator na Câmara, haverá autuação do agravo interno e distribuição à Câmara Criminal.

3.1.2. Provimento do agravo interno: Nesse caso, os embargos infringentes serão distribuídos, por prevenção, ao respectivo relator. Ou seja, o mesmo relator que apreciou o agravo interno na Câmara Criminal também ficará com a relatoria dos embargos infringentes e de nulidade criminais.

4. Distribuição ao relator na Câmara Criminal. O relator será um magistrado que não haja participado do julgamento anterior (ou seja, do julgamento contra o qual foram opostos os embargos infringentes e de nulidade criminal).

5. Manifestação da Procuradoria de Justiça: parecer no prazo de 10 (dez) dias.

6. Exame pelo relator e pelo revisor: prazo de 10 (dez) dias.

7. Pedido de inclusão em pauta: Feito pelo revisor.

8. Julgamento: Julgados os embargos infringentes e de nulidade criminais relativos a acusado **preso**, a secretaria do órgão julgador comunicará a decisão à Vara de Execuções Penais ou à Vara de Execuções das Penas e Medidas Alternativas.

5.3.8. Embargos de declaração criminais.

Os embargos de declaração são o recurso destinado a sanar omissão (juiz deixou de apreciar algum pedido da parte), contradição (por exemplo, no corpo da sentença fala que o autor não tem prova, todavia julga o pedido procedente) ou obscuridade (falta de evidente clareza) na sentença.

Não se tem como objetivo, portanto, mudar a decisão, mas que seja prestado algum esclarecimento. Todavia, é possível que por consequência do acolhimento dos embargos de declaração o resultado do processo seja completamente alterado, em que pese isso não ser a finalidade desse recurso.

Competência: Sempre o órgão prolator da decisão embargada. Dessa forma, se a decisão embargada é de Turma Criminal, a ela caberá o julgamento dos respectivos embargos de declaração.

Prazo: 2 (dois) dias, contado da publicação da decisão embargada, em petição dirigida ao respectivo relator.

Procedimento: de acordo com o RITJDFT, aos embargos de declaração criminais aplica-se, no que couber, o disposto em relação aos embargos de declaração cíveis.

5.3.9. Agravo de Instrumento

Conceito: O agravo de instrumento é o recurso interposto contra decisões interlocutórias, aquelas proferidas pelos juízes de primeira instância.

Decisão interlocutória: Decisão do juiz que aprecia questões surgidas durante o processo, que não têm o condão de pôr fim a uma fase do processo de conhecimento. Exemplo: quando o juiz indefere a oitiva de testemunha, quando determina que a parte apresente no processo determinado documento, quando o juiz defere ou não pedido de penhora de bens etc.

Preparo? Sim (art. 69, IV, do RITJDFT)

5.3.9.1. Competência.

A competência é das **Turmas Cíveis**

5.3.9.2. Procedimento

1. Distribuição a um relator

2. Atitudes do relator: Após a distribuição, o relator poderá:

I. Não conhecer do recurso quando inadmissível, prejudicado ou não tenha impugnado especificamente os fundamentos da decisão recorrida, observado o disposto no art. 932, parágrafo único, do Código de Processo Civil;

Inadmissível: quando o recurso cabível era outro que não o agravo de instrumento, ou quando interposto fora das hipóteses legais.

Prejudicado: quando sobrevém alguma situação que torna desnecessário ou impede o exame do agravo de instrumento. Por exemplo, sobrevém uma sentença proferida no processo principal.

Não tenha impugnado especificamente os fundamentos da decisão recorrida: quando o recorrente apresenta fundamento que não tem qualquer relação com a decisão agravada.

CÓDIGO DE PROCESSO CIVIL	
Art. 932, parágrafo único	Antes de considerar inadmissível o recurso, o relator concederá o prazo de 5 (cinco) dias ao recorrente para que seja sanado vício ou complementada a documentação exigível.

II. Negar provimento ao recurso nas hipóteses do art. 932, IV, do Código de Processo Civil;

Art. 932. Incumbe ao relator:

IV – negar provimento a recurso que for contrário a:

a) súmula do Supremo Tribunal Federal, do Superior Tribunal de Justiça ou do próprio tribunal;

b) acórdão proferido pelo Supremo Tribunal Federal ou pelo Superior Tribunal de Justiça em julgamento de recursos repetitivos;

c) entendimento firmado em incidente de resolução de demandas repetitivas ou de assunção de competência;

III. Atribuir efeito suspensivo ou deferir, em antecipação de tutela, total ou parcialmente, a pretensão recursal, comunicando ao juiz sua decisão;

Efeitos suspensivo: o relator suspende os efeitos da decisão agravada ou o próprio trâmite do processo, se for o caso.

Antecipação de tutela: Quando, por exemplo, o juiz indefere um pedido para excluir o nome da parte dos cadastros de órgão de proteção ao crédito, mas o relator, em antecipação de tutela recursal, defere o pedido, determinando ao magistrado de primeiro grau que adote as providências para a exclusão do nome da parte.

IV. ordenar a intimação do agravado pessoalmente, por carta com aviso de recebimento, quando não tiver procurador constituído, ou pelo Diário da Justiça ou por carta com aviso de recebimento dirigida ao seu advogado, para que responda no prazo de 15 (quinze) dias, facultando-lhe juntar a documentação que entender necessária ao julgamento do recurso;

V. Depois de facultada a apresentação de resposta, dar provimento ao recurso, nas hipóteses do art. 932, V, do Código de Processo Civil;

> Art. 932. Incumbe ao relator:
>
> V – depois de facultada a apresentação de contrarrazões, dar provimento ao recurso se a decisão recorrida for contrária a:
>
> a) súmula do Supremo Tribunal Federal, do Superior Tribunal de Justiça ou do próprio tribunal;
>
> b) acórdão proferido pelo Supremo Tribunal Federal ou pelo Superior Tribunal de Justiça em julgamento de recursos repetitivos;
>
> c) entendimento firmado em incidente de resolução de demandas repetitivas ou de assunção de competência.

VI. Determinar a intimação do Ministério Público, preferencialmente por meio eletrônico, **quando for o caso de sua intervenção**, para que se manifeste no prazo de 15 (quinze) dias.

> A intervenção do Ministério Público não é automática, ocorrerá somente nas hipóteses previstas em lei[12].

3. Solicitação de dia para julgamento.

4. Ocorrência de fato superveniente: O art. 249 do RITJDFT remete ao art. 88.

> **E se no curso do processo forem constatados fatos supervenientes à decisão recorrida ou a existência de questão apreciável de ofício?** Se o relator, de ofício ou mediante provocação, constatar a ocorrência de fato superveniente à decisão recorrida ou a existência de questão apreciável de ofício ainda não examinada que devam ser considerados no julgamento do recurso, intimará as partes para que se manifestem no prazo de 5 (cinco) dias.
>
> Se a constatação ocorrer durante a sessão de julgamento, esse será imediatamente suspenso a fim de que as partes se manifestem

12. É o caso do art. 178 do Código de Processo Civil. "Art. 178. O Ministério Público será intimado para, no prazo de 30 (trinta) dias, intervir como fiscal da ordem jurídica nas hipóteses previstas em lei ou na Constituição Federal e nos processos que envolvam: I – interesse público ou social; II – interesse de incapaz; III – litígios coletivos pela posse de terra rural ou urbana. Parágrafo único. A participação da Fazenda Pública não configura, por si só, hipótese de intervenção do Ministério Público".

especificamente, que poderão se manifestar na própria sessão de julgamento, caso estejam presentes e se sintam habilitadas a fazê-lo.

Se a constatação se der em vista dos autos, deverá o juiz que a solicitou encaminhá-los ao relator, que intimará as partes para manifestação no prazo de cinco dias, e, em seguida, solicitará a inclusão do feito em pauta para prosseguimento do julgamento, com submissão integral da nova questão aos julgadores.

5. Julgamento: O agravo de instrumento será sempre julgado antes da respectiva apelação, se houver, independentemente de estarem incluídos na mesma ou em diferentes pautas de julgamento.

> ***5.1. Trânsito em julgado***: Após o trânsito em julgado, cópia da decisão será encaminhada ao juiz da causa para juntada aos autos principais.
>
> ***5.2. Intimação das partes:*** As partes serão intimadas para, no prazo de 10 (dez) dias, retirarem as peças de seu interesse.
>
> ***5.3. Baixa e destruição dos autos***: Providenciada a baixa, os autos serão encaminhados para imediata destruição.

5.3.10. Agravo interno

Conceito: Agravo interno é o recurso interposto contra as decisões proferidas pelo relator, no respectivo órgão colegiado, ou do Presidente do TJDFT, nos casos de:

- ✓ Suspensão de segurança;
- ✓ Negativa de seguimento a recurso extraordinário e especial, na forma do art. 1.030, § 2º, do Código de Processo Civil;
- ✓ Sobrestamento de recursos extraordinário e especial, na forma do art. 1.030, § 2º, do Código de Processo Civil;
- ✓ Pedido de concessão de efeito suspensivo nos recursos extraordinário e especial sobrestados, na forma do art. 1.037 do Código de Processo Civil;
- ✓ Pedido a que se refere o art. 1.036, § 2º, do Código de Processo Civil.
- ✓ Incidente de Desconsideração da Personalidade Jurídica (art. 340, parágrafo único e art. 342, parágrafo único, ambos do RITJDFT).

Como esse assunto foi cobrado em concurso?

No concurso para Analista Judiciário/Área Judiciária (2007) foi perguntado (com adaptações): "*O Distrito Federal (DF), devidamente intimado de decisão que deferiu liminar em mandado de segurança, contra ato do governador, requereu a suspensão da segurança, visando evitar grave lesão à economia pública. O presidente do TJDFT, ao analisar a questão, entendeu estarem presentes os requisitos para a concessão de tal medida e deferiu a suspensão da segurança. Nessa situação, da decisão caberá agravo interno.* O item foi considerado correto por corresponder ao inciso I do art. 266 do RITJDFT.

Prazo: Depende:

Prazo para interposição e resposta ao agravo interno	
Feitos cíveis	15 dias
Feitos criminais	5 dias

Preparo? Não.

Sustentação oral? Não (art. 110, I, do RITJDF).

ATENÇÃO! Os embargos de declaração poderão ser conhecidos como agravo interno, se for este o recurso cabível, caso em que o recorrente será intimado para complementar as razões no prazo de 5 (cinco) dias (Art. 269 do RITJDFT).

5.3.10.1 Competência

A competência é do órgão colegiado ao qual pertence o relator que proferiu a decisão agravada.

No caso de agravo interno interposto contra a decisão do Presidente do TJDFT, a competência é do Conselho da Magistratura.

COMPETÊNCIA PARA JULGAR O AGRAVO INTERNO	
Quem profere a decisão agravada	Órgão competente
Relator	Colegiado ao qual pertence o relator
Presidente do TJDFT	Conselho da Magistratura

ATENÇÃO! Não confundir o Conselho da Magistratura com o Conselho Nacional de Justiça!

CONSELHO NACIONAL DE JUSTIÇA: É órgão do Judiciário brasileiro, que tem como atribuição, basicamente, a de zelar pela autonomia do Poder Judiciário, tratar de questões disciplinares dos magistrados, além de definir planejamento estratégico, planos de meta e programas de avaliação institucional do Judiciário[13].

5.3.10.2. Procedimento

1. Petição inicial: Na petição de agravo interno, o recorrente impugnará especificadamente os fundamentos da decisão agravada (art. 1.021, §1º, do Código de Processo Civil, conforme art. 265, §1º, do RITJDFT).

ATENÇÃO! Não há distribuição ou autuação em apartado. A petição de agravo interno é apresentada nos mesmos autos em que foi proferida a decisão agravada.

2. Manifestação do agravado: Juntada aos autos a petição do agravo interno, o relator determinará a intimação do agravado para manifestação em 15 (quinze) dias.

3. Retratação do relator: Poderá ocorrer, caso em que o relator reconsiderará a decisão agravada, revogando-a.

4. Julgamento: Não havendo retratação, o relator solicitará a inclusão em pauta para julgamento pelo órgão colegiado, observado o disposto no art. 1.021, §§ 3°, 4°, e 5°, do Código de Processo Civil.

Art. 1.021 do Código de Processo Civil

[...]

§ 3º É vedado ao relator limitar-se à reprodução dos fundamentos da decisão agravada para julgar improcedente o agravo interno.

§ 4º Quando o agravo interno for declarado manifestamente inadmissível ou improcedente em votação unânime, o órgão colegiado, em decisão fundamentada, condenará o agravante a pagar ao agravado multa fixada entre um e cinco por cento do valor atualizado da causa.

13. Disponível em: < https://www.cnj.jus.br/sobre-o-cnj/quem-somos-visitas-e-contatos>

§ 5º A interposição de qualquer outro recurso está condicionada ao depósito prévio do valor da multa prevista no § 4º, à exceção da Fazenda Pública e do beneficiário de gratuidade da justiça, que farão o pagamento ao final.

5.3.11. Recurso Extraordinário e Recurso Especial

5.3.11.1. Noções gerais

O recurso extraordinário e o recurso especial são recursos interpostos, respectivamente, para o Supremo Tribunal Federal e para o Superior Tribunal de Justiça.

De acordo com o art. 102, III, da Constituição Federal, cabe ao **STF** julgar, mediante recurso extraordinário, as causas decididas em única ou última instância, quando a decisão recorrida: a) contrariar dispositivo da Constituição; b) declarar a inconstitucionalidade de tratado ou lei federal; c) julgar válida lei ou ato de governo local contestado em face da Constituição; d) julgar válida lei local contestada em face de lei federal.

Lado outro, segundo o art. 105, III, da Constituição Federal, compete ao **STJ** julgar, em recurso especial, as causas decididas, em única ou última instância, pelos Tribunais Regionais Federais ou pelos tribunais dos Estados, do Distrito Federal e Territórios, quando a decisão recorrida: a) contrariar tratado ou lei federal, ou negar-lhes vigência; b) julgar válido ato de governo local contestado em face de lei federal; c) der a lei federal interpretação divergente da que lhe haja atribuído outro tribunal.

Em suma, pelo **recurso extraordinári**o, o STF analisa se os tribunais (segunda instância) observaram as disposições da Constituição Federal em seus julgamentos, logo, por esse tipo de recurso, não há novo julgamento da causa.

Pelo **recurso especial**, o STJ analisa se os tribunais (segunda instância) observaram as disposições da legislação federal em seus julgamentos, ao que, por esse tipo de recurso, igualmente não há novo julgamento da causa.

Vejamos:

RECURSO	QUEM JULGA	PREVISÃO	HIPÓTESES
Extraordinário	STF	Art. 102, III, CF	Quando a decisão recorrida: a) contrariar dispositivo da Constituição; b) declarar a inconstitucionalidade de tratado ou lei federal; c) julgar válida lei ou ato de governo local contestado em face da Constituição; d) julgar válida lei local contestada em face de lei federal.
Especial	STJ	Art. 105, III, CF	Quando a decisão recorrida: a) contrariar tratado ou lei federal, ou negar-lhes vigência; b) julgar válido ato de governo local contestado em face de lei federal; c) der a lei federal interpretação divergente da que lhe haja atribuído outro tribunal.

5.3.11.2. Procedimento

1. Interposição do recurso: O recurso extraordinário e o recurso especial serão interpostos perante o Presidente do Tribunal em petições distintas.

2. Intimação do recorrido: Recebida a petição do recurso, a secretaria intimará o recorrido para apresentar contrarrazões no prazo de 15 (quinze) dias, findo o qual os autos serão conclusos para admissão ou não do recurso, em decisão fundamentada.

3. Admissão do recurso: A admissibilidade do recurso extraordinário é feita pelo Presidente do TJDFT. É o momento em que são examinados os requisitos formais do recurso (tempestividade, se trata do recurso cabível, se há interesse de agir, se foi feito preparo etc.), não há exame do mérito, a quem compete exclusivamente ao STF e ao STJ.

Publicada a decisão de admissão, os autos serão imediatamente digitalizados e encaminhados ao tribunal competente por meio eletrônico.

Ato da Presidência disciplinará a guarda e o retorno dos autos ao órgão de origem.

3.1. Recurso é admitido: os autos são remetidos aos respectivos tribunais (STJ e STF)

3.2. Recurso não é admitido:

3.2.1. Se não houver recurso contra a decisão que inadmitiu o recurso, preclusa a decisão de inadmissibilidade, os autos serão remetidos ao órgão de origem.

3.2.2. Caso seja interposto agravo[14] contra a decisão que não admitir recurso especial ou extraordinário, o agravado será intimado, de imediato, para oferecer resposta no prazo de 15 (quinze) dias.

Em seguida, os autos serão remetidos à instância superior, observada a ordem do art. 1.031 do Código de Processo Civil.

> *Art. 1.031. Na hipótese de interposição conjunta de recurso extraordinário e recurso especial, os autos serão remetidos ao Superior Tribunal de Justiça.*
>
> *§ 1º Concluído o julgamento do recurso especial, os autos serão remetidos ao Supremo Tribunal Federal para apreciação do recurso extraordinário, se este não estiver prejudicado.*
>
> *§ 2º Se o relator do recurso especial considerar prejudicial o recurso extraordinário, em decisão irrecorrível, sobrestará o julgamento e remeterá os autos ao Supremo Tribunal Federal.*
>
> *§ 3º Na hipótese do § 2º, se o relator do recurso extraordinário, em decisão irrecorrível, rejeitar a prejudicialidade, devolverá os autos ao Superior Tribunal de Justiça para o julgamento do recurso especial.*

Ato da Presidência disciplinará a guarda e o retorno dos autos ao órgão de origem, observada a natureza cível ou criminal da matéria.

5.3.11.3. Recurso extraordinário e recurso especial repetitivo

Sempre que houver multiplicidade de recursos extraordinários ou especiais com fundamento em idêntica questão de direito, o Presidente do Tribunal selecionará 2 (dois) ou mais recursos representativos da controvérsia, que serão encaminhados ao Supremo Tribunal Federal ou ao Superior Tribunal de Justiça para fins de afetação, determinando a suspensão do trâmite de todos os processos pendentes, individuais ou coletivos, que tramitem no Tribunal.

---

14. Não confundir com agravo de instrumento e com agravo interno. Aqui se trata de outra modalidade de agravo, que é julgado exclusivamente pelo STF e pelo STJ, daí a ausência de previsão específica no RITJDFT.

Na seleção de recursos repetitivos será observado o disposto no art. 1.036, § 6°, do Código de Processo Civil.

> *Art. 1.036.*
>
> *[...]*
>
> *§ 6º Somente podem ser selecionados recursos admissíveis que contenham abrangente argumentação e discussão a respeito da questão a ser decidida.*

5.3.12. Recurso ordinário

Trata-se de recurso interposto contra as decisões do TJDFT em *habeas corpus* e em Mandado de Segurança, ficando o seu julgamento a cargo do STJ. Assim, reza o art. 105, II, da CF/88:

> Art. 105. Compete ao Superior Tribunal de Justiça:
>
> II – julgar, em recurso ordinário:
>
> a) os *habeas corpus* decididos em única ou última instância pelos Tribunais Regionais Federais ou pelos tribunais dos Estados, do Distrito Federal e Territórios, quando a decisão for denegatória;
>
> b) os mandados de segurança decididos em única instância pelos Tribunais Regionais Federais ou pelos tribunais dos Estados, do Distrito Federal e Territórios, quando denegatória a decisão;

Recebida a petição do recurso ordinário em *habeas corpus*, o Presidente do Tribunal determinará o encaminhamento dos autos ao Superior Tribunal de Justiça, **independentemente de juízo de admissibilidade.**

Recebida a petição do recurso ordinário em mandado de segurança, o Presidente do Tribunal determinará a intimação do recorrido e eventuais litisconsortes para apresentar contrarrazões no prazo de 15 (quinze) dias.

Decorrido o prazo, os autos serão remetidos ao Superior Tribunal de Justiça, independentemente de juízo de admissibilidade.

RECURSO ORDINÁRIO	
Em *Habeas Corpus*	**Em Mandado de Segurança**
✓ Presidente do TJDFT encaminha ao STJ ✓ Não há juízo de admissibilidade	✓ Presidente do TJDFT intima recorrido e eventuais litisconsortes para contrarrazões em 15 dias ✓ Após, os autos são remetidos ao STJ ✓ Não há juízo de admissibilidade

5.4. PROCESSOS INCIDENTES E INCIDENTES PROCESSUAIS

5.4.1. Incidente de Arguição de Constitucionalidade

5.4.1.1. Linhas gerais

O incidente de arguição de constitucionalidade é um instrumento utilizado quando, durante a tramitação de um processo, alega-se a inconstitucionalidade de lei ou de ato normativo. É importante não confundir esse procedimento com a Ação Direita de Inconstitucionalidade (ADI) e com a Ação Declaratória de Constitucionalidade (ADC).

Qual a diferença entre eles?

A ADI e a ADC movidas no âmbito do TJDFT têm como finalidade discutir a (in)constitucionalidade entre lei e qualquer ato normativo distritais e a Lei Orgânica do Distrito Federal (LODF). São ações de cunho objetivo, ou seja, não há partes propriamente ditas.

Por outro lado, o Incidente de Arguição de Constitucionalidade serve para apreciar a constitucionalidade não está adstrito aos atos normativos distritais e pode ter como referência a Constituição Federal.

Para a melhor compreensão do tema, veja-se o que o TJDFT já decidiu acerca do Incidente:

> *"Conforme cediço, o incidente de arguição de inconstitucionalidade é instrumento de controle difuso. A sua existência permite que o Tribunal aprecie o pedido de inconstitucionalidade como questão prejudicial ao exame do mérito de um recurso, sem violação à cláusula de reserva do plenário. Assim, o incidente está vinculado ao caso concreto do qual se originou e que tem o seu provimento judicial cindido em duas partes: uma, de competência do órgão especial, quanto à matéria constitucional, e outra, atribuída ao órgão fracionário, que decide o mérito do recurso. A decisão do Conselho Especial, nesses casos, não implica suspensão automática de outros processos que tratam de matéria semelhante."*[15]

Mas isso não invade a competência do STF para apreciar a constitucionalidade de uma lei? Não, porque o Incidente de Arguição de Constitucionalidade serve para apreciar a constitucionalidade de uma lei em um caso concreto, no âmbito do TJDFT, havendo a possibilidade de

---

15. Acórdão 1137022, 20180020058179RAG, Relator: JOÃO TIMÓTEO DE OLIVEIRA, 2ª TURMA CRIMINAL, data de julgamento: 8/11/2018, publicado no DJE: 16/11/2018. Pág.: 95/116.

interposição de recurso extraordinário ao STF para apreciar a questão (art. 102, III, "b", da Constituição Federal[16]).

5.4.1.2. Competência

A competência é do Conselho Especial ou qualquer outro órgão fracionário nos julgamentos de sua competência.

5.4.1.3. Procedimento

Com fins didáticos, podemos dividir a tramitação do Incidente em duas fases distintas. Na primeira fase, o órgão colegiado responsável pelo processo vai decidir se admite ou não o Incidente. Caso seja admitido, os autos serão encaminhados para o Conselho Especial, que, dando início à segunda fase, examinará o mérito da questão.

Vejamos.

PRIMEIRA FASE – ADMISSÃO DO INCIDENTE

1. Arguição do incidente.

2. Manifestação da parte contrária: prazo de 15 (quinze) dias.

3. Parecer do Ministério Público: prazo de 30 (trinta) dias.

4. Julgamento pelo órgão colegiado competente.

5. *Quorum* para decidir a arguição: maioria simples

6. Se houver rejeição da arguição: prosseguirá o julgamento do processo original.

> ***6.1. Quando será rejeitada a arguição?*** quando já houver pronunciamento do Conselho Especial do Tribunal de Justiça ou do plenário do Supremo Tribunal Federal sobre a questão.

7. Se houver o acolhimento da arguição: lavrar-se-á acórdão e a questão será submetida ao Conselho Especial, com o encaminhamento do processo, inaugurando-se a segunda fase.

---

16. "Art. 102. Compete ao Supremo Tribunal Federal, precipuamente, a guarda da Constituição, cabendo-lhe: [...] III – julgar, mediante recurso extraordinário, as causas decididas em única ou última instância, quando a decisão recorrida: [...] b) declarar a inconstitucionalidade de tratado ou lei federal.

SEGUNDA FASE - JULGAMENTO DO INCIDENTE

1. Distribuição do incidente ao Conselho Especial

2. Relator: notificará a pessoa jurídica de direito público responsável pela edição do ato questionado para, querendo, se manifestar *no prazo de 15 (quinze) dias*. Essa manifestação deverá se restringir ao objeto da arguição de inconstitucionalidade.

3. Manifestação dos legitimados a propor ADI e ADC no STF (art. 103 da CF/88): Prazo de 15 dias da distribuição.

Art. 103. Podem propor a ação direta de inconstitucionalidade e a ação declaratória de constitucionalidade:

I – o Presidente da República;

II – a Mesa do Senado Federal;

III – a Mesa da Câmara dos Deputados;

IV a Mesa de Assembléia Legislativa ou da Câmara Legislativa do Distrito Federal;

V o Governador de Estado ou do Distrito Federal;

VI – o Procurador-Geral da República;

VII – o Conselho Federal da Ordem dos Advogados do Brasil;

VIII – partido político com representação no Congresso Nacional;

IX – confederação sindical ou entidade de classe de âmbito nacional.

3.1. Manifestação de outros órgãos ou entidades: Prazo de 15 dias, mediante despacho **irrecorrível** do relator e considerada a relevância da matéria e a representatividade, poderá ser admitida a manifestação de outros órgãos ou entidades por meio de memoriais ou apresentação de documentos, que serão juntados aos autos.

4. Manifestação do Ministério Público: Prazo de 30 dias.

5. Designação de sessão de julgamento: é feita pelo presidente, que enviará cópia do relatório e do acórdão de admissibilidade do incidente a todos os desembargadores.

6. Julgamento: A inconstitucionalidade será declarada por maioria absoluta, observada a regra do art. 12, § 1º, do RITJDFT, computando-se o voto do Presidente.

Art. 12, § 1º, do RITJDFT: "Quando exigido *quorum* qualificado para deliberação, o Conselho Especial não se reunirá sem que estejam presentes desembargadores em número equivalente, no mínimo, a dois terços dos membros que o integram, considerados os substitutos".

Lavrado o acórdão, o processo retornará ao órgão fracionário para conclusão do julgamento.

Caso concreto:

"O Conselho Especial do TJDFT acolheu, por maioria, arguição incidental de inconstitucionalidade em relação ao art. 1º da Lei distrital 3.361/2004, que instituiu o sistema de cotas para ingresso nas universidades e faculdades públicas do Distrito Federal. Segundo o referido artigo, no mínimo, 40% das vagas oferecidas por curso e turno deveriam ser destinadas a alunos que comprovassem ter cursado integralmente os ensinos fundamental e médio em escolas públicas locais.

O incidente de arguição foi levantado na ação que corre na 7ª Turma Cível do TJDFT, na qual a Fundação de Ensino e Pesquisa em Ciências da Saúde – Fepecs e o Distrito Federal recorrem de um Mandado de Segurança que determinou a matrícula de um aluno, aprovado dentro do limite das vagas para cotistas, no curso de Medicina daquela instituição.

O Distrito Federal manifestou-se pela rejeição do incidente. A Procuradora-Geral de Justiça do DF, por outro lado, postulou pelo acolhimento, a fim de declarar a inconstitucionalidade da parte final do art. 1º da referida lei.

De acordo o desembargador relator, a razão de ser do sistema de cotas "é criar mecanismos de compensação aos alunos que não tiveram oportunidade de acesso ao ensino de qualidade das escolas particulares (...), uma ação afirmativa governamental com o intuito de promover a chamada igualdade material, e, com isso, corrigir, ou ao menos minimizar, uma situação de desequilíbrio educacional existente entre alunos provenientes de escolas públicas e aqueles oriundos de escolas particulares, facilitando o acesso dos primeiros às instituições universitárias gratuitas".

Ainda segundo o magistrado, com base nessa premissa, é de se concluir que a restrição de acesso às universidades públicas do Distrito Federal somente àqueles alunos que tiverem cursado integralmente os ensinos fundamental e médio de forma exclusiva nesta unidade federativa deixa de privilegiar a igualdade de condições no acesso ao ensino público. Conforme explica o desembargador, a adoção de critérios de territorialidade para selecionar os candidatos desvirtua a própria ação afirmativa, que é beneficiar os estudantes hipossuficientes.

Sendo assim, a Corte decidiu, por maioria, excluir do texto da lei a expressão "do Distrito Federal", por não se encontrar em sintonia com o que prevê a

Constituição brasileira, dando, portanto, provimento em parte à arguição de inconstitucionalidade levantada[17]".

5.4.2. Incidente de Assunção de Competência

5.4.2.1. Linhas gerais

O Incidente de Assunção de Competência (IAC) "Consiste no deslocamento da competência funcional de órgão fracionário para apreciar o recurso/processo de competência originária/remessa necessária, para um órgão colegiado de maior composição. O acórdão proferido pelo órgão colegiado se consubstanciará em um precedente que vinculará todos os juízes e órgãos fracionários do tribunal, salvo eventual revisão da tese[18]".

Desse modo, o IAC é admissível:

I – Quando o julgamento de recurso, de remessa necessária ou de processo de competência originária envolver relevante questão de direito, com grande repercussão social, **sem repetição em múltiplos processos**;

II – Quando ocorrer relevante questão de direito a respeito da qual seja conveniente a **prevenção** ou a **composição** de **divergência** entre **câmaras** ou **turmas cíveis**.

ATENÇÃO! Não será admitida a arguição quando a questão de direito tiver sido objeto de decisão em julgamento de **casos repetitivos**.

Sujeito a preparo? Não

5.4.2.2. Competência

A competência é da **Câmara de Uniformização**

Recapitulando:
Compete à Câmara de Uniformização processar e julgar:

---

17. https://www.tjdft.jus.br/institucional/imprensa/noticias/2019/setembro/lei-que-previa--40-de-vagas-em-faculdades-publicas-a-alunos-de-escolas-publicas-somente-do-df-e--inconstitucional

18. https://www.tjdft.jus.br/consultas/gerenciamento-de-precedentes/consultas/iac

I – o incidente de resolução de demanda repetitiva (IRDR) e a revisão da tese jurídica firmada no seu julgamento;

II – o recurso, a remessa necessária ou o processo de competência originária de onde se originou o incidente de resolução de demanda repetitiva;

III – o incidente de assunção de competência;

IV – proposta de súmula em ***matéria cível*** *e a revisão da tese jurídica firmada no seu julgamento;*

V – julgar a ***reclamação*** *para preservar a sua competência e garantir a autoridade dos seus julgados;*

VI – a ***reclamação*** *destinada a dirimir divergência entre acórdão de* ***Turma Recursal*** *e a jurisprudência do* ***Superior Tribunal de Justiça sumulada*** *ou consolidada em julgamento de* ***recurso repetitivo, incidente de assunção de competência*** *e* ***incidente de resolução de demandas repetitivas;***

VII – a ação rescisória, quando o resultado for a rescisão da sentença (art. 120, I do RITJDFT).

5.4.2.3. Procedimento

1. Relator: Verificados os pressupostos legais, o relator proporá, de ofício (iniciativa própria) ou a requerimento das partes, do Ministério Público ou da Defensoria Pública, que seja o recurso, a remessa necessária ou o processo de competência originária julgado pela Câmara de Uniformização.

1.1. Pedido das partes: O pedido das partes deverá ser deduzido nas razões e contrarrazões do recurso ou na petição inicial e no prazo de resposta.

1.2. Pedido do Ministério Público e da Defensoria Pública:

1.2.1. Nos processos em que deva intervir, o Ministério Público e a Defensoria Pública deduzirá o pedido no prazo para sua manifestação.

1.2.2. Nas demais hipóteses, o Ministério Público e a Defensoria Pública deduzirão o pedido até o lançamento do relatório.

O pedido será instruído com os documentos necessários à demonstração dos pressupostos para a assunção de competência.

2. Decisão do relator: A decisão do relator quanto à apresentação da proposta de instauração do incidente será irrecorrível.

3. Órgão colegiado: A proposta será submetida pelo relator ao órgão colegiado ao qual competir o conhecimento do processo.

> ***3.1. Proposta acolhida:*** será lavrado acórdão e remetidos os autos à Câmara de Uniformização para o julgamento do recurso, da remessa necessária ou do processo de competência originária.
>
> ***3.2. Rejeitada a proposta:*** prosseguir-se-á no julgamento.

4. Distribuição do feito à Câmara de Uniformização: no prazo máximo de 30 (trinta) dias o relator devolverá os autos à secretaria com relatório e solicitação de inclusão em pauta para julgamento.

Cópia do relatório será encaminhada aos desembargadores.

5. Julgamento: Na sessão de julgamento haverá deliberação prévia sobre o interesse público na assunção de competência.

> ***5.1. Inadmissão:*** Inadmitida a assunção de competência, será lavrado acórdão e os autos retornarão ao órgão originário para julgamento do recurso, da remessa necessária ou do processo de competência originária.
>
> ***5.2. Admissão:*** Admitida a assunção de competência, a Câmara de Uniformização julgará o recurso, por maioria absoluta, a remessa necessária ou o processo de competência originária e fixará a tese respectiva.
>
> Cópia do acórdão será encaminhada à Comissão de Jurisprudência para o fim dos arts. 331, § 4º, e 334, § 1º.

6. Acórdão e vinculação da decisão: O acórdão vinculará todos os juízes e órgãos fracionários do tribunal, exceto quando houver revisão da tese em qualquer das hipóteses previstas na legislação processual.

A revisão da tese atenderá ao procedimento nos parágrafos anteriores, no que couber.

Algumas questões sobre o Incidente de Assunção de Competência:

- ✓ Não se aplica ao IAC a técnica de julgamento não unânime (art. 119 e art. 121, I, do RITJDFT)
- ✓ Cabe reclamação para garantir o precedente firmado no IAC (art. 196, III).
- ✓ Serve de embasamento para, no Conflito de Competência, o relator julgá-lo de plano quando o tema disser respeito à tese firmada no IAC (art. 209, II, do RITJDFT).

5.4.3. Incidente de Resolução de Demandas Repetitivas (IRDR)

5.4.3.1. Linhas gerais

O que é: O IRDR poderá ser instaurado quando houver, simultaneamente: I – efetiva repetição de processos que contenham controvérsia sobre a mesma questão unicamente de direito; II – risco de ofensa à isonomia e à segurança jurídica (art. 976 do Código de Processo Civil).

O objetivo do IRDR é o de uniformizar a jurisprudência no âmbito do TJDFT.

Sujeito a preparo? não

Caso concreto:

"**A Câmara de Uniformização de Jurisprudência do Tribunal de Justiça do Distrito Federal e dos Territórios**, por maioria, acolheu o **Incidente de Resolução de Demandas Repetitivas – IRDR**, e fixou entendimento de que "é cabível a aquisição de imóveis particulares situados no Setor Tradicional de Planaltina/DF, por usucapião, ainda que pendente o processo de regularização urbanística".

O usucapião é uma forma de tornar-se proprietário de um bem, por meio do seu uso durante um determinado tempo, sem que haja insurgências ou contestações quanto à essa situação de fato. O instituto jurídico é regulado principalmente pela Constituição Federal e pelo Código de Processo Civil.

O pedido de unificação de entendimento foi feito pelo juiz titular da Vara do Meio Ambiente, Desenvolvimento Urbano e Fundiário do Distrito Federal, **que vislumbrou a ocorrência de decisões conflitantes sobre o tema no âmbito do TJDFT**. No referido caso, os desembargadores entenderam que o incidente deveria ser acolhido e, para fixar a tese mencionada acima, por maioria, chegaram à seguinte conclusão: "Considerando as razões de fato e de direito até aqui expendidas, é de dessumir não haver na ordem jurídica vigente qualquer impeço, seja de ordem material ou processual, para a admissão das ações de usucapião dos imóveis particulares situados no Setor Tradicional de Planaltina/DF. Destarte, para que seja garantida a isonomia às diversas demandas envolvendo a questão trazida no presente incidente, bem como para que seja observada a segurança jurídica, impõe-se fixar a tese jurídica cabível, para fins de uniformização de jurisprudência".

O principal objetivo do IRDR é identificar processos que contenham a mesma questão de direito para evitar decisões divergentes dentro do Tribunal"[19] (grifamos).

19. https://www.tjdft.jus.br/institucional/imprensa/noticias/2018/dezembro/imoveis-particulares-nao-regularizados-no-setor-tradicional-de-planaltina-df-podem-sofrer-usucapiao

5.4.3.2. Procedimento

Quem pode fazer o pedido de instauração? O pedido, restrito aos processos de competência do tribunal, será dirigido ao presidente do tribunal:

I – pelo juiz ou relator, por ofício (juiz ou relator encaminham um ofício ao presidente do TJDFT);

II – pelas partes, por petição;

III – pelo Ministério Público ou pela Defensoria Pública, por petição.

O ofício ou a petição será instruído com os documentos necessários à demonstração do preenchimento dos pressupostos para a instauração do incidente.

IRDR					
Quem pede a instauração?	**Por qual meio?**	**O que deve acompanhar o pedido?**	**Competência**	**Preparo?**	**Sustentação oral?**
Juiz	Ofício	Documentos necessários à demonstração do preenchimento dos pressupostos	Câmara de Uniformização	Não	Sim (art. 109, §2º, do RITJDFT)
Relator	Ofício				
Partes	Petição				
Ministério Público	Petição				
Defensoria Pública	Petição				

Em relação ao procedimento propriamente dito, podemos dividi-lo em duas fases, sendo a primeira, a de juízo de admissibilidade, que não analisará o mérito do pedido, mas unicamente os seus pressupostos formais, sendo que a segunda apreciará o mérito do feito.

PRIMEIRA FASE – ADMISSIBILIDADE DO IRDR

1. Distribuição e análise pelo colegiado: É feita à Câmara de Uniformização, o relator levará o incidente para o juízo colegiado de admissibilidade, lavrando-se o respectivo acórdão.

Nessa fase, o TJDFT se limita a examinar se estão presentes os pressupostos do art. 976 do Código de Processo Civil.

Art. 976. É cabível a instauração do incidente de resolução de demandas repetitivas quando houver, simultaneamente:

I – efetiva repetição de processos que contenham controvérsia sobre a mesma questão unicamente de direito;

II – risco de ofensa à isonomia e à segurança jurídica.

Caso concreto em que o TJDFT sequer admitiu o processamento do IRDR:

INCIDENTE DE RESOLUÇÃO DE DEMANDAS REPETITIVAS – IRDR. PROCESSUAL CIVIL. CONTRATOS DE MÚTUO. CÉDULAS DE CRÉDITO BANCÁRIO.PREVISÃO CONTRATUAL DE AMORTIZAÇÃO POR MEIO DE DESCONTO EM CONTA CORRENTE. LIMITAÇÃO A 30%. JUÍZO DE ADMISSIBILIDADE NEGATIVO. INOBSERVÂNCIA DOS REQUISITOS PREVISTOS NO ART. 976 DO CÓDIGO DE PROCESSO CIVIL.

1. Conforme exegese do art. 976, incisos I e II, do Código de Processo Civil, a admissibilidade do incidente de resolução de demandas repetitivas deve observar o preenchimento dos seguintes pressupostos: i) Identidade da questão unicamente de direito controvertida; ii) efetiva repetição de processos; iii) risco presente de ofensa à isonomia e à segurança jurídica.

2. Inexistente efetiva controvérsia quanto ao entendimento adotado por esta egrégia Corte acerca da possibilidade de limitação, em 30%, dos descontos realizados em conta-corrente, relativos a empréstimos contratados junto a instituições financeiras diversas, bem como, não se constatando, por tal razão, qualquer risco de ofensa à isonomia e à segurança jurídica, impõe-se a inadmissibilidade do incidente de resolução de demandas repetitivas.

3. Incidente de Resolução de Demandas Repetitivas não admitido.

(Acórdão 1091201, 20170020231607IDR, Relator: SIMONE LUCINDO, Câmara de Uniformização, data de julgamento: 9/4/2018, publicado no DJE: 23/4/2018. Pág.: 624)

Admitido o incidente, passa-se à segunda fase:

SEGUNDA FASE – JULGAMENTO DO IRDR

1. Providências do relator: Admitido o incidente, o relator:

a) suspenderá os processos pendentes, individuais ou coletivos, que tramitam na Justiça do Distrito Federal, inclusive no sistema dos juizados especiais;

A suspensão será comunicada aos órgãos judiciários competentes.

A suspensão tem prazo para acabar? Sim, cessa a suspensão se o incidente não for julgado no prazo de 1 (um) ano, salvo decisão **fundamentada** do relator em sentido contrário.

b) poderá requisitar **informações** a órgãos em cujo juízo tramita processo no qual se discute o objeto do incidente, que as prestarão no prazo de **15 (quinze) dias**;

c) intimará o **Ministério Público** para, querendo, manifestar-se no prazo de **15 (quinze) dias.**

2. Providência do Presidente do TJDFT: O Presidente do Tribunal determinará a inclusão do incidente no banco eletrônico de dados e a comunicação da sua admissibilidade ao Conselho Nacional de Justiça.

3. Manifestação das partes e demais interessados: O relator ouvirá as partes e os demais interessados, inclusive pessoas, órgãos e entidades com interesse na controvérsia, no prazo comum de 15 (quinze) dias.

> ***3.1. Juntada de documentos***: As partes e interessados poderão requerer a juntada de documentos e a realização de diligências necessárias à elucidação da questão de direito controvertida.

4. Manifestação do Ministério Público: 15 dias.

5. Audiência Pública: O relator poderá designar audiência pública para ouvir depoimentos de pessoas com experiência e conhecimento na matéria.

6. Relatório e inclusão em pauta: Concluídas as diligências, o relator lançará relatório e determinará a inclusão do incidente em pauta para julgamento. Incluído o incidente em pauta, cópia do relatório será enviada aos membros da Câmara de Uniformização.

7. Julgamento: No julgamento do incidente, observar-se-á a seguinte ordem:

I – o relator fará a exposição do objeto do incidente;

II – poderão sustentar suas razões, sucessivamente:

a) o autor e o réu do processo originário e o Ministério Público, pelo prazo de 30 (trinta) minutos;

b) os demais interessados, no prazo de 30 (trinta) minutos, divididos entre todos que tenham se inscrito com pelo menos 2 (dois) dias de antecedência.

Considerando o número de inscritos, o prazo poderá ser ampliado pelo presidente da sessão.

***Quorum*:** A deliberação será tomada por maioria absoluta.

8. Acórdão: O acórdão abrangerá a análise de todos os fundamentos suscitados, favoráveis ou contrários, concernentes à tese jurídica discutida e passíveis de influenciar na sua fixação.

Cópia do acórdão será encaminhada à Comissão de Jurisprudência para fins de elaboração ou de revisão de súmula (arts. 331, § 4º, e 334, § 1º, do RITJDFT).

Se o incidente tiver por objeto questão relativa a prestação de serviço concedido, permitido ou autorizado, o resultado do julgamento será comunicado ao órgão, ao ente ou à agência reguladora competente para fiscalização da efetiva aplicação, por parte dos entes sujeitos a regulação, da tese adotada.

A tese fixada no IRDR pode ser revista? Sim.

A revisão da tese jurídica firmada no incidente far-se-á, pelo mesmo órgão, de ofício ou mediante requerimento dos legitimados a pedir a instauração do IRDR e atenderá ao mesmo procedimento para a fixação da tese (arts. 303 a 310 do RITJDFT).

Acolhida a revisão, haverá deliberação sobre a modulação dos efeitos da alteração em face do interesse público e da segurança jurídica, que deverá ser tomada por **dois terços**.

5.4.4. Exceção e Incidente de Impedimento e Suspeição

5.4.4.1. Linhas gerais

De acordo com o art. 312 do RITJDFT, os desembargadores declarar-se-ão impedidos ou suspeitos nos casos previstos em lei.

Alega-se o **impedimento** do julgador quando se pretende afastá-lo sob a alegação de que há óbice legal para a sua atuação no caso concreto, conforme art. 144 do Código de Processo Civil[20] (exemplo: juiz ou cônjuge é parte no processo) e art. 252 do Código de Processo Penal[21].

A **suspeição**, por sua vez, ocorre quando se pretende afastar o julgador ao argumento de que a sua imparcialidade está comprometida (exemplo, juiz amigo de uma das partes) , são os casos do art. 145 do Código de Processo Civil[22] e art. 254 do Código de Processo Penal[23].

---

20. Art. 144. Há impedimento do juiz, sendo-lhe vedado exercer suas funções no processo: I – em que interveio como mandatário da parte, oficiou como perito, funcionou como membro do Ministério Público ou prestou depoimento como testemunha; II – de que conheceu em outro grau de jurisdição, tendo proferido decisão; III – quando nele estiver postulando, como defensor público, advogado ou membro do Ministério Público, seu cônjuge ou companheiro, ou qualquer parente, consanguíneo ou afim, em linha reta ou colateral, até o terceiro grau, inclusive; IV – quando for parte no processo ele próprio, seu cônjuge ou companheiro, ou parente, consanguíneo ou afim, em linha reta ou colateral, até o terceiro grau, inclusive; V – quando for sócio ou membro de direção ou de administração de pessoa jurídica parte no processo; VI – quando for herdeiro presuntivo, donatário ou empregador de qualquer das partes; VII – em que figure como parte instituição de ensino com a qual tenha relação de emprego ou decorrente de contrato de prestação de serviços; VIII – em que figure como parte cliente do escritório de advocacia de seu cônjuge, companheiro ou parente, consanguíneo ou afim, em linha reta ou colateral, até o terceiro grau, inclusive, mesmo que patrocinado por advogado de outro escritório; IX – quando promover ação contra a parte ou seu advogado.

21. Art. 252. O juiz não poderá exercer jurisdição no processo em que: I – tiver funcionado seu cônjuge ou parente, consangüíneo ou afim, em linha reta ou colateral até o terceiro grau, inclusive, como defensor ou advogado, órgão do Ministério Público, autoridade policial, auxiliar da justiça ou perito; II – ele próprio houver desempenhado qualquer dessas funções ou servido como testemunha; III – tiver funcionado como juiz de outra instância, pronunciando-se, de fato ou de direito, sobre a questão; IV – ele próprio ou seu cônjuge ou parente, consangüíneo ou afim em linha reta ou colateral até o terceiro grau, inclusive, for parte ou diretamente interessado no feito.

22. Art. 145. Há suspeição do juiz: I – amigo íntimo ou inimigo de qualquer das partes ou de seus advogados; II – que receber presentes de pessoas que tiverem interesse na causa antes ou depois de iniciado o processo, que aconselhar alguma das partes acerca do objeto da causa ou que subministrar meios para atender às despesas do litígio; III – quando qualquer das partes for sua credora ou devedora, de seu cônjuge ou companheiro ou de parentes destes, em linha reta até o terceiro grau, inclusive; IV – interessado no julgamento do processo em favor de qualquer das partes.

23. Art. 254. O juiz dar-se-á por suspeito, e, se não o fizer, poderá ser recusado por qualquer das partes: I – se for amigo íntimo ou inimigo capital de qualquer deles; II – se ele, seu cônjuge, ascendente ou descendente, estiver respondendo a processo por fato análogo, sobre cujo caráter criminoso haja controvérsia; III – se ele, seu cônjuge, ou parente, consangüíneo, ou afim, até o terceiro grau, inclusive, sustentar demanda ou responder a processo que tenha de ser julgado por qualquer das partes; IV – se tiver aconselhado qualquer das partes; V – se for credor ou devedor, tutor ou curador, de qualquer das partes; VI – se for sócio, acionista ou administrador de sociedade interessada no processo.

Quem julga? Conselho Especial, em relação aos desembargadores (art. 13, III, do RITJDFT).

5.4.4.2. Procedimento

O impedimento ou a suspeição poderão ser reconhecidos, de iniciativa própria pelos desembargadores, ou, ainda, mediante pedido formulado pelas partes.

5.4.4.2.1. Declaração de ofício (iniciativa própria)

1. Declaração: Os desembargadores deverão se declarar impedidos ou suspeitos para julgar o processo. A declaração será feita por escrito pelo relator e pelo revisor; nos demais casos será feita verbalmente e constará da ata de julgamento.

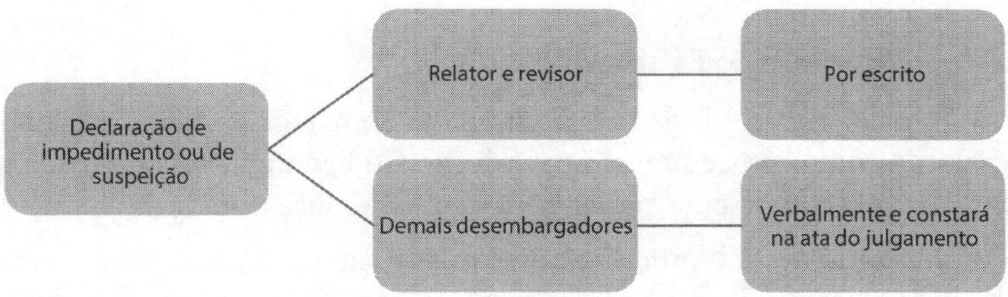

2. Anotação na capa dos autos: Se a causa do impedimento ou da suspeição estiver anotada na capa dos autos, constará da papeleta de julgamento e o presidente do órgão julgador a declarará quando chamar o processo a julgamento.

3. Suspensão do processo: A arguição de impedimento ou de suspeição suspenderá o processo até o julgamento do incidente.

Os autos da exceção ou do incidente serão apensados aos autos do processo originário.

4. Arguição pelas partes: A arguição de impedimento ou de suspeição do relator será suscitada nos 15 (quinze) dias posteriores à distribuição ou, quando não tiver por fundamento motivo preexistente, do fato que ocasionou o impedimento ou a suspeição.

A arguição deverá indicar os fundamentos de fato e de direito da recusa do magistrado e será instruída com documentos e rol de testemunhas, se houver.

Quando exigido por lei, a petição será assinada pela própria parte ou por procurador com poderes especiais.

Autuada a petição, os autos serão remetidos ao magistrado apontado como impedido ou suspeito, que poderá:

a) **não admitir o impedimento ou a suspeição**: o magistrado oferecerá resposta em 15 (quinze) dias. Nessa hipótese, finda a instrução, os autos serão conclusos ao relator, que disporá do prazo de 10 (dez) dias para apresentar o processo para julgamento em mesa, sem a presença do magistrado arguido.

b) **admitir o impedimento ou a suspeição**. Nesse caso, se admitido:

   I – pelo relator, o feito será redistribuído;

   II – pelo revisor, os autos serão enviados ao desembargador que lhe suceder no órgão julgador.

5.4.5. Incidente de Falsidade

O incidente de falsidade será suscitado ao relator da causa principal, de acordo com o procedimento contido no Código de Processo Civil, perante o órgão competente para o julgamento da causa principal.

Dessa forma, se o processo está sob julgamento de uma Turma Cível e há uma alegação de falsidade documental, àquele órgão caberá apreciar o incidente.

5.4.6. Tutela Provisória nos Processos de Competência Originária e das Medidas Cautelares nos Feitos Criminais

Nos processos de competência originária, a tutela provisória atenderá ao disposto na legislação processual civil.

Nos feitos criminais, as medidas cautelares, antecedentes ou incidentais, atenderão ao disposto na legislação processual penal.

5.4.7. Restauração de Autos

Quando ocorre? Se houver extravio de autos. Objetivo, como o nome diz, é o de restaurar os autos perdidos.

Altera a classe processual e acarreta distribuição? Não. A restauração de autos não altera a classe processual anterior e não acarreta distribuição, ou seja, o processo extraviado mantém a mesma numeração anterior.

Procedimento: A restauração de autos atenderá aos termos da legislação processual e poderá ser requerida por qualquer das partes (Atualmente, segue a disciplina do art. 712 a 718 do Código de Processo Civil e arts. 541 a 548 do Código de Processo Penal)

A restauração de autos será processada perante o órgão julgador originário e sempre que possível será distribuída ao respectivo relator.

RITJDFT:

"Art. 28. Aos Conselhos Especial e da Magistratura, às Câmaras e às Turmas, nos processos de respectiva competência, cabe, ainda, julgar:

[...]

IV – a restauração de autos"

Em se tratando de crime de ação penal pública, a restauração de autos poderá ser iniciada mediante portaria do Presidente do Tribunal ou do respectivo relator.

E se os autos forem extraviados na origem (primeira instância)? O relator determinará o envio dos autos ao juízo de origem para que se promova a restauração dos atos nele realizados.

Devolvidos os autos ao tribunal, a restauração será complementada e proceder-se-á ao julgamento.

5.4.8. Súmula

O Tribunal, na forma prevista neste Regimento, editará enunciado de súmula correspondente a sua jurisprudência dominante. Súmulas são resumos do entendimento dos tribunais a respeito de determinado tema. A súmula é instrumentalizada em pequenos verbetes, que refletem o entendimento do Tribunal depois de reiteradas decisões acerca de determinada matéria. e não se referem a um processo específico, mas à tese jurídica aplicável a vários outros feitos.

Os enunciados refletirão as circunstâncias fáticas dos precedentes que motivaram sua edição.

Exemplos de súmulas do TJDFT

Súmula nº 3

A apresentação de diploma, quando exigido para o ingresso em carreira do serviço público é obrigatória, apenas, na data da posse.

Súmula nº 23

Em ação proposta por consumidor, o juiz não pode declinar de ofício da competência territorial.

Citação: A citação da súmula, pelo número correspondente, perante o Tribunal e seus demais órgãos judiciários, dispensará a referência a outros julgados no mesmo sentido. Assim, o magistrado que citar uma súmula para embasar a fundamentação de sua decisão não precisará citar outros julgados referentes ao mesmo tema, pois a súmula citada já é suficientemente para demonstrar o entendimento consolidado do TJDFT sobre a matéria.

Repositório oficial: As súmulas são consideradas repositórios oficiais da jurisprudência do TJDFT (art. 351 do RITJDFT).

Quem pode propor a edição de enunciado de súmula? qualquer desembargador.

Quem aprova as súmulas? Conselho Especial, Câmara de Uniformização e Câmara Criminal, nos feitos de suas competências.

ATENÇÃO! Câmara Cível não aprova súmula! Cabe à Câmara de Uniformização aprovar súmulas em matéria cível.

RITJDFT

"Art. 13. Compete ao Conselho Especial:

(...)

VII – processar e julgar proposta de súmula sobre matéria de sua competência e de competência comum às Câmaras Especializadas"

"Art. 18. Compete à Câmara de Uniformização processar e julgar:

(...)

IV – proposta de súmula em matéria cível e a revisão da tese jurídica firmada no seu julgamento"

"Art. 23. Compete à Câmara Criminal processar e julgar:

(...)

IX – proposta de súmula em matéria criminal e a revisão da tese jurídica firmada no seu julgamento".

"Art. 38. Compete à Comissão de Jurisprudência propor e se manifestar sobre propostas de edição, revisão e cancelamento de súmula, observado o disposto nos arts. 331, 334 e 335".

Comissão de Jurisprudência: compete-lhe propor e se manifestar sobre propostas de edição, revisão e cancelamento de súmula, o em importante papel na aprovação, edição, revisão e cancelamento de súmulas.

Recapitulando:

A Comissão de Jurisprudência é composta de **5 (cinco) membros efetivos** e **um suplente**, sendo **presidida por seu membro mais antigo**.

A Comissão de Jurisprudência terá **um representante** de cada **Câmara especializada**.

IAC e IRDR: Caso seja fixada a tese nos incidentes de assunção de competência (1) e de resolução de demandas repetitivas (2), a Comissão de Jurisprudência deliberará sobre a conveniência de proposição de correspondente enunciado de súmula. Portanto, se o Tribunal fixa uma tese jurídica durante o julgamento de tais incidentes processuais, mostra-se recomendável que o entendimento seja instrumentalizado por meio de uma súmula.

(1) Incidente de Assunção de Competência: Definição do art. 947 do Código de Processo Civil. "É admissível a assunção de competência quando o julgamento de recurso, de remessa necessária ou de processo de competência originária envolver relevante questão de direito, com grande repercussão social, sem repetição em múltiplos processos"

(2) Incidente de Resolução de Demandas Repetitivas: Tem por finalidade unificar o entendimento do Tribunal sobre matéria de direito (apenas teses jurídicas) quando houver ações repetitivas sobre o mesmo tema. Os seus julgados devem ser seguidos obrigatoriamente pelos juízes e pelos Tribunais, de acordo como art. 927, III, do Código de Processo Civil.

5.4.8.1. Procedimento para aprovação da súmula

1. Encaminhamento da proposta à Comissão de Jurisprudência: Inicialmente, a proposta será encaminhada à **Comissão de Jurisprudência** com indicação dos precedentes e sugestão de enunciado.

2. Manifestação: A Comissão de Jurisprudência se manifestará sobre a proposta no **prazo de 10 (dez) dias**, podendo sugerir outra redação para o enunciado.

A Comissão de Jurisprudência poderá propor de ofício (iniciativa própria) a edição de enunciado de súmula.

3. Distribuição da proposta ao órgão competente para aprovação: A proposta de súmula será distribuída ao Conselho Especial, à Câmara de Uniformização ou à Câmara Criminal.

4. Remessa aos desembargadores: Cópia da proposta e da manifestação da Comissão de Jurisprudência será encaminhada aos desembargadores com **antecedência de 5 (cinco) dias** da sessão de deliberação.

5. *Quorum* para aprovação da súmula: voto da maioria absoluta do Conselho Especial, da Câmara de Uniformização ou da Câmara Criminal.

6. Remessa do acórdão à Comissão de Jurisprudência: Proferido o acórdão, no prazo para a respectiva publicação será remetida cópia à Comissão de Jurisprudência, que deverá:

I. efetuar, em ordem numérica de apresentação, o registro da súmula e do acórdão, na íntegra, em livro especial, lançando na cópia recebida o número de registro e arquivando-a em seguida;
II. lançar a súmula em ficha, que conterá todas as indicações identificadoras do acórdão, bem como o número previsto na alínea anterior, arquivando-a em ordem alfabética, por assunto;
III. providenciar a publicação do acórdão na Revista de Jurisprudência do Tribunal, sob o título Uniformização de Jurisprudência.

7. Publicação: Todos os enunciados da súmula, os posteriores adendos ou as emendas, datados e numerados em ordem contínua, serão publicados três vezes seguidas no Diário da Justiça Eletrônico. Todas as edições posteriores à súmula conterão os adendos e as emendas.

5.4.8.2. Revisão da súmula

Quem pode propor? qualquer desembargador ou pela Comissão de Jurisprudência e atenderá ao disposto no tópico antecedente quanto ao procedimento.

Instauração: procedimento de revisão será instaurado sempre que a matéria for decidida de modo diverso na sistemática de julgamento de casos repetitivos e no incidente de assunção de competência.

Audiência pública: A critério do relator, poderão ser realizadas audiências públicas e autorizada a participação de pessoas, órgãos ou entidades que possam contribuir para a rediscussão da tese.

SÚMULAS	
Quem pode propor a criação e a revisão	Qualquer desembargador
	Comissão de Jurisprudência
Quem julga	**Conselho Especial:** matéria de sua competência e das Câmaras Especializadas
	Câmara de Uniformização: matéria cível e revisão de tese jurídica firmada no julgamento
	Câmara Criminal: matéria criminal e revisão de tese jurídica firmada no julgamento
Quórum para aprovar	Maioria absoluta

Como esse assunto foi cobrado em concurso?

No concurso para Técnico Judiciário/Área Administrativa (2013) foi perguntado: *"Somente a Turma do tribunal tem autorização para rever jurisprudência compendiada em súmula"*. O item foi considerado errado, tendo em vista o disposto no art. 333 e 334 do RITJDFT.

5.4.9. Incidente de Desconsideração da Personalidade Jurídica

5.4.9.1. Linhas gerais

O incidente de Desconsideração da Personalidade Jurídica é importante ferramenta processual cujo objetivo **é o de** coibir a utilização fraudulenta da pessoa jurídica para proteger bens particulares de seus sócios, no intuído de não pagar os seus respectivos credores.

Veja o que diz o art. 50 do Código Civil e o art. 28 da Lei nº 8.078/90 (Código de Defesa do Consumidor):

"**Art. 50.** Em caso de abuso da personalidade jurídica, caracterizado pelo desvio de finalidade ou pela confusão patrimonial, pode o juiz, a requerimento da parte, ou do Ministério Público quando lhe couber intervir no processo, desconsiderá-la para que os efeitos de certas e determinadas relações de obrigações sejam estendidos aos bens particulares de administradores ou de sócios da pessoa jurídica beneficiados direta ou indiretamente pelo abuso".

"**Art. 28.** O juiz poderá desconsiderar a personalidade jurídica da sociedade quando, em detrimento do consumidor, houver abuso de direito, excesso de poder, infração da lei, fato ou ato ilícito ou violação dos estatutos ou contrato social. A desconsideração também será efetivada quando houver falência, estado de insolvência, encerramento ou inatividade da pessoa jurídica provocados por má administração".

Vejamos o seguinte caso concreto, para melhor ilustrar a utilização desse instituto processual:

CASO CONCRETO

"A Turma deferiu agravo de instrumento em face de decisão que, em sede de cumprimento de sentença, não acolheu pedido de desconsideração da personalidade jurídica da empresa ré. Segundo a Relatoria, o agravante sustentou que diligenciou em busca de bens capazes de satisfazer seu crédito sem obter êxito, pois a empresa executada encerrou suas atividades de forma irregular, sem a devida liquidação e encerramento, tendo seus sócios emitido cheques sem provisão de fundos. Nesse quadro, a Desembargadora lembrou que a desconsideração da personalidade jurídica é um instituto que tem por finalidade coibir todo tipo de ato fraudulento perpetrado em nome da pessoa jurídica, cujo fim seria o de prejudicar direitos de terceiros. Na espécie, concluiu a Magistrada que diante da constatação de que as atividades da empresa agravada foram encerradas irregularmente pelos sócios, deixando obrigações por adimplir perante credor com o qual contratou, bem como não funcionando mais no endereço sem comunicar aos órgãos de registro (Súmula 435 **do STJ), resta caracterizada a existência de fortes indícios de fraude a ensejar a aplicação do instituto da desconsideração. Assim, por entender que a empresa ré furtou-se a honrar a dívida contraída, o Colegiado determinou que se proceda à desconsideração da personalidade jurídica, a fim de que a execução tenha lastro junto ao patrimônio pessoal dos sócios**[24]".

Quem pode requerer? qualquer das partes ou pelo Ministério Público, quando lhe couber intervir no processo[25].

---

24. https://www.tjdft.jus.br/consultas/jurisprudencia/informativos/2012/informativo-de--jurisprudencia-no-247/desconsideracao-da-personalidade-juridica-2013-dissolucao--irregular-da-empresa

25. Código de Processo Civil, art. 178. "O Ministério Público será intimado para, no prazo de 30 (trinta) dias, intervir como fiscal da ordem jurídica nas hipóteses previstas em lei ou na Constituição Federal e nos processos que envolvam:

Quem julga? O mesmo órgão julgador do processo originário

Relator: Sempre que possível, o relator do processo originário.

Sujeito a preparo? Sim (art. 69, VII, do RITJDFT).

5.4.9.2. Procedimento

1. Distribuição ao relator. O incidente será processado perante o órgão julgador originário e sempre que possível distribuído ao respectivo relator, que poderá indeferir de plano o incidente ou admitir a sua instauração.

> ***1.1. Indeferimento de plano*:** O relator poderá indeferir de plano o incidente:
>
> I – quando manifestamente incabível a sua instauração;
>
> II – quando a petição não descrever fatos e fundamentos jurídicos que autorizam a desconsideração da personalidade jurídica;
>
> III – quando manifestamente improcedente a desconsideração da personalidade jurídica.

Cabe recurso da decisão que indefere? Sim, agravo interno.

2. Admissão da instauração do incidente:

3. Citação do sócio ou da pessoa jurídica: o sócio ou a pessoa jurídica será citado para manifestar-se e requerer as provas cabíveis no prazo de 15 (quinze) dias.

4 Concluída a instrução (provas): o relator poderá decidir o incidente (o mérito) por decisão monocrática ou submetê-lo ao órgão colegiado.

> ***4.1. Decisão monocrática que decide o incidente***: cabe agravo interno.

5. Julgamento: Acolhido o pedido de desconsideração, a alienação ou a oneração de bens, havida em fraude de execução, será ineficaz em relação ao requerente.

I – interesse público ou social; II – interesse de incapaz; III – litígios coletivos pela posse de terra rural ou urbana".

5.4.10. Habilitação

De acordo como art. 687 do Código de Processo Civil, "A habilitação ocorre quando, por falecimento de qualquer das partes, os interessados houverem de suceder-lhe no processo".

O RITJDFT trata dos casos de habilitação no caso de falecimento de qualquer das partes em feito de competência do TJDFT.

Desse modo, por se tratar de incidente processual, **a habilitação incidente será requerida ao relator, nos próprios autos, suspendendo-se o processo.**

A suspensão é medida necessária, na medida em que o processo não poderia continuar sem definir quem ocupará o lugar da parte que faleceu (herdeiros, espólio etc.).

Procedimento

1. Citação do requerido: deverá responder em 5 (cinco) dias.

2. Provas: As partes apresentarão prova documental e rol de testemunhas juntamente com a inicial ou com a contestação.

3. Julgamento em mesa: Terminada a instrução, o relator, em 5 (cinco) dias, apresentará o processo para julgamento em mesa(1), perante o órgão competente para julgamento da causa principal.

(1) Julgamento em mesa é aquele que não depende de inclusão em pauta.

A habilitação não dependerá de decisão do relator e será processada nos autos da causa principal.

5.4.11. Anistia, Graça e Indulto

Anistia: Perdão ao delito, concedido pelo Congresso Nacional, com sanção do Presidente da República (art. 48, VIII, CF/88).

Graça e **Indulto** são concedidos por decreto do Presidente da República (art. 84, XII, da CF/88). Excluem os efeitos da condenação. A graça é um benefício individual (pode abranger uma ou mais pessoas, desde que identificadas) e depende do requerimento do interessado. O indulto é um benefício coletivo e não depende de pedido.

Procedimento: O pedido de anistia, de graça ou de indulto poderá ser efetuado por petição do condenado, de qualquer pessoa do povo, do Conselho Penitenciário ou do Ministério Público.

A extinção da punibilidade decorrente de anistia, graça ou indulto será decidida pelo Tribunal nos processos de sua competência originária, e o Presidente atuará como relator.

ATENÇÃO! O condenado poderá recusar a comutação da pena

ANISTIA, GRAÇA E INDULTO	
Quem pode pedir	Condenado Qualquer pessoa do povo Conselho Penitenciário Ministério Público
Quem decide	TJDFT
Em quais feitos	Competência originária
Relator	Presidente do TJDFT

5.4.12. Reabilitação

O que é? A reabilitação é o meio processual pelo qual o condenado em ação penal, após preencher os requisitos legais, busca conferir sigilo aos dados referentes à sua condenação. Tem como objetivo, segundo a doutrina e a legislação, a ressocialização do indivíduo.

O RITJDFT trata da reabilitação referente às causas criminais de competência originária do TJDFT.

Quem julga? Conselho Especial

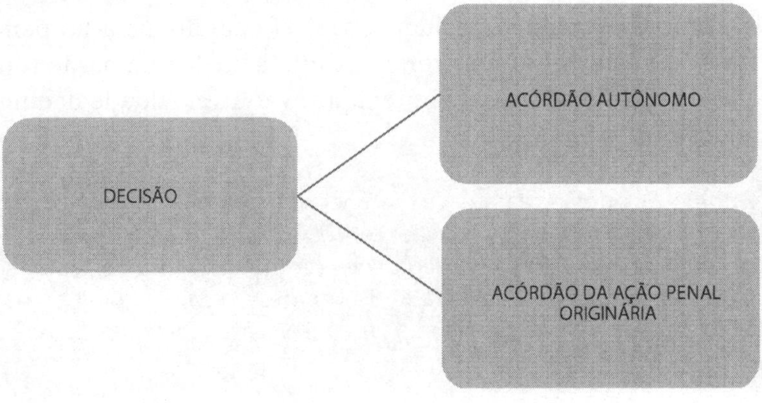

Como esse assunto foi cobrado em concurso?

No concurso para Técnico Judiciário/Área administrativa (2007) foi perguntado: "*Decorridos vários anos após ter cumprido a pena a que fora condenado em ação penal pública de competência originária do TJDFT, José, verificando preencher os requisitos, promoveu incidente de reabilitação. Nessa situação, a competência para julgamento do pedido de José é do Conselho Especial*". A assertiva foi considerada correta por corresponder ao art. 326, parágrafo único, do RITJDFT.

Relator: É o mesmo do processo no qual o requerente foi condenado.

O relator poderá ordenar as diligências necessárias à instrução, ouvida sempre a Procuradoria-Geral de Justiça, obedecendo-se, no que couber, às disposições do **Código de Processo Penal.**

ATENÇÃO! Não confundir Reabilitação com Habilitação!

REABILITAÇÃO X HABILITAÇÃO	
Reabilitação	**Habilitação**
Feitos criminais	Feitos cíveis
Sigilo dos dados da condenação criminal do réu	Sucessão da parte que veio à óbito, por seus herdeiros e/ou sucessores

5.4.13. Exceção da Verdade

A exceção da verdade é incidente cabível quando, na ação penal em que se apura suposta prática de crime de calúnia ou de difamação (quando se trata de servidor público), o réu tenta provar a veracidade daquilo que falou em desfavor vítima.

Por exemplo, Fulano afirma que Sicrano desviou dinheiro de uma empresa. Sicrano, irresignado, move ação penal contra Fulano alegando que este praticou crime de calúnia. Pela exceção de verdade, Fulano, réu na ação penal, poderá tentar comprovar que Sicrano de fato desviou dinheiro da empresa, no intuito de demonstrar que falou a verdade, isentando-se, assim, da ação penal.

A exceção será admitida, incidentalmente, na ação penal originária, e o seu procedimento será regulado pelas leis processuais.

Quem julga? Conselho Especial (art. 13, IV, do RITJDFT).

A decisão da exceção será formalizada em acórdão autônomo **ou** integrará o acórdão da ação penal originária.

CAPÍTULO 6

DISPOSIÇÕES FINAIS

6.1. DISPOSIÇÕES GERAIS

6.1.1. Ano Judiciário

O ano judiciário do Tribunal inicia-se e termina, respectivamente, no primeiro e no último dia útil do ano.

O Tribunal inicia os trabalhos no dia 7 de janeiro e os encerra no dia 19 de dezembro, com realização de sessão do Tribunal Pleno, postergando ou antecipando as respectivas datas, se necessário, para dia útil.

> **ATENÇÃO!** Não confundir o ano judiciário do TJDFT com o período de funcionamento dos trabalhos (expediente do Tribunal)

	Início	Fim	Posterga/ Antecipa datas?
Ano Judiciário	1º dia útil do ano	Último dia útil do ano	Não
Trabalhos do TJDFT	07 de janeiro	19 de dezembro	Sim

O TJDFT funciona nos períodos não compreendidos entre 07/01 e 19/12? Sim, em regime de plantão permanente.

6.1.2. Plantão

Quem regulamentará o plantão judiciário de segunda instância? O Tribunal Pleno.

O Tribunal Pleno regulamenta o plantão da segunda instância, todavia, quem elabora as escalas é o Presidente do TJDFT.

Recapitulando:

PLANTÃO			
SEGUNDA INSTÂNCIA		PRIMEIRA INSTÂNCIA	
Regulamenta:	**Elabora escala:**	**Regulamenta:**	**Elabora escala:**
Tribunal Pleno	Presidente TJDFT	Corregedoria (art. 60, §1º, LOJDFT)	Corregedor

Será publicada no Diário da Justiça Eletrônico e na página do Tribunal na internet a escala mensal dos desembargadores que deverão cumprir os plantões judiciais.

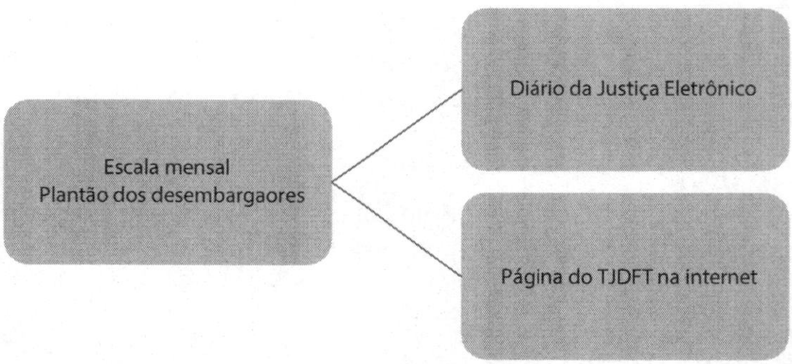

6.1.3. Delegação de atos

Os presidentes dos órgãos julgadores e os relatores das causas de competência do Tribunal poderão, mediante simples comunicação aos diretores de secretaria, delegar a assinatura de atos de citação, de notificação e de intimação ou a comunicação de ordens ou de decisões.

6.2. DOS PRAZOS

Como se dá a contagem dos prazos? Os prazos no Tribunal serão contados a partir da publicação do ato no Diário da Justiça Eletrônico ou, se determinado, a partir da intimação pessoal ou da ciência por outro meio.

A contagem dos prazos será feita de acordo com as leis processuais.

Os prazos correm no período de feriado forense? Não, salvo nas hipóteses previstas na lei ou no RITJDFT.

Suspensão e interrupção dos prazos: Os prazos também serão suspensos ou interrompidos na ocorrência de obstáculos judiciais ou de motivo de força maior, comprovados e reconhecidos pelo Presidente ou pelo Tribunal.

Na suspensão, conta-se o prazo até o dia anterior ao feriado/recesso, e, após o término do feriado/recesso, a contagem prossegue **considerando-se os dias do prazo já computados.**

Na interrupção, conta-se o prazo até o dia anterior ao feriado/recesso, e, após o término do feriado/recesso, a contagem do prazo tem **novo início, desconsiderando-se os dias do prazo já computados.**

SUSPENSÃO	INTERRUPÇÃO
Após o término do feriado/recesso, consideram-se os dias do prazo já computados.	Após o término do feriado/recesso, desconsideram-se os dias do prazo já computados, contando-se novamente do início

As informações oficiais apresentadas fora do prazo, por justo motivo, poderão ser admitidas se ainda oportuna sua apreciação.

A utilização de sistemas de informática e telemática é admissível para a remessa de documentos ao Tribunal, e os originais deverão ser entregues na secretaria do órgão julgador, necessariamente, para convalidação, até 5 (cinco) dias após o término dos prazos.

A não apresentação do original implicará o arquivamento do documento recebido.

Vamos recapitular:

CONTAGEM DOS PRAZOS		
Marco	**O que é**	**Suspende os prazos?**
Feriado	Data comemorativa em que as pessoas são dispensadas do trabalho	SIM
Recesso forense	Período compreendido entre 20 de dezembro e 6 de janeiro. Interrupção dos trabalhos do judiciário	SIM
Férias	Período de descanso anual e individual, de cada beneficiário	NÃO

As férias não suspendem e nem interrompem a contagem dos prazos!

Além dos feriados fixados em lei, também serão considerados como feriado forense pela Justiça do Distrito Federal e dos Territórios (art. 60, § 3º, da LOJDFT)

FERIADOS FORENSES	
Recesso forense	20 de dezembro a 6 de janeiro
Carnaval	Segunda-feira e terça-feira e quarta-feira de cinzas
Semana santa	Entre quarta-feira e domingo de Páscoa
Dia do advogado	11 de agosto
Finados	1º e 2º de novembro
Dia da Justiça	8 de dezembro

6.3. DADOS ESTATÍSTICOS

As estatísticas dos trabalhos judiciários do Tribunal, nos termos da Lei Orgânica da Magistratura Nacional, serão publicadas no Diário da Justiça Eletrônico, mensalmente.

6.4. DIVULGAÇÃO DA JURISPRUDÊNCIA DO TRIBUNAL

São **repositórios** (armazenamento e arquivamento) oficiais da jurisprudência do Tribunal de Justiça do Distrito Federal e dos Territórios, além da Revista e das próprias súmulas, o Diário da Justiça Eletrônico e as publicações de outras entidades autorizadas.

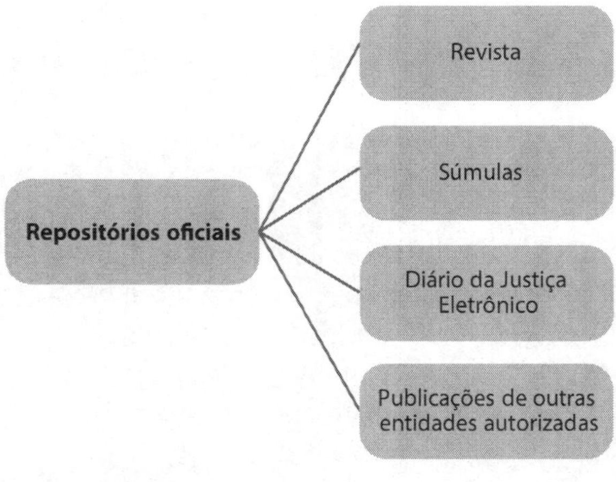

A seguir, passaremos a estudar cada um dos repositórios oficiais.

6.4.1. Revista Oficial

Quem seleciona os acórdãos em inteiro teor para publicação na Revista? A Comissão de Jurisprudência, ou outro órgão designado. Após, a Revista de Jurisprudência do Tribunal divulgará a jurisprudência da Corte.

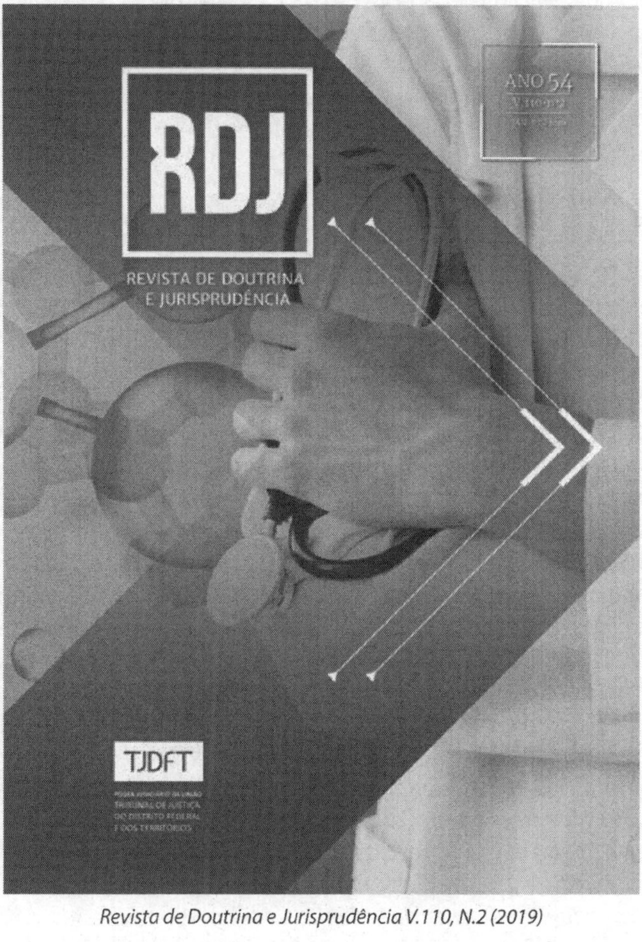

Revista de Doutrina e Jurisprudência V.110, N.2 (2019)

6.4.2. Súmulas

Remetemos o leitor ao item 5.4.8, para evitar repetições desnecessárias.

6.4.3. Diário da Justiça Eletrônico

Constará do Diário da Justiça Eletrônico a **ementa** de todos os **acórdãos**. A Subsecretaria de Doutrina e Jurisprudência divulgará a jurisprudência da Corte.

Ementa, recapitulando, é o resumo dos principais pontos discutidos em determinado julgamento. Refere-se a um determinado processo, ou seja, um caso concreto.

Não confundir **ementa** com **súmula**.

Súmula: é o resumo de uma **tese** firmada pelo Tribunal, após o julgamento de **diversos processos, não se refere a um processo específico, mas à tese jurídica aplicável a vários outros feitos.** A súmula é instrumentalizada em pequenos verbetes, que refletem o entendimento do Tribunal depois de reiteradas decisões acerca de determinada matéria.

Exemplo de ementa:

CIVIL E PROCESSUAL CIVIL. RESSARCIMENTO. SEGURADORA. ACIDENTE DE TRÂNSITO. RESPONSABILIDADE SUBJETIVA. COLISÃO TRASEIRA. CULPA PRESUMIDA. VEÍCULO SEGURADO. DEVER DE CUIDADO. NÃO OBEDECIDO. VIATURA OFICIAL. SENTENÇA MANTIDA. 1. Trata-se de apelação contra sentença que julgou improcedente o pedido de indenização a título de reparação por danos materiais sofridos em virtude de acidente de trânsito. 2. Nos termos dos artigos 186 e 927 do Código Civil, para se configurar a responsabilidade civil é necessária a presença dos seguintes elementos: conduta, dano e nexo causal. No caso de acidente de trânsito, a responsabilidade é subjetiva, devendo ser demonstrada a ocorrência de dano pessoal e ao veículo, ação ou omissão culposa e o nexo de causalidade entre o acidente e os prejuízos sofridos. 3. Incide a presunção de culpa do motorista que colide seu automóvel na traseira de veículo que segue à sua frente, haja vista a conjectura de descumprimento do dever de cautela, cabendo a ele – ou a eventual interessado – produzir provas capazes de atribuir a culpa a outrem. 4. Da análise da dinâmica dos fatos e das demais circunstâncias do acidente, percebe-se que a manobra do veículo oficial, por si só, não foi causa adequada para o infortúnio – especialmente quando constatado que dois veículos que seguiam em frente ao colidente lograram parar em tempo de evitar o impacto. 5. Inexistindo comprovação da culpa do requerido em relação ao acidente automobilístico descrito na inicial, imprescindível para o reconhecimento da responsabilidade civil, não há se falar em dever de indenizar. 6. Recurso conhecido e desprovido. (Acórdão 1222991, 07113647220188070018, Relator: SANDOVAL OLIVEIRA, 2ª Turma Cível, data de julgamento: 11/12/2019, publicado no DJE: 22/1/2020. Pág.: Sem Página Cadastrada.)

Exemplo de Súmula:

Súmula 26/TJDFT: *Em ação proposta por consumidor, o juiz não pode declinar de ofício da competência territorial.*

O Diário da Justiça Eletrônico, por sua vez, publica várias ementas em sequência.

Edição nº 21/2020 Brasília - DF, disponibilização quinta-feira, 30 de janeiro de 2020

4ª Turma Cível

EMENTA

N. 0736167-73.2018.8.07.0001 - APELAÇÃO CÍVEL - A: . Adv(s).: . R: Adv(s).: . Plano de saúde. Demora na análise de solicitação de procedimento de emergência. Dano moral: a injustificada demora na análise de solicitação de procedimento de emergência, cirurgia cardíaca, necessária à preservação da vida do paciente, causou dano moral in re ipsa, cuja compensação (R$ 5.000,00) foi assegurada em valor que não comporta redução, sob pena de ofensa aos princípios da razoabilidade e proporcionalidade.

N. 0042219-34.2015.8.07.0001 - APELAÇÃO CÍVEL - A: . Adv(s).: . A: . R: Adv(s).: . R: . Adv(s).: . Adv(s).: . CONTRATO DE PROMESSA DE COMPRA E VENDA. ATRASO NA ENTREGA DO IMÓVEL. INVERSÃO DA MULTA MORATÓRIA. LUCROS CESSANTES. 1. Eventual demora da Administração Pública na aprovação do projeto ou expedição da carta de habite-se, por ser previsível, não configura caso fortuito nem força maior e, por isso, não justifica o atraso na entrega do imóvel. 2. É vedada a cumulação da cláusula penal moratória - cujo valor seja equivalente ao locativo -, com lucros cessantes. 3. O termo final para indenizar o atraso na entrega do imóvel é a data da averbação do habite-se.

N. 0044152-13.2013.8.07.0001 - APELAÇÃO CÍVEL - A: Adv(s).: . Adv(s).: . R: . Adv(s).: . R: Compra e venda de imóvel. Atraso na entrega. Prazo de tolerância. Lucros cessantes. Inversão da cláusula penal. Temas 970 e 971 do STJ. Juros de mora. Honorários advocatícios 1. É válido o prazo de tolerância pactuado de forma expressa, clara e dentro dos limites da razoabilidade (cento e oitenta dias). 2. O injustificado atraso na entrega do imóvel, computado o prazo de tolerância, enseja indenização de lucros cessantes decorrentes da privação do uso do bem 3. A cláusula penal moratória é inacumulável com os lucros cessantes. 4. Ante a natureza contratual da relação jurídica, os juros de mora devem ser contados a partir da citação - Cód. Civil 405. 5. Honorários de sucumbência devem ser fixados de acordo com art. 20, § 3º, sendo o mínimo em 10% do valor da condenação.

N. 0729004-42.2018.8.07.0001 - EMBARGOS DE DECLARAÇÃO CÍVEL - A: Adv(s).: R: . R: Adv(s).: Embargos declaratórios: providos, com efeito modificativo, para sanar omissão relativa aos honorários de sucumbência recursal - CPC 85, § 11.

Exemplo de ementas publicadas no Diário da Justiça Eletrônico

6.4.4. Entidades autorizadas

A Comissão de Jurisprudência fornecerá cópia autêntica dos acórdãos aos órgãos de divulgação especializados em matéria jurídica que forem autorizados como repositórios oficiais da jurisprudência do Tribunal.

Como é feita essa habilitação? Para a habilitação prevista no parágrafo anterior, o representante ou o editor responsável pela publicação solicitará a inscrição ao Presidente da Comissão de Jurisprudência em petição que conterá os seguintes elementos:

I – nome, sede e endereço da pessoa jurídica que edita a revista;

II – nome de seu diretor ou editor responsável;

III – um exemplar dos três últimos números antecedentes ao mês do pedido de inscrição, o que será dispensado no caso de a Biblioteca do Tribunal já possuir os referidos números em seu acervo;

IV – compromisso de os acórdãos selecionados para publicação corresponderem, na íntegra, às cópias fornecidas oficialmente pelo Tribunal, autorizada a supressão do nome das partes e dos respectivos advogados.

E se a inscrição for deferida? O deferimento da inscrição implicará a obrigação de fornecer, gratuitamente, dois exemplares de cada publicação à biblioteca do Tribunal.

A inscrição pode ser cancelada? Sim, a qualquer tempo, por conveniência do Tribunal.

As publicações inscritas poderão mencionar o registro do Tribunal como repositório autorizado de divulgação de seus julgados.

A Comissão de Jurisprudência, ou outro órgão designado, manterá atualizado o registro das inscrições e dos cancelamentos, além de se articular com a Biblioteca para acompanhar o atendimento da obrigação de fornecer dois exemplares à biblioteca do TJDFT.

CAPÍTULO 7

PROCEDIMENTOS ADMINISTRATIVOS

7.1. DISPOSIÇÕES GERAIS

O RITJDFT disciplina alguns procedimentos administrativos que, basicamente, dizem respeito à eleição para cargos de direção no TJDFT e no Tribunal Regional Eleitoral (TRE), além de provimento e vacância de cargos e questões disciplinares.

São eles (art. 371 a 454 do RITJDFT).

I. Eleições para os cargos de direção
II. Indicação de advogados e de membros do Ministério Público
III. Eleição de Desembargador e Juiz de Direito para o Tribunal Regional Eleitoral (TRE)
IV. Provimento dos cargos na magistratura de carreira
V. Processo administrativo disciplinar relativo a magistrados
VI. Penalidades disciplinares
VII. Apuração de fato delituoso imputado a magistrado
VIII. Verificação de invalidez
IX. Procedimento de acompanhamento de estágio probatório

7.2. ELEIÇÕES PARA OS CARGOS DE DIREÇÃO

7.2.1. Disposições gerais

Conforme já estudamos, os cargos de direção são Presidente, Primeiro Vice-Presidente, Segundo Vice-Presidente e Corregedor.

O tema foi abordado no item 2.1.1.

7.3. ELEIÇÃO DE DESEMBARGADOR E JUIZ DE DIREITO PARA O TRIBUNAL REGIONAL ELEITORAL (TRE)

7.3.1. Linhas gerais

O Tribunal Regional Eleitoral do Distrito Federal (TRE/DF) foi criado em 14 de abril de 1960, por meio da Lei nº 3.754, e instalado solenemente no dia 06 de setembro do mesmo ano[1]. Não compõe o TJDFT, é órgão da Justiça Eleitoral (art. 118, II, da Constituição Federal).

7.3.2. Disposições gerais sobre a eleição para o TRE/DF

Quem elege os membros do TRE/DF: Tribunal Pleno do TJDFT

Quem pode ser eleito: São elegíveis todos os desembargadores e juízes de direito que não estejam impedidos.

Quem não pode ser eleito: O Presidente do Tribunal de Justiça, o Primeiro Vice-Presidente, o Segundo Vice-Presidente e o Corregedor da Justiça, assim como os desembargadores que já tiverem exercido cargos no Tribunal Regional Eleitoral do Distrito Federal por dois biênios (**atenção! não são dois anos, são dois biênios, ou seja, dois períodos de dois anos**).

Quando ocorre a eleição: Nos 15 (quinze) dias posteriores ao recebimento do ofício que comunique o término do mandato.

Quorum mínimo **de deliberação:** 2/3 dos desembargadores

Considerado eleito: voto de ½ + 1 dos desembargadores

7.3.3. Procedimento

1. Consulta aos interessados: Iniciado o processo de eleição, o Presidente consultará os desembargadores presentes sobre o interesse em se candidatar.

> ***1.1. Juízes candidatos:*** Os juízes de direito poderão apresentar suas candidaturas, em expediente dirigido à Presidência, **até**

---

1. http://www.tre-df.jus.br/o-tre/conheca-o-tre-df/tribunal-regional-eleitoral-do-distrito-federal

cinco dias antes da sessão designada para a eleição, cuja data será publicada com cinco dias de antecedência.

1.2. Desembargadores candidatos: O Presidente anunciará os nomes dos desembargadores candidatos. Os votantes receberão cédulas em branco, podendo sufragar até dois nomes. Serão considerados eleitos aqueles que obtiverem metade mais um dos votos dos presentes à sessão.

3. Votação: Os votantes receberão cédulas em branco, podendo sufragar até dois nomes. Serão considerados eleitos aqueles que obtiverem metade mais um dos votos dos presentes à sessão.

3.1. Segundo escrutínio: Se for necessário segundo escrutínio, nele concorrerão os mais votados e em número correspondente ao **dobro dos cargos a preencher**, excluindo-se, em caso de empate e, se necessário, os mais modernos.

3.2. Escrutínios seguintes: Nos escrutínios seguintes, será observada a regra do parágrafo anterior e, se nenhum nome obtiver metade mais um dos votos, será excluído o que tiver obtido menor número de votos e, se houver empate, o mais moderno.

Restando apenas dois nomes, ter-se-á por eleito o que obtiver maior número de votos e, em caso de empate, **o mais antigo**.

3. *Quorum*:

O *quorum* mínimo de deliberação do Tribunal Pleno é de dois terços dos desembargadores.

Será considerado eleito quem obtiver pelo menos metade mais um dos votos.

7.3.4. Fluxograma

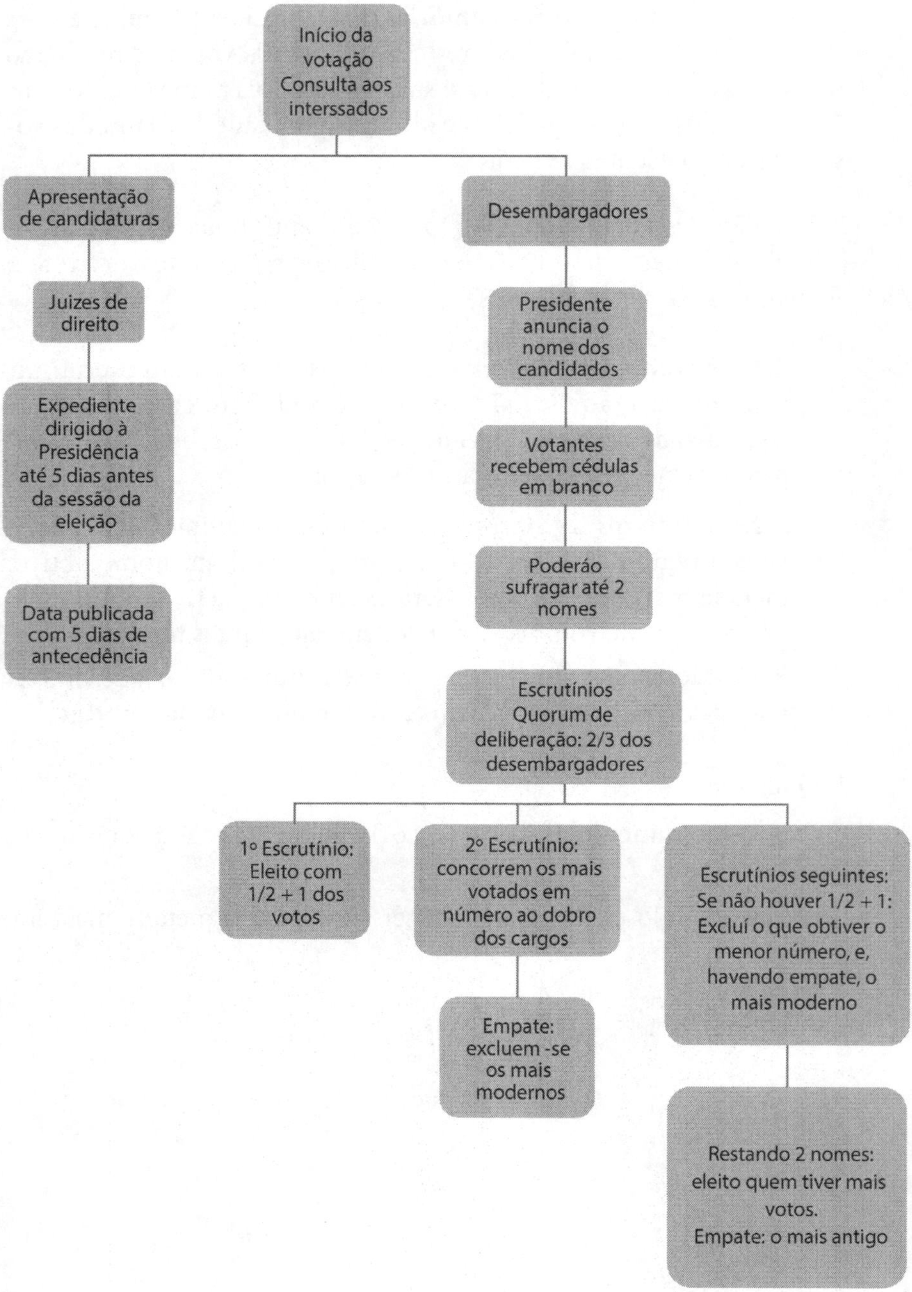

7.4. INDICAÇÃO DE ADVOGADOS E DE MEMBROS DO MINISTÉRIO PÚBLICO

Ver o item 3.5.3 que tratou do tema.

7.5. PROVIMENTO DOS CARGOS NA MAGISTRATURA DE CARREIRA

O RITJDFT trata, além do quinto constitucional destinado aos membros do Ministério Públicos e dos advogados, das formas de provimento dos cargos da magistratura da carreira. Provimento, como sabido, é o ato de preenchimento de um cargo público.

Os cargos da **magistratura** de **carreira** podem ser providos por meio de **nomeação**, **remoção**, **promoção**, **acesso** ou **permuta**.

PROVIMENTO DOS CARGOS DA MAGISTRATURA DE CARREIRA			
Forma de provimento	*Cargo de origem na magistratura*	*Cargo de destino*	*O que é*
Nomeação	Nenhum	Juiz de direito substituto Juiz de direito dos Territórios	Atribuição do cargo ao candidato aprovado em concurso público.
Remoção	Juiz de direito	Juiz de direito	Deslocamento de um juiz titular de uma Vara para outra. Ex., juiz de vara cível que pede remoção para uma vara de família.
Promoção	Juiz de direito substituto	Juiz de direito	Quando o juiz de direito substituto se torna juiz de direito, figurando como titular de uma Vara.
Acesso	**a.** Juiz substituto de segundo grau **b.** Juiz de direito de turma recursal **c.** Juiz de direito da Circunscrição Judiciária de Brasília ou de Vara com competência em todo o DF	Desembargador	Ascenção de um juiz substituto de segundo grau, de um juiz de direito de turma recursal ou de juiz de direito da Circunscrição Judiciária de Brasília ou de Vara com competência em todo o DF

PROVIMENTO DOS CARGOS DA MAGISTRATURA DE CARREIRA			
Forma de provimento	***Cargo de origem na magistratura***	***Cargo de destino***	***O que é***
Permuta	Juiz de direito	Juiz de direito	Troca de lotação realizada entre dois juízes de direito.

ATENÇÃO!

-**Não confundir promoção com acesso**! Embora se costume dizer que o juiz de direito é promovido a Desembargador, a nomenclatura adotada pelo RITJDFT é *acesso*. Dessa forma, para fins de compreensão do RITJDFT, por *promoção* devemos compreender exclusivamente a situação em que o juiz de direito substituto se torna juiz de direito.

– Não há promoção para juiz de direito dos Territórios. O provimento, como visto, ocorre mediante aprovação em concurso público de provas e títulos.

– O RITJDFT não disciplina a permuta entre juízes de direito substitutos

– **Vamos recapitular**: juiz de direito de turma recursal não está "acima" de um juiz de direito titular de uma Vara

Passaremos ao estudo das formas de provimento aos cargos da magistratura de carreira.

7.5.1. Nomeação

Nomeação é o provimento dos cargos de Juiz de Direito Substituto do Distrito Federal e de Juiz de Direito dos Territórios e condiciona-se à aprovação em concurso público de provas e títulos, obedecidos os requisitos especificados em lei.

Quem determina a realização do concurso público? Conselho Especial

Quando? Desde que haja mais de duas vagas para serem providas e que não existam candidatos habilitados em número suficiente.

Concurso Público: Caberá à Comissão de Concurso para Ingresso na Magistratura elaborar a lista dos pontos que serão objeto de exame, decidir sobre os pedidos de inscrição, realizar as provas e atribuir-lhes notas.

Concurso único: O concurso para provimento dos cargos iniciais de Juiz de Direito Substituto do Distrito Federal e de Juiz de Direito dos Territórios será único, facultado aos candidatos aprovados, na ordem de classificação, o direito de opção por um ou outro cargo.

Concurso para Juiz de Direito dos Territórios: O Conselho Especial poderá determinar a realização de concurso apenas para o provimento de cargo de Juiz de Direito dos Territórios.

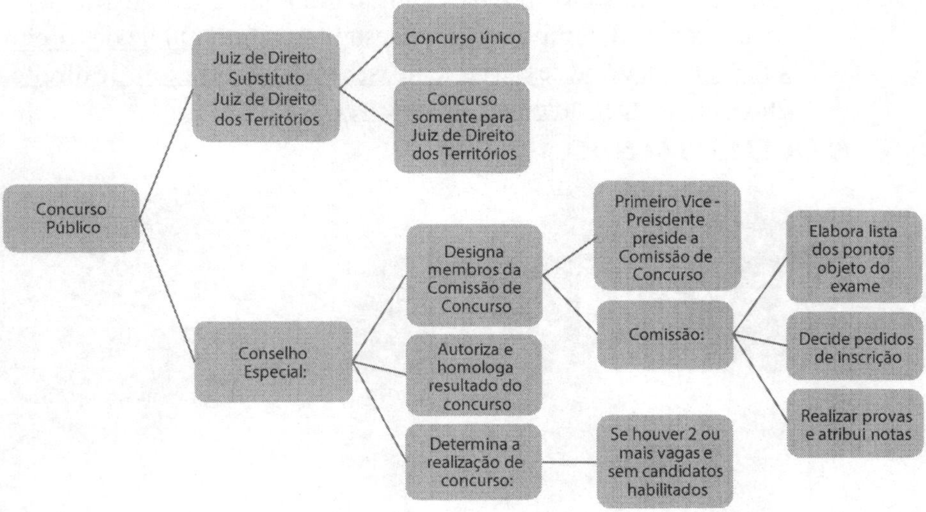

7.5.2. Disposições gerais sobre a Remoção, a Promoção, o Acesso e a Permuta

7.5.2.1. Remoções e promoções

As remoções e promoções serão realizadas após a vacância de cargo de **juiz de direito substituto de segundo grau**, **juiz de direito das turmas recursais** ou de **juiz de direito**, observada a Constituição e a legislação em vigor.

Como são providos os cargos dos juízes? Vejamos

Juiz de direito substituto de segundo grau: remoção de juízes de direito de turma recursal e de juízes de direito da Circunscrição Judiciária de Brasília ou de varas com competência em todo o Distrito Federal.

Juiz de direito de turma recursal: remoção de juízes de direito da Circunscrição Judiciária de Brasília ou de varas com competência em todo o Distrito Federal.

Juiz de direito: remoção de juízes de direito ou mediante **promoção** de juízes de direito substitutos.

Disso podemos extrair duas conclusões:

I. só podemos falar em **promoção** no caso de passagem do cargo de juiz de direito substituto para juiz de direito (que, no caso, é o juiz titular da vara)

II. não há remoção ou promoção de juiz de direito substituto para juiz de direito substituto de segundo grau ou de juiz de direito de turma recursal, tampouco para desembargador. <u>O juiz de direito substituto deve, necessariamente, ser promovido a juiz de direito, antes de pleitear qualquer outro cargo</u>.

ESQUEMATIZANDO

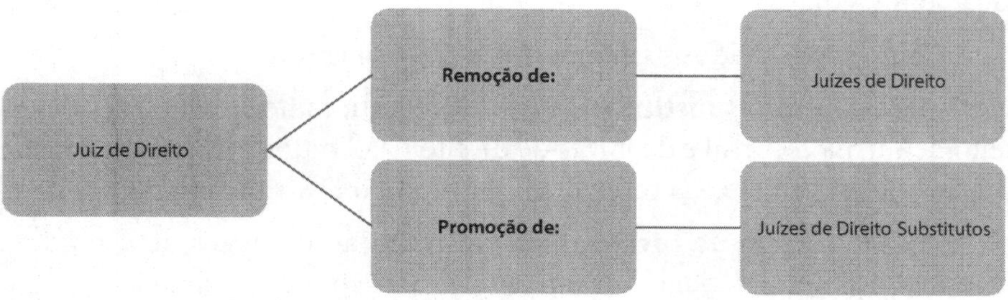

As indicações e as listas para remoção e promoção serão realizadas na ordem de vacância, considerando-se como data da abertura da vaga os seguintes critérios:

> I – a da criação do cargo;
>
> II – a da publicação do ato de aposentadoria, exoneração, perda do cargo, remoção compulsória ou decretação de disponibilidade;
>
> III – a data em que o magistrado promovido assumir o cargo;
>
> IV – a do falecimento do magistrado.

Se houver coincidência na data da vacância, a ordem de indicação ficará a critério do Presidente do Tribunal.

Ao se verificar a remoção a pedido, considerar-se-á, para efeito deste artigo, a data em que foi aberta a vaga provida mediante remoção.

Prazo para o Presidente do TJDFT declarar a vacância: 10 (dez) dias, permitida uma prorrogação, contados do fato que a ocasionou.

Inscrição: varia em se tratando de remoção ou promoção:

- **Remoção**: os interessados deverão requerer inscrição no prazo de 10 (dez) dias, contados da publicação da declaração de vacância.
- **Promoção**: serão considerados inscritos todos os juízes de direito substitutos que tenham mais de dois anos de exercício na classe e que integrem a primeira quinta parte da lista de antiguidade, cabendo aos que a recusarem se manifestar até o início da votação. Portanto, no caso de promoção, o juiz de direito substituto que integra a primeira quinta parte da lista de antiguidade será considerado inscrito automaticamente, cabendo ao inscrito manifestar a sua recusa até o início da votação.

INSCRIÇÃO	
Remoção:	10 dias para requerer a inscrição
Promoção:	Inscrição automática, salvo recusa até dia da votação Dois anos de exercício na classe 1/5 mais antigo da lista de antiguidade

Em se tratando de vaga nos Territórios ou no Distrito Federal a ser provida por Juiz de Direito dos Territórios, far-se-á imediata comunicação aos interessados.

Procedimento

1. Relatório do Corregedor: Encerrado o prazo de inscrição, o Corregedor da Justiça apresentará relatório contendo informações que possam ser úteis à avaliação da conduta funcional dos juízes, dentre as quais:

I. o número de sentenças proferidas anualmente, o de processos distribuídos à respectiva vara, bem como, no caso de o juiz estar ou de ter sido convocado no último ano, o número de processos recebidos e o de votos proferidos

II. os casos em que o juiz excedeu os prazos legais, especificados o tempo e a justificativa do excesso;

III. os elogios recebidos;

IV. as penalidades impostas;

V. o resultado alcançado em cursos de aperfeiçoamento e quaisquer títulos obtidos;

VI. as observações formuladas por desembargadores em acórdãos remetidos à Corregedoria da Justiça para as providências necessárias.

2. Resumo dos assentamentos dos juízes: A Corregedoria da Justiça enviará a cada desembargador, em até 24 (vinte e quatro) horas antes da elaboração da lista para **remoção ou promoção**, um **resumo** do que constar dos assentamentos dos juízes de direito que requereram sua inscrição para a remoção ou dos juízes de direito substitutos que não manifestaram recusa à promoção.

3. Apreciação pelo Tribunal Pleno: Caberá ao Tribunal Pleno examinar e decidir os requerimentos de remoção, de promoção e de permuta, podendo abster-se temporariamente de indicar nomes, se assim recomendar o interesse público.

Os provimentos vinculam-se a ato do Presidente do Tribunal.

Agora que examinamos os **procedimentos** de inscrição e o procedimento da remoção e da promoção, veremos, a seguir, os **critérios** para a promoção e a remoção de juízes, bem como seus desdobramentos.

7.5.3. Remoção: critérios e vagas remanescentes

7.5.3.1. Juiz de direito substituto de segundo grau

Declarada a vacância do cargo de juiz de direito substituto de segundo grau, será facultada a remoção aos juízes de direito de turma recursal, independentemente do tempo de exercício no cargo, e aos juízes de direito que tenham pelo menos dois anos de exercício como titular de vara da Circunscrição Judiciária de Brasília ou de competência em todo o Distrito Federal e que integrem a primeira quinta parte da lista de antiguidade.

A remoção será realizada pelos critérios de **antiguidade** e **merecimento**, aplicando-se o disposto no § 2º do art. 62, nos §§ 1º, 4º e 5º do art. 389, nos §§ 2º a 6º do art. 405 e nos arts. 406 e 407, todos do RITJDFT. Portanto, ainda que seja o caso de remoção por merecimento, o candidato deve integrar a primeira quinta parte da lista de antiguidade.

A remoção para o cargo de **juiz de direito substituto de segundo grau** implicará na dispensa automática da função de Juiz Assistente da Presidência, da Primeira Vice-Presidência, da Segunda Vice-Presidência ou da Corregedoria da Justiça, de Juiz Diretor de Fórum e de membro da Coordenação de Juizados Especiais.

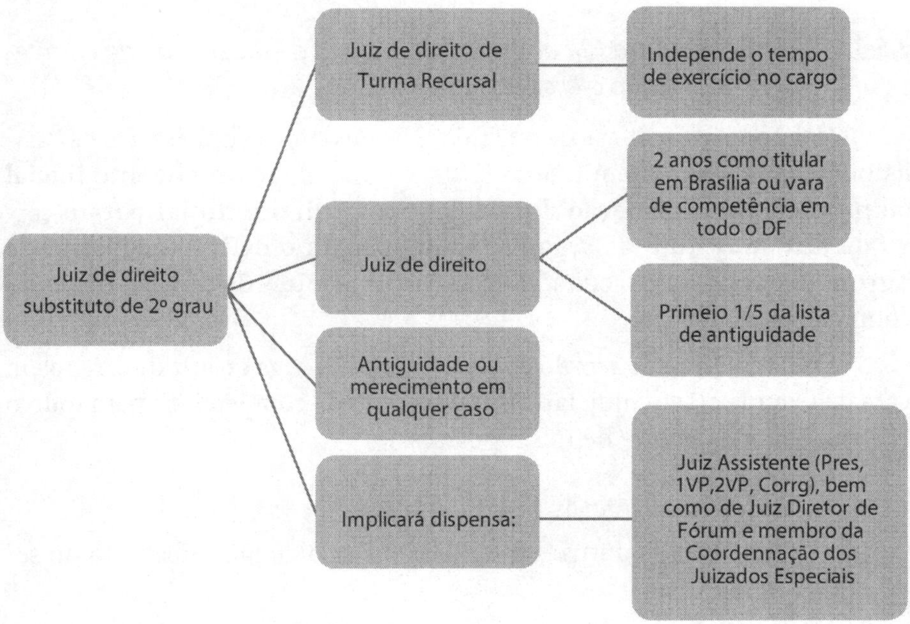

7.5.3.2. Juiz de direito de Turma Recursal

Declarada a vacância do cargo de juiz de direito de turma recursal, será facultada a remoção aos juízes de direito que tenham pelo menos dois anos de exercício como titular de vara da Circunscrição Judiciária de Brasília ou de competência em todo o Distrito Federal e que integrem a primeira quinta parte da lista de antiguidade.

A remoção será realizada pelos critérios de **antiguidade** e **merecimento**, aplicando-se o disposto no § 2º do art. 62, nos §§ 1º, 4º e 5º do art. 389, nos §§ 2º a 6º do art. 405 e nos arts. 406 e 407, todos do RITJDFT. Portanto, ainda que seja o caso de remoção por merecimento

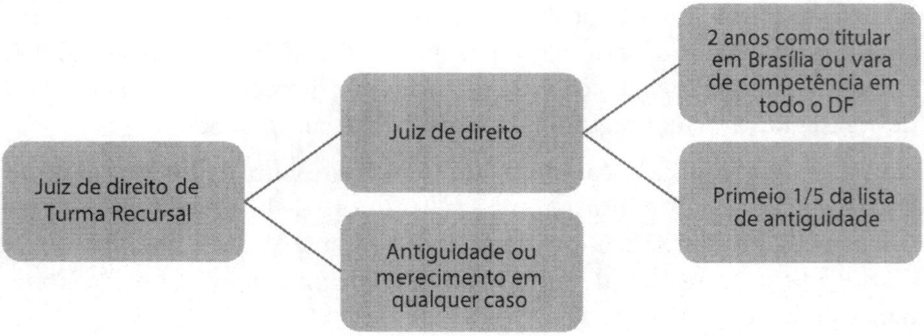

7.5.3.3. Remoção para Circunscrição Judiciária de Brasília ou de competência em todo o Distrito Federal

Declarada a vacância de vara da Circunscrição Judiciária de Brasília ou de competência em todo o Distrito Federal, de **provimento inicial** ou proveniente da **remoção do antigo juiz de direito titular para o cargo de juiz substituto de segundo grau ou para o de juiz de direito de Turma Recursal**, será facultada a remoção aos juízes de direito com essas competências.

Observe-se que de acordo com o RITJDFT a vaga de juiz de direito em vara da Circunscrição Judiciária de Brasília ou de competência para todo o Distrito Federal decorre de três hipóteses:

- Provimento inicial
- Remoção do antigo titular para o cargo de juiz substituto do segundo grau
- Remoção do antigo titular para o cargo de juiz de direito de Turma Recursal

A vara decorrente ou remanescente dessa remoção será provida mediante remoção de juízes de direito das demais circunscrições judiciárias.

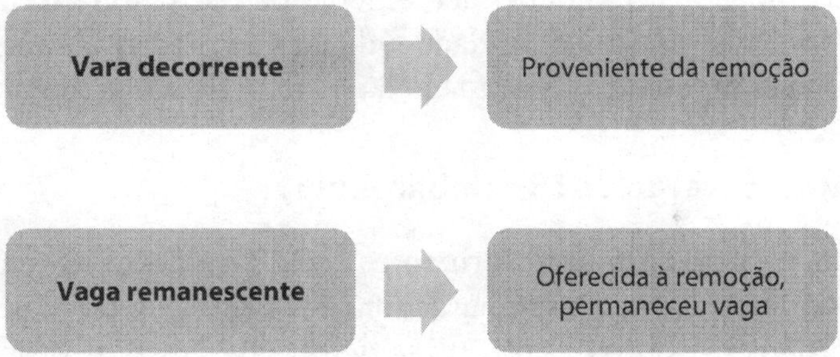

7.5.3.4. Remoção para as demais Circunscrições Judiciárias

Surgindo vaga em vara nas demais circunscrições judiciárias, de provimento inicial ou proveniente da remoção para uma vara em Brasília ou de competência de todo o Distrito Federal, a vaga será provida mediante remoção de juiz de direito titular de juízo com essas competências.

O que ocorre com a vaga que surgiu em virtude da remoção mencionada no parágrafo anterior? será destinada à promoção, nos termos do artigo seguinte. Desse modo, as vagas decorrentes ou remanescentes das remoções de que tratam os tópicos anteriores serão providas mediante promoção de juízes de direito substitutos (ver item 7.5.5).

Observações importantes sobre a remoção (art. 398 do RITJDFT):

- Somente após **dois anos de exercício** na vara da qual seja titular, apurados na data da sessão de deliberação, o juiz poderá ser removido, **salvo** se não houver inscrição de candidato com esse requisito ou se o Tribunal Pleno recusar, por maioria absoluta, todos os inscritos.
- Não será admitida remoção para vara de igual natureza dentro da mesma circunscrição judiciária. Por exemplo, juiz de vara de família de Taguatinga não pode ser movido para outra vara de família em Taguatinga, mas pode ser removido para uma vara de família em Brasília.
- Em caso de **desmembramento**, antes da remoção será assegurada ao juiz de direito da vara originária a opção pelo novo juízo no prazo de **5 (cinco) dias**, contado da **declaração de vacância.**
- Será considerado **desmembramento** a criação de nova unidade judicial por fracionamento e transferência da competência material da unidade originária, mantida ou não identidade de

competências, independentemente de redistribuição de processo. Ou seja, a nova unidade judicial não precisa abranger a mesma competência da unidade da qual foi desmembrada[2].

7.5.4. Acesso (cargo de Desembargador)

Como mencionado anteriormente, o RITJDFT denomina *acesso* o provimento de cargos de Desembargador (art. 404). Para tanto, serão prestadas informações sobre os três juízes de direito substitutos de segundo grau, juízes de direito de turma recursal ou juízes de direito mais antigos, para o critério de antiguidade, e sobre todos os que reúnam condições legais para o critério de merecimento.

O tema foi detalhado no item 3.5, para onde remetemos o leitor.

7.5.5. Promoção

A promoção ocorre quando o juiz de direito substituto se torna juiz de direito (titular de vara). A promoção de juiz de direito substituto só poderá ocorrer entre os que tiverem **dois anos de exercício**, **salvo** se não houver quem apresente esse requisito ou, se o preencher, não aceite o lugar vago ou, ainda, se o Tribunal Pleno recusar, por maioria absoluta, todos os indicados.

A promoção, obedecerá aos critérios de **antiguidade** e de **merecimento**.

INSCRIÇÃO	
Promoção:	Inscrição automática, salvo recusa até dia da votação Dois anos de exercício na classe 1/5 mais antigo da lista de antiguidade Critérios de antiguidade e de merecimento

7.5.5.1. Promoção por merecimento

Procedimento:

1. Elaboração da lista tríplice: cada desembargador votará em três nomes, considerando-se escolhidos os mais votados.

2. Emenda Regimental n. 19/2021.

2. Segundo escrutínio: considerar-se-á indicado o juiz de direito substituto mais votado.

2.1. E se houver empate? proceder-se-á a novo escrutínio, repetindo-se a votação quantas vezes forem necessárias, apenas entre aqueles que obtiverem igual número de votos.

3. Escrutínios subsequentes: Aplicar-se-á aos escrutínios subsequentes o disposto no art. 381, §§ 1º, 2º e 3ºdo RITJDFT:

> Art. 381.
>
> (...)
>
> § 1º Se for necessário segundo escrutínio, a ele concorrerão os mais votados e em número correspondente ao dobro dos lugares por preencher, excluindo-se, em caso de empate e, se necessário, os mais modernos.
>
> § 2º Nos escrutínios seguintes, observar-se-á a regra do parágrafo anterior e, se nenhum nome obtiver metade mais um dos votos, será excluído o que tiver obtido menor número de votos e, se houver empate, o mais moderno.
>
> § 3º Restando apenas dois nomes, ter-se-á por indicado o que obtiver maior número de votos e, em caso de empate, o mais antigo.

> **ATENÇÃO!** Quando se fala em mais moderno, é o mais moderno na carreira e não na idade.

Na apuração do merecimento será observado o disposto no art. 389, § 4º, bem como o fato de o juiz de direito substituto já haver figurado em lista para promoção por merecimento e a respectiva antiguidade no cargo.

7.5.5.2. Promoção por antiguidade

Nesse caso não há eleição, a regra é que o juiz substituto mais antigo será promovido. Na promoção por antiguidade, o Tribunal Pleno somente poderá recusar o nome do juiz de direito substituto mais antigo pelo voto de, no mínimo, **dois terços** dos seus membros, repetindo-se a votação até obter-se a indicação. Ou seja, caso o nome mais antigo seja recusado, passar-se-á à votação do segundo nome mais antigo, e assim sucessivamente.

7.5.6. Permuta

Os juízes de direito poderão solicitar permuta mediante requerimento dirigido ao **Presidente do Tribunal**.

Feita a instrução pela Corregedoria de Justiça, o requerimento será submetido pelo Presidente ao Tribunal.

Compete ao Presidente do TJDFT expedir atos de designação nos casos de permuta (art. 367, X, do RITJDFT).

Temos, assim:

PERMUTA	
Requerimento:	Ao Presidente do TJ
Instrução:	Feita pela Corregedoria
Quem julga:	Tribunal Pleno (art. 360, VIII)

Ainda sobre a permuta:

- Os juízes de direito substitutos de segundo grau ficarão **vinculados**, como relator ou revisor, aos processos que lhes forem distribuídos, independentemente de remoção, **permuta** ou acesso ao cargo de desembargador (art. 65, § 2º, do RITJDF).
- Aplicam-se aos juízes de direito substitutos de segundo grau as normas referentes a localização, férias, **permuta** e transferência dos desembargadores (art. 66 do RITJDFT).
- A transferência e a **permuta** de Desembargador não acarretarão redistribuição. O magistrado ficará vinculado a todos os feitos distribuídos e não julgados até a data da remoção ou da **permuta**. (art. 83).

Vedações à permuta:

I – juiz de direito em condições de acesso ao Tribunal de Justiça, após o surgimento de vaga, enquanto não for esta provida;

II – juiz de direito que não tenha pelo menos 2 (dois) anos de exercício no juízo do qual seja titular;

III – entre juiz de direito de vara com competência em todo o Distrito Federal ou da Circunscrição Judiciária de Brasília e juiz de direito das demais circunscrições judiciárias.

7.6. PROCESSO ADMINISTRATIVO DISCIPLINAR RELATIVO A MAGISTRADOS

O processo administrativo disciplinar relativo a magistrados é, basicamente, dividido em duas partes. A primeira consiste em um procedimento preliminar, que pode resultar no arquivamento ou na inauguração da segunda fase, que é o processo administrativo propriamente dito.

7.6.1. Do Procedimento Preliminar

O procedimento preliminar consiste na apuração prévia de eventual falta disciplinar de magistrado. Caso seja atribuída a desembargadores, caberá ao Presidente do Tribunal a apuração, e, no caso de magistrados de primeiro grau, ao Corregedor.

> **ATENÇÃO!** Não se pode esquecer que juízes substitutos do 2º grau e juízes de direito de Turma Recursal, esses efeitos, são magistrados de primeiro grau.

APURAÇÃO EM PROCEDIMENTO DISCIPLINAR	
Quem apura	**Quem é apurado**
Presidente do TJ	Desembargadores
Corregedor	Magistrados do primeiro grau • Juízes substitutos de 2º grau • Juízes de direito de Turma Recursal • Juízes de direito • Juízes de direito substitutos

Quem pode noticiar a falta disciplinar? Qualquer pessoa poderá noticiar falta disciplinar cometida por magistrado. Há, contudo, algumas exigências para tanto:

I. representação por **escrito**, com confirmação de **autenticidade**
II. **identificação** e o **endereço** do denunciante.

A apuração pode resultar em dois caminhos distintos:

1. **Arquivamento:** O procedimento será arquivado de plano pelo Presidente do Tribunal, no caso de desembargadores, ou pelo Corregedor da Justiça, no caso de magistrados de primeiro grau, quando o fato narrado **não configurar infração disciplinar ou ilícito penal**.

2. **Não arquivamento:** Nesse caso o magistrado será intimado para prestar informações no prazo de 5 (cinco) dias. Poderá ainda o Presidente do Tribunal ou o Corregedor da Justiça instaurar sindicância investigativa, permitido ao sindicado o seu acompanhamento.

> 2.1. **Após as informações ou a conclusão da sindicância**: se for o caso, a representação poderá ser **arquivada** pelo **Presidente** do Tribunal, no caso de **desembargadores**, ou pelo **Corregedor** da Justiça, no caso de **magistrados** de **primeiro grau**, quando não se verificar a existência de indícios de materialidade ou de autoria de infração disciplinar.

Recurso: das decisões unipessoais (Presidente ou Corregedor), caberá recurso ao Conselho Especial, no prazo **de 15 (quinze) dias.** Portanto, caso o Presidente ou o Corregedor concluírem pelo arquivamento, caberá recurso ao Conselho Especial, que poderá ou não rever a decisão.

7.6.2. Do Processo Disciplinar

Não sendo o caso de arquivamento, o Presidente do Tribunal, no caso de desembargadores, e o Corregedor, no caso de magistrados de primeiro grau, submeterá a acusação ao **Conselho Especial**. Aqui é importante consignar que nesse momento ainda não ocorre a abertura de processo disciplinar. O magistrado a quem é atribuída a falta disciplinar será novamente ouvido (defesa prévia), e, após isso é que o Conselho Especial deliberará sobre a abertura de processo disciplinar. Caso o processo disciplinar seja aberto, ainda será oportunizado ao magistrado nova defesa, mas agora dentro do processo já instaurado. Vejamos agora como tudo isso funciona.

1. **Defesa prévia:** Antes da deliberação do Conselho Especial sobre a abertura ou não do processo administrativo, o Presidente do Tribunal enviará ao magistrado cópia do teor da acusação e das provas existentes, mediante ofício, nas 48h imediatamente seguintes à apresentação da acusação.

> 1.1. Prazo para apresentar defesa prévia: **15 dias**, contado da data de entrega dos documentos mencionados no item anterior.

2. Deliberação do Conselho Especial: Findo o prazo concedido para a defesa prévia, haja ou não sido apresentada, o Presidente convocará o Conselho Especial para que decida sobre a instauração do processo ou o arquivamento do procedimento, encaminhando, previamente, aos seus integrantes cópias do teor da acusação e da defesa prévia, se apresentada, bem como cópias das provas existentes.

3. Relatório: O Presidente do Tribunal, no caso de desembargadores, e o Corregedor da Justiça, no caso de magistrados de primeiro grau, relatará a acusação, propondo o seu arquivamento ou a abertura de processo administrativo disciplinar.

Como esse assunto foi cobrado em concurso?

No concurso para Analista Judiciário/Área Judiciária (2013) foi perguntado: *"Após a representação fundamentada subscrita por desembargador e o transcurso do prazo regimental para defesa prévia, sem que esta fosse apresentada, o Conselho Especial do TJDFT, por iniciativa do corregedor da justiça e por decisão de sua maioria absoluta, instaurou procedimento de apuração de falta punível com pena disciplinar contra Roberto, magistrado de primeiro grau. Tendo como referência essa situação hipotética, julgue os itens subsequentes": a) "A não apresentação de defesa prévia por parte de Roberto não obsta a convocação do Conselho Especial para decisão a respeito da instauração do processo".* A assertiva foi considerada correta por corresponder ao art. 412, §2º, do RITJDFT; b *"No caso em tela, instaurado o procedimento, competirá ao corregedor relatar a acusação perante o Conselho Especial"*. A assertiva foi considerada correta por corresponder ao art. 412. §3º, do RITJDFT; c *"Há vício formal na instauração de processo contra o magistrado, já que, recebida a representação, caberia ao presidente do TJDFT a iniciativa da instauração do procedimento, e não ao corregedor"*. A assertiva foi considerada errada, tendo em vista o disposto no art. 410 do RITJDFT.

4. Presidente e Corregedor votam? sim.

5. Intimação: O magistrado e seu defensor, se houver, serão intimados da data da sessão de julgamento com pelo menos 5 dias de antecedência, assegurada a sustentação oral.

6. Sessão do Conselho Especial: Na sessão que decidir sobre a instauração ou não do processo disciplinar, se não ocorrer o arquivamento, adotará as seguintes providências:

> **6.1. Instauração do processo disciplinar:** maioria absoluta dos membros do Conselho Especial, o acórdão respectivo será

acompanhado de portaria, assinada pelo Presidente, que conterá a imputação dos fatos e a delimitação do teor da acusação.

6.2. Sorteio do relator: não havendo revisor.

6.2.1. Quem não poderá ser relator? *Presidente do Tribunal ou o Corregedor da Justiça que dirigiu o procedimento preliminar, ainda que tenha vencido o respectivo mandato.*

6.3. Remessa de cópia da ata da sessão à Corregedoria do Conselho Nacional de Justiça: no prazo de 15 (quinze) dias, contados da respectiva sessão de julgamento.

6.4. Afastamento ou não do magistrado: Na oportunidade em que decidir pela abertura do processo disciplinar, o Conselho Especial, pela **maioria absoluta de seus membros**, deliberará sobre o afastamento do magistrado, até decisão final ou por prazo determinado, assegurado o subsídio integral.

7. Intimação do Ministério Público: O relator sorteado determinará a intimação do Ministério Público para manifestação no prazo de 5 (cinco) dias.

8. Citação do magistrado para apresentar defesa: e, posteriormente à determinação anterior, será determinada citação do magistrado para apresentar **defesa em 5 (cinco) dias**, encaminhando-lhe cópia do acórdão do Conselho Especial. O prazo de defesa será de 10 (dez) dias se houver dois ou mais magistrados. Nessa fase processual, o Ministério Público é intimado para se manifestar, e, depois disso, o magistrado apresenta defesa. Não se trata mais de defesa prévia, mas da defesa propriamente dita, em sede de processo disciplinar.

8.1. Mudança de residência: A mudança de residência obriga o magistrado a comunicar ao relator, ao Presidente do Tribunal e ao Corregedor da Justiça, o endereço em que receberá citações, notificações ou intimações.

8.2. Magistrado em local incerto e não sabido: O magistrado que estiver em lugar incerto ou não sabido será citado por edital, com prazo de 30 (trinta) dias, que será publicado, uma vez, no órgão oficial de imprensa utilizado pelo Tribunal para divulgar seus atos.

8.3. Revelia: O magistrado será considerado revel quando, regularmente citado, não apresentar defesa no prazo assinado. O relator, declarada a revelia, designará defensor dativo e conceder-lhe-á igual prazo para a apresentação de defesa.

9. Intimação do magistrado: O magistrado e o respectivo defensor serão intimados de todos os atos do processo.

10. Produção de provas: o relator decidirá sobre a produção de provas requeridas pelo acusado e determinará as que de ofício entender necessárias, podendo delegar poderes a juiz de direito para produzi-las.

10.1. Interrogatório do magistrado: O relator poderá interrogar o acusado sobre os fatos a ele imputados, designando, para tanto, dia, hora e local e determinando a intimação desse e de seu defensor.

10.2. Oitiva de testemunhas: O relator tomará o depoimento das testemunhas – no máximo oito de acusação e oito de defesa –, fará as acareações que julgar pertinentes e determinará as provas periciais e técnicas que entender adequadas.

10.3. Aplicação da legislação em vigor: Na produção das provas aplicar-se-á subsidiariamente as normas do Código de Processo Penal, da legislação processual penal extravagante e do Código de Processo Civil.

11. Razões finais: Finda a instrução, o Ministério Público e o magistrado acusado – ou o respectivo defensor – terão vista dos autos por 10 (dez) dias, sucessivamente, para razões finais.

12. Inclusão em pauta: Decorrido o prazo, com ou sem as razões, o relator, em 15 (quinze) dias, incluirá o processo na pauta do Conselho Especial para julgamento e ordenará a intimação do Ministério Público, do magistrado acusado e do respectivo defensor. O relator determinará, ainda, a remessa aos desembargadores integrantes do Conselho Especial de cópias do acórdão, da defesa, das razões finais do Ministério Público e do magistrado, das provas produzidas, além de outras peças que entender necessárias.

13. Sessão de julgamento: depois do relatório e da sustentação oral, pelo prazo de quinze minutos para cada parte, serão colhidos os votos e somente poderá ser imposta punição ao magistrado pelo voto **da maioria absoluta** dos membros do Conselho Especial.

13.1. Presidente e Corregedor votam? Sim.

13.2. Publicação do resultado: Da decisão somente será publicada a conclusão.

13.3. Indícios de prática de crime: Se o Conselho Especial concluir pela existência de indícios suficientes de crime de ação penal pública incondicionada, o Presidente do Tribunal remeterá ao Ministério Público cópia dos autos.

14. Anotações nos assentos funcionais: A instauração de processo administrativo, as penalidades definitivamente impostas e as alterações decorrentes de julgados do Conselho Nacional de Justiça serão lançadas nos assentos funcionais do magistrado.

15. Publicidade: Em razão da natureza da infração ou do processo administrativo, o relator ou o Conselho Especial poderão limitar a publicidade dos atos ao acusado e aos respectivos defensores quando a preservação do sigilo não prejudicar o interesse público e o direito à informação.

16. Legislação subsidiária: As normas e os princípios das Leis 8.112, de 11 de dezembro de 1990, e 9.784, de 29 de janeiro de 1999, bem como as normas do Conselho Nacional de Justiça, aplicam-se, subsidiariamente, aos procedimentos e aos processos disciplinares contra magistrados.

17. Prazo para conclusão do processo administrativo: 140 (cento e quarenta) dias para ser concluído, prorrogável, quando imprescindível para o término da instrução e houver motivo justificado, mediante deliberação do Conselho Especial, por maioria simples.

7.7. PENALIDADES DISCIPLINARES

Os deveres do magistrado são aqueles previstos na Constituição da República, na Lei Orgânica da Magistratura Nacional, no Código de Ética da Magistratura Nacional, no Código de Processo Civil, no Código de Processo Penal, na Lei de Organização Judiciária do Distrito Federal e dos Territórios e no Regimento Interno. Passaremos agora ao estudo das penalidades disciplinares que podem ser aplicadas aos magistrados do Distrito Federal e dos Territórios, caso tais deveres disciplinares sejam violados. São elas:

PENALIDADES	
Penalidade	**A quem pode ser aplicável**
Advertência	Magistrados de primeiro grau, incluindo juízes de direito substitutos de segundo grau e juízes de direito convocados para o Tribunal
Censura	

PENALIDADES	
Remoção compulsória	Todos
Disponibilidade	
Aposentadoria compulsória	
Demissão	

7.7.1. Da Advertência e da Censura

As penas de advertência e de censura são aplicáveis aos magistrados de primeiro grau, nas hipóteses previstas no RITJDFT.

Advertência: O magistrado negligente no cumprimento dos deveres do cargo está sujeito à pena de advertência.

Reiteração da infração acima: Censura, se a infração não justificar punição mais grave.

Não aplicação aos desembargadores: As penas de advertência e de censura não se aplicarão aos desembargadores, não se incluindo, nesta exceção, os juízes de direito substitutos de segundo grau e os juízes de direito convocados para o Tribunal.

Forma de aplicação: As penas previstas neste artigo serão aplicadas reservadamente, por escrito, e constarão nos assentamentos funcionais do magistrado.

7.7.2. Da Remoção Compulsória, da Disponibilidade e da Aposentadoria Compulsória

O Conselho Especial poderá determinar, de forma **justificada** e por motivo de **interesse público**, a remoção compulsória, a disponibilidade ou a aposentadoria compulsória do magistrado.

REMOÇÃO COMPULSÓRIA	DISPONIBILIDADE	APOSENTADORIA COMPULSÓRIA
Interesse público	Interesse público	Interesse público
Exercício das funções for incompatível com a atuação no órgão fracionário ou no juízo	Subsídios proporcionais ao tempo de serviço	Manifestamente negligente no cumprimento de seus deveres

REMOÇÃO COMPULSÓRIA	DISPONIBILIDADE	APOSENTADORIA COMPULSÓRIA
	Gravidade das faltas não justificar a aplicação de censura ou de remoção compulsória	Proceder de forma incompatível com a dignidade, a honra e o decoro do cargo
		Demonstrar capacidade insuficiente de trabalho ou apresentar conduta funcional incompatível com o bom desempenho das atividades do Poder Judiciário

Procedimento: O procedimento para remoção compulsória, para disponibilidade ou para aposentadoria compulsória obedecerá ao disposto nos arts. 412 a 422 do RITJDFT (tema abordado no item 7.6.2).

Em todos os casos, a formalização dos atos dar-se-á mediante publicação no órgão oficial.

Ainda sobre a remoção compulsória:

- **Destino do magistrado removido:** Se o Conselho Especial concluir pela remoção compulsória, fixará desde logo o órgão fracionário ou a vara em que o magistrado passará a atuar.
- **Prazo para assumir na nova localidade:** magistrado não assumir o cargo nos 30 (trinta) dias posteriores ao fim do prazo fixado para entrar em exercício, será colocado em disponibilidade.

7.7.3. Da Demissão

No âmbito administrativo a pena mais severa que pode ser aplicada ao juiz é a demissão. Todavia, a demissão somente se aplica ao **juiz não vitalício**. E o que seria a vitaliciedade? De acordo com o inciso I do art. 95 da Constituição Federal, após dois anos de exercício no cargo, o juiz adquire a vitaliciedade, ou seja, somente poderá perder o cargo mediante sentença judicial transitada em julgado. Portanto, o juiz vitalício também pode ser demitido, todavia é necessário que seja por sentença judicial transitada em julgado. Assim, esquematizando, temos o seguinte:

PERDA DO CARGO	
Juiz vitalício:	Sentença judicial transitada em julgado
Juiz não vitalício:	Deliberação do Tribunal ao qual pertence
Vitaliciedade:	2 anos de exercício no cargo

O termo "sentença" deve ser interpretado de forma ampla, abrangendo os acórdãos proferidos pelo TJDFT.

Quais os casos que ensejam a demissão do juiz não vitalício? São os seguintes:

I. Falta que derive da violação às proibições contidas na Constituição da República e nas leis;
II. Manifesta negligência no cumprimento dos deveres do cargo;
III. Procedimento incompatível com a dignidade, a honra e o decoro de suas funções;
IV. Insuficiente capacidade de trabalho;
V. Procedimento funcional incompatível com o bom desempenho das atividades do Poder Judiciário.

Procedimento disciplinar: será instaurado, a qualquer tempo, dentro do período de estágio probatório, mediante proposta do Corregedor da Justiça ao Conselho Especial.

Recebimento da acusação pelo Conselho Especial: suspenderá o curso do prazo do vitaliciamento.

Penas alternativas: O Conselho Especial poderá, se entender não ser o caso de demissão, aplicar as penas de remoção compulsória, de censura ou de advertência. Nos casos de aplicação das penas de censura ou de remoção compulsória, o juiz não vitalício ficará impedido de ser promovido ou removido enquanto não decorrer prazo de um ano da punição imposta. Esse impedimento não ocorre no caso de aplicação de pena de advertência.

7.7.4. Do aproveitamento do magistrado em disponibilidade

O magistrado posto em disponibilidade em razão de processo disciplinar somente pode pleitear o seu aproveitamento decorridos dois anos do afastamento. O aproveitamento é o retorno do magistrado ao exercício de suas funções. Ao formular o pedido, o magistrado deverá instruir o pedido com uma série de documentos que comprovem a sua capacidade para reassumir suas funções.

O aproveitamento de magistrado em disponibilidade pode ser proposto por qualquer desembargador do TJDFT, independentemente da aquiescência do magistrado, desde que de modo fundamentado. Nesse caso, o magistrado será intimado a apresentar a documentação exigida pelo RITJDFT, no prazo de 30 dias.

Competência: Compete ao Conselho Especial, após deliberação do Presidente do TJDFT (art. 363, XIII, do RITJDFT)

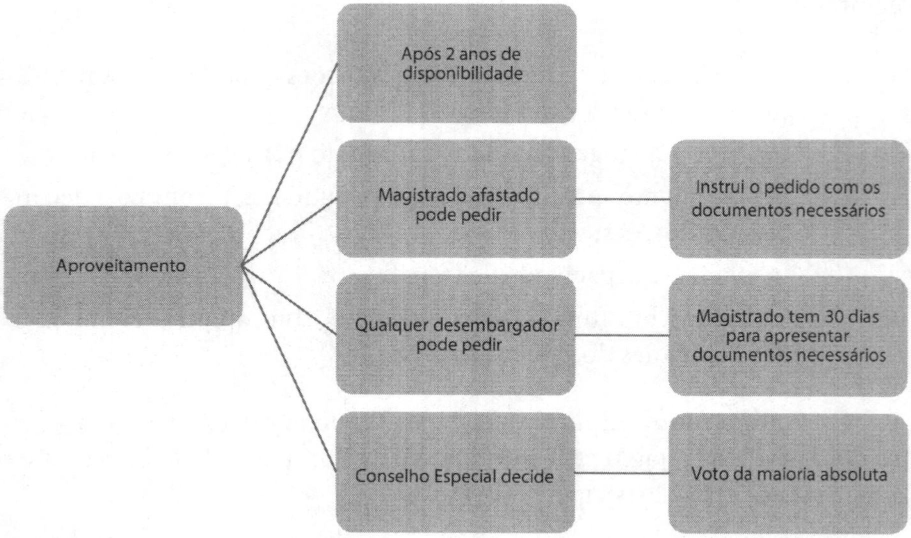

Quais são os documentos necessários para instruir o pedido de aproveitamento? O art. 428-C do RITJDFT estabelece uma lista:

O pedido de aproveitamento deve ser instruído com os seguintes documentos, <u>além de outros que o magistrado entender pertinentes</u>:

I. certidão atualizada que comprove estar o interessado em dia com as obrigações eleitorais;

II. certidão atualizada emitida pelos distribuidores criminais da Justiça Federal, Estadual ou do Distrito Federal e Militar dos locais em que haja residido durante o período de disponibilidade;

III. certidão atualizada emitida pelo Tribunal Superior Eleitoral, comprovando a inexistência de crime eleitoral;

IV. folha de antecedentes atualizada emitida pela Polícia Federal e pela Polícia Civil Estadual ou do Distrito Federal, onde haja residido durante o período de disponibilidade;

V. declaração na qual conste não haver sido indiciado em inquérito policial ou processado criminalmente durante o período de afastamento;

VI. declaração, acompanhada das respectivas certidões, se for o caso, nos termos do parágrafo único do art. 95 da Constituição Federal, na qual conste:

a. não haver exercido o comércio ou não ter participado de sociedade comercial, empresa individual de responsabilidade limitada e sociedade de economia mista, exceto como acionista ou quotista;

b. não haver exercido cargo de direção ou técnico de sociedade civil, associação ou fundação, de qualquer natureza ou finalidade, salvo de associação de classe, e sem remuneração;

c. certidão emitida pela Ordem dos Advogados do Brasil quanto à permanência da suspensão da inscrição, caso tenha sido feita durante a disponibilidade.

Pelos documentos exigidos é possível concluir que, ao magistrado, mesmo durante o período da disponibilidade, além de não poder ter sido processado criminalmente e estar em dia com suas obrigações eleitorais, continua sujeito às limitações constitucionais impostas à magistratura, estabelecidas pelo parágrafo único do art. 95 da Constituição Federal.

> Art. 95. Os juízes gozam das seguintes garantias:
>
> (...)
>
> Parágrafo único. Aos juízes é vedado:
>
> I – exercer, ainda que em disponibilidade, outro cargo ou função, salvo uma de magistério;
>
> II – receber, a qualquer título ou pretexto, custas ou participação em processo;
>
> III – dedicar-se à atividade político-partidária.
>
> IV receber, a qualquer título ou pretexto, auxílios ou contribuições de pessoas físicas, entidades públicas ou privadas, ressalvadas as exceções previstas em lei;
>
> V exercer a advocacia no juízo ou tribunal do qual se afastou, antes de decorridos três anos do afastamento do cargo por aposentadoria ou exoneração.

7.7.4.1. Procedimento do pedido de aproveitamento

1. **Pedido:** O pedido de aproveitamento, acompanhado da documentação pertinente, será encaminhado ao Presidente do TJDFT, que deliberará sobre o seu processamento ou indeferimento liminar.

- 1.1. **Indeferimento liminar do pedido:** caberá recurso, no **prazo de cinco dias**, ao Conselho Especial, procedendo-se à sua distribuição aleatória. Provido o recurso, o pedido de aproveitamento terá prosseguimento.
- 1.2. **Deferimento do processamento do pedido:** autos serão remetidos ao Conselho Especial, para distribuição aleatória.

2. **Relator:** ordenará o processo e decidirá sobre provas e diligências requeridas, podendo, ainda, requisitá-las de ofício.

3. **Vista ao requerente:** Concluídas as diligências, será concedida vista ao requerente pelo prazo de dez dias.

4. **Julgamento:** ocorrerá em sessão pública, tomando-se a decisão pelo voto da maioria absoluta.

- 4.1. **Leitura do relatório e sustentação oral:** Após a leitura do relatório, será permitida a sustentação oral do requerente ou seu procurador por até quinze minutos.
- 4.2. **Rejeição do pedido de aproveitamento:** deve ser fundamentada em fatos diversos daqueles que ensejaram a pena de disponibilidade.
  - 4.2.1. **Renovação do pedido:** o pedido de aproveitamento poderá ser renovado após o decurso de um ano, contado da intimação pessoal do magistrado, e assim sucessivamente.
- 4.3. **Deferimento do aproveitamento:** o exercício das funções será precedido de reavaliação da capacidade física e mental do magistrado por junta médica do TJDFT, constituída por ordem do Presidente.
  - 4.3.1. **Indícios de incapacidade física ou mental:** Realizada a avaliação e havendo indícios de incapacidade física ou mental, o Presidente determinará a instauração do procedimento de verificação de invalidez de magistrado.
  - 4.3.2. **Atestada a capacidade física e mental do magistrado:** Presidente expedirá ato determinando o retorno do

magistrado à vaga que ocupava no momento em que foi posto em disponibilidade.

5. Se não existir vaga a ser preenchida: ficará o magistrado em disponibilidade, com vencimentos integrais, ou será aproveitado em função de auxílio, em caráter temporário, a critério do TJDFT.

6. Efetivado o aproveitamento: o tempo de disponibilidade do magistrado será computado exclusivamente para efeito de aposentadoria.

7.8. APURAÇÃO DE FATO DELITUOSO IMPUTADO A MAGISTRADO

Os crimes comuns praticados por desembargadores são julgados pelo Superior Tribunal de Justiça (art. 105, I, "a", da Constituição Federal), ao passo em que os juízes de direito (primeiro grau) são julgados pelo Tribunal de Justiça (art. 96, III, da Constituição Federal).

ATENÇÃO! A regra só vale para ilícitos **penais**. Se um magistrado, independentemente do grau que ocupe na carreira, vem a, por exemplo abalroar o veículo de outra pessoa, trata-se de **ilícito civil** que será julgado por um **juiz de direito de primeiro grau**.

Passaremos a seguir ao procedimento de apuração de fato delituoso (crime ou contravenção) imputado a magistrado de primeiro grau.

De acordo com o RITJDFT (art. 429), a notícia que contenha indícios de prática de infração penal por parte de magistrado de primeiro grau será encaminhada ao Corregedor da Justiça, que decidirá acerca de instauração de **inquérito**.

Como esse assunto foi cobrado em concurso?

No concurso para Analista Judiciário/Atividade Processual (2003) foi perguntado: "*Se um cidadão endereçar ao TJDFT notícia-crime contra um juiz de direito, esta não deverá ser registrada na classe "Inquérito", a não ser que o tribunal expressamente delibere instaurar investigação criminal contra o magistrado*". O item foi considerado errado, tendo em vista o disposto no art. 429 do RITJDFT.

Quem preside o inquérito: Corregedor da Justiça.

Distribuição do inquérito: Concluídas as diligências, o Corregedor da Justiça determinará a distribuição do inquérito a um relator, no âmbito do Conselho Especial.

Atribuições do relator:

- ✓ Abrir vista, por 15 (quinze) dias, ao Procurador-Geral de Justiça. O prazo será de 5 (cinco dias), se o indiciado estiver preso (art. 172 do RITJDFT).
- ✓ Solicitar à Procuradoria-Geral de Justiça a designação de Procurador para acompanhar o inquérito.
- ✓ Verificada a existência de falta punível com pena disciplinar, o relator encaminhará cópia dos autos ao Corregedor da Justiça para as providências cabíveis.
- ✓ Observar, no que couber, as normas regimentais referentes à ação penal originária, a legislação especial e as leis processuais aplicáveis.

Procurador-Geral de Justiça: no prazo previsto (15 dias), o Procurador-Geral de Justiça poderá:

- ✓ requerer diligências complementares
- ✓ requerer o arquivamento, caso em que será deferido pelo relator
- ✓ oferecer denúncia.

Denúncia: oferecida a denúncia, o relator a submeterá ao Conselho Especial para recebimento ou rejeição. No mais, remetemos o leitor ao item 5.2.14, que trata da ação penal originária.

7.9. VERIFICAÇÃO DE INVALIDEZ

O procedimento de verificação de invalidez de magistrado, para aposentadoria, terá **caráter confidencial** e será iniciado mediante:

I. requerimento do magistrado interessado;

II. determinação do Presidente do Tribunal, do Primeiro Vice-Presidente, do Segundo Vice-Presidente ou do Corregedor da Justiça;

III. provocação dirigida ao Presidente do Tribunal por qualquer desembargador.

Exame para verificação da invalidez: O magistrado que se afastar por seis meses ou mais, ao todo, em dois anos consecutivos, para tratamento de saúde, deverá submeter-se a exame para verificação de invalidez quando requerer nova licença para igual fim, dentro dos próximos dois anos.

Instauração do procedimento: Compete ao Presidente do Tribunal, que adotará as seguintes medidas:

- ✓ Instaurar ou não o procedimento
- ✓ Caso seja instaurado, determinará o afastamento do magistrado do exercício de suas funções até a decisão final.
- ✓ Nomear junta médica, constituída de três médicos do quadro do Tribunal, sempre que possível de especialistas, a qual procederá ao exame de verificação de invalidez.
- ✓ Nomear curador ao magistrado, caso se trate de incapacidade mental, sem prejuízo da defesa que este queira oferecer pessoalmente ou por advogado que constituir.

Caso o procedimento seja instaurado: será distribuído ao Conselho Especial, sorteando-se relator.

Relator no Conselho Especial: compete ao relator ordenar os demais atos e diligências necessários à averiguação da invalidez, e, ainda:

- ✓ Notificar o magistrado e, se for o caso, o curador nomeado ou o advogado constituído, do teor da iniciativa e da nomeação da junta médica, bem como lhe assinará o prazo de 15 (quinze) dias para requerer diligências e indicar provas ou, se quiser, médico assistente.
- ✓ No mesmo despacho, determinar a realização de exame médico que será feito pela junta médica.

Diligências e colheita de provas: Decorrido o prazo de 15 (quinze dias) acima, o relator decidirá sobre as diligências e sobre as provas requeridas, podendo também determinar outras diligências necessárias à completa averiguação da verdade.

Exame médico e laudo: Feito o exame, a junta médica, no prazo de 15 (quinze) dias, oferecerá laudo fundamentado, assinado por seus membros e pelo assistente, se houver.

- ✓ O membro da junta médica, ou o assistente, que divergir da maioria oferecerá laudo separado.

- ✓ Se a junta médica solicitar, justificadamente, prorrogação do prazo, esse será prorrogado pelo tempo indicado como necessário.

E se o magistrado não comparecer ao exame? Não comparecendo sem causa justificada, ou recusando-se a ser submetido ao exame ordenado, o julgamento far-se-á com os elementos de prova coligidos.

Razões de defesa: Concluída a instrução, o relator assinará prazos sucessivos de 10 (dez) dias para o magistrado e para o curador apresentarem razões de defesa.

Relatório: Vencido o prazo para apresentação das razões, o relator lançará relatório escrito para ser distribuído a todos os membros do Conselho Especial, com as cópias dos atos processuais que entender convenientes, e pedirá a designação de dia para o julgamento.

Julgamento: O julgamento será feito pelo Conselho Especial, observado o *quorum* previsto no art. 362, § 1º[3].

Sustentação oral: Após o relatório será facultada a sustentação oral pelo advogado ou curador do magistrado por quinze minutos.

Quorum: decisão pela incapacidade do magistrado será tomada pela maioria absoluta dos membros do Conselho Especial.

Presidente vota? Sim.

Decisão pela incapacidade: Reconhecida a incapacidade do magistrado, o Presidente do Tribunal editará o ato de aposentadoria.

7.10. PROCEDIMENTO DE ACOMPANHAMENTO DE ESTÁGIO PROBATÓRIO

O procedimento de acompanhamento de estágio probatório tem como finalidade acompanhar o desempenho do juiz de direito substituto por dois anos, ou seja, desde o seu ingresso na magistratura até a data em que estiver

---

3. Art. 362. O Conselho Especial, no exercício das funções administrativas, somente se reunirá na presença de desembargadores em número equivalente, no mínimo, ao inteiro que se segue à metade de seus membros.
§ 1º No procedimento administrativo disciplinar relativo a magistrados, verificada, antes do início da sessão, a inexistência de *quorum* de deliberação, o Presidente, de ofício ou a requerimento de qualquer desembargador, convocará desembargadores para substituição dos ausentes entre os presentes no Tribunal, observada a suplência e a ordem de antiguidade.

apto para o vitaliciamento. Uma vez vitalício, o magistrado somente perde o cargo mediante sentença penal condenatória transitada em julgado.

Assim, a partir da entrada em exercício, o juiz de direito substituto ficará sujeito ao **estágio probatório pelo período de dois anos**, durante o qual a Comissão de Acompanhamento de Estágio Probatório avaliará, **semestralmente**, as condições pessoais e a capacidade para o desempenho das funções inerentes ao cargo.

> **ATENÇÃO!** A palavra "semestralmente" é a peça-chave do acompanhamento do estágio probatório. Veremos a seguir que a grande maioria dos prazos para envio de informações é feita de seis em seis meses.

E se o juiz de direito substituto for promovido dentro do período do estágio probatório (dois anos)? Ainda assim continuará submetido ao estágio probatório para vitaliciamento.

Proposta de instauração de processo administrativo: Se o Corregedor da Justiça propuser ao Conselho Especial instauração de processo administrativo, o procedimento de avaliação será imediatamente iniciado, dispensando-se a avaliação semestral. No caso de arquivamento, o acompanhamento do estágio probatório retomará o curso normal.

Quem decide sobre o vitaliciamento? Tribunal Pleno (art. 361, X, do RITJDFT).

7.10.1. Avaliação de desempenho

Quando o juiz de direito substituto entrar em exercício no cargo, o Corregedor da Justiça determinará a abertura de procedimento administrativo **individual** de acompanhamento de estágio probatório, para fins de aquisição de vitaliciedade. Podemos dizer que se trata de uma ficha funcional individual do magistrado. Todas as informações relacionadas ao magistrado vitaliciando serão juntadas no procedimento administrativo individual.

Como o desempenho do juiz de direito substituto é aferido? O juiz de direito substituto será aferido:

I. por avaliação qualitativa e quantitativa;
II. pelo número de sentenças proferidas semestralmente e pelo número de processos que lhe forem distribuídos;

III. pelos casos em que o juiz excedeu os prazos legais, especificando-se o tempo e a justificativa do excesso;
IV. pelos elogios recebidos;
V. pelas penalidades sofridas;
VI. pelo resultado alcançado em cursos de aperfeiçoamento ou por quaisquer títulos obtidos: juiz vitaliciando deverá frequentar os cursos de aperfeiçoamento ministrados pela Escola de Formação Judiciária do TJDFT – Ministro Luiz Vicente Cernicchiaro.
VII. pelas observações realizadas por desembargadores em acórdãos remetidos à Corregedoria para as providências necessárias;
VIII. por exercer, eventualmente, outras atividades relevantes na Justiça do Distrito Federal ou dos Territórios.

Durante o transcurso do prazo de estágio probatório, para o fim da avaliação de desempenho, a **Corregedoria da Justiça** instruirá, **semestralmente**, o procedimento administrativo do juiz vitaliciando com os seguintes **dados estatísticos**:

I. processos distribuídos;
II. audiências realizadas;
III. processos conclusos com excesso de prazo;
IV. sentenças proferidas.

Além dos elementos coligidos pela Corregedoria da Justiça, a Presidência do Tribunal Regional Eleitoral do Distrito Federal poderá apresentar outros que entenda relevantes para a avaliação do magistrado.

AVALIAÇÃO DE DESEMPENHO	
Aferição do desempenho:	**Dados estatísticos enviados semestralmente pela Corregedoria:**
Avaliação qualitativa e quantitativa	processos distribuídos
Número de sentenças proferidas semestralmente e pelo número de processos que lhe forem distribuídos	audiências realizadas
Casos em que o juiz excedeu os prazos legais, especificando-se o tempo e a justificativa do excesso	processos conclusos com excesso de prazo

AVALIAÇÃO DE DESEMPENHO	
Aferição do desempenho:	**Dados estatísticos enviados semestralmente pela Corregedoria:**
Elogios recebidos	sentenças proferidas
Penalidades sofridas	
Resultado alcançado em cursos de aperfeiçoamento ou por quaisquer títulos obtidos: juiz vitaliciando deverá frequentar os cursos de aperfeiçoamento ministrados pela Escola de Formação Judiciária do TJDFT – Ministro Luiz Vicente Cernicchiaro	
Observações realizadas por desembargadores em acórdãos remetidos à Corregedoria para as providências necessárias	
Exercício eventual de outras atividades relevantes na Justiça do Distrito Federal ou dos Territórios	

7.10.2. Avaliação qualitativa

A avaliação qualitativa tem como objetivo aferir a qualidade do trabalho do magistrado. Para efeito da avaliação qualitativa, cada juiz vitaliciando remeterá, **mensalmente, duas sentenças de mérito** por ele proferidas para análise da **Comissão de Acompanhamento de Estágio Probatório**.

A Comissão pode escolher outras proferidos no período? Sim Além das sentenças, a Comissão poderá escolher outras proferidas no período.

A qualidade do trabalho será avaliada sob dois enfoques:

I. estrutura do ato sentencial e das decisões em geral,

II. presteza e segurança no exercício da função.

Avaliação da presteza e segurança: será resultante das observações e das informações obtidas pelos membros da Comissão de Acompanhamento de Estágio Probatório.

Rotina de trabalho: A Comissão também obterá dos juízes titulares informações sobre o desempenho da rotina de trabalho do vitaliciando.

7.10.3. Avaliação quantitativa

A avaliação quantitativa será realizada a cada **seis meses**, considerando-se, objetivamente, as estatísticas do período relativas aos processos conclusos ao juiz, às sentenças prolatadas, devidamente tipificadas, e aos processos não julgados.

Portanto, consideram-se as estatísticas do período relativas:

- aos processos conclusos ao juiz,
- às sentenças prolatadas, devidamente tipificadas,
- aos processos não julgados.

Em suma, considera-se o que foi enviado para o juiz julgar, o que foi julgado e o que não foi julgado.

AVALIAÇÃO	PERIODICIDADE	COMO É FEITA
Qualitativa	Mensal: Juiz envia duas sentenças por mês Comissão pode selecionar outras	Estrutura do ato sentencial e das decisões em geral Presteza no exercício das funções
Quantitativa	Semestral	Estatísticas do período relativas: – Aos processos conclusos ao juiz, – Às sentenças prolatadas, devidamente tipificadas, – Aos processos não julgados

7.10.4. Instrução do processo e obtenção de informações

Além das avaliações qualitativas e quantitativas, o processo será instruído com informações referentes ao desempenho do juiz vitaliciando, às correições nas varas onde atuaram e aos procedimentos disciplinares eventualmente instaurados.

Qualquer membro da Comissão de Acompanhamento de Estágio Probatório poderá apresentar ou requerer outros elementos relevantes para a avaliação do magistrado, diretamente, a órgãos, comissões e unidades do Tribunal, ou por meio da Comissão e a juízo desta, a outros tribunais, órgãos públicos ou entidades.

Qualquer desembargador, juiz de direito, autoridades ou interessados poderão apresentar informações e elementos que entendam relevantes para a instrução do processo.

7.10.5. Manifestação do juiz vitaliciando

O juiz vitaliciando deverá manifestar-se, a cada seis meses, sobre a sua atuação nesse período, encaminhando à Comissão de Acompanhamento de Estágio Probatório relatório no qual prestará informações relacionadas aos seguintes aspectos, entre outros que entender pertinentes:

I. estrutura física e recursos materiais disponíveis nos juízos em que atuou;
II. critério de divisão do trabalho da vara;
III. dificuldades no desempenho do cargo;
IV. cumulação de atividade e volume de processos conclusos.

7.10.6. Envio semestral dos autos aos membros da Comissão de Acompanhamento de Estágio Probatório

A cada **seis meses**, o Presidente da Comissão de Acompanhamento de Estágio Probatório encaminhará aos demais membros os autos dos procedimentos individuais, devidamente instruídos, para ciência e eventual manifestação.

Relatório final

Quando o juiz vitaliciando completar **um ano e seis meses** de exercício da magistratura, o Presidente da Comissão de Acompanhamento de Estágio Probatório designará data para votação do relatório final que será apresentado ao **Tribunal Pleno**.

> **ATENÇÃO!** Não se trata aqui ainda da votação do vitaliciamento do juiz, mas do relatório que será encaminhado ao Tribunal Pleno, a quem compete decidir se o juiz está ou não apto a ser tornar vitalício.

O Presidente da Comissão providenciará a remessa das cópias dos pareceres para os demais integrantes da Comissão.

Realizada a votação pela Comissão, o seu Presidente enviará ao Presidente do Tribunal o relatório final, que será incluído em pauta de julgamento do Tribunal Pleno, o qual conterá a proposta de vitaliciamento do juiz ou de afastamento das respectivas funções.

7.10.7. Decisão do Tribunal Pleno sobre o vitaliciamento

Uma vez submetida a questão ao Tribunal Pleno, àquele órgão competirá decidir se o juiz será vitaliciando ou afastado.

Quorum para decidir: maioria absoluta, para vitaliciar ou afastar o juiz.

Caso seja aprovado; o magistrado tornar-se-á vitalício, ao completar os dois anos de exercício, se algum fato novo não determinar a reabertura do procedimento de avaliação.

Caso seja aprovada a proposta de não vitaliciamento: o Presidente do Tribunal oficiará ao magistrado, afastando-o de suas funções, e remeterá os autos do procedimento administrativo à **distribuição**. Observe-se que até aqui ainda não há demissão do magistrado. O Tribunal Pleno irá decidir, portanto, sobre a demissão do magistrado não vitaliciado.

7.10.8. Procedimento da demissão

O relator determinará a notificação pessoal do magistrado para oferecimento de defesa no **prazo de 10 (dez) dias.**

Esgotado o prazo, com ou sem a apresentação da defesa, o relator determinará, em 15 (quinze) dias, a inclusão do procedimento administrativo em pauta de julgamento do **Tribunal Pleno.**

Quorum para a demissão: maioria absoluta, editando o Presidente o respectivo ato.

O procedimento administrativo de avaliação de estágio probatório terá caráter confidencial, e o **ato de demissão** terá a **publicidade** inerente aos **atos administrativos em geral.**

Outro ponto a ser observado é que as dúvidas surgidas no decorrer do procedimento serão resolvidas pela Comissão de Acompanhamento de Estágio Probatório, e os casos omissos, pelo Tribunal Pleno.

CAPÍTULO 8

DISPOSIÇÕES FINAIS E TRANSITÓRIAS

8.1. ATOS NORMATIVOS DO TJDFT

Os atos normativos do Tribunal de Justiça obedecem à seguinte nomenclatura:

I. emenda regimental: suprime, acrescenta ou modifica disposições do Regimento Interno;
II. ato regimental: regulamenta a aplicação de norma estabelecida no Regimento Interno;
III. provimento: altera e regulamenta o Provimento-Geral da Corregedoria;
IV. resolução: regulamenta matéria não regimental;
V. portaria: destina-se a expedientes internos administrativos;
VI. instrução: transmite orientações e recomendações de natureza jurídico-administrativa.

Os atos normativos são numerados como se segue:

I. emenda regimental e ato regimental: em séries próprias e numeração seguida, que prosseguem enquanto vigente o Regimento Interno, ao qual se referem;
II. provimento: em série própria e numeração seguida, que prossegue enquanto vigente o Provimento-Geral da Corregedoria, ao qual se refere;
III. resolução: em numeração sequencial anual própria;
IV. portaria e instrução: em numeração sequencial anual própria.

As emendas regimentais e os atos regimentais poderão ser propostos por qualquer desembargador à Comissão de Regimento Interno, que emitirá parecer e solicitará ao Presidente do Tribunal a respectiva inclusão em pauta para deliberação do Tribunal Pleno.

Cópias da proposta e do parecer da Comissão de Regimento serão encaminhadas aos desembargadores com 10 (dez) dias de antecedência.

Em caso de urgência, emendas e atos regimentais propostos pelo Presidente, pelo Primeiro Vice-Presidente, pelo Segundo Vice-Presidente e pelo Corregedor da Justiça, relativos a matérias atinentes às suas atribuições, poderão ser levados diretamente ao Tribunal Pleno.

Considerar-se-á aprovada a emenda ou o ato regimental que obtiver voto favorável da maioria absoluta do Tribunal Pleno. A emenda ou o ato regimental entrará em vigor na data de sua publicação, salvo deliberação diversa do Tribunal Pleno.

8.2. GREVE SERVIDORES COMPETÊNCIA DAS CÂMARAS CÍVEIS

Até que seja editada lei específica sobre greve de servidores públicos, o julgamento das ações de que cuida o inciso VI do art. 21 obedecerá ao seguinte procedimento:

I. a petição inicial será devidamente instruída e atenderá às exigências da legislação processual;
II. distribuída a ação, o relator decidirá pedido de tutela provisória e determinará a citação do réu para contestar no prazo de 15 (quinze) dias;
III. decorrido o prazo de resposta, o Ministério Público será ouvido no prazo de 15 (quinze) dias;
IV. em seguida será lançado relatório nos autos e incluído o processo em pauta para julgamento.

A qualquer tempo, o relator poderá, de ofício ou mediante pedido, designar audiência de conciliação.

Na hipótese de greve em serviços ou atividades essenciais, o feito terá tramitação e julgamento prioritários.

Aplicam-se subsidiariamente as normas do procedimento comum do Código de Processo Civil.

8.3. DISPOSIÇÕES TRANSITÓRIAS

Até que sejam concluídos, os procedimentos de remoção em curso, bem como os de promoção deles provenientes, continuarão sendo regulados pelo Regimento Interno revogado.

As alterações de competência promovidas por este Regimento Interno não se aplicam aos processos distribuídos antes da data da sua entrada em vigor.

O Regimento entrou em vigor no dia 18 de março de 2016, revogando-se o Regimento Interno anterior.

GLOSSÁRIO

GLOSSÁRIO	
Ação Declaratória de Constitucionalidade	Ação que tem por objeto principal a declaração de constitucionalidade de lei ou ato normativo federal ou estadual.
Ação Direta de Inconstitucionalidade	Ação que tem por objeto principal a declaração de inconstitucionalidade de lei ou ato normativo federal ou estadual.
Ação Rescisória	Ação que tem como objetivo desconstituir a coisa julgada formada em sentença ou em acórdão não mais sujeitos a recurso – ou seja, mesmo após o seu trânsito em julgado – em razão de vícios ou defeitos existentes. Ver *Trânsito em julgado*
Ações de estado	Ações relativas ao nome, estado civil (ações de divórcio, reconhecimento de união estável)
Ações de petições de herança	Ação em que o herdeiro pede o reconhecimento de seu direito sucessório, para receber a herança, ou de parte dela.
Acórdão	Decisão final tomada pelo órgão colegiado. Contém o relatório e os votos proferidos por seus integrantes. A sentença está para o juiz de primeira instância assim como o acórdão está para o Tribunal de Justiça. Ver *sentença*
Ad referendum	Presidente decide sozinho em razão da urgência, devendo a decisão ser referendada, ou seja, apreciada posteriormente pelo órgão colegiado.
Agravo de instrumento	Recurso interposto contra decisão interlocutória proferida pelo juiz da primeira instância Ver *decisão interlocutória*
Agravo interno	Há casos em que o Relator pode decidir o processo monocraticamente, sem levar o processo ao colegiado. O agravo interno é o recurso interposto pela parte que pretende que a questão seja rediscutida pelo órgão colegiado respectivo

Amicus Curiae	"Amigo da Corte". **É a pessoa, natural ou jurídica, que não integra o processo e tampouco nele tem interesse, que oferece auxílio ao juiz para o julgamento da causa, trazendo esclarecimentos relevantes sobre o tema.**
Apelação	Recurso interposto da sentença proferida pelo juiz de primeira instância Ver *sentença*
Arguição de impedimento	Instrumento processual utilizado para afastar do caso o juiz impedido de exercer, legalmente, sua jurisdição em determinado momento, ou em relação à determinada causa.
Arguição de suspeição	Instrumento processual utilizado para afastar do caso um juiz, membro do Ministério Público ou servidor da Justiça que se desconfie de ser parcial em um caso, por ter motivo para estar interessado nele.
Assistência	Intervenção do terceiro juridicamente interessado no feito a que a sentença seja favorável a uma das partes Exemplo: sublocatário em ação movida pelo locador contra o locatário
Ato atentatório à dignidade da justiça	Quanto a parte não cumpre com exatidão as determinações; pratica inovação ilegal no processo, não comparece à audiência inicial de conciliação ou de mediação; cria embaraços ao processo de execução
Audiência admonitória	Audiência que ocorre durante a execução da pena do condenado, pela qual o juiz, antes de conceder a suspensão condicional da pena, adverte o condenado das consequências de nova infração penal e do descumprimento das condições impostas
Audiência de conciliação e de mediação	Destina-se à tentativa de obtenção de acordo entre as partes
Audiência de instrução e julgamento	Tem como objetivo colher depoimento das partes, das testemunhas ou do perito, quando há prova pericial
Ausente	Pessoa que desaparece, deixando bens, mas sem representante ou procurador que caiba administrá-los

Autocomposições	Quando as partes, de forma amigável, encerram o processo mediante acordo, por meio de conciliação, mediação ou arbitragem
Autuação	Documentação do processo, pelo qual o escrivão ou chefe de secretaria mencionará o juízo, a natureza do processo, o número de seu registro, os nomes das partes e a data de seu início (art. 206 do Código de Processo Civil)
Capacidade	Possibilidade de uma pessoa praticar em seu nome os atos da vida civil, envolvendo direitos e deveres
Carta Precatória	Solicitação feita por um magistrado a magistrado de comarca diversa para a prática de determinado ato processual, como a citação ou intimação do autor ou do réu, ou, ainda, para a oitiva de testemunha.
Cartórios Extrajudiciais	Local onde são lavradas escrituras públicas, autenticados documentos, reconhecidas firmas etc.
Cartórios Judiciais (Varas)	Local onde os processos judiciais tramitam e recebem movimentação, tais como Cartório da 10ª Vara Cível de Brasília, Cartório da 2ª Vara de Família de Taguatinga
Circunscrição Judiciária	Limite territorial de atuação do juiz. Exemplo: Circunscrição Judiciária de Brasília, Circunscrição Judiciária do Paranoá, Circunscrição Judiciária de Sobradinho
Citação	Comunicação do réu acerca da existência de uma ação, cível ou penal, em seu desfavor, chamando-o a integrar o processo.
Competência	Delimitação do exercício da jurisdição. Todos os magistrados têm jurisdição, mas não necessariamente a mesma competência. Existe competência em razão da matéria (cível, família, fazenda pública, penal etc.), em razão do local, além da competência funcional (primeiro grau, segundo grau etc.), dentre outros critérios. Por exemplo, o Juiz de uma Vara de Família tem competência para tratar de ações de família, ou seja, a sua jurisdição é limitada em questões de família, não podendo atuar em processos criminais. Ver *jurisdição.*

Conclusão dos autos	Fala-se que os autos estão conclusos quando estão com o juiz para proferir despacho, decisão ou sentença. O processo tramita no cartório ou no gabinete. Estando no gabinete, para apreciação do juiz, dizemos que o processo está concluso.
Conflito de competência	Quando dois ou mais juízes (ou tribunas) se declaram competentes ou incompetentes para julgar determinado processo. Ver *Competência.*
Correição	Função administrativa que tem por finalidade emendar e corrigir os erros e abusos de autoridades judiciárias e dos serventuários da justiça e auxiliares (https://www.tjdft.jus.br/publicacoes/edicoes/manuais-e-cartilhas/GLOSSARIO_juridico2011_105x105.pdf).
Cumprimento de sentença	Fase de execução da sentença, em que o credor busca receber o direito assegurado pela decisão judicial. Pode ocorrer antes do trânsito em julgado (cumprimento provisório) ou após o trânsito em julgado da sentença (cumprimento definitivo). Exemplo: o réu é condenado a pagar ao autor a quantia de R$ 5.000,00 (cinco mil reais), mas queda-se inerte. O autor, então, mediante requerimento, inaugura a fase de cumprimento de sentença, com pedido de intimação para pagamento sob pena de penhora de bens para satisfação da dívida
Curatela	Dá-se a curatela a quem por causa transitória ou permanente, não puderem exprimir suas vontades, aos ébrios habituais e os viciados em tóxico e aos pródigos (art. 1.767 do Código Civil)
Data do fato (área criminal)	Dia em que o crime foi cometido. Importante a sua anotação para fins de cálculo da prescrição
Decisão interlocutória	Decisão do juiz que aprecia questões surgidas durante o processo, que não têm o condão de pôr fim a uma fase do processo de conhecimento. Exemplo: quando o juiz indefere a oitiva de testemunha, quando determina que a parte apresente no processo determinado documento, quando o juiz defere ou não pedido de penhora de bens etc. Ver *agravo de instrumento*

Denúncia	Petição inicial mediante a qual o Ministério Público ajuíza a ação penal. Ver *Oferecimento da denúncia* e *Recebimento da denúncia.*
Desaforamento	Deslocamento da competência do julgamento em plenário de júri de uma comarca para outra, da mesma região. Hipóteses: a) interesse da ordem pública o reclamar, b) ou houver dúvida sobre a imparcialidade do júri, c) segurança pessoal do acusado
Descumprimento de ordem mandamental	Quando a parte descumpre, por exemplo, uma liminar, e arca com multa diária
Desembargador	Magistrado que atua no Tribunal de Justiça, na segunda instância. Responsável por julgar recursos das decisões dos juízes de primeira instância, além de ações originárias do Tribunal
Deserção	Ausência do pagamento do preparo, levando o processo ou o recurso a ser extinto. Ver *preparo*
Diretor de Secretaria	Servidor responsável pela gestão e chefia do Cartório da Vara, seguindo as orientações do Juiz
Dispositivo da sentença	Parte final da sentença, na qual o juiz condena ou não a parte
Distribuição	Atribuição de um processo a um juízo em razão da matéria (cível, família, fazenda pública, penal etc.) e do local (circunscrição de Brasília, do Paranoá, de Taguatinga etc.), ocorrendo, em regra, por sorteio, salvo os casos de prevenção. Também há distribuição dos feitos submetidos à segunda instância (processo originário ou recurso pode ser distribuído a uma Turma Cível ou a uma Câmara Cível, por exemplo), bem como ao respectivo relator.
Embargos de declaração	Recurso que tem como finalidade esclarecer, tornar clara a decisão, quando omissa, contraditória ou obscura. Não visa modificar o conteúdo da decisão.

Embargos de declaração manifestamente protelatórios	Os embargos de declaração buscam sanar omissão (juiz deixou de apreciar algum pedido da parte), contradição (por exemplo, no corpo da sentença fala que o autor não tem prova, todavia julga o pedido procedente) ou obscuridade (falta de evidente clareza) na sentença. Se os embargos forem opostos para atrasar o processo, o juiz poderá fixar multa
Embargos de Terceiro	Ação movida por aquele que teve seus bens penhorado em processo que não fez parte (Exemplo, penhora de veículo que antes pertencia ao executado, mas foi vendido ao terceiro que opõe embargos).
Embargos do devedor ou embargos à execução	Defesa apresentada pelo devedor nas ações de execução
Embargos infringentes	Recurso que tem como objetivo fazer prevalecer o voto vencido, favorável ao réu, em acórdão cuja a maioria de votos foi desfavorável a ele. Se, por exemplo, uma Turma Criminal condena ou mantém a sentença condenatória desfavorável o réu, todavia, havendo voto(s) de Desembargador(es) favorável(is) ao acusado, a sua Defesa pode se valer dos Embargos Infringentes e de nulidade para que a Câmara Criminal reaprecie o caso.
Ementa	Resumo dos principais pontos discutidos em determinado julgamento. Diz respeito a um processo específico. Ver *súmula*.
Escrutínio	Processo de votação mediante a utilização de uma urna
Fazenda Pública	Poder Público em juízo. Municípios, estados, Distrito Federal, União e respectivas autarquias e fundações públicas. As sociedades de economia mista e as empresas públicas não integram o conceito de Fazenda Pública
Feito	Processo, pode ser ação originária ou recurso
Fórum	Denominação atual que extensivamente se dá ao edifício onde se concentram e funcionam normalmente todos os serviços da justiça

Habeas Corpus	Garantia constitucional destinada a assegurar a liberdade de locomoção, podendo ser preventivo ou liberatório. **Impetrante**: aquele pede a ordem de *habeas corpus* **Paciente**: quem sofre a restrição ou ameaça ao direito de locomoção. **Autoridade coatora**: quem pratica o ato tido por ilegal
Habeas Data	Garantia constitucional que "tem por objeto a proteção do direito líquido e certo do impetrante em conhecer todas as informações e registros relativos à sua pessoa e constantes de repartições públicas ou particulares acessíveis ao público, para eventual retificação de seus dados pessoais" (Hely Lopes Meirelles, in: Mandado de Segurança". 27ª ed. São Paulo: Malheiros Editores, 2004).
Habilitação incidente	"A habilitação ocorre quando, por falecimento de qualquer das partes, os interessados houverem de suceder-lhe no processo" (art. 687 do Código de Processo Civil).
Herança jacente	Quando a pessoa falece deixando bens, mas não há herdeiro conhecido
Impedimento	Impossibilidade de o magistrado atuar no feito. Ocorre quando, por exemplo, o juiz já atuou no mesmo processo como advogado, quando prestou depoimento como testemunha, ou, ainda, quando estiver postulando no processo ele mesmo, seu cônjuge ou parente próximo; quando for parte o cliente do escritório de advocacia de seu cônjuge etc. Ver *suspeição.*
Incidência penal	Capitulação do crime cometido pelo réu, tipo penal. Ex: art. 155 do Código Penal (crime de furto)
Incidente de Assunção de Competência (IAC)	Definição do art. 947 do Código de Processo Civil. "É admissível a assunção de competência quando o julgamento de recurso, de remessa necessária ou de processo de competência originária envolver **relevante questão de direito,** com grande repercussão social, sem repetição em múltiplos processos" (sem grifos no original).

Incidente de desconsideração da personalidade jurídica	Quando no processo há confusão patrimonial e fraude praticada pelos sócios de determinada pessoa jurídica, prejudicando o credor, e o Juiz desconsidera a separação que existe entre o patrimônio da pessoa jurídica e dos sócios, de modo que o processo atingirá diretamente os bens dos sócios
Incidente de Resolução de Demanda Repetitiva (IRDR)	Tem por finalidade unificar o entendimento do Tribunal sobre matéria de direito (apenas teses jurídicas) quando houver ações repetitivas sobre o mesmo tema. Os seus julgados devem ser seguidos obrigatoriamente pelos juízes e pelos Tribunais, de acordo como art. 927, III, do Código de Processo Civil.
Incidentes de execução	Questões que se surgem durante o cumprimento da pena no processo penal, tais como conversões de pena, excesso ou desvio da finalidade do cumprimento da pena, anistia e indulto
Instrução do processo	Fase processual na qual ocorre a colheita de provas (juntada de documentos, laudo pericial, oitiva de testemunhas etc.). Quando se fala que o feito será instruído, significa que as provas serão produzidas no processo.
Intervenção de terceiros	Ingresso de pessoas no processo que não são autores e nem réus, mas que de alguma forma possam ter envolvimento com o processo. Exemplo, quando o réu, processado por ter atingido como seu veículo o veículo do autor, chama a sua seguradora ao processo para ressarcir os prejuízos
Inventário	Processo que tem por objetivo relacionar e avaliar os bens e dívidas do falecido, para divisão entre os herdeiros e sucessores.
Juiz de Direito	Juiz titular da Vara, responsável pela gestão da unidade judicial que se encontra lotado, ingressa na carreira após promoção da carreira de Juiz de Direito Substituto
Juiz de Direito Substituto	Cargo inicial da magistratura da primeira instância. Não há hierarquia em relação ao Juiz de Direito
Juízes de direito substitutos do segundo grau	Juízes de direito que atuam na segunda instância no auxílio aos órgãos de segundo grau e na substituição de desembargador. São Juízes de Direito, para todos os fins.

Juízes de Turma Recursal	Juízes de primeira instância que atuam nas Turmas Recursais, órgãos colegiados que têm competência para julgar recursos interpostos contra decisões e sentenças proferidas nos Juizados Especiais. São Juízes de Direito, para todos os fins.
Julgamento em mesa	Processos que não dependem de inclusão em pauta para serem julgados. *habeas corpus*, questões de ordem, quando houver pedido das partes, embargos de declaração (em regra) etc.
Jurisdição	É "a função estatal de solucionar as causas que são submetidas ao Estado, através do processo, aplicando a solução juridicamente correta" (CÂMARA, Alexandre Fretas. *O novo processo civil brasileiro*. 2ª ed. São Paulo: Atlas, 2016, p. 32). Em outras palavras, é o poder que o Judiciário tem de dizer o direito em casos concretos, à luz da Constituição, das leis e das demais normas aplicáveis. Ver *competência*.
Jurisdição voluntária	A jurisdição pode ser contenciosa ou voluntária. Na primeira, há conflito de interesses (Ex.: na ação de indenização o autor tem interesse em condenar o réu por entender ser ele o causador dos danos alegados, enquanto que o réu tem interesse em não ser condenado, por entender que não foi o causador ou que não houve dano). Na segunda, as partes não são litigantes, mas requerentes, não existe autor e réu, mas requerentes, com interesse comum. Ex.: pedido de alvará judicial para movimentar conta
Lançar visto	Ocorre quando o relator restitui os autos após análise em gabinete, demonstrando estar habilitado para relatar e votar, encaminhando o processo ao revisor, quando tiver revisor. Não confundir com *Pedido de vista*
Leilões	Procedimentos de venda dos bens penhorados ou apreendidos.
Litigância de má-fé	Quando a parte altera a verdade dos fatos, busca alcançar objetivo ilegal, resiste injustificadamente ao andamento do processo, procede de forma temerária, ou protela de um modo geral.
Litisconsórcio	Quando há dois ou mais autores ou dois ou mais réus

Livramento condicional	Benefício dado ao condenado em que se permite o cumprimento do restante da pena em liberdade
Maioria absoluta	Metade mais um do número de integrantes do órgão fracionário
Maioria relativa	Metade mais um do número de presentes, independentemente do número de integrantes do órgão colegiado.
Mandado de Segurança	Ação proposta para proteger direito líquido e certo, ameaçado ou violado por ato de autoridade, cuja finalidade é a de anular ato ilegal e/ou inconstitucional.
Medidas e os processos incidentes	Questões que podem surgir no decorrer do processo.
Oferecimento da denúncia	Apresentação da denúncia em juízo pelo Ministério Público (ver *Denúncia e Recebimento da denúncia*).
Oficial de Justiça	Analista Judiciário Avaliador Federal. Servidor responsável pelo cumprimento das determinações do Juiz contidas nos mandados. É o Oficial de Justiça que intima as partes, realiza penhoras etc.
Oposição	Terceiro que se diz dono de um direito ou bem disputado entre autor e réu
Pauta de julgamento	Relação de processos para julgamento em determinada sessão Não confundir com *pauta de publicação* Ver *pauta de publicação*
Pauta de publicação	É a reunião do colegiado para julgar recursos ou processo originários (atividade jurisdicional), ou para apreciar questões administrativas (sessões administrativas) Ver *pauta de julgamento*
Pedido de vista	Durante a sessão, o desembargador pede para olhar o processo em gabinete com mais, com mais tempo, restituindo os autos, para tanto pedindo vista. O desembargador terá até a sessão seguinte para devolver o processo, podendo haver prorrogação por mais dez dias Não confundir com *lançar visto*

Pena de detenção	Pena a ser cumprida em regime semiaberto, ou aberto, salvo necessidade de transferência a regime fechado
Pena de reclusão	Pena a ser cumprida em regime fechado, semiaberto ou aberto
Perda superveniente do objeto	Quando durante o trâmite do processo a ação não se mostra mais necessária
Preliminar	Ver *Questão preliminar*
Preparo	Despesas, ou seja, as custas judiciais devidas pela interposição do recurso. Todos os recursos estão sujeitos a preparo, salvo os casos de assistência judiciária gratuita ou de isenção. Ver *deserção.*
Procurador-Geral da Justiça do Distrito Federal	Chefe do Ministério Público do Distrito Federal. Ministério Público é instituição permanente, essencial à função jurisdicional do Estado, incumbindo-lhe a defesa da ordem jurídica, do regime democrático e dos interesses sociais e individuais indisponíveis (art. 1º da Lei n. 8.625/93). O Ministério Público do Distrito Federal e Territórios exercerá as suas funções nas causas de competência do Tribunal de Justiça e dos Juízes do Distrito Federal e Territórios (art. 149 da Lei Complementar n. 75/93). O MP não integra nenhum dos três poderes e dentre as suas atribuições, tem a de ajuizar ação penal contra o apontado como autor de crime.
Procurador-Geral do Distrito Federal	Chefe da Procuradoria do Distrito Federal. A Procuradoria do Distrito Federal é o órgão responsável pela representação judicial e a consultoria jurídica do Distrito Federal e de suas autarquias e fundações, privativas dos Procuradores do Distrito Federal (art. 1º da Lei Complementar Distrital n. 395/2001). Integra o Poder Executivo do Distrito Federal. Se, alguém, por exemplo, move uma ação judicial contra o DF, incumbe ao Procurador do DF a defesa do ente público.
Queixa-crime	Petição inicial mediante a qual a vítima ajuíza a ação penal, nos casos em que a ação penal é de iniciativa privada, ou seja, não é iniciada pelo Ministério Público.

Questão preliminar	As questões preliminares são alegações que, caso aceitas, impedem ou postergam a análise do mérito. Exemplo: preliminar de ilegitimidade passiva (o réu afirma que o autor está processando a pessoa errada), preliminar de coisa julgada (alegação de que o tema já foi julgado antes, com trânsito em julgado), preliminar de incompetência territorial (o processo deve ser julgado em outro local) etc.
Recebimento da denúncia	É o ato do juiz de aceitar o processamento denúncia oferecida pelo Ministério Público. Se não houver indícios de crime, o juiz poderá rejeitá-la. A partir de então, o acusado se torna formalmente réu no processo e passa a se defender. Ver *Denúncia e Oferecimento da denúncia*
Reclamação	É o instrumento processual "endereçado a qualquer tribunal em caso de (a) usurpação de sua competência, (b) desrespeito a suas decisões tomadas em um dado caso concreto e (c) inobservância de decisões tomadas em julgamento de casos repetitivos, em incidente de assunção de competência ou de decisão do Supremo Tribunal Federal à qual tenha sido reconhecida repercussão geral– além das hipóteses em que já da Constituição Federal vem a admissibilidade das reclamações[4]".
Reconvenção	Quando, ao tempo em que se defende, o réu também exerce direito de ação contra o autor, dentro da contestação. Ocorre quando, por exemplo, o autor cobra uma dívida do réu e este, na verdade, se diz credor do autor, e cobra nos mesmos autos a dívida, evitando, assim, o ajuizamento de outra ação
Recurso em sentido estrito	Recurso interposto contra decisões judiciais proferidas nas Varas Criminais, que não coloquem fim ao processo. Tem previsão no art. 581 do Código de Processo Penal. Exemplificando, algumas hipóteses de cabimento do recurso em sentido estrito, que será interposto contra decisão: I – que não receber a denúncia ou a queixa; II – que concluir pela incompetência do juízo; III – que julgar procedentes as exceções, salvo a de suspeição; IV – que conceder, negar, arbitrar, cassar ou julgar inidônea a fiança, indeferir requerimento de prisão preventiva ou revogá-la, conceder liberdade provisória ou relaxar a prisão em flagrante; V – que decretar a prescrição ou julgar, por outro modo, extinta a punibilidade; VI – que anular o processo da instrução criminal, no todo ou em parte;

4. DINAMARCO, Cândido Rangel. LOPES, Bruno Vasconcelos Carrilho. Teoria geral do novo processo civil, 2. ed. – São Paulo: Malheiros, 2017, p. 224.

Recursos Especiais Repetitivos	São recursos julgados pelo STJ quando há multiplicidade de recursos tratando sobre o mesmo tema de direito
Redução a termo (Juizados)	Documentação feita pelo servidor do pedido oral formulado pelo autor, nos Juizados Especiais.
Registro	Documentação do processo, atribuindo-lhe um número
Reincidente	Aquele que comete novo crime, depois de transitar em julgado a sentença que, no País ou no estrangeiro, o tenha condenado por crime anterior
Relator	Responsável por fazer a primeira análise do processo, elaborar o relatório e levar o feito a julgamento no órgão colegiado, proferindo o primeiro voto. Ver *revisor* e *vogal*
Remessa ou reexame necessário	Em determinadas hipóteses estabelecidas em lei, cumpre ao juiz determinar a subida dos autos ao tribunal, independentemente da interposição de recurso pelas partes. A coisa julgada não ocorre senão a partir da confirmação da sentença pelo tribunal (anulação de casamento, sentença proferida contra a União, Estado ou Município, decisão de improcedência em execução de dívida ativa
Representação para a perda da graduação	Representação para perda do grau hierárquico da praça.
Representação por indignidade para o oficialato	Exame da dignidade de Oficial da Polícia Militar e do Corpo de Bombeiros Militar do Distrito Federal ou de oficial dessas corporações nos Territórios Federais
Revisão criminal	Ação que busca desconstituir a decisão condenatória mesmo após o trânsito em julgado. Assim como na área cível existe a ação rescisória, na área criminal o instrumento processual é a revisão criminal, que pode ser ajuizada a qualquer momento, sem prazo, nas hipóteses do art. 621 do Código de Processo Penal: I – quando a sentença condenatória for contrária ao texto expresso da lei penal ou à evidência dos autos; II – quando a sentença condenatória se fundar em depoimentos, exames ou documentos comprovadamente falsos; III – quando, após a sentença, se descobrirem novas provas de inocência do condenado ou de circunstância que determine ou autorize diminuição especial da pena".

Revisor	Responsável por examinar o processo após o relator. Ver *relator* e *vogal*
Salvo-conduto	Documento expedido em *habeas corpus* preventivo, impedindo que o paciente seja preso pelo motivo que originou a impetração do *habeas corpus*.
Saneamento do processo	Apreciar todas as alegações que, em tese, impedem o exame do mérito (alegação de que o órgão julgador não tem competência, que a parte é ilegítima, que houve prescrição etc.), deixando-o pronto para julgar ou para produzir provas.
Sentença	Pronunciamento pelo qual o Juiz encerra determinada fase processual, com ou sem apreciação do mérito. Basicamente, quando o pedido formulado pelo autor é julgado procedente ou improcedente, podendo, ainda, ser acolhido em parte. Ver *apelação* e *acórdão*.
Sessão de julgamento	É a reunião do colegiado para julgar recursos ou processo originários (atividade jurisdicional), ou para apreciar questões administrativas (sessões administrativas)
Sucessão causa mortis	Transferência, total ou parcial, de herança, por morte de alguém, a um ou mais herdeiros.
Súmulas	Resumos do entendimento dos tribunais a respeito de determinado tema. A súmula é instrumentalizada em pequenos verbetes, que refletem o entendimento do Tribunal depois de reiteradas decisões acerca de determinada matéria. e não se referem a um processo específico, mas à tese jurídica aplicável a vários outros feitos. Exemplo: Súmula 481 do STJ: "Faz jus ao benefício da justiça gratuita a pessoa jurídica com ou sem fins lucrativos que demonstrar sua impossibilidade de arcar com os encargos processuais". Ver *ementa*.
Suspeição	Impossibilidade de o juiz atuar no feito quando, por exemplo, for amigo íntimo ou inimigo de qualquer das partes ou de seus advogados; quando for interessado no julgamento do processo em favor de qualquer das partes. Ver *impedimento*.

Testamento	Ato pelo qual a pessoa dispõe seus bens, no todo ou em parte, em favor de outrem, para depois de sua morte
Trânsito em julgado	Ocorre quando a decisão judicial (sentença ou acórdão) não pode ser mais atacada por recurso (ver Revisão Criminal)
Turma Recursal	Colegiado composto por três juízes de direito, responsável pelo julgamento das decisões proferidas pelos juízes dos Juizados Especiais.
Tutela	Os filhos menores são postos em tutela com o falecimento dos pais, ou sendo estes julgados ausentes, bem como em caso de os pais decaírem do poder familiar (art. 1.728 do Código Civil) Não confundir com *tutela provisória*
Tutela de órfãos	A tutela é um poder que a lei confere a uma pessoa capaz para proteger e administrar os bens de uma criança ou um adolescente que não esteja sob o poder familiar, representando-o ou assistindo-o em todos os atos da vida civil
Tutela provisória	Decisão proferida no processo antes da sentença em razão da urgência, seja para conceder ao postulante aquilo que seria concedido na sentença ou para que seja adotada uma providência que assegure eventual direito a ser reconhecido na sentença. Exemplo: pedidos de retirada do nome do autor dos cadastros de proteção ao crédito, baixa de protesto, reintegração de posse etc. Não confundir com *tutela*
Vara	É cada uma das divisões de jurisdição de uma comarca, confiada a um juiz de direito. Não há hierarquia entre Varas
Vogal	Membro votante do órgão colegiado, quando não é relator e nem revisor Ver *relator e revisor*

BIBLIOGRAFIA

ADLER, MORTIMER, J.; DOREN, Charles Von. *Como ler livros: o guia clássico para a leitura inteligente*. São Paulo: É Realizações, 2010.

CÂMARA, Alexandre Fretas. *O novo processo civil brasileiro*. 2ª ed. São Paulo: Atlas, 2016.

DINAMARCO, Cândido Rangel. LOPES, Bruno Vasconcelos Carrilho. Teoria geral do novo processo civil, 2. ed. – São Paulo: Malheiros, 2017.

MIRA Y LÓPEZ, Emilio. *Como estudar e como aprender.* Campinas: Kirion, 2020.

PIAZZI, Pierluigi. *Aprendendo inteligência*. 3ª edição. São Paulo: Aleph, 2014.

EDITORA JusPODIVM
www.editorajuspodivm.com.br